BERICHTE UND FORSCHUNGEN

JAHRBUCH DES BUNDESINSTITUTS FÜR KULTUR UND GESCHICHTE DER DEUTSCHEN IM ÖSTLICHEN EUROPA

13/2005

BERICHTE UND FORSCHUNGEN

JAHRBUCH
DES BUNDESINSTITUTS FÜR
KULTUR UND GESCHICHTE
DER DEUTSCHEN IM ÖSTLICHEN EUROPA

BAND 13

2005

R. OLDENBOURG VERLAG MÜNCHEN 2005

Redaktion: Eckhard Grunewald

Die Deutsche Bibliothek – CIP-Einheitsaufnahme

Bundesinstitut für Kultur und Geschichte der Deutschen im östlichen Europa <Oldenburg>:
Berichte und Forschungen / Bundesinstitut für Kultur und Geschichte der Deutschen im östlichen Europa: Jahrbuch des Bundesinstituts für Kultur und Geschichte der Deutschen im östlichen Europa. – München : Oldenbourg.
ISSN 0945-2362
Erscheint jährlich. – Aufnahme nach Bd. 1. 1993
Bd. 1. 1993 –

Satz und Layout: Präzis-Druck GmbH, Karlsruhe
Druck und Bindung: Präzis-Druck GmbH, Karlsruhe

ISBN 3-486-57936-3
ISSN 0945-2362

Inhalt

Berichte und Forschungen 13 (2005), S. 7–64.

Ralf G. Päsler

Deutschsprachige geistliche Texte des Mittelalters im Preußenland

Ein Bestandsverzeichnis

Dietrich Schmidtke zum 16. Januar 2005[1]

I. Einleitung

I.1

Das hier vorgelegte Bestandsverzeichnis ist als Vorarbeit zu einem „Repertorium der deutschsprachigen geistlichen Literatur im östlichen Europa" zu sehen[2]. Das Repertorium selbst ist als literarhistorisches, transdisziplinäres Hilfsmittel konzipiert, dessen vorrangige Aufgabe die Dokumentation des aktuellen Forschungsstandes ist, um so das Material für weiterführende Arbeiten bereitzustellen.

Die Ausrichtung des Repertoriums ist überlieferungsgeschichtlich: „sowohl edierte als auch unedierte Texte und auch Texte, die heute als verloren gelten müssen", sollen erfasst und „durch Anordnung in ein Gattungssystem und durch Register"[3] erschlossen werden. Innerhalb des Gattungssystems soll folgendes – in Einzelheiten noch zu differenzierendes – Schema zum Einsatz kommen:

---

1 Der Text war ursprünglich als Beitrag für die Festschrift für Dietrich Schmidtke (Freimut Löser / Ralf G. Päsler [Hg.]: Vom vielfachen Schriftsinn im Mittelalter. Hamburg 2005) geplant, wurde dann jedoch aus Umfangsgründen zurückgezogen.

2 Vgl. dazu Dietrich Schmidtke: Das ‚Repertorium der deutschsprachigen geistlichen Literatur'. Ein Hilfsmittel für die Literaturgeschichtsschreibung und für die Spezialforschung. In: Eckhard Grunewald / Stefan Sienerth (Hg.): Deutsche Literatur im östlichen und südöstlichen Europa. Konzepte und Methoden der Geschichtsschreibung und Lexikographie. Internationale Tagung Marbach 7.–9. Dez. 1995. München 1997, S. 55–66, und Albrecht Hausmann: Deutschsprachige geistliche Literatur des Mittelalters in Böhmen und Mähren. Ein Projekt am Germanistischen Seminar der Universität Heidelberg. In: Dominique Fliegler / Václav Bok (Hg.): Deutsche Literatur des Mittelalters in Böhmen und über Böhmen. Vorträge der internationalen Tagung, veranstaltet vom Institut für Germanistik der Pädagogischen Fakultät der Südböhmischen Universität České Budějovice. Wien 2001, S. 405–415.

3 Schmidtke: Repertorium (wie Anm. 2), S. 56. – Zu Abkürzungen und abgekürzt angeführten Titeln vgl. u. S. 20 ff.

I. Autor- und Werktitel, bei Anonyma: nur Werktitel;
II. Lateinische Vorlage, wenn bekannt;
III. Überlieferung (sie wird zunächst mit Überschriften und Initien verzeichnet);
IV. Knappe Inhaltsangabe (Regest);
V. Edition, wenn vorhanden, samt Editionsgrundlage;
VI. Kriterien für die Zuordnung des Autors bzw., bei Anonyma, des Denkmals zum deutschen Osten;
VII. Sekundärliteratur (auf das Wichtigste beschränkt, sofern in neuen Nachschlagewerken – etwa der Zweitauflage des Verfasserlexikons – umfassende Bibliographien existieren)[4].

Punkt I soll nach den für das Verfasserlexikon gültigen Richtlinien[5] angelegt werden. Die Überlieferung (III) wird dagegen zunächst provisorisch (s. o.) erfasst, dann jedoch durch konkrete Handschriftenstandorte ergänzt. An dieser Stelle ist eine Zweiteilung des Repertoriums in ein Textverzeichnis und in ein Überlieferungsverzeichnis möglich, wie sie weiter unten diskutiert werden soll.

Von weitreichenden Konsequenzen hinsichtlich der Aufnahme oder Nicht-Aufnahme in das Repertorium sind die Ausführungen unter Punkt VI. Zunächst sollten alle aus dem östlichen Europa stammenden Autoren mit ihrem vollständigen Œuvre aufgenommen werden, zuzüglich jener Autoren, die nachweislich längere Zeit in jenen Territorien zugebracht hatten und dort produktiv waren[6]. Für anonym überlieferte Werke gilt der Ort der wahrscheinlichen Textgenese als Aufnahmekriterium. Die weitere Erschließung erfolgt durch Anlage verschiedener Register.

Bei einer Unterteilung in ein Gattungssystem und hier wiederum nach Autoren bzw. Werktiteln gibt es zweierlei zu bedenken: Zum einen wird der konkrete Überlieferungszusammenhang – die jeweilige Handschrift und deren Geschichte – aufgelöst und zum anderen – was schwerer wiegt – muss unter Umständen das Werk eines Autors auf verschiedene Bereiche des Gattungssystems aufgeteilt werden, will man nicht Inkonsequenzen des Systems in Kauf nehmen.

Im zweiten genannten Fall kann das Gesamtwerk eines Autors zwar durch Register wiedergewonnen werden, doch könnte die Anlage ebenso gut auch umgekehrt erfolgen, indem das Repertorium die Gesamtheit des Werks abbildet, während das Gattungssystem über ein Register erschlossen wird. Dies hätte den Vorteil, dass gattungsmäßig nicht einheitlich zuzuordnende Texte mehrfach aufgenommen werden könnten und Verweisungen leichter anzubringen sind. Zwar können und werden im Repertoriumsteil auch Verweisungen vorgenommen werden, doch wenn sie sich zu sehr häufen, wirken sie hier eher störend.

Wird der Überlieferungszusammenhang aufgelöst, gehen für die Rezeption wichtige Informationen verloren. Diesem Umstand begegnete Albrecht Haus-

4 Ebd., S. 62 f.
5 ²VL 1 (1978), S. VII.
6 Vgl. Schmidtke: Repertorium (wie Anm. 2), S. 64–66.

mann, der zweite Projektbearbeiter, dadurch, dass das nunmehr nach Regionen gegliederte Repertorium eine Zweiteilung in ein Überlieferungs- und ein Textverzeichnis erfuhr[7]. Zudem ging Hausmann in der programmatischen Ausrichtung noch einen Schritt weiter: Aus der Überlieferung heraus sollte ein literarischer Produktions- und Rezeptionsraum entwickelt werden, indem

> eine dem Stand der Forschung genügende Zuordnung von Texten zum Raum Böhmen und Mähren her[ge]stell[t wird]. Das kann geschehen über die Biographie des jeweiligen Autors – dies vor allem dann, wenn vor Ort keine Textzeugen mehr vorliegen –, über den Nachweis der mittelalterlichen Rezeption eines Textes in Böhmen und Mähren – dies vor allem dann, wenn ein Text nicht aus diesem Gebiet stammt, aber zur ‚Literaturszene' in Böhmen und Mähren gehörte –, es kann geschehen über inhaltliche Bezüge zu Böhmen und Mähren, die eine Entstehung in diesem Gebiet wahrscheinlich machen[8].

Damit verbunden sind nach eingehender Lektüre der einschlägigen Handschriftenkataloge sowie übergreifender Registerwerke – insbesondere zur Feststellung von Provenienzen – ausgedehnte Bibliotheks- und Archivreisen, um einerseits unklare Kataloginformationen zu vervollständigen (bzw. gegebenenfalls zu korrigieren) und andererseits nicht oder nur ungenügend aufgearbeitete Bestände ausfindig und für das Repertorium nutzbar zu machen. Der Reiz, auf diese Weise regionale „Literaturszenen" zu rekonstruieren, ist groß – ebenso wie der Aufwand hinsichtlich der beschriebenen Vorarbeiten. Zudem ist eine Reihe methodischer Probleme zu lösen.

Entsprechend dem weiterentwickelten Konzept wurde dann auch die Region Preußenland in die Bearbeitung einbezogen. Vorarbeiten hinsichtlich der zu berücksichtigenden Bibliotheken, zeitgenössischer Verzeichnisse und weiterer (Archiv-)Materialien lagen bereits vor[9]. Doch obwohl das Preußenland für den infrage stehenden Zeitraum eine noch überschaubare Handschriftenproduktion besaß, zeigte sich auch hier, dass wichtige Bibliotheken und Archive gar nicht oder nur sehr unzureichend erschlossen sind. Dazu gehören unter den autochthonen Bibliotheken die von Elbing und Thorn – über die aufgrund älterer Kurzverzeichnisse und anderweitiger Aufzeichnungen aus dem Handschriftenarchiv der Berlin-Brandenburgischen Akademie der Wissenschaften immerhin einiges bekannt ist – sowie Frauenburg, Braunsberg oder Heilsberg[10], über deren Bestände keine Verzeichnisse vorliegen. Für die 1945 neu

7 Hausmann: Geistliche Literatur (wie Anm. 2), S. 410 f.

8 Ebd., S. 410.

9 Vgl. die Bibliotheksrepertorien in Päsler (2003), S. 361–395; dazu auch Mentzel-Reuters (2003). Ebenso sind die Arbeiten des ersten Projektbearbeiters, Freimut Löser, zu nennen, der einen Teil seiner Recherchen inzwischen veröffentlicht hat (Löser [1998], [1999], [2001] sowie ders.: „Lucidarius", Walther von der Vogelweide und der österreichische Bibelübersetzer. Einige Handschriftenfunde in Tschechien. In: Päsler/Schmidtke, S. 427–450 (im Druck).

10 Zu den Aufzeichnungen des Handschriftenarchivs bezüglich des östlichen Europa vgl. demnächst Jürgen Wolf: Vernichtet, verschollen und wieder aufgefunden. Das Handschriftenarchiv der Berlin-Brandenburgischen Akademie der Wissenschaften als Schlüssel zu den

gegründete Universitätsbibliothek Toruń gilt, dass deren mittelalterliche Handschriftenbestände nur teilweise – nämlich in Bezug auf die Königsberger Provenienzen – zureichend aufgearbeitet sind[11].

In den Archiven der Region dürfte mit einschlägigen Texten nur in geringem Umfang zu rechnen sein und wenn, dann in der Regel mit Kleintexten (Streuüberlieferung). Neben Primärtexten sollte in den Archiven auch nach Sekundäraufzeichnungen gesucht werden: nach älteren Bibliothekskatalogen oder -verzeichnissen oder nach Besitzverzeichnissen, die etwa im Zuge von Klosterauflösungen angefertigt worden sind. Hier verbergen sich – das haben die Arbeiten am Königsberger Katalog[12] und jüngst auch am Elbinger Handschriftenverzeichnis (s. u.) eindrücklich gezeigt – wichtige Materialien, die über den Inhalt von Handschriften hinaus Informationen zu deren Geschichte bzw. Vorbesitzern enthalten. Letztere sind gerade für das Repertorium von Belang, wenn es um die Zuordnung zur jeweiligen Region oder um deren Rezeption geht.

Es war eben diese unzureichende Forschungslage, die zu dem Entschluss geführt hat, den Handschriftenbestand einer der bedeutenderen mittleren Bibliotheken des Preußenlandes, über den nur wenig bekannt ist und der zudem heute als verschollen gilt, in einem eigenen Verzeichnis zu beschreiben. So lief parallel zu den Arbeiten am Repertorium von Oktober 2002 bis Dezember 2003 das von der Beauftragten der Bundesregierung für Kultur und Medien geförderte Projekt „Handschriftenverzeichnis der ehemaligen Stadtbibliothek Elbing"[13].

Abschließend sei noch auf eine Informationsquelle hingewiesen, die sich im Zuge der Rekonstruktion von Handschriftenbeständen als ergiebig, in Einzelfällen sogar als entscheidend herausgestellt hat: Es handelt sich um Auktionsverzeichnisse[14]. Insbesondere wenn diese die Bibliotheken von regionalhistorisch interessierten Sammlern verzeichnen, können mitunter Provenienzfragen geklärt werden, die für das Repertorium von weitreichender Bedeutung sind[15].

---

deutschsprachigen Handschriftenbeständen im östlichen Europa. In: Päsler/Schmidtke, S. 1–16 (im Druck).

11 Anders stellt sich die Situation für die Thorner Altdruckbestände dar, deren Herkunft in einer eigenen Studie erforscht wurde (Maria Strutyńska: Struktura proweniencyjna zbioru starych druków Biblioteki Uniwersyteckiej w Toruniu. Przewodnik po zespołach. Problemy badawcze i metodologiczne. Toruń 1999). Die Untersuchungsergebnisse lassen zumindest einige Rückschlüsse auf die Handschriften zu.

12 Vgl. Königsberger Katalog (2000), S. 257.

13 Das Projekt ist nunmehr abgeschlossen, und der Band befindet sich in der Druckvorbereitung.

14 Für Königsberg wurden diese Verzeichnisse zusammengestellt von Janusz Tondel: Katalogi aukcij książkowych w dawnym Królewcu. In: Ders.: Książka w dawnym Królewcu Pruskim. Toruń 2001, S. 133–230; Bibliographie S. 183–200; ders.: Auktionskataloge im alten Königsberg. In: Axel E. Walter (Hg.): Königsberger Buch- und Bibliotheksgeschichte. Köln u. a. 2004, S. 353–415.

15 Für Königsberg ist ein bis zur Kartause in Erfurt führendes Beispiel dokumentiert (vgl. Päsler [2004], S. 193 f.).

I.2

Es bleibt noch, einige Ausführungen zum oben angeführten Gattungssystem zu machen. Dies kann nur geschehen, indem näher spezifiziert wird, was unter „geistlicher Literatur“ zu verstehen ist. Dazu folgt eine kleine, keineswegs vollständige Umschau in Literaturgeschichten und Wörterbüchern zur Literatur(wissenschaft).

In gängigen literaturwissenschaftlichen Nachschlagewerken ist „Geistliche Literatur“ kein Stichwort; auch die jüngeren Literaturgeschichten kennen diese Bezeichnung – etwa in einer Kapitelüberschrift – nicht. Stattdessen wird zumeist „Geistliche Dichtung“ benutzt. Häufiger anzutreffen sind jedoch kleinteiligere Bezeichnungen wie „Geistliche Epik“[16], „Geistliche Spiele“[17] oder „Geistliche Prosa“[18]. Von dieser Prosa aber bleibt verschiedentlich die Mystik ausgeklammert[19]. Auf jedwede Bezeichnung verzichtet Janota, der von „der religiösen Lebensorientierung“ der Menschen ausgeht, die dann „im Blick auf die Gattungsvielfalt wie nach Lage der Überlieferung die spätmittelalterliche Literatur weit mehr prägte als alle anderen Literaturformen“[20].

Mit einer gewissen Vorsicht lässt sich sagen, dass in den Literaturgeschichten eine Bezeichnung gewählt wird, die sich am besten in die gewählte Darstellungsweise einfügt. Das heißt zum einen, dass in der Regel ein engerer Begriff von Literatur vorherrscht, also Sachliteratur ausgeklammert wird und zum anderen, dass die geistliche Dichtung aufgeteilt und den literarischen Formen und/oder Gattungen zugeordnet wird. Hinzu tritt der Umstand, dass die Erscheinungsformen geistlicher Texte im Lauf der Zeit, insbesondere aber vom hohen zum späten Mittelalter deutlich zunehmen und der Vers von der Prosa abgelöst wird. Zudem steigt die Zahl pragmatischer Texte – allen voran die Predigt – enorm; sie wird jedoch, vor allem wenn sie neben ihrer pragmatischen Funktion der Glaubensverkündung auch ästhetischen Bedürfnissen Rechnung trägt, gerne in den Kanon aufgenommen.

---

16 So in Joachim Heinzle (Hg.): Geschichte der deutschen Literatur von den Anfängen bis zum Beginn der Neuzeit. Bd. 2/1: Vom hohen zum späten Mittelalter. Die höfische Literatur der Blütezeit, von L. Peter Johnson. Tübingen 1999, S. 392–430.

17 Hansjürgen Linke: Drama und Theater. In: Ingeborg Glier (Hg.): Die deutsche Literatur im späten Mittelalter 1250–1370. 2. Teil: Reimpaargedichte, Drama, Prosa. München 1987, S. 153–233, hier S. 155–227.

18 Georg Steer: Geistliche Prosa. Ebd., S. 306–370.

19 Alois M. Haas: Deutsche Mystik. Ebd., S. 234–305; vgl. Steer: Geistliche Prosa, S. 306.

20 Johannes Janota: Grundriss einer Geschichte der deutschen Literatur im Spätmittelalter 1220/30–1500/20. In: Beiträge zur Geschichte der deutschen Sprache und Literatur 123 (2001), S. 397–427, hier S. 414. Ein Kapitel mit der Überschrift „Geistliche Literatur“ bzw. „Geistliche Dichtung“ findet sich ebenfalls nicht in seiner jüngst erschienenen Literaturgeschichte (Heinzle: Geschichte [wie Anm. 16]. Bd. 3/1: Vom späten Mittelalter bis zum Beginn der Neuzeit. Orientierung durch volkssprachliche Schriftlichkeit (1280/90–1380/90), von Johannes Janota. Tübingen 2004).

In den Wörterbüchern dominiert „Geistliche Dichtung“[21], wohl weil dies der weitestgefasste Begriff innerhalb eines engeren Literaturbegriffs ist. Aber auch hier zeigen sich Probleme der Begriffsbildung[22], vor allem weil geistliche bzw. religiöse Thematik viele Werke weltlicher Autoren prägt. Nur schwer sind Werke wie der „Gregorius“ und der „Arme Heinrich“ Hartmanns von Aue oder Rudolfs von Ems „Barlaam und Josaphat“ nicht als geistliche Dichtungen anzusehen. Noch komplizierter wird das Problem etwa bei einigen Bîspeln des Strickers, wenn aufgrund ihrer Überlieferung ein Gebrauch in einem geistlichen Zusammenhang sehr wahrscheinlich ist[23].

Aus pragmatischen Gründen wird die im vorliegenden Verzeichnis zusammengestellte Literatur unter dem Leitbegriff „geistliche Literatur“ zusammengefasst, um damit dessen eher sachbezogene Ausrichtung anzudeuten; d. h. die verzeichneten Texte behandeln geistliche Inhalte ohne Einkleidung in eine fiktive (bzw. als fiktiv angesehene) Handlung. Aus diesem Grund sind also Autoren wie der o. g. Rudolf von Ems mit seinem „Barlaam und Josaphat“ ausgeschlossen[24], obwohl der Kontext, in dem gerade dieser Text aufzufinden ist – besonders in der Toruńer Hs. 40/IV[25] – einen katechetischen Gebrauchszusammenhang nahelegt und somit der Text in den Bereich der Laienunterweisung gehörte.

Anderes gilt für Legenden, denen einerseits ein Wahrheitswert zugemessen wurde und die somit als Tatsachenberichte galten sowie andererseits „durch ihre Verankerung in der Liturgie“[26] sachliterarische Funktion erhielten. Damit wird das von Janota oben bereits angesprochene Problem der Prägung gerade der spätmittelalterlichen Literatur[27] durch geistliche Themen lediglich umgangen. Zu überlegen wäre, ob der funktionale Aspekt der Vermittlung geistlicher Inhalte nicht stärker hervorgehoben werden sollte; in diesem Fall wäre sicher der „Barlaam“ Rudolfs von Ems mit aufzunehmen, möglicherweise auch die für das Preußenland nachweisbaren Strickerschen Bîspel.

---

21 Hübner (1958); Schulze (1989); Feistner (1997).

22 Besonders Feistner (1997), S. 114, spricht diese Problematik an und Schulze (1984), Sp. 1184, sieht „im Rahmen von Laienfrömmigkeitsbewegungen ein verstärktes Bedürfnis nach geistl. Lit. in der Volkssprache“, das dazu geführt hat, dass ihre „Textsorten, ihre Entstehungsrahmen und Bestimmungszwecke vielfältig und nur bedingt systematisierbar“ sind.

23 Vgl. Holznagel (2002), S. 125 f. Er spricht in diesem Zusammenhang von „Medien religiöser Laienbekehrung“.

24 Zu weiteren nicht aufgenommenen Text(sort)en und Handschriften vgl. u. S. 19.

25 Nachträglich mit einer Predigt Hugos von Konstanz zusammengebunden in Toruń, UB: Rps 28/III (Königsberger Katalog, S. 91–93) und Rps 40/IV, Bl. 92vb–187rb (zwischen Hiob- und Daniel-Bearbeitungen; vgl. Königsberger Katalog, S. 80–82).

26 Vgl. Edith Feistner: Historische Typologie der deutschen Heiligenlegende des Mittelalters von der Mitte des 12. Jahrhunderts bis zur Reformation. Wiesbaden 1995, S. 1.

27 Bezogen auf das Preußenland erübrigt sich das Problem der Binnenperiodisierung des Mittelalters, da es erst mit dem Beginn der Eroberung durch den Deutschen Orden (1233) in die Literaturgeschichte eintritt.

I.3

Die Vorarbeiten zur Ermittlung eines literarischen Produktions-, Distributions- und Rezeptionsraumes lassen sich in folgende Schritte gliedern:

Zuerst muss die Region in ihren geographisch-historischen Umrissen kenntlich gemacht werden[28]; alsdann ist Material zu historischen Bibliotheken und Beständen dieser Region ausfindig zu machen und auszuwerten.

Zweitens ist anhand der tatsächlich überlieferten Bestände einerseits – soweit dies die Aufzeichnungen zulassen – ein Konnex mit den historischen Verzeichnissen herzustellen. Andererseits müssen diese Bestände auf ihre Provenienz geprüft werden. Kurzgefasst lautet die zu stellende Frage: Befand sich die Handschrift im Mittelalter in der jeweiligen Region? Hierzu sind die Handschriftenkataloge (dazu gehören auch entsprechende handschriftliche Aufzeichnungen, wie sie z. B. im HSA vorliegen) und Registerwerke[29] auszuwerten sowie Untersuchungen vor Ort vorzunehmen. Dies bedeutet, die Überlieferungsgeschichte der jeweiligen Region zu kennen und nachzuvollziehen, wohin die mittelalterlichen Handschriften einer Region etwa im Zuge späterer Verlagerungen gelangten. Potenziell rückt damit jede Bibliothek mit Handschriftenbesitz in das Blickfeld; in der Praxis werden sich jedoch sehr bald Schwerpunkte abzeichnen, an denen verstärkt nachgeforscht werden muss. Gleichzeitig sind aber jene Handschriften auszuschließen, die sich zwar heute in der jeweiligen Region befinden, doch erst in nachmittelalterlicher Zeit dorthin gelangten und darüber hinaus keinerlei Beziehung zur Region aufweisen.

Aufgenommen werden in das Repertorium somit lediglich Handschriften und Texte, bei denen sich mit hinreichender Wahrscheinlichkeit Produktion, Distribution und/oder Rezeption in der jeweiligen Region nachweisen lassen[30]. In diesem Zusammenhang erweist sich die Aufnahme von Fragmenten als problematisch, da sich deren Weg in die jeweilige Region (hier das Preußenland) oft nicht eindeutig genug nachvollziehen lässt. Unter Vorbehalt wurden die in den preußischen Bibliotheken entdeckten Fragmente hier auch dem Preußenland zugeordnet, wohingegen etwa die in außerpreußischen Bibliotheken vorhandenen Fragmente aus der „Catena aurea" des Thomas von Aquin hier unberücksichtigt blieben.

*

28 Für das Preußenland vgl. Päsler (2003), S. 22–26.

29 Z. B. Gesamtindex mittelalterlicher Handschriftenkataloge. Kumulation der Register der seit 1945 in der Bundesrepublik Deutschland erschienenen Handschriftenkataloge. Mikroficheausgabe [...] Leitung: Bernd Michael. Wiesbaden 1995; Manuscripta Mediaevalia (www.manuscripta-mediaevalia.de).

30 Ein entsprechender Versuch für die Sachliteratur (unter Ausschluss geistlicher Literatur) liegt mit Päsler (2003) inzwischen vor. – Eine Zusammenstellung der Gesamtüberlieferung eines Textes kann hier entfallen, da diese häufig an anderer Stelle gedruckt (z. B. ^{2}VL) vorliegt oder eine aktualisierte Version über den ‚Handschriftencensus' im Internet leicht zugänglich ist (www.handschriftencensus.de).

Die deutschsprachige geistliche Literatur des Mittelalters im Preußenland ist zu ihrem größten Teil an die Institution Deutscher Orden gebunden. Dabei handelt es sich im Einzelfall jedoch um Bindungen ganz unterschiedlicher Art und Weise. Dies hat die – teilweise kontroverse – Diskussion um den Begriff der „Deutschordensliteratur" in den letzten Jahren deutlich aufzeigen können[31]. Inwieweit der Deutsche Orden originär verantwortlich für die Texte ist, lässt sich in vielen Fällen nicht eindeutig klären. So ist es schon ein Glücksfall, dass es als gesichert gilt, dass die deutsche Bearbeitung der Prophetenbücher wohl im Auftrag des Deutschen Ordens (in Person des Königsberger Komturs Siegfried von Dahenfeld, 1346–1360) von dem preußischen Franziskanerkustos Klaus Cranc angefertigt wurde. Doch schon bei der Übersetzung der „Catena aurea" ist die Verbindung zum Deutschen Orden weitaus schwieriger zu greifen, wenn auch sicher ist, dass die einst erhaltenen drei vollständigen Königsberger Handschriften aus Deutschordensbesitz stammen[32]. Ähnliches gilt für die mitteldeutsche Psalterübersetzung, bei der die Urheberschaft des Deutschen Ordens von Schöndorf inzwischen zurückhaltender beurteilt wird[33].

All diese Anstrengungen, geistliche Texte oder Inhalte in der Volkssprache vorzulegen, dürften vom Deutschen Orden vornehmlich unter dem Gesichtspunkt unternommen worden sein, in seinen eigenen Reihen – speziell unter den Ritterbrüdern – für einen angemessenen Wissens- und Kenntnisstand zu sorgen. Dass es hierbei zu Austauschprozessen gekommen ist, belegen einerseits das „Marienleben" des Philipp von Seitz oder Handschriften des Neuen Testaments in Melk[34]. In den vorhandenen späteren Sammelhandschriften gerade der biblischen Texte offenbart sich ein Ordnungswille: „Man sammelt hier keine Novitäten, sondern möchte eine bereits ausgebildete Tradition sichern"[35]. Programmatischen Charakter „im Sinne des Auftraggebers der Handschriften [erhielten] diese Kompositionen allenfalls durch ihre Illumination"[36]. Weitaus umfangreicher an Zahl als die deutschsprachigen Texte sind auch im Deutschen Orden die lateinischen; das belegen für das Preußenland die wenigen umfangreicheren Deutschordensbibliotheken in Danzig (Marienkirche[37] und Elisabethhospital[38]) und Königsberg (Dombibliothek[39])[40].

31 Die exponiertesten Beiträge stammen von J. Peters (1996) und Löser (1998); des Weiteren vgl. Schmidtke (1988) sowie passim Mentzel-Reuters (2003) und Päsler (2003).

32 Es steht zu hoffen, dass die in Vorbereitung befindliche Edition von Ursula Hennig und Dietrich Schmidtke hier weiteren Aufschluss bietet.

33 Kurt Erich Schöndorf: Eine Psalmenübersetzung aus dem Deutschordensgebiet. Ein Werkstattbericht. In: Päsler/Schmidtke, S. 75–93 (im Druck).

34 Hierzu ausführlich Löser (1999) und, weiter ausgreifend, Löser (2001) mit Hinweisen auf zusätzliche Texte.

35 Mentzel-Reuters (2003), S. 66.

36 Ebd., S. 67.

37 Bestand erschlossen durch Günther 5 (1921).

38 Bestand erschlossen durch Ziesemer (1929).

Für die anderen im Preußenland ansässigen Orden – vor allem Franziskaner, Dominikaner und Zisterzienser – gilt, dass sie deutschsprachige geistliche Texte nur in sehr geringem Umfang besaßen; dies belegt u. a. auch der gerade abgeschlossene Katalog der Stadtbibliothek Elbing, der die Bestände dieser Bibliothek bis 1945 beschreibt: Unter den aus dem Elbinger Dominikanerkloster stammenden Handschriften findet sich so gut wie nichts Deutschsprachiges.

Erst im 15. Jahrhundert deutet sich für den Westen des Landes – der nach dem 13-jährigen Krieg endgültig nicht mehr dem Deutschen Orden unterstand – langsam eine Veränderung an. Die vom Deutschen Orden geleiteten Interessen verlieren langsam an Wirkung. So entstand im Jahr 1461 die Sammelhandschrift Berlin, SBB-PK: Mgf 532, von der Hand des Danziger Stuhlschreibers Johann Witzenhausen; ihr Inhalt zeigt ein völlig anderes Profil als die Deutschordenshandschriften. Im Einzelfall sind hier noch einige vergleichende Untersuchungen nötig.

II. Zur Anlage der Bestandsübersicht

Die hier gebotene Bestandsaufnahme ist angelegt als Übersicht über die geistliche deutschsprachige Literatur des Preußenlandes im (Spät-)Mittelalter und bildet somit eine Vorarbeit zu dem in Abschnitt I.1 genannten Repertorium. Grundsätzlich ist hinsichtlich des Textbestandes Vollständigkeit angestrebt, wenngleich Nachträge vornehmlich von Kleintexten aus noch nicht hinlänglich untersuchten – im Hauptteil zumeist lateinischen – Handschriften möglich sind. – Folgende Arbeitsschritte wurden durchgeführt:

1. Auswertung der einschlägigen Handschriftenkataloge (s. Literaturverzeichnis);
2. Auswertung der einschlägigen Register (s. o. Anm. 29);
3. Auswertung historischer Verzeichnisse;
4. teilweise Autopsie an den Originalen (Berlin, SBB-PK und GStA-PK; Gdańsk, BGPAN; Heidelberg, UB; Toruń, UB);
5. teilweise Untersuchung nicht katalogisierter Handschriften anhand von Mikrofilmen (Gdańsk, BGPAN; Toruń, UB).

Angelegt ist das Verzeichnis als Autor-/Werkkatalog, der die Überlieferung im mittelalterlichen Preußenland spiegelt. Mithin sind Text- und Überlieferungsteil hier nicht getrennt. Teilweise wird dies dadurch ausgeglichen, dass dem Verzeichnis eine Übersicht der berücksichtigten Handschriften und Inkunabeln (zuzüglich der wichtigsten neuesten Literatur) vorangeht. – Ein Artikel ist in folgender Weise aufgebaut:

---

39 Bestand erschlossen durch Päsler (2003), S. 62–69, und Päsler (2004), S. 235–246, sowie Mentzel-Reuters (2003), S. 270–285.

40 Zu diesem Komplex ausführlich Mentzel-Reuters (2003).

AUTOR [sofern bekannt]: TITEL

Ül1: Textnennung(en) in historischen Katalogen

Ül2: Überlieferung in nachweisbaren Handschriften, die dem Preußenland zuzuordnen sind [dort entstanden, dort vorhanden] (evtl. Nennung eines abweichenden *Incipits*)

Inc.: *Incipit*

Ed.: Edition bzw. Druck

K.: Anmerkungen

Lit.: Literaturangaben [i. d. R. begrenzt auf einschlägige Lexikonartikel wie VL, LMA u. ä. sowie die wichtigsten nachträglich erschienenen Titel]

Wird einer der Unterpunkte eines Artikels nicht aufgeführt, so sind (derzeit) keine Daten dafür vorhanden.

III. Literaturverzeichnis

III.1 Verzeichnis der benutzten Handschriften

An dieser Stelle wäre eigentlich der spezielle Überlieferungskontext der einzelnen Texte zu dokumentieren; doch im Rahmen der hier vorgelegten Bestandsübersicht würde dies zu viel Raum beanspruchen. Da zudem von den meisten der benutzten Handschriften gute und z. T. auch aktuelle Katalogbeschreibungen vorliegen, mag hier eine Übersicht genügen. Neuere Literatur wird in den jeweiligen Artikeln berücksichtigt.

BERLIN, GEHEIMES STAATSARCHIV – PREUSSISCHER KULTURBESITZ (GSTA-PK)

XX. HA Hs. 33, Bd. 5, 7, 8, 12, 14, 15, 17, 19, 21, 23, 24, 25
  Vgl. Königsberger Katalog, S. 157–175.

XX. HA Hs. 34, Bd. 1, 2, 3, 7, 9, 10-12
  Vgl. Königsberger Katalog, S. 199–207.

XX. HA Msc. A 191 2°
  Vgl. Kurzverzeichnis Königsberger Archiv.

XX. HA OBA 5984
  Vgl. Kwiatkowski (1993), S. 113.

BERLIN, STAATSBIBLIOTHEK ZU BERLIN – PREUSSISCHER KULTURBESITZ (SBB-PK)

Ms. germ. 2°.249; 2°.532
  Degering 1 (1925), S. 36, 60.

Ms. germ. 4°.533; 4°.645; 4°.865
  Degering 2 (1926), S. 94, 115, 150[41].

---

41 Ergänzend Steffenhagen (1867), S. 539.

CAMBRIDGE, LIBRARY OF CORPUS CHRISTI COLLEGE
Ms. 509
James (1912), S. 460–463.

GDAŃSK, BIBLIOTEKA GDAŃSKA POLSKIEJ AKADEMII NAUK (BGPAN)
Ms. 1910 [Fragm.], Ms. 1912, Ms. 1982, Ms. 2015, Ms. 2049, Ms. 2146, Ms. 2411,Ms. 2412, Ms. 2413, Ms. 2415, Ms. 2418, Ms. 2527 Fasz. 9 (Fragmentensammlung)
Günther 3 (1909).
Ms. Mar. F 129, F 171, F 298, F 302, F 396, Q 27, Q 38, Q 41, Q 151,
Günther 5 (1921).

ELBING, STADTBIBLIOTHEK
Q 116, [O 16 – siehe Nürnberg, Germanisches Nationalmuseum]
Ralf G. Päsler (Bearb.): Verzeichnis der Handschriften der ehemaligen Stadtbibliothek Elbing (in Druckvorbereitung).

HEIDELBERG, UNIVERSITÄTSBIBLIOTHEK
Cpg 367
Päsler (2003), S. 156–158.

KÖNIGSBERG, STADTBIBLIOTHEK
S 18 fol. – siehe Moskau, LeninB.

KÖNIGSBERG, STAATS- UND UNIVERSITÄTSBIBLIOTHEK
Ms. 179, 389, 528, 613, 885, 890b, 893, 894, 896, 898, 900, 902, 904, 905, 907, 1350, 1563, 1782, 1785, 1851, 1859, 2419, 2914, WB Fragm. 1
Königsberger Katalog, S. 54–153, 196.

MELK, STIFTSBIBLIOTHEK
Cod. 93
Glassner (2000), S. 87 f.

MOSKAU, LENINBIBLIOTHEK
F 183 No. 3250 (olim Königsberg, StadtB: S 51.4°)
Vgl. Seraphim (1909), S. 287.

NÜRNBERG, GERMANISCHES NATIONALMUSEUM
Hs. 198393 (olim Elbing, Stadtbibliothek: O 16).
L. Kurras: [Anzeige]. In: Anzeiger des Germanischen Nationalmuseums 1985, S. 121.

PELPLIN, BIBLIOTHEK DES PRIESTERSEMINARS
Hs. 184
Vgl. Seńko (1969), S. 49.

ST. PETERSBURG, AKADEMIEBIBLIOTHEK
F n°. 204
Korzeniowski (1910), S. 356 f.; Киселева (1978), S. 134–137.

ST. PETERSBURG, NATIONALBIBLIOTHEK
F. v. I. 1.
Minzloff (1853), S. 91.

STUTTGART, WÜRTTEMBERGISCHE LANDESBIBLIOTHEK
HB XIII 11
Buhl/Kurras (1969), S. 90 f.

THORN, GYMNASIALB
R fol. 11
Curtze (1875), S. 6 (Nr. 15).

TORUŃ, UB
Rps 3/I, Rps 6/I, Rps 37/III, Rps 40/IV, Rps 44/IV, Rps 50/IV, Rps 64/III, Rps 68/V, Rps 76/V, Rps 78/II, Rps 82/I, Rps 84/I
Vgl. Königsberger Katalog, S. 73–145.
Rps 75/III (Königsberg, SUB: 1293)
Vgl. Päsler (2003), S. 64 und 70 Anm. 4; eine ausführlichere Beschreibung der Handschrift erfolgt im Zusammenhang mit der Veröffentlichung des neuen Textzeugen des „Granum sinapis".

UPPSALA, UB
C 474
Andersson-Schmitt/Hedlund 5 (1992), S. 190–192.

III.2 Übersicht über die verzeichneten Inkunabeln

Gebetbüchlein, Lübeck: Bartholomäus Ghotan, 1485
Jędrzejowska/Pelczarowa (1954), Nr. 252.

Gebetbüchlein, Danzig: Konrad Baumgarten, 1498
Ernst Voullieme: Miszellen zur älteren Druckgeschichte. In: Zentralblatt für Bibliothekswesen 36 (1919), S. 210–216, hier S. 213.

Jacobus de Voragine: Legenda aurea sive historia lombardica, deutsch. Nürnberg: Anton Koberger 1488
Colijn (1907), S. 189.

Johannes Marienwerder: Leben der zeligen vrouwen Dorothea. Marienburg: Jacob Karweyse 1492Kawecka-Gryczowa (1970), Nr. 3173; Schwenke (1895), S. 66–68; Hörner (1993), S. 44 und 48.

Passienbüchlein. Marienburg: Jacob Karweyse, ca. 1492
Kawecka-Gryczowa (1970), Nr. 4167; Schwenke (1900), S. 3–5; Strutyńska (1995), S. 117-120.

III.3 Nicht aufgenommene Handschriften und Texte

Eine Reihe von mittelalterlichen Handschriften mit einschlägigen Texten wurde nicht in dieses Verzeichnis aufgenommen, weil sie entweder nicht im Preußenland entstanden sind oder sich nicht mit hinreichender Sicherheit nachweisen ließ, dass sie bereits in der infrage stehenden Epoche dort vorhanden waren.

Aus der einstigen Staats- und Universitätsbibliothek Königsberg sind folgende Handschriften nicht aufgenommen worden: Gottholdsche Bibliothek U.a. 7.8° (verschollen); U.a. 8.8° (Toruń, UB: Rps 2/I) und U.a. 9.8° (Toruń, UB: Rps 1/I)[42] – sämtlich Gebetbücher, bei denen die Provenienzen ungesichert sind. Bisher hat sich nicht nachweisen lassen, dass sie sich bereits im Mittelalter im Preußenland befanden[43]. Ebenfalls ausgeschlossen bleibt Toruń, UB: Rps 83/I[44]. Auch hier konnte ein Vorhandensein der Handschrift im mittelalterlichen Preußenland nicht wahrscheinlich gemacht werden. Gleiches gilt für Königsberg, StadtB: S 18 fol[45].

Uppsala, UB: C 802, mit einer nd. Übersetzung von Davids von Augsburg „Formula novitiorum", wurde nicht aufgenommen, da die Hs. nach neueren Forschungen nicht aus Danzig, sondern sehr wahrscheinlich aus dem Magdalenenkloster zu Riga stammt[46].

Von der Aufnahme grundsätzlich ausgeschlossen wurden:

1. Chroniken, obwohl diese oft – vor allem in Form der Weltchroniken – biblisches Wissen transportieren. Hierzu wurde auch die nur noch in Fragmenten vorhandene Übersetzung aus dem „Speculum historiale" des Vinzenz von Beauvais gezählt. Auf die Aufnahme an dieser Stelle kann zudem verzichtet werden, da inzwischen eine vollständige Zusammenstellung existiert[47].
2. „Statuten" der verschiedenen Orden, insbesondere die des Deutschen Ordens. Für letztere muss im Wesentlichen noch immer die von Perlbach vorgelegte Übersicht herangezogen werden[48].

---

42 Zu den Handschriften vgl. Königsberger Katalog, S. 181–188.

43 Die Handschriften stammen aus der Bibliothek des Schuldirektors Friedrich Gotthold und gingen in den Jahren 1852–1859 in den Besitz der SUB Königsberg über (vgl. dazu zuletzt Päsler [1997]). Bekanntermaßen kaufte Gotthold viele seiner Handschriften auf verschiedenen Auktionen; Aufzeichnungen über entsprechende Handschriftenankäufe – und somit zu deren möglicher Herkunft – haben sich bislang nicht gefunden.

44 Vgl. Königsberger Katalog, S. 193 f.

45 Vgl. Seraphim (1909), S. 23.

46 Andersson-Schmitt/Hedlund 6 (1993), S. 318.

47 Päsler (2003), S. 269–302, sowie unter den entsprechenden Lemmata im Textrepertorium (S. 196–217).

48 Max Perlbach (Hg.): Die Statuten des Deutschen Ordens nach den ältesten Handschriften. Halle 1890, S. XV–XXX; zur Ergänzung vgl. Heike A. Burmeister / Jürgen Wolf: Marburger Fund- und Reiseberichte. Miszellen aus dem „Repertorium deutschsprachiger Handschriften des 13. Jahrhunderts". In: ZfdA 127 (1998), S. 45–68, und Udo Arnold in: ²VL 2 (1980), Sp. 71–74.

III.4 Ausgewertete Kataloge 1: Handschriften

Margarete Andersson-Schmitt: Supplement zu E. Rooths Katalog über die mittelalterlichen deutschen Handschriften der Universitätsbibliothek zu Uppsala. In: Corona Amicorum. Studier tillegnade Tönnes Kleberg. Uppsala 1968, S. 1–19.

Andersson-Schmitt/Hedlund = Margarete Andersson-Schmitt / Monica Hedlund: Mittelalterliche Handschriften der Universitätsbibliothek Uppsala. Katalog der C-Sammlung. Bd. 1–8. Stockholm 1988–1995.

August Bertling (Bearb.): Katalog der die Stadt Danzig betreffenden Handschriften der Danziger Stadtbibliothek. Danzig 1892.

Teresa Borawska: Katalog der ermländischen Handschriften der Universitätsbibliothek Uppsala. In: ZGAE 44 (1988), S. 95–128.

Eugen Brachvogel: Die Bibliotheken der geistlichen Residenzen des Ermlandes. In: Königsberger Beiträge, S. 35–44.

— Die Bibliothek der Burg Heilsberg. In: ZGAE 23 (1929), S. 274–358.

Maria Sophia Buhl / Lotte Kurras: Codices physici, medici, mathematici etc., poetae, poetae Germanici, Vitae sanctorum. Wiesbaden 1969.

Maximilian Curtze: Die Handschriften und seltenen alten Drucke der Gymnasialbibliothek zu Thorn. Thorn (Progr.) 1875.

Hermann Degering: Kurzes Verzeichnis der germanischen Handschriften der Preussischen Staatsbibliothek Bd. 1–3. Leipzig 1925–1932.

Christine Glassner (Bearb.): Inventar der Handschriften des Benediktinerstiftes Melk. Teil 1: Von den Anfängen bis ca. 1400. Katalogband. Wien 2000.

Otto Günther: Katalog der Handschriften der Danziger Stadtbibliothek. Teil 2–5. Danzig 1903–1921.

Monika Hedlund (Hg.): Katalog der datierten Handschriften in lateinischer Schrift vor 1600 in Schweden. Bd. 1: Die Handschriften der Universitätsbibliothek Uppsala. Stockholm 1977; Bd. 2: Die Handschriften Schwedens ausgenommen UB Uppsala. Stockholm 1980

Franz Hipler: Analecta Warmiensia. Studien zur Geschichte der ermländischen Archive und Bibliotheken. In: ZGAE 5 (1874), S. 316–488.

Petrus Jaenichius: Notitia Bibliothecae Thorunensis qua de eius origine et incrementis codicibusque msstis aliisque notatu dignis nonnulla breviter et succincte exponuntur. Jena 1723.

Montague Rhodes James: A Descriptive Catalogue of the Manuscripts in the Library of Corpus Christi College Cambridge. Cambridge 1912.

Л. И. Киселева: Латинские Рукописи Библиотеки Академии наук СССР. Опизание рукописей латинского алфавита X–XV вв [L. I. Kiselewa: Lateinische Handschriften der Bibliothek der Akademie der Wissenschaften der UdSSR. Beschreibungen der Handschriften der lateinischen Alphabete vom X. bis XV. Jh.]. Leningrad 1978.

Königsberger Katalog = Katalog der mittelalterlichen deutschsprachigen Handschriften der ehemaligen Staats- und Universitätsbibliothek Königsberg. Nebst Beschreibungen der deutschsprachigen Fragmente des ehemaligen Staatsarchivs Königsberg. Auf der Grundlage der Vorarbeiten Ludwig Deneckes erarbeitet von Ralf G. Päsler, hg. von Uwe Meves. München 2000.

Kurzverzeichnis Königsberger Archiv = Kurzverzeichnis der Handschriften des Königsberger Staatsarchivs. Publiziert als im Internet verfügbare Datenbank: http://www.bis.uni-oldenburg.de/kbg_hss_archiv/.

Józef Korzeniowski (Bearb.): Zapiski z Rękopisów Cesarkiej Biblioteki Publicznej w Petersburgu i innych bibliotek Petersburskich. Kraków 1910.

Lotte Kurras: Deutsche und niederländische Handschriften der Königlichen Bibliothek Stockholm. Handschriftenkatalog. Stockholm 2001.

Franz Lackner (Bearb.): Katalog der Streubestände in Wien und Niederösterreich. Teil 1: Nichtarchivalische Handschriften und Fragmente in Korneuburg, Mistelbach, Retz, St. Pölten, Tulln, Waidhofen an der Thaya, Weitra, Wien, Wiener Neustadt und aus Privatbesitz. Wien 2000.

Otto Meinertz: Die Handschriften und alten Drucke des Königlichen Gymnasiums zu Braunsberg. Braunsberg 1882.

Hermann Menhardt: Verzeichnis der altdeutschen literarischen Handschriften der Österreichischen Nationalbibliothek. Berlin 1960–61.

Rudolf Minzloff: Die altdeutschen Handschriften der Kaiserlichen Öffentlichen Bibliothek zu St. Petersburg. St. Petersburg 1853 (ND Wiesbaden 1966).

Ralf G. Päsler: Zu den mittelalterlichen Handschriften der Gottholdschen Bibliothek. Ein Beitrag zur Rekonstruktion des Handschriftenbestands der ehem. Staats- und Universitätsbibliothek Königsberg. In: BuF 5 (1997), S. 7–15.

— Die Handschriften der Wallenrodtschen Bibliothek. Zweiter Beitrag zur Rekonstruktion der Handschriftensammlung der ehem. Staats- und Universitätsbibliothek Königsberg. In: BuF 12 (2004), S. 7–53.

Ralf Plate: Zum Verbleib mittelalterlicher deutscher Handschriften der ehemaligen Königsberger Bibliotheken. Mit einem vorläufigen Verzeichnis der Handschriften in der Universitätsbibliothek Thorn. In: BuF 1 (1993), S. 93–111.

Władisław Seńko: Rękopisy biblioteki Seminarum Duchownego w Pelpline. Warszawa 1969.

August Seraphim (Bearb.) / Paul Rhode (Mitarb.): Handschriften-Katalog der Stadtbibliothek Königsberg i. Pr. Königsberg 1909.

Georg Daniel Seyler: Bibliothecae Elbingensis publicae [...]. Elbing 1736.

Emil Julius Hugo Steffenhagen: Catalogus codicum manuscriptorum bibliothecae Regiae et Universitatis Regiomontanae. Fasciculus I: Codices ad iurisprudentiam pertinentes. Königsberg 1861 (ND Hildesheim / New York 1975).

— Catalogus codicum manuscriptorum bibliothecae Regiae et Universitatis Regiomontanae. Fasciculus II: Codices historici. Königsberg 1867–72 (ND Hildesheim / New York 1975).

— Die altdeutschen Handschriften zu Königsberg. In: ZfdA 13 (1867), S. 501–574.

Tapiauer Register = Eckhard Grunewald: Das Register der Ordensliberei Tapiau aus den Jahren 1541–1543. Eine Quelle zur Frühgeschichte der ehem. Staats- und Universitätsbibliothek Königsberg. In: BuF 1 (1993), S. 55–91.

Walther Ziesemer: Zur Kenntnis des Bibliothekswesens Preußens im 15. Jh. In: Königsberger Beiträge, S. 393–400.

III.5 Ausgewertete Kataloge 2: Inkunabeln

Isak Colijn: Katalog der Inkunabeln der Königlichen Bibliothek zu Stockholm. Uppsala und Leipzig 1914.

— Katalog der Inkunabeln der Universitätsbibliothek zu Uppsala. Uppsala und Leipzig 1907

Nojus Feigelmanas: Lietuvos Inkunabulai. Vilnius 1975.

Helena Jędrzejowska / Maria Pelczarowa (Bearb.): Katalog Inkunabułów Biblioteki Miejskiej w Gdańsku. Gdańsk 1954.

A. Kawecka-Gryczowa (Hg.): Incunabula quae in Bibliothecis Poloniae asservantur. Wrocław u. a. 1970.

Anna Lewandowska: Inkunabuły Książnicy Miejskiej im. M. Kopernika w Toruniu. Toruń 1979.

Maria Strutyńska (Bearb.): Katalog Inkunabułów Biblioteki Uniwersyteckiej w Toruniu. Toruń 1995.

Eliza Szandorowska: Biblioteka i pracownia introligatorska braci wspólnego życia w Chełmnie. Próba rekonstrukcij. In: Rocznik Biblioteki Narodowej 9 (1973), S. 265–285.

III.6 Weitere Literatur

Aufgelistet werden alle Titel (unter Ausnahme der Kataloge, s. o.), auch jene, die mit Abkürzung zitiert werden. In der Regel wird ein abgekürzter Titel in folgender Weise angeführt: Nachname des Autors (Erscheinungsjahr).

Ludwig von Baczko: Versuch einer Geschichte der Dichtkunst in Preußen. In: Beiträge zur Kunde Preußens 6 (1824), S. 77–88, 151–168.

BBKL = Friedrich Wilhelm Bautz (Hg.): Biographisch-Bibliographisches Kirchenlexikon. Hamm 1989 ff. (auch: www.bautz.de/bbkl).

Gerhard Eis: Die Literatur im Deutschen Ritterorden und in seinen Einflußgebieten. In: Ostdeutsche Wissenschaft 9 (1962), S. 56–101.

Edith Feistner: Geistliche Dichtung. In: Horst Brunner / Rainer Moritz (Hg.): Literaturwissenschaftliches Lexikon. Grundbegriffe der Germanistik. Berlin 1997.

GÄB = Walther Ziesemer (Hg.): Das große Ämterbuch des Deutschen Ordens. Danzig 1921 (ND Wiesbaden 1968).

Klaus Garber: Auf den Spuren verschollener Königsberger Handschriften und Bücher. In: Altpreußische Geschlechterkunde 23 (1993), S. 1–22.

August Rudolph Gebser: Geschichte der Domkirche zu Königsberg und des Bisthums Samland, mit einer ausführlichen Darstellung der Reformation im Herzogthum Preußen. Königsberg 1835.

Günther Goldschmidt: Studien über die Handschriftensammlung der „Wallenrodtschen Bibliothek". In: APF 4 (1927), S. 108–121.

Otto Günther: Schreiberdienst auf der Marienburg im 14. Jahrhundert. In: Mitteilungen des Westpreußischen Geschichtsvereins 16 (1917), S. 53–58.

— Eine Danziger Bücheranzeige des 15. Jahrhunderts. In: Mitteilungen des Westpreußischen Geschichtsvereins 18 (1919), S. 34–38.

Christoph Hartknoch: Alt- und Neues Preussen [...]. Frankfurt, Leipzig 1684.

Karl Helm: Die Literatur des Deutschen Ordens im Mittelalter. In: Zs. für den deutschen Unterricht 30 (1916), S. 289–306, 363–370, 430–438.

Karl Helm / Walther Ziesemer: Die Literatur des Deutschen Ritterordens. Gießen 1951.

Ernst Hennig: Historisch-kritische Würdigung einer hochdeutschen Uebersetzung eines ansehnlichen Teils der Bibel aus dem 14ten Jahrhundert [...]. Königsberg 1812.

Toni Herrmann: Der Bildschmuck der Deutsch-Ordensapokalypsen Heinrichs von Hesler. Königsberg 1934.

Franz Hipler: Literaturgeschichte des Bistums Ermland. Braunsberg, Leipzig 1873.

— Christliche Lehre und Erziehung in Ermland und im preussischen Ordensstaate während des Mittelalters. In: Zs. für Geschichte und Altertumskunde des Ermlandes 6 (1877) S. 81–183.

Annelies Julia Hofmann: Ordensliteratur. In: ²RL 2 (1965), S. 786–816.

Franz-Josef Holznagel: *Barlaam unde der stricker in eyme buche.* Kleinere Reimpaardichtungen des 13. Jahrhunderts in den inventarisierten Handschriften des Deutschen Ordens. In: ZfdPh 121 (2002), S. 121–127.

Petra Hörner: Dorothea von Montau. Überlieferung – Interpretation. Dorothea und die osteuropäische Mystik. Frankfurt/M. u. a. 1993.

Arthur Hübner: Geistliche Dichtung. In: ²RL 1 (1958), S. 540–547.

Günther Jungbluth: Literarisches Leben im Deutschen Ritterorden. In: Heinrich Neu / Günther Jungbluth: Zur Geschichte des Deutschen Ordens. Köln, Wien 1969, S. 27–51.

Königsberger Beiträge = Carl Diesch (Hg.): Königsberger Beiträge. Festgabe zur vierhundertjährigen Jubelfeier der Staats- und Universitätsbibliothek zu Königsberg Pr. Königsberg 1929.

Christian Krollmann: Geistiges Leben in Königsberg während des 14. Jahrhunderts. In: Königsberger Beiträge, S. 243–271.

Kuhnert, Provenienzen = Ralf G. Päsler: Zur Herkunft von Handschriften und alten Drucken der ehemaligen Staats- und Universitätsbibliothek Königsberg. Ernst Kuhnerts Provenienzregister. In: BuF 3 (1995), S. 39–48.

Ernst Kuhnert: Geschichte der Staats- und Universitätsbibliothek zu Königsberg. Von ihrer Begründung bis zum Jahre 1810. Leipzig 1926.

Stefan Kwiatkowski: Die Klausnerin Elisabeth von Marienwerder und ihre „Offenbarung". In: Beiträge zur Geschichte des Deutschen Ordens 2 (1993), S. 101–115.

LMA = Lexikon des Mittelalters. Bd. 1–9. München, Zürich (ab Bd. 7 nur München) 1980–1998.

Anette Löffler: Die liturgischen Fragmente aus dem Historischen Staatsarchiv Königsberg in Berlin. Neue Erkenntnisse zur Liturgiegeschichte des Deutschen Ordens. In: Bernhart Jähnig (Hg.): Kirchengeschichtliche Probleme des Preussenlandes aus Mittelalter und früher Neuzeit. Marburg 2001, S. 131–162.

Freimut Löser: Überlegungen zum Begriff der Deutschordensliteratur und zur Bibelübersetzung. In: Carola L. Gottzmann/ Petra Hörner (Hg.): Studien zu Forschungsproblemen der deutschen Literatur in Mittel- und Osteuropa. Frankfurt/M. 1998, S. 7–37.

— Das Neue Testament aus dem Deutschen Orden und die Melker Reform. In: ZfdPh 118 (1999), S. 1–26.

— Auf dem Weg zur deutschen Bibel. Prosaübersetzungen des Neuen Testaments aus dem Deutschen Orden. In: Bernhart Jähnig (Hg.): Kirchengeschichtliche Probleme des Preussenlandes aus Mittelalter und früher Neuzeit. Marburg 2001, S. 163–197.

Hans-Georg Malz: Das Bibliothekswesen des deutschen Ritterordens in Preußen unter besonderer Berücksichtigung des Verzeichnisses der Ordensliberei Tapiau. Hausarbeit zur Prüfung für den höheren Dienst an wissenschaftlichen Bibliotheken. Köln 1970.

Marienlexikon = Remigius Bäumer / Leo Scheffczyk (Hg.): Marienlexikon. Bd. 1–6. St. Ottilien 1988–1994.

Arno Mentzel-Reuters: Bibeldichtung und Deutscher Orden. Studien zur „Judith" und zu Heinrichs von Hesler „Apokalypse". In: Daphnis 26 (1997), S. 209–261.

— Arma spiritualia. Bibliotheken, Bücher und Bildung im Deutschen Orden. Wiesbaden 2003.

— Datenbank der Bibliotheken des Deutschen Ordens: www.rrz.uni-hamburg.de/Landesforschung/doc.html.

MTB = Erich Joachim (Hg.): Das Marienburger Tresslerbuch der Jahre 1399–1409. Königsberg 1896.

Ralf G. Päsler: Anmerkungen zu den mittelniederdeutschen und mittelniederländischen Handschriften der ehemaligen SUB Königsberg. In: Korrespondenzblatt des Vereins für niederdeutsche Sprachforschung 102 (1995), S. 6–14.

— Auf der Suche nach Königsberger Handschriften. Bericht einer Exkursion nach Kaliningrad, St. Petersburg, Wilna und Thorn. In: Preußenland 34 (1996), S. 1–10.

— Zum Handschriftenbestand – speziell dem mittelalterlichen deutschsprachigen – der ehem. Staats- und Universitätsbibliothek Königsberg. In: Klaus Garber u. a. (Hg.): Kulturgeschichte Ostpreußens in der Frühen Neuzeit. Tübingen 2001, S. 117–151.

— Deutschsprachige Sachliteratur im Preußenland bis 1500. Untersuchungen zu ihrer Überlieferung. Köln u. a. 2003.

— Die Handschriftensammlungen der Staats- und Universitätsbibliothek, der Stadtbibliothek und des Staatsarchivs Königsberg. Mit einem Exkurs zur mittelalterlichen Bibliotheksgeschichte der Stadt und Anhängen. In: Axel E. Walter (Hg.): Königsberger Buch- und Bibliotheksgeschichte. Köln u. a. 2004, S. 189–249.

Ralf G. Päsler / Dietrich Schmidtke (Hg.): Deutschsprachige Literatur des Mittelalters im östlichen Europa. Forschungsstand und Forschungsperspektiven. Heidelberger Tagung vom 7. bis 11. Oktober 2003. Heidelberg (im Druck).

Jelko Peters: Zum Begriff „Deutschordensdichtung". Geschichte und Kritik. In: BuF 3 (1996), S. 7–38.

Georg Christoph Pisanski: Entwurf einer preußischen Literärgeschichte in vier Büchern. Mit einer Notiz über den Autor und sein Buch. Hg. von Rudolf Philippi. Königsberg 1886.

Edward Potkowski: Spirituality and reading. Book collections of the Teutonic Order in Prussia. In: Ordines Militares 7 (1993), S. 217–239.

Hans-Georg Richert: Die Literatur des deutschen Ritterordens. In: Klaus von See (Hg.): Neues Handbuch der Literaturwissenschaft. Bd. 8: Europäisches Spätmittelalter. Hg. von Willy Erzgräber. Wiesbaden 1978, S. 275–286.

²RL = Reallexikon der deutschen Literaturgeschichte [...]. Bd. 1–3. Hg. von Werner Kohlschmidt und Wolfgang Mohr. Bd. 4. Hg. von Werner Kohlschmidt und Achim Masser. Berlin 1958–1984.

³RL = Reallexikon der deutschen Literaturwissenschaft. Neubearbeitung des Reallexikons der deutschen Literaturgeschichte. Bd. 1–3. Gemeinsam mit Harald Fricke, Klaus Grubmüller und Jan-Dirk Müller hg. von Klaus Weimar. Berlin, New York 1997–2003.

Martin Rössler: Kirchenlied. In: ³RL 2 (2000), S. 260–263.

Werner Roth: Die Dominikaner und Franziskaner im Deutsch-Ordensland Preußen bis zum Jahre 1466. Diss. phil. Königsberg 1918.

Jürgen Sarnowsky: Die Wirtschaftsführung des Deutschen Ordens in Preußen (1382–1454). Köln u. a. 1993.

Dietrich Schmidtke: Repräsentative deutsche Prosahandschriften aus dem Deutschordensgebiet. In: Volker Honemann / Nigel F. Palmer (Hg.): Deutsche Handschriften 1100–1400. Oxforder Kolloquium 1985. Tübingen 1988, S. 352–378.

— Prosadenkmäler des 14. und des beginnenden 15. Jahrhunderts aus dem Deutschordensgebiet. In: Carola L. Gottzmann (Hg.): Unerkannt und (un)bekannt. Deutsche Literatur in Mittel- und Osteuropa. Tübingen 1991, S. 59–78.

Ursula Schulze: Geistliche Dichtung III. Deutsche Literatur. In: LMA 4 (1989), Sp. 1184–1187.

— Geistliches Lied. In: ^{3}RL 1 (1997), S. 681–688.

Paul Schwenke: Zur altpreußischen Druckergeschichte. In: Karl Dziatzko (Hg.): Sammlung bibliothekswissenschaftlicher Arbeiten, 8. Heft. Leipzig 1895, S. 64–83.

— Zur altpreußischen Druckergeschichte (Zweiter Artikel). In: Karl Dziatzko (Hg.): Sammlung bibliothekswissenschaftlicher Arbeiten, 13. Heft. Leipzig 1900, S. 1–12.

SRP 1–5 = Theodor Hirsch u. a. (Hg.): Scriptores rerum Prussicarum. Die Geschichtsquellen der Preußischen Vorzeit bis zum Untergange der Ordensherrschaft. Bd. 1–5. Leipzig 1861–1874.

SRP 6 = Walther Hubatsch (Hg.) / Udo Arnold (Bearb.): Scriptores rerum Prussicarum. Die Geschichtsquellen der Preußischen Vorzeit bis zum Untergange der Ordensherrschaft. Bd. 6. Frankfurt/M. 1968.

Philip Strauch: Die Deutschordensliteratur des Mittelalters. Rede zur Feier des Geburtstages [...]. Halle/S. 1910.

^{2}VL = Kurt Ruh u. a. (Hg.): Die deutsche Literatur des Mittelalters. Verfasserlexikon. Bd. 1–11. Berlin, New York 1978–2004.

Emil Waschinski: Erziehung und Unterricht im Deutschen Ordenslande bis 1525 mit besonderer Berücksichtigung des niederen Unterrichts. Danzig 1908.

Jarosław Wenta: Studien über die Ordensgeschichtsschreibung am Beispiel Preußens. Toruń 2000.

H. Westphal: Das Elbinger Beichtbüchlein. In: Erich Bahr (Hg.): Studien zur Geschichte des Preußenlandes. FS für Erich Keyser [...]. Marburg 1963, S. 405–416.

— Beichtbüchlein des Deutschen Ordens. In: P. Klemens Wieser O. T. (Hg.): Acht Jahrhunderte Deutscher Orden. Bad Godesberg 1967, S. 241–268.

Edmund Will: Zur Geschichte der Braunsberger Bibliotheken. In: Königsberger Beiträge, S. 374–388.

Werner Williams-Krapp: Die deutschen und niederländischen Legendare des Mittelalters. Studien zu ihrer Überlieferungs-, Text- und Wirkungsgeschichte. Tübingen 1986.

Walther Ziesemer: Eine bisher unbekannte Deutschordenshandschrift. In: Zs. des Westpreußischen Geschichtsvereins 54 (1912), S. 225–241.

— Die Literatur des Deutschen Ordens in Preußen. Breslau 1928.

— Studien zur mittelalterlichen Bibelübersetzung. Halle/S. 1928 (zugleich in: Schriften der Königsberger gelehrten Gesellschaft, Geisteswiss. Klasse 5 [1928], S. 367–384).

IV. Abkürzungen

A	Archiv
AB	Akademiebibliothek
B	Bibliothek
BuF	Berichte und Forschungen. Jahrbuch des Bundesinstituts für ostdeutsche Kultur und Geschichte; seit 2000: Bundesinstitut für Kultur und Geschichte der Deutschen im östlichen Europa
DO	Deutscher Orden
DSAM	Dictionnaire du Spiritualité ascétique et mystique. Doctrine et histoire
FS	Festschrift
Hs(s).	Handschrift(en)
HSA	Handschriftenarchiv der Berlin-Brandenburgischen Akademie der Wissenschaften, Berlin
Jb.	Jahrbuch
Jh.	Jahrhundert
LB	Landesbibliothek
ND	Neudruck/Nachdruck
ÖNB	Österreichische Nationalbibliothek
P I	Provenienz I (= Schriftheimat einer Hs.)
P II	Provenienz II (= Vorbesitzer einer Hs.)
s.	siehe
SUB	Staats- und Universitätsbibliothek
u.	unten
UB	Universitätsbibliothek
V	Vers(e)
ZfdA	Zeitschrift für deutsches Altertum und deutsche Literatur
ZfdPh	Zeitschrift für deutsche Philologie
ZGAE	Zeitschrift für Geschichte und Altertumskunde Ermlands
*	Aufnahme fraglich, weil preußische Provenienz nicht gesichert

Die abgekürzt zitierte Literatur ist im vorangehenden Literaturverzeichnis aufgeführt.

V. Deutschsprachige geistliche Texte des Mittelalters im Preußenland – Bestandsübersicht

Ablässe

Ablass *Swer do sprechet*

Ü12: Berlin, SBB-PK: Ms. germ. 4°.533, Bl. 125r–125v.

Inc.: *Swer do sprechet noch eyme aue maria ihc xpc der hat drisic tage ablas ...*

Lit.: G. Feudel: Das Evangelistar der Berliner Hs. Ms. germ. 4° 533. Berlin 1961. Bd. 1, S. XVII; allg. L. Hödl in: LMA 1 (1980), Sp. 43–46.

Ablass *Vonn denn X seyne*

Ü12: Königsberg, SUB: 528, S. 1 (verschollen).

Inc.: *Vonn denn X seyne tragung X tage aplas ...*

Ablass für den Deutschen Orden

Ü12: Königsberg, SUB: 528, S. 266–271 (verschollen).

Inc.: *Indulgencie In capellis ordinis teutunice / et huius capelle In oster tage / V. hundert iar aplas vnnd. LXXXII. Jar / vnnd LXXVIII. karenen. II^m^ [?] tage. III^c^ / tage vnnd. LXXX. tage ...*

Ablasszusammenfassung

Ü12: Gdańsk, BGPAN: Ms. Mar. F 302, Bl. 126v.

Clemens III., papa (?) : Pestsegen und Ablass

Ü12: Königsberg, SUB: 893, Bl. 71r–71v (verschollen).

Inc.: *De benediginge gode des vaders ...*

→ Gebete mit Ablassversprechen

Das andere Land

Ü12: Gdańsk, BGPAN: Ms. 2418, Lage I, Bl. 1r–3v.

K.: Fragm.; aus dem Jahr 1462.

Lit.: C. Kiening in: ²VL 11 (2000), Sp. 89–91; H. Beckers: ‚Flos und Blankeflos' und ‚Von den sechs Farben' in niederdeutsch-ostmitteldeutscher Mischsprache aus dem Weichselmündungsgebiet. In: ZfdA 109 (1980), S. 129–146.

Apokalypse

Ü11: Marienburg, DO, nachgewiesen für 1394 (MÄB, S. 124,12) und 1398 (MÄB, S. 125,18); Schlochau, DO, nachgewiesen für 1437 (GÄB, S. 667,37).

K.: Sehr wahrscheinlich handelt es sich um Heinrich von Hesler: Apokalypse (s. dort); ein stringenter Beweis der Textidentität lässt sich jedoch nicht führen.

Prosa-Apokalypse

Ü11: Tapiauer Register B 128 [= Toruń, UB: Rps 44/IV];

Ü12: Toruń, UB: Rps 44/IV, Bl. 2r–31r.

Inc.: *Appokalipsis Ihesu Cristi di got Iohanni gab sime liben ...*

Ed.: F. E. A. Campbell: Die Prosa-Apokalypse der Königsberger Hs. 891 und die Apokalypse Heinrichs von Hesler. Königsberg 1913.

Lit.: K. Ruh in: ²VL 1 (1978), Sp. 406–408.

APOSTELGESCHICHTE

Ül2: Berlin, GStA–PK: XX. HA Msc. A 191 2°, S. 625a–684b[49].

Inc.: [Prolog:] *Dis ist dy rede vorrede ... Lucas was eyn syrus van syria vz dem lande vnde des lob wirt ouch dem in dem ewangelio gesungen ...* [Text:] *Die erste rede, o Theophile, di han ich gemachit in dem beschribende des ewangelii van alle den dingen ...*

Ed.: Walther Ziesemer (Hg.): Eine ostdeutsche Apostelgeschichte des 14. Jh.s. Halle/S. 1927.

Lit.: L. Denecke in: ²VL 1 (1978), Sp. 410 f.

AVE MARIA

→ Gebete, Einzelüberlieferung : *Got vater almechtiger geyst*; Glossenlied zum Ave Maria.

BARLAAM UND JOSAPHAT

Ül1: Marienburg, DO, nachgewiesen für 1394 (MÄB, S. 124,16) und 1398 (MÄB, S. 125,21); Elbing, DO, nachgewiesen für 1440 (GÄB, S. 93,25); Osterode, DO, nachgewiesen für 1437 (GÄB, S. 332,5–6).

K.: Aus den vorliegenden Informationen geht nicht eindeutig hervor, um welchen Text der Barlaam-und-Josaphat-Legende es sich handelt; die Wahrscheinlichkeit spricht für die Version des Rudolf von Ems, da hiervon Deutschordenshandschriften existieren, doch könnten auch andere Bearbeitungen, etwa in Legendenform gemeint sein (vgl. C. Stöllinger-Löser in: ²VL 11 [2003], Sp. 215–219).

BEICHTEN

DANZIGER BEICHTE 1

Ül2: Gdańsk, BGPAN: Ms. Mar. Q 38, Bl. 185r.

DANZIGER BEICHTE 2

Ül2: Gdańsk, BGPAN: Ms. Mar. Q 27, Bl. 88r.

Inc.: *Ich sundiger mensche ich bekenne unserim herren dem allmechtigen gote, der konygenne Marien unde gotes heligen, daz ich leyder ny keynen tag vorczeret habe alzo ich billichen solde ...*

K.: Unvollständig, am Seitenende abbrechend.

BEICHTBÜCHLEIN DES DEUTSCHEN ORDENS

ÜL2: Cambridge, Library of Corpus Christi College: Ms. 509, Bl. 154v–156v, Ir–v und IIr [Nachtrag von anderer Hd. des 15. Jh.s].

Inc.: *Noch der worheit und an wyzunge der heyligen lerer eyn grunt und eyne thöyr aller togunt ...*

Ed.: H. Westphal: Beichtbüchlein des Deutschen Ordens. In: P. K. Wieser (Hg.): Acht Jh.e Deutscher Orden. Bad Godesberg 1967, S. 241–268, hier S. 250–261 und 264–268 (vgl. u. Honemann).

Lit.: Westphal (1963); V. Honemann in: ²VL 11 (2001), Sp. 400–402.

49 Wohl nicht in direktem Zusammenhang mit Preußen steht Melk, StiftsB: Cod. 93, Bl. 1v–57v.

GEMEINE BEICHTE IM DEUTSCHEN ORDEN

Ül2: Königsberg, SUB: 528, S. 210–222 (verschollen).

Inc.: *Herrre* [!] *ich kome zu gotis gnaden vnnd zcu ewrem rothe Vnnd bekenne vnserm herrenn gote vnnd seiner mutter der heiligen Jungfrauen marien ...*

K.: Hier Teil des Stundenbuchs des Deutschen Ordens.

Lit.: Westphahl (1963); V. Honemann in: ²VL 11 (2001), Sp. 400–402.

GEMEINE BEICHTE

Ül2: Königsberg, SUB: 1350, Bl. 3ff. (verschollen).

Inc.: *Ich sundiger mensche bekenne unserm herren und der konigynne Marie ...*

Ed.: Hipler (1877), S. 141 f.

BERINGER, HEINRICH: DIE ERMAHNUNG DES KARTHÄUSERS

Ül1: Nur indirekte Überlieferung im Rahmen von Chroniken.

Inc.: *Wirdiger hochmeister, genediger here, um Gotis willen und armen landis nutczis willen ...*

K.: Denkschrift an den Hochmeister Paul von Rußdorf (1422–1441), die Missstände im Preußenland betreffend.

Ed.: Th. Hirsch in: SRP 4 (1870), S. 450–465; frühere Drucke vgl. Arnold (s. u.).

Lit.: U. Arnold in: ²VL 1 (1978), Sp. 723 f.

BERNHARDSTRAKTAT

Ül2: Königsberg, SUB: 905, Bl. 1r–19r (verschollen).

Inc.: *God van hemelriche / nu do genedeliche / sende mi to den ougen ...*

Lit.: H. Eggers in: ²VL 5 (1985), Sp. 105; C. Treutwein in: Marienlexikon 1 (1988), S. 454 f.

BRUDER BERTHOLD (VON FREIBURG): RECHTSSUMME

Ül1: Marienburg, DO, nachgewiesen für 1394 und 1398 (MÄB, S. 124,15 und 125,20); Thorn, DO, nachgewiesen für 1414 (GÄB, S. 435,3); 1418 (GÄB, S. 436,4 f.); 1422 (GÄB, S. 438,5); 1424 (GÄB, S. 439, 35); 1428 (GÄB, S. 441,18); 1431 (GÄB, S. 444,29); 1436 (GÄB, S. 446,29 f.); 1437 (GÄB, S. 449,36 und 450,14 f.); 1440 (GÄB, S. 453,18); 1441 (GÄB, S. 456,8); 1446 (GÄB, S. 488,14); Osterrode, DO, nachgewiesen für 1437 (GÄB, S. 332,5); Elbing, DO, nachgewiesen für 1440 (GÄB, S. 93,24).

K.: Nachgewiesen unter den Bezeichnungen Bruder Bertol oder Summa Johannis (vgl. Päsler [2003], S. 199 und 355; Mentzel-Reuters [2003], S. 236 f.).

Ed.: Georg Steer u. a. (Hg.): Die ‚Rechtssumme' Bruder Bertholds. Eine abecedarische Bearbeitung der ‚Summa confessorum' des Johannes von Freiburg. Synoptische Edition der Fassungen B, A und C. Bd. 1–4. Tübingen 1987.

Lit.: P. Johanek in: ²VL 1 (1978), Sp. 807–813; Schmidtke (1991), S. 77; M. Hamm / H. Ulmschneider (Hg.): Die ‚Rechtssumme' Bruder Bertholds [...].

Quellenkommentar. Bd. 1–2. Tübingen 1991.

Bibel und Teilbibeln

Hier nicht aufgenommen wurden Texte, die im VL ebenfalls einen eigenen Artikel erhalten haben. Deshalb siehe auch:

Apokalypse; Prosa-Apokalypse; Apostelgeschichte; Cantica; Klaus Cranc; Daniel; Esra und Nehemia; Evangelienharmonie; Evangelistare; Heinrich von Hesler; Hester; Hiob; Judith; Makkabäer; Psalterien.

Altes Testament

Ül2: Toruń, Wojewódzka Biblioteka Publiczna Książnica Kopernikańska: rps 98 (olim GymnasialB: R fol. 11).

Inc.: *Czu dem ersten geschuf got hymel vnd erde, dy erde was fruchper vnd eytel ...*

K.: Mitteldt. Übersetzung aus dem 15. Jh.; umfasst das Alte Testament von Genesis bis Liber Regum. Noch ungklärt ist, welchem Übersetzungszweig dieser Text angehört und wann (bzw. wie) die Hs. in das Preußenland gelangte[50].

Lit.: H. Niewöhner in: HSA, 3 Bll., Juli 1912.

Ein Buch von der neuwen und alden ee

Ül1: Königsberg, DO, nachgewiesen für 1431 (GÄB, S. 29,22); 1435 (GÄB, S. 32,21); 1437 (GÄB, S. 39,14); 1438 (GÄB, S. 40,29); Tapiauer Register A 1 (K.: zusammen mit der „Cronica von Leiffland" und dem „Stucker").

K.: Dafür, dass es sich bei diesem Text um die Übersetzung einer Bibel handelt, spricht eher wenig – wenngleich diese Möglichkeit nicht völlig ausgeschlossen werden kann. Mit größerer Wahrscheinlichkeit wird es eine Bearbeitung gewesen sein, etwa in der Art der Historienbibeln (s. dort).

½ Bibel

Ül1: Thorn, DO, nachgewiesen für 1414 (GÄB, S. 435,5).

1 Biblie

Ül1: Elbing, DO, nachgewiesen für 1440 (GÄB, S. 93,24); Thorn, DO, nachgewiesen für 1446 (GÄB S. 458,14–15).

1 Teil [der Bibel]

Ül1: Marienburg, DO, nachgewiesen für 1394 (MÄB, S. 124,18); Königsberg, DO, nachgewiesen für 1431 (GÄB, S. 29,21); 1434 (GÄB, S. 32,18–19, jedoch zwischen den lat. und den dt. Büchern); 1438 (GÄB, S. 40, 26–27).

2 Teile [der Bibel]

Ül1: Marienburg, DO, nachgewiesen für 1398 (MÄB, S. 125,23).

Eyne ditsche Byblie

Ül1: Kulm, Pfarrkirche, nachgewiesen in Berlin, GStA-PK: XX. HA OF 83, S. 124.

K.: Der Eintrag stammt vom 21. Dez. 1451.

Pars biblie

Ül1: Thorn, DO, nachgewiesen für 1414 (GÄB, S. 436,6); 1424

---

50 Eine eingehende Beschreibung der Hs. Im Rahmen eines Fundberichtes ist vorgesehen.

(GÄB, S. 439,36); 1428 (GÄB, S. 441,19–20); 1431 (GÄB, S. 444,30); 1436 (GÄB, S. 30–31); 1437 (GÄB, S. 449,37 und 450,15–16); 1440 (GÄB, S. 453,19); 1441 (GÄB, S. 456,8–9).
Graudenz, DO, nachgewiesen für 1440 (GÄB, S. 608,12); 1447 (GÄB, S. 609,38).

K.: Die Nachweise für Thorn (*½ Bibel; 1 biblie; pars biblie*) dürften sich jeweils auf dasselbe Buch beziehen. Wenn mit den unterschiedlichen Angaben auch jeweils andere Textbestände gemeint sind, könnte die „deutsche Bibel" möglichwerweise sukzessive ergänzt worden sein.

Lit.: Vgl. Löser (2001) und Mentzel-Reuters (2003) passim.

CORPUS EWANGELICUM

Ül1: Schlochau, DO, nachgewiesen für 1437 (GÄB, S. 667,38).

1 DEUTCZSCH EWANGELIARIUM VON DER NEWEN EE

Ül1: Königsberg, DO, nachgewiesen für 1431 (GÄB, S. 29,22); 1434 (GÄB, S. 32,20); 1436 (GÄB, S. 35,1); 1437 (GÄB, S. 39,14); 1438 (GÄB, S. 40,28).

EWANGELIA DUTSCH; DEUTSCHE EWANGELIA

Ül1: Thorn, DO, nachgewiesen für 1414 (GÄB, S. 435,4); 1422 (GÄB, S. 438,6); 1428 (GÄB, S. 441,18–19); 1437 (GÄB, S. 449,38–39 und 450,17); Graudenz, DO, nachgewiesen für 1440 (GÄB, S. 608,14); 1447 (GÄB, S. 610,2).

EIN PERGAMEN BUCH DARIN GESCHRIBENN VON DER APOSTELENN VNNSERS HERRN GEBURTH VND LEIDEN

Ül1: Tapiauer Register B 2.

K.: Eine Identifizierung des Textes war nicht möglich.

Lit.: Löser (2001), S. 187 mit Anm. 83.

→ Apokalypse; Prosa-Apokalypse; Bibel, Auszüge; Cantica; Cranc, Klaus; Daniel; Esra und Nehemia; Evangelienharmonie; Evangelistare; Heinrich von Hesler; Hester, Hiob; Judith; Lektionar; Makkabäer.

BIBEL, AUSZÜGE

IO 1,1–14

Ül2: Königsberg, SUB: 528, S. 95–96 (verschollen).

Inc.: IN dem anbegynne was das wort Vnd das / wort was bey gote ...

→ Cantica.

BIRGITTA VON SCHWEDEN

REVELATIONES, DT.

Ül2: Berlin, SBB-PK: Ms. germ. 2°.532, Bl. 10r–165r.

Lit.: U. Montag in: ²VL 1 (1978), Sp. 867–869.

REVELATIONES IN DT. VERSEN

Ül2: St. Petersburg, AB: F n°. 204, Bl. 190v.

Inc.: *Die Wort gehoren dorczu / lot is nicht syn czu fru / die christus czu sente brigitten sprach / in dem lande czu Sweden das geschach ...*

K.: Die Hs. gehörte dem Heilsberger Arnoldus de Venrade.

Lit.: U. Montag in: ²VL 1 (1978), Sp. 867–869; erwähnt bei E. Potkowski: Kirchliche Publizistik in spätmittelalterlichen

Handschriften aus Polen. In: H. Härtel u. a. (Hg.): Probleme der Bearbeitung mittelalterlicher Handschriften. Wiesbaden 1986, S. 301–315, hier S. 307 Anm. 23.

BUCH VOM LEBEN DOROTHEE ; DEM SELBEN BUCHE, DOROTHE

Ül1: Schlochau 1437 (GÄB, S. 667,41): *buch vom leben Dorothee*; Marienburg 1399 (MTB, S. 15,22–24): *dem selben buche, Dorothe*[51].

K.: Unklar an beiden Angaben ist, ob es sich um die Dorotheenvita des Johannes Marienwerder handelt oder um eine Dorotheenlegende (vgl. z. B. ‚Passienbüchlein'); historisch möglich ist beides, wenngleich sowohl der zeitliche Zusammenhang als auch die Bedeutung der Dorothea von Montau für den Deutschen Orden eher für die Vita des Johannes Marienwerder spricht.

1 BUCH VON UNSERS HERREN KYNTHEIT

Ül1: Königsberg, DO, nachgewiesen für 1434 (GÄB, S. 32,20–21); 1436 (GÄB, S. 35,1–2); 1437 (GÄB, S. 39,14–15); 1438 (GÄB, S. 40,28–29).

K.: Mögliche Identifizierung: Bruder Philipps ‚Marienleben' (s. Philipp von Seitz).

Lit.: Päsler (2003), S. 354.

CANTICA

Ül2: Gdańsk, BGPAN: Ms. 1912, Bl. 130r–131v; Toruń, UB: Rps 84/I, Bl. 170r–182r.

MITTELDEUTSCHE ÜBERSETZUNG

Ül2: Berlin, SBB-PK: Ms. germ. 2°.249, Bl. 92va–98rb.

Inc.: *Ich bekenne dir herre dan du bist widder mich ...*

QUICUNQUE VULT

Ül2: Gdańsk, BGPAN: Ms. 1912, Bl. 130r.

Inc.: *Desin Salmen und lobesank machte Anastasius von dem cristen gelouben yn der Stad Allexandria. Der selik welle syn, vor allen dingen yst ym nutcze ...*

MAGNIFICAT

Ül2: Gdańsk, BGPAN: Ms. 1912, Bl. 131v.

Inc.: [Nicht verzeichnet].

NUNC DIMITIS

Ül2: Gdańsk, BGPAN: Ms. 1912, Bl. 131v.

Inc.: [Nicht verzeichnet].

[BENEDICTUS ?]

Ül2: Berlin, GStA-PK: XX. HA Hs. 34, Bd. 9.

K.: Es handelt sich um ein schwer leserliches Fragment, weshalb die Textidentifizierung unsicher ist.

CHRISTLICHER UNTERRICHT

Ül2: Thorn, Ratsbibliothek [ohne Signatur].

51 Der vollständige, unter dem 21. Januar 1399 gebuchte Eintrag, lautet: *Item 5 m. magistro Arnoldo eyn buch zu koufen von des meisters geheise am dinstage Agnetis virginis. item 3 m. zu dem selben buche, Dorothe, die Cristianus sien schuler nam.* – Eine sichere Textidentifizierung ist dadurch leider nicht gegeben.

K.: Über diese Pergamenths. ist weiter nichts bekannt; sie taucht nicht im Katalog von Curtze (1878) auf. – Der Titel erinnert jedoch an die Hs. Königsberg, SUB: 1785, die Rulman Merswins ‚Buch von den neun Felsen' (s. u.) enthielt und in einer Schrift des 18. Jh.s mit *Altdeutscher christlicher Unterricht* überschrieben war (vgl. Königsberger Katalog, S. 139).
Lit.: Jaenichius (1723), S. 32, Nr. CXXXIV.

CRANC, KLAUS: PROPHETENÜBERSETZUNG
Ül2: Berlin, GStA-PK: XX. HA Msc. A 191 2°, S. 5–415.
Inc.: [Prolog:] *Gotis geystis suze brunst / Offenbar der eren kunst* ... [Text:] *Nymant wene wen er sit di propheten mit versen geschriben* ...
Ed.: Walther Ziesemer (Hg.): Die Prophetenübersetzung des Claus Cranc. Halle/S. 1930.
Lit.: I. Meiners in: ²VL 5 (1985), Sp. 337 f.; Schmidtke (1988), S. 352 f.; vgl. auch A[.] Sch[olla] / E[.] O[vergaauw] in: P. J. Becker / E. Overgaauw (Hg.): Aderlass und Seelentrost. Die Überlieferung deutscher Texte im Spiegel Berliner Handschriften und Inkunabeln. Berlin 2003, S. 210 f. (mit Abb. von S. 365).

DANIEL
Ül2: Toruń, UB: Rps 40/IV, 187rb–237ra;
Stuttgart, Württembergische Landesbibl.: HB XIII 11, Bl. 1ra–26rc.
Inc.: *Hy hebe an vnde lis / dis buch heyset Danielis / Aller engel wunne / der wisheit eyn tif brunne* ...
Ed.: Arthur Hübner (Hg.): Die poetische Bearbeitung des Buches Daniel, aus der Stuttgarter Handschrift. Berlin 1911.
Lit.: G. Jungbluth in: ²VL 2 (1980), Sp. 42 f.

[LIBER] DIALOGORUM
Ül1: Marienburg 1394 (MÄB, S. 124,17) und 1398 (MÄB, S. 125,22).
K.: Möglicherweise Gregor I, papa: ‚Libri IV dialogorum de vita et miraculis patrum Italicorum et de aeternitate animarum, dt.' (vgl. Gdańsk, BGPAN: Ms. 1950).

DIES IRAE, DT.
Ül2: Toruń, UB: Rps 84/I, Bl. 186v–188r.
Inc.: *En dach des tornes de dach ys ghenant* ...
Ed.: Fritz Milkau: Die älteste deutsche Übertragung des Dies irae. In: Niederdeutsches Jb. 17 (1891), S. 84–88.
Lit.: K. Strecker: Dies irae. In: ZfdA 51 (1909), S. 227–255.

DOROTHEA VON MONTAU
→ Marienwerder, Johannes.

ELISABETH VON MARIENWERDER: OFFENBARUNG
Ül2: Berlin, GStA-PK: XX. HA OBA 5984.
Inc.: *O, gy, konnige Witlik, sie iw, dat hir steiht Christus, unse herre, und spreckt to enen mynschen also* ...
Ed.: Kwiatkowski (1993), S. 113–115.

K.: Der Text der 1432 angefertigten Abschrift muss nach Kwiatkowski (1993), S. 106, bereits vor 1413 entstanden sein, weil er nach der Schlacht von Tannenberg (1410) weiter für einen Krieg gegen Polen-Litauen eintritt, was nach dem Sturz Heinrichs von Plauen (1413) unwahrscheinlich war.
Lit.: Kwiatkowski (1993).

ESRA UND NEHEMIA
Ül2: Stuttgart, LB: HB XIII 11, Bl. 27ra–37ra.
Inc.: *Nv diz ist ein vorgewerbe / Diz buches gar wol bederbe ...*
E.: S. D. Stirk (Hg.): Esdras und Neemyas, eine Deutschordensdichtung aus dem 14. Jh. Breslau 1938.
Lit.: G. Jungbluth in: ²VL 2 (1980), Sp. 632 f.

EVANGELIENHARMONIE
Ül2: Gdańsk, BGPAN: Ms. 2146, Bl. 16r–197v (D: 1415).
Inc.: *In principio erat verbum. Dat wort was in deme begynne. Augustinus. Dat de ewighe wisheit was gy vor allen creaturen ...*
Ed.: Axel Mante (Hg.): Johannes Gerson, Monotessaron. Eine mnd. erweiterte Fassung vom Jahre 1513. Lund 1952 (nach Trier, Diözesanarchiv, Hs. 75).
Lit.: P. Hörner: Zweisträngige Tradition der Evangelienharmonie. Harmonisierung durch den ‚Tatian' und Entharmonisierung durch Georg Kreckwitz u. a. Hildesheim u. a. 2000, S. 195–203.

EVANGELISTARE

BERLINER EVANGELISTAR
Ül2: Berlin, SBB–PK: Ms. germ. 4°.533, Bl. 1r–125r.
Inc.: [Anfang fehlt].
Ed.: G. Feudel: Das Evangelistar der Berliner Hs. Ms. germ. 4° 533. Berlin 1961 (2 Bd.e).
Lit.: Feudel (s. o.); H. Jeske in: ²VL 2 (1980), Sp. 652 f.

KÖNIGSBERGER EVANGELISTAR
Ül2: Königsberg, SUB: 893 (verschollen).
Inc.: [Anfang fehlt].

EXEMPLA, DT.
Ül2: Moskau, LeninB: F 183 No. 3250 (olim Königsberg, StadtB: S 51.4°), Bl. 190v-191v.
Inc.: 1. (Bl. 190v): *Is geschach in dem landen czu zaschen in eynem dorfe das his kolbecke ...;*
2. (Bl. 191r): *Is waz eyne gutte frawe dy hatte eynen zon. der zon globte der muttir ...;*
3. (Bl. 191v): *Is was eyn gut man der hatte einen zon dem gap her eyn wyp ...*
Lit.: Seraphim (1909), S. 287; H.-J. Schiewer (unveröffentlicht)[52].

FASTENVERORDNUNGEN

CLEMENS III., PAPA
Ül2: Königsberg, SUB: 528, S. 272 (verschollen).

52 Für den Hinweis auf den neuen Aufbewahrungsort der Handschrift sowie die Überlassung einer Beschreibung der Handschrift danke ich Hans-Jochen Schiewer herzlichst.

Inc.: *Clemens der dritte babst also genanth Zw Rome fant geschreben In der heiligen Zwölff boten buch ...*

Fürbitte für König, Fürsten und Hochmeister usw.

Ül2: Gdańsk, BGPAN: Ms. Mar. Q 38, Bl. 185v.

Inc.: [Bei Günther (s. u.) nicht notiert].

Ed.: Teilweise Günther 5 (1921), S. 537 f.

Gebetbücher

Zum (Privat-)Besitz von Gebetbüchern im Deutschen Orden vgl. Mentzel-Reuters (2003), S. 154; doch dürfte hier vornehmlich von lat. Texten die Rede sein.

Elbinger Gebetbuch

Ül2: Nürnberg, Germanisches Nationalmuseum: Hs. 198393 (olim Elbing, Stadtbibl.: O 16).

K.: Nach Aussage des Kolophons (Bl. 256r; s. Abb. 1 im Anhang) 1489 vom *Stuelschreiber* Georgius Franckenhagen geschrieben. Enthält neben Gebeten auch zwei Messen.

Lit.: L. Kurras: [Anzeige]. In: Anzeiger des Germanischen Nationalmuseums 1985, S. 121.

Gebetbuch des Deutschen Ordens

Ül2: Königsberg, SUB: 528, Bl. 98–221 (verschollen).

K.: Erscheint zusammen mit dem Stundenbuch des Deutschen Ordens (s. dort). Eine klare Trennung ist aufgrund heute noch vorhandenen Beschreibungen nicht möglich (so Löffler, s. u.).

Lit.: A. Löffler: Das sogenannte deutschsprachige Stundenbuch und seine Stellung in der Liturgie des Deutschen Ordens. In: Päsler/Schmidtke (im Druck).

Niederdeutsches Gebetbuch

Ül2: Königsberg, SUB: 613, Nr. 2 (verschollen).

Lit.: Königsberger Katalog, S. 71; Päsler (2001), S. 140–143.

Olivaer Gebetbuch

Ül2: Königsberg, SUB: 2419 (verschollen).

Inc.: *Eyn schones gebete zcu deme kyndeleynn Jesus ...*

K.: Das Buch stammt aus dem Zisterzienserkloster Oliva.

Lit.: Königsberger Katalog, S. 149.

Tapiauer Gebetbuch

Ül1: Tapiauer Register B 239 [nicht identifiziert].

Uppsalaer niederdeutsches Gebetbuch

Ül2: Uppsala, UB: C 474, Bl. 190r–237r.

K.: Nach Borawska (1988), S. 111 f., stammt die Handschrift aus dem Ermland.

Lit.: Die Incipits sind verzeichnet bei Andersson-Schmitt (1968), S. 5–7.

→ Johann von Neumarkt.

Gebete, Einzelüberlieferung

Barbaragebet

Ül2: Königsberg, SUB: 528, S. 208 (verschollen).

Inc.: *O du allerheiligiste vbertreffentlichste vnnd allerguttigste Jungfraw sant Barbara ...*

BRUDER BITTET VNSERN HERREN GOT VOR DIE HEILIGEN
Ül2: Königsberg, SUB: 1851, Bl. 2v (verschollen); Toruń, UB: Rps 78/II, Bl. 175r.
Ed.: Perlbach, Statuten, S. 131–133.

GEBET OHNE TITEL
Ül2: Königsberg, SUB: 528, S. 79 (verschollen).
Inc.: Verloren.

GEGRUSSET SEYSTU ALLER HEYLIGESTE MARIA
Ül2: Gdańsk, BGPAN: Ms. Mar. F 396, HD [einst loser Zettel, Ende 15. Jh.].
Inc.: *Gegrusset seystu aller heyligeste maria, eyne mutter gotis ...*
K.: Am Schluss mit Ablassformel.
Ed.: Günther 5 (1921), S. 447.

GOT MEYNEM HYMMELISCHENN VATER DEM ERGEB ICH MICH
Ül2: Königsberg, SUB: 528, S. 206, 280 (verschollen).
Inc.: *Got Meynem Hymmelischenn vater dem ergeb ich mich ...*

GOT VATER ALMECHTIGER GEYST
Ül2: Toruń, UB: Rps 3/I, Bl. 94r–97v.
Inc.: *Got vater almechtiger geyst / Durch dine libe muter allermeyst ...*
K.: Mit ‚Ave Maria'.

ICH BITE DICH, HERRE, VATER IHESU CRIST
Ül2: Königsberg, SUB: 179, Bl. 292ra (verschollen).
Inc.: *Ich bite dich, herre, vater ihesu crist / wane du durch mich gemartiret bist ...*
Ed.: Steffenhagen (1861), S. 22.

IRLUCHTE, HERRE, MYNE OUGEN
Ül2: Gdańsk, BGPAN: Ms. Mar. F 298, Bl. 175r.
Ed.: Günther 5 (1921), S. 407.

KATHARINENGEBET
Ül2: Königsberg, SUB: 528, S. 206 (verschollen).
Inc.: *O du allerheiligiste erentreichste Jungfraw Katherina kom zu mir ...*

O DU ALLMECHTIGE KEYSERYNN
Ül2: Königsberg, SUB: 528, S. 184 (verschollen).
Inc.: *O du allmechtige keyserynn aller wirdigkeit O du edele konigin aller miltigkeit ...*

O DU MODER GADES
Ül2: Toruń, UB: Rps 84/I, Bl. 185r.
Inc.: *O du moder gades Jk arme sunderinne ick bydde dij hebbe doch gedult myt mij ...*

O MATIR GROS, O WUNDEN TIF
Ül2: Gdańsk, BGPAN: Ms. Mar. Q 41, Bl. 167r
Inc.: *O matir gros, o wunden tif ...*

O MARIA JUNCVROUWEN REYN
Ül2: Heidelberg, UB: Cpg 367, Bl. 173r.
Inc.: *O Maria Juncvrouwen reyn / gottis muttir du alleyne ...*

SANCTA MARIA EYNE JUNGFRAW
Ül2: Königsberg, SUB: 528, S. 175 (verschollen).
Inc.: *Sancta maria eyne Jungfraw vber alle Jungfrauenn Eynn mutter der barmherczigkeit ...*

VON DEM HEILIGENN CREUTCZE
Ül2: Königsberg, SUB: 528, S. 95 (verschollen).
Inc.: *Das creucze Cristi sey vor mir ...*

VONN DER HEILIGEN DREIFALTIGKEYTH

Ül2: Königsberg, SUB: 528, S. 96 (verschollen).

Inc.: *O Du Irwirdighe hoe heilige dreifaltigkeit Ich boeghe meyne knye deynen* [!] *Vngeteilten gotheit ...*

GEBETE MIT ABLASSVERSPRECHEN

Ül2: Königsberg, SUB: 528, S. 94, 272 (verschollen).

Inc.: *Zcu dießem gebethe ist gegebin hundert Tausent jor Ablass. Der alerheiligesten Gotheit der vngeteilten dreyfaldigkeitt, der menscheitt vnsers herren Jesu Cristi ...*

Ed.: Königsberger Katalog, S. 69 (nach HSA).

VON DEN FÜNF WUNDEN

Ül2: Königsberg, SUB: 528, S. 226 (verschollen).

GEISTLICHE SPIELE

Geistliche Spiele sind für das mittelalterliche Preußenland mehrfach belegt (s. u.). Jedoch hat sich in den Bibliotheken oder Archiven kein entsprechender Textzeuge erhalten, so dass man hinsichtlich der Inhalte auf Analogieschlüsse angewiesen ist. Ebenfalls ungeklärt ist, in welcher Sprache (lateinisch oder deutsch), die Spiele aufgeführt wurden.

Lit.: Bernd Neumann: Geistliches Schauspiel im Zeugnis der Zeit. Zur Aufführung mittelalterlicher religiöser Dramen im deutschen Sprachgebiet. Bd. 1–2. München, Zürich 1987; L. R. Muir in: LMA 4 (1989), Sp. 1192–1196; U. Schulze in: ³RL 1 (1997), S. 683–688.

DOROTHEENSPIEL

Ül1: Nachgewiesen für Kulm 1436 Nov. 28 (Neumann 1 [s. o.], S. 431, mit Belegen); nachgewiesen für Kulm 1437 Febr. 6 (Sarnowsky [1993], S. 815).

Lit.: Vgl. H. Biermann in: ²VL 5 (1985), Sp. 357.

KATHARINENSPIEL

Ül1: Nachgewiesen für Königsberg 1323 (Neumann 1 [s. o.], S. 425).

Lit.: C. Krollmann: Das mittelalterliche Spiel von der heiligen Katharina in Königsberg. In: Altpreußische Forschungen 5 (1928), S. 45–50; H. Biermann in: ²VL 6 (1987), Sp. 721–723.

ST.-MARIEN-MAGDALENEN-SPIEL

Ül1: Nachgewiesen für Königsberg 1509 (Neumann 1 [s. o.], S. 425).

[OHNE TITEL]

Ül1: Nachgewiesen für Königsberg 1325 (Neumann 1 [s. o.], S. 425).

GESANG, GEISTLICHER

Ül2: Gdańsk, BGPAN: Ms. 2015, Bl. 217v–219r.

Inc.: *Der menschen liphaber sante czu der juncfrowen her von syner engel schar ...*

K.: Mit Noten.

GLAUBENSBEKENNTNISSE

ATHANASISCHES GLAUBENSBEKENNTNIS

Ül2: Berlin, SBB-PK: Ms. germ. 2°.249, Bl. 98v.

Inc.: *Der da selig welle werden der hat des vor allen dingen zu thun daz er den cristen glauben halde ...*

DANZIGER TEXT
Ül2: Gdańsk, BGPAN: Ms. Mar. Q 38, Bl. 185v–186r.
Inc.: *Ich gloebe eyn got den vater almechtigen, der eyn schepper ist hymmels unde der erden …*

KÖNIGSBERGER TEXT
Ül2: Königsberg, SUB: 1563, Bl. 97r und 111r (verschollen).
Inc.: *Ich geleyve in got vader …*
K.: Auf 2 Bll. verteilter Nachtrag.

APOSTELVERSION
Ül2: Toruń, UB: Rps 40/IV, Bl. 242rb–242va.
Inc.: *Petrus. Ich geloube in got uater almechtegen schepper hymmels vnde erden …* [auf die zwölf Apostel verteilt].
K.: In der Hs. Nachtrag von anderer Hd.
Ed.: Hipler (1877), S. 135, und Waschinski (1908), S. 69.
Lit.: A. Hahn (Hg.): Bibliothek der Symbole und Glaubensregeln der alten Kirche, 3. vielfach veränd. und verm. Aufl. von G. L. Hahn. Breslau 1897 (ND Hildesheim 1962), § 42, 43, 99; G. Steer in: ²VL 11 (2001), Sp. 529–542.

GLOSSEN
Vgl. die Zusammenstellung bei Päsler (2003), S. 202 und 213 (unter Vokabularien).

GLOSSENLIED ZUM AVE MARIA
Ül2: Berlin, GStA–PK: XX. HA Hs. 33, Bd. 4.

GOLDENES SALVE REGINA
Ül2: Königsberg, SUB: 528, S. 180–184 (verschollen).
Inc.: *Salue Gegrusset seistu allir engil eyne frawe / Der clarenn gotheit eynn susser tawe …*
Ed.: Ziesemer (1912), S. 232–237.
Lit.: Ebd.

GRANUM SINAPIS
Ül2: Toruń, UB: Rps 75/III, Bl. 107v.
Inc.: *Jn dem begin ho obir syn / was y das wort o richir hort …*
Ed.: Kurt Ruh: Textkritik zum Mystikerlied ‚Granum Sinapis'. In: H. Moser u. a. (Hg.): FS Josef Quint anläßlich seines 65. Geburtstages. Bonn 1964, S. 169–185, hier S. 183–185; E. Willms / H. Kiepe (Hg.): Gedichte 1300–1500. Nach den Handschriften und Frühdrucken in zeitlicher Folge. München 2001, S. 13–17 – Abdruck dieses Textzeugen bei Päsler (s. u.) in Vorbereitung.
K.: Nachtrag des 15. Jh.s in der o. g. Hs.; der sich anschließende lat. Kommentar ist jedoch nur auszugsweise wiedergegeben und bricht nach anderthalb Seiten ab. – Ältester Besitzer der Hs. ist Johannes Albrechtow, der zu Beginn des 15. Jh.s als Dekan am Königsberger Dom belegt ist[53].
Lit.: K. Ruh in: ²VL 3 (1981), Sp. 220–224; W. Haug: Meister Eckhart und das ‚Granum sina

53 Erich Joachim (Bearb.) / Walther Hubatsch (Hg.): Regesta Historico-Diplomatica Ordinis S. Mariae Theutonicorum 1198–1525. Bd. 2. Göttingen 1948, Nr. 1535, mit Datum vom 3. Februar 1405. – Zu weiteren Handschriften aus dem Besitz Albrechtows vgl. Päsler (2004), S. 244.

pis'. In: H. Brunner / W. Williams-Krapp (Hg.): Forschungen zur deutschen Literatur des Spätmittelalters. FS für Johannes Janota. Tübingen 2003, S. 73–92; R. G. Päsler: Ein neuer Textzeuge des ‚Granum Sinapis' aus der Königsberger Dombibliothek (im Druck).

HARTWIG VON ERFURT: POSTILLE

Ül2: Königsberg, SUB: 896 (verschollen; teilweise Abschrift Wien, ÖNB: S.n. 4329, Bl. 1r–172r, 19. Jh.).

Inc.: [Anfang fehlt].

Ed.: V. Mertens und H.-J. Schiewer (im Druck).

Lit.: V. Mertens in: ²VL 3 (1981), Sp. 532–535; R. Schiewer: The Postil of Hartwig of Erfurt as a Preaching Tool. In: Medieval Sermon Studies 45 (2001), S. 40–57.

HEIDENREICH (HEINRICH) VON KULM: *VON DER UNMESSIGEN MINNE*

Ül2: Einsiedeln, Stiftsbibl.: cod. 278, S. 163 f.

Inc.: *Der prediet von der vnmesigen minne, die der vatter zů dem svn hat ...*

K.: Vom Werk des 1245 zum Bischof von Kulm geweihten H. haben sich nur geringe Spuren erhalten. Ob die in der Einsiedelner Hs. enthaltene Predigt im Preußenland entstand, ist nicht sicher, doch weist deren Einleitung (*Ein predier, der was bischof ze prussen in dem lande vnd hies bischof heidenreich* ...) darauf hin.

Ed.: Thomas Kaeppeli: Heidenricus, Bischof von Kulm († 1263), Verfasser eines Traktates De amore S. Trinitatis. In: Archivum Fratrum Praedicatorum 30 (1960), S. 196–205, hier S. 198 f.

Lit.: U. Arnold in: ²VL 3 (1981), Sp. 610–612.

HEINRICH VON HESLER: APOKALYPSE

Ül1: Osterode, DO, nachgewiesen für 1437 [Inc.: *herre got schepper* ...] (GÄB, S. 332,7). Tapiauer Register B 11.

Ül2: Berlin, GStA-PK: XX. HA Hs. 33, Bd. 8 (Fragm.); Gdańsk, BGPAN: Ms. 2415; Königsberg, SUB: WB Fragm. 1 (Fragm.; verschollen); Toruń, UB: Rps 44/IV, Bl. 32ra–199vb; Toruń, UB: Rps 64/III; Stuttgart, Württembergische Landesbibl.: HB XIII 11, Bl. 97ra–172va.

Inc.: *Herre got schepfer du were ie / Der din begin begonde nie / Din ende vor endet nimmer ...*

Ed.: K. Helm (Hg.): Die Apokalypse Heinrichs von Hesler aus der Danziger Handschrift. Berlin 1907; Heinrich von Hesler, Die Apokalypse, Königsberger Apokalypse. Mikrofiche-Edition der Handschriften Toruń, Biblioteka Uniwersytetu Mikołaja Kopernika, ms. Rps. 64 und ms. Rps. 44. München 2000.

Lit.: A. Masser in: ²VL 3 (1981), Sp. 749–755; Mentzel-Reuters (1997); V. Honemann: Einführung zum Werk und Beschreibung der Handschriften. In: Heinrich von Hesler, Die Apokalypse, Königsberger Apokalypse (s. o.); ders.: Regionalität und Interregionalität am Beispiel der ‚Apokalypse' des Heinrich von Hesler. In: ZfdPh 122 (2003) Sonderheft, S. 134–142.

HEINRICH VON ST. GALLEN

Ül2: Königsberg, SUB: 904, Bl. 31r–90r (verschollen).
Gdańsk, BGPAN: Ms. 2049, Bl. 316–326 [Fragm.];
Erst in jüngerer Zeit gelangte Königsberg, StadtB: S 18 fol, Bl. 124r–151v [aus Bayern; verschollen] ins Preußenland. Das nach Kurras (2001) aus dem Baltikum stammende Fragment Stockholm, Königliche Bibliothek: Vu 85:6, dürfte sehr wahrscheinlich aus sprachlichen Gründen nicht mit dem Preußenland in Verbindung stehen.

Inc.: *Extendit manum* ... [Gn 22, 10]. *Her rackete die hant of vnd czuckte das swert* ...

Ed.: Kurt Ruh: Der Passionstraktat des Heinrich v. St. Gallen. Thayngen 1940.

Lit.: H. Hilg / K. Ruh in: ^{2}VL 3 (1981), Sp. 738–744; H. Hilg in: Marienlexikon 3 (1991), S. 131 f.

HESTER

Ül1: Marienburg, DO, nachgewiesen für 1394 (MÄB, S. 124,15) und 1398 (MÄB, S. 125,21).

Ül2: Stuttgart, Württembergische Landesbibl.: HB XIII 11, Bl. 45vc–51vc.

Inc.: *In ihesu christi dem suzen namen / dem minnenclichen lobesamen* ...

Ed.: Manfred Caliebe (Hg.): Hester. Eine poetische Paraphrase des Buches Ester aus dem Ordensland Preußen. Edition und Kommentar. Marburg 1985.

K.: Der Text ist ebenfalls überliefert in Berlin, SBB-PK: Mgo 56, Bl. 103r–142r; doch obwohl die Hs. mit großer Wahrscheinlichkeit aus Deutschordensbesitz stammt, konnte eine Entstehung bzw. ein Verbleib im Preußenland nicht mit letzter Sicherheit nachgewiesen werden (vgl. B. Wagner: Die ‚Epistola presbiteri Johannis' lateinisch und deutsch. Überlieferung, Textgeschichte, Rezeption und Übertragungen im Mittelalter. Tübingen 2000, S. 487).

Lit.: G. Jungbluth in: ^{2}VL 3 (1981), Sp. 1201 f.; M. Caliebe: Neue Beiträge zur literarhistorischen Einordnung der Deutsch-Ordens-Hester und zur Geschichte des Estherstoffes. In: B. Jähnig / G. Michels (Hg.): Das Preußenland als Forschungsaufgabe. Eine europäische Region in ihren geschichtlichen Bezügen [FS Udo Arnold]. Lüneburg 2000, S. 471–478.

HIOB

Ül1: Marienburg, DO, nachgewiesen für 1394 (MÄB, S. 124,13) und 1398 (MÄB, S. 125,19);
Tapiauer Register B 112 [= Toruń, UB: Rps 40/IV].

Ül2: Toruń, UB: Rps 40/IV, 1ra–92va [Anfang fehlt];
Berlin, GStA–PK: XX. HA Msc. A 191 2°, S. 421–624.

Inc.: *Uf eyn selig gut gelinge / Den vater aller dinge ...*
Ed.: T. E. Karsten (Hg.): Die mitteldeutsche Paraphrase des Buches Hiob aus der Handschrift des Königlichen Staatsarchivs zu Königsberg. Berlin 1910.
Lit.: A. Masser in: ²VL 4 (1983), Sp. 45–47.

HISTORIEN DER ALDEN E
Ül1: Tapiauer Register B 29 (?) (= Königsberg, SUB: 907?).
Ül2: Königsberg, SUB: 907 (verschollen).
Inc.: *Di heylge scrift der kvnsten hort / Ist czumol rede vnde word ...*
Ed.: Wilhelm Gerhard (Hg.): Historien der alden E. Leipzig 1927.
Lit.: P. Heesen in: ²VL 4 (1983), Sp. 65–67.

*HISTORIENBIBEL
Ül1: Gdańsk, BGPAN: Ms. 2527 A Fasz. 9, Bl. 26 und 27 (Fragm.; Bl. 27v vgl. Abb. 2 im Anhang).
Ed.: J. F. L. Theodor Merzdorf (Hg.): Die deutschen Historienbibeln des Mittelalters. Nach vierzig Handschriften [...]. Stuttgart 1870 (ND Hildesheim 1963).
K.: Das Fragm. umfasst Stücke aus Gen 18,27–19,10 und 31,46–32,1, die dem Text der Edition von Merzdorf, S. 143 f. und 169 f. sehr nahe kommen. Wie und wann das in bairischem Schriftdialekt verfasste Stück ins Preußenland gelangte, ist völlig ungewiss.

HUGO VON KONSTANZ: PREDIGT ÜBER JOHANNES DEN TÄUFER
Ül2: Königsberg, SUB: 898, Bl.97ra–101vb (verschollen).
Inc.: *Wir lesen in dem ewangelio daz sant Lucas sprichet von dem grozem* [!] *herren sant Johannes Baptist daz in vnser herre lopte an fünf dingen ...*
Lit.: D. Ladisch-Grube / K. Ruh in: ²VL 4 (1983), Sp. 232 f.

HYMNEN

ALMA REDEMPTORIS [AH 50,317]
Ül2: Königsberg, SUB: 528, S. 104 (verschollen).
Inc.: *O Du selige mutter gotis vnsers yrlosers du bluende durchscheynende pforte des hymmels vnnd stern des meres kom hewte zcu hulffe ...*
Lit.: B. Wachinger in: ²VL 3 (1981), Sp. 1083.
→ Granum sinapis.

JACOBUS DE VORAGINE: LEGENDA AUREA SIVE HISTORIA LOMBARDICA, DEUTSCH
Ül2: Uppsala, UB: [Signatur nicht bekannt; Nr. 780 bei Colijn (1907)].
K.: Als Provenienz ist das (Jesuiten-)Collegium in Braunsberg angegeben; dieses übernahm 1565 die Gebäude und die Bibliothek des früheren Franziskanerklosters der Stadt. Ob der Band noch im Mittelalter in das Preußenland gelangte, war nicht sicher zu ermitteln.
Lit.: K. Kunze in: ²VL 4 (1983), Sp. 448–466.

JAMMERRUF DES TOTEN

Ül2: Gdańsk, BGPAN: Ms. Mar. F 171, Bl. 232v–233v [K.: in Danzig entstanden].

Inc.: *O alle ir, dy hy vorgeet / Seet an flyszlich dese figur ...*

K.: Zusammen mit der lateinischen Vorlage notiert; enthält im 2. Abschnitt ein Stück aus der ‚Visio Philiberti' (vgl. N. F. Palmer in: [2]VL 10 [1999], Sp. 417).

Ed.: Bertling (s. u.), S. 559–564; Neuedition durch Roth/Honemann (s. u.); dort als „Jammerruf 1b" bezeichnet.

Lit.: A. Bertling: Ein religiöses Gedicht des fünfzehnten Jh.s. In: APM 4 (1867), S. 557–564; S. Kozáky: Anfänge der Darstellung des Vergänglichkeitsproblems. Budapest 1936, S. 219; N. F. Palmer in: [2]VL 4 (1983), Sp. 500–503; zu ‚De Contemptu mundi'-Texten allgemein vgl. R. Rudolf in: [2]VL 2 (1980), Sp. 5–8; Gunhild Roth und Volker Honemann: Jammerrufe der Toten. Untersuchungen und Edition einer lateinisch-mittelhochdeutschen Textgruppe. Stuttgart (im Druck).

JOHANN VON NEUMARKT: GEBETE

Ül2: Königsberg, SUB: 528, S. 111–180 (verschollen).
Soweit es die von Ziesemer und im HSA mitgeteilten Textabschnitte erlauben, lassen sich folgende Gebete identifizieren:
S. 111: *GEgrusset seistu konigyn der barmherczickeit des lebens eyne sußigkeyt vnd vnser hoffenung biß gegrusset* ... Klapper (s. u.), S. 17 oder S. 352;
HErre thu uff meyne lippenn [Ps 50,17] ... Klapper (s. u.), S. 3 f.;
S. 112: *HErre Jhesu criste des almechtigenn vaters du hochste togunt* ... Klapper (s. u.), S. 4 f.;
S. 117: *Ich mane dich edele Jungfrau maria Zcu dem ersten mole Jungfrau* ... Klapper (s. u.), S. 19;
S. 121: *Herre Jhesu criste wen du in der Prime czeit mit gebunden henden* ... Klapper (s. u.), S. 5 f.;
S. 126: *Mutter vnnd ouch tachter deynes eyn gebornen sones ewiger trost* ... Klapper (s. u.), S. 19 f.;
S. 130: *Herre Jhesu criste eyn son des almech / tigen vaters* ... Klapper (s. u.), S. 6 f.;
S. 135: *O mutter aller barmhercigkeit wen du In deinem leiden den Brunnen* ... Klapper (s. u.), S. 20 f.;
S. 140: *Herre Jhu christe wen du In der Sexten zceit vff das heilige frone crewtcz* ... Klapper (s. u.), S. 20 f.;
S. 145: *ALLer engel vnd allis hymmelischen heres* ... Klapper (s. u.), S. 20 f.;
S. 149: *Herre Jhu criste konig vnnd gebitter aller creaturenn* ... Klapper (s. u.), S. 9 f.;
S. 154: *O Hymmelische Roße vnnd czyrheitt alles hymmelischenn Reiches* ... Klapper (s. u.), S. 22 f.;
S. 160: *Herre Jesu criste In des namens sich alle knije bogenn mussen* ... Klapper (s. u.), S. 10 f.;
S. 165: *ALmechtige konigin des obersten konigis mutter vnnd auch tachter* ... Klapper (s. u.), S. 23 f.;

S. 166: *Maria mutter Maria tachter Maria gemahell Vnnd gespons des hymmelis chenn keysers* ... Klapper (s. u.), S. 25 f.;
S. 170: *HErre Jesu criste Almechtiger vnd war hafftiger goth vnd mensche* ... Klapper (s. u.), S. 12 f.;
S. 172: *HErre Jesu criste meyn eyniges lebenn vnd meyner armen zele meyn* ... Klapper (s. u.), S. 14 f.;
S. 175: *SAncta maria eyne Jungfraw vber alle Jungfrauenn Eynn mutter der barmherczigkeit* ... Klapper (s. u.), S. 335–343.

Lit.: J. Klapper (Hg.): Schriften Johanns von Neumarkt. 4. Teil: Gebete des Hofkanzlers und des Prager Kulturkreises. Berlin 1935; weitere Lit. → Stundenbücher : Stundenbuch des Deutschen Ordens.

JUDITH

Ül1: Marienburg, DO, nachgewiesen für 1394 (MÄB, S. 124,15) und 1398 (MÄB, S. 125,21); Königsberg, DO, nachgewiesen für 1431 (GÄB, S. 29,22, zwischen lat. und dt. Büchern); 1436 (GÄB, S. 34,41, zwischen lat. und dt. Büchern); 1437 (GÄB, S. 39,13, zwischen lat. und dt. Büchern); 1438 (GÄB, S. 40,27, zwischen lat. und dt. Büchern).

Ül2: Stuttgart, Württembergische Landesbibl.: HB XIII 11, Bl. 37ra–45vc.

Inc.: *O craft gewaldiges Eloy / Von Salem kunic Adonay* ...

Ed.: H.-G. Richert (Hg.): Judith. Aus der Stuttgarter Handschrift HB XIII 11. Tübingen 1969.

Lit.: H.-G. Richert in: ²VL 4 (1983), Sp. 899 f.; Mentzel-Reuters (1997).

JÜNGERES (OMD.) MARIENLOB

Ül2: Königsberg, SUB: 2914, Bl. 40vb–vc (verschollen).

Inc.: *Ave schone leitestern / dar inne wil ich din begern* ...

Ed.: A. Jeitteles: Lobgesang auf Maria. In: Germania 31 (1886), S. 291–310.

Lit.: H. Eggers in: ²VL 4 (1983), Sp. 927–929, mit einem Nachtrag in: ²VL 11 (2003), Sp. 822.

LEGENDENSAMMLUNGEN

2 BÜCHER DE SANCTIS

Ül1: Schlochau, DO, nachgewiesen für 1437 (GÄB, S. 667,40–41).

KÖNIGSBERGER CODEX DISSISSUS

Ül2: Königsberg, SUB: 2914 (verschollen).

→ Jacobus de Voragine; Marienlob; Passienbüchlein; Passional; Väterbuch.

LEGENDEN, EINZELÜBERLIEFERUNG

ADALBERT

→ Nikolaus von Jeroschin: Adalbert-Legende.

BARBARA

→ Luder von Braunschweig; Passienbüchlein.

BUCH VON ST. NIKOLAUS

Ül1: Königsberg, DO, nachgewiesen für 1431 und 1438.

K.: Eine eindeutige Identifizierung ist aufgrund der geringen Angaben nicht möglich; dass es sich um eine Legende handelt,

darf jedoch als wahrscheinlich angenommen werden. Möglicherweise handelt es sich um eine der bei W. Williams-Krapp (s. u.) aufgeführten Übersetzungen / dt. Bearbeitungen.
Lit.: W. Williams-Krapp in: ²VL 6 (1987), Sp. 1038–1040.
→ Passionsgeschichte; Philipp von Seitz.

LEKTIONAR
Ül2: Berlin, GStA-PK: XX. HA Hs. 33, Bd. 23 (Fragm.).
Lit.: Löser (2001), S. 189 Anm. 91.

LIBELLUS DE POENITENTIA ET DE PARTIBUS EIUS (LAT. UND DT.)
Ül2: Pelplin, Bibl. des Priesterseminars: Hs. 184, Bl. 94r–98v.
Inc.: *Moyses schreybet in dem buche der schepfunge ...*

LIBER DIVINAE REVELATIONIS, LAT. UND DT.
Ül2: Königsberg, SUB: 389, S. 195–257 (verschollen).
Inc.: *Incipit liber divine reuelacionis. Locutus est dominus seruo suo dicens. Vade ad locum solitudinis. Et custodi viam meam, Et ibi extendam brachium meum et confirmabo te Et factum est ita anno incarnacionis Ihum cristi cum scribebatur 1490. Vn ich bin vberkomen zu seyn in eyner wuestnung ...*
K.: Bibelstellen, Zitate und „Betrachtungen des Autors [...] in lateinischer Sprache eingeflochten" (HSA). Verschiedentlich sind mehrere Gleichnisse eingeschoben; so die von Ettlinger abgedruckte Parabel von den drei Ringen.
Lit.: E. Ettlinger: Eine Parallele zur Parabel von den drei Ringen. In: Euphorion 19 (1912), S. 107–110.

LITANEIEN

ALLERHEILIGENLITANEI
Ül2: Toruń, UB: Rps 84/I, Bl. 181v–184.

LITURGISCHE ANWEISUNGEN FÜR DIE LAUDES
Ül2: Toruń, UB: Rps 84/I, Bl. 188r–188v.
Inc.: *Jn der mitten der Laudes na deme te deum laudamus ...*
K.: Am Ende unvollständig; enthält Anweisungen für Sonntag bis Dienstag.

LUDER VON BRAUNSCHWEIG

DIE HEILIGE BARBARA
Ül1: Indirekt belegt durch Nikolaus von Jeroschin: Kronike des Pruzinlandes, V. 6422–6440.
Lit.: U. Arnold in: ²VL 5 (19), Sp. 949–954; Wenta (2000), S. 202–205.

MAKKABÄER
→ Makkabäer.

MAKKABÄER
Ül2: Stuttgart, Württembergische Landesbibl.: HB XIII 11, Bl. 52ra–96rc.
Inc.: *Dernach volgent ware mere / genant zwei buch der stritere ...*
K.: Verschiedentlich Luder von Braunschweig zugewiesen, dessen Autorschaft jedoch nicht bewiesen ist (vgl. Arnold [s. u.]).
Ed.: Karl Helm (Hg.): Das Buch der Maccabäer in mitteldeutscher Bearbeitung. Tübingen 1904.

Lit.: U. Arnold in: ²VL 5 (1985), Sp. 949–954, spez. Sp. 952 f.

MARIENLEBEN

Ül2: Königsberg, SUB: 905, Bl. 27v–42v (verschollen).

Inc.: *Nv wesit ein luzel stille / unde vernemith daz ich uch wille ...*

Ed.: Diemut Hinderer: Das Marienleben der Königsberger Hs. 905. Halle/S. 1941, S. 23–52 (Abdruck des Textes auch in: ZfdA 77 [1940] S. 108–142).

Lit.: W. Fechter in: ²VL 6 (1987), Sp. 14 f.; A. Masser in: Marien lexikon 4 (1992), S. 49–51, und C. Treutwein. Ebd. 1, S. 454 f.

MARIENLEICH

Ül2: Berlin, GStA-PK: XX. HA Hs. 33, Bd. 11.

Ed.: Julius Zacher: Die Königsberger Bruchstücke des Wartburgkrieges. In: ZfdA 12 (1865), S. 515–527, hier S. 524

MARIENLOB

→ Jüngeres (omd.) Marienlob.

MARIENWERDER, JOHANNES

BEICHTBEKENNTNISSE DER DOROTHEA VON MONTAU

Ül2: Heidelberg, UB: Cpg 367, Bl. 174ra–191ra;
Cambridge, Library of Corpus Christi College: Ms. 509, Bl. 129r–154v;
weitere ÜL: Wien, ÖNB: cod. 1265, Bl. 126r–145r.

Inc.: [Prolog:] *Dy selige wrowe Dorothea hot gelart* ... [Text:] *Ich arme dorftige sunderynne ich bekenne got* ..

K.: Es handelt sich eigentlich ein Kapitel aus dem lat. ‚Septilium'.

Ed.: Hipler (1867), S. 147–183.

Lit.: Bibliographie bis 1982 (mit Nachträgen bis 1987) bei Gertrud Jaron Lewis: Bibliographie zur deutschen Frauenmystik [...]. Berlin 1989, S. 263–275; A. Triller in: ²VL 6 (1987), Sp. 56–61; dies. / A. Westphal in: Marienlexikon 2 (1989), S. 226 f.; F. W. Bautz in: BBKL 1 (1990), Sp. 1362–1364; Hörner (1993).

LEBEN DER ZELIGEN VROUWEN DOROTHEA

Ül1: Vgl. oben *buch vom leben Dorothee; dem selben buche, Dorothe.*

Ül2: Toruń, UB: Rps 37/III (olim Königsberg, SUB: 1128);
gedruckt Marienwerder 1492 (Kawecka-Gryczowa, Nr. 3173); Exemplare: Pelplin, Biblioteka Seminarum duchownego: Incunabel Oct. 9 (unvollständig; aus Gdańsk, BGPAN, nach Pelplin gelangt);
St. Petersburg, NB: [Sign. unbekannt; verschollen?][54] zu diesem Druck vgl. R. Minzloff: Das Leben der heiligen Dorothea, das älteste in der Provinz Preussen gedruckte Buch ... In: Neue Preußische Provinzial-Blätter 2. Folge Bd. 9 (1856), S. 379–381;
Wolfenbüttel, Herzog-August-Bibliothek: 583.11 Hist. (mit Danziger Einband).

---

54 Anfragen an die Bibliothek zum Verbleib der Inkunabel blieben unbeantwortet.

Inc.: *Hy hebit sich an di uorrede des buchis von dem leben der seligen urouwen Dorothee. Alleyne alle werk [unsers her]ren sint groz l[obelich] ...*
Ed.: M. Toeppen in: SRP 2 (1863), S. 197–350.
Lit.: s. o.

MARTIRILOGIUM
Ül1: Thorn, DO, nachgewiesen für 1424 (GÄB, S. 439,37); 1428 (GÄB, S. 441,21); 1431 (GÄB, S. 444,31); 1436 (GÄB, S. 446,31); 1437 (GÄB, S. 450,16); 1440 (GÄB, S. 453,19); 1441 (GÄB, S. 456,9); 1446 (GÄB, S. 458,16).

MESSEN

Zum (Privat-)Besitz von Gebetbüchern im Deutschen Orden vgl. Mentzel-Reuters (2003), S. 154; doch dürfte hier vornehmlich von lat. Texten die Rede sein.

MESSE ULF *SALVE SANCTA PARENS*
Ül2: Nürnberg, Germanisches Nationalmuseum: Hs. 198393 (olim Elbing, Stadtbibl.: O 16), Bl. 167v–187r.
Inc.: *Alhyr noch so volget vnser lieben vrauwen messe salue sancta parens. Gegrusset seyst du heyllige gotis geberervnne vnde eyne mutter der gebordt vnsers lieben herren. Bitte den konyngk vor vns der do regyret hymmel vnde erde ewigclichen ymmer ane ende. der versikel. Alle sullen sy vornemen vnd vůlen deyne hůlffe maria dy do eren vnde feyeren deyn gedechtenisse ...*
K.: Teil des ‚Elbinger Gebetbuchs'.

MESSE ULF
Ül2: Nürnberg, Germanisches Nationalmuseum: Hs. 198393 (olim Elbing, Stadtbibl.: O 16), Bl. 243r–254r.
Inc.: *Thauwet yr hymmele von obene her nyder vnde dy wulcken reygenen den gerechtten ...*
K.: Teil des ‚Elbinger Gebetbuchs'.

NIKOLAUS VON JEROSCHIN: ADALBERT-LEGENDE
Ül2: Berlin, GStA-PK: XX. HA Hs. 34, Bd. 1, 2ra–2vc [Fragm.]; vgl. Abb. 3 und 4 im Anhang.
Ed.: Ernst Strehlke in: SRP 2, S. 425–428.
Lit.: U. Arnold in: ²VL 6 (1987), Sp. 1081–1089; Wenta (2000), S. 219–221.

ÖSER, IRMHART: EPISTEL
Ül2: Königsberg, SUB: 904, Bl. 1r–30v (verschollen).
Berlin, SBB–PK: Ms. germ. 2°.532, Bl. 1ra–5ra [Text unvollständig].
Inc.: [Prolog:] *HIe Hebit sich an eine epistel oder eine sendunge, die gemachit hat meister Samuel ... vnd meister Vrynhart pfarrer czu Strasganch von latin gebracht hat czu dute ...* [Text:] *BEhalt dich got O bruder Rabbi Ysaac ...*
Ed.: Monika Marsmann: Die Epistel des Rabbi Samuel an Rabbi Isaak. Untersuchung und Edition. Siegen 1971.
Lit.: K. H. Keller in: ²VL 7 (1989), Sp. 84–90; ders.: Textgemeinschaften im Überlieferungsvorgang. Göppingen 1992; F.-P. Knapp: Die Literatur des Spätmittelalters in den Ländern Österreich, Steiermark, Kärnten, Salzburg und Tirol von 1273 bis 1439. 2. Halbbd. Graz 2004, S. 362–365.

*OTTO VON PASSAU: DIE 24 ALTEN

Ül2: Gdańsk, BGPAN: Ms. 2411.

K.: Mundart nach W. Schmidt „schweizerisch"; die genaue Provenienz ist jedoch unbekannt; ebenso wie und wann die Hs. ins Preußenland gelangte.

Lit.: A. Schnyder in: 2VL 7 (1989), Sp. 229–234.

PASSIENBÜCHLEIN VON DEN VIER HAUPTJUNGFRAUEN

Ül2: Beleg für das Preußenland ist der Druck Marienburg: Jacob Karweyse, ca. 1492 (Thorn, UB: Inc.II.2; einziger Textzeuge).

Ed.: Umfangreichere Textauszüge bei Schwenke (1900), S. 4 f. Anm. 3; vgl. auch das Teilfaksimile bei Strutyńska (1995), S. 118 f.

Lit.: Strutyńska (1995), S. 117–120; S. Jefferies / K. Kunze in: 2VL 7 (1995), Sp. 325–328; U. Rautenberg: Überlieferung und Druck. Heiligenlegenden aus frühen Kölner Offizinen. Tübingen 1996, S. 31–87 (mit Textauszügen und handschriftlicher Überlieferung).

PASSIONAL

Ül1: Königsberg, DO, nachgewiesen für 1434 (GÄB, S. 32,24); 1436 (GÄB, S. 35,5); 1437 (GÄB, S. 39,18–19); 1438 (GÄB, S. 40,32);
Thorn, DO, nachgwiesen für 1414 (GÄB, S. 435,2–3); 1418 (GÄB, S. 436,4); 1422 (GÄB, S. 438,5); 1424 (GÄB, S. 439,35); 1428 (GÄB, S. 441,17); 1431 (GÄB, S. 444,29); 1436 (GÄB, S. 446,29); 1437 (GÄB, S. 449,35); 1437 (GÄB, S. 450,14); 1440 (GÄB, S. 453,17); 1441 (GÄB, S. 456,7); 1446 (GÄB, S. 458,18).
Elbing, DO, nachgewiesen für 1440 (GÄB, S. 93,25)
Tapiauer Register B 106 [= Toruń, UB: Rps 50/IV].

Ül2: Berlin, GStA-PK: XX. HA Hs. 33, Bd. 5 [Fragm. Bo2];
Berlin, GStA-PK: XX. HA Hs. 34, Bd. 2 [Fragm. Dt4];
Berlin, GStA-PK: XX. HA Hs. 33, Bd. 19 [Fragm. Dt5];
Berlin, GStA-PK: XX. HA Hs. 33, Bd. 25, Bl. 1r–2v [Fragm. Kb];
Gdańsk, BGPAN: Ms. 2413 [Fragm. Da];
Gdańsk, BGPAN: Ms. 2412 [Fragm. Dt6] und Ms. Mar. F 129 [Fragm. Bo3];
Königsberg, SUB: 2914, Bl. 1ra–40vb und 45r–78r (Fragm. Kg; verschollen);
Toruń, UB: Rps 50/IV [Sigle K];
Toruń, UB: Rps 40/IV, Bl. 237r–242v [Auszug; s. Marienlegenden].

Inc.: [Prolog:] *O starker got Adonay / Deme vngebrochen wonet bi ...* [Text:] *Nycholaus der reine man ...*

Ed.: Friedrich Karl Köpke (Hg.): Das Passional. Eine Legenden-Sammlung des 13. Jh.s. Zum ersten Male hg. und mit einem Glossar versehen. Quedlinburg und Leipzig 1852.

Lit.: W. Williams-Krapp / H.-G. Richert in: 2VL 7 (1989),

Sp. 332–340; W. J. Hoffmann in: Marienlexikon 5 (1993), S. 115 f.; M. J. Schubert: Das ‚Passional‘ und der Deutsche Orden. Verbreitungs- und Tradierungsanalyse anläßlich der DTM-Neuedition. In: Päsler/ Schmidtke (im Druck).

PASSIONSGESCHICHTE
Ül2: Berlin, GStA-PK: XX. HA Hs. 33, Bd. 24 (Fragm.).

PHILIPP VON SEITZ: MARIENLEBEN
Ül2: Berlin, GStA-PK: XX. HA Hs. 33, Bd. 7 (Fragm.); Berlin, SBB-PK: Ms. germ. 4°.865 (Fragm., aus Königberg); Elbing, StadtB: Q 82 (verschollen) und Q 116 in situ (VS; verschollen).
Ed.: Heinrich Rückert (Hg.): Bruder Philipp des Carthäusers Marienleben. Quedlinburg und Leipzig 1853; Abdruck des Fragments aus der SBB-PK bei Steffenhagen (1867), S. 539–554.
Lit.: K. Gärtner in: ^{2}VL 7 (1989), Sp. 588–597; ders.: Zur Neuausgabe von Bruder Philipps ‚Marienleben‘ (ATB). In: A. Schwob (Hg.): Editionsberichte zur mittelalterlichen deutschen Literatur. Beiträge der Bamberger Tagung ‚Methoden und Probleme der Edition mittelalterlicher deutscher Texte‘ 26.–29. Juli 1991. Göppingen 1994, S. 33–41; Abdruck und Beschreibung des neu entdeckten Elbinger Fragments für die ZfdA durch R. G. Päsler in Vorbereitung.

PLENARE

[KÖNIGSBERGER] PLENAR
Ül1: Tapiauer Register B 183 (= Königsberg, SUB: 894).
Ül2: Königsberg, SUB: 894 (verschollen).
Inc.: *In der cziet saite vnser herre czu sinen Jungern: Is sullin czeichin geschen an der sonnen ...* [Lc 21, 25–33].
Lit.: H. Reinitzer / O. Schwencke in: ^{2}VL 7 (1989), Sp. 738–763.

*PLENAR (FRAGM.)
ÜL: Berlin, GStA-PK: XX. HA Hs. 33, Bd. 16.
K.: Abschrift aus dem Sommerteil von ‚Ewangelia cum epistolis annexisque suis glosis‘, Augsburg [Günther Zainer] 1473 (W. A. Copinger: Supplement to Hain’s Repertorium bibliographicum [...]. London 1895–1902, Nr. 2316).
Lit.: Königsberger Katalog, S. 167; Löser (2001), S. 189 Anm. 91.

PLÖNE, HEINRICH
→ Beringer, Heinrich.

POSTILLE
Ül1: Tapiauer Register B 108 und 109.
K.: Lediglich als deutsche Postille „auff pergamein geschrieben“ bezeichnet; eine Identifizierung ist nicht möglich.

PREDIGTSAMMLUNGEN

QUADRAGESIMALE, DT.
Ül2: Berlin, GStA-PK: XX. HA Hs. 33, Bd. 17 (Fragm.); vgl. Abb. 5 im Anhang.

Ed.: Auszüge bei Löser (2001), S. 196 f.

K.: Noch nicht identifiziert; es handelt sich jedoch nicht um Johannes Bischoff (vgl. Roth [s. u.], S. 393); möglicherweise verwandt mit den Melker Evangelien (Löser [2001], S. 188 f.).

Lit.: Schmidtke (1991), S. 63; C. Roth: *Gotes mund sind die prediger.* Regesten zum deutschen Quadragesimale des Johannes Bischoff und Einordnung eines ‚neuen' Textzeugen. In: F. Löser / R. G. Päsler [Hg.]: Vom vielfachen Schriftsinn im Mittelalter. FS für Dietrich Schmidtke. Hamburg 2005, S. 393–440.

UNBEKANNTE PREDIGTEN

Ül2: Königsberg, SUB: 1782, Nr. 3 (verschollen).

PREDIGTEN, EINZELÜBERLIEFERUNG

PREDIGT FÜR NONNEN ÜBER RÖMER 5,5

Ül2: Berlin, SBB-PK: Ms. germ. 4°.533, Bl. 126r–132v (Fragm.).

Inc.: *Dy libe hot den vsgang vnde entspringet von der gnode des heyligen geystes [Rö 5,5]. Do von spricht der apostil, Dy libe gotis ist yrgossin in vnsere herczen ...*

Lit.: G. Feudel: Das Evangelistar der Berliner Hs. Ms. germ. 4° 533. Berlin 1961. Bd. 1, S. XVII.

PREDIGT *LIBIN KINDIR, HELFFT MEIR*

Ül2: Gdańsk, BGPAN: Ms. Mar. Q 151, Bl. 190v–191r.

Inc.: *Libin kindir, helfft meir betin unsern hern Jesum Christum vor alle den gebrechin der do ist in der mutter der heligen cristenheit, der leydir gros is, unde sundirlich vor unsern geistlichn̄ vatir den bobist ...*

→ Hugo von Konstanz.

PREDIGT(KONZEPT?)? ÜBER EX 22,26/27

Ül2: Gdańsk, BGPAN: Ms. 2037, Bl. 103r–104v.

Inc.: *Her wirt czu myr rufen ich wil en irhoren ...* [vgl. Ex 22,26/27].

K.: Eintrag inmitten von „Expositiones ewangeliorum et epistolarum", die Bl. 1r–151r der 1394 erstellten Hs. umfassen.

PSALMEN, EINZELÜBERLIEFERUNG

Ül2: Gdańsk, BGPAN: Ms. Mar. F 298, Bl. 175v.

PSALTERIEN, DT.

EYN DITSCHE SALTER

Ül1: Kulm, Pfarrkirche, nachgewiesen in Berlin, GStA-PK: XX. HA OF 83, S. 124.

K.: Der Eintrag stammt vom 21. Dez. 1451.

FRAGMENTE NIEDERDEUTSCHER ÜBERSETZUNGEN

Ül2: Gdańsk, BGPAN: Ms. 2527 Fasz. 9, Bl. 23–24; Berlin, GStA-PK: XX. HA Hs. 33, Bd. 26.

K.: Eine Prüfung der Übersetzungen steht noch aus.

Lit.: R. G. Päsler: Die Danziger Fragmentenmappe (in Vorbereitung).

KÖNIGSBERGER NIEDERDEUTSCHE ÜBERSETZUNG

Ül2: Toruń, UB: Rps 84/I, Bl. 6r–169v.

Inc.: *Dessen salmen lyß dat godt de werldt beware vor rouere vnd kettere der cristenheit. BEatus vir ...*

K.: Teilweise nach Wochentagen eingeteilt; mit Gebetsanweisung.

MITTELDEUTSCHE ÜBERSETZUNG

Ül2: Gdańsk, BGPAN: Ms. 1910 [Fragm.];
Berlin, SBB-PK: Ms. germ. 2°.249, Bl. 2ra–92va [lückenhaft; aus dem Jahr 1455];
St. Petersburg, NationalB: F. v. I. 1 [verschollen].

Inc.: *Selig ist der man der in dem rate der vnmynsamen bosen nit gewandert hat ...*

Ed.: Auszugsweise nach der Danziger Hs. Ziesemer (1928), S. 383 f.; vgl. auch W. Lüdtke: Neue Psalmentexte. In: FS für Hans Vollmer zu seinem 70. Geburtstag [...]. Potsdam 1941, S. 187–226, dort, S. 223–225, auch Abdruck von Ps 68 nach der Berliner Hs.

Lit.: K. E. Schöndorf: Eine Psalmenübersetzung aus dem Deutschordensgebiet. Ein Werkstattbericht. In: Päsler/Schmidtke (im Druck).

PSALTERIEN IN DEUTSCHORDENSHÄUSERN

Ül1: Graudenz, DO, nachgewiesen für 1413 (GÄB, S. 600,15); 1414 (GÄB, S. 602,5); 1440 (GÄB, S. 608,14); 1447 (GÄB, S. 610,3–4);
Mewe, DO, *halb dutsch und halb latinisch* nachgewiesen für 1416 (GÄB, S. 743,17–18); 1422 (GÄB, S. 745,11–12).

TREBNITZER PSALMEN

ÜL: Berlin, GStA-PK: XX. HA Hs. 33, Bd. 14.

Ed.: Paul Pietsch (Hg.): Trebnitzer Psalmen. Breslau 1881.

Lit.: K. E. Schöndorf in: ²VL 7 (1998), Sp. 883–889 (spez. Sp. 886 f.).

*RULMAN MERSWIN: BUCH VON DEN NEUN FELSEN

Ül2: Königsberg, SUB: 1785 (verschollen).

Inc.: *Alle kristen moenschen nement war ...*

K.: Die Geschichte der Hs. lässt sich bis zum Pelpliner Zisterzienserkloster zurückverfolgen, aus dem sie im 19. Jh. an das Königsberger Staatsarchiv und von dort an die SUB Königsberg abgegeben wurde. Wie und wann die Hs. nach Pelplin gelangte, ist jedoch unbekannt. Ebenso wenig geklärt ist, ob es sich bei dieser Hs. um jene handelt, die bei Jaenichius (1723), S. 32, Nr. CXXXIV, erwähnt ist (s. o. Christlicher Unterricht).

Ed.: Philipp Strauch (Hg.): Schriften aus der Gottesfreund-Literatur. 3. Heft: Merswins Neun-Felsen-Buch (Das sogenannte Autograph). Halle/S. 1929.

Lit.: G. Steer in: ²VL 6 (1987), Sp. 420–442; P. Dinzelbacher in: LMA 6 (1993), Sp. 548 f.; C. Wand-Wittkowski: Mystik und Distanz. Zu religiösen Erzählungen Rulman Merswins. In: Mediaevistik 13 (2000), S. 117–134.

SALVE REGINA
Ül2: Königsberg, SUB: 528, S. 111 (verschollen).
Inc.: *Gegrusset seistu konigin der barmherczikeit des lebens eyne susszigkeyt vnd vnser hoffenung biß gegrusset* ...
Lit.: B. Wachinger in: ²VL 8 (1992), Sp. 552–559; vgl. JOHANN VON NEUMARKT.

DIE SECHS FLÜGEL DER SERAPHIM
Ül2: Braunsberg, Gymnasial-Bibliothek: Ms. 1, HS (verschollen).
Inc.: *dis sin sex flugel der seraphim. der erste flugel heist demutikeit* ...
K.: Bei M. W. Bloomfield u. a.: Incipits of Latin Works on the Vitues and Vices, 1100–1500 A. D. Cambridge/MA 1979, ist unter Nr. 4055 ein Werk mit dem Titel ‚De sex alis Chrubim [!]' nachgewiesen; dessen ersten Flügel ist jedoch confessio. Ob es sich bei dem dt. Text um eine Übersetzung des bei Bloomfield verzeichneten lateinischen handelt, konnte nicht geklärt werden.
Lit.: Meinertz (1882), S. 5 f.

DER GROSSE SEELENTROST
Ül1: Königsberg, DO, nachgewiesen für 1434 (GÄB, S. 32,23); 1436 (GÄB, S. 35,4); 1437 (GÄB, S. 39,17–18); 1438 (GÄB, S. 40,31).
Ül2: Gdańsk, BGPAN: Ms. 1614, Bl. 109r–229v;
Berlin, GStA-PK: XX. HA Hs. 33, Bd. 21 und Hs. 34, Bd. 11 (2 Fragm. einer Hs.).
K.: Die Handschrift stammt aus dem Harz (vermutlich Quedlinburg/Halberstadt); sie befand zwischen 1430/45–1459/60 im Besitz der Danziger Marienbibliothek (vgl. zuletzt Päsler [2003], S. 127 f., mit der weiteren Literatur).
Ed.: Margarete Schmitt: Der große Seelentrost. Ein niederdt. Erbauungsbuch des 14. Jh.s. Köln, Graz 1959.
Lit.: N. F. Palmer in: ²VL 8 (1992), Sp. 1030–1040.

SEGEN

DIEBS- UND TIERSEGEN
Ül2: Gdańsk, BGPAN: Ms. 1982, Bl. 132v.

GICHTSEGEN
Ül2: Berlin, SBB-PK: Ms. germ. 4°.533, Bl. 125v.

LONGINUS-SEGEN
Ül2: Gdańsk, BGPAN: Ms. 1982, Bl. 132v.
→ Ablässe : Clemens III., papa (?) : Pestsegen und Ablass.

SPECULUM HUMANAE SALVATIONIS, DT.
Ül1: Thorn, DO, nachgewiesen für 1414 (GÄB, S. 435,4); 1418 (GÄB, S. 436,5); 1422 (GÄB, S. 438,6–7); 1424 (GÄB, S. 439,36); 1428 (GÄB, S. 441,19–20); 1431 (GÄB, S. 444,30); 1436 (GÄB, S. 446,30); 1437 (GÄB, S. 449,36–37 und 450,15); 1440 (GÄB, S. 453,18); 1441 (GÄB, S. 456,8); 1446 (GÄB, S. 458,16–17);
Tapiauer Register B 107; [Bilder im Königsberger Dom; vgl. Mentzel-Reuters (2003), S. 275].

Ül2: Berlin, GStA-PK: XX. HA Hs. 34, Bd. 7 [Fragm.]; wohl erst in jüngerer Zeit ins Preußenland gelangt ist Königsberg, StadtB: S 18 fol, Bl. 1r–68r [süddt.; verschollen].
Ed.: Einige Textauszüge bei P. Poppe: Über das Speculum humanae salvationis und eine mitteldeutsche Bearbeitung desselben. Diss. Straßburg 1887, S. 17 f.
Lit.: H.-W. Stork / B. Wachinger in: [2]VL 9 (1995), Sp. 52–65, spez. Sp. 60 f. (mit Nennung der Hs.).

STREIT DER VIER TÖCHTER GOTTES

Ül2: Königsberg, SUB: 905, 47v (Fragm.?; verschollen).

STUNDENBÜCHER

KÖNIGSBERGER STUNDENBUCH

Ül2: Toruń, UB: Rps 82/I.

STUNDENBUCH DES DEUTSCHEN ORDENS

Ül2: Königsberg, SUB: 528, S. 98–271 (verschollen).
K.: Nach Löffler (s. u.) handelt es sich – entgegen der Annahme von Ziesemer (s. u.) – nicht eindeutig um ein Stundenbuch; vielmehr ist es eine eigentümliche Verbindung von Gebet- und Stundenbuch, die zudem von medizinisch und prognostisch ausgerichteten Texten eingerahmt ist (vgl. Päsler [2003], S. 321–324).
Lit.: W. Ziesemer: Eine bisher unbekannte Deutschordenshandschrift. In: Zs. des westpreußischen Geschichtsvereins 54 (1912), S. 223–241; A. Löffler: Das sogenannte deutschsprachige Stundenbuch und seine Stellung in der Liturgie des Deutschen Ordens. In: Päsler/Schmidtke (im Druck).

SÜNDEN- UND TUGENDENREGISTER

AUSLEGUNG DER SIEBEN TODSÜNDEN

Ül2: Berlin, GStA-PK: XX. HA Hs. 33, Bd. 15 [Fragm.].
Ed.: Steffenhagen (1867), S. 558 f.
Lit.: B. Söller in: [2]VL 8 (1992), Sp. 1172–1174.

SÜNDEN- UND TUGENDENREGISTER

Ül2: Toruń, UB: Rps 3/I, Bl. 128r–130v.
Inc.: *Dys sint dy ruffenden svnden dy gerochen werden. Vorgyssunghe vnscholdeges blutis. Dy stumme svnde ...*
Ed.: Hipler (1867), S. 138–140, und Waschinski (1908), S. 70 f.

DER SÜNDEN WIDERSTREIT

Ül2: Heidelberg, UB: Cpg 367, Bl. 266va–287rb [Nachtrag].
Inc.: *NV hebe wir daz grusen / In dem vil obir zusen ...*
K.: Unklar ist bislang, wann und wie der Text in die o. g. Hs. gelangte; seine Entstehung im Deutschen Orden (etwa als ‚Deutschordensdichtung') wird bereits von Schmidtke (s. u.) bestritten; für eine Rezeption im Deutschen Orden spricht jedoch die Aufnahme des Textes in die Hs.
Ed.: Victor Zeidler (Hg.): Der Sünden Widerstreit. Eine geistliche Dichtung des 13. Jh.s. Graz 1892.

Lit.: D. Schmidtke in: ²VL 9 (1995), Sp. 527–530; P. Hörner: ‚Der Sünden Widerstreit'. Belege gegen eine Ordenszuweisung. In: ZfdPh 121 (2002), S. 408–423.

Thomas von Aquin

Catena aurea über Johannes

Ül1: Osterode, DO, nachgewiesen für 1437 (GÄB, S. 332,4–5); Tapiauer Register B 126 (Identifizierung nach Schmidtke [1988], S. 360).
Ül2: Berlin, GStA-PK: XX. HA Hs. 33, Bd. 12 (Fragm.).
Inc.: [Nach dem Tapiauer Register:] *Der prophet Esahias der sprach &* ...
Lit.: Schmidtke (1988), S. 353–368; R. Schenk in: Marienlexikon 6 (1994), S. 399–405; K. Ruh / D. Schmidtke in: ²VL 9 (1995), Sp. 812–838.

Catena aurea über Lucas

Ül1: Marienburg, DO, nachgewiesen für 1394 (MÄB, S. 124,17) und 1398 (MÄB, S. 125,22); Tapiauer Register B 129 [= Toruń, UB: Rps 68/V].
Ül2: Toruń, UB: Rps 68/V.
Inc.: *Undir allen den wiezsagen die von der geburt des herren Ihesu geret haben* ...
Lit.: s. o.

Ül1: Tapiauer Register C 2 [= Toruń, UB: Rps 76/V].
Ül2: Toruń, UB: Rps 76/V.
Inc.: [Prolog:] *Dem erberen vatere in cristo hern Ambaldo dem werden cardinale pristirlichs ordens* ... [Text:] *Die ladunge der heiden vnd die sache ires heiles* ...
Lit.: s. o.

Catena aurea über Matthäus

Ül1: Königsberg, DO, [*Dis ist die vorrede in die uslegunge* ...] nachgewiesen für 1434 (GÄB, S. 32,21–23); 1437 (GÄB, S. 39,16–17); 1438 (GÄB, S. 40,29–30); Tapiauer Register C 1 (= Königsberg, SUB: 885).
Ül2: Königsberg, SUB: 885 (verschollen); Berlin, GStA-PK: XX. HA Hs. 34, Bd. 12 (Fragm.)[55].
Inc.: [Prolog:] *Dis ist die vor rede in die vslegunge als sie sente Thomas von Aquin der predigere brudere orden gemachit hat* ... [Text:] *Dem allir heiligesten vnd deme erberisten vatere, hern Vrbano, der da von gotlicher vorsichtikeit ist* ...
Ed.: Teilabdruck aus Kapitel 5: Walther Ziesemer: Catena aurea. In: Altpreußische Forschungen 19 (1942), S. 187–199, hier S. 191–

55 Ein jüngst von Karin Schneider identifiziertes Fragment (München, Bayerische StaatsB: Cgm 5250/64) ist nach der Schreibsprache ostfränkischer Herkunft (vgl. Die deutschen Handschriften der Bayerischen Staatsbibliothek München. Die mittelalterlichen Fragmente Cgm 5249-5250. Beschrieben von Karin Schneider mit vier Beschreibungen von Elisabeth Wunderle. Wiesbaden 2005, S. 231 f.). – Zusammen mit den Nürnberger und Baseler Fragmenten sowie der bairisch-österreichischen Übersetzung (Fragment Salzburg, UB: cod. M. II. 273) ließe sich daraus schließen, dass der Text auch über das Preußenland (und über den Deutschen Orden?) hinaus verbreitet war. Oder – umgekehrt – von außen in den Deutschen Orden hineingetragen wurde. Dies zu klären, muss der in Vorbereitung befindlichen Edition vorbehalten bleiben.

193; danach in: Johannes Erben (Hg.): Ostmitteldeutsche Chrestomatie. Proben der frühen Schreib- und Druckersprache des mitteldeutschen Ostens. Berlin 1961, S. 95–97.

Lit.: s. o.

Tilo von Kulm: Von siben Ingesigeln

Ül2: Toruń, UB: Rps 6/I.

Inc.: *Erst uf ein gut gelinge / Den scheppher allir dinge / Sal man denclich rufen an ...*

K.: Als Vorlage diente nach Kochendörffer (s. u.), S. V, und Reissmann (s. u.), S. 3 ff., die heute verschollene Hs. Königsberg, SUB: 1767; nicht überprüft werden konnte die von Günther 5 (1921), S. 295, aufgestellte These, dass es sich bei der heute ebenfalls verschollenen Hs. Gdańsk, BGPAN: Ms. Mar. F 250, Bl. 205v–274v, um eine Parallelüberlieferung des in der o.g. Königsberger Hs. aufgezeichneten Textes handelt. Weiteres zur Vorlage bei Spitz (s. u.). Zu Datierungs- und Gebrauchsfragen der Toruńer Hs. vgl. jetzt Mentzel-Reuters (2003), S. 73–76.

Ed.: Karl Kochendörffer (Hg.): Tilos von Kulm Gedicht Von siben Ingesigeln aus der Königsberger Handschrift. Berlin 1907.

Lit.: G. Reissmann: Tilos von Culm Gedicht von siben ingesigeln. Berlin 1910; J. Haustein in: DSAM 15 (1991), Sp. 984–986; W. J. Hoffmann in: Marienlexikon 6 (1994), S. 425 f.; A. Masser in: ^{2}VL 9 (1995), Sp. 932–935; P. Hörner: Tilo von Kulm: *Eyn Got in dry personen.* In: C. L. Gottzmann / P. Hörner (Hg.): Studien zu Forschungsproblemen der deutschen Literatur in Mittel- und Osteuropa. Frankfurt/M. u. a. 1998, S. 79–104; H.-J. Spitz: Tilos von Kulm *Von siben Ingesigeln.* Bemerkungen zu den lateinischen Vorlagen. In: N. Miedema / R. Suntrup (Hg.): Literatur – Geschichte – Literaturgeschichte. FS für Volker Honemann [...]. Frankfurt/M. u. a. 2003, S. 661–673; A. Mentzel-Reuters: *durch mins herczen gral.* Die ‚Siben Ingesigel' Tilos von Kulm als Reformschrift. In: F. Löser / R. G. Päsler (Hg.): Vom vielfachen Schriftsinn. FS für Dietrich Schmidtke. Hamburg 2005, S. 283–308.

Traktat vom göttlichen Wesen

Ül2: Königsberg, SUB: Ms. 902 (verschollen).

I: Anonymer Traktat vom göttlichen Wesen und der göttlichen Dreifaltigkeit, zum größten Teil nach der Offenbarung des Johannes ausgeführt.

K.: Aufgrund der o. g. Informationen zum Inhalt ist eine genaue Textidentifizierung nicht möglich.

Unser frauwen botschaft

Ül1: Osterode, DO, nachgewiesen für 1437 (GÄB, S. 332,6).

K.: Mögliche Identifizierung: Konrad von Heimesfurt.

VÄTERBUCH
Ül1: Marienburg, DO, nachgewiesen für 1394 (MÄB, S. 124,16) und 1398 (MÄB, S. 125,22);
Königsberg, DO, nachgewiesen für 1431 (GÄB, S. 29,21); 1434 (GÄB, S. 32,19); 1436 (GÄB, S. 34,41); 1437 (GÄB, S. 39,13); 1438 (GÄB, S. 40,27);
Thorn, DO, nachgewiesen für 1418 (GÄB, S. 436,7); 1422 (GÄB, S. 438,8); 1424 (GÄB, S. 439,37); 1428 (GÄB, S. 441,20–21); 1437 (GÄB, S. 449,39 und 450,17); 1440 (GÄB, S. 453,20); 1441 (GÄB, S. 456,10); 1446 (GÄB, S. 458,13);
Elbing, DO, nachgewiesen für 1440 (GÄB, S. 93,25);
Schlochau, DO, nachgewiesen für 1437 (GÄB, S. 667,37);
Osterode, DO, nachgewiesen für 1437 (GÄB, S. 332,6);
Tapiauer Register B 27 (= Königsberg, SUB: 900);
Tapiauer Register B 111 und B 124.
Ül2: Königsberg, SUB: 900 (verschollen);
Berlin, GStA-PK: XX. HA Hs. 33, Bd. 9 (Fragm.);
Berlin, GStA-PK: XX. HA Hs. 34, Bd. 1, Bl. 1ra–2ra (Fragm.) [das Breslauer Fragment gehört mit diesem nicht zusammen (vgl. u. Plate)].
Ed.: Karl Reissenberger (Hg.): Das Väterbuch. Aus der Leipziger, Hildesheimer und Straßburger Handschrift. Berlin 1914 (ND Hildesheim 1967).
Lit.: D. Borchardt / K. Kunze in: ²VL 10 (1999), Sp. 164–170; R. Plate: Zum Breslauer ‚Väterbuch'-Fragment E. In: ZfdA 127 (1998), S. 295–298, hier S. 297.

VATERUNSER

KÖNIGSBERGER TEXT
Ül2: Königsberg, SUB: 1563, Bl. 111r (verschollen).
Inc.: *Vater vnser der du bist in den himmelen geheileget werde din name ...*
Lit.: E. Waschinski: Erziehung und Unterricht im Deutschen Ordenslande bis 1525 mit besonderer Berücksichtigung des niederen Unterrichts. Danzig 1908, S. 70.

AUSLEGUNGEN
Ül1: Schlochau, DO, nachgewiesen für 1437 (GÄB, S. 667,40).
Ül2: Königsberg, StA: Dt. Fragm. 10 (verschollen).
Inc.: [Verloren?].
K.: Ob das verlorene Königsberger Fragment identisch ist mit dem Schlochauer Text, ließ sich nicht feststellen.

VERZEICHNIS DER SONNTAGSNAMEN
Ül2: Königsberg, SUB: 528, S. 24 (verschollen).
Inc.: *Die sonntags namen. Die Sontage Das Ior ober. Item Aduent. Ad te leuaui ...*
K.: Nennt das Initium für den Introitus des jeweiligen Sonntags.

VISIO PHILIBERTI
→ ‚Jammerruf des Toten'

VISIO TNUGDALI, DT.
Ül2: Berlin, SBB-PK: Ms. germ. 2°.532, Bl. 5ra–9vb.

Inc.: *[I]n deme namen des heren tusent hundert und nwen und virczik in dem jare Eugenius papa weder czu Roma quam ...*

Ed.: Teilweise nach dieser Hs. Nigel F. Palmer: ‚Visio Tnugdali'. The German and Dutch Translations and their Circulation in the Later Middle Ages. München, Zürich 1982, S. 167–170.

K.: Der Text gehört der Übersetzung L (nach Vinzenz von Beauvais: ‚Speculum historiale', Buch 27, Kap. 88–104) an.

Lit.: Palmer (s. o.); N. F. Palmer in: [2]VL 9 (1995), Sp. 1142–1146.

Zehn Gebote

Danziger Texttafel

Ül2: Tafel in der Danziger Marienkirche.

Inc.: *Das ist das erste gebot: Du salt anbeten eynen God ...*

Lit.: R. Slenczka: Lehrhafte Bildtafeln in spätmittelalterlichen Kirchen. Köln u. a. 1998, S. 33–39, 208–210.

Gereimter Dekalog

Ül2: Königsberg, SUB: 528, S. 220 (verschollen).

Inc.: *Einen got saltu eren Vnd bey seynem namen ...*

Ed.: Ziesemer (1912), S. 238.

Zehn Gebote, Auslegungen

Ül1: Schlochau, DO, nachgewiesen für 1437 (GÄB, S. 667,39).

Lit.: R. Suntrup u. a. in: [2]VL 10 (1999), Sp. 1484–1503.

Danziger Auslegung

Ül2: Gdańsk, BGPAN: Ms. 2146, Bl. 1r–6v.

Inc.: *Dit sint de teyen bode godes ...*

K.: Nach Günther 3 (1922), S. 188, „predigtartige Ausführungen in niederdeutscher Sprache über die 10 Gebote u. ähnliches".

Zehn Gebote und Plagen

Mnd. Text

Ül2: Königsberg, SUB: 905, 42v–47r (verschollen).

Inc.: *Tiene sint der gebode / der horent dre to gode ...*

Ed.: Teile bei Rohde (s. u.).

Lit.: F. Rohde: Ein mnd. gedicht über die kreuzigung, das begräbnis und die auferstehung Christi aus der Königsberger hs. nr. 905. Königsberg 1905, S. 12; V. Honemann in: [2]VL 10 (1999), Sp. 1503–1510.

Omd. Text

Ül2: Königsberg, SUB: 2914, Bl. 80rb–82v (?) (Fragment; verschollen).

Ed.: Steffenhagen in: ZfdA (1867), S. 546–554; nach einer mittelniederländischen Vorlage F.-A. Snellaert (Hg.): Nederlandsche Gedichten uit de 14. eeuw van Jan Boendale, Hein van Aken en anderen [...]. Brussel 1869, S. 551–638 (V. 1–261, 1358–1704, 2061–2347).

Lit.: V. Honemann in: [2]VL 10 (1999), Sp. 1503–1510, spez. 1505.

VI. Abbildungsnachweis

1. Nürnberg, Germanisches Nationalmuseum, Hs. 198393, Bl. 256r.
2. Gdańsk, Biblioteka Gdańska Polskiej Akademii Nauk: Ms. 2527 Fasz. 9, Bl. 27v.
3. Berlin, GStA-PK: XX. HA Hs. 34, Bd. 1, Bl. 2r.
4. Berlin, GStA-PK: XX. HA Hs. 34, Bd. 1, Bl. 2v.
5. Berlin, GStA-PK: XX. HA Hs. 33, Bd. 17, Bl. 1r.

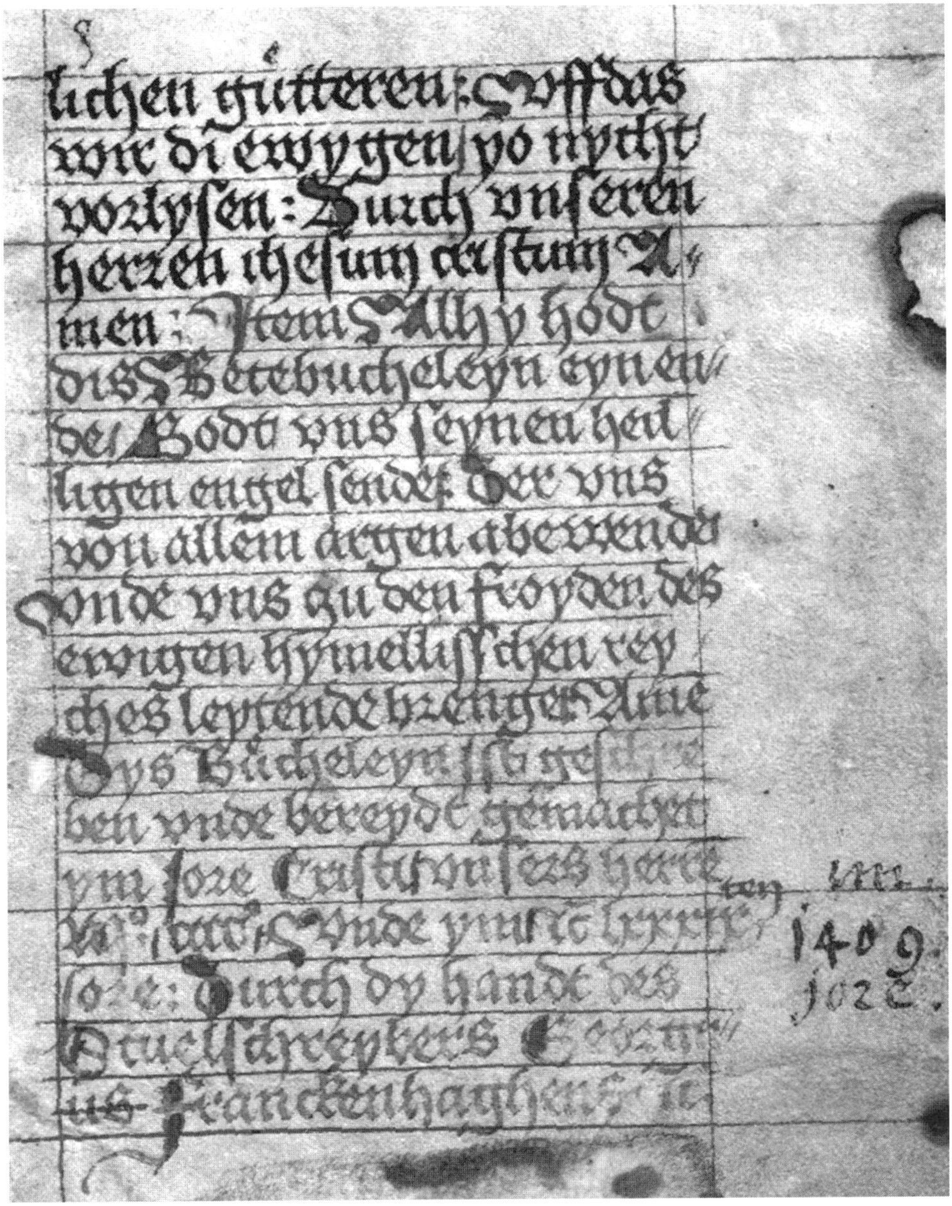

Abb. 1: Nürnberg, Germanisches Nationalmuseum, Hs. 198393, Bl. 256r: Kolophon des Georg Franckenhagen.

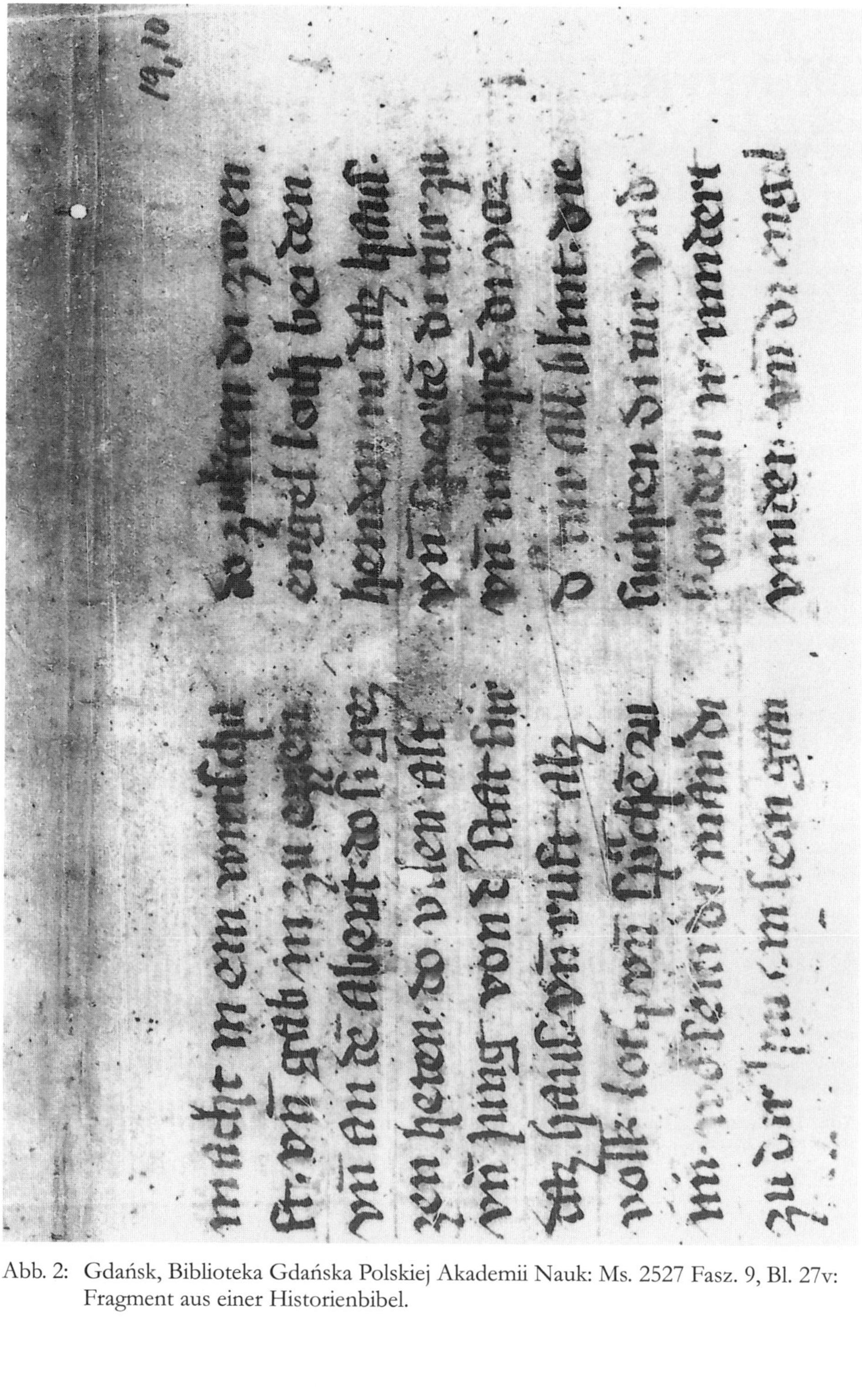

Abb. 2: Gdańsk, Biblioteka Gdańska Polskiej Akademii Nauk: Ms. 2527 Fasz. 9, Bl. 27v: Fragment aus einer Historienbibel.

Abb. 3: Berlin, GStA-PK: XX. HA Hs. 34, Bd. 1, Bl. 2r: Nikolaus von Jeroschin: Legende des hl. Adalbert [1. Seite].

Abb. 4: Berlin, GStA-PK: XX. HA Hs. 34, Bd. 1, Bl. 2v: Nikolaus von Jeroschin: Legende des hl. Adalbert [2. Seite].

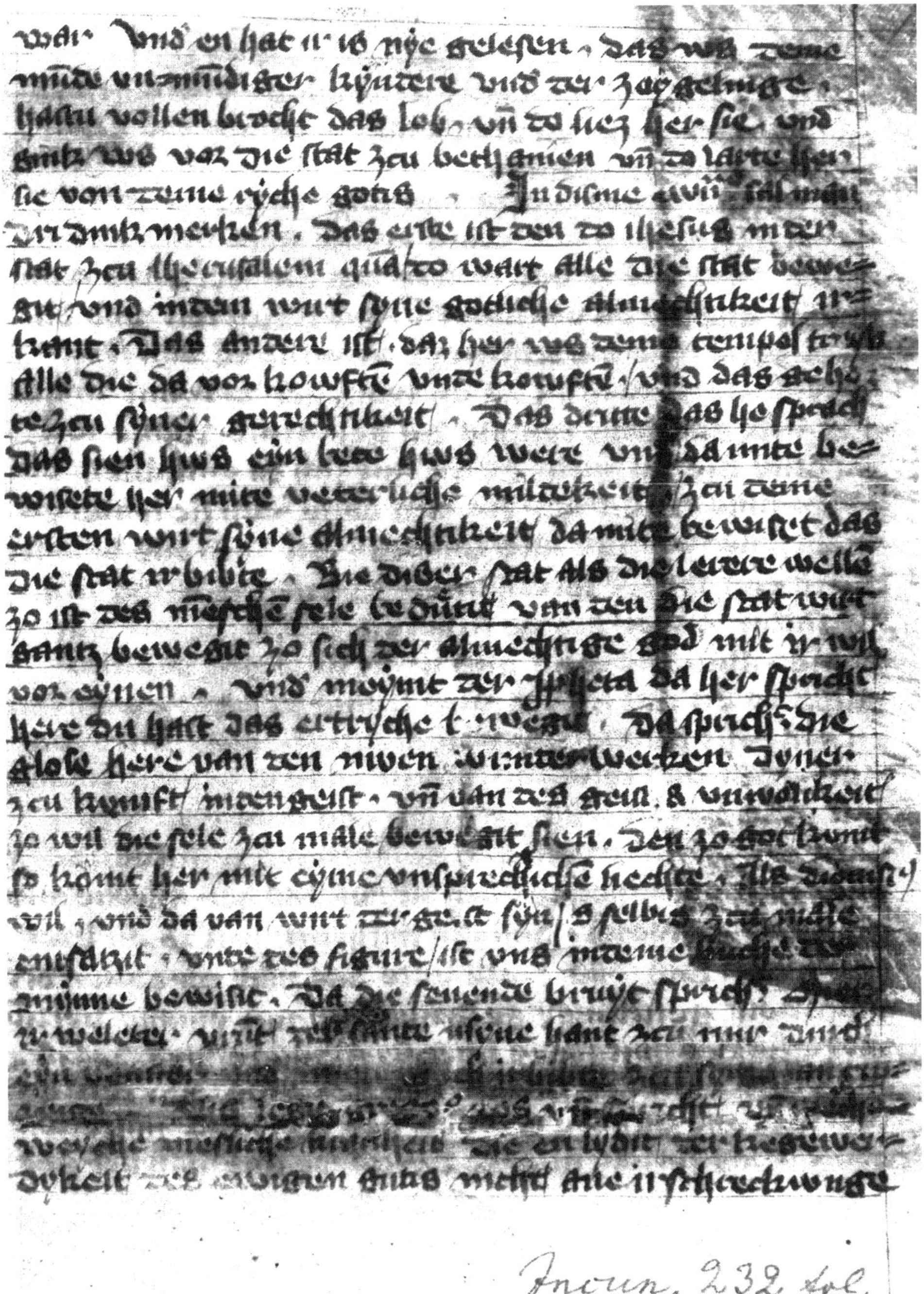

Abb. 5: Berlin, GStA-PK: XX. HA Hs. 33, Bd. 17, Bl. 1r: Quadragesimale, dt.

Berichte und Forschungen 13 (2005) S. 65–86.

Matthias Weber

Deutsch-polnische Kooperationsprojekte zur Geschichte Schlesiens

Adel in Schlesien – Herrschaft, Kultur, Selbstdarstellung
Szlachta na Śląsku – Władza, kultura, samoreprezentacja

1. „Adel" – ein ‚europäisches' Thema

Das Thema „Adel" hat Konjunktur. Derzeit befasst sich eine Anzahl von Projekten unter verschiedenen Gesichtspunkten und am Beispiel unterschiedlicher Regionen mit der Geschichte des Adels. Neuerscheinungen und Ausstellungen zu Themen wie: Deutscher Adel im 19. und 20. Jahrhundert[1], Adel in Oberschwaben[2], Adel in den böhmischen Ländern[3], Adel in Ostmitteleuropa[4], Adel auf dem Lande[5] oder Bürgertum und Adel in der Habsburgermonarchie[6] und nicht zuletzt die kontinuierlich fortgeführten, interdisziplinären Publikationen der „Residenzen-Kommission der Akademie der Wissenschaften zu Göttingen"[7] verweisen auf das fachliche und regionale Spektrum der gegenwärtigen Befassung mit dem „Adel".

---

1 Günther Schulz / Markus A. Denzel (Hg.): Deutscher Adel im 19. und 20. Jahrhundert. Büdinger Forschungen zur Sozialgeschichte 2002 und 2003 (Deutsche Führungsschichten in der Neuzeit 26). St. Katharinen 2004.

2 Vgl. die von Mark Hengerer, Elmar Kuhn und Peter Blickle für Oktober 2005 vorbereitete Tagung zum Thema „Adel in Oberschwaben, 1700–2000" <hsozkult.geschichte.hu-berlin.de/termine/id=3652>.

3 Die Forschungsgruppe „Adel in den böhmischen Ländern 1748–1948", unter Mitwirkung des Instituts für Geschichte Tschechiens, Phil. Fakultät, Karls-Universität Prag, berichtet regelmäßig über ihre Aktivitäten auf der Mailinglist H-SOZ-U-KULT, z. B. <hsozkult.geschichte.hu-berlin.de/termine/id=3463>.

4 Europäisches Graduiertenkolleg an der Technischen Universität Dresden: „Repräsentation des Adels in Ostmitteleuropa vom 18. bis zum 20. Jahrhundert".

5 Heike Düselder (Hg.): Adel auf dem Lande. Kultur und Herrschaft des Adels zwischen Weser und Ems. 16. bis 18. Jahrhundert (Materialien und Studien zur Alltagsgeschichte und Volkskultur Niedersachsens 36). Cloppenburg 2004 (Begleitpublikation zu der 2004/05 gezeigten gleichnamigen Ausstellung im Museumsdorf Cloppenburg, Niedersachsen).

6 Hannes Stekl: Adel und Bürgertum in der Habsburgermonarchie. 18. bis 20. Jahrhundert. Hannes Stekl zum 60. Geburtstag gewidmet von Ernst Bruckmüller, Franz Eder und Andrea Schnöller (Sozial- und Wirtschaftshistorische Studien 31). Wien, München 2004.

7 Mitteilungen der Residenzen-Kommission 1 (1991) – 14 (1994); Sonderhefte der Mitteilungen der Residenzen-Kommission 1 (1995) – 6 (2003).

Ein verstärktes Interesse ist gerade auch an der Adelsgeschichte des 19. und 20. Jahrhunderts zu konstatieren, der in Bezug auf den Adel meist mit Begriffen wie Niedergang, Abstieg und Verlust gekennzeichneten Epoche[8]. Mehrere Gründe können als Ursachen gerade dieses Akzents angeführt werden: Erstens die im Zuge des gesellschaftlichen Wandels nach 1989/90 neu gestellte Frage nach Rekrutierung, Zusammensetzung und Handlungsbedingungen von gesellschaftlichen Eliten – Adelsgeschichte wird also als Elitengeschichte betrachtet –, zweitens das Interesse an Selbstverständnis und Mentalität gesellschaftlicher Gruppen im Sinne einer erweiterten Sozialgeschichte und schließlich die spezifisch europäische Dimension von Adelsgeschichte und -kultur[9]. Besonders der letztgenannte Aspekt verleiht auch der älteren Geschichte des Adels in Mittelalter und Früher Neuzeit neue Aktualität – die Mediävistik und die Frühneuzeitforschung haben allerdings das für die Vormoderne konstitutive Thema „Adel" nie ganz aus den Augen verloren, handelt es sich doch um eine aus der Geschichte dieser Epochen nicht wegzudenkende Thematik.

Bei der Suche nach den Fundamenten und den Grundstrukturen der europäischen Geschichte jenseits der nationalstaatlichen Perspektive, wie sie über eineinhalb Jahrhunderte dominant gewesen ist, trifft man zwangsläufig auf die föderal strukturierten, von der Herrschaft des Adels geprägten und zusammengehaltenen Reiche und Territorien der Frühen Neuzeit, die über Jahrhunderte Bestand hatten – allen voran das Heilige Römische Reich deutscher Nation mit seiner dezentralen Verfassungsstruktur und die polnisch-litauische Adelsmonarchie[10] mit ihren multinationalen Traditionen – beide sind Aristokratien mit monarchischer Spitze. Vor dem Hintergrund der europäischen Integration wecken die strukturellen Merkmale derartiger früher staatlicher Einheiten mit ihren gesellschaftlichen Führungsschichten verstärktes Interesse.

Vor dem Hintergrund immer weiter voranschreitender überregionaler und -nationaler gesellschaftlicher Vernetzungen gewinnt gerade auch die Suche nach den gemeinsamen geschichtlichen Wurzeln Europas an Bedeutung. Adel war und ist ein geographisch übergreifendes Phänomen, dessen historische, kulturelle und politische Dimension zahlreiche gesamteuropäische Implikationen aufweist und das sich in hervorragender Weise für eine Bearbeitung aus transnationaler Perspektive eignet: Adelskultur und -geschichte ist gleichsam *per definitionem* universalgeschichtlich. Kulturelle Internationalität, über alle sprachlichen Grenzen hinweg fließende Kommunikationsstrukturen und überterritoriale dynastische Netzwerkbildungen waren seit jeher Kennzeichen des

8 Eckart Conze / Monika Wienfort: Themen und Perspektiven historischer Adelsforschung zum 19. und 20. Jahrhundert. In: Dies. (Hg.): Adel und Moderne. Deutschland im europäischen Vergleich im 19. und 20. Jahrhundert. Köln, Weimar, Wien 2004, S. 1.

9 Vgl. Eckart Conze: Deutscher Adel im 20. Jahrhundert. Forschungsperspektiven eines zeithistorischen Feldes. In: Schulz/Denzel: Adel (wie Anm. 1), S. 20 f.

10 Hans-Jürgen Bömelburg: Die Tradition einer multinationalen Reichsgeschichte in Mitteleuropa – Historiographische Konzepte gegenüber Altem Reich und Polen-Litauen sowie komparatistische Perspektiven. In: Zeitschrift für Ostmitteleuropa-Forschung 53/3 (2004), S. 318–350.

Adels. Zugleich waren bzw. sind viele Adelsfamilien gleichsam als Gegenpol einer ganz bestimmten (oft kleinräumigen) historischen Region verhaftet, in der die Familiengüter lagen, an deren Verwaltung und Politik aufgrund alten Herkommens Mitwirkungsrechte bestanden. Am Beispiel der Kultur und Geschichte des Adels lässt sich eindrucksvoll zeigen, dass europäisches Kulturbewusstsein und regionale Identität keine Widersprüche darstellen, sondern sich wechselseitig ergänzen und verbinden können.

2. Bisherige Forschungen über Geschichte und Kultur des schlesischen Adels

Das hier vorzustellende in mehrere Teilprojekte untergliederte wissenschaftliche Vorhaben steht unter dem Rahmenthema „Adel in Schlesien – Herrschaft, Kultur, Selbstdarstellung". Diese auch für die schlesische Geschichte und Kultur zentrale Thematik wurde bisher lediglich in Einzelaspekten aufgegriffen, jedoch noch nie thematisch, zeitlich übergreifend und umfassend von der Wissenschaft in den Blick genommen; eine zusammenfassende Sichtung älterer Ergebnisse und ein Aufzeigen von Forschungsperspektiven ist von dem im Druck befindlichen Aufsatz von Norbert Conrads zum Thema „Adelsforschung"[11] zu erwarten.

Die vom „Institut für Deutsche Adelsforschung" im Internet bereitgestellte „Bibliographie zum deutschen Adel"[12] verzeichnet unter „Schlesien" gerade einmal 117 Titel und wird damit dem tatsächlichen Bearbeitungsstand in keiner Weise gerecht. Jüngst hat Wacław Gojniczek anlässlich der von ihm veranlassten Herausgabe der Handschrift zum Thema „Genealogisch-heraldische Materialien zur Geschichte des Adels im Fürstentum Teschen"[13] aus der Feder des Polyhistors und Pädagogen Leopold Johann Scherschnik (Leopold Jan Szersznik; 1747–1814) wichtige polnische, tschechische und deutsche Quellenwerke zur Geschichte des schlesischen Adels zusammengestellt.

Ein frühes und bis zum heutigen Tag als Quelle bedeutendes Sammelwerk, das den Adel Schlesiens in umfassender und zeitlich übergreifender Perspektive dokumentiert, ist das von dem Liegnitzer Rektor Johannes Sinapius (1667–1725) bearbeitete, 1720 bis 1728 in Breslau und Leipzig erschienene Lexikon

---

11 Norbert Conrads: Adelsforschung. In: Joachim Bahlcke (Hg.): Historische Schlesienforschung. Methoden, Themen und Perspektiven zwischen traditioneller Landesgeschichtsschreibung und moderner Kulturwissenschaft (Neue Forschungen zur Schlesischen Geschichte 12). Köln, Weimar, Wien 2005, im Druck.

12 <http://home.foni.net/~adelsforschung1/bib47.htm> am 21. April 2005.

13 Wacław Gojniczek: Wprowadzenie [Einführung]. In: Ders. (Bearb.): Leopold Jan Szersznik – Materiały genealogiczno-heraldyczne do dziejów szlachty księstwa Cieszyńskiego [L. J. S. – Genealogische und heraldische Materialien zur Geschichte des Adels im Herzogtum Teschen] (Biblioteca Tessinensis, Seria Polonica 1). Cieszyn 2004, S. 11–58 und 305–318.

des schlesischen Adels. Unter dem Titel ‚Schlesische Curiositäten'[14] wird auf über 2.200 Druckseiten das damalige Wissen über die „Hoch-Adelichen", ebenso wie die „Gräflichen, Freyherrlichen und Adelichen Geschlechter [...] schlesischer Extraction" präsentiert. Unter den frühen schlesischen Autoren, die die Geschichte des Adels dieser Provinz thematisieren, sind exemplarisch die genealogisch interessierten Chronisten des 17. und 18. Jahrhunderts zu nennen wie Jacob Schickfus (1574–1636)[15], Friedrich Lucae (1644–1708)[16] oder Nikolaus Henel von Hennenfeld (1582–1656)[17]. Wichtige Quellen enthalten auch die Sammlungen des Juristen am Prager Appellationsgericht Johann Jacob von Weingarten[18]. Der als Stadtschreiber in Leipzig arbeitende Jurist und Historiker Johann Christian Lünig (1662–1740), der zu den bedeutendsten Kompilatoren des frühneuzeitlichen Staats- und Verwaltungsrechts zählt, hat in einem 1727 erschienenen Band des „Corpus Juris Feudalis Germanici"[19] sowie in der 1730 erschienenen Quellensammlung „Collectio Nova"[20] jeweils umfangreiche Kapitel beigefügt, die Quellen „Vom Schlesischen Adel" präsentieren.

Gerade die für die Adelsforschung wichtigen Teildisziplinen Heraldik, Sphragistik sowie Genealogie, die einem umfassenden und übergreifenden Präsentations- und Sammlungsanliegen Rechnung tragen, können auch für den

---

14 Johannes Sinapius, Bd. 1 mit dem vollständigen Titel: „Schlesischer Curiositäten Erste Vorstellung, Darinnen die ansehnlichen Geschlechter Des Schlesischen Adels Mit Erzehlung Des Ursprungs, der Wappen, Genealogien, der qualificirtesten Cavaliere, der Stamm-Häuser und Güter beschrieben, Und dabey viele, bißhero ermangelte Nachrichten von Edlen Rittern und löblichen Vor-Eltern aus alten brieflichen Urkunden und bewährten MSCtis zum Vorschein gebracht werden, Ausgefertigt von Johanne Sinapio Des vereinigten Gymnasii zu Lignitz Rectore. Auf Verlag des Autoris Zu Leipzig im Großischen wie auch zu Breßlau und Lignitz im Rohrlachischen Buchladen zu finden. Leipzig, gedruckt in der Fleischerschen Druckerey, 1720";
Johannes Sinapius, Bd. 2 mit dem vollständigen Titel: „Des Schlesischen Adels Anderer Theil / Oder Fortsetzung Schlesischer Curiositäten Darinnen Die Gräflichen, Freyherrlichen und Adelichen Geschlechter / so wohl Schlesischer Extraction Als auch Die aus andern Königreichen und Ländern in Schlesien Kommen Und entweder darinnen noch floriren oder bereits ausgangen In völligem Abrisse dargestellt werden Nebst einer nöthigen Vorrede und Register ausgeferttigt von Johanne Sinapio. Leipzig und Breßlau bey Michael Rohrlach, 1728".

15 Jacob Schickfus: New vermehrete Schlesische Chronica unnd Landes Beschreibung [...]. Leipzig 1625.

16 Friedrich Lucae: Schlesiens curieuse Denckwürdigkeiten / oder vollkommene Chronica von Ober- und Nieder Schlesien [...]. Frankfurt/Main 1689.

17 Nicolaus Henel von Hennenfeld: Silesiographia renovata, necesariis scholiis, observationibus et indice aucta. 2 Bde. Breslau, Leipzig 1704.

18 Johann Jacob von Weingarten: Codex Ferdinandeo-Leopoldino-Josephino-Carolinus [...]. Prag 1720; ders.: Fasciculi diversorum iurium [...]. Nürnberg 1690.

19 Johann Christian Lünig: Corpus Juris Feudalis Germanici [...]. Bd. 2. Frankfurt/Main 1727, Sp. 243–542.

20 Johann Christian Lünig: Collectio Nova Worinn der Mittelbahren oder Landsässigen Ritterschafft in Deutschland [...] Sonderbahre Praerogativen und Gerechtsame auch Privilegia und Freyheiten enthalten sind. Frankfurt, Leipzig 1730, S. 92–342.

Adel Schlesiens eine Reihe von Ergebnissen vorweisen[21]. An Grundlagenwerken sind wiederum exemplarisch zu nennen: das vierbändige 1885 bis 1887 erschienene Werk von Conrad Blažek, dessen erste drei Bände sich mit dem „Abgestorbenen Adel der preussischen Provinz Schlesien" und dessen vierter Band sich mit dem „Adel von Oesterreichisch Schlesien"[22] befasst, ebenso wie die Arbeit von Josef Pilnáček über die Geschlechter des alten Schlesien, erschienen 1991 bis 1998[23], die umfangreiche genealogische, heraldische und sphragistische Informationen über mehr als 2.000 schlesische Familien enthält und zahlreiche Quellen ausgewertet hat, die während des Zweiten Weltkrieges verloren gingen; zu nennen sind ferner die Einzelbeiträge aus der Feder Ludwig von Igály-Igálffys und das seit 2002 erscheinende genealogisch-heraldische Handbuch von Roman Sękowski über die Wappen des schlesischen Adels[24].

Eine herausragende Stellung in der Adelsgesellschaft Schlesiens hatte die aus der polnischen Königsfamilie abstammende Dynastie der schlesischen Piastenherzöge. Obwohl die Piasten den Titel von Herzögen innehatten, sich von den Vertretern des böhmischen Herrenstandes abgrenzten und sich gerne mit den freien Fürsten des Heiligen Römischen Reichs verglichen, blieben der Umfang ihrer Herrschaftskompetenzen und der Grad ihrer Souveränität während der Frühen Neuzeit umstritten und letztlich begrenzt. Genealogie, Wappen und Geschichte der Piastenfamilie, die im Jahr 1675 mit dem Tod des letzten Piastenfürsten, des Herzogs Georg Wilhelm von Liegnitz, erlosch, wurden intensiv bearbeitet. Zu nennen sind u. a. die Werke von Hermann Luchs (1872)[25], die genealogisch-biographischen Lexika von Kazimierz Jasiński (1973–1977)[26] sowie von Stanisław Szczur und Krzysztof Ożóg (1999)[27] und die heraldische Analyse von Małgorzata Kaganiec (1992)[28].

---

21 Vgl. Karel Müller: Heraldik und Sphragistik im ehemaligen Österreichisch-Schlesien. Stand der Forschung und künftige Aufgaben. In: Matthias Weber / Carsten Rabe (Hg.): Silesiographia. Stand und Perspektiven der historischen Schlesienforschung. Festschrift für Norbert Conrads zum 60. Geburtstag (Wissenschaftliche Schriften des Vereins für Geschichte Schlesiens 4). Würzburg 1998, S. 329–335.

22 Conrad Blažek: Der abgestorbene Adel der Preussischen Provinz Schlesien (Bd. 1–3); Der Adel von Oesterreichisch Schlesien (Bd. 4). Nürnberg 1885–1887. Im Reprint herausgegeben in der Reihe „Siebmacher's großes Wappenbuch" unter dem Titel „Die Wappen des schlesischen Adels". Neustadt an der Aisch 1977.

23 Josef Pilnáček: Rody starého Slezska [Die Adelsgeschlechter Altschlesiens]. 5 Bde. Brno 1991–1999.

24 Roman Sękowski: Herbarz Szlachty Śląskiej. Informator genealogiczno-heraldyczny [Wappenbuch des schlesischen Adels. Genealogisch-wappenkundliches Handbuch]. Bisher 3 Bde. Katowice 2002–2003.

25 Hermann Luchs (Hg.): Schlesische Fürstenbilder des Mittelalters. Breslau 1872.

26 Kazimierz Jasiński: Rodowód Piastów Śląskich [Der Stammbaum der schlesischen Piasten] (Prace Wrocławskiego Towarzystwa Naukowego R. A. 154, 167, 183). 3 Bde. Wrocław 1973–1977.

27 Stanisław Szczur / Krzysztof Ożóg (Red.): Piastowie. Leksykon biograficzny [Die Piasten. Ein biographisches Lexikon]. Kraków 1999.

28 Małgorzata Kaganiec: Heraldyka Piastów Śląskich 1146–1707 [Die Heraldik der schlesischen Piasten…] (Rozprawy i Studia Muzeum Śląskiego). Katowice 1992.

Eine vergleichende, epochenübergreifende Sichtung der Forschung ergibt, dass die mittelalterliche Geschichte des schlesischen Adels besonders intensiv analysiert wurde. Hier sind die beiden umfangreichen, 1998 und 2001 erschienenen Arbeiten von Tomasz Jurek[29] und Ulrich Schmilewski[30] zu erwähnen, die sich mit Herkunft, Zusammensetzung (sozialer und sprachlich-kultureller Orientierung) und Zuwanderung des Adels bis zum Ende des 13. bzw. zur Mitte des 14. Jahrhunderts befassen und – in wechselseitiger Ergänzung – die gesamte ältere Literatur zur mittelalterlichen Adelsgeschichte Schlesiens verzeichnen.

Eine erste Erfassung auch der wichtigsten handschriftlichen Quellen, die über die Geschichte des schlesischen Adels und seiner Güter in Archiven und Bibliotheken erhalten sind, soll das unten beschriebene „Repertorium" leisten; über im Staatsarchiv Breslau vorhandene Bestände einzelner Familien, Herrschaften und Landgüter geben die in polnischer und deutscher Sprache vorliegenden Archivwegweiser Auskunft[31]. Im Zuge der humanistischen und barocken Selbststilisierung liegen wichtige Quellen in Form von Leichenpredigten und weiteren Gelegenheitsschriften, genealogische Werke sowie Traktate und moralisierende Abhandlungen über die unterschiedlichsten Bereiche der adligen Gesellschaft und adliger Lebenswelten vor[32]. Eine Besonderheit ist der 1679 in Brieg erschienene, von dem polyglotten Kreuzburger Pfarrer Adam Gdacius (1615–1688)[33] verfasste „Diskurs über den Herren- und Ritterstand", der Fragen der adligen Lebensführung, Sitte und Moral anhand anschaulicher Exempel behandelt.

Die schlesische Geschichte der Frühen Neuzeit wurde durch die weitgreifende innenpolitische Autonomie der adligen Führungsschicht in hohem Maße mitgeprägt. Die auf dem Generallandtag in Breslau zusammentretenden „Fürsten und Stände" berieten über die Landesverfassung und -verwaltung und vertraten dort ihre politischen, ökonomischen und konfessionellen Inte-

---

29 Tomasz Jurek: Obce rycerstwo na Śląsku do połowy XIV wieku [Das fremde Rittertum in Schlesien bis zur Mitte des 14. Jahrhunderts] (Poznańskie Towarzystwo Przyjaciół Nauk, Wydział Historii i Nauk Społecznych, Prace Komisji Historycznej 54). Poznań 1998.

30 Ulrich Schmilewski: Der schlesische Adel bis zum Ende des 13. Jahrhunderts. Herkunft, Zusammensetzung und politisch-gesellschaftliche Rolle (Wissenschaftliche Schriften des Vereins für die Geschichte Schlesiens 5). Würzburg 2001.

31 Andrzej Dereń / Rościsław Żerelik (Bearb.): Staatsarchiv Breslau – Wegweiser durch die Bestände bis zum Jahr 1945 (Schriften des Bundesinstituts für ostdeutsche Kultur und Geschichte 9). München 1996, S. 280–313; Andrzej Dereń / Rościsław Żerelik (Opr.): Archiwum Państwowe we Wrocławiu – Przewodnik po zasobie Archiwalnym do 1945 roku. Wrocław 1996.

32 Vgl. Rudolph Lenz (Hg.): Katalog der Leichenpredigten und sonstiger Trauerschriften in der Dombibliothek Breslau (Marburger Personalschriften-Forschungen 16). Sigmaringen 1997; ders. (Hg.): Katalog der Leichenpredigten und sonstiger Trauerschriften in niederschlesischen Bibliotheken und Archiven (Marburger Personalschriften-Forschungen 32). Stuttgart 2002.

33 Adam Gdacius: O Panskim y Slacheckim albo Rycerskim Stanie Dyszkurs [Diskurs über den Herren- und Ritterstand]. Brzeg 1679.

ressen. Die im 16. Jahrhundert auch in Schlesien durchgeführte Reformation war weitgehend an das Bekenntnis des landständischen Adels gebunden, ebenso wie die Parteinahme für den böhmischen Gegenkönig Friedrich V. von der Pfalz und die Beteiligung an der böhmischen Rebellion im Jahr 1618[34]. Später, nach 1740/41, blieb der wieder katholisch gewordene Adel Oberschlesiens für Preußen ein Faktor, dessen politische Zuverlässigkeit bisweilen schwer kalkulierbar war und dem preußischen König verschiedentlich Anlass zur Sorge bot.

In diesem größeren landesgeschichtlichen Zusammenhang enthalten die älteren Publikationen und Editionen zur Geschichte, Verfassung und Verwaltung Schlesiens und seiner Fürstentümer, die etwa in den Reihen „Codex Diplomaticus Silesiae“ (36 Bde., 1847–1933) und „Scriptores Rerum Silesiacarum“ (17 Bde., 1835–1902) veröffentlicht wurden, auch zahlreiche Quellen zur Wirtschafts-, Rechts und Sozialgeschichte des Adels sowie zur Entwicklung von Reformation und Gegenreformation. Das vom Adel geprägte Ständewesen Schlesiens wurde im Kontext der Aufarbeitung der „gesamtschlesischen Ständeversammlungen“ von Kazimierz Orzechowski (1979)[35] und von regionalen Ständeversammlungen von Marian Ptak[36] als eigene thematische Schwerpunkte gerade auch von der neueren polnischen Rechtsgeschichte analysiert. Joachim Bahlcke hat den Verfassungsdualismus von adlig-ständischem Regionalismus und habsburgischem Zentralismus erforscht, der bis zum Dreißigjährigen Krieg ein Grundproblem auch der politischen Landesgeschichte Schlesiens bildete[37]; anders als in Böhmen blieb in Schlesien der Einfluss des

34 Vgl. die umfangreiche Edition von Hermann Palm und Julius Krebs (Hg.): Acta Publica. Verhandlungen und Correspondenzen der schlesischen Fürsten und Stände 1618–1629. 8 Bde. Breslau 1869–1906.

35 Kazimierz Orzechowski: Ogólnośląskie zgromadzenia stanowe. Warszawa, Wrocław 1979.

36 Marian Ptak: Związek manów weichbildu złotoryjskiego i miasta Złotoryi z 1452 roku. Ze studiów nad ustrojem stanowym Księstwa Legnickiego [Die Ständeversammlung des Umlands von Goldberg und der Stadt Goldberg im Jahr 1452. Studien zur Ständeordnung im Herzogtum Liegnitz] (Acta Universitatis Wratislaviensis 2367, Prawo CCLXXVI). Wrocław 2002, S. 61–73; ders.: Ordynacja ziemska wolnego państwa sycowskiego [Die Landesordnungen der freien Standesherrschaft Groß Wartenberg] (Acta Universitatis Wratislaviensis 137). Wrocław 1986, S. 99–118; ders.: Chronologia zgromadzeń stanowych księstwa legnickiego 1311–1741 [Chronologie der Ständeversammlungen des Herzogtums Liegnitz] (Acta Universitatis Wratislaviensis 2144, Prawo CCLXIV). Wrocław 1999, S. 57–103; ders.: Zgromadzenia stanowe księstwa legnickiego 1311–1741 [Ständeversammlungen im Herzogtum Liegnitz] (Acta Universitatis Wratislaviensis 2070, Prawo CCLXI). Wrocław 1998, S. 19–81; ders.: Śląskie ordynacje ziemskie [Schlesische Landesordnungen]. In: Sobótka 39 (1979), S. 17–35; ders.: Kilka uwag o ordynacji ziemskiej księstwa cieszyńkiego [Anmerkungen zur Landesordnung des Herzogtums Teschen]. In: Sobótka 47 (1987), S. 477–483.

37 Joachim Bahlcke: Regionalismus und Staatsintegration im Widerstreit. Die Länder der Böhmischen Krone im ersten Jahrhundert der Habsburgerherrschaft. 1526–1619 (Schriften des Bundesinstituts für ostdeutsche Kultur und Geschichte 3). München 1994; weiterführende Perspektiven sind zu erwarten von dem im Druck befindlichen Beitrag Joachim Bahlcke: Ständeforschung. In: Ders. (Hg.): Historische Schlesienforschung. Methoden, Themen und Perspektiven zwischen traditioneller Landesgeschichtsschreibung und moderner Kul-

Adels auf die innere Landesverwaltung auch in der daran anschließenden Epoche – wenn auch in abgeschwächter Form – erhalten.

Seit dem 19. Jahrhundert lag ein Hauptgesichtspunkt der historiographischen Auseinandersetzung mit der Geschichte des Adels in der Frühen Neuzeit auf agrar- und wirtschaftsgeschichtlichem Gebiet. Auf Druck des Adels – dem der Löwenanteil an Grund und Boden gehörte und der auch sonst in vielfacher Weise privilegiert war – wurden die Bauernbefreiung sowie Reformen im Agrarwesen in Schlesien verschleppt beziehungsweise nur unzureichend durchgeführt, so dass die öffentliche und ebenso die wissenschaftliche Diskussion über dieses Problem besonders intensiv geführt wurde und lange andauerte; eine endgültige Regelung erfolgte erst durch das 1850 erlassene Gesetz, das den Bauern die Ablösung von Abgaben und Diensten ermöglichte.

In diesem politisierten Kontext bildeten der historisch langfristig erfolgende Übergang von der spätmittelalterlichen Grundherrschaft zu stärker gutswirtschaftlich geprägten Strukturen der Neuzeit, der Gegensatz Adel–Bauer, die Entwicklung der Dominialrechte des Adels gegenüber den auf den Landgütern lebenden Bauern, die Vergrößerung des Gutslandes durch Bauernlegen, die Ausbildung bäuerlicher Erbuntertänigkeit, die negative Veränderung des Besitzrechts, der Freizügigkeit, der Abgaben und Frondienste und schließlich der ländliche Widerstand gegen eine derartige Ausweitung der adligen Vorherrschaft intensiv bearbeitete Themen, die seit den grundlegenden Editionen von Gustav Adolf Tzschoppe und Gustav Adolf Stenzel („Urkundensammlung", 1832) sowie August Meitzen („Urkunden schlesischer Dörfer", 1863)[38] in einer Reihe von älteren Publikationen behandelt wurden[39]. Neuere Arbeiten zu diesem Thema befassen sich mit weiteren Teilaspekten. Die Entwicklung der ländlichen Verhältnisse in Schlesien und der Oberlausitz in der Frühen Neuzeit spielte nicht zuletzt in den auch auf Adelsarchiven beruhenden Forschungen Józef Leszczyńskis[40] eine wesentliche Rolle. Am Beispiel des Fürs-

---

turwissenschaft (Neue Forschungen zur Schlesischen Geschichte 12). Köln, Weimar, Wien 2005.

38 August Meitzen: Urkunden schlesischer Dörfer. Zur Geschichte der ländlichen Verhältnisse und der Flureintheilung insbesondere (Codex Diplomaticus Silesiae 4). Breslau 1863.

39 Vgl. Matthias Weber: Quellen zur ländlichen Geschichte Schlesiens in der Frühen Neuzeit. 1. Grundherrschaft und Gutsherrschaft in der Historiographie bis 1945. In: Jahrbuch des Bundesinstituts für ostdeutsche Kultur und Geschichte 6 (1998), S. 117–143.

40 Józef Leszczyński: Chłop śląski w walce z kontrreformacją w drugiej połowie XVII stulecia [Der schlesische Bauer im Kampf gegen die Gegenreformation in der zweiten Hälfte des 17. Jahrhunderts]. In: Kwartalnik Opolski 4 (1958), S. 104–133; ders.: Ruchy chłopskie w dzisiejszym Gorzanowie po wojnie trzydziestoletniej [Bauernbewegungen in Grafenort nach dem 30jährigen Krieg]. In: Rocznik Ziemi Kłodzkiej 4–5 (1959–1960), S. 43–93; ders.: Walka protestanckiej ludności wiejskiej na Pogórzu Sudeckim z kontrreformacją [Der Kampf der protestantischen Landbevölkerung des Sudetenberglands gegen die Gegenreformation]. In: Studia i materiały z dziejów Śląska 4 (1962), S. 23–64; ders.: Zwalnianie chłopów od poddaństwa na Pogórzu Sudeckim w drugiej połowie XVII wieku [Die Bauernbefreiung im Sudetenbergland in der zweiten Hälfte des 17. Jahrhunderts]. In: Studia i materiały z dziejów Śląska 4 (1962), S. 5–21; ders.: Ruchy chłopskie na Pogórzu Sudeckim w

tentums Breslau hat Richard C. Hoffmann (1991) das Thema Grundbesitz, Adel, Untertanen und gesellschaftlicher Wandel im Spätmittelalter[41] untersucht. In der bis in die Gegenwart andauernden Auseinandersetzung mit der Guts- bzw. Grundherrschaftsproblematik liegt ein Fokus auf Geschichte und Entwicklung der großen Grundherrschaften im benachbarten Königreich Böhmen, so dass sich eine komparatistische Betrachtung anbietet[42].

Auch nach der Annexion des größten Teiles Schlesiens durch Preußen 1740/41 konnte der alteingesessene Adel grundsätzlich Eigentum und Privilegien bewahren; auf Dauer allerdings war die Integration Schlesiens in den preußischen Staat auch mit einer mentalen Borussifizierung der gesellschaftlich führenden Schicht verbunden. Peter Mainka legte 1995 eine monumentale Biographie des schlesischen Adligen Karl Abraham von Zedlitz und Leipe (1731–1793)[43] vor, der als Wirklicher Geheimer Etats- und Justizminister unter den beiden preußischen Königen Friedrich II. und Friedrich Wilhelm II. 19 Jahre lang bestimmenden Einfluss auf wesentliche Bereich des Justiz-, Kirchen- und Schulwesens ausübte, und schildert – ausgehend von der schlesischen adelsgeschichtlichen Tradition – anhand dieser Persönlichkeit auch die Auswirkungen der Annexion und Integration Schlesiens in den preußischen Staatsverband für den Adel dieser Provinz. Nach 1741 verlor der katholische, habsburgtreue Adel an Bedeutung, während preußische Adelsfamilien zunahmen[44]; dies galt allerdings nicht für den bei Böhmen gebliebenen, oberschlesischen Landesteil. Eine Reihe von Arbeiten befassen sich gerade mit der Bedeutung des (katholischen) oberschlesischen Adels für die wirtschaftliche und

---

drugiej połowie XVII wieku [Bauernbewegungen im Sudetenbergland in der zweiten Hälfte des 17. Jahrhunderts] (Monografie Śląskie Ossolineum 2). Wrocław 1961.

41 Richard C. Hoffmann: Land, Liberties and Lordship in a Late Medieval Countryside. Agrarian Structures and Change in the Duchy of Wrocław. Philadelphia 1989; vgl. zur Gesamtproblematik: Heinrich Kaak: Die Gutsherrschaft. Theoriegeschichtliche Untersuchungen zum Agrarwesen im ostelbischen Raum (Veröffentlichungen der historischen Kommission zu Berlin 79). Berlin, New York 1991.

42 Vgl. Markus Cerman / Hermann Zeitlhofer (Hg.): Soziale Strukturen in Böhmen. Ein regionaler Vergleich von Wirtschaft und Gesellschaft in Gutsherrschaften. 16.–19. Jahrhundert (Sozial- und wirtschaftshistorische Studien 28). München, Wien 2002; Eduard Maur: Gutsherrschaft und „zweite Leibeigenschaft" in Böhmen. Studien zur Wirtschafts-, Sozial- und Bevölkerungsgeschichte. 14.–18. Jahrhundert (Sozial- und wirtschaftshistorische Studien 26). München, Wien 2001; Jaroslav Čechura: Adelige Grundherren als Unternehmer. Zur Struktur südböhmischer Dominien vor 1620 (Sozial- und wirtschaftshistorische Studien 25). München, Wien 2000.

43 Peter Mainka: Karl Abraham von Zedlitz und Leipe (1731–1793). Ein schlesischer Adliger in Diensten Friedrichs II. und Friedrich Wilhelms II. von Preußen (Quellen und Forschungen zur Brandenburgischen und Preußischen Geschichte 8). Berlin 1995.

44 Ernst Emil Klotz: Die schlesische Gutsherrschaft des ausgehenden 18. Jahrhunderts auf Grund der friderizianischen Urbare und unter besonderer Berücksichtigung der alten Kreise Breslau und Bolkenhain-Landeshut. Aalen 1978.

industrielle Entwicklung des Landes, für das Bergbau- und Hüttenwesen[45] – diesseits und jenseits der preußisch-böhmischen Landesgrenze.

Die vor allem von Preußen unterstützte Adelsreaktion zeigte im Sprachgebrauch der Liberalen bald Wirkung. Der schlesische Adel, dessen Dominanz auf ökonomischem und sozialem Gebiet die Entwicklung eines selbstbewussten Bürgertums behinderte, wurde in der bürgerlichen Geschichtsschreibung weithin als politisch und gesellschaftlich rückständig verstanden. Der negativ konnotierte, mit einer Reihe von Stereotypen behaftete Begriff des „ostelbischen Junkers“, des engstirnigen, arroganten und aufdringlichen Adligen entstand[46].

Es ist sicher auch eine Folge dieser eher negativen Konnotation, dass die Erforschung der Geschichte des schlesischen Adels vom 18. bis zum 20. Jahrhundert noch weitgehend ein Desiderat bildet – und zugleich eine Folge der radikalen, durch den Zweiten Weltkrieg verursachten Zäsur, durch die der Adel Schlesiens seine Bedeutung vollends verlor. In den Jahrzehnten nach 1945 standen – in Polen wie in Deutschland – ganz andere Themen im Mittelpunkt des Interesses.

Nach dem Kriegsende und dem Übergang Schlesiens an Polen wurde der Adel von der marxistisch geprägten polnischen Geschichtsliteratur (ebenso wie von der Geschichtswissenschaft der DDR) mit weithin negativer Akzentuierung als Feudalklasse geschildert, deren rückwärtsgewandte politische Einstellung und Egoismus die Entwicklung der Gesellschaft verzögert habe. Seit der Ostsiedlung des Mittelalters habe der Adel eine im Sinne des Klassenkampfes ausbeuterische Rolle gespielt und sei schließlich als Träger des preußischen Militarismus für den Ersten Weltkrieg verantwortlich und am Vordringen des Nationalsozialismus maßgeblich beteiligt gewesen[47]. Lange Zeit wurde außerdem insofern eine einseitige Perspektive gewählt, als zwar beispielsweise Reiseberichte polnischer Adliger aus der Frühen Neuzeit publiziert wurden, dabei allerdings nur in seltenen Fällen auf deren familiäre oder freundschaftliche Beziehungen zu deutschen schlesischen Adelsfamilien hingewiesen wurde.

Solche Sichtweisen sind inzwischen selbst Geschichte geworden. An ihre Stelle traten differenzierte Forschungen, die sich mit der politischen Bedeutung des schlesischen Adels in der Neuzeit, mit Aspekten seiner spezifischen Kultur sowie seinen geistigen und materiellen Hinterlassenschaften befassen.

Die politische Rolle des schlesischen Adels wurde für das 19. Jahrhundert vor allem am Beispiel des am Fuße des Riesengebirges gelegenen Hirschberger Tals untersucht. Seit dem sukzessiven Erwerb der Schlösser Fischbach/

45 Konrad Fuchs: Beiträge zur Wirtschafts- und Sozialgeschichte Schlesiens (Veröffentlichungen der Forschungsstelle Ostmitteleuropa an der Universität Dortmund A 44). Dortmund 1985.

46 Vgl. Heinz Reif: Die Junker. In: Etienne François / Hagen Schulze (Hg.): Deutsche Erinnerungsorte. Bd. 1. Berlin 2001, S. 520–536.

47 In dieser Tendenz auch noch Stanisław Michalkiewicz (Hg.): Historia Śląska [Geschichte Schlesiens]. Bd. 3/2: 1891–1918. Wrocław u. a. 1985, vor allem S. 82–93.

Karpniki, Erdmannsdorf/Mysłakowice und Schildau/Wojanów durch die Hohenzollern und der Nutzung des Hirschberger Tals als Sommerresidenz entwickelte sich ein Mikrokosmos des preußisch-schlesischen Adels mit dazugehöriger Schlösser- und Parkkultur („schlesisches Elysium"). Diese einzigartige Kulturlandschaft wurde in den vergangenen Jahren durch eine deutsch-polnische Ausstellung „Das Tal der Schlösser und Gärten. Das Hirschberger Tal in Schlesien. Ein gemeinsames Kulturerbe" und eine Reihe von Publikationen in deren Umfeld thematisiert[48].

Ein politikgeschichtlicher Forschungsschwerpunkt war die Partizipation des schlesischen Adels an den frühparlamentarischen Organen des preußischen Staates bzw. des sich im 19. Jahrhundert herausbildenden deutschen Nationalstaats. Hier sind vor allem die Untersuchungen zum Preußischen Abgeordnetenhaus von Walter Schmidt[49] und von Hartwin Spenkuch (1998)[50] zu erwähnen. Verschiedentlich wurden die politischen Implikationen des schlesischen Adels im 20. Jahrhundert dargestellt, etwa des dem Zentrum angehörenden Reichstagspräsidenten Franz Xaver Graf von Ballestrem[51]. Im Zusammenhang mit der Geschichte des 20. Jahrhunderts ist am bekanntesten die Beteiligung vor allem von Vertretern des niederen schlesischen Adels an den konspirativen Treffen des „Kreisauer Kreises". Sie ist Gegenstand von historiographische Abhandlungen[52] ebenso wie einer wichtigen autobiographischen Literatur Überlebender[53] und fand auch in der jüngeren polnischen Forschung Berück-

---

48 Vgl. Olgierd Czerner / Arno Herzig u. a. (Hg.): Das Tal der Schlösser und Gärten. Das Hirschberger Tal in Schlesien – ein gemeinsames Kulturerbe / Dolina Zamków i Ogrodów. Kotlina Jeleniogórska – wspólne dziedzictwo. Jelenia Góra, Berlin 2001; Arne Franke: Das schlesische Elysium. Burgen, Schlösser, Herrenhäuser und Parks im Hirschberger Tal. Potsdam 2004.

49 Vgl. Walter Schmidt: Die schlesischen Abgeordneten des preußischen Landtages 1848/49. In: Würzburger medizinhistorische Forschungen (im Druck).

50 Vgl. Hartwin Spenbuch: Das Preußische Herrenhaus. Adel und Bürgertum in der Ersten Kammer des Landtages 1854–1918 (Beiträge zur Geschichte des Parlamentarismus und der politischen Parteien 110). Düsseldorf 1998.

51 Helmut Neubach: Franz Graf von Ballestrem, ein Reichstagspräsident aus Oberschlesien (Oberschlesische Schriften 12). Dülmen/Westf. 1984; Rafał Kowalski: Dzieje rodu hrabiów von Ballestrem na Górnym Śląsku w latach 1798–1945 [Geschichte des Geschlechts der Grafen von Ballestrem in Oberschlesien]. Ruda Śląska 1998.

52 Vgl. u. a. Ger van Roon: Neuordnung im Widerstand. Der Kreisauer Kreis innerhalb der deutschen Widerstandsbewegung. München 1967; Freya von Moltke / Michael Balfour / Julian Frisby: Helmuth von Moltke 1907–1945. Stuttgart 1975; Moltke-Stiftung Berlin (Hg.): Moltke Almanach. Bd. 1: Die Herkunft der Mitglieder des engeren Kreisauer Kreises. Das biographische und genealogische Bild einer Widerstandsgruppe. Berlin o. J. [1984]; Wilhelm Ernst Winterhager (Bearb.): Der Kreisauer Kreis. Porträt einer Widerstandsgruppe. Begleitband zu einer Ausstellung der Stiftung Preußischer Kulturbesitz. Mainz 1985; Kurt Finker: Graf Moltke und der Kreisauer Kreis. Berlin ^{2}1993; Franz von Schwerin: Helmuth James Graf von Moltke. Im Widerstand die Zukunft denken. Zielvorstellungen für ein neues Deutschland. Paderborn u. a. 1999.

53 Marion Gräfin Yorck von Wartenburg: Die Stärke der Stille. Erzählung eines Lebens aus dem deutschen Widerstand. Köln 1984; Freya von Moltke (Hg.): Helmut James von Moltke.

sichtigung. Hinter dieser inzwischen zu einem „Lieu de mémoire“ avancierten Gruppe treten die Einzelschicksale anderer schlesischer Adliger, die gegen den Nationalsozialismus Widerstand leisteten, wie beispielsweise Maria von Maltzan, bisher noch etwas in den Hintergrund.[54]

Nur wenige Untersuchungen existieren hingegen bislang zu den diversen Verstrickungen schlesischer Adliger in das System des NS-Staates, ob als Staatsbeamte, Parteifunktionäre, Offiziere oder Vordenker ‚völkischer‘ Konzeptionen wie beispielsweise Karl Christian von Loesch[55].

Der allmähliche Verlust von wirtschaftlicher Kraft und politischem Einfluss ging seit dem 19. Jahrhundert mit Bildung eines verstärkten Traditionsbewusstseins einher, zu dem auch die Gründung von konfessionell gebundenen Standesvereinigungen wie des „Vereins katholischer Edelleute in Schlesien“ oder des „Vereins der schlesischen Malteserritter“ gehört. In dieses historische Selbstverständnis einzuordnen ist auch die Gruppe der „Vettern von Wahlstatt“, in der sich seit dem Mittelalter in Schlesien ansässige Familien zusammenfanden, deren Angehörige – einer Legende zufolge – an der Schlacht von Wahlstatt gegen die Mongolen im Jahr 1241 teilgenommen haben sollen. Diese Adelsvereinigungen wurden als Traditionsverbände auch über die Zäsur der Vertreibung und Zwangsaussiedlung der Deutschen aus Schlesien hinweg weitergeführt.

Bekanntermaßen ist die schlesische Literaturlandschaft des 17. Jahrhunderts von adligen bzw. für ihre dichterischen Leistungen geadelten Autoren (wie Martin Opitz von Boberfeld) maßgeblich geprägt. Doch ist auch für das Schlesien des 19. und frühen 20. Jahrhunderts eine Reihe adliger Autoren zu nennen – teils von weltliterarischem Rang wie Joseph von Eichendorff (zu dem ein kaum mehr überschaubares Korpus an Fachliteratur vorliegt), teils von nationaler oder regionaler Bedeutung wie der „grüne Graf“ Hermann von Pückler-Muskau oder Moritz Graf von Strachwitz und Karl von Holtei[56] (die bislang noch nicht das große Interesse der internationalen Forschung auf sich gelenkt haben). Zu den in den letzten Jahren stärker beachteten Autorinnen zählt die in Oberschlesien beheimatete Valeska Gräfin von Bethusy-Huc, mit deren Leben und Werk sich unter anderem Grażyna Barbara Szewczyk[57] befasst hat. Nur in Ansätzen wurde bisher das soziale Engagement von Adligen im 19.

Briefe an Freya 1939–1945. München 1988; dies.: Erinnerungen an Kreisau. 1930–1945. München 1997.

54 Maria Gräfin von Maltzan: Schlage die Trommel und fürchte Dich nicht. Erinnerungen. Berlin ²1986.

55 Hinweise bei Stephan Malinowski / Sven Reichardt: Die Reihen fest geschlossen? Adelige im Führungskorps der SA bis 1934. In: Eckart Conze / Monika Wienfort (Hg.): Adel und Moderne. Deutschland im europäischen Vergleich im 19. und 20. Jahrhundert. Köln, Weimar, Wien 2004, S. 119–150.

56 Georg Potempa: Karl von Holtei. Eine Erinnerung an den Dichter und Schauspieler aus Breslau. Nettetal 1998.

57 Grażyna Barbara Szewczyk: Niepokorna hrabina. Literacka kariera Valeski von Bethusy-Huc [Die widerspenstige Gräfin. Die literarische Karriere der V. v. B.-H.]. Katowice 1999.

und 20. Jahrhundert untersucht, beispielsweise der oberschlesischen Diakonisse Eva von Tiele-Winckler[58].

Der Übergang Schlesiens an Polen nach dem Zweiten Weltkrieg hatte das Ende der traditionellen schlesischen Adelskultur durch den Verlust der Besitzungen, Herrenhäuser, Schlösser, Stadtpalais, oft auch umfangreicher, zum Teil in Jahrhunderten zusammengetragener Familienarchive und -kunstsammlungen bedeutet. Nur wenigen Familien war es gelungen, ihre Buch- und Handschriftenbestände bereits während der Kriegszeit in das westlichere Deutschland auszulagern.

Bei der Erforschung der Erinnerungskultur schlesischer Vertriebener nach 1945 ist auch der Adel zu berücksichtigen. Standesvertreterinnen wie Maria Frisé (geb. von Loesch) oder Leonie Ossowski legten umfangreiche autobiographische Betrachtungen vor, in denen sie ihre Jugend auf schlesischen Adelsgütern reflektieren[59]. Allerdings fehlt bisher eine differenzierte wissenschaftliche Auseinandersetzung mit diesen Erinnerungen, die gerade auch unter Fragestellungen der Genderforschung für das Selbstverständnis weiblicher Adliger im 20. Jahrhundert und ihren Umgang mit Erinnerung, Nostalgie und Heimatgefühl wertvolle Erkenntnisse erbringen könnte. Eine Untersuchung wert wäre auch das landsmannschaftliche Engagement schlesischer Adliger, das nicht selten bis in die Gegenwart andauert.

Vermutlich war der historisch-materialistische Vorbehalt gegenüber dem Thema „Adel" und den von Adligen geschaffenen kulturellen Zeugnissen in Polen im Vergleich zu anderen sozialistischen Staaten schon immer schwächer ausgeprägt gewesen; inzwischen sind derartige Vorbehalte längst einer unbefangenen und sachlichen Herangehensweise gewichen.

Forschungsdefizite bestehen nicht zuletzt aufgrund der schwierigen Quellenlage hinsichtlich der Architekturhistoriographie. Zwar sind in den vergangenen Jahren eine Reihe populärer Darstellungen und Bildbände zu Schlössern und Herrenhäusern erschienen[60] und besonders die Bauten und Parks des

58 Eva von Tiele-Winkler: Nichts unmöglich! Erinnerungen und Erfahrungen. o. J. [1929]; dies.: Matka Ewa 31 X 1866 – 21 VI 1930. Katowice 1998.

59 Maria Frisé: Meine schlesische Familie und ich. Erinnerungen. Berlin 2004; dies.: Eine schlesische Kindheit. München ²1993; Leonie Ossowski: Wolfsbeeren. München 2002; vgl. auch Juliane Braun (Hg.): Ein Teil Heimat seid ihr für mich. Rundbriefe einer Breslauer Mädchenklasse 1944–2000. Berlin 2001.

60 U. a. Muzeum Dawnego Kupiectwa, Świdnica (Hg.): Rezydencje ziemi świdnickiej [Residenzen in der Region Schweidnitz]. Świdnica 1997; Romuald Mariusz Łuczyński: Zamki i pałace Dolnego Śląska [Burgen und Schlösser in Niederschlesien]. 3 Bde. Wrocław 1997–1998; Tomasz Andrzejewski: Siedziby rycerskie w księstwie głogowskim. Zamki i dwory Rechenbergów i Schönaichów [Rittersitze im Herzogtum Glogau. Burgen und Landsitze der Rechenberg und Schönaich]. Nowa Sól 2002; Marian Świeży: Zamki, twierdze, warownie – Dolny Śląsk. Przewodnik historyczny [Burgen, Festungen, Wehranlagen – Niederschlesien. Ein historischer Führer]. Gryfów Śląski 2002; Małgorzata Chorowska: Rezydencje średniowieczne na Śląsku. Zamki, pałace, wieże mieszkalne [Mittelalterliche Residenzen in Schlesien. Burgen, Schlösser, Wohntürme]. Wrocław 2003.

Hirschberger Tals ins Blickfeld gelangt[61], doch fehlen grundlegende Analysen nach dem Vorbild von Irma Kozinas Band über die oberschlesischen Residenzen im 19. Jahrhundert[62]. Besonders dringlich ist die Erforschung derjenigen Objekte, deren Verfall mangels geeigneter Investoren und Nutzer unaufhaltsam ist. Im Mittelpunkt des kunsthistorischen Interesses an den zahlreichen materiellen Hinterlassenschaften der schlesischen Adelskultur – neben den Wohnsitzen vor allem Grabdenkmäler, Epitaphien und Kirchenausstattungen[63] – steht die Frage nach den ikonographischen Mitteln der Selbstdarstellung des Adels[64]. Heute befasst sich eine Reihe lokal- oder regionalgeschichtlich arbeitender Forscher mit der Vergangenheit einzelner Objekte und mit deren früheren Besitzern. In diesem Zusammenhang sind auch einzelne herausragende Adelsgestalten der schlesischen Geschichte von polnischer Seite durch Einzelbiographien gewürdigt worden; erwähnt sei nur die legendenumrankte Fürstin von Sagan, Dorothea von Talleyrand-Périgord[65].

3. Die deutsch-polnischen Kooperationsprojekte „Adel in Schlesien / Szlachta na Slaşku"

Die Übersicht macht deutlich: Gesteigertes wissenschaftliches Interesse an Kultur und Geschichte des Adels in Schlesien ist sowohl deutscher- als auch polnischerseits zu erkennen. Es fehlt nicht an Fallstudien und Detailanalysen. Ein dringendes Desiderat der Forschung stellt jedoch die Bündelung der Ergebnisse der Einzeluntersuchungen im Rahmen einer kulturwissenschaftlichen Zusammenschau auf der Grundlage bilateraler, interdisziplinärer Kooperation dar. Aufbauend auf bisher geleistete Forschungen sollen bei dem im Jahr 2005

---

61 U. a. die einschlägigen Beiträge im Ausstellungskatalog „Das Tal der Schlösser und Gärten" (wie Anm. 48); als populärer Führer Arne Franke: Das schlesische Elysium. Burgen, Schlösser, Herrenhäuser und Parks im Hirschberger Tal. Potsdam 2004.

62 Irma Kozina: Pałace i zamki na pruskim Górnym Śląsku w latach 1850–1914 [Schlösser und Burgen im preußischen Teil Oberschlesiens...]. Katowice 2001.

63 U. a. Jan Harasimowicz: Mors janua vitae. Śląskie epitafia / nagrobki wieku reformacji [Schlesische Epitaphien und Grabdenkmäler der Reformationszeit] (Acta Universitatis Wratislaviensis 1098, Historia Sztuki III). Wrocław 1992; Bogusław Czechowicz: Nagrobki późnogotyckie na Śląsku [Spätgotische Grabdenkmäler in Schlesien]. Wrocław 2003.

64 Konstanty Kalinowski: Gloryfikacja panującego i dynastii w sztuce Śląska XVII i XVIII w. [Die Glorifizierung des Herrschers und der Dynastie in der schlesischen Kunst des 17. und 18. Jahrhunderts]. Warszawa, Poznań 1973; Zenon Piech: Ikonografia pieczęci Piastów [Ikonographie der Siegel der Piasten]. Kraków 1993; Jacek Witkowski: „Szlachetna a wielce żałosna opowieść o panu Lancelocie z Jeziora". Dekoracja malarska wielkiej sali wieży mieszkalnej w Siedlęcinie [„Die edle und sehr traurige Geschichte des Herrn Lancelot vom See". Die Ausmalung des großen Saals im Wohnturm von Boberröhrsdorf]. Wrocław 2001.

65 Jerzy Piotr Majchrzak: ...więcej niż życie. Dorota Talleyrand-Périgord i jej czasy [...mehr als ein Leben. D. T.-P. und ihre Zeit]. Żagań 2004. Zu Sagan sei auf die laufenden Forschungen von Günter Erbe, TU Berlin, über die Themen „Die Fürstenresidenz Sagan – ein zentraler Ort europäischer Kulturgeschichte" und „Die politische Karriere der Herzogin Dorothea von Sagan" hingewiesen.

begonnenen, interdisziplinär konzipierten Vorhaben größere wissenschaftliche Einheiten der politischen Geschichte, der kulturellen Wirkung und des Selbstverständnisses des schlesischen Adels in den Mittelpunkt gestellt und zusammenfassend im aktuellen Wissenschaftsdiskurs behandelt werden. In untereinander vernetzten Teilvorhaben kooperieren dabei Kulturwissenschaftler mehrerer Universitäten und Forschungseinrichtungen in Deutschland und Polen. Die Projektkoordination liegt gemeinsam bei dem Kunsthistoriker Jan Harasimowicz (Kunsthistorisches Institut der Universität Breslau/Wrocław) und dem Historiker Matthias Weber (Bundesinstitut für Kultur und Geschichte der Deutschen im östlichen Europa, Oldenburg). Angestoßen und ermöglicht werden die Forschungen durch eine im März 2004 zwischen der Beauftragten der Bundesregierung für Kultur und Medien und dem Woiwoden von Niederschlesien getroffenen Vereinbarung, gemeinsam deutsch-polnische Kooperationsprojekte zur Geschichte Schlesien zu initiieren und zu unterstützen; das Gesamtprojekt wird von deutschen und polnischen Institutionen gemeinsam getragen. Die Auswahl des Rahmenthemas sowie der Schwerpunkte einzelner Teilprojekte erfolgte auf Grundlage eines von den Projektkoordinatoren erarbeiteten Vorschlags, der im Zuge von deutsch-polnischen Expertenkonferenzen modifiziert und schließlich bestätigt wurde. Die Ergebnisse der Forschungen sollen auf Fachtagungen diskutiert und in Publikationen in deutscher und polnischer Sprache publiziert werden. Konkret ist die Durchführung von zunächst fünf Teilprojekten geplant, deren Ergebnisse in der einzurichtenden Publikationsreihe des Forschungsverbunds „Adel in Schlesien / Szlachta na Śląsku“ veröffentlicht werden sollen:

a. Repertorium: „Adel in Schlesien: Quellenkunde, Bibliographie, Forschungsperspektiven“
b. Graduiertenkolleg: „Genealogie und Repräsentation. Formen und Funktionen adliger Kultur in Schlesien in der Neuzeit“
c. Monographie: „Schlesisches Arkadien. Adel, Semantik und Landschaftsprojektion in der Frühen Neuzeit und in der Ära der Romantik“
d. Forschungsprojekt: „Gedächtniskultur des schlesischen Adels vom Spätmittelalter bis zum Ende des 18. Jahrhunderts am Beispiel des Fürstentums Liegnitz“
e. Internationale Fachtagung: „Adel in Schlesien – Herrschaft, Kultur, Selbstdarstellung“

a. Repertorium: „Adel in Schlesien: Quellenkunde, Bibliographie, Forschungsperspektiven“

Wissenschaftliche Leitung: Prof. Dr. Joachim Bahlcke, Stuttgart, und Prof. Dr. Marian Ptak, Breslau/Wrocław.

Ziel des Projektes ist ein nach modernen Standards konzipiertes Hilfsmittel für die internationale Adelsforschung, das die zum Teil selektiven Forschungen des 19./20. Jahrhunderts zum schlesischen Adel in unterschiedlichen Nationalhistoriographien bilanzieren, zentrale Quellenbestände sowie die vornehmlich durch die Konfliktgeschichte des 20. Jahrhunderts zerstörte Überlieferung exakt dokumentieren, einen umfassenden bibliographischen Zugang bieten und darüber hinaus Impulse für eine vergleichende europäische Adelsforschung geben will[66].

Im Gegensatz zu älteren Werken, die sich in bloßer Literatursammlung bzw. Quellenüberlieferung erschöpfen[67], soll damit ein umfassendes Repertorium geschaffen werden, das Möglichkeiten und Desiderata der Adelsforschung in der Geschichtslandschaft Schlesien aufzeigt und gezielt zu vergleichenden Forschungen anregt. Das Repertorium ist transnational und multidisziplinär angelegt, das heißt, es werden Ergebnisse nicht nur der deutschen, polnischen und tschechischen Adelsforschung zusammengeführt, sondern auch der historisch arbeitenden Disziplinen (Rechts-, Kirchen-, Familien-, Kunstgeschichte etc.). Zeitlich wird das Werk den Adel von seinen Ursprüngen im Mittelalter bis zum 20. Jahrhundert berücksichtigen.

Beiträge zu den Spezifika der schlesischen Adelsgeschichte bzw. zur Kultur- und Gesellschaftsgeschichte des Raumes Schlesien sollen eine europäische Einordnung der Thematik erlauben. Hier sind unter anderem zahlreiche begriffliche Klärungen vorzunehmen (z. B. Fürstenstand, Standesherrschaft), Genese und nationale Traditionen der bisherigen Adelsforschung zu untersuchen und möglichst präzise Forschungsperspektiven zu eröffnen[68].

Neben einem bibliographischen Teil soll das Repertorium einen Abschnitt über „Quellenkunde und Überlieferung“ enthalten sowie (überwiegend von Archivaren verfasste) Beschreibungen konkreter Quellenbestände in einzelnen Archiven, Bibliotheken und Sammlungen, vornehmlich in Polen, Tschechien, Österreich und Deutschland. Nach einem einheitlichen Raster sollen die archivalischen Bestände nicht allein quantitativ erfasst, sondern vor allem auch qua-

---

66 Zur Einordnung der historischen Adelsforschung in die gesamtschlesische Wissenschaftsgeschichte und zu den Spezifika dieses Forschungsansatzes im ostmitteleuropäischen Raum vgl. das in Kürze erscheinende Sammelwerk von Joachim Bahlcke (Hg.): Historische Schlesienforschung. Methoden, Themen und Perspektiven zwischen traditioneller Landesgeschichtsschreibung und moderner Kulturwissenschaft (Neue Forschungen zur Schlesischen Geschichte 12). Köln, Weimar, Wien 2005.

67 Exemplarisch genannt seien die beiden monumentalen Werke von Claus Heinrich Bill: Mecklenburgische Adelskunde 1755–1997. Aufsätze, Findhilfsmittel, Schrifttumslisten, Datenbanken, Namen- und Archivweiser. Owschlag 1997; ders.: Bibliographie zum deutschen Adel 1200 bis 1999. Ein Quellenweiser zu Monographien und Aufsätzen in Zeitschriften und Periodika deutscher Zunge (Schriftenreihe des Instituts Deutsche Adelsforschung 18/1). Sonderburg 1999.

68 Zum gegenwärtigen Forschungsstand vgl. exemplarisch Kazimierz Bobowski / Ryszard Gładkiewicz / Wojciech Wrzesiński (Hg.): Stan i potrzeby śląskoznawczych badań humanistycznych [Forschungsstand und Desiderate der schlesienkundlichen humanistischen Disziplinen]. Wrocław, Warszawa 1990; Slezsko v dějinách českého státu. Stav a úkoly výzkumu [Schlesien in der Geschichte des tschechischen Staates. Forschungsstand und Desiderate] (Práce Slezského Ústavu ČSAV v Opavě A 40). Opava 1991; Josef Pauser / Martin Scheutz / Thomas Winkelbauer (Hg.): Quellenkunde der Habsburgermonarchie (16.–18. Jahrhundert). Ein exemplarisches Handbuch (Mitteilungen des Instituts für Österreichische Geschichtsforschung, Erg.-Bd. 44). Wien, München 2004.

litativ beschrieben und in ihrer Bedeutung für die schlesische wie europäische Adelsforschung beurteilt werden. Die im Zuge der Durchführung dieses Projekts gewonnenen bibliographischen und archivalischen Informationen werden den in den anderen Teilprojekten mitwirkenden Wissenschaftlern laufend zur Verfügung gestellt.

b. Graduiertenkolleg: „Genealogie und Repräsentation. Formen und Funktionen adliger Kultur in Schlesien in der Neuzeit"

Wissenschaftliche Leitung: Prof. Dr. Thomas Wünsch, Passau (Koordination), und Prof. Dr. Jan Harasimowicz, Breslau/Wrocław; Mitglieder der Auswahljury: Prof. Dr. Thomas Wünsch, Passau, Prof. Dr. Jan Harasimowicz, Breslau/Wrocław, Prof. Dr. Marek Hałub, Breslau/Wrocław, Prof. Dr. Joachim Bahlcke, Stuttgart, Prof. Dr. Matthias Weber, Oldenburg.

Indem herausragende jüngere Wissenschaftler aus Deutschland und Polen thematisch gebundene Stipendien erlangen können, wird im Gesamtprojekt ein besonderer Akzent auf die Nachwuchsförderung gelegt. Das Bundesinstitut für Kultur und Geschichte der Deutschen im östlichen Europa und das Institut für Kunstgeschichte an der Universität Breslau/Wrocław vergeben im Rahmen der Thematik „Adel in Schlesien – Herrschaft, Kultur, Selbstdarstellung" für ein internationales Graduiertenkolleg vier Promotions-Stipendien für Kulturwissenschaftler (Förderungsdauer max. 33 Monate). Die Auswahl der Stipendiaten wird von einer deutsch-polnischen Jury vorgenommen (siehe oben). Besonders angesprochen sind Historiker, Kunsthistoriker und Literaturwissenschaftler. Mit der neuartigen Form eines Internationalen Graduiertenkollegs ist ein Weg der wissenschaftlichen Ausbildung vorgezeichnet, der in Betreuung wie wissenschaftlicher Ausrichtung den Blick über enge fachliche Grenzen hinaus lenkt. Gefördert wird zusätzlich zur wissenschaftlichen Qualifikation eine interkulturelle Kompetenz, die sich daraus ergibt, dass die Kollegiaten in zwei verschiedenen Wissenschaftssystemen beheimatet sind. Das Kolleg ist inhaltlich zentriert auf Fragen, die sich disziplinübergreifend mit Herrschaft, Kultur und Selbstdarstellung des Adels in Schlesien befassen, insbesondere mit der medialen Präsenz von Adelskultur und ihrer Überlieferung, der Assimilation des Adels im polyethnischen Raum Schlesien und der adligen Elitenbildung. Damit sind zentrale Desiderate der Schlesienforschung anvisiert, die mit einem modernen Methodenverständnis angegangen werden.

Problemkreise sind unter anderem: die für Schlesien so markante adlige Besitzbildung und ihr Reflex in Form eines eigenen Regionalbewusstseins[69]; das familiäre Netzwerk und die daran geknüpften Klientelverbände als politischer

---

69 Vgl. Norbert Conrads: Regionalismus und Zentralismus im schlesischen Ständestaat. In: Hugo Weczerka (Hg.): Stände und Landesherrschaft in Ostmitteleuropa in der frühen Neuzeit (Historische und landeskundliche Ostmitteleuropa-Studien 16). Marburg 1995, S. 159–170.

und wirtschaftlicher Faktor[70]; das genealogische Selbstverständnis im gesellschaftlichen Kontext – was etwa die Ausprägung einer adligen Memoria anbelangt, aber auch Adelsgesellschaften, Namengebung oder ritterliches Ethos[71]; schließlich die Ausbildungswege der adligen Elite Schlesiens und die sich anschließenden geistlichen wie weltlichen Karrieren, im Land und außerhalb[72]. Da dem deutsch-polnischen Kooperationsaspekt besondere Bedeutung zugemessen wird, werden von den Bewerber(inne)n Kenntnisse in der jeweiligen Nachbarsprache erwartet. Außer den unmittelbar Geförderten versammelt das Kolleg weitere Stipendiaten und kooptierte Nachwuchswissenschaftler an den Wissenschaftsstandorten Passau und Stuttgart in Deutschland sowie Breslau/Wrocław und Krakau/Kraków in Polen. Verpflichtend ist ein Wechsel der Stipendiaten an einen der jeweils ausländischen Wissenschaftsstandorte für mindestens ein Semester. Zum Programm des Kollegs gehören – neben dem jeweiligen Dissertationsvorhaben – Workshops und Vertiefungseinheiten (Tutorien, Kolloquien, Exkursionen) sowie die Einbeziehung der Kollegiaten in die Lehre der beteiligten Universitäten. Die Verzahnung des Graduiertenkollegs mit den übrigen Teilen des Gesamtprojekts erfolgt auf natürlichem Wege; Synergien sind zu erwarten vor allem bei der Teilnahme an Fachkonferenzen, bei der Arbeit an Quellenkompendien und bei bibliographischen Recherchen.

c. Monographie: „Schlesisches Arkadien. Adel, Semantik und Landschaftsprojektion in der Frühen Neuzeit und in der Ära der Romantik"

Wissenschaftliche Leitung: Prof. Dr. Walter Schmitz, Dresden (Koordination), Prof. Dr. Mirosława Czarnecka, Breslau/Wrocław, Dr. Jürgen Joachimsthaler, Dresden, Dr. Jerzy Kos, Breslau/Wrocław.

Indem die Selbstthematisierung des schlesischen Adels in seiner kulturellen Repräsentation analysiert wird, soll eine programmatische Lücke geschlossen werden. Es soll geklärt werden, ob der Gegenstand „Adel in Schlesien" gegenüber einer allgemeinen, regionenübergreifenden Adelsforschung eine spezifische Ausprägung aufweist und ob der – seiner Herkunft nach eher gesamt(mittel)europäische – schlesische Adel dennoch eine spezifische regionale Bindung und ein davon mitbestimmtes Selbstbewusstsein entwickeln konnte. In der Perspektive einer historischen Semantik soll der Umschwung von ‚Adel'

70 Dazu z. B. Tomasz Jurek: Married to a Foreigner. Wives and Daughters of German Knights in Silesia During the 13th and 14th Century. In: Acta Poloniae Historica 81 (2000), S. 37–50.

71 Vgl. zu einem wichtigen Teilbereich Chorowska: Rezydencje (wie Anm. 60) und generell Joachim Bahlcke (Hg.): Schlesien und die Schlesier. München 2000.

72 Vgl. z. B. Thomas Wünsch: „Bildungsweg" und Konfession. Oberschlesier auf den Universitäten Europas zwischen ausgehendem Mittelalter und dem Abschluß der Gegenreformation. In: Thomas Wünsch (Hg.): Reformation und Gegenreformation in Oberschlesien. Die Auswirkungen auf Politik, Kunst und Kultur im ostmitteleuropäischen Kontext (Tagungsreihe der Stiftung Haus Oberschlesien 3). Berlin 1994, S. 69–97.

als Repräsentant der ‚Landschaft' zu einer ‚Landschaft' gleichsam als Spiegel des Adels rekonstruiert werden.

Dabei wird eine vergleichende Perspektive in der Zeit gewählt, und es wird von jenen beiden Umbruchszeiten ausgegangen, die Position, Funktion und Mentalität des Adels nachhaltig prägten bzw. veränderten, der Frühen Neuzeit und der ‚Achsenzeit um 1800', die für die schlesische Kulturgeschichte den Anschluss an die Bewegung der ‚Romantik' brachte. Die Frühe Neuzeit steht im Zeichen beginnender Staatsbildung, Konfessionalisierung und Territorialisierung und damit für die Ablösung personaler Herrschaftsverbände durch eine letztlich orts- und gebietsgebundene Institutionalisierung von Macht, während die Ära um 1800 von der beginnenden Auflösung ständisch-feudaler Herrschaftsstrukturen im Zuge der so genannten „Bauernbefreiung", der allgemeinen Gewerbefreiheit und der einsetzenden Industrialisierung gekennzeichnet ist, in Preußen verstärkt durch die zunehmende Herausbildung eines in der Administration eingesetzten Funktionsadels mit ökonomisch oft prekär gewordenen Besitz- und Herrschaftstiteln.

Eine regionale Ausprägung des Adels in Schlesien ist diesseits überregional gültiger Gepflogenheiten und Standesgesetze nur zu fassen anhand von auf die Region bezogenen öffentlichen wie privaten Selbstinszenierungen. Zu fragen wird deshalb sein, wie der Adel seine Interessen, seine Möglichkeiten und Krisen, aber auch seine ständischen, seine konfessionellen – man denke nur an die Anlage des „Schlesischen Jerusalems" in Albendorf/Wambierzyce – und seine individuellen Vorlieben auf die Region Schlesien projizierte und in dieser abbildete, die Landschaft also zum Träger einer spezifischen Adelssemantik wurde und umgekehrt diese Semantik mitprägte. Zeugnisse hierfür sind in erster Linie literarische Texte (inkl. Briefe und Tagebücher), Gemälde, Gartenanlagen und Schlossbauten, also alle ästhetischen Landschafts- und Raumentwürfe, die die konkrete Landschaft (mit den in ihr lebenden Menschen) in repräsentative Sinnlandschaften verwandeln. Abzuklären wird dabei insbesondere sein, inwieweit regional übergreifende Formen der Raumgestaltung regional besondere Ausprägung erfuhren; als Stichworte seien hier nur exemplarisch genannt Schäferdichtung, Landeslob, Naturlyrik, Landschaftsmalerei, Gartenbau sowie die verschiedenen Ausprägungen der Architektur vom Barock bis zum Klassizismus mit ihren jeweils verschiedenen Nutzanwendungen von der Eremitage bis zum herrschaftlichen Verwaltungssitz.

Besonderen Erkenntnisgewinn verspricht dabei der systematische Vergleich von Früher Neuzeit und jener ‚Achsenzeit' um 1800, liegt zwischen diesen beiden Zeiten doch ein mehrfacher politischer, gesellschaftlicher, ökonomischer und nicht zuletzt auch ästhetischer Kontinuitätsbruch. Kann der schlesische Adel in der Frühen Neuzeit trotz aller Auseinandersetzungen mit der Krone und der teilweise hohen Mobilität der Herrschaftstitel letztlich eine seinem ständischen Selbstbewusstsein entsprechende repräsentationsbewusste Semantik in seiner Selbstdarstellung aufrechterhalten, so bildet sich im kulturellen Muster der ‚Romantik' eine Landschaftsinszenierung oft auch ohne

Herrschaftstitel aus. Gerade aus diesem Kontrast versprechen wir uns vertiefte Einblicke in den Funktionswandel des Adels in Schlesien und seines Verhältnisses zum Land, aber auch für den im Blick auf den Adel bislang zu wenig beleuchteten Zusammenhang zwischen ästhetischer Stilisierung der Region und Sozialgeschichte (entsprechende Forschungen konzentrieren sich bisher vorrangig auf die Herausbildung eines bürgerlichen Landschaftsverständnisses).

Ein Ausblick soll sich schließlich am Ende noch auf die schlesische Bäderlandschaft etwa in Bad Warmbrunn / Cieplice Śląskie Zdrój richten, markiert diese doch in ihrer Art zunehmend tourismusorientierter Landschaftszubereitung die Ablösung adliger durch (groß)bürgerliche Landschaftsinszenierungen und kann somit als ein Ausdruck des Übergangs, der verschwindenden Differenz zwischen Adel und Großbürgertum das Thema beenden: An die Stelle machtpolitisch real oder zumindest noch ästhetisch und fiktional beherrschter Landschaft tritt das käuflich gewordene Landschaftserlebnis, für das die unverwechselbare Spezifik der Landschaft zu einem ökonomisch unverzichtbaren Markenzeichen wird. Ziel des Projekts ist eine von den Beteiligten gemeinsam verfasste Monographie.

d. Forschungsprojekt: „Gedächtniskultur des schlesischen Adels vom Spätmittelalter bis zum Ende des 18. Jahrhunderts am Beispiel des Fürstentums Liegnitz“

Wissenschaftliche Leitung: Prof. Dr. Jan Harasimowicz, Breslau/Wrocław (Koordination), zusammen mit einem Wissenschaftlichen Beirat: Prof. Dr. Klaus Garber, Osnabrück, Prof. Dr. Zenon Piech, Krakau/Kraków, Prof. Dr. Walter Schmitz, Dresden, Dr. Beate Störtkuhl, Oldenburg, Prof. Dr. Joachim Zdrenka, Grünberg / Zielona Góra.

Ziel des Teilprojekts ist die interdisziplinäre Erforschung der vielfältigen bildlichen und literarischen Manifestationen der Gedächtniskultur des Adels in Schlesien während der Frühen Neuzeit. Der Betrachtungszeitraum reicht vom Regierungsantritt des Matthias Corvinus als König von Böhmen im Jahr 1471 bis zum Tod des preußischen Königs Friedrich Wilhelm II. im Jahr 1797. Dazwischen liegen die Regierungsjahre der beiden Jagiellonenkönige Wladislaw und Ludwig (1516–1526), die Epoche der Habsburgerdynastie in Böhmen (1526–1741) sowie der Wechsel der staatlichen Zugehörigkeit Schlesiens 1741/42. Aus kunsthistorischer Sicht umfasst dieser Zeitraum mehrfache Stil- und Formenwechsel in Architektur und bildender Kunst: den Übergang von der Spätgotik zur Renaissance, deren Vorbilder zunächst aus Italien, dann verstärkt aus den Niederlanden nach Schlesien gelangten, den Manierismus, den Barockstil (italienischer, österreichisch-böhmischer und zuletzt französischer Prägung) und den frühen Klassizismus.

Die Fokussierung auf das ehemalige Fürstentum Liegnitz ergibt sich aus mehreren Gründen. Das Liegnitzer Gebiet hatte bis zum Tod des letzten Piastenherzogs Georg Wilhelm im Jahr 1675 den Status eines Lehensfürstentums der Krone Böhmens und genoss deshalb innerhalb Schlesiens bestimmte Freiheiten, besonders hinsichtlich der konfessionellen Selbstbestimmung. Im Fürstentum Liegnitz blieb die Glaubensfreiheit auch später in mancher Hinsicht erhalten.

Gegenstand der Forschung ist die sich vor allem in der Sepulkralkunst widerspiegelnde Gedächtniskultur des Adels: die zahlreichen Figurengrabmäler und figürlich gestalteten Grabplatten, Bildepitaphien sowie – etwas später – Inschriften- und inschriftlich-emblematischen Epitaphien, nicht zuletzt auch die repräsentativen Tumbengrabmäler. Ferner gibt es eine Reihe von Grabkapellen und Mausoleen, die vom Hochadel gestiftet und später manchmal zu Familienkapellen umgewidmet wurden. Zur Sepulkralkultur des Adels gehört weiterhin die Gestaltung der Särge, der Bahrtücher und (erhaltener bzw. bildlich überlieferter) von Begräbnisfahnen. Die Untersuchung der bildlichen Denkmäler wird ergänzt durch die Betrachtung der literarischen Zeugnisse, die vor allem in Form von Leichenpredigten und -carmina sowie gedruckten Beschreibungen von Begräbnisfeierlichkeiten erhalten sind.

Für das Projekt sollen bereits vorliegende Forschungsergebnisse (u. a. die im Rahmen von Übungen im Fach Kunstgeschichte an der Universität Wrocław vorgenommenen Inventarisierungen der Figurengrabmäler der Renaissance in Schlesien; Doktorarbeiten[73]) kritisch ausgewertet werden. Zur systematischen Erfassung des Denkmälerbestands werden im Rahmen des Projekts drei mehrwöchige Inventarisierungs-Workshops für Studenten und Doktoranden der Geschichte, Kunstgeschichte und Germanistik aus Breslau/Wrocław, Krakau/Kraków, Grünberg / Zielona Góra und mehreren deutschen Universitäten stattfinden. Die sich über einen mehrwöchigen Zeitraum erstreckende Bestandsaufnahme der Denkmäler und Inschriften um Goldberg/Złotoryja wird durch Vorlesungen von Mitarbeitern der Inschriftenkommission der Akademie der Wissenschaften und der Literatur in Mainz, den Mitgliedern des wissenschaftlichen Beirats und den wissenschaftlichen Mitarbeitern des Projektes begleitet. Das Mitarbeiterteam besteht aus Aleksandra Bek, Dr. Klara Kaczmarek-Petralska (Wrocław, Kunstgeschichte), PD Dr. Wojciech Krawczuk (Kraków, Epigraphik), Dr. Adam Górski (Zielona Góra, Epigraphik) sowie einem Spezialisten für Gelegenheitsliteratur.

Als Projektergebnis soll eine Publikation entstehen, welche sämtliche bildlichen Zeugnisse der Sepulkralkultur der Frühen Neuzeit auf dem Gebiet des Fürstentums Liegnitz – ergänzt durch entsprechende literarische Zeugnisse – dokumentiert. Unter dem Titel „Epitaphien und Grabmäler des Adels im Fürstentum Liegnitz“ ist folgende Kapitelgliederung vorgesehen: a. Einführung, b. Verfassungs-, rechts- und kirchengeschichtlicher Überblick, c. Familien- und Wappenkunde, d. Stifter, Konzeptgeber und Künstler, e. Gelegenheitsschrifttum, f. Topographischer Katalog (alphabetisch geordnet), g. Indizes, h. Abbildungen.

---

73 Czechowicz: Nagrobki (wie Anm. 63).

e. Internationale Fachtagung: „Adel in Schlesien – Herrschaft, Kultur, Selbstdarstellung"

Wissenschaftliche Leitung: Prof. Dr. Matthias Weber (Oldenburg), Prof. Dr. Jan Harasimowicz (Breslau/Wroclaw).

Voraussichtlich im Oktober 2006 soll in Breslau eine interdisziplinäre, thematisch und zeitlich übergreifend konzipierte Fachtagung zum Thema „Adel in Schlesien – Herrschaft, Kultur, Selbstdarstellung / Szlachta na Śląsku – Władza, kultura, samoreprezentacja" veranstaltet werden. Während der Tagung soll der wissenschaftliche Bearbeitungsstand in einzelnen Teilbereichen vorgestellt, über die im Zuge der bisherigen Projektforschungen erzielten neuen Forschungsergebnisse berichtet und die Thematik „Adel in Schlesien" aus unterschiedlichen Perspektiven vergleichend dargestellt werden. Die Tagung soll in thematische Sektionen gegliedert werden, beim gegenwärtigen Stand der Vorbereitungen (April 2005) sind sechs Sektionen zu folgenden Aspekten geplant:

Sektion/Sekcja 1: Quellen, Literatur, Stand der Forschung / Źródła, literatura, stan badań; Sektion/Sekcja 2: Herkommen, Tradition, Memoria und Selbstverständnis des Adels / Pochodzenie, tradycja, memoria i samoporozumienie szlachty; Sektion/Sekcja 3: Geschichte und politische Bedeutung des Adels / Historia i znaczenie polityczne szlachty; Sektion/Sekcja 4: Residenz, Hof, Verwaltung / Rezydencja, dwór, administracja; Sektion/Sekcja 5: Mäzenatentum: Kunst, Literatur, Musik / Szlachta jako mecenas sztuki: Sztuka, literatura, muzyka; Sektion/Sekcja 6: Kirche und Frömmigkeit / Kościół i pobożność.

Berichte und Forschungen 13 (2005), S. 87–108.

Angelika Marsch

Die Schmiedeberger Bildverlage Friedrich August Tittel, Carl Theodor Mattis, Carl Julius Rieden und Ernst Wilhelm Knippel

Schmiedeberg (heute Kowary), am Fuße der Schneekoppe gelegen, ursprünglich eine Bergbaustadt, die sich dann im 18. Jahrhundert neben Hirschberg zu einer der wichtigsten Leinenhandelsstädte Schlesiens entwickelte, zählte 1840 3.635 Einwohner und „483 Wohnh., zum Theil sehr schön, mit dazwischen u. dahinter liegenden Gärten u. allen Reizen des Landlebens, verbunden mit städtischer Bequemlichkeit für die Bürger"[1]. Nach Rückgang des Leinwandgewerbes im 19. Jahrhundert konzentrierte man sich auf das Knüpfen von Teppichen, die auch bis vor wenigen Jahren noch fabrikmäßig in Schmiedeberg hergestellt wurden. Kaum Beachtung fand hingegen bis heute, dass Schmiedeberg im 19. Jahrhundert auch das schlesische Zentrum topographischer Ansichten war[2], nicht nur von Ansichten der näheren Umgebung. Fast jede schlesische Stadt verdankt einem Schmiedeberger Verlag, dass es von ihr ein Porträt aus dem 19. Jahrhundert aus der Zeit vor der Fotografie gibt. Besondere Beachtung finden heute die Mitte des 19. Jahrhunderts in Schmiedeberg verlegten Industrieansichten von Oberschlesien und Mähren, für die es keine vergleichbaren Beispiele aus anderen Regionen gibt.

Es waren nur drei Verleger, die von ca. 1800 bis Ende des 19. Jahrhunderts von sich reden machten, Friedrich August Tittel (1782–1836), Carl Theodor Mattis (1789–1881) sowie das Verlegerpaar Carl Julius Rieden (1802–1858) und Ernst Wilhelm Knippel (1811–1900). Von diesen drei Verlagen konnten in den vergangenen Jahren über ei ntausend verschiedene Ansichten erfasst wer-

1 Schmiedeberg. In: J. G. Knie: Alphabetisch-statistisch-topographische Uebersicht der Dörfer, Flecken, Städte und andern Orte der Königl. Preuß. Provinz Schlesien. Breslau ^{2}1845, S. 917. Die Ausgabe von 1830 nennt 3.663 Einwohner. Die Einwohnerzahl blieb bis etwa 1870 konstant; siehe Theodor Eisenmänger: Geschichte der Stadt Schmiedeberg im Riesengebirge. Breslau 1900, S. 233.

2 Hugo Weczerka (Hg.): Handbuch der Historischen Stätten. Schlesien. Stuttgart 1977, S. 476–478 (Schmiedeberg). Die Bedeutung des Verlagswesens in Schmiedeberg bleibt unerwähnt. Theodor Eisenmänger: Geschichte (wie Anm. 1), S. 232 f., bringt nur wenige Zeilen zu Tittel und Knippel. – Auskunft gibt demnächst der Katalog des Muzeum Narodowe we Wrocławiu [Nationalmuseum Breslau]: Piotr Łukaszewicz / Ewa Halawa: Sudety w malarstwie i grafice [Das Sudetengebirge in Malerei und Graphik] (im Druck).

den[3], die auch zu der Erkenntnis führten, dass die in der Literatur gemachten Angaben über eine fortlaufende Verlagsnachfolge von Friedrich August Tittel auf Carl Mattis und von diesem auf Rieden und Knippel nicht zutrifft[4]. Jedenfalls bestanden die Verlage von Tittel und Mattis etwa fünfzehn Jahre nebeneinander in Schmiedeberg, und noch etwa zwanzig Jahre nach der Gründung des Verlages Rieden und Knippel ist ein Werk aus dem Verlag von Carl Mattis nachweisbar.

Dass diese drei Verlage so erfolgreich waren, verdanken sie aber auch ihrem Standort im Hirschberger Tal, das in der Zeit der Romantik und der nun einsetzenden Reisefreudigkeit des Bürgertums zu einem der beliebtesten Ferienziele nördlich der Alpen wurde. Auch fehlte es in dieser Gegend nicht an Badeorten – zu nennen ist vor allem Bad Warmbrunn –, die sich großer Beliebtheit erfreuten und Kurgäste auch aus dem Ausland anzogen. Das führte zu einer Nachfrage nach Erinnerungsbildern, nach Graphiken, die die pittoreske Landschaft mit den sanften Hügeln und interessanten Felsformationen und Wasserfällen zeigten, die Schneekoppe oder auch die Bauden, die Ruine Kynast und die Schlösser der Hohenzollern, Fischbach und Erdmannsdorf, die im englischen Stil angelegten Parkanlagen mit ihren Pavillons und künstlichen Ruinen. Es gibt wohl kaum eine Kulturlandschaft in Europa, von der uns so viele Bilder überliefert sind, wie vom Hirschberger Tal und seinen angrenzenden Gebirgshängen. Es dürften weit über tausend verschiedene graphische Ansichten sein, die heute in deutschen Sammlungen und in den Sammlungen in Hirschberg und Breslau aus dieser Region nachweisbar sind. Die Beliebtheit, der sich diese Ansichten und Ansichtenfolgen erfreuten, führte dann auch dazu, dass sich die Verleger nicht mehr ausschließlich auf die Souvenirgraphik beschränkten, sondern den regionalen Umkreis ihrer Tätigkeit erweiterten, im Fall der Industrieaufnahmen auch direkt Auftragsarbeiten durchführten.

---

3 Die Angaben zu den von mir in den verschiedenen Sammlungen in Deutschland erfassten Ansichten werden z. Zt. auf eine Datenbank der Stiftung Schlesisches Museum zu Görlitz übertragen.

4 Die falschen Angaben finden wir bei Eva Schmidt: Ernst Wilhelm Knippel, einer der ersten Maler des oberschlesischen Industriegebietes. In: Der Oberschlesier 18 (1936), S. 10–15; sie werden übernommen von Günther Grundmann: Das Riesengebirge in der Malerei der Romantik. München [4]1985; Erich Wiese: Biedermeierreise durch Schlesien. Darmstadt 1966; ders.: Alte schlesische Blätter aus der Sammlung Albrecht Haselbach. In: Schlesien 5 (1960), H. 2, S. 65–69; Peter Mrass: Der Erkenntniswert oberschlesischer Industrieansichten 1804–1860. In: Von der Dampfmaschine zur Eisenbahn. Bildquellen und Dokumente zur Frühindustrialisierung Oberschlesiens 1780–1860. Ratingen 2004, S. 130. In der polnischen Literatur finden wir erstmals Korrekturen und Quellenangaben bei Ryszard Kincel: Z życia i działalności graphików szkoły kowarskiej [Aus Leben und Werk der Graphiker der Schmiedeberger Schule]. In: Rocznik Jeleniogórski XXV/XXVI (1987/1988) 1989, S. 187–215; ebenso bei Angelika Marsch: Das Hirschberger Tal und seine Schlösser in der Graphik des 18. und 19. Jahrhunderts. In: Olgierd Czerner / Arno Herzig u. a. (Hg.): Das Tal der Schlösser und Gärten. Das Hirschberger Tal in Schlesien – ein gemeinsames Kulturerbe / Dolina Zamków i Ogrodów. Kotlina Jeleniogórska – wspólne dziedzictwo. Jelenia Góra, Berlin 2001, S. 230–244.

Friedrich August Tittel (1782–1836)

Bereits im 18. Jahrhundert hatte es in Schmiedeberg einen Kupferstecher gegeben, Gottfried Böhmer (1703–1758). Es sind von ihm aber nur einzelne Graphiken bekannt, so je zwei Ansichten von Gottesberg und Freiburg nach Zeichnungen von Felix Anton Scheffler aus dem Jahr 1732, wie auch ein Riesengebirgspanorama nach einer Zeichnung von F. Henelius. Die Geschichte der Schmiedeberger Bildproduktion beginnt erst um 1800 mit Friedrich August Tittel[5], einem Schüler des Landschaftsmalers Adrian Zingg (1734–1816) an der Dresdner Kunstakademie. Zingg hatte in Zürich seine Kupferstecherlehre gemacht und dann für Johann Ludwig Aberli (1723–1786) Schweizer Prospekte radiert. Dabei hatte Zingg auch die von Aberli eingeführte Manier der Umrissradierung kennen gelernt. Diese Technik hatte sich in der Schweiz für die Souvenirgraphik erfolgreich durchgesetzt, erlaubte sie doch die Kolorierung in Heimarbeit und damit eine preisgünstige Anfertigung. Auch Tittel arbeitete ausschließlich in Aberlinischer Manier[6] und bot seine Umrissradierungen „uncolorirt, lebhaft oder sanft colorirt, braun oder schwarz getuscht" an.

Wann Tittel, der vermutlich in Sachsen geboren wurde, sich in Schmiedeberg niederließ, wissen wir nicht, da nur ein Teil seiner Ansichten den Verlagsort nennen. 1801 trägt er sich erstmals in das Buch der Hampelbaude ein mit den Worten: „Friedrich August Tittel, Zeichner von Landschaften aus Dresden bestieg das erste Mal das Riesengebirge, Hampelbaude am 17. Juni 1801". Es folgt ein Eintrag am 23. Oktober des gleichen Jahres. Im Sommer 1806 war er dann bereits zum dreißigsten Mal auf der Schneekoppe[7]. Die ersten nachweisbaren Arbeiten stammen von 1798 und 1802[8], eine Ansicht von Schmiedeberg nennt die Jahreszahl 1805[9], und auch die Ansicht „Der Ruheberg bey Schmideberg Sr Exelence dem Minister Grafen Hoym gehörig" muss aus den ersten Jahren sein, denn Hoym verstarb 1807. Spätestens 1809 ist Tittel aber in

---

5 Die genauen Lebensdaten Tittels ergeben sich aus der Todesanzeige in „Der Bote aus dem Riesen-Gebirge" vom 6. Oktober 1836. Dort heißt es, dass Tittel im Alter von 54 Jahren, 7 Monaten und 26 Tagen verstorben sei, d. h. im Januar 1782 geboren wurde.

6 Tittel wird in der Literatur immer wieder auch als Lithograph angeführt. Es lässt sich aber nicht eine einzige Lithographie seines Verlages nachweisen.

7 „Lustig das dreißigste Mal auf der Schneekoppe. In Begleitung besteigen wir die Schneekoppe am 13. Juli (1806). Friedrich August Tittel, Zeichner von Landschaften aus Dresden, das dreißigste Mal Johanna Raupach aus Schmiedeberg." Das Buch der Hampelbaude befindet sich heute im Riesengebirgsmuseum (Muzeum Karkonoskiego) in Hirschberg.

8 Siehe Eva Schmidt: Ein Künstlerbild des Biedermeier aus dem Schmiedeberger Malerkreise. In: Wanderer im Riesengebirge 1940, S. 84. Die Verfasserin gibt aber nicht an, ob diese Ansichten das Riesengebirge betreffen.

9 Die Ansicht „Schmiedeberg / Herrn Kaufmann August Sadebeck dem Jüngeren in Reichenbach / Dem Beförderer der Künste und Wissenschaft Freundschaftlich gewidmet von August Schall" trägt in Spiegelschrift den Hinweis „August Tittel del: et sc: 1805" (Kunstforum Ostdeutsche Galerie Regensburg, P3765/K89).

Schmiedeberg sesshaft gewesen, wie eine Ansicht der Burg Fürstenstein mit dem Vermerk „Friedrich August / Tittel / sc. Schmiedeberg 1809" bestätigt[10].

Es lassen sich über 300 verschiedene druckgraphische Ansichten aus der Werkstatt Tittels nachweisen[11]. Dennoch wissen wir wenig über F. A. Tittel und seinen Verlag, in welchem Umfang die von ihm herausgegebenen Ansichten auf seine eigenen Zeichnungen zurückgehen und wie viele Mitarbeiter er hatte. Nur ein Teil der von Tittel verlegten Ansichten nennt ihn auch als Zeichner, in einigen wenigen Fällen werden die Namen anderer Zeichner angegeben. Dabei muss es sich nicht immer um Mitarbeiter handeln, sondern es können auch talentierte Laien gewesen sein, die ihre Zeichnung gern vervielfältigt haben wollten, wie die beiden Ansichten vom Kynast, für die Graf Carl v. Schaffgotsch die Vorlagen lieferte, oder die zwei Ansichten von Reichenbach von dem Kaufmann August Sadebeck aus Reichenbach, der als Beförderer der Künste und Wissenschaft galt. Das könnte auch für drei Ansichten von Schönwalde bei Hirschberg zutreffen, die als Zeichner den Namen Böhme anführen. Der Maler Christian Wilhelm Tischbein, der auf zwei Ansichten der alten Burg Fürstenstein und einer der Gröditzburg als Zeichner genannt wird, war bei der Familie von Hochberg auf Schloss Fürstenstein als Zeichenlehrer und Baudirektor tätig gewesen und 1809 im Ruhestand nach Schmiedeberg gezogen. Tittel arbeitete aber auch mit Maximilian von Großmann, um 1820 Zeichenlehrer am Maximiliangymnasium in Breslau, zusammen und radierte die von ihm gezeichnete Ansicht der Dominsel von Breslau[12]. F. Vogt, der auf Ansichten von Fürstenstein, Freyburg und Waldenburg als Zeichner genannt wird, fügt seinem Namen „under Direction" bei, könnte also ein Mitarbeiter von Tittel gewesen sein. Dass Tittel 1821 mit Carl Mattis zusammenarbeitete, ist dem Titelblatt des wohl bekanntesten Werkes, „Wanderung im Riesen-Gebürge"[13], zu entnehmen, das 1821 erschien – 2. Auflage 1824 – und Carl Mattis als Mitherausgeber anführt. Dieser machte sich jedoch spätestens 1821 als Lithograph in Schmiedeberg selbständig und wurde damit zu Tittels Konkurrenten.

---

10 Katarzyna Kułakowska / Elżbieta Ratajczak: Graficy Kowarscy w XIX wieku, Fryderyk August Tittel (1782–1836) [Schmiedeberger Graphiker des 19. Jahrhunderts…]. In: Kurier Kowarski Nr. 2 (74) Rok 12 (2002), S. 13.

11 Überliefert sind außerdem eine aquarellierte Federzeichnung von Schmiedeberg (Wiese: Biedermeierreise [wie Anm. 4], Abb. 100) sowie die Zeichnungen „Der Mühlsteinbruch bei Neuland" und „Die Gipshöhle zu Neuland", Darstellungen von Liegnitz und Ockendorf b. Goldberg (Sammlung Haselbach, Kunstforum Ostdeutsche Galerie Regensburg) und einer Felsenlandschaft (Kupferstichkabinett Berlin). Erhalten haben sich auch neun Druckplatten im Riesengebirgsmuseum in Hirschberg.

12 Wiese: Biedermeierreise (wie Anm. 4), Abb. 13.

13 Wanderung im Riesen-Gebürge, malerisch erläutert und durch 27 in Contour radirte Kupfer abbildend dargestellt nebst einer Hauptansicht des Riesengebürges, mit Erklärungen versehen. Herausgegeben von Friedrich August Tittel und Carl Mattis in Schmiedeberg. Landeshut 1821, gedruckt bei J. C. Neumann.

Zu Tittels Schülern zählte von 1817 bis 1822 Carl Julius Rieden, der nach der Lehre zum Verlag von Carl Mattis wechselte. Ein weiterer Schüler von Tittel war von 1827 bis 1832 Ernst Wilhelm Knippel. Knippel blieb auch nach der Lehre bei seinem Lehrherrn. Tittel und Knippel müssen ein sehr vertrauensvolles Verhältnis zueinander gehabt haben, denn als Tittel 1836 starb und zwei minderjährige Söhne hinterließ – Friedrich Wilhelm, geb. 1826, und Ferdinand August, geb. 1829 – war er Testamentsvollstrecker, übernahm die Obhut über die beiden Jungen und führte den Verlag in Tittels Namen bis 1839 fort[14]. Auch nach der Auflösung des Verlages sorgte er bis 1852 für die Söhne seines einstigen Lehrherrn[15]. Es lassen sich aber nur zwei Ansichten aus dem Verlag von Tittel nachweisen, die Knippel als Zeichner und Radierer nennen[16]. Wir können jedoch davon ausgehen, dass durch die neunjährige Zusammenarbeit Tittel–Knippel ein nicht geringer Anteil der noch zu Tittels Lebzeiten herausgegebenen Ansichten mit auf Knippel zurückgeht, auch wenn sein Name auf den Blättern nicht genannt wird. Eine Ansicht von Peterswaldau trägt den Vermerk „gez. v. E. Knippel, rad. v. A. Böhme bei Tittels Erben".

Nur wenige der Ansichten von Tittel sind datiert. Wir kennen aber Verzeichnisse der „von Friedrich August Tittel, in Schmiedeberg bereits radirten Schlesischen Gebirgs-Ansichten" von 1821[17], von 1823 und von ca. 1824[18]. Diese sind nach Formaten gegliedert, nach denen sich der jeweilige Preis der Ansichten richtete; hinzu kam der Aufschlag für die Kolorierung[19]. Das Verzeichnis von 1821 nennt bereits 135 lieferbare Ansichten. Hervorzuheben ist dabei die „Haupt- und Profilansicht der ganzen Kette des Riesengebirges" in einer Breite von 150 cm, gedruckt von drei Kupferplatten. In einem Begleittext werden die einzelnen mit 47 Nummern gekennzeichneten Objekte erklärt, Erhebungen mit Höhenangaben aufgeführt[20]. Das Lieferverzeichnis nennt 41

---

14 Katarzyna Kułakowska / Elżbieta Ratajczak: Graficy Kowarscy w XIX wieku, Ernest Wilhelm Knippel (1811–1900) Karol Juliusz Rieden (1802–1858) [Schmiedeberger Graphiker des 19. Jahrhunderts…]. In: Kurier Kowarski Nr. 4 (76) Rok 12 (2002), S. 13.

15 Kincel: Ze życia […] (wie Anm. 4), S. 200.

16 Die Ansicht des Marktplatzes von Haynau, „zu haben bei Tittel in Schmiedeberg", trägt den Vermerk: „gez. und rad. v. Knippel", die Ansicht von Wüste Giersdorf: „zu haben bei Tittel in Schmiedeberg, gez. u. rad. v. E. Knippel".

17 Anhang zu „Wanderung im Riesen-Gebürge" (wie Anm. 13).

18 Dieses „Verzeichnis der von Friedrich August Tittel in Schmiedeberg in Aberlinischer Manier radirten und colorirten schlesischen Gebirgs-Ansichten" trägt den Vermerk: „Hirschberg, gedruckt bei F. E. Glogner". Tittel hatte vor 1824 in Landshut bei J. C. Neumann drucken lassen.

19 Z. B. „Wanderung im Riesen-Gebürge" (wie Anm. 13) kostete „1 Rthlr. 12 Gr., getuscht 4 Rthlr., colorirt 6 Rthlr. Cour."

20 „Diese Total-Ansicht habe ich ganz der Natur getreu und ohne die mindeste Aenderungen ihrer Formen gezeichnet, und zwar in der beliebten Aberlinischen Manier, wie der Künstler Rieter zu Bern die Schweizer Alpenkette darstellt [...] Der Standpunkt, von welchem die Zeichnung aufgenommen, ist der sogenannte lange Berg zwischen Warmbrunn und Merzdorf [...]". Der Preis der unkolorierten Ansicht betrug 7 Rthlr. Courant (Nachweis: Riesengebirgsmuseum in Hirschberg).

Ansichten in Querfolio (ca. 18 x 30 cm)[21], die verschiedene Partien des Riesengebirges wiedergeben, wie auch einzelne Stadt- und Ortsansichten[22]. 34 dieser Ansichten wurden 1824 dann auch gebunden unter dem Titel „Erinnerungsblätter. Ein Taschenbuch für Wanderer in das Riesengebirge und die merkwürdigsten umliegenden Oerter in Fortsetzungen, verfaßt von Pastor Heyne, mit 34 in Querfolio radirten landschaftlichen Ansichten [...]", gedruckt in Hirschberg bei F. E. Glogner, verlegt[23]. Gegenüber den Einzelblättern wurden diese Ansichten in der Höhe um ca. 3 cm gekürzt. Das Taschenbuch trägt den Hinweis, dass die 34 Ansichten vorzüglich für „Zimmer-Verzierungen" empfohlen werden.

Aufgeführt werden in dem Lieferverzeichnis von 1821 außerdem 49 Ansichten im Queroktav (ca. 10 x 15 cm) und 25 im Format ¼ Bogen (ca. 13 x 19 cm). Diese Ansichten sind zum Teil auch in den ebenfalls im Lieferverzeichnis genannten gebundenen Ausgaben wiederzufinden. Der Erfolg der Ausgabe „Wanderung im Riesen-Gebürge", dem ein 16 x 50 cm großes Panorama „Total-Ansicht des Riesengebürges, vom Schmiedeberger Forstkamm bis zu dem schwarzen Berge bei Schreiberhau" und eine ca. 20 x 30 cm große Ansicht von Schmiedeberg vorangestellt war, hatte den Herausgeber zu einer Fortsetzung gebundener und mit einem Text versehener Serien veranlasst. So erschien 1821 die „Malerische Beschreibung einzelner Gegenden des Riesen-Gebirges I[tes] Heft Stonsdorf, Erdmannsdorf, und Buchwald" mit 17 Ansichten. Bei dieser Ausgabe wird auch noch Mattis als Mitherausgeber genannt, nicht jedoch bei den dann folgenden Heften: „Malerische Beschreibung der Grenzbauden auf Klein-Aupa in Böhmen, unter der Schneekoppe..." mit acht Ansichten, „Malerische Beschreibung von Berg-Schloß Kynast" mit vier Ansichten, zu denen auch Carl Graf von Schaffgotsch eine Vorlage lieferte[24], und „Malerische Beschreibung von der Stadt Schmiedeberg" mit drei Kupferradierungen.

Diesen gebundenen Ausgaben folgte nach den Angaben im Lieferverzeichnis von 1824 eine Beschreibung von Adersbach mit einer Hauptansicht und drei kleineren Bildern. Nachweisen lassen sich aber auch zehn Ansichten von

---

21 Im Lieferverzeichnis 1824 werden die Preise in unkolorierter Ausführung genannt: Ansichten 12 x 18 Zoll: 2 Rthl. 10 Sgl.; Querfolio: 20 Sgr.; 1/4 Bogen Ansichten: 6 Gr. C.; Queroktav: 4 Gr. C.

22 Freiburg, Friedeberg, Glatz, Gnadenberg, Greiffenberg, Hermsorf u. Kynast, Hirschberg, Landeshut, Löwenberg, Reichenbach, Schmiedeberg, Waldenburg, Warmbrunn; Kirchen: Gnadenkirche Hirschberg, Kloster Grüssau, ev. Kirche Schmiedeberg; Marktplätze: Schmiedeberg, Landeshut; einzelne Bauten, wie das Bad Warmbrunn, das Gesellschaftshaus in Stonsdorf und in Flinsberg. In dem Verzeichnis von 1823 sind zusätzlich die Ansichten der Universität Breslau und des Doms mit der Kreuzkirche in Breslau aufgeführt.

23 Lieferverzeichnis 1824: „34 in Querfolio radirte Ansichten 2 Rthlr. 20 Sgl. Cour. Dieselben colorirt 21 Rthlr. Cour."

24 Im Lieferverzeichnis von 1824 ist diese Serie auch mit fünf und mit neun Ansichten angegeben, nachweisbar sind sechs Ansichten in diesem Format. Im Begleittext wird vermerkt, dass diese Ansichten auch in der Größe von 15 x 21 Zoll als Zimmerverzierung „angenehm seyn können".

Fischbach, die nach dem Kauf von Schloss Fischbach durch Prinz Wilhelm 1822 entstanden[25], sieben Ansichten von Fürstenstein, sieben vom Heuscheuergebirge (1826) und vier von Warmbrunn. Das Lieferverzeichnis von 1821 nennt außerdem zehn Ansichten in der Größe von 12 x 17 Zoll (30 x 40 cm) der Ruine Kynast, der Schneekoppe, St. Annakapelle, Schloss Fürstenstein, Bäder zu Warmbrunn, 6 Ansichten 15 x 21 Zoll (36 x 50 cm) von Schmiedeberg, Annakapelle und der Ruine Kynast sowie von Adersbach. Beachtenswert sind neben dem 150 cm breiten Riesengebirgspanorama die Panoramen von Adersbach und vom Heuscheuergebirge (1826) von etwa 50 cm Breite, ebenso die Ansicht von Fischbach in der Abmessung 40 x 60 cm.

Der Verlagskatalog von 1823 führt insgesamt 151 Ansichten auf, der Katalog von 1824, in dem einige der älteren Ansichten nicht mehr erwähnt werden, 152 Kupferradierungen. Zu späteren Ansichten zählen u. a. die Schlittenfahrt zur Baude des Weinschenks Hübner (1826), eine der ersten Darstellungen des Gebirges im Winter, der Elbfall (1827), Bethaus zu Gnadenberg (1928), Kretscham zu Pöpelwitz bei Breslau, Sandstift in Breslau, Einsiedelei bei Trebnitz, Einsiedelei im Englischen Garten zu Militsch, Schloss Königsberg bei Waldenburg, eine besonders schöne Ansicht der Ruine Kynast (1829), Bad Salzbrunn (1830), Ansichten der Rathäuser von Bolkenhain, Goldberg, Grünberg (1833), Haynau, Hirschberg, Jauer und Kupferberg, und Gesamtansichten der Stadt Goldberg und von Altwasser. Die Ansicht von Hermsdorf unterm Kynast von 1829 ist dem Preuß. Hofrat und Mitglied der Akademie in Berlin, Professor Bach, gewidmet, der in Breslau die „Provinzial-Kunstschule" gründete und dort als Lehrer tätig war.

Friedrich August Tittel dürfte eine angesehene Person gewesen sein. Dafür sprechen die Widmungen mancher Ansichten und auch, dass sich Tittel am 14. Juli 1805 in der Hampelbaude in Gesellschaft angesehener Kaufleute und hoher Beamter befand (zu denen u. a. der Schmiedeberger Richter Sinapius zählte) und bei der Eintragung in das Baudenbuch vertraulich mit „Tittelius" unterschrieb[26]. Wesentlich ist jedoch für die Schmiedeberger Verlagsentwicklung, dass aus dem Verlag Tittel Carl Julius Rieden, Ernst Wilhelm Knippel und Carl Mattis hervorgingen, die Inhaber zweier weiterer Bildverlage.

Carl Mattis (1789–1881)

Auch aus dem Verlag Mattis lassen sich rd. 300 verschiedene Ansichten nachweisen. Carl Mattis, der Mitarbeiter von Tittel war, wie aus den gemeinsam herausgegebenen „Wanderung im Riesen-Gebürge" zu ersehen ist, mach-

---

25 Datiert mit 1824, 1825, 1826.

26 Kincel: Ze życia […] (wie Anm. 4), S. 193.

te sich um 1821 mit einer Steindruckerei selbstständig[27]. Wir kennen zwar die Lebensdaten von Mattis, wissen jedoch nichts über seine Herkunft, können nur vermuten, dass er bei Tittel in die Lehre ging. Fest steht, dass er sich bei der Gründung eines eigenen Verlages 1821, d. h. im Alter von 22 Jahren, mit der Technik der Lithographie als außerordentlich fortschrittlich zeigte, werden doch Lithographien bis 1820 allgemein als Inkunabeln angesehen. Erst 1818 hatte der Erfinder der Lithographie, Alois Senefelder, ein Lehrbuch über dieses graphische Verfahren herausgegeben. Carl Mattis kann also als einer der ersten Lithographen von Reisebildern angesehen werden.

Auch Mattis zählte zu den angesehenen Bürgern von Schmiedeberg. 1831 wurde er Kämmerer und als der damalige Bürgermeister wegen ständiger Konflikte mit der Stadtverwaltung zurücktreten musste, wurde Mattis von 1831–1834 Bürgermeister der Stadt. Darüber schreibt ein Chronist: „Das heruntergekommene Amt verwaltete bis 1834 Kämmerer Mattis, in der Tat ein sehr begabter Mensch"[28]. Auch war Mattis Mitglied der Freimaurerloge „Zu den drei Felsen", von 1842 bis 1845 sogar ihr Meister[29]. Als nach dem Bruch der Glocke der evangelischen Kirche diese eingeschmolzen werden musste, trat Mattis als Förderer der neuen Glocke hervor.

Ähnlich wie bei Tittel wissen wir auch bei Mattis nicht, wie weit seine Lithographien auf Zeichnungen anderer zurückgehen und in welchem Umfang er Mitarbeiter für die sehr sorgfältig ausgeführten Kolorierungen hatte oder ob die Kolorierungen in Heimarbeit erfolgten. Seine Ansichten tragen bis auf wenige Ausnahmen den Vermerk „lith. bei C. Mattis", in einigen Fällen „lith. bei C. F. Mattis"; nicht eine der Ansichten weist ihn auch eindeutig als Zeichner aus. Mattis verlegte 1823 16 Gebirgsansichten nach Zeichnungen von C. F. Hoppe, doch auch drei Bilder von Fahrten mit dem Hörnerschlitten nach Zeichnungen von Tittel. Neun Ansichten von Adersbach und dem Heuscheuergebirge vermerken „fec. Riede" und „zu haben in der Steindruckerey bey Carl Mattis in Schmiedeberg". Mit Riede dürfte Carl Julius Rieden gemeint sein, der nach seinem Lehrabschluss bei Tittel zu Mattis wechselte. Da Carl Julius Rieden bis etwa 1839 enger Mitarbeiter von Mattis war, ist davon auszugehen, dass auch auf Rieden ein nicht unwesentlicher Teil der Zeichnungen zurückgeht. Ein Mitarbeiter von Mattis könnte auch August Polte gewesen sein, obgleich sein Name auf keiner Ansicht vermerkt ist. Aber in einer Eintragung in das Buch der Hampelbaude vom 17. Juni 1827 heißt es: „K. Julius

---

27 Knie: Uebersicht (wie Anm. 1), S. 919 gibt an: „2 Steindruckereien, von denen die des C. Mattis seit 24 Jahren besteht u. die bekannten naturtreuen Ansichten des Riesengebirges in kolorierten Blättern liefert".

28 Fest-Schrift zum 400 jährigen Jubiläum der Stadt Schmiedeberg im Riesengebirge 1513–1519. Schmiedeberg 1913.

29 Katarzyna Kułakowska / Elżbieta Ratajczak: Graficy Kowarscy w XIX wieku, Carl Mattis (1789–1881) [Schmiedeberger Graphiker des 19. Jahrhunderts...]. In Kurier Kowarski Nr. 3 (75) Rok 12 (2002), S. 13.

Rieden, Zeichner in einem Verlagshaus des Kämmerers Mattis. August Polte, Lithograph auch von dort"[30].

Das erste wirklich eigenständige Werk aus der Steindruckerei von Mattis dürfte das Heft „Die Ruinen der Burg-Veste Kynast" mit sechs Ansichten und einer kurzen Beschreibung sein, verlegt 1825, das 1827 eine zweite Auflage erfuhr. Die Ansichten sind keine vollkommen neuen Schöpfungen, sie ähneln z. T. den Radierungen von Tittel. Nicht anders ist es bei der kurze Zeit danach folgenden Veröffentlichung „Malerische Reise in's RIESEN:GEBIRGE" (zweiter Titel: „Das Riesen-Gebirge und dessen merkwürdigsten Parthieen [...] beschrieben von Carl Mattis in Schmiedeberg") mit 22 Lithographien, eingeleitet durch ein Panorama mit Erklärungen der einzelnen Höhenzüge und einer Landkarte. Dieses Büchlein ist der von Tittel und Mattis 1821 gemeinsam verlegten „Wanderung im Riesen-Gebürge" sehr ähnlich, doch dürften sich bei dem Werk Tittels die Kupferplatten nach der zweiten Auflage von 1824 weitgehend abgenutzt haben. Das nun von Mattis verlegte Werk erfuhr fünf Auflagen, wobei Mattis die Ansichten von der zweiten Auflage an durch neue und lebendigere Darstellungen ersetzte und für die vierte Auflage ein kleineres handliches Format wählte. Mattis ließ die vierte Auflage bei Carl W. J. Krahn in Hirschberg drucken, die fünfte Auflage (1861) im Eigenverlag. Um 1827/28 erschien auch eine polnische Ausgabe[31].

Der Umschlag der zweiten Auflage der „Wanderung im Riesen-Gebürge" weist in einer Anzeige auf das Lieferprogramm der „lithographischen Anstalt bei C. Mattis in Schmiedeberg" hin: „Außer diesem Werckchen sind zu haben: Beschreibungen von Fürstenstein, Kynast, Adersbach und dem Gröditzberge, ferner sind zu bekommen: colorirte Blätter in Quart als auch größerem Format, nehmlich eine Total Uebersicht des Riesengebirges, eine dergleichen vom Glätzer Gebirge mit Erklärungen versehen. Einzelne Ansichten vom Riesengebirge, der Grafschaft Glatz, Adersbach, Heuscheuer, Kynast, Lähnhaus und Gröditzberge." Nachweisen lässt sich von den angezeigten Serien das Heft „Fürstenstein" mit vier Bildern und erklärendem Text; von Adersbach sind sieben Lithographien überliefert, von Gröditzberg und vom Heuscheuergebirge je vier Ansichten.

Zu den Verlagswerken von Mattis gehört auch das 1836 verlegte Büchlein „Salzbrunn und seine Umgebung von C. Mattis malerisch geschildert und durch mehrere Abbildungen ausgeschmückt" mit acht Lithographien, das 1841 eine zweite und 1860 eine dritte erweiterte Auflage mit 16 Ansichten erfuhr. Einzelne Ansichten sind von anderen Badeorten bekannt: Altwasser, Charlottenbrunn, Flinsberg, Landeck, Reinerz, Warmbrunn.

---

30 Muzeum Karkonoskie, Jelenia Góra. Księga Śnieżki [Riesengebirgsmuseum in Hirschberg. Das Buch der Schneekoppe]. Bd. 2.

31 Olbrzymie góry z widokami nayznakómitszemi, porządkiem po sobie idącemi w Dwudźiestu dwóch Rycinach wystawióne, wraz z Mappą, ułozone przez Karóla Mattis w Szmidebergu a wyłozóne na polski ięzyk przez U. J. Kołodziejowskiego. Druga, poprawna Edycya.

Carl Mattis beschränkte sich mit seinem Programm nicht auf das Riesengebirge und die umliegende Region. Auf seinen etwa 50 farbigen Lithographien im Folioformat, die zu seinen schönsten Ansichten zählen, sind Orte wie Beuthen a. d. Oder, Bolkenhain, Kamenz, Bad Charlottenbrunn, Frankenstein, Freiburg, Glatz, Görlitz, Goldberg, Habelschwerdt, Hirschberg, Jauer, Landeshut, Bad Landeck, Lauban, Liegnitz, Münsterberg, Reichenbach, Bad Salzbrunn, Schmiedeberg, Stonsdorf, Warmbrunn und Wartha wiedergegeben. Er bereiste ebenso Oberschlesien, wie die Ansichten von Neisse, Neustadt, Ottmachau, Patschkau und Ziegenhals zeigen.

Carl Mattis dürfte ebenfalls einer der ersten Bildverleger gewesen sein, der Sammelbilder herausgab, d. h. Graphiken mit einem Mittelbild und mehreren Randbildern von einzelnen Gebäuden, Plätzen oder was sonst in dieser Gegend bemerkenswert war. Dass Mattis schon 1830 damit begann, darauf lässt das besonders schöne Sammelbild von Fischbach schließen, das er zusammen mit J. Rieden verlegte und von dem es Exemplare mit einer Widmung an Kaiserin Feodora anlässlich des königlichen Familientreffens 1830 gibt[32]. Es sind noch zwölf weitere Sammelbilder aus dem Verlag von Mattis nachweisbar[33]. Wir kennen von Mattis außerdem Ansichten von Schlössern, besonders des Hirschberger Tales. Unter den Arbeiten von Mattis finden wir auch eine Darstellung des Einzuges der Zillertaler Glaubensflüchtlinge in Schmiedeberg (1837) und eine Ansicht vom Inneren der St. Anna Kapelle mit dem Sarg der Prinzessin Louise von Preußen (1836). Nachweisen lassen sich ebenso verschiedene Briefköpfe mit Ansichten aus dem Hirschberger Tal. Die Anzahl der im Verlag von Mattis herausgegebenen Graphiken dürfte nicht geringer gewesen sein als die aus dem Verlag Tittel. Da Mattis wie auch Rieden und Knippel viele der kleineren Blätter (ca. 7 x 11 cm) nicht signierte, ist schwer zu unterscheiden, welche der Arbeiten von Mattis oder aus dem Verlag Rieden und Knippel sind oder ob eventuell Rieden und Knippel später die Druckstöcke von Mattis übernommen haben.

Carl Mattis starb erst 1881[34], hatte sich aber wohl schon früher aus dem Verlagsgeschäft zurückgezogen. 1836 hatte Mattis den Antrag auf die Konzession für ein Verlagshaus in Landeshut gestellt. Den Betrieb sollte sein Mitarbeiter Rieden führen, der gleichzeitig den jüngeren Sohn von Mattis anlernen sollte. In dem Zusammenhang schrieb die Stadtverwaltung von Schmiedeberg an den Magistrat von Landeshut über Rieden: „Der Lithograph und Zeichner der Landschaften ist seit 14 Jahren Leiter des Lithographiebetriebes von Mattis. Er führt ein moralisch tadelloses Leben. Er ist religiös und aktiv im Leben der

32 Abb. in: Das Tal der Schlösser und Gärten (wie Anm. 4), S. 238.

33 Adersbach, Kamenz, Carlsruhe, Fischbach (2 x), Bad Flinsberg, Glatzer Gebirge (2 x), Koppenkapelle, Riesengebirge (2 x), Bad Salzbrunn, Bad Warmbrunn.

34 Siehe Wanderer aus dem Riesengebirge 1881, Nr. 4, S. 6: „Im Monat September d. J. ist der alte Mattis in Schmiedeberg als emeritirter Kämmerer dieser Stadt im 93. Jahre seines Alters (er war geboren am 15. März 1789) gestorben".

Stadt"[35]. Carl Mattis fügte dem in einem Schreiben vom 2. Juli 1836 hinzu, dass Rieden als Zeichner, Lithograph und Leiter völlig zufrieden stellend gearbeitet habe, „zusätzlich stand er im Briefwechsel mit den Kunden und leitete die Druckerei". Das geplante Verlagshaus sollte „Mattis et Company" heißen. Es kam aber dann doch nicht zur Gründung in Landeshut. Rieden wollte wegen Krankheit seiner Frau Schmiedeberg nicht verlassen, vor allem aber zeigte der Sohn von Mattis kein Interesse[36]. Rieden schied um 1839 aus dem Verlag aus, um mit E. W. Knippel zusammenzuarbeiten. Für seine Söhne kaufte Mattis das bekannte Wirtshaus „Der goldene Stern" für 2.210 Taler[37]. Der Verlag von Mattis bestand aber weiter, wenn auch eingeschränkt. Es sind noch einzelne Verlagswerke aus den späteren Jahren nachweisbar. Auf dem Titelblatt der 1860 verlegten dritten Auflage „Salzbrunn" von C. Mattis heißt es: „Schmiedeberg. Im Selbstverlage des Verfassers". Die letzte datierte Arbeit ist „Die dritte Baude auf der Schneekoppe, gebaut im Jahre 1862".

Carl Julius Rieden (1802–1858) und Ernst Wilhelm Knippel (1811–1900)

Spätestens mit Carl Mattis hatte das Städtchen Schmiedeberg auch außerhalb des Riesengebirges einen Ruf für topographische Ansichten erlangt. Mit dem Verlag Rieden und Knippel sollte das Ansehen noch weiter steigen, denn dieser Verlag bekam nun auch Aufträge für die Herstellung oberschlesischer und mährischer Industriedarstellungen. Die Gründung des Verlages Rieden und Knippel dürfte um 1839/40 erfolgt sein.

Der 1802 in Schmiedeberg geborene Carl Julius Rieden brachte durch seine Lehre bei Tittel, vor allem aber durch die anschließende sehr selbständige Tätigkeit im Verlag von Carl Mattis, die Erfahrungen für die Führung eines Verlages mit, ebenso Ernst Wilhelm Knippel, geb. am 24. April 1811 in Steinseiffen bei Krumhübel, der nach dem Tod von F. A. Tittel, seinem einstigen Lehrherrn, dessen Verlag eigenständig weitergeführt hatte. Die personelle Qualifikation für einen gemeinsamen Verlag war also gegeben. 1839 heiratete Knippel die wohlhabende geschiedene Frau Augusta Heidrich, geborene von Tschirnhaus. Damit lag auch die finanzielle Voraussetzung vor. Knippel löste nun den Verlag von Tittel auf und tat sich mit Rieden zusammen. Der Verlag bestand unter dem Namen Rieden und Knippel von etwa 1840 bis zu Riedens Tod 1858 und wurde dann mit dem veränderten Verlagsnamen E. W. Knippel von Ernst Wilhelm Knippel weitergeführt. 1840 unternahmen Rieden und Knippel die erste Auftragsreise nach Gleiwitz; 1841 entstand die Lithographie von Gleiwitz.

---

35 Wojewódzkie Archiwum Państwowe w Jeleniej Górzy, Magistrat Landeshut 525.

36 Ebd.

37 O. Baer: Der Goldene Stern in Schmiedeberg. In: Der Wanderer im Riesengebirge 1924, Nr. 490.

1845 sind zwei Steindruckereien in Schmiedeberg nachweisbar, von denen die Steindruckerei von Carl Mattis namentlich erwähnt wird[38], die andere dürfte die von Rieden und Knippel gewesen sein. Die Geschichte des Verlages Rieden und Knippel verlangt noch eine Aufarbeitung. An dieser Stelle kann nur ein kurzer Überblick gegeben und auf die Bedeutung hingewiesen werden. Bereits in den ersten Jahrzehnten des 20. Jahrhunderts gab es Sammler von Lithographien des Verlages. 1922 erwarb das Oberschlesische Museum in Gleiwitz den gesamten Nachlass Knippels, der sich bis heute auch erhalten hat[39]. Eine der schönsten und größten Sammlungen besaß der Oberbergrat Witte in Breslau, die nach seinem Tod, wie auch die des Rechtsanwalts Klau aus Bolkenhain, in den Besitz des Namslauer Brauereibesitzers Alfred Haselbach überging. Die Sammlung Hasselbach, in der sich ca. 300 Ansichten, darunter 100 Zeichnungen, des Verlags Rieden und Knippel bzw. E. W. Knippel befinden, ist heute als Leihgabe des Landes Hessen im Kunstforum Ostdeutsche Galerie in Regensburg. Erwähnt werden muss auch die Sammlung des Warmbrunner Firli im Riesengebirgsmuseum in Hirschberg.

Mehr als 60 verschiedene Hüttenansichten von Oberschlesien und 50–60 von Böhmen sind von Rieden und Knippel bekannt[40], die gleichzeitig mit zu den frühesten Darstellungen dieser Art zählen. Es sind überwiegend sorgfältig kolorierte großformatige Blätter, die im Auftrag der Magnaten entstanden. Zu diesen gehörten die Fürstin Hohenlohe auf Slawentzitz, die 40 Ansichten in Auftrag gab (z. B. von Blechhammer, Jakobswalde, Sausenberg, Hütte und Schloss Slawentzitz), Hugo Graf Henkel Donnersmarck (Laurahütte, Königshütte), Graf Renard (Friedenshütte) wie auch Franz Graf Winckler, Fürst Lichtenstein, Freiherr von Rotschild auf Witkowitz und Baron Klein, Besitzer der Herrschaft Wiesenberg. 44 Industrieansichten befinden sich in der Sammlung Haselbach[41], darunter auch die Ansicht der Flachsgarnmaschinenspinnerei in Erdmannsdorf. Es gehörten ebenso Städtebilder[42] zu den Motiven des Verlages, die nun mit den Darstellungen hoher Fabrikschornsteine den technischen Fortschritt dieser Zeit widerspiegeln. Dennoch waren Bilder, die die Schönheit der Riesengebirgslandschaft, die einsame Lage der Bauden oder die gigantischen Wasserfälle zeigten, weiterhin gefragt sowie Panoramen vom Riesengebirge oder z. B. von der Herrschaft Schillersdorf in Oberschlesien (147 cm Breite) und natürlich auch die Ansichten der Schlösser des Hirschberger

---

38 Siehe Anm. 27.

39 Siehe hierzu auch Mrass: Erkenntniswert (wie Anm. 4), S. 132–173; hier sind mehrere Zeichnungen und Lithographien aufgeführt.

40 Schmidt: Künstlerbild (wie Anm. 8), S. 84.

41 Wilhelm Salewski: Alte Eisenwerke in Schlesien und Mähren. Industrieansichten aus der Sammlung Albrecht Haselbach in München. Holzminden 1962, S. 11.

42 Altwasser, Arnsdorf, Bolkenhain, Bunzlau, Charlottenbrunn, Freyburg, Friedeberg am Queis, Glatz, Gleiwitz, Görlitz, Gottesberg, Grottkau, Grünberg, Grulich, Guhrau, Haynau, Hirschberg, Jauer, Johannisbad, Krumhübel, Landeck, Landeshut, Liebau, Liegnitz, Leobschütz, Löwenberg, Oppeln, Paroschowitz, Proskau, Ujest, Ratibor, Salzbrunn, Schmiedeberg, Strehlen, Waldenburg, Warmbrunn, Wüstegiersdorf.

Tales. Allein 14 verschiedene Lithographien von Erdmannsdorf kennen wir aus diesem Verlag. E. W. Knippel erhielt außerdem von den Hohenzollern den Auftrag, Aquarellbilder von Innenräumen zu malen, z. B. von dem Schweizerhaus am Falkenberg.

Ein großer Teil der Ansichten aus dem Verlag Rieden und Knippel, vor allem der kleinformatigen Lithographien, ist nicht mit dem Verlagsnamen gekennzeichnet. Der Verlag verkaufte die kolorierten Bilder meistens kaschiert auf farbigem Untergrund, der Verlagsname ist dann auf dieser Unterlage zu finden. Nach Riedens Tod 1858 wurde der Verlag von E. W. Knippel allein weitergeführt; entsprechend wurde auch die Verlagsangabe auf den Graphiken geändert.

Spätere Ansichten wurden oft auf der Rückseite mit einem ovalen Firmenstempel versehen, wie u. a. eine Lithographie von Bethanien in Erdmannsdorf. Vier der letzten Ansichten Knippels zeigen den Blick von der Schneekoppe in vier Richtungen. Dabei trägt ein Schild an einem Telegrafenmast die Aufschrift: „Aufnahme und Lithographie von E. W. Knippel in Schmiedeberg 1881–1883. Copie verboten!" Die Zeit handkolorierter Lithographien ging nun zu Ende. An ihre Stelle traten die Chromlithographie, die Fotografie, der Lichtdruck, die Ansichtskarte, und damit erlosch das Interesse an dieser zuvor so populären Druckgraphik. 1878 gibt es in Schmiedeberg neben dem Verlag von E. W. Knippel zwei Fotobetriebe. Eisenmänger vermerkt 1900 in seiner Geschichte der Stadt Schmiedeberg nur knapp: „Die lithographische Anstalt von Ernst Wilhelm Knippel stellt Steindruckarbeiten der verschiedensten Art, Landschaftsbilder und neuerdings besondere Teppichmuster her."[43]

E. W. Knippel starb am 16. April 1900 als ältester Bürger der Stadt Schmiedeberg und langjähriger stellvertretender Stadtverordnetenvorsteher. Noch zu seinen Lebzeiten, Ostern 1897, hatte in Hirschberg eine Ausstellung von „bildlichen Darstellungen aus dem Riesengebirge" stattgefunden, zu der Knippel seine eigene Sammlung zur Verfügung stellte[44]. Nach Knippels Tod übernahm sein Sohn Louis den Verlag, der aber in den folgenden acht Jahren bis zu seinem Tod keine beachtlichen Arbeiten mehr hervorbrachte. Die Firma kam danach in den Besitz des Buchhändlers Wilhelm Müller, der sie unter dem alten Verlagsnamen weiterführte und Steindrucke verschiedenster Art herstellte. Der Verlag bot weiterhin Lithographien an, die in der Zeit von Rieden und Knippel entstanden waren, ein Hinweis auf der Rückseite der Graphiken der Sammlung Firli beweist, dass diese in den Jahren 1909–1912 gekauft wurden. 1920 kam es dann zur vollständigen Auflösung des Verlages.

Zu erwähnen ist, dass es um 1850 noch einen weiteren Verlag in Schmiedeberg gab, der Lithographien von Städtebildern herstellte, W. Vogt. Vielleicht war er ein Sohn von J. Vogt, der als Zeichner einiger Ansichten von Tittel ge-

---

43 Eisenmänger: Geschichte (wie Anm. 1).
44 Der Wanderer im Riesengebirge 7 (1897), S. 106 ff.

nannt wird, mit dem Zusatz „under Direktion". Wir haben keine weiteren Angaben über ihn. Nachweisen lassen sich von W. Vogt aber Ansichten von Feystadt, Guhrau, Neumarkt, Jauer und Goldberg[45], Waldenburg und Hermsdorf. Es sind kolorierte Ansichten im Folioformat, die die jeweilige Stadt in einiger Entfernung zeigen.

*

Wenn wir einen Blick auf die historisch-topographischen Ansichten Schlesiens von ihren Anfängen – beginnend mit den Holzschnittansichten von Breslau und Neisse in der Schedelschen Weltchronik von 1493 – bis zum Einsetzen der Fotografie in der zweiten Hälfte des 19. Jahrhunderts werfen, so lassen sich die Ansichten in zwei in der Bildauffasssung sehr gegensätzliche Perioden einteilen. Bis Ende des 18. Jahrhunderts waren die Ansichten ganz darauf ausgerichtet, Informationen über die betreffende Stadt oder den jeweiligen Ort zu vermitteln, was auch in der Nummerierung einzelner Bauwerke und ihrer Benennung in den Bilderklärungen zum Ausdruck kommt. Mit dem Einsetzen der Romantik sollten sich die Darstellungsweisen grundlegend ändern, denn nun standen nicht mehr die Bauten im Vordergrund, sondern die die Stadt oder den Ort umgebende Landschaft wie auch Motive, die ausschließlich besonders interessante Landschaftsausschnitte boten. Es ist darum auch kein Zufall, dass die kleine Stadt Schmiedeberg am Fuße der Schneekoppe, in einer zur Zeit der Romantik besonders geschätzten Gegend, nun zum Zentrum der Herstellung von graphischen Ansichten wurde. Der zunehmende Tourismus in dieser Gegend, die Schwärmerei für pittoreske Motive wie Felsformationen oder Wasserfälle führte zu einer gesteigerten Nachfrage nach Souvenirgraphiken. Es waren nur drei Verlage – der Verlag von Friedrich August Tittel, von Carl Mattis sowie der von Carl Julius Rieden und Ernst Wilhelm Knippel –, die fast nacheinander von etwa 1800 bis zum ausgehenden 19. Jahrhundert in Schmiedeberg wirkten. Der Ruf dieser Verlage führte weit über die Riesengebirgsregion hinaus zu Aufträgen in ganz Schlesien.

Dass wir uns heute ein so umfassendes Bild von den Arbeiten der Schmiedeberger Verleger machen können, verdanken wir vor allem der Sammlung des ehemaligen Brauereibesitzers Albrecht Haselbach aus Namslau. Rund 4.000 Ansichten von Schlesien hat er zusammengetragen, unter denen die Graphiken aus Schmiedeberg einen bedeutenden Anteil haben. Rund 3.000 Blätter dieser Sammlung befinden sich heute im Kunstforum Ostdeutsche Galerie in Regensburg, über 800 als Leihgabe im Schlesischen Museum zu Görlitz. Erwähnt werden müssen aber auch die Ansichten der Schmiedeberger Bildverlage im Kupferstichkabinett Preußischer Kulturbesitz in Berlin, die aus einst königlichem Besitz stammen – insgesamt ein Schatz, dessen Bedeutung weit über die Grenzen Schlesiens hinausreicht.

---

45 Abbildungen in: Wiese: Biedermeierreise (wie Anm. 4).

Ortsnamenkonkordanz

Adersbach/Adršpach CZ – Altwasser / Stará Voda CZ – Arnsdorf/Miłków – Bad Charlottenbrunn / Jedlina Zdrój – Bad Flinsberg / Świeradów Zdrój – Bad Landeck / Lądek Zdrój – Bad Reinerz / Duszniki Zdrój – Bad Salzbrunn / Szczawno Zdrój – Bad Warmbrunn / Cieplice (Śląskie) Zdrój – Beuthen a. d. Oder / Bytom Odrzański – Blechhammer / Blachownia Śląska – Bolkenhain/Bolków – Breslau/Wrocław – Buchwald/Bukowiec – Bunzlau/Bolesławiec – Carlsruhe O.S. / Pokój – Erdmannsdorf/Mysłakowice – Fischbach/Karpniki – Frankenstein / Ząbkowice Śląskie – Freiburg i. Schl. / Świebodzice – Friedeberg a. Queis / Mirsk – Fürstenstein, Schloss / Książ – Glatz/Kłodzko – Gleiwitz/Gliwice – Gnadenberg/Godnów – Goldberg/Złotoryja – Gottesberg / Boguszów-Gorce – Greiffenberg / Gryfów Śląski – Gröditzberg/Grodziec – Grottkau/Grodków – Grulich/Králiky CZ – Grünberg / Zielona Góra – Guhrau/Góra – Habelschwerdt / Bystrzyca Kłodzka – Hampelbaude / Strzecha Akademicka – Haynau/Chojnów – Hermsdorf u. Kynast / Sobieszów – Hirschberg / Jelenia Góra – Jakobswalde/Kotlarnia – Jauer/Jawor – Kamenz / Kamieniec Ząbkowicki – Kloster Grüssau / Krzeszów – Königshütte / Chorzów (bzw. Królewska Huta) – Kynast/Chojnik – Lähnhaus / Wleński Gródek – Landeshut / Kamienna Góra – Lauban/Lubań – Leobschütz/Głubczyce – Liebau/Lubawka – Liegnitz/Legnica – Löwenberg / Lwówek Śląski – Militsch/Milicz – Münsterberg/Ziębice – Neumarkt / Środa Śląska – Oppeln/Opole – Peterswaldau/Pieszyce – Proskau/Prószków – Ratibor/Racibórz – Reichenbach/Dzierżoniów – Ruhberg/Ciszyca – Schmiedeberg/Kowary – Schneekoppe/Śnieżka – Schönwalde/Budzów – Slawentzitz/Sławięcice – Schreiberhau / Szklarska Poręba – Steinseiffen b. Krummhübel / Ściegny – Stonsdorf/Staniszów – Strehlen/Strzelin – Trebnitz/Trzebnica – Ujest/Ujazd – Waldenburg/Wałbrzych – Wartha / Bardo Śląskie – Wüstegiersdorf/Głuszyca – Ziegenhals/Głuchołazy

Abbildungsnachweis

Kunstforum Ostdeutsche Galerie in Regensburg, Sammlung Haselbach (HAS MOG): 1. 2, 9, 10.

Sammlung Ulrich Kabel: 3, 7, 8.

Stiftung Schlesisches Museum in Görlitz, Sammlung Haselbach (HAS Görlitz): 4, 5, 6, 11, 12.

Abb. 1: Julius Rieden (3. v. l.) und Ernst Wilhelm Knippel (r.) mit ihren Ehefrauen im Kreis der Freunde im Sommerhaus Wiesenbaude. Zeichnung von E. W. Knippel, um 1850. HAS MOG.

Abb. 2: Schmiedeberg und das Riesengebirge. Kolorierte Lithographie von E. W. Knippel, nach 1858. HAS MOG.

Abb. 3: Schloss Fischbach und die Falkenberge. Kolorierte Umrissradierung von F. A. Tittel, um 1825. Sammlung Ulrich Kabel.

Abb. 4: Greiffenberg in Schlesien. Kolorierte Umrissradierung von F. A. Tittel, um 1830. HAS 819 Görlitz.

Abb. 5: Burgruine Kynast. Kolorierte Umrissradierung von F. A. Tittel, 1829. HAS 806 Görlitz.

Abb. 6: Kirche in Erdmannsdorf. Kolorierte Lithographie von C. Mattis, um 1840. HAS 38 Görlitz.

Abb. 7: Schloss Schildau. Kolorierte Lithographie von C. Mattis, um 1840. Sammlung Ulrich Kabel.

Abb. 8: Kirche Wang bei Brückenberg im Hirschberger Tal. Kolorierte Lithographie von C. Mattis. Sammlung Ulrich Kabel.

Abb. 9: Friedenshütte bei Beuthen in Oberschlesien. Kolorierte Lithographie von Rieden und Knippel, um 1850. HAS MOG.

Abb. 10: Proskau. Kolorierte Lithographie von Rieden und Knippel, um 1850. HAS MOG.

Abb. 11: Flachsgarn-Maschinenspinnerei in Erdmannsdorf. Kolorierte Lithographie von E. W. Knippel, um 1860. HAS 660 Görlitz.

Abb. 12: Schloss Fischbach nach dem Umbau von 1844. Kolorierte Lithographie von E. W. Knippel. HAS 776.

Berichte und Forschungen 13 (2005), S. 109–126.

Krzysztof Ruchniewicz

Die Zeitgeschichte Schlesiens

Die Frage nach der Zeitgeschichte Schlesiens ist komplexer Natur. In der polnischen Historiographie hat sich in den letzten Jahren die Überzeugung durchgesetzt, dass die Zeitgeschichte die Ereignisse nach 1945 bis in die Gegenwart umfasst. Da das Jahr 1989 zur Epochenwende wurde, ist der Zeitraum nach 1989 neu zu benennen. Bislang gibt es dafür in der polnischen Sprache keine angemessene Bezeichnung, obwohl das Bedürfnis nach einer Unterteilung der Zeitgeschichte in eine ältere, bis 1989, und in eine neuere, nach 1989, vernehmbar wird. Im Folgenden beschränke ich mich auf die Untersuchungen von polnischen Historikern zur Geschichte Schlesiens. In der Absicht, meine Ausführungen komparatistisch anzulegen, orientiere ich mich an den Kriterien, wie sie jüngst in dem von Alexander Nützenadel und Wolfgang Schieder publizierten Sammelband „Zeitgeschichte als Problem“[1] vorgestellt werden. Von den Ausführungen der Autoren dieses Bandes werden einige Aspekte hervorgehoben.

Der erste betrifft die institutionelle Herausbildung der Zeitgeschichte. Im Mittelpunkt des Interesses stehen Institutionen, die für die Untersuchung der Zeitgeschichte gegründet wurden.

Der zweite Aspekt tangiert die methodologische Reflexion darüber, was den Begriff Zeitgeschichte ausmacht.

Der dritte Aspekt berührt die Durchdringung der Zeitgeschichte mittels verschiedener nationaler Konzeptionen. Gesucht wird nach Antworten auf die Fragen, auf welche Weise sich nationale Konzeptionen wechselseitig beeinflussen, sich vermischt haben und wodurch die elementaren Forschungsfelder umrissen sind.

Der vierte Aspekt charakterisiert die Bedingungen für Zeitgeschichtsforschung. Es besteht kein Zweifel, dass der Umgang mit diesem Zweig der Geschichte aufgrund der zeitlichen Nähe einiger Ereignisse, der Anwesenheit von Zeitzeugen sowie der Probleme, Zugang zu den Archiven zu erhalten (früher aus politischen Gründen, heute aufgrund von Warte- und Karenzzeiten), sehr erschwert und nicht selten auch instrumentalisiert wird. Daher ist die Grenze zwischen einem Zeithistoriker und einem Lieferanten von lediglich triftigen „Wahrheiten“ recht fließend.

---

1 Siehe Alexander Nützenadel / Wolfgang Schieder: Zeitgeschichtsforschung in Europa. Einleitende Überlegungen. In: Dies. (Hg.): Zeitgeschichte als Problem. Nationale Traditionen und Perspektiven der Forschung in Europa. Göttingen 2004, S. 13–16.

Diese Fragen kann man mit Recht auf die Zeitgeschichte Schlesiens beziehen. Der vorliegende Text soll lediglich ein Versuch sein, einigen Fragen nachzugehen. Es wird bewusst darauf verzichtet, die Zeitgeschichte Schlesiens aus dem Blickwinkel deutscher Institutionen und Historiker zu betrachten. Dies bedarf einer eigenen Untersuchung.

Es gibt kaum eine Untersuchung zur institutionellen Verankerung der Zeitgeschichte Schlesiens in Polen nach 1945. Den ersten Versuch, die West- und Schlesienforschung in Polen zu beleuchten, unternahm auf deutscher Seite Rudolf J. Neumann bereits vor einigen Jahrzehnten[2]. Das Fehlen einer vergleichbaren Studie in Polen sollte nicht verwundern. Ein zu kurzer Zeitraum ist seit dem Entstehen der polnischen Institute zur Schlesienforschung vergangen, um bereits eine Bestandsaufnahme erwarten zu können. Welche Defizite es aufzuholen gilt, verdeutlicht die von Jan Piskorski herausgegebene Publikation, die den ersten Versuch einer Gegenüberstellung von so genannter deutscher Ostforschung und polnischer Westforschung unternahm[3].

Untersuchungen zur Zeitgeschichte Schlesiens wurden in speziell dafür gegründeten Instituten sowie an Universitäten durchgeführt. Die Wirkungsgeschichte der schlesischen Institute unterteilt Neumann in drei Phasen. Die erste umfasst die Arbeit des Schlesischen Instituts in Kattowitz/Katowice – ein Institut, das 1945 gegründet wurde und bis 1948 bestand. Dann wurde es der fachlichen Aufsicht des Westinstituts in Posen/Poznań unterstellt und als schlesische Zweigstelle in Breslau/Wrocław 1948–1953 tätig. Diese zweite Phase hatte Übergangscharakter und beschränkte sich auf die Jahre 1953–1957. Der Zeitraum war geprägt durch die Stalinisierung der polnischen Wissenschaft und deren Ausrichtung an marxistischen Dogmen, aber auch von allmählichen Veränderungen infolge des „Tauwetters“ im Oktober 1956. In diesen vier Jahren existierten keine schlesischen Institute. Studien zu Schlesien unternahm lediglich die Abteilung der Polnischen Akademie der Wissenschaften in Breslau. Die dritte Phase, nach 1956, war durch das Wiederbeleben der Erforschung der Geschichte Schlesiens gekennzeichnet. Damals entstanden das Schlesische Institut in Oppeln/Opole und das Schlesische Wissenschaftliche Institut in Kattowitz (1957), die beide bis zum Ende der kommunistischen Ära existierten. Im Jahre 1989 wurden der Rechtsstatus und das Profil des Oppelner Instituts geändert, um unter den neuen Bedingungen arbeiten zu können. Das Kattowitzer Institut wurde hingegen aufgelöst.

Im Folgenden werde ich versuchen, jede der erwähnten Phasen näher zu charakterisieren. Das Schlesische Institut in Kattowitz wurde erstmals zwischen den beiden Weltkriegen gegründet. Sehr schnell wuchs es zum zentralen Institut heran, das sich unter anderem mit den aktuellen Problemen Ober-

---

2 Vgl. Rudolf J. Neumann: Polens Westarbeit. Die polnischen Kultur- und Bildungseinrichtungen in den deutschen Ostgebieten. Bremen 1966.

3 Siehe Jan M. Piskorski in Verbindung mit Jörg Hackmann und Rudolf Jaworski (Hg.): Deutsche Ostforschung und polnische Westforschung im Spannungsfeld von Wissenschaft und Politik. Disziplinen im Vergleich. Osnabrück, Poznań 2002.

schlesiens beschäftigte, wie beispielsweise der „Verbreitung der Wahrheit über das Polentum in Schlesien im Bewusstsein der Bevölkerung“[4]. Zu den Aufgaben dieses Instituts zählten verschiedene Felder: Publikationen, wissenschaftliche Forschung, das Sammeln von Quellenmaterial zur Geschichte Schlesiens sowie bibliographische Arbeiten. Bis zum Ausbruch des Zweiten Weltkrieges erschienen dort über 90 einschlägige Publikationen und Broschüren.

Mit dem Zweiten Weltkrieg endete die Arbeit des Instituts für einige Jahre. Seit 1942 wurde diese jedoch im Untergrund fortgesetzt. Damals wurden Institutsvertretungen unter konspirativen Arbeitsbedingungen in Krakau, Warschau und Lemberg gebildet. Ende Januar 1945 nahm das Schlesische Institut schließlich seine Arbeit in Krakau offiziell wieder auf und seit Februar 1945 war es erneut in Kattowitz ansässig. Aufgrund der Grenzverschiebungen und des Anschlusses des größten Teils des historischen Schlesien an Polen nahmen die Aufgaben des Instituts erheblich zu. Der damalige Direktor Dr. Roman Lutman drückte diesen Umstand wie folgt aus: „Wir stehen an einer historischen Wende, die uns neue Möglichkeiten eröffnet. Wir machen Schluss mit der eingebildeten Mission, einer Vormauer der westlichen Zivilisation und beginnen unsere historische Rolle als Vorhut des Slawentums.“[5] Die Strukturen des Vorkriegsinstituts blieben nach 1945 unverändert, was nicht zuletzt daran abzulesen ist, dass Roman Lutman bereits vor dem Krieg das Institut geleitet hatte.

Das Schlesische Institut begann rasch damit, Zweigstellen zu gründen. So entstand im September 1945 eine solche in Breslau. Ihr erster Leiter wurde Prof. Dr. Karol Maleczyński; seit Juli 1946 übte Prof. Dr. Seweryn Wysłouch diese Funktion aus. In Glatz/Kłodzko wurde unter der Schirmherrschaft des Schlesischen Instituts die Gesellschaft „Towarzystwo Przyjaciół Ziemi Kłodzkiej“ (Gesellschaft der Freunde des Glatzer Landes) gegründet[6]. Das Schlesische Institut verfügte über ein eigenes Archiv, das mit der Übernahme neuer Sammlungen schnell wuchs. In Warmbrunn/Cieplicach verwaltete es die Schaffgotsch-Bibliothek mit beinahe 90.000 Bänden, die nach 1945 „Biblioteka im. Jerzy Samuel Bandtkego“ hieß. Die Erweiterung der Aufgaben veränderte die Struktur des Instituts, was sich in der Gründung von acht Abteilungen niederschlug (Geographie, Geschichte, Recht, Verwaltung, Wirtschaft, Gesellschaftswissenschaft, Ethnographie und Literatur). Zudem wurden acht wissenschaftliche Kommissionen ins Leben gerufen, die sich zum Beispiel mit den Ereignissen in Oberschlesien vor dem Zweiten Weltkrieg, der Erstellung einer schlesischen Anthologie und der Nutzung schlesischer Bodenschätze beschäf-

---

4 Zit. nach Neumann: Polens Westarbeit (wie Anm. 2), S. 53.

5 Roman Lutman: Nowa rzeczywistość [Die neue Wirklichkeit]. In: Odra (1945), Nr. 1–2. Zit. nach Neumann: Polens Westarbeit (wie Anm. 2).

6 Über die Arbeit dieser Gesellschaft siehe Malgorzata Ruchniewicz / Krzysztof Ruchniewicz: Die Historiographie Polens in der Nachkriegszeit in Bezug auf das Glatzer Land. In: Glaciographia Nova. Festschrift für Dieter Pohl. Hg. von Arno Herzig. Hamburg 2004, S. 346–355.

tigten. Während das Institut in Kattowitz sich vor allem mit praktischen Dingen befasste, konzentrierte sich die Zweigstelle in Breslau auf die Forschung. Ihren Anfang nahm die wissenschaftliche Arbeit mit einer Konferenz im April 1947 in Breslau/Wrocław, die unter dem Vorsitz des damaligen Wojewoden Stanisław Piaskowski stattfand und sich mit dem Stand der polnischen Wissenschaft in Niederschlesien beschäftigte[7].

Inhaltlich wie personell eng verbunden mit dieser Zweigstelle war die Universität Breslau und hier insbesondere Professor Karol Maleczyński. Innerhalb der Institutszweigstelle firmierte eine Abteilung unter dem Namen „Historia Śląska pod okupacją niemiecką" (Die Geschichte Schlesiens unter deutscher Besatzung), später „Najnowsza historia Śląska" (Neueste Geschichte Schlesiens). Diese beschäftigte sich unter anderem mit der Herausgabe eines „Lexikons zum Polentum Schlesiens" (Słownik Polskości Śląska) sowie eines „Lexikons verdienter Schlesier" (Słownik zasłużonych Ślązaków) und sammelte Material für eine Ausstellung über die „wiedergewonnenen" Gebiete. Wichtig war die 1947 gegründete Dokumentationsabteilung unter Leitung von Professor Seweryn Wysłouch. Sie sicherte Archivmaterial, das aus ganz Schlesien ins Staatliche Archiv nach Breslau gelangte. Neben den Fragen des Polentums in Niederschlesien beschäftigte sich diese Abteilung auch mit den Schulen der polnischen Minderheit, dem polnisch-deutschen Kampf um Oberschlesien sowie mit polnischen Saisonarbeitern, wobei etliche Materialien veröffentlicht wurden.

Das Schlesische Institut in Kattowitz publizierte seine Arbeiten in verschiedenen Buchreihen, zum Beispiel der „Biblioteka Słowiańska" (Slawische Bibliothek), der „Biblioteka Pisarzy Śląskich" (Bibliothek schlesischer Autoren) oder in der Reihe „Polski Śląsk" (Polnisches Schlesien). Im Zeitraum zwischen 1945 und 1948 gab das Institut insgesamt 150 Publikationen heraus, darunter beinahe 50 Bücher. Zu diesen Veröffentlichungen zählen auch Zeitschriften der Zwischenkriegszeit, die nach 1945 erneut herausgegeben wurden: „Zaranie Śląskie" (Schlesische Morgenröte) und „Komunikaty" (Mitteilungen). Hinzu kamen „Wiadomości o Śląsk" (Nachrichten über Schlesien) in polnischer, russischer, englischer und französischer Sprache.

Das Institut hatte den staatlichen Auftrag, die Integration der polnischen Neubürger in den ihnen noch fremden schlesischen Gebieten propagandistisch zu unterstützen. Dafür wurden populärwissenschaftliche Broschüren und Mitteilungen zu Vortragsreihen wie zum Beispiel „środowe wieczory w Instytucie" (Mittwochabende im Institut) oder „wieczory zachodnie" (Westabende) in Breslau verbreitet. Die Mitarbeiter des Instituts arbeiteten zudem den staatlichen Behörden zu, um die polnische Anwesenheit in den Gebieten östlich von Oder und Neiße sowie den Masuren zu legitimieren.

---

7 Siehe Stan i potrzeby nauki polskiej na Dolnym Śląsku [Stand und Erfordernisse der polnischen Wissenschaft in Niederschlesien]. Katowice, Wrocław 1947.

Die Stalinisierung Polens 1948 blieb nicht ohne Einfluss auf das Profil und die Arbeitsweise des Schlesischen Instituts in Kattowitz. Die ersten Jahre zeigten, dass Simplifizierungen bei den Schlesienstudien nicht ausblieben. Dies galt in besonderer Weise für das Westinstitut in Posen. Die wissenschaftliche Reglementierung und politische Instrumentalisierung von Instituten gehörte zu den Merkmalen stalinistischer Bildungspolitik. Am 1. Juli 1948 wurde die Zweigstelle des Schlesischen Instituts in Breslau dem Westinstitut zugeordnet, während ein Teil des Instituts in Kattowitz aufgelöst wurde. Außerdem teilten sich Breslau und Warschau die Bibliothek in Warmbrunn. Damit verlor das Schlesische Institut nicht nur seine Autonomie, sondern auch seine wissenschaftliche Basis. Das vor dem Krieg entstandene Forschungs- und Publikationspotential wurde auf diese Weise drastisch beschnitten.

Das Westinstitut übernahm die bisherigen Mitarbeiter, darunter den langjährigen Direktor Dr. Lutman und beließ den Namen „Schlesisches Institut" für die niederschlesische Zweigstelle. Als große Forschungseinrichtung gab das Posener Westinstitut eigene Abhandlungen und Zeitschriften (unter anderem „Przegląd Zachodni") heraus und veröffentlichte im Rahmen der Serie „Ziemia Staropolska"[8] ein zweibändiges, Niederschlesien gewidmetes Werk. Diese reich bebilderte Publikation sollte der polnischen Bevölkerung die neuen Gebiete näher bringen und deren Verbindungen zu Polen unterstreichen. Hierzu der Redakteur der Verlagsreihe, Zygmunt Wojciechowski: „Der Verlag [...] hat die geistige Vereinigung der polnischen Gesellschaft mit den Wiedergewonnenen Gebieten durch die Herausbildung der Überzeugung, dass wir in unsere alten vaterländischen Gebiete zurückgekehrt sind, zum Ziel. Obgleich die Grenzlinie in Potsdam gezogen wurde, war dies kein Mechanismus, sondern der Ausdruck eines tieferen Sinnes im Verlauf der Geschichte."[9]

Aufgabe dieser Publikation war nicht die objektive Präsentation der Geschichte Niederschlesiens. Im Vorwort heißt es: „[...] unser Verlag, dessen ersten Band wir der polnischen Gesellschaft vorlegen wollen, ist einseitig, ja bewusst einseitig. Die Wiedergewonnenen Gebiete gehörten während der Geschichte zu verschiedenen staatlichen Organismen, in den letzten beiden Jahrhunderten waren sie ganz in deutschen Händen. Wir bemühen uns an dieser Stelle nicht um das Verfassen einer so genannten objektiven Geschichte. Unsere Aufgabe besteht in der Popularisierung der polnischen Geschichte dieser Gebiete sowie darin, die polnische Wirklichkeit dieser Gebiete in den historischen Zusammenhang zu stellen. Die Präsentation von Tatsachen wird nicht nur durch die Notwendigkeiten der gegenwärtigen Zeit diktiert, sondern auch

8 Siehe Dolny Śląsk [Niederschlesien]. Praca zbiorowa pod red. Kiryla Sosnowskiego, Mieczyslawa Suchockiego [Kollektivarbeit hg. von Kiryl Sosnowski und Mieczyslaw Suchocki]. Bd. 1–2. Wrocław, Poznań 1948 (Cykl: Ziemie Staropolski pod red. Zygmunta Wojciechowskiego [Zyklus: Das altpolnische Land. Hg. von Zygmunt Wojciechowski]).

9 Z. Wojciechowski: Słowo wstępne. In: Dolny Śląsk (wie Anm. 8), Bd. 1, S. 10.

durch die Überzeugungen, dass die polnische Geschichte dieser Gebiete den wichtigsten Zeitraum darstellt."[10]

In der Zweigstelle des Westinstituts in Breslau begannen die Historiker mit der Arbeit an einer Sozialgeschichte. Zudem plante man, einen Oberschlesien gewidmeten Band herauszugeben. Ehe es dazu kam, wurde im März 1953 die Breslauer Zweigstelle aufgelöst. Ihre Aufgaben übernahm ein neu gegründetes Institut für Geschichte an der Polnischen Akademie der Wissenschaften (PAN), das mit einer Abteilung für schlesische Geschichte unter Leitung von Professor Kazimierz Popiołek versehen wurde. Die Auflösung der Breslauer Zweigstelle war – nach dem momentanen Informationsstand – mit einer Attacke auf den Direktor des Westinstituts Zygmunt Wojciechowski verbunden. Ihm wurde vorgeworfen, nationalistische und idealistische Positionen zu vertreten[11].

Eine zentrale Aufgabe der schlesischen Abteilung des neuen Akademie-Instituts war die Einberufung einer wissenschaftlichen Konferenz vom 28. Juni bis 1. Juli 1953 in Breslau. Mit dieser Veranstaltung wollten die Organisatoren Antworten geben auf Fragen zum „allgemeinen Wissensstand zur Geschichte Schlesiens", zum „Verlauf seiner politischen, wirtschaftlichen und kulturellen Geschichte", zur „Vereinigung der polnischen Vatererde an Oder und Weichsel sowie zu den zahlreichen Fehlern und Versäumnissen der alten und neueren bourgeoisen Historiografie"[12]. Hauptanliegen der Konferenz waren einerseits die Zusammenfassung der bisherigen Untersuchungen und die Eingrenzung neuer Forschungen, andererseits die Kritik am bisherigen Institutsprofil und der Arbeit nichtmarxistischer Historiker. Die Mehrheit der über Schlesien forschenden polnischen Wissenschaftler war durch die Historikerschule der Vorkriegszeit geprägt. Erst die Unterordnung unter das marxistische Dogma, wie es auf der methodologischen Konferenz in Otwock zum Jahreswechsel 1950/51 proklamiert wurde, veränderte die Situation grundlegend. Ein Teil der Historiker nahm die neuen Lehren ohne Widerspruch an, ein anderer Teil tat dies eher aus Angst vor dem Verlust des Arbeitsplatzes oder der Publikationsmöglichkeiten. Nur Einzelne hielten das Berufsethos des unabhängigen Historikers hoch. Diese Einstellung bezahlten sie mit jahrelangem Druckverbot und dem De-facto-Ausschluss aus der Wissenschaftsgemeinschaft.

Die Konferenz über Schlesien, so der Wirtschaftshistoriker Witold Kula, war der erste Schritt zur Realisierung der vom ZK-Sekretär der PVAP Edward

---

10 Ebd., S. 10 f.

11 Siehe Rafał Stobiecki: Historia pod nadzorem. Spory o nowy model historii w Polsce (II połowa lat czterdziestych – początek lat pięćdziesiątych) [Geschichte unter Aufsicht. Der Streit um ein neues Modell der Geschichte in Polen (Ende der 40er und Anfang der 50er Jahre)]. Łódź 1993, S. 106.

12 Siehe den Auftritt von Prof. Bogusław Leśnodorski (in: Konferencja Śląska Instytutu Historii Polskiej Akademii Nauk [Schlesische Konferenz des Instituts für Geschichte der Polnischen Akademie der Wissenschaften], Wrocław 28.6.–1.7.1953. Bd. 1. Wrocław 1954, S. 12).

Ochab gegebenen Anweisungen. Auf der Konferenz in Otwock sagte Ochab: „Die tiefgreifenden Veränderungen nach dem Krieg, die Rückkehr Polens an Oder und Neiße, erfordern die Überarbeitung der Geschichte der Wiedergewonnenen Gebiete sowie der Schlachten der brüderlich verbundenen slawischen Stämme. [...] Auf die Geschichtsschreiber wartet der Jahrhunderte währende Kampf des schlesischen Volkes für soziale und nationale Befreiung."[13] Im Rahmen der hier beschriebenen Aufgaben verpflichteten sich die Historiker der Abteilung für die Geschichte Schlesiens des Akademie-Instituts bis zum Jahresende 1955,

- auf der Grundlage marxistischer Methodologie den ersten Band einer Geschichte Schlesiens bis zur Hälfte des 19. Jahrhunderts zum Druck vorzubereiten sowie die Arbeit an weiteren Bänden zu beginnen;
- Quellen zur neuesten Geschichte Schlesiens und Material zur Lage der schlesischen Bauern herauszugeben. Ferner sollte gemeinsam mit der Abteilung für Geschichte des ZK der PVAP ein Quellenband zur Zusammenarbeit der revolutionären polnischen und deutschen Kräfte im Kampf um die soziale und nationale Befreiung Schlesiens veröffentlicht werden sowie die Arbeit an der Geschichte Schlesiens zur Zeit der Volkrepublik Polen begonnen werden. Zudem wurde die enge Zusammenarbeit mit der „Polski Towarzystwo Historyczne" (Polnische Historische Gesellschaft) sowie der „Towarzystwo Wiedzy Powszechnej" (Gesellschaft für Allgemeinwissen) bei der Verbreitung von Forschungsergebnissen zur schlesischen Geschichte angestrebt[14].

Die Umsetzung dieser ambitionierten Pläne war nicht einfach und überstieg die Möglichkeiten der Abteilung. Erst 1960 ging der erste Band der Geschichte Schlesiens in den Druck[15]. Die Abteilung war insgesamt wenig aktiv, so dass andere Projekte zurückgestellt wurden. Ende der sechziger Jahre übernahm das Institut für Geschichte der Universität Breslau die Akademieabteilung samt ihrer Aufgabenbereiche[16]. Zu einem Band der schlesischen Geschichte des 20. Jahrhunderts kam es bezeichnenderweise nicht.

Das „Tauwetter" im Oktober 1956 veränderte die polnische Wissenschaftslandschaft und die mit Schlesien befassten Institute. Am 11. April 1957 wurde das Schlesische Institut in Oppeln mit dem verdienten Dr. Lutman als Leiter gegründet. Zu den fünf neu gegründeten Abteilungen gehörte auch eine historische. Die Publikationsreihe hieß „Studia Śląskie" (Schlesische Studien). Neben der wissenschaftlichen Arbeit wurde damit begonnen, das „Biuletyn

13 Siehe Witold Kula: Podsumowanie obrad konferencji [Zusammenfassung der Konferenz]. In: Konferencja (wie Anm. 12), Bd. 2, S. 326.

14 Ebd., S. 329 f.

15 Vgl. Karol Maleczyński (Hg.): Historia Śląska [Geschichte Schlesiens]. Bd. 1 (bis zum Jahr 1763), Teil 1 (bis zur Mitte des 14. Jahrhunderts). Wrocław 1960.

16 Siehe ferner Wojciech Wrzesiński: Uniwersytet Wrocławski [Die Breslauer Universität] 1945–1995. Wrocław 1995, S. 269.

Niemcoznawczy" herauszugeben. Zu gleicher Zeit wurde in Kattowitz das Schlesische Wissenschaftliche Institut mit Dr. Jacek Koraszewski als Direktor (wieder)gegründet. Das Hauptaugenmerk der dortigen historischen Abteilung galt der Zeitgeschichte sowie der Reihe „Studia i Materiały do dziejów Śląska" (Studien und Materialien zur schlesischen Geschichte).

Neben den erwähnten Instituten veränderte sich auch die Situation an der Breslauer Universität, die ein regionales Interesse an Schlesien besaß und über gute Quellen- und Bibliotheksbestände verfügte. Am historischen Institut der Universität wurde der Lehrstuhl für schlesische Geschichte eingerichtet und mit Professor Karol Maleczyński besetzt[17]. Die Historiker der Universität publizierten nicht nur im Rahmen einzelner Studien, sondern auch in der schlesischen Vierteljahreszeitschrift „Sobótka", die seit 1946 von der „Wrocławskie Towarzystwo Miłośników Historii" (Gesellschaft der Geschichtsfreunde in Breslau) herausgegeben wurde. Die Aufgabe dieser Zeitschrift legte Maleczyński im Vorwort dar: „Wir müssen die schlesische Erde vor den Gelüsten der Deutschen auf allen Feldern verteidigen. Dazu muss der Beweis erbracht werden, dass wir dieses Gebiet nicht nur besiedelnd und ökonomisch, sondern auch kulturell beherrschen. Wir brauchen uns dabei auch nicht von den Deutschen zu distanzieren, denn wir kennen die Geschichte dieser Gebiete genau und können Ereignisse nennen, die von den Besatzern schamhaft verschwiegen wurden."[18]

Die ersten Jahrgänge dieser Zeitschrift entsprachen im Tenor den damaligen politischen Vorgaben: einerseits die Verteidigung vor deutschen Einflüssen, andererseits die Popularisierung der polnischen Spuren. Allmählich aber streifte die Zeitschrift das ideologische Korsett ab und wurde auch dank des breiten Themenspektrums zum maßgeblichen Blatt für schlesische Studien. Nicht unerwähnt soll die von Maleczyński initiierte Bibliographie der Geschichte Schlesiens bleiben. Dabei wurden zum ersten Mal Informationen über die seit Ende der dreißiger Jahre entstandene polnische Literatur zum Thema Schlesien gesammelt.

Die volkspolnische Schlesienforschung erlebte unterschiedliche Konjunkturen. Anfangs hatte sie konkrete Erwartungen der Partei- und Regierungsbehörden zu erfüllen, das heißt: Rechtfertigung der Oder-Neiße-Grenze und der Aussiedlung der deutschen Bewohner. Stark waren auch die gesellschaftlichen Erwartungen, wonach die Wissenschaft bei dem Prozess der Anpassung an die neue Umgebung helfen sollte. Die These von der Rückkehr in die Gebiete der Piasten traf das Empfinden der breiten Bevölkerung, die unter NS-Besatzung und Krieg gelitten hatte. Das „Tauwetter", die Entstalinisierung und die Integration der Neuankömmlinge in den polnischen West- und Nordgebieten er-

---

17 Vgl. Władysław Czapliński: Wydział Filozoficzno-Historyczny [Die Philosophisch-historische Fakultät]. In: Władysław Froryan (Hg.): Uniwersytet Wrocławski w latach 1945–1970. Księga Jubileuszowa [Die Breslauer Universität in den Jahren 1945–1970. Jubiläumsband]. Wrocław, Warszawa, Kraków 1970, S. 68–78.

18 Karol Maleczyński: Słowo wstępne [Vorwort]. In: Sobótka (1946), Halbjahresbd. 1, S. 1.

laubten es mit der Zeit, sich neuen Themen der Zeitgeschichte zuzuwenden, die über den polnisch-deutschen Konflikt hinausreichten. Die Betonung des Polentums und die Suche nach seinen Spuren wurden jedoch weiterhin und beinahe bis zum Ende der kommunistischen Herrschaft in Polen betrieben.

Das Transformationsjahr 1989 blieb nicht ohne Wirkung auf die Schlesienforschung. Das Schlesische Wissenschaftliche Institut in Kattowitz wurde aufgelöst, dagegen existiert das Schlesische Institut in Oppeln fort und beteiligt sich aktiv an der Erschließung der neuesten Geschichte Schlesiens. Ferner haben sich die Universitäten in Breslau, Kattowitz und Oppeln der Schlesienforschung verschrieben. Zu den bestehenden Institutionen ist die Abteilung des „Instytut Pamięci Narodowej" (Institut für Nationales Gedenken) in Breslau und Kattowitz hinzugekommen. Dort wird seit einigen Jahren den Mechanismen der kommunistischen Herrschaft und den Formen des Widerstands in Schlesien wissenschaftlich und publizistisch nachgegangen.

Methodologische Reflektionen zählen nicht zu den Stärken der polnischen Historiographie. Die Versuche der Oktroyierung einer marxistischen Methodologie scheiterten letztlich, hinterließen aber ihre Spuren in der Art der Fragestellung und der Einstellung zur Vergangenheitsbewältigung. Die Zugehörigkeit Polens zum sozialistischen Lager und die Übernahme sowjetischer Paradigmen für die Geisteswissenschaften haben einen freien Gedankenaustausch mit ausländischen, vor allem (west)deutschen Historikern lange Jahre unmöglich gemacht.

Es sind zwei Zeitabschnitte zu unterscheiden. Der erste ist mit den massiven Beschränkungen der polnischen Historiographie infolge der Stalinisierung des Landes verbunden; der zweite wurde mit dem „Tauwetter" im Oktober 1956 eingeläutet und machte das erste Treffen polnischer und (west)deutscher Historiker möglich. Exemplarisch für den hohen Stellenwert der Geschichte als Ideologie bildender Faktor in der Nachkriegszeit ist der Auftritt von Żanna Kormanowa auf dem I. Kongress der polnischen Wissenschaft im Juli 1951. Kormanowa sagte damals: „Ein entscheidendes Moment beim Kampf um die neue marxistische Wissenschaft ist die Frage der Methodologie. Eine Geschichte, die nicht auf der marxistischen Methodologie und nicht auf den Grundlagen des historischen Materialismus gründet, ist wissenschaftlich unfruchtbar und keine Wissenschaft im vollen Wortsinne. Das Verstehen dieser offensichtlichen Wahrheit durch die Geisteswissenschaftler, insbesondere im Bereich der Geschichte ist ein Kampfauftrag."[19].

Die Wissenschaft, ähnlich wie Industrie, Landwirtschaft und andere Lebensbereiche, erhielt seinerzeit ihre „Kampfaufträge". Bei diesem Vorgehen musste die Geschichte selbst als beständige Aufgabe, als nationale und insbesondere Klassenauseinandersetzung erscheinen. Verstärkt wurde diese Tendenz während der methodologischen Konferenz in Otwock zum Jahreswechsel 1951/52. Es blieb nicht beim tendenziösen Beschreiben, nunmehr galt es,

---

19 Zit. nach Stobiecki: Historia (wie Anm. 11), S. 111.

die Geschichte auch zu „korrigieren". Ein Beispiel für derartigen Eifer ist die von Historikern der Universität Breslau verfasste populäre Broschüre zur Geschichte Schlesiens mit dem Titel „Fakty mówią"[20] (Die Fakten sprechen). In den Anmerkungen der Redaktion ist zu lesen: „Heute geben wir dem Leser eine Broschüre an die Hand – eine Sammlung von Artikeln zu der uns allen so wichtigen, offensichtlich drängenden Frage des Polentums der Wiedergewonnenen Gebiete, die nach Jahren der Unfreiheit zum Vaterland zurückgekehrt sind. Sie wurde von Historikern der Bolesław-Bierut-Universität – die Tatsachen sachlich darstellend und Dokumente zitierend – geschrieben und ist ein Zeugnis historischer Wahrheit. Wenn wir den Inhalt dieser Artikel lesen, ergreift uns eine große Anteilnahme im Gedenken an diejenigen, die jahrelang mit den fremden Besatzern kämpften, polnische Arbeiter, Handwerker, Bauern, die ihre Muttersprache nicht aufgaben und sich für die nationale und soziale Befreiung einsetzten. Die Etappen dieses Kampfes waren verschieden. Machen wir uns mit dieser Geschichte vertraut, um die Wiedergewonnenen Gebiete umso mehr zu schätzen und zu lieben, die heute und für immer unser bleiben."[21]

Nach den Veränderungen in Polen im Oktober 1956 begannen die Historiker von der marxistischen Doktrin abzurücken. Kritik an der stalinistischen Ausrichtung der Geschichtswissenschaft wurde auf der Hauptversammlung der Polnischen Historischen Gesellschaft 1956 noch verhalten geübt, zwei Jahre später geschah dies lautstark auf dem VIII. Allgemeinen Polnischen Historikertag (VIII. Powszechny Zjazd Historyków Polskich) in Krakau. In dem dort gefassten Beschluss heißt es: „[...] im Lichte scharfer Kritik von fehlerhaften Auffassungen, bisweilen auch Fälschungen unserer Vergangenheit, gelang es, sich vom Schematismus und Dogmatismus bei den Arbeiten zur neuesten Geschichte zu lösen und sich an streng wissenschaftliche Vorgaben zu halten, indem das rationale und schöpferische Potential der Methodologie des historischen Materialismus zur Geltung gebracht wurde."[22]

Die Lockerung des methodologischen Korsetts blieb nicht ohne Wirkung auf die Schlesienforschung im Bereich der Zeitgeschichte. Was nicht heißt, dass von nun an eine völlige Freiheit der Forschung Einzug hielt. Zwar wurde die Arbeit der schlesischen Institute reformiert, neue Forschungsthemen wurden zugelassen, insbesondere soziologische Studien zur Gesellschaft der West- und Nordgebiete[23]. Doch blieb es bei der spürbaren Einschränkung bei der

20 Siehe Fakty mówią. Wrocław 1952.

21 Von der Redaktion. Ebd., S. 3.

22 Zit. nach Andrzej F. Grabskim: Zarys historii historiografii polskiej [Abriss der polnischen Historiographie]. Poznań 2000, S. 214.

23 Vgl. Zygmunt Dolczewski / Andrzej Kwilecki: Z życia osadników na Ziemiach Zachodnich [Aus dem Leben der Siedler in den Westgebieten]. Warszawa 1961; Irena Turnau: Studia nad strukturą ludnościową polskiego Wrocławia [Studien über die Bevölkerungsstruktur des polnischen Breslau]. Poznań 1960; Kazimierz Żygulski: Repatrianci na Ziemiach Zachodnich. Studium socjologiczne [Repatrianten in den Westgebieten. Soziologische Studie]. Poznań 1962.

Wahl des Forschungsfeldes. Zudem wurden die Archive weiterhin unter Verschluss gehalten, die die wichtigsten Materialien zur Zeitgeschichte enthielten. Nur wenigen Historikern gelang es, diese Hürden zu überwinden.

In den siebziger Jahren begann für die Forschungen zur Zeitgeschichte Schlesiens ein neuer Abschnitt. Das wurde möglich aufgrund der damaligen Öffnung Polens nach Westen. Immer öfter kam es zu Treffen und Diskussionen über schlesische Themen zwischen polnischen und westdeutschen Historikern. Ein Forum für diese Gespräche schuf unter anderem die Gemeinsame Polnisch-Deutsche Schulbuchkommission (Wspólna Komisja Podręcznikowa Polsko-Niemiecka). Den Problemen der Geschichte Schlesiens widmete die Kommission zwei Sitzungen Ende der siebziger und Anfang der achtziger Jahre[24].

Zur endgültigen Zurückweisung des marxistischen Historikerklientels kam es nach 1989. Das heißt aber nicht, dass die Historiker nun damit begannen, sich in ihren Arbeiten und Diskussionen an den methodologischen Fragestellungen des Westens zu orientieren. Man kann eher sagen, dass ihre Arbeiten der im 19. Jahrhundert entwickelten Tradition der faktographischen Narration folgten. Mit dem Begräbnis der Reste des Marxismus sank das Interesse an der Wirtschaftgeschichte zugunsten der Geschichte des politischen Wandels. Die Veränderungen des Systems beseitigten alle Beschränkungen bei der Wahl der Forschungsthemen. Für polnische und deutsche Historiker öffneten sich bislang nicht zugängliche Quellensammlungen, wie zum Beispiel die Archive von Parteien und (teilweise) des Sicherheitsapparates.

In den neunziger Jahren begann man damit, in großer Zahl Konferenzen zur Zeitgeschichte Schlesiens zu organisieren. Mehrfach nahmen auch deutsche Historiker an diesen Tagungen teil. Als Beispiel mag der VIII. Allgemeine Polnische Historikertag vom 15. bis 18. September 1999 in Breslau dienen. Zum ersten Mal wurden deutsche Historiker zu Beratungen der Sektion I eingeladen: „Brüche in der Geschichte Schlesiens" lautete das Thema, über das man neben anderen Fragen gemeinsam diskutierte[25]. An dieser Stelle sei der Beitrag Dr. Joachim Rogalls erwähnt, von dem es heißt: „[...] in Bezug auf die Vorredner gab er zu, den Inhalt seines Referates nach Lektüre der Texte von Professor Wrzesiński und Professor Labuda geändert zu haben, die in der Publikation [der Beiträge] des Treffens enthalten waren. Er wies auf bestimmte Faktoren hin, die seiner Meinung nach nicht der objektiven Darstellung der

---

24 Vgl. Die Rolle Schlesiens und Pommerns in der Geschichte der deutsch-polnischen Beziehungen im Mittelalter. XII. deutsch-polnische Schulbuchkonferenz der Historiker, Allenstein/Olsztyn 1979. Braunschweig 1980; Schlesien und Pommern in den deutsch-polnischen Beziehungen vom 16. bis 18. Jahrhundert. XVI. Deutsch-polnische Schulbuchkonferenz der Historiker, Münster/W. 1980. Braunschweig 1981.

25 Siehe Sekcja 1: Przełomy w dziejach Śląska [Brüche in der schlesischen Geschichte]. In: Krzysztof Ruchniewicz / Jakub Tyszkiewicz / Wojciech Wrzesiński (Red.): XVI Powszechny Zjazd Historyków Polskich [XVI. Allgemeiner Polnischer Historikertag], Wrocław 15–18 September 1999: Przełomy w historii. Pamiętnik [Brüche in der Geschichte. Erinnerung]. Bd. 1. Toruń 2000, S. 111–359.

Geschichte Schlesiens dienen – vor 1989 sei es zur Instrumentalisierung der Geschichte gekommen, was keine Spuren in den Forschungsaktivitäten, dagegen aber bei der Popularisierung von Geschichte gefunden habe. Er bezeichnete die Probleme bei der Namensgebung wie ‚Ziemie Odzyskane' (Wiedergewonnene Gebiete) oder ‚stare ziemie piastowskie' (alte Piastengebiete) als ein Relikt der Vergangenheit. Gleichzeitig kritisierte er die oft in der polnischen historischen Publizistik auftretende Verwendung des Namens Śląsk (Schlesien) als Bezeichnung für Górny Śląsk (Oberschlesien).“[26] Ein anderer anwesender deutscher Historiker, Dr. Hans-Jürgen Bömelburg, „drückte seine Zufriedenheit darüber aus, dass man bei der Analyse des Inhalts der Referate Schwierigkeiten bei der Bestimmung der Nationalität des Autors haben könne – was eine sehr gute Erscheinung sei und von einer größeren Objektivität der Forschung und von gegenseitigem Verständnis sowie der Annäherung der Standpunkte zeuge“[27].

Die Beschäftigung mit der neuesten Geschichte Schlesiens nach 1945 stand ganz im Zeichen einer Rechtfertigung der polnischen Anwesenheit in den Westgebieten. Diesem Auftrag entsprach die 1947 erschienene Geschichte Schlesiens von Professor Kazimierz Piwarski. Sie wurde gewissermaßen in Opposition zur damaligen deutschen Historiographie geschrieben. „Bei unserer Arbeit“, schrieb Piwarski in der Einleitung, „die den Charakter eines allgemeinen Überblicks über die schlesische Geschichte hat, ging es nicht um die erschöpfende Darstellung des Themas. Dies wäre bei dem damaligen Stand der wissenschaftlichen Untersuchungen zur Geschichte Schlesiens gar nicht möglich gewesen. Ausschlaggebend für uns ist im Einzelnen der Stand der polnischen wissenschaftlichen Arbeiten über Schlesien. Hier muss man feststellen, dass diese noch nicht befriedigend sind. Das lag an einigen Ursachen, die sich unserem Einfluss entzogen, so der Tatsache, dass schlesische Archive und Bibliotheken sich vor allem in Hand der Deutschen befanden, die sie beliebig für die eigene politische Propaganda ausnutzten und gleichzeitig den polnischen Wissenschaftlern den Zugang zu den schlesischen Sammlungen erschwerten oder schlicht verwehrten. Gegenwärtig“, schlussfolgerte er, „ist für die polnische Wissenschaft die Zeit gekommen, das Steuer bei der Schlesienforschung zu übernehmen. Deren Umsetzung bedarf zweifellos einer großen Anstrengung seitens der polnischen Gelehrten und eines längeren Zeitraums.“[28]

In späteren Jahren polemisierte die polnische Historiographie des Öfteren gegen die Erkenntnisse deutscher Historiker, vor allem wenn sie aus der Bundesrepublik kamen. Der Breslauer Historiker Wojciech Wrzesiński charakterisierte diesen Zeitraum wie folgt: „Mit historischen Argumenten wurden emotionale Rechtfertigungen für das Schicksal einzelner Familien, Personen und

26 Siehe ebd., S. 359 f.

27 Ebd., S. 359.

28 Siehe Kazimierz Piwarski: Historia Śląska w zarysie [Schlesische Geschichte im Überblick]. Katowice, Wrocław 1947, S. 7.

der sich formenden lokalen Gesellschaft gesucht. [...] Man erwartete, mit der Übernahme deutscher Archive und Registraturen politische Argumente in die Hand zu bekommen, die über den Erfolg der eigenen Thesen entschieden. Der gesellschaftliche Druck war virulent, wenn auch nicht gleichermaßen ausgeprägt bis 1989, lastete jedoch auf den Wissenschaftlern und ihren Arbeiten zur Zeitgeschichte Schlesiens. Bisweilen führte dieser Druck zu publizistischen Eingriffen in historische Arbeiten oder aber zu übereilten Publikationen unreifer Forschungsergebnisse."[29]

Das größte Interesse riefen kontroverse Themen hervor, wie zum Beispiel die Folgen der Grenzverschiebungen, das Problem der Aussiedlung der deutschen Bevölkerung, die Frage der Bewirtschaftung der neuen Gebiete. Unter den politischen Bedingungen der Volksrepublik Polen konnten diese Probleme nicht ausführlich und objektiv dargestellt werden. Ich möchte an dieser Stelle nicht über die Leistungen der polnischen Historiographie in den letzten 60 Jahren berichten. Ich will lediglich auf die – meiner Meinung nach – wichtigsten Tendenzen hinweisen. Für den Zeitraum bis 1989 lassen sich drei Abschnitte unterscheiden. Der erste war mit dem dominanten Bedürfnis, die polnische Anwesenheit in Schlesien zu rechtfertigen, verbunden und dauerte bis zum „Tauwetter" 1956[30].

Der zweite Abschnitt war durch eine relative Freiheit bei der Forschung gekennzeichnet. Nun konnten die Probleme des Kriegsendes und der ersten Nachkriegsjahre untersucht werden[31]. Dazu zählte die Frage der Aussiedlung

---

29 Wojciech Wrzesiński: Dzieje najnowsze Śląska (po 1918 r.) w badaniach historycznych [Die neueste Geschichte Schlesiens (nach 1918) in der historischen Forschung]. In: K. Bobowski / R. Gładkiewicz / W. Wrzesiński (Red.): Stan i potrzeby śląskoznawczych badań humanistycznych [Stand und Voraussetzungen der geisteswissenschaftlichen Schlesienkunde]. Wrocław 1990, S. 102.

30 Vgl. Ewa Maleczyńska (Hg.): Szkice z dziejów Śląska [Skizzen der schlesischen Geschichte]. Bd. 1–2. Warszawa 1953–1956; Edmund J. Osmańczyk: Śląsk w Polsce Ludowej [Schlesien in Volkspolen]. Warszawa 1953.

31 Stefan Banasiak: Działalność osadnicza Państwowego Urzędu Repatriacyjnego na Ziemiach Odzyskanych w latach 1945–1947 [Die Besiedlungstätigkeit der staatlichen Repatriierungsbehörde für die Wiedergewonnenen Gebiete 1945–1947]. Poznań 1963; Stefan Banasiak: Osadnictwo na ziemiach zachodnich i północnych 1945–1950 [Die Besiedlung der West- und Nordgebiete 1945–1950]. Warszawa 1965; W. Biełowicz (Hg.): Dolny Śląsk w Polsce Ludowej [Niederschlesien in Volkspolen]. Wrocław 1970; Bronisław Pasierb: Migracja ludności niemieckiej z Dolnego Śląska w latach 1944–47 [Die Migration der deutschen Bevölkerung aus Niederschlesien in den Jahren 1944–47]. Wrocław 1979; Tomasz Szarota: Osadnictwo miejskie na Dolnym Śląsku [Die Besiedlung der Städte in Niederschlesien]. Wrocław 1968; Elżbieta Kościk: Osadnictwo wiejskie w południowych powiatach Dolnego Śląska w latach 1945–1949 [Die ländliche Besiedlung der südlichen Kreise Niederschlesiens in den Jahren 1945–1949]. Wrocław 1982; Franciszek Kusiak: Osadnictwo wiejskie w środkowych i północnych powiatach Dolnego Śląska w latach 1945–1949 [Die ländliche Besiedlung der zentralen und nördlichen Kreise Niederschlesiens in den Jahren 1945–1949]. Wrocław 1982; Ryszard Majewski: Dolny Śląsk 1945. Wyzwolenie [Niederschlesien 1945. Befreiung]. Warszawa, Wrocław 1982; Jerzy Kociszewski: Zasiedlanie i zagospodarowanie Dolnego Śląska w latach 1945–1949 ze

der Deutschen und der Ansiedlung der Polen, die schon in den frühen achtziger Jahren angeschnitten worden war und als ‚Migration der Deutschen' erst nach 1989 eine angemessene Berücksichtigung fand. Heikle Themen waren das politische Leben sowie die Aktivitäten der Parteien und der Sicherheitsorgane[32]. Zudem untersagte die Zensur alle Aspekte, die die Rolle der Sowjets und die Methoden der Liquidierung der politischen Opposition berührten.

In den siebziger Jahren entstanden Monographien über die Städte Niederschlesiens, die in unregelmäßiger Folge bis heute erscheinen[33]. In diesen wurde den Fragen der Zeitgeschichte viel Platz eingeräumt. Einerseits war die Bedeutung dieses Zeitraumes für die nationale Geschichte unübersehbar, andererseits sind diese Jahre aufgrund der Zeitzeugen noch nicht abgeschlossen, geschweige denn bilanziert.

Der Zeitabschnitt nach 1956 war nicht frei von Einschränkungen. Die Arbeiten zur neuesten Geschichte Schlesiens unterlagen einer aufmerksamen Kontrolle der Zensur, die alle Beiträge auf ihre Übereinstimmung mit – wie man sich damals ausdrückte – dem Interesse des polnischen Staates prüfte. Einige Themen blieben heikel und wurden gemieden, andere erlebten eine Konjunktur. Die Schicksale der deutschen Vertriebenen wurden ausschließlich durch das Prisma ihrer negativen Haltung zu den Grenzverschiebungen betrachtet. Man bedachte nicht die Folgen des plötzlichen Verlustes der Heimat. Gewisse Themen wurden tabuisiert: das Problem der Stationierung des sowjetischen Militärs; das Verhalten der polnischen Bevölkerung gegenüber der deutschen und der autochthonen Bevölkerung; die Schicksale der in die UdSSR verschleppten oberschlesischen Bergleute; die Repressionen der kommunistischen Behörden gegenüber der Opposition; die Probleme bei der Ansiedlung der sogenannten Repatrianten aus den polnischen Ostgebieten (kresy wschodnie) nach 1944/45 in Schlesien. In den Arbeiten durfte das Thema Nationalitäten, zum Beispiel die Anwesenheit von Deutschen und Ukrainern nach 1945 in Schlesien, nicht vorkommen. Trotz dieser Schwierigkeiten konnte

---

szczególnym uwzględnieniem regionu sudeckiego [Die Besiedlung und Bewirtschaftung Niederschlesiens 1945-1949 mit besonderer Berücksichtigung der Sudetenregion]. Wrocław 1983; S. Łach: Osadnictwo wiejskie na ziemiach zachodnich i północnych w latach 1945–1949 [Die ländliche Besiedlung der West- und Nordgebiete in den Jahren 1945–1949]. Słupsk 1983.

32 Bronisław Pasierb: Ruch ludowy na Dolnym Śląsku 1945–1949 [Die Volksbewegung in Niederschlesien 1945–1949]. Warszawa 1972; M. Sodel: W walce o ład i bezpieczeństwo na Dolnym Śląsku w l. 1945–1948 [Im Kampf um Ordnung und Sicherheit in Niederschlesien 1945–1948]. Wrocław 1979; Bronisław Pasierb (Hg.): Życie polityczne Dolnego Śląska 1945–1950 [Das politische Leben Niederschlesiens 1945–1950]. Warszawa 1979; A. Kowalik: Z dziejów PPR na Dolnym Śląsku w l. 1945–1948 [Aus der Geschichte der PPR in Niederschlesien 1945–1949]. Warszawa 1979; J. Tomicki: Polska Partia Socjalistyczna 1892–1948 [Die polnische Sozialistische Partei 1892–1948]. Warszawa 1983.

33 Siehe Marek Czapliński: Die „Geschichten der niederschlesischen Städte" des Historischen Instituts der Universität Breslau. In: Matthias Weber / Carsten Rabe (Hg.): Silesiographia. Stand und Perspektiven der historischen Schlesienforschung. Festschrift für Norbert Conrads zum 60. Geburtstag. Würzburg 1998, S. 373–382.

die offizielle Sichtweise der Behörden manchmal durchbrochen werden. Dies gelang vor allem nach der Entstehung der Gewerkschaft Solidarność und durch die Verbreitung von Samisdat-Schriften. Eine große Rolle spielte die Publikation von Jan Józef Lipski[34], die auf eindrucksvolle Weise die moralische Verantwortung der Polen für das den Deutschen während der Aussiedlung zugefügte Leid anspricht. Es entstanden darüber hinaus erste, dem kulturellen deutschen Erbe gewidmete Analysen[35].

Alle verschwiegenen und unterdrückten Themen kamen nach dem Umbruch von 1989 zum Vorschein. Dies ging einher mit einer allmählichen Ablösung der alten Forschergeneration. Immer öfter meldeten sich junge Wissenschaftler zu Wort, die nicht mehr die Last der Erinnerung an das „Dritte Reich" und die Nachkriegszeit trugen. Die Zeitgeschichte Schlesiens galt nun nicht mehr nur als bloße Konfrontation mit der deutschen Historiographie und den Deutschen allgemein. Man begann, gemeinsame Spuren der Vergangenheit zu suchen. Nicht nur die politischen Veränderungen von 1989 eröffneten neue Forschungsfelder, auch die Unterzeichnung der polnisch-deutschen Abkommen zu Beginn der neunziger Jahre schuf hierfür günstige Bedingungen. Es wurde damit begonnen, die Probleme der deutschen Minderheit und das deutsche Kulturerbe in Polen eingehend zu untersuchen. Eine interessante Diskussion zur Aussiedlung der deutschen Bevölkerung kam in Polen Mitte der neunziger Jahre in Gang[36]. Eine Reihe von Konferenzen zu diesem Thema wurde abgehalten, zahlreiche Forschungsprojekte wurden initiiert. Ein Novum bei diesen Projekten war, dass sie durch die Zusammenarbeit mit deutschen Historikern entstanden, die sich aktiv an ihrer Umsetzung beteiligten. Geradezu musterhaft war die langjährige Arbeit an der Quellenedition mit dem Titel „Niemcy w Polsce 1945–1950" (dt. Fassung: Die Deutschen östlich von Oder und Neiße), die unter der wissenschaftlichen Verantwortung der Professoren

---

34 Jan Josef Lipski: Zwei Vaterländer – zwei Patriotismen. Bemerkungen zum nationalen Größenwahn und zur Xenophobie der Polen. In: Ders.: Wir müssen uns alles sagen... Essays zur deutsch-polnischen Nachbarschaft. Hg. und mit einem Vorwort versehen von Georg Ziegler. Gliwice, Warszawa 1996, S. 192 f.

35 Vgl. Memoriał Stowarzyszenia Historyków Sztuki z 1986 r. o stanie zabytków na Dolnym Śląsku [Denkschrift der Gesellschaft der Kunsthistoriker aus dem Jahre 1986 über den Zustand der Kunstdenkmäler in Niederschlesien]. In: Marek Zybura: Pomniki niemieckiej przeszłości. Dziedzictwo kultury niemieckiej na Ziemiach Zachodnich i Północnych [Die Denkmale deutscher Geschichte. Das deutsche Kulturerbe in den West- und Nordgebieten]. Warszawa 1999, S. 67–76.

36 Vgl. den Literaturüberblick bei Włodziemierz Borodziej: Historiografia polska o „wypędzeniu" Niemców [Die polnische Historiographie zur „Vertreibung" der Deutschen]. In: Polska 1944/45–1989. Studia i Materiały [Polen 1944/45–1989. Studien und Materialien]. Bd. 2. Warszawa 1996; Krzysztof Ruchniewicz: Die Problematik der Aussiedlung der Deutschen aus polnischer und deutscher Sicht in Vergangenheit und Gegenwart. In: Berichte und Forschungen. Jahrbuch des Bundesinstituts für Kultur und Geschichte der Deutschen im östlichen Europa 10 (2002), S. 7–26.

Hans Lemberg und Włodzimierz Borodziej erschien[37]. Die Herausgeber dieser Edition beschränkten sich nicht auf die Veröffentlichung von Dokumenten aus polnischen Archiven, die bloß die Aussiedlung der Deutschen betrafen, sie zeigten in vielen Fällen auch die Lebensbedingungen der Deutschen unter den Polen.

Verwaltungsreformen in Polen nach 1989 weckten das Interesse der Einwohner Schlesiens an der zur Heimat gewordenen Region. Monographien zur Stadtgeschichte wurden populär. Es ist gewiss keine Übertreibung zu sagen, dass es in Schlesien keine größere Stadt gibt, die nicht bereits ihre eigene Monographie besitzt. Ein besonderes Beispiel ist die Stadt Breslau, über die in den letzten Jahren drei umfassende Geschichtsmonographien erschienen[38]. Die letzte stammt aus der Feder der britischen Historiker Norman Davis und Roger Moorhouse und erschien gleichzeitig in drei Sprachen[39]. Diese neuen Bücher bieten nicht mehr peinlich genaue Aufzählungen der polnischen Errungenschaften vergangener Jahre, vielmehr wird in ihnen ein distanziert-ausgewogenes Bild der Jahrhunderte währenden Entwicklung der Stadt gezeichnet.

Bei den aktuellen Forschungen zur Zeitgeschichte Schlesiens ist ein bestimmtes Paradoxon zu beobachten. So sehr die frühere polnische Historiographie (unter Berücksichtigung aller Defizite) gegen die deutsche Historiographie anschrieb und auf deren Erkenntnisse und Thesen reagierte, so muss nun die deutsche Seite die Ergebnisse der polnischen Historiographie berücksichtigen und anerkennen. Das hängt mit der immer häufiger zu beobachtenden Kürzung des wissenschaftlichen Potentials in Deutschland zusammen und einem Rückgang neuer deutscher Forschungsergebnisse über Schlesien. Diese Entwicklung ist wohl auch einem gewissermaßen natürlichen Prozess geschuldet. Die neueste Geschichte Schlesiens wurde in den letzten Jahrzehnten ein Fragment der polnischen Geschichte und daher sicherlich weniger attraktiv für deutsche Historiker. Für die Polen hingegen ist die Geschichte Schlesiens im 20. Jahrhundert interessant aufgrund der noch nahe liegenden Vergangenheit einer Region, die sie als Heimat ansehen, unabhängig von der Nationalität jener Menschen, die sie einst besiedelt und geformt haben.

---

37 Wlodziemierz Borodziej / Hans Lemberg (Hg.): Die Deutschen östlich von Oder und Neiße. Bd. 2: Zentralpolen und Wojewodschaft Schlesien (Oberschlesien); Bd. 4: Wojewodschaft Breslau (Niederschlesien) und Pommerellen (Westpreußen und Danzig). Marburg 2003 (Bd. 2), 2004 (Bd. 4).

38 Vgl. Teresa Kulak: Wrocław. Przewodnik historyczny [Historischer Stadtführer]. Wrocław 2000; Cezary Buśko / Mateusz Goliński / Michał Kaczmarek / Leszek Piątkowski / Teresa Kulak / Włodzimierz Suleja: Historia Wrocławia [Geschichte Breslaus]. Bd. 1–3. Wrocław 2001; Beata Maciejewska: Wrocław. Dzieje miasta [Breslau. Geschichte der Stadt]. Wrocław 2002.

39 Siehe Norman Davies / Roger Moorhouse: Mikrokosmos. Portret miasta środkowoeuropejskiego. Kraków 2002 (dt.: Die Blume Europas. Die Geschichte einer mitteleuropäischen Stadt. München 2002).

Die Beseitigung aller politischen und methodologischen Einschränkungen hat in den letzten Jahren die Veröffentlichung einiger interessanter Monographien zur Geschichte Schlesiens gefördert. An erster Stelle ist hier die 2002 erschienene Geschichte Schlesiens (Redaktion: Marek Czapliński) zu nennen. Dieses Werk ist die bislang umfangreichste aktuelle Darstellung der schlesischen Vergangenheit. Die Abhandlung über den Zeitraum nach 1945 aus der Feder von Elżbieta Kaszuba öffnet den Weg zu weiteren Studien. Vor dem Abschluss steht eine neue, dreibändige Geschichte Niederschlesiens unter der Redaktion von Wojciech Wrzesiński. Diese Arbeiten nehmen die Erkenntnisse der deutschen Historiographie auf, bleiben aber gleichwohl Projekte polnischer Wissenschaftler. In Kürze erscheint in deutscher und polnischer Sprache die Geschichte der Grafschaft Glatz/Kłodzko, deren Autoren Arno Herzig und Małgorzata Ruchniewicz sind.

Wie mehrfach erwähnt, eröffnete die Zäsur des Jahres 1989 die produktivste Phase der Zeitgeschichtsforschung über Schlesien. Der nationale Blickwinkel tritt dabei immer mehr zurück und die Herkunft der Historiker wird sekundär, wozu auch die Umsetzung gemeinsamer Forschungsprojekte und der didaktische Austausch beitragen. Die Zeit der Konfrontation gehört mit Sicherheit der Vergangenheit an. Marek Czapliński umschrieb die Situation wie folgt: „Der polnische Leser muss die Möglichkeit haben, sich mit einem Geschichtsbild der polnischen und deutschen Forschung vertraut zu machen. Frühere polnische Publikationen konzentrierten sich vor allem auf die Geschichte Oberschlesiens, daher gilt unser Augenmerk nun eher der Geschichte Niederschlesiens. Mehr Raum sollten wir zudem der deutschen Geschichte widmen.“[40]

---

40 Siehe Marek Czapliński: Do czytelnika [An den Leser]. In: Marek Czapliński / Elżbieta Kaszuba / Gabriela Wąs / Rościsław Żerelik: Historia Śląska [Geschichte Schlesiens]. Wrocław 2002, S. 11.

Berichte und Forschungen 13 (2005) S. 127–214.

Tanja Žigon

Deutschsprachige Presse in Slowenien (1707–1945)

2. Teil: Deutschsprachige Presse in Krain von 1860 bis 1945

> *[...] heutzutage läßt sich die Bedeutung der öffentlichen Meinung nicht verkennen und es ist ebenso gewiß, daß durch falsche Darstellungen und durch das sogenannte Todtschweigen die besten Anstalten und Unternehmungen unbeachtet bleiben oder selbst verdächtig werden können, während bei objektiver Besprechung derselben sich ihnen auch die Theilnahme des Publikums zuwendet*[1].

Nachdem im ersten Teil dieser Studie die deutschsprachige Presse in Krain während der Jahre 1707 bis 1860 eingehend analysiert wurde[2], befasst sich der zweite Teil mit der deutschsprachigen Publizistik in Krain von der zweiten Hälfte des 19. Jahrhunderts bis 1945. Ich beginne, regional gesehen, mit Laibach (Ljubljana) und widme mich dann vor allem der Situation in Unterkrain, wobei ich die deutschsprachigen Presseorgane der Gottschee (Kočevska) ausführlich untersuche. Zur Abrundung des Themas wird in diesem Zusammenhang noch auf ein bereits in der ersten Hälfte des 19. Jahrhunderts (1848) in Neustädtl (Rudolfswerth / Novo mesto) herausgegebenes und im ersten Teil dieser Arbeit bereits erwähntes Blatt, näher eingegangen.

Vergleicht man die Anzahl der in der ersten Hälfte des 19. Jahrhunderts in Krain erschienenen deutschsprachigen Zeitungen mit der der zweiten Hälfte, so kann man einen erheblichen Rückgang feststellen. Von 1850 bis 1900 sind in Laibach nicht mehr als zehn deutsche Blätter erschienen. Dafür ist vor allem für die Zeit nach 1880 eine rapide Aufwärtsentwicklung bei der slowenischen Presse festzustellen. Die jüngere Generation der slowenischen geistigen Elite wie Fran Levstik (1831–1887), Josip Jurčič (1844–1881) und Fran Erjavec (1834–1887) kommunizierte zwar noch auf Deutsch[3], war sich jedoch der

---

1 Pränumerationseinladung auf den „Triglav. Zeitschrift für vaterländische Interessen" (1865) (National- und Universitätsbibliothek, Ljubljana [fortan NUK], Ms 1201/IX [Handschriftensammlung]).

2 Vgl. Tanja Žigon: Deutschsprachige Presse in Slowenien (1707–1945). In: Berichte und Forschungen 12 (2004), S. 199–241.

3 Im 19. Jahrhundert studierten slowenische Intellektuelle gewöhnlich in Wien; eine eigene, slowenische Universität wurde im Jahre 1919, also erst nach dem Ende der Donaumonar-

bedeutenden Rolle der eigenen Muttersprache voll bewusst und bediente sich dieser so häufig wie möglich. Nach dem Jahre 1848, in welchem kurzfristig einige slowenische Blätter herausgegeben wurden, kam in den 1860er Jahren zunächst das zweimal wöchentlich erschienene slowenische politische Blatt „Naprej“ [Vorwärts][4] (1863) auf den Markt, dem 1868 das „Slovenski narod“ [Slowenisches Volk] folgte. Die deutschsprachigen Zeitungen und Zeitschriften dieser Periode, die in Laibach erhältlich waren, sprachen eine gemischte Leserschaft an: Einerseits wurden auf Deutsch die slowenischen, sog. „vaterländischen“ Interessen formuliert und vertreten, andererseits gab das Krainer Deutschtum seine eigenen Blätter heraus; darüber hinaus erschien in der gleichen Zeit noch eine bunte Palette deutschsprachiger Fachzeitschriften zu Geschichte, Pädagogik, Landeskunde und anderen Themen.

1. Die deutschsprachige Publizistik in Laibach (Ljubljana)

In der zweiten Hälfte des 19. Jahrhunderts übernahmen in Laibach zwei Offizinen die führende Rolle auf dem Gebiet des Druckereiwesens. Das war einmal der 1782 gegründete Kleinmayrsche Betrieb, der nach der Heirat von Fedor Bamberg (1817–1869) mit der Tochter des Inhabers Kleinmayr, Thekla, 1846 unter der Bezeichnung „Ig. v. Kleinmayr & Fed. Bamberg“ tätig war und von Jahr zu Jahr seine Erfolge steigern konnte. Ab 1852 oblag die Leitung des Unternehmens fast ausschließlich Fedor Bamberg. Nach dessen frühem Tod im Jahre 1869 nahm sein 21-jähriger Sohn, Ottomar Bamberg (1848–1934)[5], die geschäftlichen Zügel in die Hand. Zunächst druckte man in diesem für

---

chie, in Ljubljana gegründet. In diesem Zusammenhang ist von besonderem Interesse, dass sich Leopold Kordesch (1808–1879) bereits im Jahre 1848 energisch für die Gründung einer slowenischen Universität in Laibach einsetzte. Seine diesbezügliche Stellungnahme publizierte die damals meist gelesene „Laibacher Zeitung“ („Die Universitätsfrage in Krain“) sogar auf der Titelseite. Ausführlich hierzu: Mira Miladinović Zalaznik: Deutsch-slowenische literarische Wechselbeziehungen. Ljubljana 2003, S. 101 ff.

4 Die wörtliche Übersetzung des Titels steht in keinem Zusammenhang mit den gleichnamigen sozialdemokratischen Blättern, die Ende des 19. und zu Beginn des 20. Jahrhunderts erschienen sind.

5 Ottomar Bamberg zeigte auch viel Sympathie für die Wissenschaft. Als Vorsitzender der Krainischen Sparkasse in Laibach unterstützte er im Jahre 1893 die Forschungsreise des Krainer Polyhistors Peter Paul von Radics (1836–1912), der im Archiv der Royal Society in London Recherchen zu Johann Weichard von Valvasor (1641–1693) betrieb. Seine Sparkasse finanzierte 1910 auch die Herausgabe der von Radics geschriebenen wissenschaftlichen Monographie über Valvasor (vgl. Mira Miladinović Zalaznik: „Ein Geschichtsschreiber, der wissendlich Romanen für Historien ausgibt ...“ Johann Weichard Freiherr von Valvasor [1641–1693]. In: Querschnitte. Deutsch-slovenische Kultur und Geschichte im gemeinsamen Raum. Hg. v. Krista Zach u. Mira Miladinović Zalaznik. München 2001, S. 91–124, hier S. 92). Bamberg zog sich 1919 aus dem Geschäftsleben auf sein Schloss Impolca bei Sevnica (Lichtenwald) im südöstlichen Teil Sloweniens zurück. Nach 137 Jahren endete damit die Tradition des Kleinmayrschen Familienbetriebes, der in den letzen 73 Jahren seines Bestehens gemeinsam mit der Familie Bamberg geführt worden war.

damalige Verhältnisse äußerst modernen Betrieb vornehmlich deutsche Bücher, ab den achtziger Jahren des 19. Jahrhunderts aber auch literarische Werke slowenischer Autoren, darunter Arbeiten von Fran Levstik, Oton Župančič, Ivan Cankar[6] und anderen.

Der zweite renommierte Laibacher Drucker jener Zeit, Josef Blasnik (1800–1872), trat 1828 das Erbe der zweitältesten, 1678 gegründeten Laibacher Offizin, Mayr, an. Mit ihm wechselte das Unternehmen zum siebten Mal seinen Besitzer. Allerdings hatte der achtundzwanzigjährige, unternehmerisch begabte und ehrgeizige, in der Bergstadt Idria (Idrija) geborene Blasnik, der sein Handwerk in Laibach, Regensburg, Graz und Mainz erlernt hatte, anfangs mit schwerwiegenden finanziellen Schwierigkeiten zu kämpfen[7]. Zunächst druckte er Formulare, Theaterzettel und Schulbücher, um sich ab den 1830er Jahren auf ein auf die Dauer einträgliches Geschäft, nämlich auf den Druck periodischer Publikationen zu konzentrieren[8].

---

6 Bei Kleinmayr & Bamberg wurde 1899 die Gedichtsammlung „Erotika" [Erotik] aus der Feder des größten slowenischen Dramatikers, Ivan Cankar (1876–1918), gedruckt. Die umstrittene Lyrik ließ der damalige Laibacher Erzbischof Anton Bonaventura Jeglič (1850–1937) als „sittlich verdorben und sündhaft" beschlagnahmen und verbrennen. Cankar mit seiner „Erotika" und Oton Župančič (1878–1949) mit der lyrischen Sammlung „Čaša opojnosti" [Rauschkelch], die auch im Jahre 1899 erschien, gelten als Wegbereiter und bedeutendste Vertreter der slowenischen Moderne.

7 Die Handwerkslizenz erwarb er sich durch die Eheschließung mit der rechtlichen Nachfolgerin der Offizin, der noch minderjährigen Franziska Retzer, bei deren Vater Blasnik er einst die Kunst des Druckens gelernt hatte. Da die letzte Pächterin des Betriebs, Maria Skerbina, nicht nur hohe Schulden angehäuft, sondern auch noch drei minderjährige Kinder zu versorgen hatte, verpflichtete Blasnik sich auch dazu, ihre Schulden zu begleichen und für die Kinder zu sorgen. Bald schon avancierte er zum angesehenen Bürger der Stadt und konnte es wagen, sich an die Erneuerung des Betriebskonzeptes seiner Druckerei zu machen (vgl. Branko Berčič: Tiskarstvo na Slovenskem [Das Druckereiwesen im slowenischen Raum]. Ljubljana 1968, S. 124 f.).

8 Bei Blasnik wurden sechs Jahrgänge der in dieser Studie bereits beschriebenen, von 1838 bis 1844 herausgegebenen Zeitschrift „Carniolia" gedruckt, aber auch das seit 1843 wöchentlich erscheinende slowenische Blatt „Kmetijske in rokodelske novice" [Krainer Landwirtschaftszeitung], das vor allem auf dem Lande als meist gelesene Zeitung jener Zeit galt. Blasnik bemühte sich auch darum, seinem Konkurrenten Kleinmayr den Druckauftrag für die „Laibacher Zeitung" zu entziehen. Dies ist ihm aber trotz sehr niedrig angesetzter Druckkosten nicht gelungen (vgl. Berčič: Tiskarstvo [wie Anm. 7], S. 127). Allerdings wurden bei Blasnik auch etwa die „Poesien" des slowenischen Nationaldichters France Prešeren gedruckt, neben einer Reihe anderer bedeutender slowenischer Werke. Blasnik bezog seine Aufträge bald nicht nur aus Krain, sondern auch aus anderen Ländern und Städten, etwa aus Klagenfurt, Sisak (Sissek) und Venedig. Blasniks Unternehmen wurde hinsichtlich der Qualität seiner Druckerzeugnisse zum modernsten und besten der Stadt. Nach seinem Tode – Blasnik starb, ohne männliche Nachfolger zu hinterlassen – wurde das Unternehmen an eine Aktiengesellschaft verkauft; während der Zeit des Königreichs Jugoslawien erhielt es die Bezeichnung Universitätsdruckerei und wurde nach dem Zweiten Weltkrieg in Blaznikova tiskarna [Druckerei Blasnik] umbenannt. 1962 schließlich kam es als eigenständiger Betrieb an die noch heute existierende Aktiengesellschaft „Delo". Mehr zu Blasnik vgl. Berčič: Tiskarstvo (wie Anm. 7), S. 124–131; Miladinović Zalaznik: Wechselbeziehungen (wie Anm. 3), S. 85–87.

Für diese Studie sind die zwei genannten, miteinander konkurrierenden Unternehmen von besonderer Bedeutung, denn dort wurden die beiden wichtigsten deutschsprachigen Organe der 1860er Jahre in Laibach gedruckt. Während bei Blasnik von 1865 bis 1870 der „Triglav", eine Zeitschrift, die slowenische Interessen vertrat, aus der Druckerpresse kam, belieferten Kleinmayr & Bamberg ab August 1868 ihre Leser mit dem Organ der Deutschen in Krain, dem „Laibacher Tagblatt". Abgesehen von der deutschsprachigen „Laibacher Zeitung", die bis zum Zusammenbruch der Donaumonarchie im Jahre 1918 die Krainer Zeitschriftenlandschaft mitgestaltete, prägten die beiden erwähnten Blätter entscheidend den Laibacher Zeitungsmarkt der 1860er Jahre. Das „Laibacher Tagblatt", das ab 1883 wöchentlich erschien, hatte diese Position sogar noch bis in die neunziger Jahre des 19. Jahrhunderts inne.

Die Zeitschrift „Triglav" kann als ein Gegenpol zu dem das Krainer Deutschtum ansprechenden „Laibacher Tagblatt" angesehen werden[9]. Unverhüllt spiegelt sich in beiden Organen die kulturhistorische Situation der damaligen Zeit in Krain wider: Nach dem Ende der Ära des Absolutismus wurde im Jahre 1860 in der Habsburgermonarchie die Verfassung verabschiedet. Darauf spaltete sich die Bevölkerung der slowenisch besiedelten Gebiete in zwei Parteien mit unterschiedlicher Auffassung der staatsrechtlichen Konzeption. Die „national-klerikale Partei" entwickelte sich zu einer slowenischen, während sich die „verfassungstreue Partei", die weiterhin die Vorrangstellung der deutschen Sprache befürwortete, zunehmend als deutsche Partei definierte. Innerhalb des slowenischen Lagers kam es darüber hinaus noch zu verschiedenen Gruppierungen. Die Altslowenen unter der Führung von Johann Bleiweis (1808–1881) befürworteten eine gemäßigtere, kompromissbereitere Haltung. Demgegenüber forderten die „liberalen" Jungslowenen die kulturelle und politische „Wiedererweckung" der slowenischen Nation[10]. Ab der zweiten Hälfte des

---

9 Vgl. zu dieser Problematik: Werner Michler: „Die Deutschen in Krain". Literarisches Feld und nationaler Konflikt nach 1848. In: Zur Geschichte der österreichisch-slowenischen Literaturbeziehungen. Hg. v. Andreas Brandtner u. Werner Michler. Wien 1998, S. 193–219.

10 Grundsätzlich aber waren beide Lager auf der föderalistisch-konservativen Seite angesiedelt. In diesem historischen Moment entschieden sich viele slowenische Liberale und Antiklerikale dazu, sich eher den Deutschen, die ihre politischen und gesellschaftlichen Einstellungen vertraten, anzuschließen als den konservativen Slowenen. Allerdings handelte es sich hierbei mehr um eine politische als um eine nationale Spaltung bzw. Entscheidung. Die Slowenen, die mit den deutschen Liberalen sympathisierten, wurden oft als „Nemškutarji" („Deutschtümler") bezeichnet. Die Herausbildung einer slowenischen „nationalen" Partei dauerte von den ersten Landtagswahlen im Jahre 1861 bis zu den Wahlen 1867 (vgl. Janko Pleterski: Die Slowenen. In: Die Habsburgermonarchie. Bd. 3. Hg. v. Adam Wandruszka u. Peter Urbanitsch. Wien 1980, S. 801–838). Zu den slowenisch-deutschen literarischen Beziehungen siehe Igor Grdina: Die Rezeption der Deutschen und der deutschen Kultur bei slowenischen Intellektuellen von der Aufklärung bis zur Moderne. In: Kulturelle Wechselseitigkeit in Mitteleuropa. Hg. v. Feliks J. Bister u. Peter Vodopivec. Ljubljana 1995, S. 263–285.

19. Jahrhunderts begegneten die Deutschen den nationalen Bestrebungen der Slowenen immer unnachsichtiger und übten zunehmend Druck auf sie aus[11].

Die slowenisch-deutschen Reibereien in Krain bekamen auch die Buchdrucker zu spüren: Der slowenische Satiriker Jakob Alešovec gab ab 1869 das humoristische Blatt „Brencelj“ [Die Bremse] heraus, das auf spöttisch-ironische Weise vorwiegend die Krainer Deutschen aufs Korn nahm[12]. Die liberal eingestellten Deutschen waren dadurch so verärgert, dass sie drohten, ihr „Laibacher Tagblatt“ nicht mehr bei Bamberg drucken zu lassen – was für das Unternehmen große finanzielle Einbußen bedeutet hätte. Daher entschied dessen Inhaber, das Blatt von Alešovec künftig nicht mehr in seiner Druckerei herzustellen. Darüber berichtete der „Triglav“ konsterniert folgendes:

> Die Ig. v. Kleinmayr & Bamberg'sche Druckerei hatte den Druck des ‚Brencelj‘ übernommen und die erste Nummer auch ausgeführt zu nicht geringem Verdruß der Tagblattler. Auch die zweite Nummer war bereits gesetzt, obschon sich die Redakteure des ‚Tagblatt‘ – denn das Blättchen zählt trotz des winzigen Formats und nichtssagenden Inhalts deren so viele, daß es oft in dessen Bureau förmlich von ihnen wimmelt – nicht enthalten konnten, Einsicht in die Bürstenabzüge zu nehmen und einige Korrekturen anzubringen. Trotz dieser kleinen Hindernisse gelang der Satz, das Blatt kam in die Presse und sollte um 6 Uhr Abends abgeliefert werden. Da ereilte es die rächende Nemesis in der Gestalt der grimmig wie immer hereinstürzenden neuen Zensurbehörde, vulgo Dežman[13], welcher denn auch sofort die Drucklegung des Blattes einstellte mit dem Machtspruch: „Wenn diese Gemeinheiten hier gedruckt werden, so werden wir mit dem ‚Tagblatt‘ übersiedeln.“ [...] In Folge dieser Vorfälle übersiedelt der ‚Brencelj’ in die J. Blasnik'sche Druckerei und wird daselbst zweimal im Monate erscheinen[14].

1.1 „Triglav. Zeitschrift für vaterländische Interessen“

Die Entstehungsgeschichte der Zeitschrift „Triglav“ reicht in das Jahr 1863 zurück, als das damals einzige slowenische politische Blatt „Naprej“, das vom Politiker, Dramatiker und Erzähler Miroslav Vilhar (1818–1871) redigiert wur-

11 Siehe hierzu Janez Cvirn: Nemško gledanje na Slovence (1848–1914) [Die Slowenen mit deutschen Augen gesehen (1848–1914)]. In: Sosed v ogledalu soseda od 1848 do danes [Der Nachbar im Spiegelbild des Nachbarn von 1848 bis heute]. Hg. v. Franc Rozman. Ljubljana 1995, S. 53–77; vgl. auch ders.: Meščanstvo na Slovenskem in proces nacionalne diferenciacije [Das Bürgertum im slowenischen Raum und der Prozess der nationalen Differenzierung]. In: Zbornik 27. zborovanja slovenskih zgodovinarjev [Sammelband der 27. Versammlung der slowenischen Historiker]. Hg. v. Aleš Gabrič. Ljubljana 1994, S. 67–73; Dragan Matić: Nemci v Ljubljani 1861–1918 [Die Deutschen in Laibach 1861–1918]. Ljubljana 2002.

12 Es wurde bei Kleinmayr & Bamberg gedruckt.

13 Der in Idria in Krain geborene Archäologe und Politiker Dragotin Dežman (Karl Deschmann; 1821–1889) entwickelte sich vom slowenisch-nationalen Dichter des Jahres 1848 zum Vorkämpfer des Deutschtums in Krain.

14 Triglav, Nr. 11, v. 5. Februar 1869, unpag.

de, wegen Vergehens gegen die Pressegesetzgebung eingestellt wurde[15]. Bald meldeten sich verschiedene angesehene Persönlichkeiten des damaligen kulturellen und politischen Lebens der Slowenen zu Wort und setzten sich für die Herausgabe einer neuen Zeitschrift ein, die die entstandene publizistische Lücke schließen sollte. Zu einem heiß diskutierten Thema entwickelte sich nun die Frage: Benötigen die national „wiedererwachten" Slowenen eine politische Zeitung in slowenischer Sprache oder sollte man lieber ein deutschsprachiges Blatt zur Vertretung slowenischer Interessen ins Leben rufen, um damit auch die in Krain lebenden Deutschen über die Zustände im Lande aus der Perspektive der Slowenen „aufzuklären"?

Im September 1864 versammelten sich gleichgesinnte Patrioten, die mit eigenem Geld bürgten und sich für die Herausgabe einer Zeitung in deutscher Sprache zur Vertretung slowenischer Interessen entschieden[16]. Als Initiatoren dieses Unternehmens gelten Etbin Heinrich Costa (1832–1875), der Bürgermeister von Laibach, und Johann Bleiweis, der wegen seines engagierten Eintretens für das Slowenentum auch „Vater der Nation" genannt wurde. Im Einsatz dieser beiden herausragenden Persönlichkeiten des Laibacher öffentlichen Lebens für die Herausgabe der Zeitung sollte man keine „antislowenische" Aktion sehen, wie es auf den ersten Blick anmuten könnte. Aus den durchgesehenen Quellen geht eindeutig hervor, dass die Absicht der Gründer des „Triglav" durchaus „vaterländisch", im Sinne von nationalslowenisch, und patriotisch gewesen ist. Der „Triglav" sollte im aufklärerischen Geist eine didaktische Funktion erfüllen und die in Krain lebenden Deutschen über slowenische Verhältnisse unterrichten[17].

Ihren Namen hat die Zeitschrift „Triglav" von jenem dreihäuptigen Bergriesen in den Julischen Alpen erhalten, der auch heute noch als das Nationalsymbol der Slowenen gilt. Die Gründer beabsichtigten, die erste Nummer der Zeitschrift bereits im Oktober 1864 herauszugeben, jedoch war dieses Vorhaben nicht realisierbar, da der angekündigte Redakteur des Blattes, der in Wien

15 Am 27. Mai 1852 wurde in der Habsburgermonarchie ein Gesetz erlassen, das die Meinungsfreiheit erheblich einschränkte. Damit wurde ein Präventivsystem geschaffen, das, wenn auch nicht unter dem Namen Zensur, die Repression verschärfte. Wie ein Damoklesschwert schwebten Kautionspflicht, Beschlagnahme, Suspension und diverse andere Freiheitsstrafen über Verlegern, Redakteuren und Druckern. Die Pressegesetznovelle vom 27. November 1859 war ein schwacher Trost, der die Lage der Presse nur ein wenig erleichterte. Erst im März 1863 trat ein neues Pressegesetz in Kraft, mit dem das Verwarnungssystem völlig abgeschafft, Kautionspflicht und Suspension aber beibehalten wurden. Letztere setzte man mit der Pressegesetznovelle vom 15. Oktober 1868 außer Kraft, wodurch die Presse der Einflussnahme seitens der politischen Behörden entzogen wurde. 1873 schließlich ersetzte man das Gesetz zum Verfahren in Pressesachen durch eine neue Strafprozessordnung.

16 Der Drucker Josef Blasnik, selbst ein Mitbegründer des Blattes, hatte dieses sogar mit 1.000 Gulden aus eigener Tasche gefördert (vgl. Tanja Žigon: Nemški časnik za slovenske interese – Triglav (1865–1870) [Deutsche Zeitschrift für slowenische Interessen – Triglav (1865–1870)]. Ljubljana 2004, S. 67.

17 Unser Programm. In: Triglav, Nr. 1, v. 3. Januar 1865, S. 1.

lebende Slowene Lovro (Lorenz) Leskovec (1841–?), Laibach unerwartet verließ[18]. Obwohl, vornehmlich seitens der „Jungslowenen", gegen das neue deutschsprachige Organ heftig protestiert wurde, erschien am 3. Januar 1865 unter der Redaktion des vielseitig gebildeten Krainer Historiographen und Germanisten Peter von Radics (1836–1912), der vorher in der kroatischen Hauptstadt Zagreb die „Agramer Zeitung" redigiert hatte, die erste Nummer des „Triglav".

Die Zeitschrift erschien zweimal wöchentlich, jeweils dienstags und freitags. Unter dem fett gedruckten Titel konnte man den Untertitel „Zeitschrift für vaterländische Interessen" lesen. In ihrem Hauptteil brachte sie kurze Berichte über politische Ereignisse, Lokal- und Provinznachrichten, Volkswirtschaftliches sowie Korrespondentenberichte. Es wurden hier auch die Theater-, Kunst- und Literaturberichte des Tages veröffentlicht, eine sog. Erinnerungstafel aus dem Amtsblatt der „Laibacher Zeitung" übernommen sowie eine weitere Erinnerungstafel zu den Märkten in Krain, ferner die Ziehungszahlen der Lotterie u. v. a. m. Im vierten Jahrgang des Blattes (1869) entfiel die Sparte „Kunst und Theater". Die Zeitschrift bestand nunmehr aus vier Rubriken. Im Leitartikel standen meist die aktuellen politischen Tagesthemen im Mittelpunkt. Die Rubrik „Zur Situation" enthielt kurze Berichte über die Ereignisse in der Monarchie. Der Hauptteil wurde durch die Rubriken „Originalkorrespondenzen" und „Tagesneuigkeiten" abgerundet. Die Jahrgänge 4 und 5 der Zeitschrift heben sich von den vorangegangenen lediglich durch die ironischen, mitunter sogar spöttischen Feuilletons von Jakob Alešovec ab.

Alle ihre fünf Jahrgänge hindurch litt die Zeitschrift an Mitarbeitermangel. So hatte bereits Radics gewisse Schwierigkeiten, die Zeitungsspalten zu füllen. Im Feuilleton veröffentlichte er anfangs eigene Beiträge. Von der ersten Nummer an wurden aber auch Übersetzungen von Gedichten France Prešerens (1800–1849) sowie solche slowenischer Volkslieder, aber auch Biographien berühmter Krainer und kultur- und literaturgeschichtliche Texte veröffentlicht. Zum Kreis der „Triglav"-Mitarbeiter gehörten nun u. a. die Lyrikerin und Übersetzerin von Prešeren Luise Pessiak (1828–1898), der Publizist Ludwig Germonik (1823–1909) und der Förster und Übersetzer Ludwig Dimitz (1842–1912). Im Sinne der Verständigung unter den slawischen Völkern ließ Radics in der Zeitschrift Lieder von Jan Kollár aus dessen Liedersammlung „Slavy dcera" veröffentlichen, wobei die slawophile und dem Panslawismus nahe stehende Haltung des Redakteurs unverkennbar ist. Der Rubrik „Theater,

18 Aufgrund seiner Erfahrungen und Eindrücke in dieser Stadt hatte er nämlich erkannt, dass die Absichten der Altslowenen seinen eigenen Vorstellungen entgegenstanden. Aus der Korrespondenz von Leskovec geht hervor, dass er als 21-jähriger Wiener Journalist nach Laibach kam, um hier eine große politische Zeitschrift zu gründen, was die „Triglav-Gründer" nie beabsichtigt hatten (vgl. Žigon: Nemški časnik [wie Anm. 16], S. 41–116).

Kunst und Literatur" wurde im „Triglav" verhältnismäßig wenig Platz eingeräumt[19].

Als es im Jahre 1866 zum Krieg zwischen Habsburg und Italien bzw. Preußen kam und die Monarchie bedroht schien, teilte Peter von Radics den Gründern des „Triglav" mit, dass er als Kriegsberichterstatter an die italienische Front zu ziehen gedenke und daher die Redaktion in Kürze abgeben werde[20]. Eduard Pour (1840–?), Mitglied der Krainer Ackerbaugesellschaft, der über keine Erfahrungen als Redakteur verfügte, erklärte sich bereit, unentgeltlich seine Funktion zu übernehmen. Sowohl die schlechte wirtschaftliche Situation als auch der unerfahrene Redakteur zwangen die Gründer der Zeitschrift, diese im Juni 1866 vorläufig einzustellen. Erst Ende des Jahres 1867 erschien der „Triglav" unter seinem alten Namen „Zeitschrift für vaterländische Interessen" wieder. Er wurde nun in einem größeren Format gedruckt, kam dafür aber nur mehr einmal pro Woche, samstags, heraus. Ein Laibacher Jurist, der Slowene Peter Grasselli (1841–1933), der 1882 zum Bürgermeister von Laibach gewählt werden sollte, übernahm die Redaktion und wurde gleichzeitig Eigentümer des „Triglav". Als im August 1868 in Laibach das deutschliberale „Laibacher Tagblatt" angeboten wurde, fühlte sich Grasselli seinen Lesern gegenüber verpflichtet, die Erscheinungsweise des „Triglav" wieder auf zwei Ausgaben pro Woche zu erhöhen, um damit umso nachdrücklicher für die Interessen seiner Nation eintreten zu können.

Im Juni 1868 veröffentlichte Grasselli im „Triglav" den umstrittenen Artikel Levstiks „Unsere Deutsch-Liberalen"[21]. Die Folgen dieser Veröffentlichung waren schwerwiegend: Grasselli wurde des Vergehens gegen die öffentliche Ruhe und Ordnung gemäß § 302 des Strafgesetzes für schuldig befunden und zu einer Arreststrafe von fünf Wochen sowie zu einem Kautionsverlust von 60 Gulden verurteilt. Die betreffende Nummer des „Triglav" wurde eingezogen und Grasselli, eingeschüchtert durch repressive Pressevorschriften, persönliche Verfolgung und Haft, zog sich ganz aus dem Zeitungsgeschäft zurück.

Der letzte Redakteur der Zeitschrift „Triglav", der Schriftsteller und Satiriker Jakob Alešovec, übernahm die Redaktion des Blattes im Jahre 1869 und wurde gleichzeitig auch dessen Eigentümer. Fast die ganzen letzten drei Jahrgänge war Alešovec der einzige Mitarbeiter seiner Zeitschrift. Unter seiner Redaktion bekam u. a. die Rubrik „Unter dem Strich" eine neue Dimension. Mit kritischen und ironischen „Plaudereien" führte er in die slowenische Zeit-

---

19 Erwähnenswert sind in diesem Zusammenhang nur die Berichte über die Tätigkeit und das Wirken des Theatermannes Heinrich Moritz Penn (1838–1918). Mehr zu Penn vgl. Tanja Žigon: Die deutschsprachige Literatur in Krain. „Der Untergang Metullums" – Heinrich Moritz Penns Trauerspiel aus der Geschichte Krains. In: Linguistik-Tage in Szombathely, 12.–14. Mai 2004 (13. Jahrestagung der Gesellschaft für Sprache und Sprachen e. V.). Szombathely 2004 (im Druck); vgl auch Žigon: Nemški časnik (wie Anm. 16), S. 209–226.

20 Vgl. Zgodovinski arhiv Ljubljana (Historisches Archiv der Stadt Ljubljana), ZAL LJU 329, Radics' handgeschriebene Autobiographie; vgl. auch NUK, Ms 1201/ IX (Brief an Costa vom 22. Mai 1865).

21 Fran Levstik: Unsere Deutsch-Liberalen. In: Triglav, Nr. 25, v. 6. Juni 1868, unpag.

schriftenlandschaft das Feuilleton ein, das in dieser Form die anderen auf slowenischem Gebiet erscheinenden Blätter noch nicht kannten. Seine feuilletonistischen Betrachtungen unter dem Sammeltitel „Laibacher Typen“ waren scharfe gesellschaftliche Satiren. Doch sein literarisch hervorragendes, zugleich bissiges und manchmal gnadenlos direkt angreifendes Feuilleton, das an Heinrich Heine erinnert, entsprach dem Geschmack des zeitgenössischen Laibacher Publikums ganz und gar nicht. So ging die Zeitschrift nach einer Periode fünfjährigen Dahinvegetierens ein. Es scheint auch, als ob die Gründer der Zeitschrift ihrem selbstgesetzten Auftrag immer weniger gerecht werden konnten. Aufgrund mangelnder Abonnenten und vor allem wegen seiner Schulden musste Jakob Alešovec das Blatt Ende September 1870 endgültig aufgeben[22].

Die Zeitschrift „Triglav“ erwies sich schließlich als ein Anachronismus. Dass die Zeiten für deutschsprachige Zeitschriften, die slowenischen Interessen dienen sollten, endgültig vorbei waren, zeigen noch zwei weitere erfolglose Versuche aus jener Zeit. Der Schriftsteller und Politiker Radoslav Razlag (1826–1880) wollte mit der Zeitschrift „Adria“ 1871 einen Nachfolger des „Triglav“ schaffen[23]. Eine ähnliche Idee hatte damals auch noch der pensionierte Oberbaurat Fran Potočnik (1811–1892), der die deutsche Zeitschrift „Die Save“ auflegen wollte. Auch ihm ist es nicht gelungen, sein Vorhaben zu verwirklichen; mehr als eine Vorankündigung wurde nie gedruckt.

1.2 Das „Laibacher Tagblatt“

Die politische und gesellschaftliche Situation in Krain während der 1860er Jahre war zwar angespannt, doch war es noch nicht zum offenen Konflikt zwischen Deutschen und Slowenen gekommen. Dieser rückte, wie angemerkt werden muss, erst in den 1870er und 1880er Jahren immer stärker in den Vordergrund. Bei den Januarwahlen 1867 hatte die slowenische „nationale“ Partei im krainischen Landtag zum ersten Mal mit 25 von 36 Abgeordneten die Mehrheit errungen. Politisches Leben spielte sich zu jener Zeit vor allem in den Lesevereinen (čitalnice) ab, die sich von Triest aus (1861) über das ganze slowenische Sprachgebiet ausbreiteten. Auch der Laibacher Bürgermeister, der bereits erwähnte Jurist Etbin Heinrich Costa, gehörte zu den eifrigsten Ver-

---

22 NUK, Ms 1201/IX (Brief an Etbin Heinrich Costa vom 27. September 1870). Aus den erhalten gebliebenen Abonnentenverzeichnissen und aus den Druckereiakten geht hervor, dass 1865 ungefähr 350 Leser die Zeitschrift abonniert hatten. Die Auflagenhöhe betrug im fünften Jahrgang (1870) schätzungsweise 450 Exemplare (vgl. Žigon: Nemški časnik [wie Anm. 16], S. 146–172.

23 Es gibt keine Belege dafür, dass überhaupt je eine Nummer dieses Blattes erschienen ist. Gemäß den Angaben im „Slowenischen Biographischen Lexikon“ hätte es im September 1871 erscheinen sollen (vgl. Slovenski biografski leksikon [Slowenisches Biographisches Lexikon] (fortan SBL). Bd. 3. Ljubljana 1960–1971, S. 53). Es standen neue Zeiten bevor: Die Zeit war reif für ein genuin slowenisches Organ: Im Jahr 1868 gründeten die „Jungslowenen“ in Marburg das slowenische politische Blatt „Slovenski narod“ [Slowenisches Volk].

fechtern slowenischer Interessen, doch musste er 1868 von seinem Posten zurücktreten[24]. Im gleichen Jahr wurde am 7. Juli der deutsche Konstitutionelle Verein gegründet und bereits einige Wochen später, am 14. August 1868, brachte er die erste Nummer seines offiziellen Vereinsorgans heraus. Nach Einschätzung zeitgenössischer Vertreter des Laibacher Deutschtums sollte das „Laibacher Tagblatt" zu einem der besten deutschen „Kampfblätter" werden. Zu den eifrigsten Mitarbeitern des Blattes gehörte der hier ebenfalls schon erwähnte Karl Deschmann, der 1861 die Partei wechselte und zum deutschen Lager übertrat.

Seinen Leitspruch gab das „Laibacher Tagblatt", das sich im Untertitel „Organ der Verfassungspartei in Krain" nannte, in einem einleitenden Brief „An die Leser" bekannt. Darin heißt es:

> „Wir wollen persönliche, politische und religiöse Freiheit und werden selbe wahren gegen jeden Angriff, von welcher Seite er auch immer komme. Wir erkennen den hohen geistigen und sittlichen Werth nationaler Entwicklung, welche getragen ist vom Geiste der Freiheit und des Fortschritts [...] Ein weiteres Ziel unserer Thätigkeit ist uns die Hebung des Schulwesens; geistige und materielle Unabhängigkeit der Lehrer ist uns die erste Bedingung hierfür. Wir werden auch den Erzeugnissen der vaterländischen Literatur und Kunst sympathische Aufmerksamkeit zuwenden, durch eine freimüthige Kritik die wahren Interessen derselben fördernd. Alle volkswirthschaftlichen Fragen werden in unserm Blatte eine eingehende Würdigung, die Interessen der Landwirthschaft, des Handels, der Gewerbe und der Industrie die nachdrücklichste Vertretung finden." [...] Es erschien in Krain bekanntlich bisher kein unabhängiges politisches Tagblatt, welches in der Lage gewesen wäre, die unser Vaterland betreffenden Fragen mit Freimuth und in der Weise zu besprechen, wie es hier geschehen soll, und wir glauben deshalb durch die Gründung unserer Zeitung einem wirklich vorhandenen Bedürfnisse zu entsprechen [...][25].

Im Unterschied zur Zeitschrift „Triglav", die ein friedliches Zusammenleben zwischen Slowenen und Deutschen anstrebte und für Angehörige beider Ethnien Krains attraktiv sein wollte, gab das „Laibacher Tagblatt" zwar vor,

---

24 In den slowenischen Gebieten wurden 1868 von den Jungslowenen nach tschechischem Vorbild auch mehrfach Volksversammlungen unter freiem Himmel, die sog. „Tabori", organisiert. Dabei erhoben sich Stimmen, die erneut nach einem „Vereinten Slowenien" riefen. Dass die Slowenen in dieser kritischen Situation nicht von den Deutschliberalen unterstützt werden würden, war mit ziemlicher Sicherheit vorauszusehen. So kam es zwischen Deutschen und Slowenen auch immer wieder zu Auseinandersetzungen, die häufig sogar in Schlägereien ausarteten. In einem solchen Fall, bei dem auf slowenischer Seite Mitglieder des Vereins „Sokol" (Falke) beteiligt waren, war der Bürgermeister Costa zufällig vorbeigekommen und hatte nicht etwa versucht den Krawall zu schlichten, sondern sich offen auf die Seite der Slowenen gestellt und diese noch zusätzlich angespornt. Er wurde wegen dieses Vorfalls seines Amtes enthoben und konnte erst nach einem Gerichtsprozess im August 1868 wieder seine alte Funktion übernehmen. Später überredete der durch diese Vorkommnisse zutiefst gekränkte Costa die Slowenen in Laibach dazu, die Kommunalwahlen zu boykottieren. Durch diese unbedachte politische Geste setzte er der langjährigen slowenischen Präsenz im Rat der Stadt ein Ende. Erst 1882 erhielt Laibach wieder einen slowenischen Bürgermeister, Peter Grasselli (vgl. Matić: Nemci v Ljubljani [wie Anm. 11], S. 39–73; Žigon: Nemški časnik [wie Anm. 16], S. 252 f.).

25 An unsere Leser. In: Laibacher Tagblatt, Nr. 1, v. 14. August 1868, S. 1.

ein unabhängiges politisches Blatt zu sein, vertrat aber tatsächlich ausschließlich die Interessen des Krainer Deutschtums. Das slowenische Lager schrieb dem Blatt einen besonders schädlichen Einfluss auf die junge slowenische Intelligenz zu, machte es für Streitigkeiten innerhalb der slowenischen nationalen Partei verantwortlich und warf ihm vor, Artikel aus der liberalen österreichischen und großdeutschen Presse lediglich nachzudrucken. Allerdings darf man dem „Laibacher Tagblatt" eine wahrheitsgetreue Berichterstattung in Bezug auf die neuesten politischen Ereignisse nicht abstreiten. Auch als Agitationsmedium im Wahlkampf, vor allem bei den Gemeindewahlen in Laibach während der Jahre 1868 bis 1880, trat das Blatt sehr erfolgreich hervor. Kulturhistorisch gesehen, bekannte es ziemlich früh, bereits in der 11. Nummer seines ersten Jahrgangs, Farbe. In einem Beitrag über die slowenische Literatur etwa vertrat ein anonymer Autor die Idee, man solle das slowenische Volksgut (Lieder, Bräuche, Sprichwörter, Spiele) sorgfältig sammeln und es anschließend in Form einer „Sammlung des nationalen Literaturschatzes" herausgeben. Jedoch betont er zugleich ausdrücklich die kulturtragende Rolle der Deutschen in Krain, die nicht unbeachtet bleiben dürfe: „Wir heben hier absichtlich nur diese eine, jedermann erkenntliche reale Seite hervor und abstrahieren ganz von der politischen Bedeutung und der an der Hand der Geschichte unumstößlich nachweisbaren Mission des deutschen Kultur-Elementes in Krain."[26] Äußerst aufschlussreich sind auch Titel wie „Die deutsche Sprache in Krain" (Nr. 11, v. 27. August 1868), „Die Unterrichtssprache in den Mittelschulen in Krain" (Nr. 25, v. 14. September 1868) oder „Die deutsche Sprache in den mehrklassischen Volksschulen" (Nr. 15, v. 20. Januar 1880). Daraus geht eindeutig hervor, dass sich dieses Laibacher Blatt des Öfteren vorgenommen hat, die slowenische Partei heftig zu kritisieren. Dahinter verbargen sich zwar bis zu einem gewissen Grad böswillige Intentionen, doch muss hier ebenfalls angemerkt werden, dass die Vorwürfe des „Tagblattes" gegenüber der als prinzipienlos empfundenen slowenischen Politik nicht immer aus der Luft gegriffen waren.

Sowohl das Blattformat als auch die Aufmachung des „Tagblattes", das von Ottomar Bamberg redigiert wurde, erinnern sehr an „Triglav", was allerdings nicht weiter überrascht. Die meisten Blätter jener Zeit brachten auf der ersten Seite ausnahmslos einen Leitartikel zu Themen der Tagespolitik, gefolgt von politischen Nachrichten aus dem In- und Ausland, Lokal- und Provinznachrichten sowie verschiedensten Korrespondentenberichten. Darüber hinaus gab es auch noch die Rubrik „Feuilleton", die ihren Stammplatz auf der zweiten Seite unten behaupten konnte und die meist unterhaltsame Novellen beinhaltete. Abgesehen von jenen „historisch-romantischen Erzählungen", die das „Tagblatt" vornehmlich im Feuilleton brachte, vermisst man darin allerdings ausführlichere oder gar regelmäßige Beiträge zu Kunst und Literatur. Trotz-

26 Anonymus: Slovenische Literatur. Ein zeitgemäßer Antrag. In: Laibacher Tagblatt, Nr. 11, v. 27. August 1868, S. 45.

dem brauchte sich der Drucker und Verleger Bamberg nicht zu beklagen: Sein Blatt wurde in Laibach gern gelesen und brachte ihm allem Anschein nach auch den gewünschten finanziellen Gewinn[27].

Gegen Ende der 1870er Jahre kam es zu unerwarteten Veränderungen. Die neue politische Situation brachte das „Laibacher Tagblatt“ gleichsam über Nacht in Bedrängnis. Als 1879 Graf Eduard Taaffe (1833–1895) zum Ministerpräsidenten und Innenminister ernannt wurde, stützte er sich auf österreichische, tschechische und polnische Konservative. Er bemühte sich, nationale Gegensätze zu überbrücken. Demgemäß veränderte sich, nachdem die neue Regierung ihre Geschäfte aufgenommen hatte, auch die politische Lage in Krain grundlegend. Seit Mai 1880 bekleidete der den Slowenen wohlwollend gesonnene Andreas Freiherr von Winckler (1825–1916) das Amt des Landespräsidenten von Krain[28]. Die Korrespondenten des „Tagblattes“ verwickelten sich in scharfe Debatten, die häufig auch in Beleidigungen des politischen Gegners ausarteten. Sie griffen den neuen Landespräsidenten in anonymen wie auch in offenen provokativen Briefen an und bezichtigten ihn der politischen Befangenheit, bis dieser letztendlich die Geduld verlor. Mitte 1880 stellte er die Kleinmayr & Bambergische Druckerei vor die Wahl: Entweder verzichtete sie unverzüglich auf den Druck des „Laibacher Tagblattes“ oder ihr würde der Druckauftrag für die (wesentlich bedeutendere und in Krain meist gelesene) „Laibacher Zeitung“ entzogen. Das Geschäftsinteresse überwog. Ohne längere Bedenkzeit stellte Bamberg die Herausgabe des „Tagblattes“ ein. Somit erschien die letzte Nummer (185) des Blattes am 14. August 1880. Gleichzeitig aber kündigte man auch schon dessen Nachfolger, das „Laibacher Wochenblatt“, an und lud die Leser zur Vorbestellung ein.

---

27 Über die Anzahl der Abonnenten liegen bisher keine Erkenntnisse vor.

28 Winckler studierte in Wien Rechtswissenschaften und trat nach dem Abschluss 1849 beim Stadt- und Landesgericht in Görz (Gorica) in den Staatsdienst ein. Seine erfolgreiche Karriere setzte er 1866 als Bezirksvorsteher in Cormons (Krmin) fort; zwei Jahre danach erfolgte seine Ernennung zum Bezirkshauptmann in Tolmein (Tolmin); 1871 wurde er zum Stadthaltereirat in Triest ernannt und 1876 zum Hofrat beim neu eingerichteten Verwaltungshof in Wien befördert; von 1880 bis Oktober 1892 schließlich hatte er den Posten des Landespräsidenten von Krain inne (vgl. Constantin von Wurzbach: Biographisches Lexikon des Kaiserthums Österreich. Bd. 56. Wien 1888, S. 271–272; SBL. Bd. 4. Ljubljana 1960– 1971, S. 701–702). Winkler wurde in Krain vor allem seitens der Krainer Deutschen angefeindet. Man warf ihm nicht nur die Unterdrückung des Krainer Deutschtums und Inquisitionsmethoden gegenüber solchen deutschen Beamten vor, die regierungskritische Standpunkte vertraten, sondern es wurde auch sein angebliches Unverständnis für das deutsche Schulwesen in Krain getadelt. Der Konflikt ging so weit, dass es im Wiener Parlament, angeregt vom Abgeordneten Tomaszczuk, zu einer heißen Debatte kam, die auch in der Presse heftig, leidenschaftlich und kontrovers diskutiert wurde (vgl. Dragan Matić: Takta pa ta človek gotovo ni imel: preganjanje ustavovernih uradnikov na Kranjskem [Über ein Taktgefühl verfügte dieser Mensch nicht: Die Verfolgung der verfassungstreuen Beamten in Krain]. In: Zgodovina za vse [Geschichte für alle], 9 (2002), Nr. 2, S. 57–68).

1.2.2 Das „Laibacher Wochenblatt“ und weitere publizistische Organe der Deutschen in Krain

Am 21. August 1880 erschien nun die erste Nummer dieses wöchentlich erscheinenden Blattes, das an die Stelle des zwölf Jahre in Laibach herausgegebenen „Tagblattes“ trat. Das „Laibacher Wochenblatt“, zugleich Organ der Verfassungspartei in Krain, das mit der literarischen Beilage der „Laibacher Zeitung“ der Jahre 1804–1818 nicht verwechselt werden darf, erschien jeweils samstags. Jedoch wurde es nicht mehr in Laibach, sondern von der Druckerei Leykam in Graz hergestellt, da Bamberg anscheinend unter keinen Umständen riskieren wollte, ein so gutes Geschäft, wie dies der Druckauftrag für die „Laibacher Zeitung“ war, zu verlieren. Die Zuspitzung der politischen Lage offenbarte sich auch darin, dass nach dem Jahre 1880 (wie etwa in der Steiermark) deutschnationale Vereine wie der Deutsche Schulverein (1880)[29] und Frauen-Ortsgruppen (1889) entstanden. Außerdem wurde einerseits aus dem ehemaligen Turnverein nun ein Deutscher Turnverein (1885); andererseits wurde aber auch die von deutschen Hochschullehrern initiierte sogenannte Ferialverbindung „Carniola“ (1884) ins Leben gerufen[30]. Nach dem schweren Erdbeben des Jahres 1895 in Laibach, das die Stadt zu großen Teilen zerstörte, äußerte sogar der Schriftsteller Peter Rosegger (1843–1918) einen Wunsch, der jedoch ganz und gar nicht die damals vorherrschende allgemeine Stimmung widerspiegelte: „Deutsche und Slowenen, was soll das kindische Streiten? Ich glaube, das Erdbeben hat die Herzen aufgerüttelt, und die Menschen wissen nun wieder einmal, dass sie zusammengehören. Was die Sprache trennt, soll der Gedanke wieder einen.“[31]

Auf der zweiten Seite der ersten Nummer begrüßte das neue „Laibacher Wochenblatt“ seine Leser und stellte fest, dass die Krainer Deutschen und ihr

---

29 Ausführlich hierzu Werner Drobesch: Deutscher Schulverein. Njegova ideologija, notranja struktura in delovanje s posebnim ozirom na Slovenijo [Deutscher Schulverein, seine Ideologie, innere Struktur und Wirkung in besonderem Hinblick auf Slowenien]. In: Zgodovinski časopis 46 (1992), Nr. 2, S. 187–196.

30 Die seit 1880 zunehmend an Schärfe gewinnende „nationale“ Reaktion der Deutschen in Krain zeigt sich auch auf literarischem Felde: Der oberösterreichische Lehrer an der Lehrer- und Lehrerinnenbildungsanstalt Edward Samhaber (1846–1927), der 1878 nach Laibach gekommen war, wurde nicht nur als großer Bewunderer Prešerens bekannt, sondern verfasste während seines zehnjährigen Aufenthalts in Laibach auch „Turnerlieder“ und Oden, in denen er „seine Zugehörigkeit zum Deutschtum betonte und seine Überzeugung von der Überlegenheit der deutschen Kultur der slowenischen gegenüber zum Ausdruck brachte“ (Mira Miladinović Zalaznik: „Neben den Boxern in den illustrierten Zeitungen sehen die bekannten Schriftsteller schon miserabel genug aus: noch nicht Muskel und nicht mehr Geist.“ Der österreichische Schriftsteller und Germanist Edward Samhaber [1846–1927] in Ljubljana. In: Aufbruch in die Moderne. Wechselbeziehungen und Kontroversen in der deutschsprachigen Literatur um die Jahrhundertwende im Donauraum. Hg. v. Anton Schwob u. Zoltán Szendi. München 2000, S. 75–91).

31 Zit. nach Wilhelm Baum: Deutsche und Slowenen in Krain. Eine historische Betrachtung. Klagenfurt 1981, S. 229.

Blatt in Laibach zwar schlechte Aussichten hätten, die Herausgabe des „Wochenblattes" jedoch einmal mehr ihr festes Zusammenhalten beweise: „Mit wahrhafter Befriedigung treten wir heute mit der ersten Nummer des ‚Laibacher Wochenblattes' vor unsere Leser [...] Man hatte eben, wie schon manchmal, das feste Zusammenhalten, die Kraft und Energie der Deutschkrainer weit unterschätzt, die sie gerade in diesen Tagen wieder glänzend bewährt haben."[32]

Das „Laibacher Wochenblatt" setzte die Politik seines Vorgängers fort, allerdings hatte es keinen so großen Erfolg mehr bei seiner Leserschaft. Die Rubriken des Blattes entsprachen im Wesentlichen denen des „Tagblattes". Besondere Aufmerksamkeit erregten die „vaterländischen" Themen aus der Feder Karl Deschmanns, wie zum Beispiel die Erzählung vom Goldhorn (Zlatorog), die unter dem Titel „Beiträge zur Landeskunde Krains" erschien[33]. Als im Jahre 1893 der letzte Redakteur des Blattes, Franz Müller, starb, erschien Ende Juli 1893 auch die letzte Nummer des Blattes. So blieben die Krainer Deutschen für eine gewisse Zeit ohne ein publizistisches Organ. Erst fünf Jahre später (1898) wurde diese Lücke wieder geschlossen: In Graz gab man als Beilage des „Grazer Tagblattes", des Organs der Deutschen Volkspartei für die Alpenländer, zuerst wöchentlich, dann zweiwöchentlich oder sogar noch seltener, die „Deutschen Stimmen aus Krain", später umbenannt in „Deutsche Stimmen aus Krain, Triest und dem Küstenlande", heraus, die bis 1915 erschienen[34].

Kleinmayr & Bamberg druckte in den Jahren 1888 bis 1918[35] auch noch einen Kalender informativer Art, den „Deutschen Kalender für Krain"[36], den zunächst Wilhelm Linhart, ein späterer Landesschulinspektor, der in den siebziger Jahren des 19. Jahrhunderts Bezirksschulinspektor für Schulen in der

32 An unsere Leser. In: Laibacher Wochenblatt, Nr. 1, v. 21. August 1880, unpag.

33 Beiträge zur Landeskunde Krains. Der Triglaugletscher und die Spuren einstiger Gletscher in Oberkrain. In: Laibacher Tagblatt, Nr. 6, v. 25. September 1880, unpag.; Nr. 7, v. 2. Oktober 1880, unpag. (vgl. auch Anm. 125 im ersten Teil dieser Studie).

34 In Ljubljana sind, vornehmlich im Nachlass von Peter von Radics (1836–1912), im Nationalmuseum einige Ausgaben erhalten geblieben. So setzte man sich in der Beilage zu Nummer 158 des „Grazer Tagblattes" am 9. Juni 1898 (S. 13) und in zwei weiteren Nummern mit dem Auftreten der Länder Krain und Küstenland auf der Jubiläums-Ausstellung in Wien auseinander. In einer späteren Ausgabe aus dem Jahre 1905 (Beilage zu Nummer 276 des „Grazer Tagblattes", Nr. 91, v. 5. Oktober 1905, unpag.) beschrieb Peter von Radics die Geschichte der Kasinogesellschaft in Laibach. Die späteste in Laibach vorhandene Ausgabe von 1912 enthält den Nachruf auf Radics, der im September gestorben war (Nr. 77, v. 29. September 1912, unpag.).

35 Im Jahr darauf, 1919, verkaufte Ottomar Bamberg sowohl die Druckerei als auch die Buchbinderei an die Aktiengesellschaft „Štampa". Sein Sohn, der ebenfalls Ottomar hieß, übernahm die Leitung der Druckerei (vgl. Berčič: Tiskarstvo [wie Anm. 7], S. 230).

36 Der Kalender, der mit vollem Titel „Deutscher Kalender für Krain auf das Schaltjahr 18[88] zugleich Adress- und Auskunftsbuch" hieß, ist in Ljubljana in der Slawischen Bibliothek (Slovanska knjižnica) vollständig erhalten (S ČS D 467). Der erste erschienene Jahrgang, 1888, wurde im Oktober 1887 gedruckt.

Gottschee gewesen war, redigierte[37]. Vor allem für die ersten Jahrgänge des Kalenders schrieben auch viele Gottscheer Beiträge, nicht nur Redakteur Linhart selbst, sondern vor allem auch der aus Linz stammende Gymnasialprofessor Josef Obergföll. Dieser verfasste 1888 für den Kalender einige Artikel zu Geschichte und Abstammung der Gottscheer und über die Holzindustrie dieses Landstrichs.

Der zweite Redakteur des Kalenders (S. Rieger) versuchte, wohl um Leser zu gewinnen, mit einer kleinen Veränderung des Titels, der Kalender hieß nun „Deutscher Kalender für Krain und Küstenland", auch die in der Küstenregion lebenden Deutschen anzusprechen. Der Kalender, dessen Herausgabe lediglich im Jahre 1915 kriegsbedingt eine Unterbrechung erfuhr, ist noch bis Ende des Ersten Weltkrieges (1918) erschienen. Allerdings wurde er in den letzten beiden Kriegsjahren nicht mehr in Laibach, sondern bei der Deutschen Vereins-Druckerei und Verlagsanstalt in Graz gedruckt. Der Laibacher „Deutsche Kalender" war ein Vorgänger des 1921 gegründeten Organs der Gottscheer Deutschen, des „Gottscheer Kalenders".

1.3 Die Laibacher Fachzeitschriften

Auf die sowohl in Krain erschienenen als auch für das Land Krain vorgesehenen, umfassenden Gesetzessammlungen der Habsburgermonarchie wie auch auf diverse Kalender und Jahrbücher verschiedener Gesellschaften, die auf Deutsch verfasst wurden, kann im Rahmen dieser Studie nicht näher eingegangen werden. Dafür werden periodische Publikationen näher untersucht, die nicht nur für Vereinsmitglieder, sondern für breitere Leserkreise von Interesse waren.

Bereits ab 1861 wurde in Laibach, anfangs zweimal pro Monat, dann ab 1905 wöchentlich, das Lehrermitteilungsblatt „Učiteljski tovariš" [Lehrerkamerad] herausgegeben, das sein Fachpublikum, über den Untergang der Habsburgermonarchie und die darauf folgenden Herausbildungen neuer Staaten hinaus, bis April 1941, also bis zum Beginn des Zweiten Weltkrieges für Jugoslawien, begleitete. Auch deutschsprachige Pädagogen fühlten den Bedarf nach einem eigenen Fachblatt und so erschien ein solches im Jahre 1873. Es handelte sich dabei um die Monatsschrift des Krainischen Lehrervereins, „Laibacher Schulzeitung", die sich während der letzten Jahre ihres Erscheinens den Untertitel „Fachblatt für Krain und Küstenland" zulegte und 46 Jahre lang, bis 1918, erschien. Die Zeitschrift veröffentlichte nicht nur Berichte und Artikel zum Schulwesen, sondern informierte auch über Lehrertagungen und -kon-

37 Linhart gründete im Jahre 1887 in der Gottschee einen Ausschuss zur Errichtung eines deutschen Studentenheimes und warb im „Deutschen Kalender" um Geldspenden für dieses Unternehmen. Bis 1918 gelang es der Redaktion des Kalenders fast 10.000 Kronen zu sammeln, wie man 1918 in einem Artikel mit der Überschrift „Dreißigster Jahrgang des Deutschen Kalenders für Krain" lesen konnte (S. 148). Für wertvolle Angaben hierzu bedanke ich mich bei Tomaž Markovič.

gresse, sie hielt über die neuesten Erscheinungen auf dem Büchermarkt auf dem Laufenden und stellte Krainer Persönlichkeiten vor, darunter vor allem Lehrer, die sich literarisch betätigt hatten[38].

Nachdem die „Mitteilungen des Historischen Vereins für Krain"[39] im Jahre 1868 eingestellt worden waren, konnte die dadurch entstandene Lücke erst im Jahre 1882 notdürftig durch das „Archiv für Heimatkunde" geschlossen werden. Der Historiker Franz Schumi (1848–1916) redigierte und verlegte diese Publikation, für die er auch selbst die meisten Beiträge verfasste: Die ersten vierzehn Hefte sind in den Jahren 1882 bis 1884 gedruckt worden, die beiden letzten im Jahre 1887.

Auch der „Krainer Musealverein" veröffentlichte ab den 1850er Jahren unregelmäßig seine Jahreshefte (1856, 1858, 1862). Karl Deschmann, der damalige Kustos des Landesmuseums, regte 1866 die Herausgabe eines Museumsorgans an. Dessen ersten Jahrgang, der historische und naturwissenschaftliche Themen aufgriff, hatte Deschmann auch selbst redigiert. Die „Mitteilungen des Musealvereins für Krain", deren Mitarbeiter renommierte Krainer Gelehrte und Wissenschaftler waren, sind von 1889 bis 1907 erschienen. Die folgenden Jahrgänge, 1908 und 1909, trugen den Namen „Carniola"; 1910 erfolgte deren Zusammenlegung mit der Fachzeitschrift des slowenischen historischen Vereins. Diese neu entstandene Publikation in Form eines zweisprachigen, slowenisch-deutschen Fachblattes trug weiterhin den Namen „Carniola". Sie veröffentlichte vornehmlich zu historischen, philologischen und terminologischen Themen und erschien bis 1919. Eine zweite, von 1892 bis 1903 herausgegebene Zeitschrift, die unter dem Titel „Argo. Zeitschrift für krainische Landeskunde" vom Kustos und Leiter des Landesmuseums Rudolfinum in Laibach, Alfons Müllner (1840–1914), redigiert wurde, widmete sich museumsbezogenen Themen und druckte vor allem wissenschaftliche Artikel zur Geschichte Krains, ferner auch zu Kunstgeschichte, Archäologie, Ethnologie und Naturforschung ab.

Aus den 1890er Jahren ist in der National- und Universitätsbibliothek von Laibach[40] eine vom Deutschen Turnverein verlegte humoristische Zeitung erhalten geblieben, die einer Erwähnung wert ist. Es handelt sich dabei um die „Laibacher Kneipzeitung", die, jeweils zu Silvester 1893 und 1894, lebenslustige Kneipenbesucher erfreute. Charakteristisch für den Inhalt dieses Blattes ist die Figur des „Turners" Bartholomäus Bequemlich, der seine „Leser" bei deren kulinarischen Ausflügen durch die Laibacher Lokale mit mitunter ironischen, doch gut gemeinten Ratschlägen begleitet wie beispielsweise: „Das Turnen ist des Mannes Zier, doch besser sitzt es sich beim Bier" oder „Die ‚Kip-

38 Vgl. z. B. Dr. Siegfried R. v. Schöppl-Sonnwalden: Franz Goltsch. In: Laibacher Schulzeitung, Nr. 8, v. 15. August 1914, S. 121–123.

39 Vgl. dazu Olga Janša Zorn: Historično društvo za Kranjsko [Historischer Verein für Krain]. Ljubljana 1996, S. 92–131.

40 NUK, Sig. II 35052.

pe‘ ist nicht zu verachten, wenn man sie ruhig kann betrachten“[41]. Nicht mehr feststellbar ist heute, wie viele Exemplare dieser Zeitung hergestellt wurden[42].

Nach Ende des ersten Weltkrieges nahm die Zahl der deutschsprachigen Zeitungen und Zeitschriften in Laibach rasch ab. Den politischen Hintergrund stellte die Proklamation des unabhängigen Staates der Slowenen, Kroaten und Serben am 29. Oktober 1918 dar. Dieser Staat wurde exakt 33 Tage später, nach der Vereinigung mit dem Königreich Serbien, zum unabhängigen Staat der Serben, Kroaten und Slowenen mit Belgrad als gemeinsamer Hauptstadt. Aufgrund dieser neuen politischen Situation verlor die deutsche Sprache an Bedeutung. Die Blasnik-Nachfolger beschlossen 1929, wahrscheinlich nach dem Vorbild einer ähnlichen Zeitung („Montagspresse mit Fremdblatt. Unparteiische illustrierte Montagsfrühzeitung“), die schon ein Jahr früher in Maribor (Marburg an der Drau) erschienen war, in Ljubljana eine „unparteiische illustrierte Montagsfrühzeitung“ mit dem Namen „Neue Montagspresse mit ‚Sport vom Sonntag‘“[43] zu verlegen. Diese enthielt außer wöchentlichen Nachrichten und einem überaus interessanten Sportteil noch die Rubrik Belletristik, die unterhaltsamen Kurzgeschichten vorbehalten war. Allerdings hielt sich diese Zeitung nicht länger als ein Jahr auf dem Markt.

2. Die deutschsprachige Presse in Unterkrain[44]

Für die Wiege des Druckereiwesens in Unterkrain (Dolenjska) wird im allgemeinen Novo mesto (Neustädtl) gehalten, eine rund 60 Kilometer südöstlich von Ljubljana (Laibach), an der Flussschleife der Krka gelegene Stadt, die 1365 von Herzog Rudolf IV. von Habsburg gegründet und nach ihm Rudolfswert[h] benannt wurde[45]. Die erste bekannte Druckerei der Stadt ist für das Jahr 1819 belegt. Ihr Eigentümer Heinrich Tandler (1793–1836) verdiente sein Geld anfangs fast ausschließlich mit dem Druck offizieller Mitteilungen für die Bezirksorgane, später erweiterte er sein Geschäft noch und wurde zusätzlich Buchhändler. Nach dem frühen Tod Tandlers fiel die Leitung des Unternehmens seiner Witwe, Marija, zu, für die es nicht leicht war, sich neben ihren fünf minderjährigen Kindern auch noch dem Geschäft zu widmen.

---

41 Laibacher Kneipzeitung, 1893/94, S. 11.

42 Ebd.

43 In Ljubljana (NUK, Sig. IV 49766) sind nur fünf Ausgaben vorhanden, deren erste vom 4. März 1929 stammt.

44 Die traditionelle, noch heute übliche Unterteilung Krains in einzelne Landschaften lautet: Ober- und Unterkrain (Gorenjska und Dolenjska), wobei Ljubljana (Laibach) an der Grenze liegt; die Unterkrain grenzt im Westen an die Innerkrain (Notranjska), gefolgt vom Hochkarst mit den Städten Idrija (Idria) und Postojna (Adelsberg), sowie im Osten, um Metlika (Möttling) herum, die Weißkrain (Bela Krajina). Die Unterkrain umfasst den südlichen Teil des heutigen Sloweniens mit den Städten Novo mesto (Neustädtl), Kočevje (Gottschee) und Krško (Gurkfeld).

45 Die Stadt wurde jedoch vom Anfang an häufiger Novo mesto, auf Deutsch Neustädtl (auch Rudolfswerth) genannt.

Dennoch entstanden in der Druckerei Tandler auch in den 1830er und 1840er Jahren etliche Publikationen, darunter sogar einige Buchausgaben. Ihr bedeutendstes Druckwerk jedoch war „Sloveniens Blatt“ aus dem Jahr 1848. Als gesichert gilt, dass die Druckerei bis 1865 in Betrieb war, jedoch fehlen jegliche Belege dafür, dass sie darüber hinaus noch existierte. Ihre Tradition werden andere Drucker übernommen haben, bei welchen aber keine deutschen Blätter mehr entstanden sind[46].

Zu Beginn des 20. Jahrhunderts wurde ein weiteres größeres Buchdruckerei-Unternehmen in Kočevje (Gottschee), dem Hauptort des Gottscheer Landes (Kočevska), einer bis zum Jahr 1941 bestehenden deutschen Sprachinsel auf slowenischem Gebiet, gegründet. In der inselartigen Abgeschiedenheit der Gottscheer Landschaft[47] konnte die hier lebende deutsche Minderheit, die Gottscheer (Kočevarji), jahrhundertelang ihre Sprache bewahren. Diese entspricht einer Mischung aus den Dialekten jener bayrischen, schwäbischen, fränkischen und Tiroler Siedler, die Otto von Ortenburg im 14. Jahrhundert angeworben hatte[48]. Im Jahre 1903 kam der in Laibach geborene Buchdrucker Josef Pavliček (1871–1957) nach Gottschee und gründete dort, vermutlich mit finanzieller Unterstützung der Gottscheer Bürger, bereits im November des gleichen Jahres seine eigene Druckerei[49]. Pavliček, der bereits in Laibach erfolgreich am öffentlichen Leben teilgenommen hatte, in den Jahren 1894 bis 1896 und 1900 bis 1903 Vorsitzender des Buchdruckervereins gewesen war und sich in dieser Funktion am Gründungskongress des österreichischen Druckerverbandes in Wien 1894 beteiligt hatte, wurde auch in seiner neuen Umgebung, in der Stadt Gottschee, Mitglied des Handwerkervereins. In seiner Druckerei wurden vornehmlich deutsche Texte gedruckt, überwiegend Formulare und Broschüren für die Gottscheer Behörden und für die Sparkasse; bei ihm ent-

---

46 Vgl. Berčič: Tiskarstvo (wie Anm. 7), S. 150 f.

47 Der urwaldartige Landstrich Gottschee ist eine der unberührtesten Waldflächen Europas, etwa 850 Quadratkilometer groß erstreckt er sich vom Fluss Krka (Gurk) im Norden bis zum Fluss Kolpa (Kulpa) im Süden. Heute ist er Grenzgebiet zwischen Slowenien und Kroatien.

48 In der Gottschee, in der knapp zwei Drittel der Deutschen Krains lebten, wies die Volkszählung von 1880 bei einer Gesamtbevölkerung von etwa 29.500 etwa 19.000 Personen als deutschsprachig aus. 1910 waren es etwa 17.000 Deutschsprachige bei insgesamt etwa 28.000 Einwohnern (vgl. Emil Brix: Die zahlenmäßige Präsenz des Deutschtums in den südslawischen Kronländern Cisleithaniens 1848–1918. In: Geschichte der Deutschen im Bereich des heutigen Slowenien 1848–1918. Hg. v. Helmut Rumpler u. Arnold Suppan. München 1988, S. 43–62, hier S. 54). Das Gottscheer Land verzeichnete im Jahr 1921 nur mehr 12.817 und zehn Jahre später nur noch 11.116 Personen, die Deutsch als Muttersprache angaben (vgl. Eduard G. Staudinger: Von der Mehrheit zur Minderheit. Die deutschsprachige Bevölkerung des Abstaller Feldes im 19. und frühen 20. Jahrhundert. In: Slowenen und Deutsche im gemeinsamen Raum. Hg. v. Harald Heppner. München 2002, S. 126–151, hier S. 143).

49 Erker Josef: Jubiläums-Festbuch der Gottscheer 600-Jahresfeier. Mösel 1930, S. 228, 253; vgl. auch Tomaž Markovič: Die deutsche Sprachinsel Gottschee (Kočevje). Geschichte, Sprache, Kultur. Diplomarbeit. Ljubljana 1994, S. 98.

standen aber auch die Zeitungen der Gottscheer. Pavličeks Unternehmen war bis 1941 in Betrieb; nach Kriegsende 1945 musste er Jugoslawien verlassen und ging nach Österreich. Trotz seines vorgerückten Alters versuchte er erneut in der Druckereibranche unterzukommen. So arbeitete er zunächst bei der Druckerei „Carinthia" in Klagenfurt und später noch beim Burgverlag in Graz[50].

Zwei Jahre nach Errichtung der Druckerei in der Gottschee erfolgte im Jahre 1905 noch die Gründung einer weiteren, der dritten in Unterkrain, genauer in Gurkfeld (Krško). Auf dieses, mit finanzieller Unterstützung der örtlichen Sparkasse ins Leben gerufene Unternehmen, soll hier näher eingegangen werden, weil es 1923 nicht nur eine slowenischsprachige, sondern auch eine deutschsprachige, die sozialdemokratische Zeitschrift „Vorwärts. Organ der Sozialistischen Partei Jugoslaviens" druckte[51]. Letztere wurde vom Provinzausschuss für Slowenien herausgegeben und erschien einmal wöchentlich, jeweils samstags. Allerdings wurde die Erscheinungsweise nicht immer eingehalten und so kam es auch zu unregelmäßigen Abständen zwischen zwei Nummern. Die letzte Nummer dieser kurzlebigen Zeitschrift erschien im Juli 1924[52].

2.1 „Sloveniens Blatt" aus dem Jahre 1848

Das Revolutionsjahr 1848, wohl eines der bewegtesten und ereignisreichsten Jahre in der Geschichte der Habsburgermonarchie, brachte ein geradezu überschäumendes Bedürfnis nach Freiheit mit sich, das seinen Niederschlag auch in der Presse fand. Im Mai 1848 erschienen, wenn auch ohne kaiserliche Sanktion, zwei Verordnungen, die die Pressefreiheit kodifizierten und einer Flut von Presseerzeugnissen Tür und Tor öffneten[53].

Auch in Krain entstanden über Nacht zahlreiche Zeitschriften. Neben einer Reihe kurzlebiger slowenischer Blätter[54], die spätestens bis 1850 wieder eingestellt wurden, erschien in Neustädtl (Novo mesto) in der Zeit vom 4. Juli bis zum 29. Dezember 1848 das deutschsprachige Organ „Sloveniens Blatt".

---

50 Vgl. 500 let mesta Kočevje 1471–1971 [500 Jahre der Stadt Gottschee 1471–1971]. Hg. v. Herman Kotar, Marija Andeselič u. Miha Briški. Kočevje 1971, S. 43 f., 117, 149 f.

51 Die Eigentümer der Druckerei waren in den 1920er Jahren, nachdem die Firma schon einige Male den Besitzer gewechselt hatte, die Gebrüder Rumpret (vgl. Berčič: Tiskarstvo [wie Anm. 7], S. 252).

52 Die Zeitschrift liegt in Ljubljana vor (NUK, Sig. IV 45750).

53 Mehr zur österreichischen Straf- und Pressegesetzgebung des 19. Jahrhunderts vgl.: Kurt Paupié: Handbuch der österreichischen Pressegeschichte 1848–1959. Wien 1960. Bd. 1, S. 1–11.

54 Darunter u. a. das erste slowenische politische Blatt „Slovenija" (Laibach, 1848–1849), das erste slowenische Amtsblatt „Ljubljanski časnik" (Laibach, 1850–1851) und das Wochenblatt „Pravi Slovenec" (Laibach, 1849). Solche Blätter sind allerdings auch in anderen Gebieten erschienen: in Cilli in der Untersteiermark etwa die slowenischsprachigen Cilli-Nachrichten, die „Celjske slovenske novine" (Cilli, 1848–1849), und in Triest der „Jadranski Slavjan" (Triest, 1850).

Die Recherchen des slowenischen Historikers Stane Granda, der sich mit der Geschichte des Blattes am eingehendsten auseinandergesetzt hat, ergaben, dass man für die Zeitschrift ursprünglich den Namen „Slovenia" vorgesehen hatte. Jedoch war den Laibacher Blättern bei der Ankündigung des sich noch in Vorbereitung befindlichen Periodikums ein Fehler unterlaufen: Irrtümlicherweise gaben sie kurz vor dem vorgesehenen Erscheinungstermin Laibach und nicht Neustädtl als Erscheinungsort an[55]. Das hatte zur Folge, dass sich der kleine Kreis der Anhänger der Revolution des Jahres 1848 in Neustädtl (Novo mesto), der sich aus einigen Intellektuellen, vornehmlich Beamten der Bezirks-, Kameral- und Kreisbehörden, zusammensetzte, um einer möglichen Verwechslungsgefahr vorzubeugen, letztendlich für einen anderen Titel, nämlich „Sloveniens Blatt", entschied.

Das im Völkerfrühlingsjahr entstandene Blatt trat für die politischen Interessen der Slowenen ein, oder anders ausgedrückt, es missfiel ihm das Konzept eines vereinten Großdeutschlands, wie dies vom Frankfurter Parlament gefordert wurde. In diesem Sinne warnte es vor deutschem Nationalismus, dem die Interessen der nichtdeutschen Völker in Österreich nur gleichgültig sein könnten. Ferner setzte es sich vor allem für die Einführung der slowenischen Sprache in Amt und Schule ein und es sympathisierte mit dem Gedanken eines Vereinten Slowenien[56]. In diesem Zusammenhang betonte das Blatt auch, dass das Weiterbestehen Österreichs außerhalb des Deutschen Bundes für die slawische Bevölkerung besonders wichtig sei, da es die politische und kulturelle Entwicklung Letzterer garantiere. Zwar trifft man im Blatt auch auf panslawistische Gedanken, jedoch manifestierten sich nirgends Sympathien für den russischen Absolutismus, der von niemandem als Ideal oder Ziel angesehen wurde. Unter den nationalen Bewegungen erfreute sich vor allem die italienische großen Zuspruchs. Im Blatt wurden auch innenpolitische und regionale Probleme behandelt. Vor allem charakteristisch sind lange, sich mit Theorien auseinandersetzende Artikel, die in Fortsetzungen erschienen und aus der Feder von Redakteur Franz Polak, einem Beamten des Bezirkskommissariats, stammten[57].

Die Wahl ihrer Sprache versuchten die Gründer des Blattes bereits in der Mai-Probenummer zu begründen; demnach entsprach die gewählte Sprache (Deutsch) dem Wunsch nach einem friedlichen Zusammenleben der Völker

---

55 Stane Granda: Sloveniens Blatt – časopis iz leta 1848 [Sloveniens Blatt – eine Zeitung des Jahres 1848]. In: Zgodovinski časopis 48 (1994), Nr. 2, S. 231–252, hier S. 232.

56 Das nationalpolitische Programm der Slowenen, „Zedinjena Slovenija" [Vereintes Slowenien], aus dem Jahre 1848 wurde von Gruppen in Wien, Klagenfurt und Graz, Laibach und Triest formuliert. Das Programm enthielt folgende Forderungen: Zusammenschluss aller von Slowenen besiedelten Gebiete zu einem Vereinten Slowenien als neues Kronland im österreichischen Kaiserreich, mit nationaler Autonomie, eigenem demokratisch gewählten Landtag und slowenischer Amts- und Unterrichtssprache. Die Zugehörigkeit zur Donaumonarchie wurde nicht in Frage gestellt, der Anschluss an den Deutschen Bund jedoch strikt abgelehnt.

57 Vgl. Granda: Sloveniens Blatt (wie Anm. 55), S. 231–252.

und der Absicht, jegliches einseitiges Interesse auszuschließen[58]. Es muss in diesem Zusammenhang festgehalten werden, dass weder der Redakteur noch seine Mitarbeiter imstande gewesen wären, das Blatt ohne Weiteres auf Slowenisch zu redigieren oder herauszugeben. Dies lag keinesfalls etwa an einer Unkenntnis der slowenischen Sprache, sondern an Schwierigkeiten terminologischer Art. In der slowenischen Sprache bildete sich ein entsprechendes journalistisches und politisches Vokabular erst heraus. In seinem Abschiedswort äußerte der Redakteur die zuversichtliche Hoffnung, die Zeitung würde 1849 bereits in slowenischer Sprache erscheinen, doch dazu kam es nie.

2.2 Die Gottscheer Publizistik

Die Bewahrung der eigenen Sprache und Kultur, vor allem der Sitten, Bräuche und überlieferten Volkslieder lag den Gottscheern sehr am Herzen. Ihren Eifer, das kulturelle Erbe zu bewahren, vermerkte bereits in den 1860er Jahren der Krainer Polyhistor Peter von Radics, der Einiges aus der Schatzkammer des Gottscheer Volkstums in der in Laibach erscheinenden deutschsprachigen Zeitschrift „Triglav" veröffentlichen ließ. In einer Anmerkung zur Übertragung des Volksliedes „O Mutter, lieb Mutter mein!" aus dem Gottscheer Dialekt ins Deutsche, hob Radics Folgendes hervor:

> Die Gottschee, ein Landstrich von 16 [Quadrat]meilen und 28.000 Einwohnern im Südosten Krains gelegen, stellt eine altdeutsche Sprachinsel inmitten slavischen Landes dar. Man erkennt in den heutigen Bewohnern – den auf allen Märkten sichtbaren Gotschewern – dreierlei Abkömmlinge: Gothen aus der Völkerwanderung, Franken und Thüringer und Baiern. Neben eigenthümlichen Sagen und Märchen besitzt dies Völklein noch viele alte Lieder, unter denen jedoch vor allen das Lied von der maererin (Sagenjungfrau), das von der faulen Grete, sowie das hier mitgetheilte ganz vorzügliche Beachtung verdienen[59].

Wenden wir uns kurz den allgemeinen Zuständen in der Gottschee zu. Wann die erste öffentliche Schule in der Gottschee errichtet wurde, ist nicht belegt; festzustehen scheint, dass es in der Stadt eine gut besuchte Schule bereits im 17. Jahrhundert gegeben hat. Im 19. Jahrhundert wurden dann die ersten öffentlichen Schulen gegründet. 1872 gab es in der Sprachinsel bereits 30 Volksschulen; von größter Bedeutung war das 1872 gegründete Untergymnasium der Gottschee, das im Zeitraum 1907 bis 1911 zu einem Obergymnasium umgestaltet wurde[60]. Die Wirtschaftskrise Ende des 19. Jahrhunderts stellte die Gottscheer vor unüberwindliche Probleme, so dass viele auswanderten, vornehmlich nach Amerika. Dennoch unterstützten die verbliebenen Gottscheer im Jahre 1903 die Gründung von Pavličeks Druckerei in ihrer

---

58 Probenummer. Sloveniens Blatt v. 10. Mai 1848, S. 1.

59 Volkslied. Aus einer altdeutschen Mundart frei übersetzt v. L. A. Frankl. In: Triglav, Nr. 8, v. 27. Januar 1865, S. 28.

60 Vgl. Staudinger: Von der Mehrheit (wie Anm. 48), S. 136.

Stadt. Im Jahr darauf verließ bei ihm der „Gottscheer Bote" die Presse, der allerdings nicht das erste Periodikum der Gottscheer Deutschen war.

Im Jahre 1891 war in Wien der „Verein der Deutschen aus Gottschee" gegründet worden, der sich vorgenommen hatte, eine Zeitschrift herauszugeben, die die Interessen der Gottscheer vertreten und ihr Zusammengehörigkeitsgefühl fördern sollte. So war am 15. März 1891 in Wien die erste Nummer der „Mitteilungen des Vereins der Deutschen aus Gottschee" erschienen. Als deren Mitarbeiter waren der Gymnasialprofessor Josef Obergföll und der spätere Redakteur des „Gottscheer Kalenders" Robert Braune hervorgetreten. Seit dem 18. Februar 1894 waren die „Mitteilungen" als Beilage der „Südösterreichischen Post" erschienen; 1895 wurde die Zeitschrift in „Gottscheer Mittheilungen" umbenannt[61]. Sie enthielt u. a. wertvolle Beiträge über die Gottscheer Familiennamen, verfasst von Gymnasiallehrer Josef Obergföll, sowie zahlreiche Artikel zum Bereich Tourismus[62]. Nach acht Jahren wurden sie eingestellt und durch den in Gottschee gedruckten „Gottscheer Boten" ersetzt.

2.2.1 Der „Gottscheer Bote"

Die erste Nummer des „Boten" kam am 4. Januar 1904 zu ihren Lesern. Die Redaktion teilte in ihr mit, dass das Blatt zweimal, jeweils am 4. und am 19. eines Monats, erscheinen und auch eine illustrierte Beilage, die sog. „Wandermappe", beinhalten werde: „Darin wird es viel Interessantes geben: Gedichte, Erzählungen, Politisches, Religiöses, Gemeinnütziges, Landwirtschaftliches, Ratschläge für Haus und Küche, Bilder, Rätselaufgaben u. dgl., so daß sich jeder wird auswählen können, was seinem Bedürfnisse und seinem Geschmacke am meisten zusagt."[63]

Die „Wandermappe" wurde nicht in der Gottschee bei Pavliček, sondern in Warnsdorf (heute Varnsdorf, Bezirk Děčin, im Norden der heutigen Tschechischen Republik, einem Grenzort zu Sachsen) gedruckt. Sie wurde dort vom Publizisten und Priester Ambros Opitz (1846–1907)[64] herausgegeben, gedruckt

---

61 Seit 15. Juli 1901 hieß die Beilage „Deutsche Mitteilungen" (vgl. 35 Jahre Gottscheer Landsmannschaft in Deutschland. Hg. v. Ludwig Kren u. Richard Lackner. Weilheim 1987, S. 167 f.).

62 Vgl. Hugo Grote: Die deutsche Sprachinsel Gottschee. Münster 1931, S. 142 f.

63 Gottscheer Bote, Nr. 1, v. 4. Januar 1904, S. 1.

64 Opitz war in den Jahren 1895 bis 1901 böhmischer Landtagsabgeordneter und Führer der katholischen Deutschböhmen. Er gehörte auch zum Kreis der Mitbegründer der Wiener „Reichspost", eines unabhängigen „Blattes für das christliche Volk Österreichs", und war zeitweise auch dessen Herausgeber. Das Blatt erschien vom 1. Januar 1894 bis zum 30. September 1938. Als seine Initiatoren galten fortschrittliche Kräfte des österreichischen Katholizismus. Die politische Aussage der „Reichspost" richtete sich nicht nur gegen Liberalismus und Sozialdemokratie, sondern auch gegen den konservativen Katholizismus, dessen Tageszeitung „Das Vaterland" 1911 eingestellt werden musste. Seit 1933 war die „Reichspost" eine eifrige Verfechterin des Ständestaates und kämpfte Hitler und dem Dritten Reich gegenüber bis zuletzt für die Unabhängigkeit Österreichs. Ihr Chefredakteur war

und verlegt; für die Redaktion zeichnete ein gewisser Eduard Bayand verantwortlich.

Von der ersten Nummer an vertrat der „Gottscheer Bote“ unter dessen Herausgeber Josef Eppich (1874–1942), Pfarrer in Mitterdorf (Srednja vas)[65], die Interessen der Gottscheer Deutschen:

> Der Nationalität nach ist er [der „Gottscheer Bote“] ein Deutscher und wird als solcher die nationalen Interessen seiner deutschen Landsleute stets mannhaft vertreten. Dem Religionsbekenntnisse nach ist er ein Katholik und wird als solcher aus seiner kirchlichen Gesinnung und religiösen Überzeugung kein Hehl machen. Überdies ist er auch ein guter Österreicher, der stets treu hält zu Kaiser und Reich. Sein Wahlspruch ist: Für Gott, Kaiser und Vaterland![66]

Der „Gottscheer Bote“ wurde zweispaltig gedruckt und enthielt zunächst vier bzw. sechs Seiten, ab der vierten Nummer dann acht. Er enthielt verschiedenste Nachrichten aus der Gottschee und aus anderen Gegenden von Krain wie auch aus der übrigen Donaumonarchie. Er berichtete ausführlich über das Schulwesen, widmete sich religiösen und sozialen Fragen und veröffentlichte unterschiedlichste Statistiken, Anzeigen sowie Berichte aus dem Gottscheer Vereinsleben. Allerdings wurden nach 1918, also nach der Gründung des SHS-Staates, im „Gottscheer Boten“ auch offizielle regierungsamtliche Verlautbarungen des neuen Staates abgedruckt. Im ersten und fast den ganzen zweiten Jahrgang hindurch erschien im Feuilleton die Abhandlung „Die Ortsnamen der deutschen Sprachinsel Gottschee“ von Josef Obergföll, der ähnliche Studien bereits 1890 im „Deutschen Kalender für Krain“ veröffentlicht hatte[67]. Jedoch machte sich Obergföll nicht nur mit seinen Beiträgen zu Geschichte und Wirtschaftsleben unter den Krainern und vor allem bei den Gottscheer Deutschen einen Namen, sondern er wurde durch sein, von Zeitgenossen Gottscheer Hymne genanntes Lied „Die Wacht an der Kulpa“, das bereits im ersten Jahrgang des „Deutschen Kalenders für Krain“ 1888 abgedruckt wurde, bekannt[68].

Der deutsch-slowenische nationale Konflikt hielt auch in den „Gottscheer Boten“ Einzug. In einem Flugblatt, das der achten Nummer des Jahres 1904 beigelegt war und in dem an die nationale Pflicht und Ehre appelliert wurde, hieß es:

> In keinem Lande des österreichischen Kaiserstaates hat das deutsche Volkstum verhältnismäßig schwerere Einbussen erlitten als im Herzogtum Krain [...] Wenn nun aber auch dieses deutsche Eiland im nationalen Kampfe bisher standgehalten hat wie ein fester Turm, so

---

seit 1902 der katholische Publizist Dr. Friedrich Funder (1872–1959); er wurde im März 1938 inhaftiert, die Zeitung im September 1938 eingestellt. In den Jahren 1895 bis 1901 war Opitz böhmischer Landtagsabgeordneter und Führer der katholischen Deutschböhmen.

65 Als Schriftleiter und Verleger verantwortlich zeichnete Josef Pavliček.

66 Gottscheer Bote, Nr. 1, v. 4. Januar 1904, S. 1.

67 Josef Obergföll: Gottscheer Ortsnamen. In: Deutscher Kalender für Krain 1890, S. 10–19.

68 Vgl. auch Michler: „Die Deutschen in Krain“ (wie Anm. 9), S. 207.

> schwebt es doch fort und fort in schwerer Gefahr; es bedarf der Hilfe und der Stütze. Fällt Gottschee, so fällt mit ihm unausweichlich das gesamte bodenständige deutsche Volkstum zwischen den Karawanken und der Adria. Diese deutsche Sprachinsel ungeschmälert und unverstümmelt zu erhalten, ist somit für das deutsche Volk gewiß eine Sache der nationalen Pflicht, ein Gebot der nationalen Ehre[69].

Nach dem Ende des Ersten Weltkrieges verschlechterte sich die Lage der Deutschen in Krain und somit auch in der Gottschee. Von den Behörden des neu gegründeten Staates der Serben, Kroaten und Slowenen wurden 1918 alle deutschen Vereine aufgelöst und ihr Vermögen beschlagnahmt. Zum 31. Dezember war zunächst einmal vorsorglich allen deutschen – ehemals österreichischen – Staatsbeamten gekündigt worden; nur in 16 der 33 Schulen durften deutsche Nebenklassen bestehen bleiben. Einige der Gottscheer Lehrer wurden zwangspensioniert, andere in rein slowenische Gegenden versetzt. Auf die neue Situation reagierte der „Bote" mit veränderter Erscheinungsweise. Vom 1. Januar 1919 an sollte, wie die Redaktion ankündigte, das Blatt statt zweimal, nun dreimal monatlich erscheinen:

> Der „Gottscheer Bote" erscheint nunmehr nicht mehr zweimal im Monate, sondern dreimal, nämlich am 1., 10. und 20. jeden Monates [...] Nach dem Eingehen der „Laibacher Zeitung" und der deutschen Zeitungen in Triest ist der „Gottscheer Bote" nunmehr das einzige deutsche Organ zwischen der Drau und der Adria. Trotz der eingetretenen schwierigen Verhältnisse wird unser Blatt die Interessen der engeren Heimat und des deutschen Volkes in Jugoslawien stets furchtlos und nachdrücklich vertreten [...] Es sollte kein Gottscheer Haus geben, in dem der „Bote" nicht aufläge[70].

Doch die politische Lage eskalierte. Es kam seitens der Gottscheer zu Versuchen eine unabhängige Republik Gottschee mit italienischer Unterstützung zu gründen. Am 1. Juni erschien die letzte Nummer des „Gottscheer Boten". Eine Woche später, am 6. Juni 1919, wurde die Zeitung von den Behörden des Königreiches SHS eingestellt. Das gleiche Schicksal ereilte auch ein zweites, seit dem Jahre 1909 bei Pavliček gedrucktes Organ, nämlich das der Landwirtschaftsgesellschaft für das Herzogtum Krain, ein Blatt mit dem simplen Namen „Der Landwirth"[71]. Darüber hinaus wurden im Mai 1919 auch noch die seit 1907 in Graz herausgegebenen „Gottscheer Nachrichten" eingestellt[72]. Die „Nachrichten", das Organ der christlichen Gottscheer Bauernschaft, seit 1916 Sprachrohr der deutschen Bauernpartei der Gottschee, war eigentlich als Kon-

69 Herzliche Bitte! In: Gottscheer Bote, Nr. 8, v. 19. April 1904 (beigelegt).

70 An die geehrten Abnehmer. In: Gottscheer Bote, Nr. 1, 1. Januar 1919, S. 1.

71 Das Blatt, das bis 1918 erschien, wurde von der Gottscheer Filiale der K. K. Landwirtschaftsgesellschaft für Krain herausgegeben und von Basilus Pregl redigiert.

72 Vgl. Ludwig Kren: Von den „Mittheilungen" zur ‚Gottscheer Zeitung'". In: 35 Jahre Gottscheer Landsmannschaft in Deutschland. Weilheim 1987, S. 162–173. Zum Streit zwischen dem „Gottscheer Boten" und den Grazer „Gottscheer Nachrichten" kam es bereits im Jahre 1907. Die beiden Blätter unterstützten im Wahlkampf zu den Reichsratswahlen jeweils einen anderen Kandidaten. So warben die „Nachrichten" für den Liberalen Karl Maria Alexander Auersperg (1859–1927), wogegen sich der „Bote" für die Kandidatur des konservativen Kandidaten, des Gymnasiallehrers Josef Obergföll, stark machte.

kurrent zum „Gottscheer Boten" gedacht gewesen. Einer der wichtigsten Mitarbeiter der Zeitschrift war Wilhelm Tschinkel (1875–1938), einer der wichtigsten Initiatoren des späteren „Gottscheer Kalenders".

2.2.2 Die „Gottscheer Zeitung"

Als die drei vorgenannten Zeitungen im Zuge der sich im neuen Staat vollziehenden Umwälzungen eingestellt wurden, blieb die Gottschee zwei Monate lang ohne eine einzige deutschsprachige Zeitschrift oder Zeitung. Erst danach stand durch die Herausgabe der „Gottscheer Zeitung" wieder ein Periodikum zur Verfügung, das als Nachfolger des „Boten" angesehen werden kann:

> Der „Gottscheer Bote" wurde am 6. Juni l. J. behördlich eingestellt [...] und wir wurden von verschiedenen Seiten aufgefordert, ein neues heimatliches Blatt herauszugeben. Wir haben diesem Wunsche unserer Landsleute gerne Rechnung getragen und vom August 1919 erscheint nunmehr die „Gottscheer Zeitung" dreimal im Monate, nämlich am 1., 10., und 20. jeden Monates. Die leitenden Richtlinien der „Gottscheer Zeitung" sind: Treue dem Staate, dem wir angehören, und im Rahmen des Staatgedankens Eintreten für die geistigen und materiellen Interessen unserer engeren Heimat Gottschee. Unser Glaube, unser Volkstum, unsere heimische Sprache und Sitte, unsere kulturellen und wirtschaftlichen Interessen sollen an unserem Blatte stets einen warmen Anwalt finden[73].

Die Zeitschrift, die von nun an dem neuen Staat, also dem Staat der Serben, Kroaten und Slowenen gegenüber Loyalität versprach und sich als „eine treue Berichterstatterin über alle Vorkommnisse in der Heimat"[74] betrachtete, war der Zensur unterworfen. Die Seiten mussten nach dem Umbruch und vor dem Druck der Bezirkshauptmannschaft vorgelegt werden. Seit Januar 1922 trug das Blatt den Untertitel „Organ der Gottscheer Bauernpartei"[75], der am 10. März 1925 in „Organ der Gottscheer Deutschen" umgeändert wurde. In den letzten Vorkriegsjahren, als die Orientierung der Zeitschrift am National-

---

73 Gottscher Zeitung, Nr. 1, v. 1. August 1919, S. 1.

74 Ebd.

75 Die Teilnahme am politischen Leben war den Gottscheer Deutschen von 1925 bis zur Ausrufung der Königsdiktatur in Jugoslawien 1929 noch möglich (vgl. ausführlicher zu diesem Thema Janko Pleterski: Die Frage der nationalen Gleichberechtigung in Jugoslawien. In: Rumpler/Suppan (Hg.): Geschichte (wie Anm. 48), S. 155–170; vgl. auch die neueste Publikation dazu: Slowenisch-österreichische Beziehungen im 20. Jahrhundert. Hg. v. Dušan Nećak, Boris Jesih, Božo Repe u. Peter Vodopivec. Ljubljana 2004). Allerdings verschärfte sich die Situation von Jahr zu Jahr: Im Jahre 1925 wurde Deutsch auch als Wahlfach am seit 1918 slowenisierten Gymnasium in der Gottschee verbannt (vgl. Andrej Vovko: Das Minderheitenschulwesen in Slowenien im Zeitabschnitt des alten Jugoslawien. In: Geschichte der Deutschen [siehe oben], S. 255–272). Politisch gesehen waren die Gottscheer in der „Gottscheer Bauernpartei" zusammengeschlossen, doch fehlten ihnen mehr als 1.000 Stimmen, um einen Abgeordneten nach Belgrad entsenden zu können. So schlossen sie notgedrungen Kompromisse mit den slowenischen Kandidaten. Joseph Eppich vertrat z. B. die Gottscheer im Laibacher Gebietsausschuss (vgl. Ernst Hochberger; Anton Scherer u. Friedrich Spiegel-Schmidt: Die Deutschen zwischen Karpaten und Krain. München 1994, S. 143 f.).

sozialismus immer spürbarer wurde[76], gab sie sich den Untertitel „Organ der Gottscheer Deutschen Volksgruppe". Ihre letzte Ausgabe, die noch in der Gottschee am 3. Dezember 1941 aus der Presse kam, sollte erst im neuen Ansiedlungsgebiet der Gottscheer zur Verteilung kommen[77].

Nach dem Zweiten Weltkrieg gaben die Gottscheer bis 1955 keine eigene Zeitung mehr heraus. Erst ab Juni 1955 erschien wieder eine „Gottscheer Zeitung", diesmal mit dem Leitspruch „Mit der Heimat im Herzen über Land und Meer verbunden"; Druckort war nun Klagenfurt[78].

2.2.3 Der „Gottscheer Kalender"

„Ein bemerkenswerter Niederschlag literarischen Schaffens geschieht, wie in vielen Insel- und Streugebieten des Auslanddeutschtums, so auch in Gottschee im Kalender"[79], schrieb 1930 Hugo Grothe, ein Kenner der Gottscheer Kultur und Geschichte. Der „Kalender" hatte seinen Vorläufer im Laibacher, später Grazer „Deutschen Kalender für Krain"[80] und veröffentlichte längere Abhandlungen zu Geschichte, Sitten, Bräuchen und Märchen der Gottscheer; ferner stellte er prominente Persönlichkeiten vor, fungierte als Ratgeber für Landwirte u. a. m. Die Herausgabe des „Kalenders" wurde in der „Gottscheer Zeitung" im September 1920 angekündigt: „Ein Gottscheer Kalender wird demnächst erscheinen. Das Kalenderunternehmen bezweckt die Förderung des Heimatgefühles und die Stärkung der Heimatliebe bei allen unseren Landsleuten in der Heimat selbst und im Auslande."[81]

---

76 Immer wieder, vor allem aber nach Hitlers Angriff auf Jugoslawien am 6. April 1941, wurden Artikel mit Schlagzeilen wie den folgenden veröffentlicht: „Führer, Dir gehören wir!" (Nr. 16–17, v. 24. April 1941), „Wir wollen heim ins Reich!" (Nr. 29, v. 17. Juli 1941), „Gottscheer! Über euch hält der Führer seine starke Hand!" (Nr. 19, v. 8. Mai 1941), „Ich bin ein Großdeutscher" (Nr. 22, v. 29. Mai 1941).

77 Nachdem mehr als 37.000 Slowenen, im Jahre 1941 entweder nach Serbien vertrieben oder in verschiedene KZs deportiert und Südslowenien von Italien besetzt worden war, wurde die deutschsprachige Bevölkerung der Gottschee im Winter 1941/42 auf Befehl Hitlers („Heimkehr ins Reich") in die slowenische Steiermark umgesiedelt. Bei Letzterer handelte es sich um das „ethnisch bereinigte" Dreieck am Zusammenfluss von Krainer Gurk (Krka), Sattelbach (Sotla) und Save (Sava). Gegen Kriegsende 1945 wurden die Gottscheer von dort vertrieben (vgl. Dušan Nećak: Die „Deutschen" in Slowenien [1918–1955]. Kurzer Abriß. Ljubljana 1998).

78 Zuerst erschien die Zeitschrift vierteljährlich, dann alle zwei Monate und zuletzt monatlich. Bis zu seiner Pensionierung im Jahre 2000 redigierte sie der Gottscheer Ludwig Kren.

79 Grothe: Sprachinsel (wie Anm. 62), S. 144.

80 Allerdings berichtet Grothe auch noch von einem „Gottscheer Bauernkalender", der in Wien 1901 erschien; darüber hinaus erwähnt er den 1908 vom Gottscheer Bauernbund herausgegebenen Kalender mit dem Titel „Der Bauernbündler" (vgl. Grothe: Sprachinsel [wie Anm. 62], S. 144).

81 Gottscheer Zeitung, Nr. 26, v. 15. September 1920, S. 64.

Die erste Ausgabe des Kalenders (für das Jahr 1921) erschien im November 1920 und wurde in der „Gottscheer Zeitung" als ein „literarisches Ereignis"[82] für die Gottscheer Heimat begrüßt und sein Inhalt als „reichhaltig, gediegen und interessant"[83] gelobt. Der „Kalender", der bei Pavliček gedruckt wurde[84], machte es sich zur Aufgabe, „in schlichter und einfacher Art seinem Volke [zu] singen und [zu] sagen, was unsere Vorfahren erzählt und gesungen, wie sie gerodet und gelebt haben, wie sie vom Schicksal wiederholt hart heimgesucht waren und welche Heldentaten sie zur Zeit der Türken- und Franzoseneinfälle vollführt hatten"[85]. Alle Beiträge stammten von Gottscheer Autoren, aus deren Reihen der Engagierteste der Lehrer Wilhelm Tschinkel war[86], der auch als erster Redakteur hervortrat. Unter der redaktionellen Leitung des Apothekers Robert Braune (1845–1924), dem „verbissenen Deutschen", wie die Slowenen ihn nannten, wurde 1925 das Motto „Ohne Heimatgeschichte – keine Heimatliebe" zur Devise des „Kalenders"[87]. Der „Kalender", dessen 21. Jahrgang im Jahre 1941 zugleich sein letzter war, blieb bis zu seiner Einstellung seinem Leitspruch treu und veröffentlichte, von wenigen Ausnahmen abgesehen, nur Beiträge über die heimatliche Sprachinsel, doch sprach sich der „Kalender" im Jahre 1941, anders als die „Gottscheer Zeitung", gegen eine Umsiedlung ins „Reich" aus.

2.2.4 Weitere Publikationen aus der Gottschee und aus Gurkfeld (Krško)

In den zwanziger Jahren des 20. Jahrhunderts gab der Ein- und Verkaufsverein in der Gottschee sein eigenes Blatt „Der Genossenschaftler" heraus. Die erste Ausgabe, die sich im Leitartikel an die Landwirte des Gottscheer Bezirkes wandte, erschien im März 1920. Die letzte in Ljubljana erhalten gebliebene Nummer stammt vom 8. Dezember 1921[88]. Ab 1921 wurde in der

---

82 Gottscheer Zeitung, Nr. 29, v. 1. November 1920, S. 79.

83 Ebd., S. 80.

84 Ab 1926 erschien der „Kalender" im Eigenverlag des Kalenderausschusses und wurde in Celje gedruckt, allerdings wechselte er im Jahre 1938 nochmals die Druckerei: er kam nun aus Novi Sad in der Wojwodina.

85 Geleitwort. In: Gottscheer Kalender, Jg. 1 (1921), unpag.

86 Tschinkel, der unter anderem Gottscheer Volkslieder sammelte und 1930 herausgab („Gottscheer Volkslieder mit Bildern und Weisen". Berlin), veröffentlichte auch in anderen Publikationen der Gottscheer sowie in der Wiener „Zeitschrift für österreichische Volkskunde" (1907, 1908) und in den Grazer „Deutschen Stimmen aus Krain, Triest und dem Küstenland" (1904). Tschinkel entstammte einer bekannten Gottscheer Familie. Sein Onkel Hans schrieb die „Grammatik der Gottscheer Mundart" (1908), sein Sohn Walter stellte das zweibändige „Wörterbuch der Gottscheer Mundart" (1973–1976) zusammen. Vgl. auch Wilhelm Tschinkel: Kočevarska folklora v šegah, navadah, pravljicah, pripovedkah, legendah in drugih folklornih izročilih [Gottscheer Volkstum in Sitte, Brauch, Märchen, Sagen, Legenden und anderen volkstümlichen Überlieferungen]. Hg. v. Alojzij Pavel Florjančič u. Marija Stanonik. Ljubljana 2004.

87 Markovič: Die deutsche Sprachinsel (wie Anm. 49), S. 100.

88 NUK, Sig. III 43296.

Stadt das „Radikal"[89], ein monatlich erscheinendes Blatt zu Wirtschaft, Kultur und Politik, als Organ des Bezirksausschusses der Radikalen Partei der Gottschee herausgegeben. Das „Radikal" erschien, da die deutsche Bevölkerung in der Gottschee die Mehrheit bildete, zweisprachig, slowenisch und deutsch. Es ist bis 1923 erschienen. Sein Nachfolger wurde die slowenische Zeitschrift „Ljudska samouprava" [Selbstverwaltung des Volkes][90]. In der zweiten Hälfte der zwanziger Jahre belebten die publizistische Landschaft der Gottschee noch zwei weitere Periodika: Von 1926 bis 1927 erschien die auf Kultur und Wirtschaft spezialisierte „Wirtschaftliche Rundschau" und von 1927 bis 1929 „Die Wahrheit", ein Organ für Wirtschaft und Politik. Beide wurden bei Pavliček gedruckt.

Vom 4. August 1923 bis Juli 1924 wurde in Krško (Gurkfeld) das sozialdemokratische Wochenblatt „Vorwärts" als Medium der Sozialistischen Partei Jugoslawiens aufgelegt, herausgegeben vom Provinzausschuss für Slowenien. Gleichzeitig erschien das slowenischsprachige Parallelblatt „Naprej" [Vorwärts].

2.2.5 Die Publizistik in Krain während des Zweiten Weltkrieges

Ab 1941 sind in Krain, in den von den Deutschen besetzten Gebieten[91], lediglich solche Blätter erschienen, die die Besatzungsmächte drucken ließen. Es handelte sich dabei um reines NS-Propagandamaterial bzw. um diverse Verlautbarungen des neuen Regimes. Die Druckerzeugnisse dienten ausschließlich dem Interesse der NS-Machthaber. So wurde von 1941 bis 1945 der in Kranj (Krainburg in Oberkrain) jeweils samstags erscheinende „Karawanken Bote", das offizielle Organ des Kärntner Volksbundes, gedruckt, von dem es sowohl eine deutsche als auch eine slowenische Ausgabe gab. Verschiedene NS-Mitteilungsblätter wurden auch in anderen Städten der Oberkrain aufgelegt, wie z. B. ein „Amtliches Mitteilungsblatt des politischen Kommissars" oder „Deine kleine Haushaltstütze" in Radovljica (Radmannsdorf)[92].

---

89 NUK, Sig. III 42576.

90 Vgl. dazu Miloš Jakopec: Časnikarstvo na Dolenjskem 1848–1941 [Das Zeitungswesen in Unterkrain 1848–1941]. Novo mesto 1994, S. 144–146.

91 Die Südhälfte Sloweniens bis unterhalb der Save (Unterkrain/Dolenjska, Innerkrain /Notranjska, Ljubljana, Triest) wurde von Italien annektiert, die Nordhälfte (Untersteiermark / Spodnja Štajerska, Kärnten/Koroška, Oberkrain/Gorenjska) von Deutschland, während das Übermurgebiet/Prekmurje im Nordosten an Ungarn ging. Die italienische Zone ging nach der Kapitulation Italiens 1943 an Deutschland über.

92 Hierzu siehe Jože Bajec: Slovenski časniki in časopisi. Bibliografski pregled od 1. januarja 1937 do osvoboditve 9. maja 1945 [Slowenische Zeitungen und Zeitschriften. Bibliographische Übersicht (für die Zeit) vom 1. Januar 1937 bis zur Befreiung am 9. Mai 1945]. Ljubljana 1973.

3. Teil: Deutschsprachige Presse in der Untersteiermark, in Kärnten, in Görz und in Triest

Der Anfang ist in allen Sachen schwer;
Bei vielen Werken fällt er nicht ins Auge.
Der Landmann deckt den Samen mit der Egge,
Und nur ein guter Sommer reift die Frucht.
Der Meister eines Baues gräbt den Grund
Nur desto tiefer als er hoch und höher
Die Mauer führen will; der Mahler gründet
Sein aufgespanntes Tuch mit vieler Sorgfalt,
Eh' er sein Bild gedankenvoll entwirft;
Und langsam nur entsteht, was jeder wollte.
Göthe[93]

Der dritte Teil der vorliegenden Untersuchung widmet sich den deutschsprachigen Presseorganen in der slowenischen Steiermark[94], in Kärnten, dort vornehmlich in Klagenfurt (Celovec)[95], und in den Städten Görz und Triest, die bis 1918 zur Habsburgermonarchie gehörten. Beide Städte wurden nach dem Rapallo-Vertrag des Jahres 1920 Italien zugeteilt und blieben auch nach dem Zweiten Weltkrieg italienisch[96].

1. Die deutschsprachige Presse in der Untersteiermark

Im Vergleich zu anderen slowenischen Gebieten waren die Bedingungen für die Entwicklung des Druckereiwesens im nordöstlichen Teil Sloweniens am

---

93 Goethe-Zitat als Leitspruch in der ersten Nummer der „Carinthia“ vom 1. Juli 1811, unpag.

94 In diesem Zusammenhang werden auch die journalistischen Organe, die in Graz erschienen sind und in deutscher Sprache slowenische Interessen vertraten und deren Inhalt sich auf die slowenischen Gebiete bezog, behandelt.

95 Auch hier werden solche Blätter untersucht, die sich mit vaterländischer Thematik, d. h. in diesem Kontext mit slowenischer Literatur, Politik usw. befassten. Außerdem sind auch solche publizistischen Organe von Interesse, die von Druckern stammten, die später ihre Tätigkeit in Laibach fortsetzten.

96 Nach dem Ersten Weltkrieg beanspruchte Italien aufgrund der Zusicherungen der Ententemächte im Rahmen des Londoner Vertrages von 1915 aus dem österreichischen Erbe (neben Tirol bis zum Brenner und dem Trentino) auch Triest, Istrien mit Fiume (Rijeka), Dalmatien sowie einen Teil des Gebietes des heutigen Slowenien. Durch den Vertrag von Rapallo 1920 erhielt Italien einen verhältnismäßig großen Teil der slowenisch und kroatisch besiedelten Gebiete. Nach dem Zweiten Weltkrieg musste Italien das Isonzotal, den Karst und auch einen Teil Istriens der Sozialistischen Föderativen Republik Jugoslawien überlassen.

ungünstigsten. Die Untersteiermark (slow. Spodnja Štajerska)[97], die durch die Angliederung der Grafschaft hinter dem Drauwald um Marburg (Maribor), der Mark an der Sann (Savinja), der Grafschaft Cilli (Celje) sowie anderer Gebiete entstanden war, lag weit abseits vom Landes-, Wirtschafts-, Kultur- und Verwaltungszentrum Graz. Historisch gesehen, war die Untersteiermark von 1147 bis 1919 ein Teil des Herzogtums Steiermark gewesen und wurde nach dem Friedensvertrag von St. Germain dem Königreich der Serben, Kroaten und Slowenen einverleibt. Während der Zeit des Dritten Reiches bildete sie zusammen mit dem Südburgenland den *Reichsgau Steiermark*.

Zum besseren Verständnis der Geschichte und Entwicklung des Zeitungswesens sei es an dieser Stelle erlaubt, auf einige historische Tatsachen hinzuweisen: Das Verhältnis der Nationalitäten in der Untersteiermark unterschied sich nicht wesentlich von dem in Krain. Wenn man in der Zeit bis Mitte des 19. Jahrhunderts von Slowenen und Deutschen sprach, dann verstand man unter Slowenen die ländliche und unter Deutschen die städtische Bevölkerung. Karl von Czoernig schrieb in seiner „Ethnographie der österreichischen Monarchie“, dass man „in den meisten größeren slovenischen Orten in Kärnthen (Kappel, Bleiburg samt Umgebung u. v. a.) und Süd-Steiermark (Schönstein, Windisch-Freistritz, Pulsgau, Pettau, Friedau, Gonobitz, Cilli, Tüffer, Windisch-Landsberg, Rann u. a. m.) und selbst zum Theile in Krain (Lak, Stein, Laibach, Gurkfeld) mehr oder minder auch die deutschen Laute bei gemischter Bevölkerung“[98] hörte. Das Zusammenleben von Deutschen und Slowenen in der Untersteiermark in der Zeit des Vormärz kann noch als vorbildlich angesehen werden. So gibt der slowenische Politiker und Jurist aus Slovenska Bistrica (Windisch Feistritz), Josip Sernec (1844–1925), in seinen „Erinnerungen“ an, dass sein Vater fließend Slowenisch gesprochen und seine Mutter diese Sprache ebenfalls, wenn auch unter Zuhilfenahme häufiger Germanismen, beherrscht habe. Jedoch: „Zu Hause sprachen die Eltern mit den Kindern Deutsch. Slowenisch sprachen wir mit der ‚Familie‘ und mit den bäuerlichen Schulkameraden.“[99]

Erst mit dem Ausbruch der Märzrevolution veränderten sich die slowenisch-deutschen Beziehungen, wie Janez Cvirn feststellt. Die ersten nationalen Konflikte wurden einmal durch die Bewegung für die deutsche Einigung und dann durch das austroslawistische Programm für ein Vereintes Slowenien hervorgerufen. Ab der zweiten Hälfte des 19. Jahrhunderts nahmen die Spannungen zwischen deutsch- und slowenischsprachigen Steirern zu[100]. Brennpunkte

97 Die Untersteiermark ist jener Landesteil der Steiermark, welcher zwischen der unteren Mur (Mura) und der oberen Save (Sava) liegt.

98 Carl von Czoernig: Ethnographie der Oesterreichischen Monarchie. Bd. 1, 1. Abt. Wien 1857, S. 33.

99 Josip Sernec: Spomini [Erinnerungen]. Ljubljana 1927, S. 2.

100 Janez Cvirn: Deutsche und Slowenen in der Untersteiermark: Zwischen Kooperation und Konfrontation. In: Heppner (Hg.): Slowenen und Deutsche (wie Anm. 48), S. 111–125, hier S. 113.

sich abzeichnender Konflikte waren die deutschsprachigen Städte in slowenischsprachiger Umgebung, neben Marburg (Maribor) vor allem Cilli (Celje) und Pettau (Ptuj). Diesen Städten, dem sog. „deutschen Festungsdreieck"[101], kam besondere Bedeutung zu: Sie galten als Austragungsorte des nationalen Kampfes südlich des geschlossenen deutschen Sprachgebietes[102]. Nach der Wiederaufnahme des Verfassungslebens 1861 setzte sich der Prozess der nationalen Differenzierung beschleunigt fort, obwohl, so Cvirn, er keine so radikalen Formen annahm wie im benachbarten Krain, wo es bald zu scharfen Polemiken zwischen der deutschen (verfassungstreuen) und der slowenischen (nationalen) Partei kam[103]. Die Beziehungen zwischen beiden Nationen begannen sich erst drastisch zu verschlechtern, als Graf Eduard Taaffe die Regierung übernahm (1879). Obwohl die Slowenen nicht die Verwirklichung ihres Konzeptes von einem Vereinten Slowenien einforderten, sondern nur die Schaffung einer besonderen Abteilung bei der steirischen Statthalterei für die Untersteiermark verlangten, empfanden die steirischen Deutschen jedes Zugeständnis an die Slowenen seitens der Regierung als eine Bedrohung ihres jahrhundertealten Besitzstandes und als einen Schritt zur Slowenisierung des Landes. Die Situation eskalierte 1895, als man plante, im Gymnasium von Cilli slowenischsprachige Klassen einzuführen. Wegen des Kampfes um das „Slowenische Gymnasium" stürzte sogar die österreichische Koalitionsregierung Windischgraetz[104].

In der Untersteiermark wurde die erste Buchdruckerei in Cilli 1788 gegründet, womit die Schwarze Kunst dort mehr als 200 Jahre später als in der Hauptstadt des heutigen Slowenien, Ljubljana, Einzug hielt (1575). Zwar soll bereits im Jahre 1765 eine Druckerei in Cilli existiert haben, jedoch fehlt hierfür ein anerkannter Beleg[105]. So gilt als erster Drucker in der Untersteiermark

---

101 Vgl. dazu Janez Cvirn: Trdnjavski trikotnik. Politična orientacija Nemcev na Spodnjem Štajerskem [Festungs-Dreieck. Die politische Orientierung der Deutschen in der Untersteiermark]. Maribor 1997.

102 Im Jahre 1880 bekannten sich in Marburg 76,7 Prozent (13.517 Personen) der Bevölkerung zur deutschen Umgangssprache; dieser Anteil erhöhte sich bis 1910 auf 80,9 Prozent. Eine ähnliche Entwicklung des deutschsprachigen Bevölkerungsanteils zeigen auch die Zahlen für Pettau (von 75,2 Prozent im Jahre 1880 auf 85,9 Prozent 1910). In der heftig umkämpften Stadt Cilli war bis zur Volkszählung des Jahres 1900 der Anteil der Einwohner mit deutscher Umgangssprache von 63,8 Prozent (1800) auf 77,3 Prozent angewachsen. Das erklärt sich einmal dadurch, dass sozialer Aufstieg nur durch Assimilation möglich war, und zum zweiten damit, dass man bei diesem Zensus nicht mehr nach der Mutter-, sondern nach der Umgangssprache gefragt hatte (vgl. Brix: Die zahlenmäßige Präsenz [wie Anm. 48], S. 53).

103 Cvirn: Deutsche und Slowenen (wie Anm. 100), S. 115.

104 Vgl. zu diesem Thema Cvirn: Deutsche und Slowenen (wie Anm. 100), S. 170–192. Zum Thema deutsch-slowenische Beziehungen in Cilli vgl. auch Branko Goropevšek: Dva jezika, dve kulturi, eno mesto Celje [Zwei Sprachen, zwei Kulturen, eine Stadt Cilli]. In: Od Maribora do Trsta. Hg. v. Darko Friš u. Franc Rozman. Maribor 1998, S. 203–220.

105 Vgl. Friedrich Pock: Von der deutschen Presse in Untersteier. In: Südsteiermark. Ein Gedenkbuch. Hg. v. Franz Hausmann. Graz 1925, S. 182–189, hier S. 181.

der aus Kärnten stammende Franz Anton Schütz (1753–1809), der im Jahre 1788 als Werkmeister des Zweigbetriebes einer Druckerei in Laibach[106] nach Cilli kam, um hier eine eigene Offizin zu errichten. Jedoch verließ er bereits im Jahre 1792 wieder die Stadt und siedelte nach Pettau über. Dort hielt es ihn nur drei Jahre und er ging schließlich mit seiner Druckerei nach Marburg, da er sich dort bessere Chancen erhoffte. So bekam die untersteirische Hauptstadt Marburg 1795 ihre erste Buchdruckerei, die mehr als sieben Jahrzehnte lang eine Monopolstellung auf dem Gebiet der Druckerkunst innehatte[107].

1.1 Die deutschsprachige Presse in Cilli (Celje)

Cilli (Celje), im südöstlichen Teil des Celje-Beckens an der Sann (Savinja), rund hundert Kilometer nordöstlich der Hauptstadt Sloweniens gelegen, begann sich ab dem 18. Jahrhundert über die Grenzen des einstigen mittelalterlichen Städtchens hinaus auszudehnen. Die Stadt, die Jahrhunderte über herrschaftlicher Sitz der Grafen und Fürsten von Cilli[108] gewesen war, entwickelte sich rasch zu einem erfolgreichen Handels- bzw. Wirtschaftszentrum und konnte sich schon im 19. Jahrhundert rühmen, so nützliche Betriebe wie eine eigene Brauerei, eine Ziegelei, eine Glockengießerei und ein Seifenwerk zu besitzen. Nach dem Bau der Bahnstrecke Wien–Triest, die 1846 Cilli erreichte, wurde die Stadt zu einem bedeutenden Standort von Industrie, Handel, Kultur und Bildung.

Der Buchdruck kam, nachdem Franz Anton Schütz (1753–1809) Cilli verlassen hatte, mit Franz Josef Jenko einen Schritt voran. Dieser hatte im Jahre 1791 Schützens Betrieb erworben und neu begründet. Jenko, seiner Herkunft nach Slowene, galt in Cilli als angesehener und einflussreicher Bürger; u. a. war er 1788 und 1791/92 Bürgermeister und zuvor, ab 1785, als Kaufmann und Buchhändler in der Stadt tätig gewesen[109]. Bei Jenko wurden bis 1796, als seine Druckerei an einen gewissen Sebastian Kaiser überging[110], mindestens sechs slowenische Bücher gedruckt und einige deutsche Publikationen, darunter

---

106 Wahrscheinlich handelt es sich hier um eine Filiale der Druckerei von Johann Friedrich Eger (vgl. Berčič: Tiskarstvo [wie Anm. 7], S. 395).

107 Vgl. ebd., S. 98–102.

108 Die Stadt gewann im Mittelalter unter den Grafen und Fürsten von Cilli an Bedeutung. Durch geschickte Heirats- und Bündnispolitik waren große Teile Sloweniens und Kroatiens in der Hand dieser Familie. Deren Macht erreichte im 14. und 15. Jahrhundert ihren Höhepunkt, als sie aufgrund ihrer politischen Stärke die einzige war, die sich den Ansprüchen der Habsburger in diesem Gebiet widersetzen konnte. Der letzte Fürst von Cilli, Ulrich II., starb 1456; er wurde in Belgrad vom ungarischen Adligen Ladislavus Hunyadi ermordet.

109 Vgl. Berčič: Tiskarstvo (wie Anm. 7), S. 99.

110 Jenko geriet mehrere Male mit den Zensurbehörden in Konflikt. Er beglich seine Schulden gegenüber den Bezirksbehörden nicht regelmäßig und beleidigte hin und wieder Verwaltungsbeamte. Dies waren einige Gründe dafür, dass er sein Unternehmen schließen musste (vgl. Berčič: Tiskarstvo [wie Anm. 7], S. 100).

vornehmlich Bücher religiösen Inhalts aber auch das deutschsprachige Drama „Die Grafen von Cilli“ von Johann Nepomuk Kalchberg (1765–1827). Allerdings kam bei Jenko auch die sog. „Damenbibliothek für Stadt und Land, im Winter und im Sommer, Frühjahr und im Herbst“[111] aus der Presse. Obwohl es sich dabei um ein periodisch erschienenes Reihenwerk handelte, kann man diese „Damenbibliothek“ kaum als Vorläuferin der ersten, im Jahre 1848 gedruckten Zeitung in Cilli ansehen: Sie wies keine Merkmale einer Zeitung bzw. Zeitschrift auf.

Bis 1848 wechselte die Druckerei, die einst Jenko gegründet hatte, mehrere Male ihren Besitzer[112]; der letzte war der einem ungarischen Adelsgeschlecht entstammende Joseph Bacho, der den Betrieb in den 1840er Jahre abgeben musste. Doch gab es in der Stadt seit 1828 noch eine weitere Druckerei, die der in Cilli geborene Johan Nepomuk Jeretin (1803–?) leitete[113]. Bei Jeretin – 1828 übernahm sein Sohn Georg Florian Jeretin die Geschäftsführung – wurden anfangs nur amtliche Verlautbarungen gedruckt, später aber auch Bücher, sowohl slowenisch- als auch deutschsprachige, und periodische Publikationen. Im Völkerfrühlingsjahr 1848 kam hier die erste deutschsprachige Zeitung, das „Cillier Wochenblatt“, aus der Presse.

1.1.1 Das „Cillier Wochenblatt“ und die „Cillier Zeitung“ des Jahres 1848

Die ersten Meldungen aus Wien über die revolutionären Märzereignisse sorgten auch in der untersteirischen Stadt Cilli für Unruhe. Drei Monate vor der Herausgabe eines ähnlichen Organs in Unterkrain („Sloveniens Blatt“, Neustädtl) erschien am 1. April 1848 in Cilli das „Cillier Wochenblatt. Eine Zeitschrift zur Belehrung und Vertretung des Bürger- und Bauernstandes“, dem am 1. Juli 1848 noch die slowenischsprachige Zeitung „Celjske slovenske novine“ [Cillier slowenische Zeitung] folgte[114].

---

111 Ein Fragment des 1793 erschienenen dritten Bandes befindet sich im Bestand der Grazer Universitätsbibliothek (Sig. I 546.787 / -o- VII 1793, Rolle 140).

112 Vgl. Berčič: Tiskarstvo (wie Anm. 7), S. 100 f.

113 Ebd., S. 176.

114 Die Zeitung, die sich für ein gedeihliches Miteinander von Slowenen und Deutschen in der Untersteiermark einsetzte und zugleich die slowenischsprachige Ausgabe des deutschsprachigen „Cillier Wochenblattes“ war, wurde vom Pädagogen, Naturwissenschaftler und Politiker Valentin Konschegg (1816–1899) redigiert, der auch selbst Beiträge für die Zeitung verfasste. Er setzte sich in seinen Artikeln u. a. für die Einführung des Slowenischen in Schulen und Ämtern ein. 1849 trat er der deutschorientierten Partei Krains bei; hauptsächlich jedoch widmete er sich den Naturwissenschaften (vgl. Österreichisches Biographisches Lexikon (fortan ÖBL). Wien 1969. Bd. 4, S. 109). Als Mitarbeiter der Zeitung wirkten nahezu alle bedeutenden slowenischen Intellektuellen jener Zeit und die erste slowenischsprachige Dichterin, Fanny Hausmann (1818–1862), die ihrer Abstammung nach eine Deutsche war, mit.

Das „Cillier Wochenblatt" vertrat unter seinen Redakteuren Vinzenz Prasch und Josef Ganser slowenische Interessen in deutscher Sprache[115]; es sprach sich gegen jeglichen Separatismus aus und verstand sich als Vermittler zwischen Deutschen und Slowenen in Cilli. Die Absichten des Blattes drückte man mit dem Untertitel „Licht, Recht und Wahrheit" aus. In einer Mitteilung in der ersten Ausgabe erklärten die beiden Redakteure, was sie zur Herausgabe bewegt hatte und was sie für ihre wichtigste Aufgabe hielten:

> Bei dem unendlichen Jubel, der in allen Provinzen unserer Monarchie erschallt, hervorgerufen durch die zur Zeit noch unermeßlichen Geschenke, mit welchen uns die Huld unseres gütigen Monarchen beglückte, bei der neuen Gestaltung aller Verhältnisse unseres Staatslebens, geziemt es sich nicht, die Hände müßig in den Schooß zu legen, sondern nach Kräften mitzuwirken zu dem großen Baue, den wir in nächster Zukunft aufführen wollen. Diese Ansicht hat uns geleitet, da wir, den vielseitigen Wünschen entgegen kommend, die Herausgabe einer Zeitschrift unternahmen, welche sich zur Hauptaufgabe macht, unter Wahrung der deutschen Nationalität, in einer *gemeinfaßlichen* Sprache, die großen und wichtigen Fragen der Gegenwart mit Freimuth und Wahrhaftigkeit zu erörtern, Belehrung und wahre Aufklärung unter die sogenannten mittleren niederen Stände zu verbreiten, insbesondere die Zustände des *Bürger-* und *Bauernstandes* zu beleuchten, und diese in den Stand zu setzten, durch richtigen Gebrauch der ihnen gewordenen Zugeständnisse ihre Angelegenheiten nach Recht und Gesetz zu vertreten [...][116].

Das Blatt bestand aus einem Hauptteil, der eine kurze Übersicht zu den wichtigsten Begebenheiten in der Monarchie und eine detailliertere Berichterstattung zu den Ereignissen in der Stadt und ihrer näheren Umgebung enthielt, und einem Anhang, der die Funktion eines „Intelligenzblattes" übernahm, wie es auch die in Krain erschienenen Zeitungen kannten. Ferner veröffentlichte man Notizen zu verschiedenen Themen, Marktpreise, die Namen von kürzlich Verstorbenen, diverse Verlautbarungen usw.[117]

Mitte Mai 1848 wurde auf Initiative des in Cilli ansässigen Juristen Dr. Mathias Foregger (1780–1859) ein Verein zur Vermittlung zwischen den Angehörigen der slawischen und der deutschen Nationalität gegründet. Das Vereinsprogramm, das sich für ein starkes und vereintes Österreich aussprach und die Gleichheit aller Nationen anstrebte, wurde am 18. Mai als Beilage des „Cillier Wochenblattes" veröffentlicht. Zwei Wochen später, am 1. Juli 1848, änderte das Blatt seinen Namen in: „Cillier Zeitung. Zeitschrift für Stadt und Land, mit besonderer Rücksicht auf deutsche und slavische Interessen" um. Die Zeitung, die nun zweimal wöchentlich, jeweils dienstags und freitags, erschien und die Vinzenz Prasch redigierte, wurde zum Organ des oben genannten Vereins und

---

115 Als vor den Wahlen zum Frankfurter Parlament 1848 die Mehrheit der in der Untersteiermark lebenden Deutsch-Österreicher aus politischen Gründen für Großdeutschland Partei ergriff, veröffentlichte das „Cillier Wochenblatt" einen Aufruf an „die slowenischen Brüder", worin ein anonymer Korrespondent aus Wien (unterzeichnet mit V. S...k) die Slowenen vor der Eingliederung in ein zu erwartendes Großdeutschland warnte und sie ermutigte, ein „Vereintes Slowenien" zu fordern (vgl. Cvirn: Trdnjavski trikotnik [wie Anm. 101], S. 13).

116 Cillier Wochenblatt, Nr. 1, v. 1. April 1848, unpag.

117 Vgl. ebd.

vertrat gewissenhaft dessen vorgegebene Richtlinien[118]. Die Zeitung, die übrigens auch in Marburg, Villach und Klagenfurt gelesen wurde[119], konnte sich aber nur bis Ende des Jahres 1848 auf dem Markt halten; am 22. Dezember 1848 erschien wegen zu geringer Nachfrage ihre letzte Nummer.

Fast das gleiche Schicksal ereilte auch die slowenischsprachige Zeitung „Celjske slovenske novine", die Ende des Jahres 1849 eingestellt werden musste: Zu wenige Abonnenten, was damals auch an der hohen Analphabetenrate lag, bedeuteten für beide Unternehmen den finanziellen Ruin. Aber man kann daraus noch etwas anderes schlussfolgern, nämlich dass es den nationalen Konflikt im Jahre 1848 noch nicht gab. Das gilt sowohl für Cilli als auch für Marburg, Pettau und andere kleinere untersteirische Märkte[120].

Nach Einstellung der „Cillier Zeitung" ist in Cilli 26 Jahre lang kein deutschsprachiges Organ mehr erschienen.

1.1.2 Die „Cillier Zeitung", die „Deutsche Wacht" und die „Deutsche Zeitung" als Organe zur Wahrnehmung deutscher Interessen

In den achtziger Jahren des 19. Jahrhunderts wurde der Cillier Unternehmer und Politiker Johann Rakusch (1851–1910)[121], ein Vertreter der radikalen antislowenischen Politik, Eigentümer der ehemaligen Jeretina-Druckerei.

Als Vorläufer der bei Rakusch gedruckten, deutschorientierten „Cillier Zeitung", die den gleichen Titel trug wie die den Slowenen freundlich gegenüberstehende, oben genannte Zeitung des Jahres 1848, gilt der lithographisch hergestellte „Cillier Anzeiger". Er wurde von Hermann Kott[122], der in den 1860er Jahren aus Wien nach Cilli gekommen war, herausgegeben bzw. redigiert und erschien von 1874 bis 1877; jedoch kamen im Jahre 1877 nur drei Nummern

---

118 „Als Organ des Vereines zur Vermittlung der deutschen und slavischen Interessen wird unsere Zeitschrift die beiderseitigen Nationalitäten zu wahren und Versöhnung anzubahnen trachten, jedem Separatismus aber mit aller Kraft entgegen arbeiten" (Cillier Zeitung, Nr. 15, v. 4. Juli 1848, unpag.).

119 Vgl. Mojca M. Peternel: Cillier Zeitung. In: Germanistik im Kontaktraum Europa II. Beiträge zur Literatur. Symposion. Ljubljana, 17.–20. April 2002. Hg. v. Mira Miladinović Zalaznik. Ljubljana 2003, S. 339–358, hier S. 347.

120 Die Identität der Bevölkerungsmehrheit in der Untersteiermark war bis zur Märzrevolution ausgesprochen lokal- und regionalbezogen. Der alte Cillier, Marburger, Pettauer war – ohne Rücksicht auf seine tatsächliche Herkunft – in erster Linie ein Steirer, zudem war er ein selbstbewusster Bürger und Lokalpatriot, der je nach Bedarf deutsch oder slowenisch sprach (vgl. Cvirn: Deutsche und Slowenen [wie Anm. 100], S. 112 f.).

121 Rakusch arbeitete ab 1870 im väterlichen Eisenhüttenwerk, dessen Geschäftsführung er nach dem Tode des einzigen Bruders übernahm. Mit seinem Kapital, das er zu günstigen Bedingungen verlieh, stand er vielen deutschen Unternehmern in Cilli und Umgebung zur Seite. In den Jahren 1903 bis 1906 war er Bürgermeister von Cilli (vgl. Cvirn: Trdnjavski trikotnik [wie Anm. 101], S. 369 f.).

122 Vgl. Pock: Von der deutschen Presse (wie Anm. 105), S. 185; vgl. auch Janez Cvirn: Boj za Celje [Der Kampf um Cilli]. Separatabdruck des „Zgodovinski časopis", Nr. 1, 2, 3, Jg. 42 (1988), S. 12.

zur Auslieferung. Der „Anzeiger", der auf humorvolle Art aktuelle Gemeindeangelegenheiten erörterte, sich aber nie mit Politik beschäftigte[123], wurde zu Beginn des Jahres 1877 eingestellt.

Ab April 1876 erschien in Cilli noch die „Cillier Zeitung", ein Nachrichtenblatt, das über aktuelle politische Ereignisse im In- und Ausland berichtete. Der einleitenden Rubrik „Durch alle Länder" folgten eine lokale Rundschau, Berichte über Landwirtschaft, Handel und Industrie, ferner die Korrespondenzen unter dem Titel „Eingesendet" sowie die Rubrik „Stimmen aus dem Publikum". Bis in die siebziger Jahre des 19. Jahrhunderts enthielt die Zeitung keine antislowenischen Aufrufe, Kommentare oder Berichte. Es wurde zwar viel über die kulturtragende Rolle der deutschen Kultur und die Wichtigkeit der deutschen Sprache diskutiert und eine weitere Verbreitung des Cillier Deutschtums gefordert, doch berichtete die „Cillier Zeitung" durchaus mit Sympathie über slowenische Angelegenheiten. So konnte man z. B. anlässlich des Maskenballs im Slowenischen Lesesaal (čitalnica) in Cilli in der deutschsprachigen Zeitung lesen, dass „die recht animierte Stimmung zeigt, dass der Verein seiner Aufgabe gerecht zu werden strebe"[124]. Es kann sogar festgestellt werden, dass die Zeitung nie gegen die slowenischsprachigen Zeitungen polemisierte, jedoch öfters deutschsprachige Blätter angriff, darunter den in Cilli erscheinenden „Cillier Anzeiger" oder das Organ des Laibacher Deutschtums, das „Laibacher Wochenblatt"[125]. Diese Haltung der „Cillier Zeitung", deren Redaktion im Jahre 1877 in die Hände des deutschsprachigen Lyrikers Franz Tiefenbacher[126] aus Cilli überging, ist bis zu Beginn der achtziger Jahre zu beobachten.

Erst in den letzten Jahrzehnten des 19. Jahrhunderts, so Cvirn, haben der verstärkte Einsatz deutschen Kapitals und die schnelle Entwicklung der Industrie in Cilli dazu geführt, dass sämtliche Einrichtungen der Stadt, seien es Schulen oder Geldinstitute, Gasthäuser oder Vereine, Schwimmbäder oder Friedhöfe, Zeitungen oder Theater, Druckereien oder Geschäfte und sogar Kirchen und Gottesdienste nach dem nationalen Schlüssel aufgeteilt wurden[127]. Fritz Zangger berichtet in seinem 1937 erschienenen Werk „Das ewige Feuer im fernen Land", mit dem Untertitel „Ein deutsches Heimatbuch aus dem Südosten", über das angespannte Verhältnis in Cilli zur Zeit der Jahrhundertwende Folgendes: „Ein Verkehr zwischen den Deutschen und Slowenen war

123 Vgl. Cvirn: Boj za Celje (wie Anm. 122), S. 12.

124 Cillier Zeitung, v. 27. Februar 1877; zit. nach Cvirn: Boj za Celje (wie Anm. 122), S. 13.

125 Vgl. ebd.

126 Franz Tiefenbacher wurde 1826 in Prellenkirchen geboren, kam 1839 nach Graz, wo er auch seine Studien beendete und im Finanzamt tätig war. Vom 1. Mai 1877 bis zum 30. September 1878 redigierte er die „Cillier Zeitung" und trat auch als Literat hervor: 1866 ist in Graz sein Gedichtband „Aus den Bergen" erschienen, zwei Jahre später gab er das historische Schauspiel „Der letzte Babenberg" heraus, 1896 wurde in Cilli auch noch seine Gedichtsammlung „In Freud und Leid" gedruckt (vgl. Wurzbach: Biographisches Lexikon. Bd. 45. Wien 1882, S. 139 f.).

127 Vgl. Cvirn: Deutsche und Slowenen (wie Anm. 100), S. 111.

vollkommen ausgeschlossen. Jeder Deutsche oder jeder Slowene der sich in der Gesellschaft eines nationalen Gegners hätte blicken lassen, wäre also gleich als Verräter angeprangert worden. Nie betrat ein Deutscher einen Gastraum oder einen Tanzboden, wo Slowenen verkehrten, und umgekehrt."[128]

Die Erscheinungsweise der „Cillier Zeitung" war bis zu ihrer Umbenennung in „Deutsche Wacht", ab 1. Januar 1883, zweimal wöchentlich. Ständige Namenswechsel scheinen für diese Zeitung kennzeichnend gewesen zu sein. Nach dem Ersten Weltkrieg erfolgte eine weitere Umgestaltung ihrer Titelseite. Sie erschien 1919 erneut unter dem Namen „Cillier Zeitung", bis sie 1929 eingestellt wurde, um kurz darauf wieder als „Deutsche Zeitung" herausgegeben zu werden. Eines blieb, trotz der häufigen Änderungen der Aufmachung und des Namens, stets gleich: der Anspruch, die nationalen Interessen der Cillier Deutschen vertreten zu wollen.

Die seit 1883 herausgegebene „Deutsche Wacht" erschien, dreispaltig gedruckt, jeweils samstags. Jede Ausgabe enthielt einen Leitartikel und diverse Rubriken wie z. B. „Aus Stadt und Land" und „Vermischtes". Daneben wurden verschiedenste Anzeigen sowie, meistens in der Rubrik „Literatur", kurze Erzählungen veröffentlicht. Sowohl ihre Vorgängerin, die „Cillier Zeitung", wie auch die „Deutsche Wacht" (später auch die „Marburger Zeitung") propagierten die Gedanken des sog. Linzer Programms[129], das unter anderem die Zusammenführung der deutschen nationalen Gruppen in eine einheitliche Organisation forderte, auf höchster Ebene eine Personalunion mit Ungarn anstrebte und politisch, in Form eines Staatsvertrags, eine enge Anlehnung an Deutschland sowie Ähnliches auf dem Gebiet der Wirtschaft (Zollunion) verlangte[130]. Allerdings enthielt das Programm auch soziale Forderungen. So publizierten die „Cillier Zeitung" und die „Deutsche Wacht" diverse Beiträge zur Situation der Arbeiterschaft, traten für die Erhöhung der Löhne ein, nahmen Stellung zu Vorschlägen, die auf die Verbesserung der Bedingungen für junge Gewerbetreibende, Handwerker und Beamte abzielten, und beschäftigten sich mit den Problemen der Landwirte[131]. Die „Deutsche Wacht" hob ferner immer wieder hervor, dass Cilli eine uralte deutsche Stadt sei, die von deutschen Kolonisten auf den Ruinen der alten römischen Siedlung Celeia erbaut worden sei und die bis in die 1870er Jahre hinein ihren deutschen Charakter habe wahren können, also bis zu dem Zeitpunkt, als die Regierung begann, die Slowenisierung der Stadt einzuleiten. Herausgeber und Eigentümer der Zeitung blieb bis zu seinem Tod Johann Rakusch, danach ging die Geschäftsleitung in die Hände des Cillier Juristen und Politikers Richard Foregger (1842–1916) über[132].

---

128 Zit. nach Cvirn: Deutsche und Slowenen (wie Anm. 100), S. 111.

129 Vgl. Cvirn: Trdnjavski trikotnik (wie Anm. 101), S. 105–106.

130 Vgl. ebd.

131 Vgl. ebd., S. 106.

132 Richard Foregger wurde 1897 wegen seiner Verdienste im Zusammenhang mit der Wahrung der Interessen der Deutschen in der Untersteiermark zum Ehrenbürger der Stadt Cilli ernannt (vgl. Cvirn: Trdnjavski trikotnik [wie Anm. 101], S. 359).

Nach dem Ersten Weltkrieg und dem Zerfall der Habsburgermonarchie veränderte sich die Lage der Deutschen in der Untersteiermark über Nacht. Sie befanden sich nun in einem völlig neuen staatlichen Rahmen, sie waren Bürger des Königreichs der Serben, Kroaten und Slowenen geworden. Bei der ersten Volkszählung in diesem Staatsgebilde war nicht mehr wie bisher nach der Umgangs-, sondern nach der Muttersprache gefragt worden. Für Celje (Cilli) hieß das, dass von insgesamt 7.756 Einwohnern nur noch 859 Deutsch als Muttersprache angaben[133]. Die Schulen wurden gemäß einer amtlichen Verordnung vom 16. November 1918 slowenisiert; die neuen Regelungen sahen ferner vor, dass, falls sich genügend Schüler einer anderen im Lande lebenden Nationalität fänden, auch die Gründung von Minderheiten-Schulen erlaubt wäre[134]. Die „Deutsche Wacht" reagierte auf diese Bestimmungen mit Artikeln wie: „Die slovenischen Professoren gegen das Cillier deutsche Gymnasium" (Nr. 9, v. 1. März 1919), „Der Anschluß Deutschösterreichs an Deutschland" (Nr. 9, v. 1. März 1919), „Schließung der deutschen Mittelschulen in Slowenien?" (Nr. 7, v. 15. Februar 1919) usw. Aber die Zeiten hatten sich geändert. 1919 musste die „Deutsche Wacht" ihren Namen, der an die „Wacht an der Kulpa" erinnerte, auf Anordnung der Regierung des SHS-Königreichs ändern. Die amtliche Forderung nach einem neuen Titel teilte die Zeitung ihren Lesern wie folgt mit:

> Die Behörde hat uns gestern den Rat gegeben, den Namen unseres Blattes zu ändern. Wer nun die letzten Monate hier im neuen strengen Staate das Leben als Deutscher mitgemacht hat, der wird nichts Schwächliches darin finden, daß wir so einer Ermahnung der Obrigkeit gleich wie einem Befehle folgen; die Zufälligkeiten des Schicksals haben gegen die politische Stellung der Deutschen und gegen die Achtung vor unseren äußeren Rechten entschieden, und es könnte niemand von uns die Verantwortung auf sich nehmen, den Namen unserer Zeitung um den Preis tatsächlicher Schaden an Leben und Eigenthum unserer Mitbürger erhalten zu wollen.
>
> Und so stimmt es ganz gut, daß wir mit dem Namenwechsel zu einem Inhaltswechsel bewußt hinleiten. Wenn es den Deutschen durch schlechte Fügung der Zeiten schlecht ging, so haben sie an ihrem inneren Menschen mit frischen Kräften zu bauen begonnen, worauf später wieder einmal der ganze Aufstieg des ganzen Volkes beruhte. So soll denn die Politik unter dem neuen Namen immer kärger wegkommen [...]
>
> Dafür bleibt der persönliche Teil aus „Stadt und Land". Dann wollen wir unsere Leser mit den Zeitungsstimmen des Staatsvolkes in Uebersetzungen immer mehr vertraut machen, wichtige Gesetze und Verordnungen sollen gebracht werden, vielleicht auch einmal etwas aus Deutschland oder Deutschösterreich, wirtschaftliche Streiflichter werden gegeben und

---

133 Gemäß der Volkszählung von 1921 betrug der Anteil der Deutschen innerhalb der Grenzen des damaligen slowenischen Gebietes nur noch 3,94 Prozent. Das mag allerdings auch damit zusammenhängen, dass in jenem Jahr die größte Auswanderungswelle deutscher Bürger stattgefunden hatte: Nach dem Ende der Habsburgermonarchie war es zu Massenauswanderungen aus den slowenischen Gebieten gekommen. Erwähnenswert ist ferner die Tatsache, dass die neue SHS-Regierung Pensionszahlungen für ehemalige altösterreichische Beamte einstellte; vgl. Janez Cvirn: Nemci na Slovenskem (1848–1941) [Die Deutschen in den slowenischen Gebieten (1848–1941)]. In: Nemci na Slovenskem. Hg. v. Dušan Nećak. Ljubljana 1998, S. 53–98, hier S. 63 ff.

134 Vgl. ebd., S. 70.

alte Erinnerungen aufgefrischt werden; und schließlich wollen wir auch hier in der Zeitung an unserer eigenen Kultur durch Besprechung und Aufsätze weiterschaffen, wenn in dem ganz gefahrlosen Winkel, den dieses Programm umfaßt, dazu nur etwas Luft gelassen wird.

Der neue Name *Cillier Zeitung* – ein alter Titel aus unpolitischer Zeit – kann erst nächste Woche gebracht werden, weil die Warnung der Behörde erst vor einigen Tagen kam und die Gesetze, die wir jetzt mehr denn je befolgen müssen, bestimmen, daß man den Namenwechsel acht Tage vorher der Behörde anzeigen müsse[135].

Die erste Ausgabe dieser „Cillier Zeitung" erschien am 18. Mai 1919 und trug die Nummer 20, was auf eine ununterbrochene Fortsetzung der „Deutschen Wacht" hinweist. Zunächst erschien die Zeitung wie bisher jeweils samstags, dann, ab 1920, kam sie zweimal wöchentlich zu ihren Lesern. Das äußere Gesamtbild der Zeitschrift blieb erhalten, es kam 1921 lediglich noch eine Rubrik, nämlich das „Feuilleton", hinzu, worin kurze unterhaltsame Erzählungen abgedruckt wurden. Als engagierte und schreibfreudige Mitarbeiterin der Zeitung erwies sich in den Jahren 1920 bis 1928 die Lyrikerin, Erzählerin und Jugendbuchautorin Alma Maximiliana Karlin (1889–1950)[136]. Ferner erscheint erwähnenswert, dass der Chefredakteur um die rechtliche Lage der deutschen Minderheit im neuen staatlichen Rahmen und um den „Internationalen Minderheitsschutz" besorgt war[137].

In der 15. Nummer des 54. Jahrgangs, im Jahre 1929, erschien in der „Cillier Zeitung", die übrigens auch von der Bevölkerung der Gottschee gerne gelesen wurde, der Hinweis, dass man seitens der Behörden aufgefordert worden sei, den Zeitungstitel erneut zu ändern. Außerdem veröffentlichte man einen Brief der Staatsanwaltschaft von Celje, worin es hieß: „Im Sinne eines Rundschreibens des Ministeriums für innere Angelegenheiten werden Sie aufgefordert, hinfort die Namen ausschließlich so anzuwenden, wie ihre amtliche Bezeichnung in unserer Sprache lautet, wozu natürlich auch vor allem die Titelbezeichnung ‚Cillier Zeitung' gehört. Staatsanwaltschaft in Celje, am 10. Febr.

---

135 Deutsche Wacht, Nr. 19, v. 10. Mai 1919, S. 1.

136 Sie war die Tochter eines Offiziers, der vermutlich dem italienisch-österreichischen gräflichen Geschlecht der Carli entstammte, und der slowenischen Lehrerin Vilibalda Miheljak. Wegen einer angeborenen Behinderung war sie teilweise gelähmt. Während des Ersten Weltkrieges flüchtete sie nach Norwegen, wo sie Völkerkunde und Naturwissenschaften studierte. Wieder nach Cilli zurückgekehrt, eröffnete sie eine Sprachenschule und schrieb daneben Artikel und Romane. Im November 1919 brach sie zu einer Weltreise auf. Sie lernte dabei Süd-, Mittel- und Nordamerika, Japan und China kennen. Danach führte sie ihr Weg nach Australien, Neuseeland, Indonesien, Indien und Arabien. Ihre Erlebnisse schilderte sie in Reiseberichten. Im Laufe ihrer neunjährigen Reise korrespondierte Karlin regelmäßig mit rund zwei Dutzend Redaktionen verschiedener Zeitungen und Zeitschriften, die sie mit spannenden Reiseberichten versorgte. Nach Cilli zurückgekehrt schrieb sie für die „Cillier Zeitung"; vgl. ÖBL. Bd. 3. Wien 1965, S. 241 f.; Neva Šlibar: Von einer, die auszog, das Fürchten zu lernen: Alma M. Karlins einsame Weltreise. In: Script (Klagenfurt) 1996, Nr. 9, S. 10–13; Vladimir Šlibar: Članki Alme M. Karlin v Cillier Zeitung 1920–1928 [Die Beiträge von Alma M. Karlin in der Cillier Zeitung 1920–1928]. In: Celjski zbornik 1988, S. 191–198).

137 Cillier Zeitung, Nr. 4, v. 13. Januar 1921, unpag.

1929."[138] Darauf legte sich die Zeitung den Namen „Deutsche Zeitung. Organ für die deutsche Minderheit in Dravabanat" zu, obwohl die Redaktion nur ungern den alten Namen aufgab: „Wir scheiden nicht gern und nicht freiwillig vom alten Namen [...] Die Wahl des neuen Namens fiel nicht schwer. Wir benennen die Zeitung einfach als das, was sie für uns alle und auch in den Augen unserer Gegner ist: die ‚Deutsche Zeitung'."[139]

Die „Deutsche Zeitung", die zum ersten Mal am 24. Februar 1929 erschien, kam jeweils donnerstags und sonntags heraus und enthielt auch eine unterhaltsame illustrierte Beilage, „Das Leben im Bild", die in Berlin gedruckt wurde und wahrscheinlich bis Anfang des Jahres 1936 erschien[140]. Im Jahre 1937, in ihrem 62. Jahrgang, wurde die „Deutsche Zeitung" schließlich eingestellt.

1.1.3 Weitere publizistische Organe in Cilli (Celje)

In der Zwischenkriegszeit (1936) wurde in Celje auch eine wöchentlich erscheinende, dreisprachige, in deutscher, serbokroatischer und slowenischer Sprache gedruckte Zeitung, die „Deutsche-jugoslawische Illustrierte Zeitung" bzw. „Nemačko-jugoslovenske ilustrovane novine", herausgegeben[141]. Im Leitartikel der ersten Ausgabe des Blattes erklärte die Redaktion:

> Die neu erscheinende „Deutsche-jugoslawische Illustrierte Zeitung" soll in erster Linie ein Unterhaltungsblatt mit den neuesten Bildberichten sein. In weitgehendstem Maße jeden Leser zufrieden zu stellen in Wort und Bild, umfasst der Inhalt neben dem Unterhaltungsteil auch Technik, Sport, Humor, eine Plauderecke für die Hausfrau, und sonstiges interessantes Wissenswertes in bunter Abwechslung [...] Um unsere „Illustrierte" möglichst jedermann verständlich zu machen, bringen wir abwechselnd unseren Unterhaltungsteil in deutscher, serbo-kroatischer und slowenischer Sprache[142].

In den Jahren 1919 bis 1940 wurde noch ein „Flugblatt der evangelischen Gemeinden Cilli und Laibach" in Umlauf gebracht[143], ferner erschienen von 1910 bis 1911 in der Stadt auch noch die „Südsteirischen Volksstimmen"[144].

1.2 Die deutschsprachige Presse in Pettau (Ptuj)

Pettau (Ptuj) entwickelte sich bereits im ersten nachchristlichen Jahrhundert zu einer bedeutenden Siedlung, nachdem dort Vespasian im Jahre 69 zum römischen Kaiser ernannt worden war. Petovio, wie die Stadt damals hieß, wurde

138 Cillier Zeitung, Nr. 15, v. 21. Februar 1929, unpag.

139 Ebd.

140 Vgl. Tanja Žigon: Nemško časopisje na Slovenskem [Deutsches Zeitungswesen im slowenischen Raum]. Ljubljana 2001, S. 67. Der heutige Kenntnisstand lässt keine exakten Angaben zur Erscheinungsdauer der Zeitung zu.

141 Bisweilen veröffentlichte die Zeitung auch slowenischsprachige Artikel.

142 Deutsche-jugoslawische Illustrierte Zeitung, Nr. 1, v. 24. Mai 1936, S. 2.

143 Vgl. Bajec: Slovenski časniki (wie Anm. 92), S. 274.

144 Die Zeitschrift erwähnt Cvirn: Trdnjavski trikotnik (wie Anm. 101), S. 353.

zu einem wichtigen militärischen, wirtschaftlichen und administrativen Zentrum. Auch noch im Mittelalter kam der Stadt eine gewisse Bedeutung zu. Sogar Wolfram von Eschenbach kannte anscheinend die Gegend um Cilli und Pettau. In seinem „Parzival" lässt er den Onkel Parzivals, Trevrizent, auch durch die Gegend von Pettau reiten[145]. Die Stadt, die im Herzen des unteren Drautals liegt, verlor allmählich ihre begünstigte Stellung, je näher das 19. Jahrhundert heranrückte. Die Modernisierung, vor allem die Entwicklung der Infrastruktur, machte einen Bogen um Pettau. So verlief die Streckenführung der Ende 1857 fertig gestellten Südbahn Wien–Triest über Marburg und sparte Pettau aus, mit dem Resultat, dass Einwohnerzahl und Bedeutung der Stadt rapide zurückgingen.

Wie die beiden anderen wichtigen Städte der Untersteiermark, Cilli und Marburg, war Pettau sowohl deutsch als auch slowenisch geprägt, wenngleich die Zahl der deutschsprachigen Einwohner die der slowenischsprachigen weit übertraf: In den achtziger Jahren des 19. Jahrhunderts sprachen mehr als drei Viertel der Bevölkerung und im Jahre 1910 sogar fast 86 Prozent deutsch[146]. In der Zwischenkriegszeit verringerte sich aufgrund der veränderten politischen Lage der Anteil der deutschsprachigen Bevölkerung Pettaus: Im Jahre 1931 gaben nur noch 31,1 Prozent Deutsch als Muttersprache an[147]. In den umliegenden Dörfern wurde bereits vor 1919 fast ausschließlich Slowenisch gesprochen[148].

Das Druckereiwesen in Pettau nahm seinen Anfang, als im Jahr 1792 Franz Anton Schütz (1753–1809) dort seine Druckerei einrichtete; jedoch musste die Stadt noch sechzig Jahre warten, ehe die Druckerei-Branche einen echten Aufschwung erlebte. 1852 kam der deutsche Drucker Wilhelm Blanke nach Pettau und gründete eine eigene Buchdruckerei[149]. Zunächst druckte er offizielle Verlautbarungen, aber auch die zwei wichtigsten deutschsprachigen Pettauer Zeitungen kamen aus seiner Presse: der „Pettauer Lokalanzeiger" (1889) und die „Pettauer Zeitung" (1890–1904)[150]. Doch war die erste Pettauer Zeitung, das „Pettauer Wochenblatt"[151], schon einige Jahre früher, 1878, erschienen. Sie

---

145 Ausführlicher hierzu Anton Janko: Die höfische deutsche Dichtung im slovenischen Raum. In: Querschnitte (wie Anm. 5), S. 9–19.

146 Vgl. Brix: Die zahlenmäßige Präsenz (wie Anm. 48), S. 53.

147 Vgl. Arnold Suppan: Slowenen und Deutsche in Krain, der Untersteiermark und in Slowenien in den Volkszählungen 1880, 1910, 1921 und 1931. In: Rumpler/Suppan (Hg.): Geschichte (wie Anm. 48), S. 311–318, hier S. 314; ders.: Zur Lage der Deutschen und Slowenen zwischen 1918 und 1938. Ebd., S. 171–240; Vladimir Klemenčič: Die Deutschen in der Statistik des jugoslawischen Slowenien zwischen den beiden Weltkriegen. Ebd., S. 241–254.

148 1941–1944 wurde die slowenische Bevölkerung teilweise enteignet und deportiert; Deutsche, die ihre Heimat in Südtirol bzw. der Gottschee gemäß dem Abkommen zwischen Mussolini und Hitler von 1939 hatten aufgeben müssen, wurden hier angesiedelt.

149 Die Druckerei war bis 1945 in Betrieb (vgl. Berčič: Tiskarstvo [wie Anm. 7], S. 181, 267).

150 Vgl. ebd., S. 181.

151 Vgl. Pock: Von der deutschen Presse (wie Anm. 105), S. 185.

entstammte der Offzin des im Jahr zuvor in Pettau gegründeten Konkurrenzunternehmens von Jakob Schön[152].

Das jeweils sonntags erschienene „Pettauer Wochenblatt"[153] wurde am 10. Februar 1878 zum ersten Mal seinen Lesern präsentiert. Im Leitartikel teilte die Redaktion, die ein gewisser Josef Jaky innehatte[154], den Lesern mit, dass man beabsichtige, über lokale Begebenheiten, über Ereignisse in Pettau und über das Wirtschaftsleben zu berichten. Die politische Berichterstattung wolle man den anderen größeren und bereits etablierten Journalen der Untersteiermark überlassen (gemeint waren sicher Marburger, Cillier und Grazer Presseorgane). Das Blatt enthielt auch ein erbaulich-unterhaltendes Feuilleton, eine Rubrik, über die man in der ersten Nummer erfährt, dass sie „Romane, Novellen und Erzählungen aus bewährter Feder enthalten [werde]"; „auch haben wir dafür Sorge getragen, daß eine Serie launiger Skizzen unter dem Titel ‚Pettauer Genre-Bilder' von Zeit zu Zeit erscheinen und hauptsächlich lokale Tagesereignisse behandeln wird"[155]. Dem Hauptblatt beigefügt war noch eine informative „Beilage zum Pettauer Wochenblatt", worin Annoncen, Anzeigen, Wetterprognosen, aber auch Kurzgeschichten und Fortsetzungsromane veröffentlicht wurden.

Im Jahre 1889 begann Wilhelm Blanke damit, dreimal monatlich den „Pettauer Lokalanzeiger" herauszugeben[156], der am 1. April 1890 in „Pettauer Zeitung" umbenannt wurde und nun wöchentlich erschien. Wenige Jahre später, ab 1894, begann sich die Zeitung zu einem deutschnationalen Parteiblatt (ab 3. Juli 1898 trug sie den Namen „Pettauer Montag-Zeitung. Deutschnationales Organ für Untersteiermark"[157]) zu entwickeln. Die politische Richtung dieser Zeitung, die 1904 eingestellt wurde, ähnelte der der Cillier „Deutschen Wacht" bzw. der der „Marburger Zeitung". So konnte man am 1. Juli 1894 in der Zeitung folgende Passage lesen:

> Marburg, Cilli und Pettau, diese drei Grenzmarken des Deutschtums in der Untersteiermark, bezeichnen die Linie, die festzuhalten nationale Pflicht ist […] Die Pettauer Zeitung sucht auch heute noch den gesunden Mittelweg einzuhalten; sie läßt sich von den ‚Opportunisten um jeden Preis' ebensowenig nach rechts, wie von den Männern der ‚schärfsten Tonart' nach links drängen […][158].

152 Vgl. ebd.

153 Im Bestand der National- und Universitätsbibliothek von Ljubljana vorhanden (NUK, Sig. II 79432).

154 Vgl. Pock: Von der deutschen Presse (wie Anm. 105), S. 185.

155 Pettauer Wochenblatt, Nr. 1, v. 10. Februar 1878, unpag.

156 Bei Blanke wurde von 1900 bis 1918 auch das slowenischsprachige Blatt „Štajerc" gedruckt, das für die ländliche Bevölkerung bestimmt war und für ein versöhnliches Miteinander der slowenischen Landbevölkerung und der Deutschen in den Städten und Märkten eintrat; jedoch ist die ausgeprägt deutschnationale Einstellung nicht zu übersehen.

157 Die Zeitung wurde von August Heller redigiert (vgl. Pock: Von der deutschen Presse [wie Anm. 105], S. 185).

158 Zit. nach Cvirn: Trdnjavski trikotnik (wie Anm. 101), S. 180.

Außerdem erschien 1901/02 in Pettau jeweils sonntags noch ein „Deutsches Wochenblatt für Untersteiermark“[159] mit der Beilage „Illustriertes Familienblatt“. Das „Deutsche Wochenblatt“ enthielt einen Leitartikel, lokale Nachrichten, Artikel zur Wirtschaft, aber auch Reklame und Anzeigen sowie eine feuilletonartige Rubrik, in der triviale Erzählungen veröffentlicht wurden[160].

1.3 Die deutschsprachige Presse in Marburg an der Drau (Maribor)

Marburg, die Stadt an der Drau, heute Universitäts-, Theater- und Industriestadt sowie zweitgrößte Stadt der Republik Slowenien, wurde 1164 zunächst als Festung in der Grenzmark gegründet. Während der Habsburgerzeit stand sie im Schatten der steirischen Hauptstadt Graz, später, als jugoslawische Stadt, in dem Ljubljanas. Gemäß den Volkszählungen der 1880er Jahre betrug der Anteil der Deutschen in Marburg rund 76 Prozent, während etwa ein Viertel der Bevölkerung (beim Zensus von 1880) Slowenisch als Umgangssprache angab. Dieses Zahlenverhältnis hat sich bis in die Jahre vor Ausbruch des Ersten Weltkrieges nicht wesentlich verändert: Der deutschsprachige Bevölkerungsanteil betrug vor Kriegsbeginn ungefähr 80 Prozent und dominierte das öffentliche Leben[161]. Nach dem Ersten Weltkrieg nahm seine Zahl jedoch rapide ab[162]; da nun nach der Muttersprache gefragt wurde, gaben nur noch 21 Prozent Deutsch an[163].

Die politische Situation in Marburg unterschied sich im Wesentlichen nicht von der in Cilli und Pettau. In der ersten Hälfte des 19. Jahrhunderts, also um die Zeit der Märzrevolution, aber auch noch in den 1850er Jahren suchte die slowenische kulturelle Elite die Ursache für die schwache Stellung des „Slowenischen“ als Umgangssprache nicht wie einige Jahrzehnte später bei den Deutschen, sondern im aufklärungsfeindlichen Absolutismus des Metternichschen Staates, der in nationalen Bewegungen ein zerstörerisches und gefährliches Element sah[164].

---

159 Auch diese Publikation ist in der National- und Universitätsbibliotek von Ljubljana vorhanden (NUK, Sig. II 78176).

160 Ferner erschien in Pettau 1908 die „Südösterreichische Korrespondenz“, zu der ich bis zum Zeitpunkt der vorliegenden Recherche noch keine weiterführenden Erkenntnisse gewonnen habe. Die periodischen Publikationen führt Cvirn an (vgl. Cvirn: Trdnjavski trikotnik [wie Anm. 101], S. 351).

161 Vgl. Brix: Die zahlenmäßige Präsenz (wie Anm. 48), S. 53.

162 Vgl. Anm. 133.

163 Vgl. Cvirn: Nemci na Slovenskem (wie Anm. 133), S. 63. Nach den Angaben des statistischen Büros des Kulturbundes in Slowenien lebten im Januar 1941 im gesamten slowenischen Gebiet 28.075 „Volksdeutsche“. Diese Zahlen unterscheiden sich nicht wesentlich von denen der jugoslawischen Statistik aus dem Jahr 1931, als in Slowenien 25.054 jugoslawische Bürger mit deutscher Muttersprache gezählt wurden (vgl. ebd., S. 68).

164 Vgl. Cvirn: Deutsche und Slowenen (wie Anm. 100), S. 113; vgl. auch Bruno Hartman: Razmerje med nemško in slovenko kulturo v Mariboru do prve svetovne vojne [Das Ver-

Jedenfalls entstand in dieser Zeit in Marburg kein einziges Zeitungsunternehmen, obwohl der erste Drucker der Stadt, Franz Anton Schütz, bereits 1795 mit Genehmigung der Landesregierung seine Druckerei errichtet hatte[165]. Als Schütz 1809 starb, ging sein Betrieb an seinen Stiefsohn Ignaz Dunschegg (1787–1817) über. Als dieser, noch nicht 30 Jahre alt und unverheiratet, ebenfalls verstarb, erbte dessen Gehilfe, Josef Karl Janschitz (1794–1859), der einer alten Marburger Familie entstammte, die Druckerei[166]. In den 1860er Jahren, als auch in Marburg der Prozess der nationalen Differenzierung immer stärker in den Vordergrund trat, übernahm den Betrieb sein Sohn, Eduard Janschitz (1827–1882)[167]. Zunächst nahm auch dieser eher kleinere Aufträge an, indem er sich mit dem Druck von Gymnasialberichten und Rundbriefen über Wasser hielt und nur gelegentlich auch deutsch- bzw. slowenischsprachige Werke, wobei letztere in der Minderzahl waren, druckte. 1862 schließlich ging er das Wagnis ein, eine Zeitung zu gründen, wozu sein Vater aus Furcht vor finanziellem Ruin nie den Mut gehabt hatte. Seine Entscheidung erwies sich als wohlüberlegt und lukrativ: Janschitz' 1862 gegründeter „Correspondent für Untersteiermark" hielt sich bis Ende des Zweiten Weltkriegs auf dem Markt und wurde besser unter dem Namen „Marburger Zeitung" bekannt[168].

---

hältnis zwischen der deutschen und der slowenischen Kultur in Maribor bis zum Ersten Weltkrieg]. In: Friš/Rozman (Hg.): Od Maribora do Trsta (wie Anm. 104), S.193–202.

165 Bei Schütz wurden sowohl slowenisch- als auch deutschsprachige Bücher gedruckt, ferner Rundbriefe, Schulberichte, und behördliche Formulare. Schütz eröffnete in Marburg auch einen Lesesaal, der 1797 wieder geschlossen wurde (vgl. Berčič: Tiskarstvo [wie Anm. 7], S. 103).

166 Vgl. SBL. Bd. 1. Ljubljana 1925–1932, S. 381.

167 In den 1880er Jahren wurde Leopold Kralik (1855–1917), der am 5. Oktober 1882 die Tochter von Eduard Janschitz geheiratet hatte, Besitzer von dessen Druckerei. Nach Kraliks Tod im Jahre 1917 ging der Betrieb gemäß seinem Testament an seine Frau, Karolina Kralik, und seine fünf Kinder über. Die Geschäftsführung der Druckerei (jetzt unter dem Namen „Leopold Kraliks Erben") übernahm Karolina selbst. Jedoch waren in Marburg die Bedingungen für eine deutsche Druckerei höchst ungünstig, so dass dem Unternehmen nur eine kurze Lebensdauer beschieden war. Nach Ende des Ersten Weltkrieges änderte sich die politische Lage zugunsten der Slowenen. Die Besitzerin entschied sich, die Druckerei an die gerade aus der Taufe gehobene slowenische Druckerei-Aktiengesellschaft „Mariborska tiskarna" zu verkaufen. Das geschah im September 1919. Damit endete die Tradition der fast 125 Jahre zuvor gegründeten ersten Druckerei in Maribor. Die „Marburger Zeitung" wurde nach dem Ersten Weltkrieg zunächst im Betrieb „Mariborska tiskarna" gedruckt, dann, von Beginn des Zweiten Weltkriegs an einige Zeit lang in der „Marburger Druckerei" und zuletzt bei der „Marburger Verlags- und Druckereigesellschaft m. b. H." (vgl. Berčič: Tiskarstvo [wie Anm. 7], S. 97–106, 162–176, 382).

168 Vgl. Petra Kramberger: Nemško časopisje v Mariboru v 19. stoletju [Das deutsche Zeitungswesen in Maribor im 19. Jahrhundert]. In Kronika, Nr. 1, Jg. 53 (2005), S. 37–52. Die Autorin behandelt in dieser Studie ausführlich die in Marburg erschienenen deutsch- und slowenischsprachigen Blätter. Ihre neueste Studie widmet sich systematisch diesem bedeutsamen Abschnitt der slowenischen Kulturgeschichte und berücksichtigt auch die slowenisch-deutschen Beziehungen in der Hauptstadt der Untersteiermark.

1.3.1 Vom „Correspondenten für Untersteiermark“ zur „Marburger Zeitung“

Gut 155 Jahre nachdem Laibach im Jahr 1707 seine erste Zeitung erhalten hatte, kam auch in Marburg das erste Blatt aus der Presse. Am 30. März 1862 wurde die erste Ausgabe des „Correspondenten für Untersteiermark“ gedruckt, der sich zu Beginn der Politik weitgehend verschloss[169] und sich auf die Berichterstattung über die Tätigkeiten und das Wirken der untersteirischen Gemeindeausschüsse sowie das Vereinsleben beschränkte[170]. Ferner versprach er in einer frühen Ankündigung, „die Interessen der Deutschen und Slovenen nach dem Grundsatze der vollen Gleichberechtigung zu vertreten und so oft sich uns nur immer Gelegenheit darbieten wird – den Geist der Versöhnung zwischen beiden Nationen zu wecken und zu beleben [zu] trachten“[171]. Die ersten 40 Nummern der jeweils sonntags und donnerstags erschienenen Zeitung redigierte der Gymnasiallehrer Adalbert Swoboda[172], obwohl in der Zeitung Janschitz als verantwortlicher Redakteur genannt wurde[173].

Ab dem 1. April 1863, als ein gewisser Franz Zistler die Redaktion übernommen hatte[174], begann die Zeitung mit der Devise „Gleiches Recht für Alle!“ auch mit der politischen Berichterstattung und sie erschien ab ihrer 45. Ausgabe nun dreimal wöchentlich. Allerdings fasste der „Correspondent“ die Politik mit den sprichwörtlichen „Glacéhandschuhen“ an[175]. Erst Ende des Jahres 1864 und im Frühjahr 1865, als es sowohl wegen der ungarischen Frage als auch wegen der Konflikte mit Preußen zu einer innen- wie außenpolitischen Krise in der Monarchie gekommen war und die verfassungstreue Partei sich von Schmerling abwandte, richtete auch der „Correspondent“ sein Augenmerk immer mehr auch auf aktuelle politische Fragen[176]. Allerdings veränderte sich, nachdem 1865 die Verfassung aufgehoben worden war, auch das

169 Correspondent für Untersteiermark, Nr. 1, v. 30. März 1862, unpag.

170 Vgl. Cvirn: Trdnjavski trikotnik (wie Anm. 101), S. 27.

171 Pränumerations-Einladung. In: Correspondent für Untersteiermark, Nr. 53, v. 28. September 1862, unpag.

172 Swoboda ging dann nach Graz und redigierte dort die „Grazer Tagespost“, wo er Peter Rosegger (1843–1918) kennen lernte (vgl. Cvirn: Trdnjavski trikotnik [wie Anm. 101], S. 27; zu Rosegger vgl. auch: Anton Janko: Das Slowenenbild in Peter Roseggers Reisebeschreibungen. In: Bister/Vodopivec [Hg.]: Kulturelle Wechselseitigkeit [wie Anm. 10], S. 197–206).

173 „Wer heute in die ereignißvolle Vergangenheit des Blattes zurückschaut, wie dasselbe zuerst unter Dr. Adalbert Svoboda's sicherer Hand, der das Blatt schuf und der nachmals als Chefredakteur der ‚Tagespost‘ Jahrzehnte hindurch eine, für die ganze Steiermark segensreiche publizistische Wirksamkeit entfaltete [...]“ (vgl. An unsere Leser. In: Marburger Zeitung, Nr. 38, v. 30. März 1887, unpag.).

174 Er redigierte die Zeitung bis August 1864, danach übernahm Janschitz selbst dieses verantwortungsvolle Amt; ihm folgte bis Ende November 1865 ein gewisser Julius Seeliger, von dem die Redaktion schließlich an Franz Wiesthaler überging.

175 Vgl. Cvirn: Trdnjavski trikotnik (wie Anm. 101), S. 27.

176 Ebd.

slowenisch-deutsche Verhältnis in Marburg. Während die slowenische Seite hoffnungsvoll die föderalistische Umgestaltung der Monarchie willkommen hieß[177], erwiesen sich die verfassungstreuen Deutschen als entschiedene Gegner der neuen Politik des Ministerpräsidenten Belcredi (1823-1902).

Im Dezember 1864 teilte die Redaktion den Lesern mit, dass der Name der Zeitung zum neuen Jahr wieder einmal geändert werde: Am 1. Januar 1865 erschien der „Marburger Korrespondent", der zwar über Politik berichtete, jedoch zum politischen Geschehen keine eigene Meinung vertrat[178]. Den neuen Namen trug die Zeitung nur ein Jahr, denn bereits im folgenden Jahr (1866) kam sie als „Marburger Zeitung" heraus. Unter diesem Namen erschien das Blatt bis 1929 (Nr. 54); vom 1. September bis zum 30. November 1870 trug das Organ den neuen Titel „Tagesbote für Untersteiermark". Ab der Nummer 55 (1929) wurde der Zeitungsname aufgrund der veränderten politischen Situation slowenisiert und lautete nun „Mariborer Zeitung", woraus ab 1941 wieder „Marburger Zeitung" wurde.

Der Leitspruch der Zeitung erschien 1866 auf der ersten Seite oben rechts und lautete „Freiheit, Wohlstand und Bildung für Alle". Das Blatt, das in den verschiedenen Phasen seiner Existenz zweimal- oder dreimal wöchentlich erschien und 1914 in eine Tageszeitung umgewandelt wurde, enthielt lokale Nachrichten, politische Überblicksartikel und Berichte; es verfolgte das Tagesgeschehen und nahm auch zu wirtschaftlichen Themen Stellung; ferner berichtete es über die Geschichte der Stadt Marburg, aber auch über kulturelle Angelegenheiten und über das Theaterleben, außerdem enthielt es die Rubrik Vermischtes, sowie Anzeigen und Annoncen. Politisch gesehen, entwickelte sich das Blatt zunehmend zu einem Organ des untersteirischen Deutschtums, was vor allem in den 1880er Jahren, als nach den Reichsratswahlen von 1885 in der untersteirischen deutschen Politik die Verfechter einer radikalen nationalen Richtung überwogen, deutlich zum Ausdruck kam. So stieß man in der Zeitung immer wieder auf entschlossene Manifestationen der Absichten der Redaktion[179] wie: „[...] wird [die Marburger Zeitung] den einzigen Ehrgeiz darin suchen, ein entschieden deutschnationales Blatt zu sein. Sie wird für das deutsche Volkstum mit aller Kraft und Begeisterung eintreten und in der Stärkung und Erhöhung des deutschen Stammesbewusstseins ihre vornehmste Aufgabe erblicken. Sie wird daher alle Versuche, die deutschnationale Strömung zu stauen, rücksichtslos bekämpfen, mögen dieselben von slavischen Gegnern oder von scheinbar befreundeter Seite ausgehen."[180]

---

177 1865 entstand das sog. „Marburger Programm", das die slowenischen Forderungen nach Vereinigung aller Slowenen auf Grundlage des historischen Rechts, d. h. im innerösterreichischen Rahmen zu begründen versuchte.

178 Vgl. Cvirn: Trdnjavski trikotnik (wie Anm. 101), S. 33.

179 Bis 1945 kamen noch einige weitere Redakteure hinzu, darunter Adolf Harp, Max Besozzi, Hans Kordon, Leopold Kralik, Adolf Huber und Josef Partisch (vgl. Kramberger: Nemško časopisje [wie Anm. 168], S. 41).

180 Einladung zum Bezuge. In: Marburger Zeitung, Nr. 155, v. 28. Dezember 1887, unpag.

Zeit ihres Bestehens enthielt die „Marburger Zeitung" verschiedene Beilagen. Bereits im Jahre 1870 plante man eine Abend-Extrabeilage herauszugeben, die über den Verlauf des deutsch-französischen Krieges berichten sollte. Jedoch scheiterte das Unternehmen weil „eine genügende Anzahl von Pränummeranten [...] sich nicht gezeichnet hat, so wird das beabsichtigte Unternehmen in anderer Form zu Tage treten. Der gefertigte Verleger wird nämlich die ‚Marburger Zeitung' selbst täglich mit Ausnahme der Sonn- und Feiertage in etwas veränderter Form erscheinen lassen. Dieselbe wird als Abendblatt um sechs Uhr ausgegeben [...]"[181]. Doch scheint es, dass auch diese Ankündigung verfrüht veröffentlicht wurde, denn als Tageszeitung erschien das Periodikum nur einen Monat lang. Der erste September brachte erneut eine Veränderung des Titels mit sich, der seitdem „Tagesbote für Untersteiermark" lautete. Der „Bote" erschien ab seiner achten Nummer zusammen mit der slowenischsprachigen Beilage „Slobodni Slovenec" [Der freie Slowene], die samstags herauskam. Auch die slowenischsprachige Beilage vertrat deutsche Interessen. (Das Adjektiv „slobodni", auf Deutsch „frei", spielt auf den Liberalismus an.) Der Herausgeber und Redakteur Janschitz versuchte damit die nichtkonservativen Slowenen für das Deutschtum zu gewinnen[182]. Die Beilage kann als Vorläuferin des Blattes „Štajerski kmet" [Der steirische Bauer], das von Juni 1894 bis April 1895 in Marburg erschien, und des Pettauer Blattes „Štajerc" [Der Steirer] der Jahre 1900–1918 angesehen werden[183].

In den Jahren 1886 bis 1898 enthielt die „Marburger Zeitung" die Literaturbeilage „Sonntags-Beilage der ‚Marburger Zeitung'", bis an deren Stelle ein wahrscheinlich aus finanziellen Gründen in Berlin gedrucktes „Sonntagsblatt. Illustrirte Unterhaltungsbeilage zur ‚Marburger Zeitung'" trat, das im Jahr 1900 durch das „Illustrirte Sonntagsblatt. Gratisbeilage zur ‚Marburger Zeitung'" ersetzt wurde[184].

Die letzte Ausgabe der „Marburger Zeitung", in der seit den 1930er Jahren immer stärker nationalsozialistische Propaganda zum Abdruck gekommen war, erschien am Tag der deutschen Kapitulation, am 8. Mai 1945.

---

181 Pränumerations-Einladung. In: Marburger Zeitung. Probe-Nummer. Abend-Ausgabe, v. 1. August 1870, unpag.

182 Vgl. Janko Glazer: Razprave – članki – ocene [Abhandlungen – Beiträge – Rezensionen]. Hg. v. Viktor Vrbnjak. Maribor 1993, S. 547– 580 u. 590–621, hier S. 653.

183 Vgl. Kramberger: Nemško časopisje (wie Anm. 168), S. 49. Zum politischen Leben in Maribor vor dem Ersten Weltkrieg vgl. die Arbeit von Franc Rozman: Politično življenje Nemcev v Mariboru [Das politische Leben der Deutschen in Maribor]. In: Friš/Rozman (Hg.): Od Maribora do Trsta (wie Anm. 104), S. 51–56.

184 Vgl. Kramberger: Nemško časopisje (wie Anm. 168), S. 41.

1.3.3 Die „Südsteirische Post", die „Südsteirische Presse" und die „Südösterreichischen Stimmen"

Die „Südsteirische Post" war eine politische Zeitschrift, die in deutscher Sprache die Interessen der Slowenen, vor allem der Konservativen in der Untersteiermark, vertrat:

> Vor neun Monaten beschlossen österreichische Patrioten deutscher und slovenischer Zunge in Marburg, der aufstrebenden zweiten Stadt Steiermarks, ein politisches Blatt zu gründen, welches die Abschwächung der Gegensätze, eine beruhigtere Auffassung, eine objektivere Betrachtung der Tagesereignisse zum Zwecke haben sollte. Damit sollte der Wahrheit eine Gasse, der Freiheit eine neue Waffe, der Versöhnung der entzweiten Völker die Bedingungen vorbereitet, dem Zusammenwirken zur Besserung der sozialen und wirtschaftlichen Verhältnisse sichere Bahn gebrochen werden[185].

Die erste Nummer erschien am 6. April 1881. In ihrem Programm betonte die Redaktion der Zeitung, dass sie „auf die gegenseitige Verständigung hinzuwirken bemüht sein und nur dort mit rücksichtsloser Entschiedenheit eingreifen [werde], wo extreme Auffassungen sich Geltung verschaffen und den Bürgerfrieden bedrohen"[186], und stellte befriedigt fest:

> Unser Appell blieb nicht ohne Erfolg. Mit großer Genugthuung konstatiren wir, daß das neue Blatt die ‚Südsteirische Post' in kürzester Zeit trotz heftigster und nichtswürdigster Angriffe seitens der zahlreichen Gegner in ganz Untersteiermark verbreitet und eifrigst von Freund und Feind gelesen wurde. Die Existenz, der Einfluß dieses Blattes hat sich bereits in mehreren Fällen geltend gemacht [...][187]

Die „Südsteirische Post", deren Leitspruch „Alles mit Gott für Kaiser und Vaterland" lautete, erschien zweimal wöchentlich, und enthielt Berichte zu politischen Themen, Wirtschaft, Theater und Kunst sowie Korrespondenzen aus verschiedenen Städten der Untersteiermark aber auch aus Krain. Die Zeitung wechselte einige Male ihren Redakteur; einer von ihnen, der Slowene, Jurist und Politiker Dr. Ivan Dečko (1859–1908), der die Zeitung in den Jahren 1883–1885 redigierte, übte mit seiner Tätigkeit starken Einfluss auf die slowenische Politik in der Untersteiermark aus.

Die letzte Ausgabe der Zeitung erschien am 29. Dezember 1900. Weil ihr damaliger Eigentümer, der Landtagsabgeordnete Mihael Vošnjak (1937–1920), der Bruder des Politikers, Arztes und Erzählers Josip Vošnjak (1834–1911), die Schulden, die hohe Geldstrafen für Pressevergehen verursacht hatten, nicht mehr tilgen konnte, stellte er die Herausgabe ein[188]. Ein neuer Eigentümer gab dem Blatt den Namen „Südsteirische Presse", unter dem es bis 1905 erschien. In diesen beiden Periodika, in der „Südsteirischen Post" und der „Südsteirischen Presse", kann man mit Berechtigung die Vorgänger der seit 1906 herausgegebenen „Südösterreichischen Stimmen" sehen, die bis zum 28. Sep-

---

185 An unsere P. T. Leser. In: Südsteirische Post, Nr. 77, v. 28. Dezember 1881, unpag.
186 Was wir wünschen. In: Südsteirische Post, Nr. 1, v. 6. April 1881, unpag.
187 An unsere P. T. Leser. In: Südsteirische Post, Nr. 77, v. 28. Dezember 1881, unpag.
188 Vgl. Kramberger: Nemško časopisje (wie Anm. 168), S. 46.

tember 1907 gedruckt wurden. In ihrer ersten Nummer versuchte die Zeitung ihre Leser mit folgenden Worten zum regelmäßigen Bezug anzuregen:

> Wollen Sie ein in jeder Hinsicht interessantes Blatt, welches Sie über Politik Oesterreich-Ungarns, sowie über die des Auslandes, über moderne Fortschritte in Kunst, Wissenschaft, Volkswirtschaft und über Tagesneuigkeiten verläßlich und unparteiisch unterrichtet und spannende Romane, Novellen und schöne Erzählungen, praktische Winke für Handel und Gewerbe, Feld- und Hauswirtschaft bietet, so bestellen Sie probeweise die ‚Südösterreichischen Stimmen' […] Denn alles, was sie bringen, soll dienen der Wahrheit, Freiheit und Gerechtigkeit[189].

Die Zeitung enthielt von ihrer ersten Ausgabe an zwei Beilagen: die „Praktischen Mitteilungen für Handel und Gewerbe" und die Unterhaltungsbeilage „Sonntagsblumen".

1.3.4 Weitere deutschsprachige Periodika in Marburg

Neben den erwähnten Zeitungen, die sich überwiegend der Politik widmeten, erschien in Marburg von 1875 bis 1881 fünf- bis sechsmal pro Jahr noch ein volkswirtschaftliches Fachblatt, die „Ampelographischen Berichte". Es widmete sich wirtschaftlichen Themen und feierte Fortschritte in der Landwirtschaft[190]. Als Herausgeber des Blattes trat die Internationale Ampelographische Kommission, unter Hermann Goethe (1837–1911), dem Direktor der von ihm im Jahre 1882 gegründeten Obst- und Weinbauschule in Marburg, auf[191]. Während der Jahre 1875–1878 erschien das Blatt, das bei Eduard Janschitz gedruckt wurde, in Marburg, die neue Serie bzw. die neue Folge (von 1879 bis 1881) kam dagegen in Graz aus der Presse. Nach der Verlegung der Redaktion in die Hauptstadt der Steiermark wurde der Titel des Blattes geringfügig geändert; er lautete nun: „Ampelographische Berichte. Neue Folge. Hg. von der internationalen ampelographischen Commission. Verfasst von Hermann Goethe, Victor Pulliat und Giuseppe di Rovasenda". Und es wurden neue Redakteure eingestellt. Ab dem 1. Oktober 1879 kamen die „Ampelographische Berichte" in deutscher und französischer Sprache zu ihrem Fachpublikum; sie gehörten damit zu den wenigen Presseorganen der Monarchie, die „weit über die Landesgrenze hinaus wirkten"[192].

In Marburg war früher als in anderen Städten der Untersteiermark die sozialdemokratische Bewegung hervorgetreten[193]. Deren Repräsentanten und An-

---

189 Südösterreichische Stimmen, Nr. 1, v. 2. Januar 1906, unpag.

190 Vgl. Friedrich Ahn: Die periodische Presse der Steiermark in den Jahren 1848–1898. Graz 1900, S. 13.

191 Vgl. Pock: Von der deutschen Presse (wie Anm. 105), S. 188; vgl. auch Ahn: Die periodische Presse (wie Anm. 190), S. 35.

192 Vgl. Ahn: Die periodische Presse (wie Anm. 190), S. 35.

193 In Maribor war auch die Bewegung „Los von Rom" sehr verbreitet und in gewissen Kreisen nahmen Übertritte zum evangelischen Bekenntnis zu. Vgl. zum Thema „Sozialdemokratie in Maribor" die Abhandlungen von Franc Rozman: Politično življenje Nemcev (wie

hänger rekrutierten sich fast gänzlich aus dem deutschen Lager und standen nahezu ausschließlich in enger Verbindung mit Graz, während die Beziehungen zur jugoslawischen sozialdemokratischen Bewegung (die entsprechende Partei wurde 1896 gegründet), falls überhaupt, eine eher untergeordnete Rolle spielten[194]. So erschien bereits im Jahre 1885 in Marburg das Sozialdemokratisches Organ der Arbeiterschaft Österreichs, „Die Arbeit". Bei Janschitz gedruckt und zunächst von Michael Schuster redigiert, kam vom 6. August 1885 bis April 1886[195] zweimal monatlich „Die Arbeit" heraus, die „die Entwicklung der Arbeiterbewegung und deren Bedeutung in den Alpenländern zum Gegenstande"[196] hatte. Als Vorgänger dieses Blattes sind das Wiener sozialdemokratische Organ „Die Zukunft" (1879–1884) und „Der Radicale" (1883–1884) aus Reichenberg anzusehen[197]. In Marburg erschienen nur acht Ausgaben, denn ab der neunten Nummer, die am 8. Dezember 1885 herauskam, wurde die Redaktion des Blattes nach Graz verlegt[198]. Als sein Herausgeber trat Johann Rissmann (auch Rismann, Rißmann, Riesman), als erster Redakteur hingegen Michael Schuster auf. In Marburg wurde das Blatt bei Eduard Janschitz' Erben gedruckt, während der Grazer Drucker Karl Huber hieß[199]. Kurze Zeit nach der Verlegung des Blattes nach Graz wollte die Redaktion es wieder in Marburg in der Druckerei von Janschitz drucken lassen; eine diesbezügliche Bitte lehnte der Eigentümer Kralik jedoch ab, weil häufige Konfiskationen von beanstandeten Ausgaben zu beträchtlichen Unannehmlichkeiten geführt hatten[200].

Obwohl es den Anschein hatte, als ob „allgemeiner gehaltene, schöngeistige oder satirische und humoristische Blätter sich gegenüber dem starken Andran-

---

Anm. 183), S. 51–56; ders.: Die Sozialdemokratie in der Untersteiermark und das Problem der nationalen Aufteilung. In: Rumpler/Suppan (Hg.): Geschichte (wie Anm. 48), S. 120–129.

194 Vgl. zu diesem Thema Franc Rozman: Socialistično delavsko gibanje na slovenskem Štajerskem [Die Sozialistische Arbeiterbewegung in der slowenischen Steiermark]. Ljubljana 1979, S. 106–109.

195 Vgl. Kramberger: Nemško časopisje (wie Anm. 168), S. 46–47. Einen gewissen Schuster, der als Redakteur der „Arbeit" hervortrat, erwähnt Franz Rozman: Politično življenje (wie Anm. 183), S. 79. Als sozialistisches Zentralorgan in Österreich-Ungarn gilt die 1889 von Victor Adler (1852–1918) in Wien gegründete „Arbeiter-Zeitung". Adler war ein bedeutender Vertreter der österreichischen Sozialdemokratie und der Arbeiterbewegung sowie Mitbegründer der Ersten Republik. In den slowenischen Gebieten wurde hingegen bevorzugt der 1890 gegründete Grazer „Arbeiterwille", mit dem Untertitel „Sozialdemokratisches Organ der Alpenländer", gelesen (vgl. zu diesem Thema auch Klausjürgen Miersch: Die Arbeiterpresse der Jahre 1869 bis 1889 als Kampfmittel der österreichischen Sozialdemokratie. Wien 1969; Bibliographie zur Geschichte der österreichischen Arbeiterbewegung 1967–1918. Hg. v. Herbert Steiner. Wien 1962). Für wertvolle Hinweise hierzu bedanke ich mich bei Herrn Prof. Dr. Franc Rozman.

196 Ahn: Die periodische Presse (wie Anm. 190), S. 12.

197 Vgl. Kramberger: Nemško časopisje (wie Anm. 168), S. 46 f.

198 Vgl. ebd.

199 Ahn: Die periodische Presse (wie Anm. 190), S. 41.

200 Vgl. Glazer: Razprave (wie Anm. 182), S. 654.

ge von Grazer, Wiener und reichsdeutschen Erscheinungen dieser Art [in Marburg] nicht durch[zu]setzen [vermochten]"[201], erfreute sich im Jahr 1885 beim Leser doch ein humoristisch-satirisches Blättchen, das „Marburger Hans-Jörgel. Wünsche- und Beschwerdeblatt für jedermann. Stupf-, Zupf- und Rupforgan für communale und sonstige Angelegenheiten" größerer Beliebtheit. Dieses wurde zunächst bei Janschitz-Kralik, später bei Lavoslav Kordeš, der 1883 nach Marburg gekommen war, gedruckt[202]. Als Redakteur fungierte ein gewisser Emil Stoerck und später Lavoslav Kordeš selbst. Das Blatt erschien vierzehntägig vom 1. Oktober 1885 bis zum 16. Juni 1886. Insgesamt entstanden nur 18 Nummern: im ersten Jahrgang sechs und im zweiten zwölf[203].

Nachdem das erste Marburger humoristische Blatt eingegangen war, bemühte sich eine weitere deutschsprachige Postille, die „Filarka"[204], diese Marktlücke zu schließen. Dieses humoristisch-satirische Blatt erschien von 1886 bis 1893 jeweils zweimal monatlich. Bedauerlicherweise sind keine Ausgaben der „Filarka" erhalten geblieben: Dass sie überhaupt existiert hat, wird von den Autoren Friedrich Ahn und Friedrich Pock belegt[205].

1.3.5 Die deutschsprachige Presse in Marburg im 20. Jahrhundert

Die radikal und kompromisslos deutschnationale Ausrichtung der „Marburger Zeitung" konnte auf Dauer nicht den Bedürfnissen größerer Kreise der Marburger Bevölkerung gerecht werden. So sind bereits im ersten Jahrzehnt des 20. Jahrhundert einige Konkurrenzblätter erschienen, wie z. B. die „Marburger unabhängige Zeitung", die „Marburger Nachrichten" (1904–1905)[206] und im Jahre 1906 die „Marburger Presse" (1906–1907). Diese wie teilweise auch die von 1909 bis 1918 herausgegebene „Untersteirische Volkszeitung" setzten sich für ein versöhnliches und friedliches Miteinander von Slowenen und Deutschen in Marburg ein. In diesem Bestreben kommen auch gewisse politische Differenzen unter den Marburger Deutschen zum Ausdruck, denn die „Marburger Zeitung" galt auch vielen Deutschen als zu radikal[207]. Auf der anderen Seite existierte in dem von 1917 bis kurz nach dem Ersten Weltkrieg aufgelegten Blatt, der „Deutsche Montag", ein ausgeprägt deutschnational

201 Vgl. Pock: Von der deutschen Presse (wie Anm. 105), S. 188; Ahn: Die periodische Presse (wie Anm. 190), S. 189.

202 Es wäre durchaus möglich, dass dieser Kordeš mit dem in Laibach tätigen Literaten Leopold Kordesch (1808–1879) verwandt war, jedoch fehlt bislang hierfür jedweder Beleg.

203 Vgl. Ahn: Die periodische Presse (wie Anm. 190), S. 41.

204 Der Name klingt slowenisch, wenngleich er in der slowenischen Sprache keine Bedeutung hat.

205 Vgl. Ahn: Die periodische Presse (wie Anm. 190), S. 42; vgl. dazu auch Pock: Von der deutschen Presse (wie Anm. 105), S. 188.

206 Vgl. Cvirn: Trdnjavski trikotnik (wie Anm. 101), S. 335 u. 348.

207 Berčič: Tiskarstvo (wie Anm. 7), S. 176.

orientiertes Organ. Ferner wurde in Maribor von 1919 bis 1936 noch eine sozialistische Tageszeitung, die „Volksstimme“ gedruckt, und schließlich, seit 1908, die „Alpenländische Verkehrszeitung“[208].

Bereits ab den 1910er und 1920er Jahren ging der Anteil der deutschsprachigen Zeitungen in Marburg, wie auch in anderen Städten der Untersteiermark, allmählich zurück. Auch die Auflagehöhen waren verglichen mit denen der slowenischsprachigen Blätter sehr niedrig: Beispielsweise betrug die Auflagenhöhe der „Marburger Zeitung“ im ersten Quartal des Jahres 1901 lediglich 600 Exemplare, während die slowenischsprachigen „Slovenski gospodar“ [Der slowenische Hauswirt] (2.500 Exemplare) oder „Domovina“ [Die Heimat] (2.100 Exemplare) wesentlich höhere Auflagen, der „Štajerc“ [Der Steirer], eine slowenischsprachige Zeitschrift für die Vertretung deutscher Interessen, gar 10.000 Exemplare (1910) zu verzeichnen hatten[209]. Aber auch die Zahl der deutschsprachigen Zeitungen nahm bis Ende des Zweiten Weltkrieges rapide ab; bis ins Jahr 1945 konnte sich nur die „Marburger Zeitung“ halten, alle anderen sind schon früher eingestellt worden.

Während des Zweiten Weltkrieges erschienen in Maribor und anderen Städten und Märkten diverse Publikationen, die der nationalsozialistischen Propaganda dienten. Darunter befanden sich die „Bekanntmachungen“ (1941–1943), das „Befehlsblatt der Bundesführung des Steirischen Heimatbundes“ (1941–1945) u. a.[210] Sämtliche derartige Zeitungen wiesen ähnliche Merkmale auf: Sie waren für Zeitgenossen bestimmt, die „rassisch gesehen zu uns gehören, politisch ihr Bekenntnis zu Führer, Volk und Reich ablegen, jedoch mit den Schlacken einer artfremden Welt behaftet, durch die Schranke der Sprache von uns getrennt [...]“[211].

1.3.6 Die deutschsprachige Presse der Grazer Slowenen

Für Graz müssen für das 19. Jahrhundert zwei für die Slowenen bedeutende Publikationen genannt werden: „Der Aufmerksame“ und die „Steiermärkische Zeitschrift“. Für beide Blätter charakteristisch war die slowenisch-patriotische, „vaterländische“ Ausrichtung. Im „Aufmerksamen“, der von 1812 bis 1842 erschien, wurden Gedichte und slowenische Volkslieder in deutscher Übersetzung veröffentlicht, ferner Reiseberichte, Anekdoten, Erzählungen, Volkssagen aber auch verschiedene historische, topographische, ethnographische Themen

---

208 Vgl. Cvirn: Trdnjavski trikotnik (wie Anm. 101), S. 335.

209 Vgl. hierzu die Statistik zur Auflagenhöhe der deutsch- und slowenischsprachigen Presse in der Untersteiermark für die Zeit von 1886 bis 1911 bei Cvirn: Trdnjavski trikotnik (wie Anm. 101), S. 335–354.

210 Ich verzichte darauf, alle Zeitungen dieser Art aufzuführen; es existierte mehr als ein Dutzend solcher Blätter, die alle demselben Zweck dienten. Bibliographisch werden diese meist unregelmäßig erschienenen Organe in der Übersicht von Jože Bajec (Slovenski časniki [wie Anm. 92]) aufgezählt.

211 Befehlsblatt der Bundesführung des Steirischen Heimatbundes, Nr. 1, v. Januar 1942, S. 3.

angeboten[212]. Die Zeitschrift unterschied sich nicht wesentlich von anderen ähnlichen Publikationen jener Zeit, wie z. B. dem „Laibacher Wochenblatt zum Nützen und Vergnügen" oder der Klagenfurter „Carintia".

Als erster Redakteur zeichnete sich der vielseitig begabte Schriftsteller und Maler Ignaz Kollmann (1775–1837)[213], der durch einen längeren Italienaufenthalt zum hervorragenden Kunstkenner geworden war, aus. Er gründete im Jahre 1812 die literarische Zeitung „Der Aufmerksame", die als schöngeistige Beilage der „Gratzer Zeitung" zum Leser kam. Sie wurde nicht nur in Graz, sondern in ganz Österreich gelesen. Einer ihrer wichtigsten Autoren war Kollmann selbst, der auch für die „Wiener Theaterzeitung" schrieb; unter den slowenischen Mitarbeitern verdient noch der Lyriker, Erzähler, Publizist und Dramatiker Davorin Trstenjak (1817–1890) genannt zu werden. Ab 1837 redigierte sowohl die „Gratzer Zeitung" als auch ihre Literaturbeilage der Historiker und Schriftsteller Adalbert Johann Polsterer (1798–1839), dessen besondere Bedeutung darin liegt, dass er eine umfangreiche topographische Beschreibung von Graz anfertigte[214].

In der „Steiermärkischen Zeitschrift", in Graz von 1834 bis 1848 erschienen und auf Literatur spezialisiert, wurden slowenische Volkslieder samt ihrer Übertragung ins Deutsche abgedruckt. Unter den Redakteuren findet man Namen wie den des Historikers und Philologen Albert Muchar von Ried (1786–1849) oder den des Sprachwissenschaftlers und Politikers Gustav Franz Xaver Schreiner (1793–1872).

2. Die deutschsprachige Presse der Slowenen in Klagenfurt

Slawische Stämme kamen bereits ab dem ausgehenden 6. Jahrhundert im Zuge der Völkerwanderung nach Kärnten. Sie bewohnten ein Gebiet, das sich von der Adria bis zur Donau und von den Quellen der Drau bis in die pannonische Tiefebene erstreckt. Im Raum Kärnten lag das Zentrum dieses frühen slawischen Staatsgebildes, das Karantanien genannt wurde und so lange ein unabhängiges Gebiet blieb, bis es von einfallenden Awaren bedroht wurde. In dieser schwierigen Situation riefen seine Bewohner die benachbarten Bajuwaren zu Hilfe. Gemeinsam konnten die Awaren abgewehrt werden, doch verloren die Karantanen in der Folge schrittweise ihre Unabhängigkeit und wurden im 9. Jahrhundert fränkischer Oberhoheit unterstellt. Im Laufe der nächsten Jahrhunderte bildete sich im Zusammenhang mit der Ansiedlung deutscher Bauern und Handwerker eine deutsch-slowenische Sprachgrenze heraus. Diese blieb vom 15. Jahrhundert bis zur Mitte des 19. Jahrhunderts nahezu unverändert.

---

212 Vgl. Fran Vatovec: Slovenski časnik 1557–1843 [Slowenische Zeitung 1557–1843]. Maribor 1961, S. 246–250.

213 Vgl. ÖBL, Wien 1969. Bd. 4, S. 91.

214 Vgl. ÖBL. Wien 1983. Bd. 8, S. 187.

Nach der Niederlage Napoleons von 1813 wurde Kärnten im Jahre 1816 Teil des sog. Königreichs Illyrien. Während der Revolution von 1848 trat ein erster freigewählter Kärntner Landtag zusammen und es gelang, die Wiederherstellung der Selbständigkeit und der Verwaltungseinheit des Landes innerhalb der Grenzen des Habsburgerreiches durchzusetzen. Nach dem Ersten Weltkrieg sah der Friedensvertrag von St. Germain (1919) die Durchführung einer Volksabstimmung in Südkärnten vor. Das Resultat dieses Plebiszits war die Abtretung des Grenzgebietes an Österreich, die 1920 erfolgte[215]. Gemäß der Czoernig-Statistik des Jahres 1846 gaben in Kärnten 223.033 Personen Deutsch als Muttersprache an, was ungefähr 70 Prozent der Gesamtbevölkerung entsprach; dem gegenüber standen 30 Prozent Slowenisch-Muttersprachler (95.544 Personen)[216]. Bei der Volkszählung des Jahres 1910, bei der jedoch nicht mehr nach der Mutter-, sondern nach der Umgangssprache gefragt worden war, stellte man fest, dass sich 78 Prozent (304.287 Personen) der deutschsprachigen und 21 Prozent (82.212 Personen) der slowenischsprachigen Bevölkerung zugehörig fühlten[217]. Im Süden des heutigen österreichischen Bundeslandes Kärnten lebt noch heute eine slowenische Minderheit. Im Jahre der Unabhängigkeit Sloweniens, 1991, gaben nur noch 15.000 Kärntner Slowenisch als ihre Umgangssprache an, was etwa 3 Prozent der Bevölkerung entspricht[218]. Doch muss man davon ausgehen, dass wesentlich mehr Personen Slowenisch verstehen.

Kärnten, slowenisch Koroška, mit seiner Hauptstadt Klagenfurt (Celovec), trat bereits sehr früh als Zentrum der Buchdruckerkunst hervor; hier entstanden bereits im 18. Jahrhundert auch viele slowenischsprachige Druckerzeugnisse, die vor allem aus dem Kleinmayrschen Betrieb stammten[219]. Die erste periodisch erscheinende Publikation, die in Kleinmayrs Klagenfurter Offizin gedruckt wurde, hieß „Wöchentlicher Auszug von Zeitungen" (1770)[220], aus der 1783 die gleichnamige in Laibach erscheinende Zeitung hervorging. Wahrscheinlich wurde der „Auszug" spätestens 1788[221] – anhand der wenigen erhalten gebliebenen Ausgaben ist die genaue Jahreszahl nicht mehr feststellbar – zur „Klagenfurter Zeitung". Das äußere Gesamtbild der Zeitung entsprach dem der späteren „Laibacher Zeitung", die seit 1784 in Laibach gedruckt wurde, allerdings in einer Filiale des Kleinmayrschen Betriebs:

---

215 Vgl zu diesem Thema Janko Pleterski: Kärntner Volksabstimmung 1920. Versuch des Stichwortes „Kärntner Volksabstimmung". Ljubljana 2003.

216 Vgl. Fran Zwitter: Nacionalni problemi v habsburški monarhiji [Nationale Probleme in der Habsburgermonarchie]. Ljubljana 1962, S. 213.

217 Ebd., S. 221.

218 In ihrem kürzlich in einem seriösen Verlag erschienenen Buch „Slowenien" nennt die Autorin Petra Rehder diese Zahlen (vgl. Petra Rehder: Slowenien. München 1999, S. 181).

219 Vgl. den ersten Teil dieser Studie, S. 213.

220 Die Zeitung wurde zunächst „Wöchentliches Intelligenzblatt" genannt (vgl. Karl Ernst Newole: Die Offizin Kleinmayr in Klagenfurt bis zur Gründung der Zeitschrift „Carinthia". In: Carinthia I, Jg. 144 [1954], S. 417–539, hier S. 524).

221 Vgl. ebd., S. 528.

> Die „Klagenfurter Zeitung“ war sehr amtlich und sehr langweilig. Eigene Berichterstatter konnte sie schon aus wirtschaftlichen Gründen nicht halten. Durch nichts verriet sich im Text die Tatsache, daß es sich um ein Kärntner Blatt handle – wenn man auch auf Lokalnachrichten keinen Wert legte, so fehlte außerdem jede Bezugnahme auf Wünsche des Landes oder seine Kultur[222].

Die Verbreitung von Zeitschriften und Zeitungen in Kärnten setzte Anfang des 19. Jahrhunderts ein. Eine der ersten in Kärnten publizierten regelmäßig erscheinenden Zeitschriften war die „Carinthia“, in der anfangs Artikel in deutscher und in slowenischer Sprache nebeneinander abgedruckt wurden.

2.1 Die Zeitschrift „Carinthia“

Nach dem Tod des Druckers und Verlegers Ignaz Alois Kleinmayr (1745–1802) übernahm zunächst seine Witwe die Geschäftsführung des Familienunternehmens, jedoch konnte sie auch wegen der Napoleonischen Kriege, die das Land nicht unberührt ließen, nicht die gleiche Kraft entwickeln wie ihr Gatte. Im Juli 1810 wurde ein gewisser Anton Gelb zum Pächter des gesamten Kleinmayrschen Betriebs bestellt. Noch im selben Jahr stellte er bei der zuständigen Landesregierung in Graz den Antrag auf Genehmigung zur Herausgabe eines Wochenblattes[223]. Einen besonderen Fürsprecher gewann das neue Unternehmen im Gerichtspräsidenten Franz Josef Graf von Enzenberg (1747–1821)[224], der als Förderer der kulturellen Einrichtungen in Kärnten galt. Dieser setzte durch, wohl im Einvernehmen mit Erzherzog Johann, dass das neue Wochenblatt nicht, wie vorgeschrieben, der Wiener Zensurbehörde unterstellt wurde[225]. Am 1. Juli 1811 erschien die erste Nummer der „Carinthia“, die als wöchentliche Beilage zur „Klagenfurter Zeitung“ vorgesehen war und den Untertitel „Wochenblatt zum Nutzen und Vergnügen“ führte. Allerdings konnte man die „Carinthia“ auch einzeln, d. h. ohne die „Klagenfurter Zeitung“ beziehen. 1814 besaß sie bereits 900 Abonnenten[226]. Als erster Redakteur zeichnete Karl Mercy verantwortlich, ein Schauspieler und gelernter Buchhandlungsgehilfe, der bereits nach drei Monaten seinen Posten abgab. Ihm folgte Dr. Johann Kumpf (1781–1862), den zwei Jahre später der Jurist Dr. Johann Ritter von Jenull (1773–1853) ablöste; 1815 schließlich übernahm der Domprediger und Schriftsteller Martin Mayer (1788–1872) die Redaktion, die er mit einer kurzen Unterbrechung im Jahre 1848 bis 1851 führte. Um die

---

222 Vgl. ebd., S. 532.
223 Vgl. ebd., S. 533.
224 Vgl. ÖBL. Bd. 1. Wien 1957, S. 255.
225 Enzenberg stand in Beziehung zu Lessing, Winckelmann, zum Bildhauer Canova u. a. Die Zensur der „Carinthia“ wurde auf seine Vermittlung hin Professor Flading übertragen, der in Klagenfurt die Befugnis für das Amt des Zensors innehatte. Flading gehörte dem Klagenfurter Intellektuellenkreis an (vgl. ebd., S. 533).
226 Vgl. Karl Ernst Newole: Die Offizin Kleinmayr in Klagenfurt bis zur Gründung der Zeitschrift „Carinthia“. In: Carinthia I, Jg. 146 (1956), S. 295–403, hier S. 295.

„Carinthia" versammelten sich Klagenfurter Literaten, die im Geiste der Aufklärung jeder Nation das Recht auf eigene Sprache, Kultur und Literatur zugestanden. Dank des Einflusses dieser Personen stand die „Carinthia" auch den Slowenen und ihren Wünschen nach mehr Souveränität innerhalb der Donaumonarchie sehr wohlwollend gegenüber. In ihr veröffentlichten auch Slowenen ihre Beiträge und zwar sowohl deutsch- als auch slowenischsprachig. Zu den prominenteren Mitarbeitern der „Carinthia" zählte vor allem der Lyriker, Sprachwissenschaftler, Volkskundler und Historiograph Urban Jarnik (1784–1844)[227], dessen acht slowenisch-patriotische Gedichte in den Jahren 1811 bis 1815 in der Zeitschrift abgedruckt wurden[228].

Die „Carinthia" veröffentlichte neben Erzählungen und Gedichten, die sich thematisch an der Geschichte der Alpenländer orientierten, auch Aufsätze, in denen wirtschaftliche, kulturelle, medizinische und technische Fragen zur Sprache kamen. In diesem Periodikum „vereinigte sich der Josephinismus der Aufklärungszeit aufs Glücklichste mit der Romantik"[229]. Die „Carinthia" entwickelte sich im Laufe der Jahre von der populär-literarischen Zeitungsbeilage zum kritisch wissenschaftlichen Fachorgan für landeskundliche Forschung. Seit 1811 erscheint sie bis auf den heutigen Tag ohne Unterbrechung[230]. Nachdem 1844 der Geschichtsverein und 1848 der Naturwissenschaftliche Verein gegründet worden waren, wurde die „Carinthia" im Jahre 1863 zum Fachorgan dieser Institutionen. 1890/91 erfolgte die Trennung in die „Carinthia I", eine historisch-volkskundliche Zeitschrift, und in die „Carinthia II", die sich naturkundlicher Forschungen annahm. Beide Publikationen, die streng wissenschaftlich ausgerichtet sind, erscheinen noch heute.

Da die wöchentlich herausgegebene „Carinthia" nicht alle literarischen und „vaterländischen" Themen aufgreifen konnte, gründeten ihre Redakteure Kumpf und Mayer im Jahre 1818 noch die „Kärntnerische Zeitschrift"[231], die bis 1835 erschien und sich vor allem mit der Kultur, Literatur und Landeskunde Kärntens befasste. Mit Vorliebe griff die Zeitschrift auch Meilensteine der slowenischen Geschichte auf und setzte sich gerne mit „vaterländischen" Themen auseinander. Einer ihrer eifrigsten Mitarbeiter war der oben bereits erwähnte Urban Jarnik. Die Zeitschrift erschien jedoch sehr unregelmäßig, im Jahre 1835 beispielsweise kamen nur fünf Nummern heraus.

---

227 Jarnik, der auch als Übersetzer Schillers hervortrat, wurde in der slowenischen Literaturgeschichte auch „der Kärntner Vodnik" genannt (Valentin Vodnik gilt als erster slowenischer Lyriker).

228 Vgl. Žigon: Nemško časopisje (wie Anm. 140), S. 73.

229 Vgl. Newole: Die Offizin Kleinmayr (wie Anm. 220), S. 534.

230 Erwähnenswert erscheint, dass die „Carinthia", deren Untertitel seit den 1860er Jahren „Zeitschrift für Vaterlandskunde, Belehrung und Unterhaltung" lautete, von 1866 bis 1868 von Ludwig Ißleib redigiert wurde. Dieser war noch im Jahre 1865 in Laibach als Redakteur für die feuilletonartige Beilage bei der „Laibacher Zeitung" („Blätter aus Krain") tätig.

231 Vgl. Vatovec: Slovenski časnik (wie Anm. 212), S. 240.

2.2 Die „Stimmen aus Innerösterreich“

Während in der Hauptstadt Krains seit 1860 die Gründung eines slowenischen politischen Blattes diskutiert und in Form des seit 1863 erschienenen „Naprej“ [Vorwärts] Wirklichkeit wurde, gründete Andrej Einspieler (1813–1888)[232] am 1. Juli 1861 die Zeitschrift „Stimmen aus Innerösterreich“, die auch in Laibach gern gelesen wurde und die den Lesern zuvor besonders von der Zeitung „Novice“ wärmstens empfohlen worden war[233].

Einspieler, Geistlicher und Politiker, war daneben noch Mitbegründer des ältesten Verlages in Kärnten, dem der Hermagoras-Bruderschaft (Mohorjeva založba). Er gehörte drei Regierungsperioden lang als Abgeordneter dem Kärntner Landtag an, außerdem war er über einen längeren Zeitraum hinweg Mitglied des Klagenfurter Gemeinderates. Aber vor allem trat er als unermüdlicher Publizist hervor: Die Gründung mehrerer slowenischer Zeitschriften und Zeitungen, darunter die von 1882 bis 1920 erschienene „Mir“ [Der Frieden], lange Zeit das Zentralorgan der Kärntner Slowenen, geht auf ihn zurück. Gleichzeitig fungierte er aber auch als Herausgeber deutschsprachiger Blätter, wie der „Draupost“ (1863–1866) und des „Kärntner Blattes“ (1869–1883). Mit diesen Presseorganen beabsichtigte Einspieler, der als Mann des Ausgleichs bekannt war und der trotz klarer nationaler, aber keineswegs nationalistischer Positionen als Slowene stets das Einvernehmen mit dem Mehrheitsvolk suchte, seinen deutschsprachigen Landsleuten objektive Informationen und Aufklärung über die Standpunkte und Bedürfnisse der slowenischen Volksgruppe zu vermitteln.

Einspielers „Stimmen aus Innerösterreich“, die im Untertitel „Beiträge zur Durchführung der nationalen, religiösen und politischen Gleichberechtigung“ hießen, enthielten Artikel belehrend-informativen Charakters, befassten sich mit nationalen, politischen, religiösen, sozialen und solchen Fragen, die sich auf den Bereich der Administration bezogen. Darüber hinaus wurden hier auch Korrespondentenberichte, Berichte aus dem Landtag und verschiedene sonstige Nachrichten veröffentlicht. In ihrem dritten Erscheinungsjahr, als die „Stimmen“ bereits eine Tageszeitung waren, erhielten sie auch ein gut redigiertes Feuilleton, das sich literarischen Themen widmete und für ihren vierten Jahrgang, der nicht mehr erschienen ist, waren auch noch humoristische Beiträge angekündigt worden[234].

---

232 Mehr zu seiner Person vgl. SBL. Bd. 1. Ljubljana 1925–1932, S. 151–155. Vgl. auch Stane Granda: Andrej Einspieler in revolucionarno leto 1848/49 [Andrej Einspieler und das Revolutionsjahr 1848/49]. In: Einspielerjev simpozij v Rimu. Celje 1997, S. 147–161.

233 Novice, Nr. 52, v. 25. Dezember 1861, S. 428.

234 Vgl. Ivan Prijatelj: Slovenska kulturno politična in slovstvena zgodovina 1848–1895 [Slowenische kulturpolitische und Literaturgeschichte 1848–1895]. Bd. 2. Ljubljana 1956, S. 356 f.

2.3 Weitere Periodika in Klagenfurt

Zu nennen bleiben noch Zeitungen, die auch in anderen Regionen, vor allem aber in Krain, ihre Leser fanden. Die meisten dieser Organe wurden, wie in Krain auch, von der regionalen, also der Kärntner Landwirtschaftsgesellschaft verlegt und herausgegeben, darunter „Blätter für Landwirtschaft und Industrie"[235] und „Mitteilungen über Gegenstände der Landwirtschaft und Industrie Kärntens", die 1839 erschienen sind. Für beide Zeitschriften war als Mitglied der Landwirtschaftsgesellschaft auch der Slowene Matija Ahacel (1779–1845) tätig.

Am 28. Juni 1919 wurde in Klagenfurt die Zeitung „Klagenfurter Nachrichten" gegründet, die von sich behauptete, „an keine Partei gebunden" zu sein und „kein Parteiprogramm" zu haben:

> Frei und offen – an keine Parteirichtung gebunden – wollen wir durch eine objektive Berichterstattung jene unterstützen, die selbständig denken und auf Grund von mitgeteilten Tatsachen, frei von Vorurteilen und Parteirücksichten, die richtigen Schlüsse ziehen und daraus den besten Weg finden können, der aus den jetzigen schwierigen Verhältnissen herausführt[236].

Ab der 14. Nummer, vom 2. August 1919 an, trug die Zeitung den Namen „Draupost", wurde seitdem in Maribor herausgegeben[237] und erschien zweimal wöchentlich, im Frühjahr 1920 sogar dreimal pro Woche und galt als „Organ der jugoslawischen Propaganda vor der Kärntner Volksabstimmung"[238]. Ihre letzte Nummer erschien am 12. Oktober 1920.

Während des Ersten Weltkrieges kam in Kärnten eine „Karnisch-Julische Kriegszeitung" zur Auslieferung[239], die für die Soldaten an der Front bestimmt war. Besonders festlich und reichhaltig ausgestattet gestaltete man jeweils deren Weihnachts- und Feiertagsausgaben. Diese Zeitung diente allein der Erbauung und Unterhaltung der weit von ihrer Heimat im Felde stehenden Soldaten.

3. Die deutschsprachige Presse in Triest und Görz

In keinem Verwaltungsgebiet der Habsburgermonarchie war auf so kleinem Raum die Bevölkerung derart ethnisch gemischt wie in den an der oberen Adria

---

235 Die Publikation ist in den Jahren 1831, 1833, 1837 und 1839 erschienen (vgl. Smilja Amon: Nemško časopisje na Slovenskem [Das deutschsprachige Zeitungswesen im slowenischen Raum]. In: Teorija in praksa [Theorie und Praxis] 25 [1988], Nr. 9/10, S. 1329–1333).

236 Klagenfurter Nachrichten, Nr. 1, v. 28. Juni 1919, unpag.

237 Vgl. Žigon: Nemško časopisje (wie Anm. 140), S. 76.

238 Vgl. Hermann Sagl / Ladislavus Lang: Verzeichnis österreichischer Zeitungen 1800–1945. Wien 1993, S. 74.

239 Einige Ausgaben liegen in der Nationalbibliothek Ljubljana vor, Sig. II 79407.

gelegenen Kronländern Görz-Gradisca, Istrien und Triest[240]. Im Jahre 1816 bildete Fürst Metternich (1773–1859) nach dem Ende der 1809 entstandenen Napoleonischen „Illyrischen Provinzen“ das Königreich Illyrien. Dazu gehörten Teile von Innerösterreich (Krain, Kärnten, Triest), Teile des wieder gewonnenen Venetien und ein kleiner Teil Kroatiens (das Land an der Kulpa und das Gebiet am rechten Saveufer)[241]. 1849 kam es im Rahmen der Neuorganisation des Reiches, gemäß den zentralistischen Grundsätzen der Märzverfassung, zur Auflösung der ehemaligen illyrischen Verwaltungseinheit. Innenminister Bach setzte sein Konzept der Vereinigung von Görz und Istrien sowie der verwaltungsmäßigen Unterordnung Triests unter einen gemeinsamen küstenländischen Statthalter durch. Mit dem kaiserlichen Patent vom 30. Dezember 1849 wurde die Gleichberechtigung aller Völker in Görz-Gradisca und Istrien proklamiert. Als die Italiener in den Provinzen sich auf dieses Patent beriefen und das Italienische als ausschließliche Geschäfts- und Korrespondenzsprache forderten, reagierte Minister Graf Stadion ablehnend, wobei er begründete, die Italiener seien in Istrien nur eine Minderheit. Nach Erlass des Silvesterpatents von 1851 trat vor allem im Schulwesen die deutsche Sprache, die in früheren Jahrhunderten hier bereits eine dominierende Rolle gespielt hatte, wieder in den Vordergrund. Das Italienische konnte jedoch aus dem Verwaltungswesen nicht verbannt werden. Außerdem ergingen bis 1864 aufgrund von ständigen Eingaben von Bürgern slawischer Abstammung Verfügungen der Zentralbehörden, die auch den Gebrauch der serbo-kroatischen bzw. der slowenischen Sprache bei den Behörden sicherstellten. Es bleibt festzuhalten, dass im Küstenlande alle genannten Sprachen als Amts- und Landessprachen zugelassen waren: In Görz und Gradisca sowie in Triest waren neben dem Deutschen nur Italienisch und Slowenisch, in Istrien nur Italienisch und Serbokroatisch erlaubt. Es gab jedoch auch Bezirke, in denen alle vier Sprachen gleichberechtigt nebeneinander standen. Während in Görz-Gradisca die Doppelsprachigkeit von der autonomen Landesbehörde anerkannt wurde, befanden sich die entsprechenden Instanzen von Triest und Istrien im Kreuzfeuer von Slawen und

---

240 Die Länder um Görz bildeten das österreichische Kronland *Görz und Gradisca* (2.918 km² mit ungefähr 240.000 Einwohnern im Jahr 1900), das mit Triest und Istrien zum Küstenland vereinigt worden war. 1918 fiel das gesamte Gebiet an Italien, 1947 der größte Teil an die spätere Sozialistische Föderative Republik Jugoslawien.

241 Die kulturellen und politischen Zentren dieser Verwaltungseinheit, die den größten Teil des slowenischen Siedlungsgebietes umfasste, waren Laibach und Triest als Sitze von Gubernien (in Österreich 1763–1848 Bezeichnung für die kollegiale landesfürstliche Verwaltungsbehörde eines österreichischen Kronlandes, der meist ein Landeshauptmann vorstand) mit den Kreisen Laibach, Neustädtl (Novo mesto), Adelsberg (Postojna), Villach (Beljak), seit 1825 auch Klagenfurt (Celovec) bzw. Triest, Görz (Gorica) und Mitterburg (Pazin). In dieser Verwaltungseinheit stellten die Slowenen den stärksten Bevölkerungsteil. Vgl. Helmut Rumpler: Zentralistische Reichspolitik. In: Rumpler/Suppan (Hg.): Geschichte (wie Anm. 48), S. 63–84, hier S. 64.

Italienern, die beide auf ihr „historisches Recht“ pochten. Dies wurde zum Nährboden für so manche nationale Streitigkeit[242].

Der Adel, das Bürgertum und auch ein großer Teil der Beamtenschaft in den küstenländischen Städten war italienischer Herkunft. Der Anteil der deutschsprachigen Bevölkerung in Triest betrug im Jahre 1846 ungefähr 10 Prozent (8.000 Personen); ihre Anzahl sank bis 1880 auf 4,3 Prozent (5.141 Personen) und stieg bis 1910 wieder auf 6,2 Prozent (11.856 Personen) an. Ähnliches gilt auch für die Region Görz (Gorica/Gorizia). Hier lebte im Jahre 1910 der niedrigste deutschsprachige Bevölkerungsanteil. Er betrug nur 1,8 Prozent (4.486 Personen). Die deutsche Bevölkerung der Region konzentrierte sich damals vornehmlich auf die Stadt Görz: 1910 lebten dort 3.236 Personen mit deutscher Muttersprache, was 11,1 Prozent der Stadtbevölkerung entsprach[243].

Neben zahlreichen italienischen und slowenischen Druckerzeugnissen entstanden in Triest und Görz auch deutsche Bücher, Zeitungen und Zeitschriften, die von Tagesblättern über Vereinsorgane bis hin zu Fachzeitschriften reichten. Es wird nachfolgend vornehmlich auf diejenige deutschsprachige Presse näher eingegangen, die im kulturellen, literarischen und politischen Leben ihrer Zeit eine bedeutendere Rolle spielte.

3.1 Die deutschsprachige Presse in Triest

3.1.1 Der „Triester Weltkorrespondent“ und andere Blätter für Politik und Wirtschaft in Triest

Im Jahre 1781 gab der in Wien geborene Christian Hieronymus von Moll (1750 – nach 1823)[244], das erste deutschsprachige, zweimal pro Woche, jeweils montags und freitags, erscheinende Blatt, den „Triester Weltkorrespondenten“, heraus[245]. Moll benachrichtigte seine Leser vom Erscheinen des „Korrespondenten“ in einem Anhang zum „Triester Kaufmannsalmanach für das Jahr

242 Alfred Manussi-Montesole: Die Adrialänder. In: Das Nationalitätenrecht des alten Österreich. Hg. v. Karl Gottfried Hugelmann. Wien, Leipzig 1934, S. 569–864. Vgl. auch Ernst C. Hellbling: Die Landesverwaltung in Cisleithanien. In: Wandruszka/Urbanitsch (Hg.): Die Habsburgermonarchie (wie Anm. 10). Bd. II, S. 190–468, hier S. 253 f.

243 Vgl. Brix: Die zahlenmäßige Präsenz (wie Anm. 48), S. 55 f.

244 Moll war eine vielseitige Persönlichkeit: Als Dramatiker, Publizist und Theaterdirektor machte er von sich reden. In der Theatersaison 1777/78 trat er im Wiener Kärntnertheater mit Pantomimen auf und leitete danach das deutsche Theater in Pressburg. Ab 1781 betätigte er sich als Buchhändler in Triest, dann ab 1785 in Agram und gegen Ende der achtziger Jahre in Budapest. Im Jahre 1802 stößt man wieder in Pressburg auf seinen Namen: Er bekleidete dort den Posten des Redakteurs der Zeitschrift „Neuer Courier aus Ungarn“. Zu seiner Person vgl. Wurzbach: Biographisches Lexikon des Kaiserthums Österreich. Bd. 19. Wien 1868, S. 13.

245 Das erste italienische Blatt, „L'Osservatore Triestino“, erschien 1784. Im gleichen Jahr entstand in Laibach die „Laibacher Zeitung“.

1782", der ebenfalls von ihm redigiert wurde[246]. In dieser Mitteilung, die man gleichzeitig als Reklame für einen regelmäßigen Bezug ansehen kann, informierte er darüber, dass der „Weltkorrespondent" bereits seit einem Jahr erscheine und u. a. Nachrichten aus dem kaufmännisch-statistischen Bereich, aber auch Berichte über die neueste italienische Literatur enthalte. In dieser Art Berichterstattung spiegeln sich die tatsächlichen Verhältnisse in Triest wider: zum einen wirtschaftliche Abhängigkeit von Österreich und zum anderen die Bedeutung des italienischen Kulturlebens[247]. Allerdings kann man anhand der wenigen erhalten gebliebenen Exemplare des „Korrespondenten" nicht richtig einschätzen, inwiefern es dem Redakteur gelungen war, seine programmatische Vorgabe auch einzuhalten. Doch gibt uns die Ausgabe vom 24. September 1781 – es handelt sich um die Nummer 60 – einen anderen wichtigen Hinweis. Auf der letzten Seite dieses Blattes befindet sich nämlich eine Aufzählung der in der „Korrespondenten"-Redaktion vorhandenen deutschsprachigen Bücher; ein Exemplar jedes Buches – so heißt es in der Nachricht – steht dem Literaturkreis in Triest zur Verfügung[248]. Das weist darauf hin, dass man in Triest deutschsprachige Bücher nicht nur im Handel erwerben konnte, sondern dass in der Stadt schon relativ früh auch ein deutschsprachiger literarischer Zirkel existierte.

Doch waren die beiden bereits erwähnten, von Moll herausgegebenen Blätter nicht die einzigen mit politischen und wirtschaftlichen Schwerpunkten in ihrer Berichterstattung im Triest des 18. Jahrhunderts. Am 5. Januar 1784 erschien zum ersten Mal die „Triester politische und Handlungs-Zeitung", die ebenfalls bei Trattner[249] gedruckt wurde. Diese jeweils montags und freitags herausgegebene Zeitung, die mit dem Laibacher „Kundschaftsblatt" verglichen werden kann, bemühte sich möglichst über alle bedeutenden politischen Ereignisse in Europa sowie über das Wirtschaftsleben in Triest zuverlässig zu berichten. Die Zeitung erfreute sich daher eines guten Rufes und war vor allem bei Kaufleuten in Triest wegen ihrer Informationen zu Devisenkursen und

---

246 Hieronymus Moll gilt auch als Autor des 1782 herausgegebenen Buches „Historisch-statistische Beschreibung der Stadt Triest", das die allgemeinen statistischen und ökonomischen Verhältnisse in Triest, aber auch die des Auslands im 18. Jahrhundert behandelt (vgl. Silvana de Lugnani: La cultura tedesca a Trieste dalla fine del 1700 al tramonto dell'Impero absburgico. Trieste 1986, S. 17).

247 Vgl. ebd., S. 15.

248 Vgl. ebd., S. 16.

249 Johann Thomas von Trattner war als Buchdrucker, Verleger und Buchhändler tätig. Im Jahre 1748 übernahm er eine Druckerei in Wien; 1752 wurde er durch Vermittlung von Gerard van Swieten, dem Leibarzt und Berater Maria Theresias, Hofbuchhändler und 1754 Hofbuchdrucker. 1752 erhielt er den Druckauftrag für alle in Österreich herausgegebenen Lehr- und Schulbücher und baute zu diesem Zweck einen Großbetrieb in Lerchenfeld auf. In den Jahren 1767 und 1786 errichtete er Papierfabriken in Franzensthal bei Ebergassing in Niederösterreich. Mehrere seiner Mitarbeiter gründeten Zweigstellen seiner Druckerei in österreichischen Städten. Der erste Pächter der Triester Offizin war Francesco Winckowitz, Trattners Schwiegersohn (vgl. Cesare Pagnini: I giornali di Trieste. Trieste 1959, S. 12).

Marktpreisen, aber auch wegen der angegebenen Termine von Versteigerungen, ihren Hinweisen zu Versicherungen von Waren und der Wiedergabe von offiziellen Verlautbarungen und Proklamationen sehr beliebt. Anhand der erhalten gebliebenen Exemplare ist nicht mehr exakt feststellbar, bis wann die Zeitung erschienen ist; man kann wohl davon ausgehen, dass die letzte Ausgabe im Juli 1784 zu ihren Lesern kam. Dieser Zeitpunkt fällt mit dem der erstmaligen Herausgabe der italienischen Zeitung „Osservatore Triestino" zusammen, was zur Vermutung Anlass gibt, dass man das deutschsprachige Blatt einstellte, weil man damit rechnete, dass die meisten Leser sich dem italienischen Blatt zuwenden würden. Diese These scheint plausibel zu sein, vor allem weil keine weiteren Exemplare der deutschsprachigen Zeitung aus der zweiten Hälfte des 18. Jahrhunderts aufgetaucht sind.

Andererseits wäre es wohl nicht zulässig hier in umgekehrter Richtung zu schlussfolgern, denn das Erscheinen dieser einen italienischsprachigen Zeitung bedeutete noch längst nicht, dass die Zeiten deutschsprachiger Blätter endgültig vorbei waren. So erschien im Triest des Jahres 1786 erneut ein, wenn auch kurzlebiges, Handelsblatt in deutscher Sprache. Es hieß „Nachrichten und Vorfallenheiten der See- und Handelsstadt Triest". Dieses Wochenblatt, das sich an Seehandel treibende Kaufleute wendete und ebenfalls in der Trattnerschen Offizin gedruckt wurde[250], konnte sich nicht länger als einige Monate auf dem Markt behaupten.

3.1.2 Das „Journal des österreichischen Lloyd"

Ende des 18. Jahrhunderts bekam Triest die Folgen der Napoleonischen Kriege zu spüren. Ebenso wie in Krain gaben die französischen Machthaber in Triest ihre eigenen journalistischen Organe heraus; dabei handelte es sich vor allem um die ab 1810 herausgegebene italienische Ausgabe des „Télégraphe Officiel des Provinces Illyriennes" („Provincie Illiriche – Telegrafo Officiale")[251]. Es scheint, als hätte die Hafenstadt in den Jahren 1797 bis 1814 zwischen drei Feuern gestanden, nämlich zwischen Österreich, Frankreich und Italien. Die erste Hälfte des 19. Jahrhunderts verlief für die Bevölkerung von Triest im Zeichen der Suche nach einer eigenen nationalen Identität, vor allem auf dem Gebiet der Kultur, ähnlich wie es zur selben Zeit in Krain der Fall war. Sozialgeschichtlich gesehen, entstand eine wohlhabende bürgerliche Schicht, die die finanzielle Macht in Händen hielt. In den 1830er Jahren wuchsen bedeutende und bald einflussreiche Unternehmen wie Pilze aus dem Boden: 1831 wurde die Versicherungsgesellschaft Generali gegründet, fünf Jahre später der Österreichische Lloyd, 1837 noch das zum Österreichische Lloyd

250 Damals hatte Johann Thomas Höhenberger aus Prag die Leitung des Betriebs übernommen (vgl. ebd., S. 25).

251 In der Zeit des französischen Interregnums erfolgte die Umbenennung des „Osservatore Triestino" in „Osservatore Illirico" (vgl. ebd., S. 42).

gehörende Arsenal und 1840 die Schiffswerft San Marco, der 1846 noch eine Metallgießerei folgte.

Diese wirtschaftliche Aufwärtsentwicklung spiegelte sich auch im Bereich des Zeitungswesens wider. 1835 erschien in Triest die italienische Zeitschrift „Giornale del Lloyd Austriaco". Dieser schloss sich am 5. Januar 1836 noch eine deutschsprachige Fassung, das „Journal des österreichischen Lloyd", an. Es handelte sich dabei immer noch um inhaltlich streng auf Wirtschaftsthemen ausgerichtete Blätter. Das Unternehmen Lloyd begnügte sich aber anscheinend nicht damit und beabsichtigte in seine „Finanzblätter" auch noch die Rubriken Kultur, Gesellschaftsleben und Literatur aufzunehmen. Dabei geriet die österreichische Ausgabe des „Lloyd" an dieselbe Zensurinstitution bzw. Polizeibehörde in Wien unter Joseph Graf Sedlnitzky, gegen die auch der Krainer Literat Leopold Kordesch im Zusammenhang mit der Herausgabe seiner Zeitschrift „Carniolia" zu kämpfen hatte[252]. Die Erlaubnis zur Herausgabe einer Zeitschrift für Kultur und Politik, eben das Profil, welches sich das „Journal des österreichischen Lloyd" gerne zulegen wollte, wurde nicht erteilt, lediglich genehmigte man eine Zeitschrift für den Handelsverkehr bzw. zur Information über aktuelle wirtschaftliche Ereignisse in der Habsburgermonarchie. Auch der Literat Jakob Löwenthal, der im Jahre 1839 einer der Redakteure des „Journal" geworden war, setzte, unterstützt vom Mitbegründer und ersten Präsidenten des Österreichischen Lloyd, Karl Ludwig Freiherr von Bruck (1878–1860)[253], alle Hoffnungen auf die Herausgabe einer Zeitschrift für Literatur. Auch er scheiterte am strengen und pedantischen Sedlnitzky. Von 1844 bis 1848 redigierte Ernst Schwarzer von Heldenstamm (1809–1860) das „Journal des österreichischen Lloyd"[254]. Im Juli 1848 ernannte man ihn zum Minister für öffentliche Arbeiten, aber später wurde er erneut als Redakteur tätig, diesmal bei der „Allgemeinen österreichischen Zeitung". Schwarzer bemühte sich die Qualität des Blattes zu verbessern, um damit auch anspruchsvollere Leser zu gewinnen. Als er in den Revolutionstagen des Jahres 1848 Triest verließ und nach Wien zurückkehrte, übernahm der in Peine (bei Hannover) geborene Lyriker, Erzähler und Gelehrte Friedrich Martin Bodenstedt (1819–1892) die Redaktion des „Lloyd"[255].

---

252 Vgl. das Kapitel über die „Carniolia" im ersten Teil dieser Arbeit.

253 Bruck, ein erfolgreicher Staatsmann, trat auch als Begründer der Triester Börse hervor; von 1848 bis1851 bekleidete er den Posten des Handels-, und von 1855 bis 1860 den des Finanzministers. 1860 schied er freiwillig aus dem Leben.

254 Vgl. Constant von Wurzbach: Biographisches Lexikon des Kaiserthums Österreich. Bd. 32. Wien 1876, S. 328–336.

255 Bodenstedt musste zunächst gemäß dem Willen seiner Eltern eine kaufmännische Laufbahn einschlagen, gab aber diese bald auf und studierte an den Universitäten von Göttingen, München und Berlin, wo er sich hauptsächlich mit Literaturgeschichte und Linguistik beschäftigte. Im Alter von 22 Jahren wurde er Erzieher des jungen Fürsten Gallizin in Moskau; dort lernte er die slawische Lebensweise kennen und vertiefte seine Sprachkenntnisse. Von Moskau aus ging er 1844 auf Einladung des Statthalters der kaukasischen Provinzen nach Tiflis, um dort die Leitung eines pädagogischen Instituts und eine Lehrer-

Das „Journal des österreichischen Lloyd" ist vierzehn Jahre lang, bis 1849, erschienen.

3.1.3 Die Zeitung „Adria. Süddeutsches Centralblatt für Kunst, Literatur und Leben"

In den 1830er Jahren erschienen an der Nordadria auch inhaltlich ganz anders konzipierte Zeitschriften, und zwar solche, die ihre Leserschaft nicht unter den Großhändlern und Kaufleuten suchten, sondern einen breiteren, gebildeten Leserkreis ansprachen, einen, der sich für Wissenschaft, Literatur und allgemeine Kulturentwicklung interessierte. So erschien 1836 zunächst die italienischsprachige Zeitschrift „La Favilla" [Der Funke] (bis 1846), die zwar die nationalen Interessen der Italiener vertrat, sich jedoch etwaigen Anregungen der anderen Ethnien nicht verschloss[256]. Zwei Jahre später, 1838, gründete der Journalist und Schriftsteller Jakob Löwenthal (1807–1882)[257], der sich seit 1834 in Triest aufhielt, möglicherweise als Antwort auf die „Favilla", die deutschsprachige und zweimal pro Monat erscheinende Zeitschrift „Adria. Süddeutsches Centralblatt für Kunst, Literatur und Leben". Es handelte sich dabei um einen neuen Zeitschriftentyp, der neben lokalen Nachrichten auch Novellen, Erzählungen oder Gedichte veröffentlichte. Leider musste sie bereits nach einem Jahr, als Löwenthal Redaktionsmitglied des „Journals des österreichischen Lloyd" wurde, wieder eingestellt werden.

---

stelle am dortigen Gymnasium zu übernehmen. Durch seine Reisen und wissenschaftlichen Arbeiten wurde er bald zu einem profunden Kenner der Literaturen und Sprachen der Länder, die er kennen gelernt hatte. Über das Schwarze Meer, Konstantinopel, Kleinasien und die griechischen Inseln kehrte er 1847 nach Deutschland zurück, wo er durch Übersetzungen ausgewählter Gedichte von Puschkin und Lermontow bekannt wurde und Anerkennung fand. Später ging er nach München, dann nach Italien, lebte anschließend in Berlin, Paris, Frankfurt und Bremen, bis er 1854 auf Einladung des bayerischen Königs Maximilian II. nach München übersiedelte, wo er an der Universität die Professur für slawische Sprachen übertragen bekam; von dieser wechselte er später (1858) zu der für altenglische Literatur über. Vgl. Meyers Handlexikon des allgemeinen Wissens. Bd. 1. (2. Aufl.) Leipzig 1878, S. 299.

256 Es bleibt festzuhalten, dass die Zeitschrift für Kultur und Literatur „La Favilla" bereits im vierten Jahr ihres Erscheinens sehr große Erfolge erzielte. Die Zahl der Abonnenten der Zeitschrift belief sich auf 300. Das entspricht auch der Zahl der Bezieher des deutschsprachigen „Journals des österreichischen Lloyd". Wenn man davon ausgeht, dass die italienische Ausgabe des „Journals" 500 Abonnenten hatte, und dass den „Osservatore Triestino" täglich 400 Leser nach Hause geliefert bekamen, so künden diese für jene Zeit hohen Abnehmerzahlen von einem beträchtlichen literarischen Interesse (vgl. de Lugnani: La cultura tedesca [wie Anm. 246], S. 25).

257 Er wurde in Lissa in Preußen (heute Leszno in der polnischen Region Wielkopolska) als Sohn eines Lotterieeinnehmers geboren. Löwenthal erhielt eine ausgezeichnete Ausbildung, beschäftigte sich mit alten und modernen Sprachen und bekleidete den Posten eines Hofmeisters in Krakau und später in Triest.

Die erste Nummer der „Adria“ erschien am 1. Januar 1838; ihre Herstellung oblag dem Drucker Giovanni Marenigh. Der Gründer der Zeitschrift, Jakob Löwenthal, war bereits seit den 1830er Jahren schriftstellerisch tätig gewesen. Gedichte, Skizzen und Erzählungen, aber auch wissenschaftliche Abhandlungen von ihm wurden in renommierten deutschsprachigen Zeitschriften wie Bäuerles „Theater Zeitung“, „Österreichischer Zuschauer“, „Telegraph“ sowie einer Reihe Prager, Laibacher (z. B. in der „Carniolia“), Breslauer, Stuttgarter und – aufgrund seiner hervorragenden italienischen Sprachkenntnisse – auch in diversen italienischen Journalen veröffentlicht[258]. Die „Adria“ widmete ihre Berichterstattung vor allem den italienisch-österreichischen Beziehungen. Während die italienischsprachige „La Favilla“ in der Vermittlung deutscher Literatur ihren inhaltlichen Schwerpunkt sah[259], ging die „Adria“ noch einen Schritt weiter: Sie bemühte sich nach Kräften um die Verbreitung der italienischen Kultur, strebte aber gleichzeitig ein friedliches Miteinander von Deutschen und Italienern im gemeinsamen Raum an.

Die „Adria“ verfolgte aufmerksam das Triester Theaterleben und sie veröffentlichte in ihrem Literaturteil Novellen und gelegentlich Gedichte. Häufig gab sie kurze Erzählungen aus der Feder eines deutschen Autors wieder, die meist im italienischen Milieu spielten. Außerdem machte die Zeitschrift ihre Leser mit Übersetzungen italienischer Autoren bekannt, so z. B. mit einer Erzählung von Felice Romani (1788–1865), der auch als Autor vieler Libretti zu Opern von Donizetti und Bellini hervortrat, oder mit einer Novelle des venezianischen Dichters Luigi Carrer (1801–1850). Jede Ausgabe der Zeitschrift enthielt die Rubrik „Italienische Schattenrisse“, worin italienische Städte beschrieben und Biographien berühmter Italiener abgedruckt wurden. Auch bei den Rezensionen literarischer Werke übertrifft die Zahl der italienischen weit die der deutschen Werke. Doch ist es Löwenthal auch gelungen, eine Gruppe junger Autoren, die sich zu jener Zeit der besonderen Gunst des Publikums erfreuten, als Mitarbeiter der Zeitschrift zu gewinnen. Dazu gehörten der in Wien geborene Lyriker und Erzähler Johann Nepomuk Vogl (1802–1866), der Archäologe, Lyriker, Erzähler und Dramatiker Johann Gabriel Seidl (1804–1875)[260], der in Klagenfurt geborene Lyriker Paul Renn (1806–1860)[261] und

---

258 Löwenthal verfasste auch einige Monographien, unter anderem „Der istrianer Kreis oder Halbinsel Istrien und die quarnerischen Inseln“ (Wien 1840) und „Geschichte der Stadt Triest“ (Wien 1857, 1859). Mehr dazu in: ÖBL. Bd. 5, Wien 1972, S. 292 f.

259 Die Zeitschrift veröffentlichte vor allem nach dem Jahre 1838 verschiedene Übersetzungen deutscher Werke ins Italienische, z. B. die Werke von Lenau und Freiligrath, wie auch die Übertragung des „Messias“ von Klopstock (vgl. de Lugnani: La cultura tedesca [wie Anm. 246], S. 28).

260 Seidl wurde 1829 Gymnasialprofessor in Cilli und veröffentlichte auch in diversen Krainer Blättern. Vgl. zu Seidl und zu seinem literarischen Schaffen: Anton Janko: Johann Gabriel Seidl als Beiträger der Carniolia und des Illyrischen Blattes. In: Deutsche literarische Presse im 19. und 20. Jahrhundert in Südosteuropa. Hg. v. Mira Miladinović Zalaznik, Stefan Sienerth u. Peter Motzan. München 2005 (im Druck).

261 Vgl. ÖBL. Bd. 9. Wien 1988, S. 79.

dessen ebenfalls aus Kärnten stammender Freund, der Erzähler, Lyriker und Politiker, Adolf Ignaz Ritter von Tschabuschnigg (1809–1877), der damals als Jurist am Triester Gericht tätig war. Unter den „Adria"-Autoren fehlen aber auch die damals renommierten Namen nicht. So druckte die Zeitschrift die historischen Romane von Willibald Alexis (1798–1871)[262] und Werke von Franz Dingelstedt (1814–1881) ab[263]. Die „Adria" hatte es sich zur Aufgabe gemacht, ihre Leser nicht nur unter den der deutschen Sprache mächtigen Triestern zu suchen, sondern sie bemühte sich um einen breiten Leserkreis auch außerhalb der Region, also auch in anderen Gebieten des Habsburgischen Reiches. Die Absicht des Redakteurs war es, seiner Leserschaft Geschichte, Kultur, Kunst, Literatur, aber auch italienische Geistes- und Gemütsart näher zu bringen. Seiner Ansicht nach waren derartige Kenntnisse außerordentlich wichtig, da der italienische Charakter der von der Habsburgermonarchie einverleibten (italienischen) Gebiete noch immer eine große Rolle spielte (und auch in Zukunft spielen würde). Doch vernachlässigte die „Adria" auch die slawische Kultur nicht. Sie berichtete unter anderem über die junge „illyrische" Poesie und von den Bemühungen des Kroaten Ljudevit Gaj (1809–1872), eine gemeinsame „illyrische" Sprache durchzusetzen, was in den 1830er Jahren ein vieldiskutiertes Thema war[264].

Da sich Löwenthal ab 1839 mit Ignaz Papsch die Redaktionsarbeit beim „Journal des österreichischen Lloyd" teilte, musste er die redaktionelle Tätigkeit bei der „Adria" abgeben. Das bedeutete gleichzeitig die Einstellung dieser Triester deutschsprachigen Literaturzeitschrift, der nur ein Jahr zu erscheinen vergönnt war. Ihre letzte Nummer kam am Heiligen Abend des Jahres 1838 heraus.

Als 1848 die Redaktion des „Lloyd" kurzfristig nach Wien verlegt wurde, folgte ihr auch Löwenthal. Als zeitweilig allein verantwortlicher Redakteur der Zeitschrift war er an deren Aus- und Umgestaltung beteiligt. 1851 kam er wieder nach Triest zurück, wo er zusammen mit dem aus Klagenfurt stammenden Journalisten Franz Ernst Pipitz (1815–1899)[265], die Redaktion der neugegründeten „Triester Zeitung" übernahm: Später wurde Pipitz auch deren Eigentü-

262 Der Berliner Willibald Alexis gilt in der deutschen Literaturgeschichte als Begründer des historischen Romans während der Periode des bürgerlichen Realismus.

263 Dingelstedt wurde in Halsdorf bei Marburg geboren und starb in Wien. Er machte sich unter anderem auch als Dramaturg und Theaterleiter einen Namen. Von 1851 bis 1856 war er Theaterintendant in München, 1857 in Weimar; 1867–1870 leitete er in Wien als Direktor die Hofoper und bald danach auch das alte Burgtheater am Michaelerplatz, das er einer neuen Glanzzeit entgegenführte (vgl. ÖBL. Bd. 1. Wien 1957, S. 186).

264 Die sog. „illyrische" Bewegung der 1830/40er Jahre ging von Kroatien aus und strebte die sprachliche und politische Vereinigung aller Südslawen an. Der Bewegung schlossen sich nur wenige slowenische Intellektuelle an, z. B. Stanko Vraz (1810–1851), dessen Texte auch in der „Adria" veröffentlicht wurden (vgl. de Lugnani: La cultura tedesca [wie Anm. 246], S. 29). Am 11. November 1843 wurde die illyrische Bewegung durch einen königlichen Beschluss für verboten erklärt.

265 Vgl. ÖBL, Bd. 8. Wien 1983, S. 87 f.

mer. Von 1853 bis 1856 redigierten beide Männer gemeinsam auch noch die „Österreichische Marine-Zeitschrift", was insofern kein Zufall war, als Pipitz als Vizesekretär der Triester Handels- und Gewerbekammer für diese Aufgabe geradezu prädestiniert war. Löwenthal ging 1858 erneut nach Wien und redigierte dort die halbamtliche „Österreichische Zeitung"[266], ein Nachfolgeblatt des „Journals des österreichischen Lloyd"[267].

3.1.4 Das „Illustrierte Familienbuch zur Unterhaltung und Belehrung häuslicher Kreise"

Die erste Nummer des „Illustrierten Familienbuches" erschien (im Verlag des Österreichischen Lloyd) im September 1850. Diese unpolitische Triester Zeitschrift, die 15 Jahre lang erschienen ist, steht als erste in einer Reihe von Familienunterhaltungsblättern im deutschsprachigen Raum. Erst im Jahr darauf gab der berühmte Dramatiker, Erzähler und Journalist sowie Autor des Skandal erregenden Romans „Wally, die Zweiflerin", Karl Gutzkow (1811–1878), in Leipzig seine „Unterhaltungen am häuslichen Herd" heraus, gefolgt von dem ebenfalls aus Leipzig stammenden Blatt „Die Gartenlaube", das seit 1853 erschien und von Ernst Keil (1816–1878) redigiert wurde[268].

Beim Triester „Familienbuch" hat man allerdings von Anfang an das Gefühl, es handle sich um ein am Kommerz orientiertes Unternehmen. Das Blatt wurde weder von einem Redakteur noch einer anderen kompetenten Persönlichkeit des Triester Kulturlebens gegründet, sondern beruhte auf der rein wirtschaftlich motivierten Entscheidung des „Österreichischen Lloyd", in dieser Branche weiteres Terrain zu gewinnen. Das Blatt war als Lektüre für die ganze Familie konzipiert; jedes Familienmitglied konnte sich durch die breite Themenpalette angesprochen fühlen. Doch der erste Eindruck, dass es sich hierbei ausschließlich um leichte, triviale Lektüre handelt, täuscht. Unter den im Blatt vertretenen Autoren stößt man auf Namen wie Franz Grillparzer, Paul Heyse, Theodor Fontane, Heinrich Laube, Anastasius Grün[269], aber auch auf Autorinnen wie Betty Paoli (1814–1894), die ihre Lyrik u. a. in den Laibacher „Blättern aus Krain" veröffentlichte, und Amely Bölte, die eigentlich Amalie Charlotte Elise Marianne Bölte (1811–1891) hieß und die im slowenischen Raum ebenfalls keine Unbekannte war: So konnte man ihre unterhaltsamen Novellen etwa in der Literaturbeilage der Marburger Zeitung der 1890er

---

266 Das Blatt ging 1863 in sein Eigentum über. Ab 1862 (bis 1866) trug es den Titel „Constitutionelle österreichische Zeitung" und unterstützte den politischen Kurs Schmerlings (vgl. ÖBL. Bd. 5. Wien 1972, S. 293).

267 In der Druckerei des Österreichischen Lloyd wurde nach der Verlegung der Lloyd-Redaktion nach Wien vom November 1848 bis Januar 1850 auch die Wirtschaftszeitung „Der Freihafen von Triest" gedruckt. Sie erschien zweiwöchentlich (vgl. de Lugnani: La cultura tedesca [wie Anm. 246], S. 50).

268 Vgl. ebd., S. 47.

269 Vgl. ebd., S. 48.

Jahre lesen[270]. In den 1860er Jahren konnten als Mitarbeiter des „Familienbuches" in Triest residierende Literaten wie z. B. der Lyriker Robert Hamerling (1830–1889) und – vielleicht etwas ungewöhnlich – der Schiffskapitän und Seekartograph Heinrich von Littrow (1820–1895), der sich nebenbei auch als Lyriker und Dramatiker versuchte, gewonnen werden. Darüber hinaus gehörten zum Kreis der Mitarbeiter auch zwei berühmte Krainer: Ludwig Ißleib und Peter von Radics[271]. Der letzte Jahrgang des „Familienbuches" erschien im Jahre 1865.

3.1.5 Die „Triester Zeitung"

Die „Triester Zeitung", die seit 1851 erschien, konnte sich ganze 67 Jahre lang auf dem Zeitungsmarkt halten. Bis zu ihrer letzten Nummer vom 2. November 1918 blieb diese Tageszeitung ihrer von Anfang an vorgegebenen Richtung treu, indem sie als offizielles deutschsprachiges Organ die Interessen der zentralen Regierung in Wien vertrat. Inhaltlich widmete sie sich vorrangig politischen Themen, allerdings aus der Sicht des Ökonomen bzw. Kaufmanns. Dabei lag ihr weniger an ausführlicher politischer Berichterstattung als an kurzen, prägnanten Artikeln ohne jeglichen persönlich gefärbten Kommentar und ohne individuelle Stellungnahme. Hervorhebenswert erscheint noch, dass die Zeitung bis 1866 die Existenz des Königreichs Italien völlig ignorierte[272]. Viel lieber thematisierte sie den Einfluss der Politik auf die Entwicklungen in der Industrie oder berichtete über Themen der Landwirtschaft bzw. solche des Geschäftslebens in Triest und seiner Umgebung. Auch der Kultur wurde Platz eingeräumt; so standen Berichte über kulturelle Ereignisse in deutsch-österreichischen Triester Kreisen neben Theaterrezensionen, letztere meist aus der Feder des Literaten Robert Hamerling[273]. Im Feuilleton wurden Reiseberichte und historische Abhandlungen veröffentlicht[274].

---

270 Im Jahre 1891 wurde in der Sonntags-Beilage der „Marburger Zeitung" ihre Novelle „In Lothringen", die in der kleinen französischen Stadt Remiremont spielt, veröffentlicht. (Für die Information über A. Bölte bedanke ich mich bei Petra Kramberger.)

271 Vgl. Lugnani: La cultura tedesca (wie Anm. 246), S. 49.

272 1859 begann die Herausbildung des italienischen Nationalstaates unter Führung Sardiniens. Nach dem Krieg gegen Österreich erhielt Sardinien die Lombardei. Im Frühjahr erreichte Sardinien den Anschluss von Parma, Modena, der Toskana und des östlichen Teils des Kirchenstaates. Im Mai 1860 eroberte Sardinien das Königreich beider Sizilien. Nach den ersten Parlamentswahlen vom Januar 1861 wurde im März 1861 das Königreich Italien (Regno d'Italia) offiziell proklamiert mit Florenz als Hauptstadt. Nach dem Deutschen Krieg von 1866, an dem Italien auf Seiten Preußens teilnahm, gelangte Italien in Besitz des österreichischen Venezien.

273 Hamerling wurde als Sohn eines Webers in Niederösterreich geboren. Er studierte Sprachen, Philosophie, Medizin und Geschichte und war zunächst als Lehrer für klassische Sprachen in Wien tätig; im Jahre 1855 übersiedelte er nach Triest, wo er sich bis 1866 aufhielt. Nach seiner Pensionierung im gleichen Jahr ließ er sich in Graz nieder. Er schrieb Gedichte, Erzählungen, Romane und Tragödien.

274 Vgl. de Lugnani: La cultura tedesca (wie Anm. 246), S. 51.

In den 1880er Jahren kam es innerhalb der deutschsprachigen Bevölkerung Triests zu einer Spaltung. Neben der von der „Triester Zeitung“ eingeschlagenen konservativen, dem kaiserlichen Hause treuen Richtung, wurden seit den 1860er Jahren die Stimmen der Liberalen, der sog. „Verfassungstreuen“, in Triest immer lauter. Dieser Gegensatz führte im Jahre 1880 zunächst zur Gründung eines Konkurrenzorgans zur „Triester Zeitung“, des „Triester Tagblatts“[275], das einige Parallelen zu dem zwölf Jahre früher erstmals erschienenen Organ der Verfassungstreuen Partei in Krain, dem „Laibacher Tagblatt“, aufweist. Seit 1886 erschien das „Triester Tagblatt“ als Morgenbeilage der „Triester Zeitung“. Bis zu seiner Einstellung im Jahre 1918 blieb seine inhaltliche Struktur mehr oder weniger unverändert: Es enthielt gewöhnlich einen Leitartikel und die Rubrik „Unsere Telegramme“ auf der ersten Seite, gefolgt von der „Localchronik“, den politischen Berichten aus dem In- und Ausland („Neueste Nachrichten“); die dritte Seite blieb „Handel und Verkehr“ und der Rubrik „Feuilleton“ vorbehalten; auf der letzten Seite veröffentlichte das Blatt noch verschiedenste Inserate; über einen gewissen Zeitraum hinweg führte das Morgenblatt zusätzlich die Rubrik „Theater, Kunst und Literatur“[276].

3.1.6 Weitere deutschsprachige publizistische Organe in Triest

Seit den 1860er Jahre sind in Triest auch periodische Publikationen erschienen, die sich verschiedenen Fachgebieten widmeten, u. a. dem Seewesen, der Stenographie, der Philatelie, aber auch der Kunst und der Literatur.

Bereits im Jahre 1865 gab man in Triest das „Archiv für Seewesen“ heraus[277], welches einmal pro Monat gedruckt wurde und die Bereiche Nautik, Schiffbau- und Maschinenwesen, Artillerie, Wasserbauten usw. abdeckte. Das

---

275 Zu dieser Zeit wurden noch andere publizistische Organe herausgegeben, wie z. B. die „Triester losen Blätter“ (1883), gegründet vom Redakteur der „Triester Zeitung“, Julius Netter. Das Blatt musste bereits nach wenigen Monaten eingestellt werden, da sein Eigentümer Julius Netter wegen Ehrenbeleidigung verurteilt wurde und die verhängte Geldstrafe nicht bezahlen konnte (vgl. Monti-Orel Silvana: I giornali triestini dal 1863 al 1902. Trieste 1976, S. 602). Anfang Januar 1884 gab derselbe Netter zuerst wöchentlich und dann ab Oktober 1884 dreimal pro Monat die „Triester pikanten Blätter“ (1884) heraus, die ebenfalls eingestellt werden mussten. Das gleiche Schicksal wurde auch Netters dritter Publikation, den „Triester fliegenden Blättern“ zuteil, die von Mai bis Oktober 1884 erschien und sich ein „humoristisches, nicht politisches, kommerzielles, feuilletonistisch-belletristisches“ Organ nannte (vgl. ebd., S. 604 f.). In die Reihe der von Netter herausgegebenen Organe fügt sich auch eine „politisch-commercielle Zeitschrift“, die „Adriatische Post“ ein. Netter gründete diese Zeitschrift, nachdem er den Posten des Redakteurs bei der „Triester Zeitung“ verloren hatte. Er fungierte nicht nur als Herausgeber, sondern auch als Redakteur des neuen Blattes, das in der Zeit vom 1. Juli 1885 bis 1. Juli 1886 jeweils zweimal pro Monat erschien (vgl. ebd., S. 609). Außerdem kam von Juli 1887 bis März 1888 noch eine Nachfolgerin der Zeitschrift „Adriatische Post“ mit dem Titel „Neue adriatische Post“ heraus (vgl. ebd., S. 618).

276 Vgl. ebd., S. 585 f.

277 Vgl. ebd., S. 529 f.

„Archiv“ wurde im ersten Jahrgang beim „Österreichischen Lloyd“ gedruckt. Als aber der Redakteur, ein KK-Marine-Kommandeur nach Wien versetzt wurde, übersiedelte auch das „Archiv“ in die Hauptstadt der Monarchie. Von hier kam das Periodikum noch bis 1872 zu seinen Lesern, auch zu denen in Triest.

Im Jahre 1866 erfreuten sich die Triester Philatelisten eines eigenen Fachorgans, das sowohl auf Italienisch als auch auf Deutsch erschien: Ebenfalls bei Lloyd wurde „Der Briefmarken-Anzeiger“ gedruckt[278].

Vom 18. Januar 1871 bis zum 7. April 1871 kamen in Triest alle zwei Monate die „Triester Handelsnachrichten“[279] heraus und von März 1871 bis 1873 gleichfalls dort die „Stenographische Zeitung aus Triest“[280].

Während eines sehr kurzen Zeitraums, vom 6. bis zum 20. September 1877, erfolgte jeweils zweimal monatlich die Herausgabe eines Wirtschaftsblattes, mit dem Titel „Marktbericht“[281]. Es darf in dieser Übersicht auch der „Orientalische Correspondent“ nicht unerwähnt bleiben, der sich weniger als vier Monate auf dem Zeitungsmarkt halten konnte, nämlich von Ende Dezember 1879 bis Anfang April 1880[282].

Nur geringfügig länger, von Dezember 1881 bis Mai 1882, erfreute die Monatsschrift „Triester Führer“, eine „Rundschau über das materielle und geistige Leben Triests und der Nachbarländer“, wie sie sich in ihrem Untertitel nannte, ihre Leser[283]. Gegen Ende der 1880er Jahre erschien dann eine „Zeitung für Eisenbahn- und See-Verkehr von, nach und über Triest“ unter dem Titel „Eintracht“, die alle zwei Monate herauskam[284]. In dieser Aufzählung darf ferner ein Blatt nicht fehlen, welches sich nicht länger als zehn Monate, von März 1891 bis Januar 1892, halten konnte und auf eine zweimonatige Erscheinungsweise hin geplant war: „Der Zollwart“, das „Organ für das gesamte Zollwesen“[285]. Eine weitere, täglich erscheinende Zeitung für Handel und Politik, „Tergeste“ genannt, kam von Juni 1886 bis Februar 1887 zu ihren Lesern. Ihre Rubriken gleichen auffallend jenen des „Triester Tagblatts“: Der politische Teil enthielt die Tagesrundschau, einen Überblick zu politischen Ge-

278 Vgl. ebd., S. 532.
279 Vgl. ebd., S. 554.
280 Vgl. ebd., S. 557.
281 Vgl. ebd., S. 577.
282 Vgl. ebd., S. 582.
283 Vgl. ebd., S. 591.
284 Vgl. ebd., S. 614.
285 In Triest sind in den letzten Jahrzehnten des 19. und zu Beginn des 20. Jahrhunderts noch andere Blätter ähnlichen Inhalts erschienen. Monatlich kamen die „Mitteilungen über die Tagespreise und Ernte“ (1893) heraus – davon zeugt die Eintragung des Titels in polizeilichen Verzeichnissen; es sind keine Exemplare erhalten geblieben (vgl. ebd., S. 635). Zweimal pro Jahr wurde die Wirtschafts-Publikation „Preis courant“ herausgegeben (vgl. ebd., S. 639). Moniti-Orel führt noch mehrere solcher Publikationen auf, die für diese Studie nicht vom Interesse sind, da es sich um kurzfristig erscheinende Vereinsorgane und Werbepublikationen handelt, so z. B. „Mitteilungen des ‚Cyclist's Club Triest'“ (1897; vgl. ebd., S. 650) oder „Triester Schiffs-Berichte“ (1902; vgl. ebd., S. 671).

schehnissen, ferner eine Rubrik zu Handel und Volkswirtschaft; allerdings hatte die Zeitung auch einen feuilletonistischen Teil mit der äußerst bescheidenen Rubrik „Kunst, Theater und Literatur“[286].

Außerdem soll in den 1880er Jahren in Triest noch ein Blatt für Kunst und Literatur existiert haben. Aus behördlichen Verzeichnissen geht hervor, dass ein solches Journal unter dem Namen „Der Zwischenakt“ bereits im Jahre 1867 gedruckt wurde. Schenkt man dieser Quelle Glauben, kam seine erste Nummer im September oder Oktober 1867 zum Leser. Allerdings ist bis heute kein einziges Exemplar aufgetaucht. 1880 gab man in Triest noch ein „Triester Kunst- und Literaturblatt“ heraus, das sich auch dem Theater widmete und den Untertitel „Der Zwischenakt“ trug, der gleichzeitig Anlass zur Vermutung gibt, dass es sich um einen Nachfolger jenes gleichnamigen Blattes aus dem Jahre 1867 handeln könnte. Als Redakteur des „Triester Kunst- und Literaturblattes“, das sich ein Jahr auf dem Markt halten konnte, zeichnete der Politiker Giovanni Oliva (1852–1920) verantwortlich[287]. Seinen Nachfolger fand das vorgenannte Blatt im „Triester Sonntag-Journal“, das ebenfalls, zumindest nominell, von Oliva redigiert wurde (im Hintergrund fungierte ein gewisser Friedrich Vinzenz Dewald) und von Dezember 1880 bis Februar 1881 erschien. Es handelte sich dabei um ein Blatt für Handel, Industrie, Verkehr, aber auch Theater, Wissenschaft, Kunst und Gewerbe, das jedoch im Grunde genommen ein „kommerzielles Blatt“, also eher ein Anzeigenblatt war. Doch gelang es auch diesem nicht sich länger auf dem Markt zu behaupten. Es wurde vom „Triester Journal“ abgelöst[288], von dem es ab Februar 1881 Ausgaben in deutscher, französischer, italienischer und englischer Sprache gab; die deutsche Fassung wurde ab 20. Oktober 1881 gedruckt. Das Journal mit dem Untertitel „Organ für Agrikultur, Finanzwesen, Industrie, Marine, Verkehr, Wissenschaft & Kunst“ wurde 1886 wieder eingestellt[289].

Während des Zweiten Weltkrieges erschien von 1944 bis 1945 in Triest die „Adria Illustrierte“, ein Wochenblatt, das als nationalsozialistisches Propagandaorgan angesehen werden kann und viersprachig erschien: auf Deutsch, Italienisch, Slowenisch und Serbokroatisch. Eine ähnliche Funktion erfüllte das Triester Tagblatt „Deutsche Adria Zeitung“, ebenfalls aus den Jahren 1944 und 1945[290].

---

286 Vgl. ebd., S. 615.

287 Oliva entstammte einer Triester Arbeiterfamilie und war ab seinem 14. Lebensjahr als Setzerlehrling in der Druckerei des Österreichischen Lloyd tätig. Noch als Jugendlicher nahm er an Aktivitäten irredentistischer und republikanischer Bewegungen, die in Verbindung mit Garibaldi standen, teil. In den frühen 1890er Jahren wandte er sich dem Sozialismus zu (vgl. ÖBL. Wien 1978. Bd. 7, S. 228).

288 Seit Oktober 1881 „Triester Journal – Journal international“ betitelt.

289 Vgl. Monti-Orel: I giornali triestini (wie Anm. 275), S. 588 f.

290 Vgl. Žigon: Nemško časopisje (wie Anm. 140), S. 78. Außerdem erschien 1943 in Triest auch noch ein „Verordnungs- und Amtsblatt“ (vgl. Pagnini: I giornali di Trieste [wie Anm. 249], S. 341, 346).

3.2 Die deutschsprachige Presse in Görz

Die Regionen Görz (Goriška) und Gradisca (Gradiška) gehörten als Teile des ehemaligen österreichischen Küstenlandes einer historischen Region an, wo seit Jahrhunderten Italiener, Friauler, Deutschösterreicher, Slowenen und Kroaten zusammenlebten. So wie Triest bildete auch dieses Gebiet einen Schmelztiegel europäischer Völker.

Der Nationalitätenkonflikt des 19. Jahrhunderts wurde auch in diesem Teil der Habsburgermonarchie spürbar und führte im 20. zu einer scharfen Nationalitätentrennung. Hinzu kam die Spaltung Europas nach 1945: Auf diese Zeit geht auch die Entstehung der slowenischen Stadt Gorica zurück. Während nämlich Gorizia (Görz) nach 1945 bei Italien blieb, errichtete man auf der jugoslawischen Seite die neue Stadt, Nova gorica (Neu Görz)[291].

Was die Zahl der deutschsprachigen Periodika anbelangt, steht Görz nach Triest an zweiter Stelle, wenn auch mit deutlichem Abstand. Das lag vermutlich nicht nur am geringeren Anteil der deutschsprachigen Bevölkerung in den Regionen Görz und Gradisca, sondern auch daran, dass Görz in wirtschaftlicher Hinsicht keine so bedeutende Rolle spielte.

Die erste Zeitung, die in Görz überhaupt erschien, war die italienischsprachige „Gazzetta goriziana", die 1774 entstand, also einige Jahre vor dem ersten Triester Periodikum „Triester Weltkorrespondent" (1781). Die wöchentlich erscheinende Zeitung wurde bereits im Jahre 1776 wieder eingestellt. Sie kam bei dem aus der Nähe von Udine stammenden italienischen Drucker Valerio de Valeri aus der Presse, der seit 1772 in der Stadt tätig war[292]. Doch war Valeri nicht der einzige oder gar der erste Buchdrucker in Görz. Nachdem sich im Jahre 1754 Johann Thomas Trattner für kürzere Zeit in Görz niedergelassen hatte, ehe er nach Triest ging, um dort eine Druckerei zu gründen, kam im gleichen Jahr auf Einladung und mit Unterstützung des Görzer Erzbischofs Karl Michael von Attems der venezianische Drucker Tomasini in die Stadt und eröffnete seine eigene Offizin[293]. Bei ihm kam 1779 auch die erste deutschsprachige Publikation, „Kaiserlich-Königlicher Görzerischer Titular-Kalender [auf das Jahr …]", aus der Presse.

---

291 Durch diese Region verlief Jahrzehnte lang die Grenze zwischen dem (kapitalistischen) Westen und dem (kommunistischen) Osten.

292 Im Jahre 1784 wurde in Triest eine Zweigstelle der Druckerei eröffnet, bei der der italienischsprachige „L'Osservatore Triestino" hergestellt wurde (vgl. Berčič: Tiskarstvo [wie Anm. 7], S. 94 f.). Mehr zur Geschichte der Druckereien in Görz: Guido Manzini: Scrittori e stampa in friulano a Gorizia. Udine 1969.

293 Vgl. Berčič: Tiskarstvo (wie Anm. 7), S. 94.

3.2.1 Die deutschsprachigen Jahrbücher in Görz[294]

Der „Kaiserlich-Königliche Görzerische Titular-Kalender" weist nicht nur seinem Inhalt, sondern auch seiner Erscheinungsweise nach Merkmale von Annalen auf. Das jährlich erschienene Kalenderwerk, dessen Umfang zwischen 65 und 112 Seiten variierte, unterscheidet sich von der italienischsprachigen „Gazzetta goriziana" vor allem darin, dass es keine politischen Themen behandelte.

Eine ähnliche, jährlich aufgelegte Publikation in Görz, auch bei Tomasini gedruckt, erschien gleichzeitig mit dem „Titular-Kalender": der „K. K. görzerische Allmanach"[295]. Es sind lediglich zwei Ausgaben des Almanachs erhalten geblieben, eine für das Jahr 1780 und die andere für 1782[296]. Die Herausgabe zweier derartiger Jahresschriften zur gleichen Zeit mag auf den ersten

Blick unlogisch erscheinen, doch ergibt eine eingehende Analyse des „Allmanachs" und des „Kalenders" gewichtige Inhaltsunterschiede zwischen beiden Publikationen. Während der „Titular-Kalender" Mitteilungen von gerichtlichen Behörden und verschiedenen Ämtern enthält und darüber hinaus über Beförderungen höherer Geistlicher in der Region wie auch über an den Schulen in Görz und Gradisca tätige Lehrkräfte berichtet[297], hält der „Allmanach" seine Leserschaft über den Zustand der Straßen und über die Routen der Postkutschen auf dem Laufenden, informiert darüber, wann und wo Messen stattfinden, und veröffentlicht Wechselkurse. Den Jahrgang 1780 redigierte der in Görz unterrichtende Lehrer Christian Görz; der Name des verantwortlichen Redakteurs des zweiten erhalten gebliebenen Jahrgangs ist nicht überliefert[298].

Es ist in Görz noch ein drittes Jahrbuch erschienen, das chronologisch gesehen den beiden vorgenannten Publikationen folgte, der „Instanz- und Titular-Kalender für Görz und Gradisca". Auch dieses einmal jährlich herausgegebene Periodikum wurde in den ersten Jahren, zumindest gemäß den Angaben

---

294 Es werden an dieser Stelle nicht alle Vereinspublikationen, wie z. B. der „Jahresbericht der k. k. Seidenbau Versuchsstation in Görz" (1869–1870), die „Österreichische Seidenbauzeitung" (1869–1872), die „Mittheilungen der k. k. landwirtschaftlichen Gesellschaft zu Görz" (1849–1852) oder die diversen Jahresberichte des k. k. Ober- und Untergymnasiums in Görz, die in Görz im 19. Jahrhundert erschienen sind, besprochen, sondern nur einige deutschsprachige alljährliche Publikationen, mit denen die Geschichte des deutschsprachigen Zeitungswesens in Görz begann. Zu diesen Publikationen vgl. Antonella Gallarotti / Cosimo Stasi: La stampa periodica tedesca nel Goriziano. In: Cultura tedesca nel Goriziano (Fonti e studi di storia sociale e religiosa). Gorizia 1995, S. 289–343; Antonella Gallarotti / Cosimo Stasi: I periodici (1779–1915). In: Hans Kitzmüller: Letteratura austriaca a Gorizia. Stampa, poesia e narrativa in lingua tedesca fino al 1915. Gorizia 2002, S. 43–74, hier S. 56–58.

295 Diese Schreibweise entspricht dem Original.

296 Die Titel der beiden Ausgaben variieren, abhängig davon ob es sich um ein Schaltjahr oder um ein normales Jahr handelte: „K. K. görzerischer Allmanach auf das 445ste Schalt-Jahr" (1780), „K. K. görzerischer Allmanach auf das gemeine Jahr" (1782).

297 Gallarotti/Stasi: La stampa periodica tedesca (wie Anm. 294), S. 290.

298 Vgl. ebd., S. 290.

in den erhalten gebliebenen Ausgaben (1792, 1796), bei Tomasini gedruckt; im Jahre 1799 zeichnete dagegen der Drucker Valeri verantwortlich. Dieses Jahrbuch enthielt sowohl allgemeine politische Nachrichten als auch Görz und seine Umgebung betreffende lokale Berichte.

3.2.2 Das „Görzer Wochenblatt“

Interessanterweise sind in der ersten Hälfte des 19. Jahrhundert in Görz gar keine deutschsprachigen Blätter erschienen, aber auch die italienischsprachigen waren nicht gerade zahlreich[299]. Erst im Jahre 1867 wurde in Görz die erste Zeitung in deutscher Sprache mit wöchentlicher Erscheinungsweise, das „Görzer Wochenblatt“, gegründet. In dessen ersten Nummer, die am 7. Februar 1867 zu ihren Lesern kam, hieß es im einleitenden, das zukünftige Programm kurz umreißenden Artikel:

> Dem Wunsche, einem längst gefühlten Bedürfniß entgegenzukommen, und dem Bestreben der gesamten Bevölkerung, insbesondere aber den hier lebenden Deutschen, ein Organ zu bieten, in welchem ihre eigenen, wie die Interessen der Stadt und der Provinz erörtert werden und ihre Bedürfnisse zur Sprache kommen sollen, verdankt das neue Blatt seinen Ursprung.
> Die Deutschen hierlands, deren Anzahl nicht so gar verschwindend klein, und deren Bedeutung im Beamtenstande, in der Armee und in der Geschäftswelt keine so geringe ist, daß sie gänzlich ignoriert werden können, wollen keine größere politische Rolle spielen als sie ihnen in Folge der bestehenden Verhältnisse zukommt; ruhig und friedlich wollen sie unter den Landeskindern leben [...][300].

Das Blatt erschien donnerstags im Verlag von C. Sochar und wurde beim Görzer Buchdrucker Paternolli gedruckt[301]. Es wurde bis zu seiner 31. Nummer von einem gewissen Thomas Hohenwarter redigiert. Die äußere Struktur des Blattes ähnelte sehr anderen Zeitungen jener Zeit: Es bestand aus zwei Teilen, die durch ein Feuilleton ergänzt wurden. Jedoch handelte es sich auch in diesem Falle nicht um eine feuilletonistische Beilage, sondern um eine Rubrik, der man meist auf der zweiten Seite des Blattes, vom übrigen Inhalt durch einen Balken getrennt, Platz einräumte. Hier wurden kurze Erzählungen

---

299 Im Jahre 1848 erschienen über einen sehr kurzen Zeitraum hinweg die beiden Publikationen: „L'Isonzo“ und „L'Aurora“; von 1850 bis 1851 erfuhr der Zeitungsmarkt mit dem „Giornale di Gorizia“ eine zusätzliche Ergänzung und elf Jahre später, 1862, erschien das slowenischsprachige Blatt „Umni gospodar“ [Der kluge Hauswirt]. Siehe hierzu das Verzeichnis der Zeitschriften in Görz von Marino de Grassi: I periodici Isontini. In: Studi Goriziani. Rivista della Biblioteca Statale Isontina di Gorizia 1982, Bd. LV–LVI, S. 51–104.

300 Görzer Wochenblatt, Nr. 1, v. 7. Februar 1867, S. 1.

301 Der Buchhändler Paternolli eröffnete 1837 an der Piazza Grande (heute Piazza Vittoria in Görz) eine kleine Buchdruckerei (vgl. Jolanda Pisani: La stampa a Gorizia dal 1800 ai giorni nostri. In: Studi Goriziani. Rivista della Biblioteca Statale Isontina di Gorizia 1956, Bd. XIX, S. 39–49, hier S. 39). Bei Paternolli wurden auch etliche slowenischsprachige Bücher und Zeitschriften gedruckt. Die Druckerei war bis zum Ersten Weltkrieg in Betrieb (vgl. Berčič: Tiskarstvo [wie Anm. 7], S. 190 f.).

und Novellen veröffentlicht, aber auch allgemeine Berichte aus dem Kulturleben der Stadt und der Region. Die politische Wochenschau im ersten Teil des Wochenblattes hielt die Leser mit Nachrichten aus dem politischen Leben auf dem Laufenden, darüber hinaus wurde in einem Leitartikel ein aktuelles oder brennendes Thema aus der Politik, meist vom Chefredakteur selbst, kritisch besprochen. Im zweiten Teil des Blattes wurden vermischte Nachrichten veröffentlicht wie meteorologische Vorhersagen, Inserate, Verzeichnisse der in Görz Verstorbenen, aber auch die sog. „Fremdenliste", die die sich in der Stadt aufhaltenden Reisenden namentlich festhielt. Auch heute noch von politischem und verkehrsgeschichtlichem Interesse sind die darin abgedruckten Telegramme und Fahrpläne von Zügen nach und von Görz. Erwähnenswert ist ferner, dass das „Görzer Wochenblatt" Inserate in allen drei in Görz gesprochenen Sprachen (Italienisch, Slowenisch und Deutsch) veröffentlichte, was zu jener Zeit, in Laibach etwa, nicht unbedingt üblich war[302]. Gelegentlich wurde das Periodikum noch durch eine vom Hauptblatt abgetrennte Beilage ergänzt, die sich kurz und bündig „Beilage zur Nr. […] des Görzer Wochenblattes" nannte und ausnahmslos Kaiserliche Verordnungen und Verlautbarungen enthielt.

Am 29. August 1867 informierte Redakteur Hohenwart seine Leser in einer kurzen vierzeiligen Mitteilung, dass er „anlässlich einer Ferienreise die Redaktion [des] Blattes dem Journalisten und Literaten, Herrn Heinrich Penn aus Laibach"[303] übertrage. In Laibach wirkte Penn in den 1860er Jahren als Dramaturg und Schauspieler. Nachdem im Jahre 1848 Leopold Kordeschs Versuch, in Laibach ein slowenisches Nationaltheater einzurichten, gescheitert war[304], setzte sich Penn engagiert für dieses Anliegen ein. Jedoch war auch seinen Bemühungen in dieser Angelegenheit kein Erfolg beschieden[305]; so verließ er

302 Die Zeitschrift für vaterländische Interessen „Triglav", die von 1865 bis 1870 in Laibach erschien, veröffentlichte in der Regel keine zweisprachigen Anzeigen; es kam zwar vor, blieb aber eher eine Ausnahme und auf die letzten beiden Jahrgängen der Zeitschrift beschränkt.

303 Görzer Wochenblatt, Nr. 30, v. 29. August 1867, S. 237. Heinrich Moritz Penn wurde 1838 in Laibach geboren und starb 1918 in Wien. Er war Dramatiker, Lyriker, Erzähler, Schauspieler und auch Übersetzer des bedeutendsten slowenischen Dichters, France Prešeren (1800–1849). Penns umfangreiches schriftstellerisches Werk umfasst alle Gattungen. Jedoch offenbaren sich rasch sowohl bei der Wahl seiner Themen als auch bei der seiner Vorlagen und in sprachlicher Hinsicht, etwa bei den häufigen inhaltlichen und sogar wörtlichen Wiederholungen, die Grenzen seiner dichterischen Kompetenz. Dennoch gilt Penn als der einzige „Krainer" des 19. Jahrhunderts, der sich auch unter den deutschösterreichischen Roman-Schriftstellern einen Namen gemacht hat. Mehr zu Penn vgl. Žigon: Die deutschsprachige Literatur in Krain (wie Anm. 19).

304 Vgl. Mira Miladinović Zalaznik: Leopold Kordesch, ein Krainer Literat des Vormärz. In: Anastasius Grün und die politische Dichtung Österreichs in der Zeit des Vormärz. Hg. v. Anton Janko u. Anton Schwob. München 1995, S. 157–168, hier S. 162–165.

305 Vor allem seitens der jüngeren Generation der slowenischen Intellektuellen, besonders vom Schriftsteller Fran Levstik, wurde Penns Vorhaben nicht unterstützt. Erst im November 1866, als Penn bereits Laibach verlassen hatte, gründete man dort den sloweni-

im Herbst 1866 endgültig die Hauptstadt Krains und wirkte als Publizist in verschiedenen Städten der Monarchie (Görz, Graz, Brünn, Wien). Zunächst ging er nach Görz, wo er am 5. September 1867 die Redaktion des „Görzer Wochenblattes“ übernahm.

Penn ließ das Wochenblatt in einem größeren Format drucken (in etwa DIN-A3-Format) und begrüßte seine Leser mit dem Artikel „An die geehrten Leser!“[306]. Darin erklärte er u. a., dass die Übernahme der Redaktion durch ihn einige Veränderungen mit sich brächte:

> In kürzester Zeit schon werde ich mich beehren, dem P. T. Publikum mehrere umfassende Veränderungen kundzugeben, die dem Unternehmen zum großen Vortheile gereichen sollen. Vorderhand mache ich auf das neue, bequeme Format aufmerksam. Den Inhalt betreffend wird außer dem politischen Theil, ein besonderes Augenmerk auf das Lokale und Provinzielle gerichtet sein, und ersuche ich alle Freunde des Blattes auf dem Lande durch zahlreiche Correspondenzen aus ihrer Gegend diese Abtheilung zu bereichern. Dem Geschäftsverkehr ist ein bedeutender Raum geöffnet. Das Feuilleton bringt regelmäßige Originalaufsätze unter dem Titel „Görzer Causerien“, die in pikanter Weise das Leben und Treiben unserer Hauptstadt illustrieren sollen. Außerdem enthält es spannende Romane und Novellen. Auch Istrien und Krain werden besonders berücksichtigt, und die Interessen dieser beiden Provinzen ebenfalls eingehend vertreten [...][307].

Heinrich Moritz Penn hatte zumindest während der ersten Monate seiner neuen Tätigkeit in Görz noch rege Beziehungen zu Laibach: Nicht nur dass zu den Mitarbeitern seines Blattes bekannte Krainer zählten wie der Satiriker Jakob Alešovec[308] oder der Kaufmann Johann Alfred Hartmann (1828–?)[309], sondern es wurden im Blatt auch Rezensionen von Werken Krainer Autoren ver-

---

schen Dramatischen Verein (vgl. Žigon: Nemški časnik za slovenske interese [wie Anm. 16], S. 209–226).

306 „Mit dem heutigen Tage übernehme ich die Redaktion des ‚Görzer Wochenblattes‘. Indem ich den P. T. Abonnenten für die dem jungen Unternehmen bisher bewiesene Teilnahme danke, bitte ich dieselben zugleich Ihre freundliche Gesinnung dem Blatte auch unter meiner Leitung erhalten zu wollen. Eine angenehme Pflicht erfülle ich, wenn ich dem bisherigen Redakteur Herrn Professor Hohenwarter für sein bereitwilliges, echt collegiales Entgegenkommen den herzlichen Dank ausspreche, und hoffe ich [...] die vorigen geschätzten Mitarbeiter dem Blatte zu erhalten. Mein eifriges Bestreben wird darauf gerichtet sein, immer Besseres zu leisten, und unsere Zeitung zu einer willkommenen Lektüre in der ganzen Provinz zu machen. Dazu aber bedarf ich der kräftigsten Unterstützung aller Patrioten und Vaterlandsfreunde, die den Fleiß und das Panier ihres Wirkens geschrieben, und die, welcher Partei sie auch angehören, sich einen in der Liebe zum Vaterlande, zu seiner konstitutionellen Entwicklung, zu einem gesunden Fortschritte. Vor allem gilt es die Culturinteressen unserer Heimat ins Auge zu fassen, anregend auf Industrie und Gewerbe, belehrend auf das Volk zu wirken, und mit den wichtigen Faktoren der Volkswirtschaft und National-Ökonomie abzurechnen [...] Jedem Etwas zu bringen ist das Ziel, dem ich nachstrebe“ (Görzer Wochenblatt, Nr. 31, v. 5. September 1867, unpag.).

307 Görzer Wochenblatt, Nr. 31, v. 5. September 1867, unpag.

308 Vgl. z. B. J. A.: Laibacher Silhouetten. In: Görzer Wochenblatt, Nr. 42, v. 21. November 1867, unpag.

309 Vgl. z. B. J. A. Hartmann: Feuilleton. Von Görz nach Laibach. Eisenbahn-Causerie. In: Görzer Wochenblatt, Nr. 34, v. 26. September 1867, unpag.

öffentlicht[310]. Bis Mitte Dezember 1867 wurde auf der ersten Seite des Blattes auch eine Adresse in Laibach (Schäffers Geschäftsbureau, Elefantengasse Nr. 12) angegeben, wo man das „Görzer Wochenblatt“ kaufen konnte.

Ferner wurde im Blatt noch darum gebeten, dem verantwortlichen Redakteur Penn die Möglichkeit zu geben, seine eigene literarische Produktion einem breiteren Publikum vorzustellen. So begann er bereits in der Nummer 31 mit dem Abdruck seines historischen Romans „Der slavische Bauernkönig“ im Feuilleton[311]. Allem Anschein nach war Penn mit dem Erfolg des Görzer Zeitungsunternehmens zufrieden; auch die Zahl der Abonnenten nahm während des Jahres 1867 zu[312]. So entschied er sich, von Beginn des darauf folgenden Jahres an sein bisher wöchentlich erschienenes Blatt nun zweimal pro Woche auf den Markt zu bringen: Am Freitag, den 3. Januar 1868, erfolgte erstmals die Herausgabe des nun „Görzer Zeitung“ genannten Periodikums.

3.2.3 Die „Görzer Zeitung“

Die von Heinrich Moritz Penn redigierte Zeitung erschien dienstags und freitags. Sie wurde bei Paternolli gedruckt; als Eigentümer und Herausgeber zeichnete nicht mehr ein gewisser C. Sochar, sondern Carl von Ritter verantwortlich. Die Zeitung behielt die innere und äußere Struktur ihres Vorgängers, des „Görzer Wochenblattes“ bei.

An dieser Stelle sind besonders die feuilletonistischen Beiträge, die sich eines relativ hohen literarischen Niveaus erfreuten, hervorzuheben. In den ersten Nummern veröffentlichte Heinrich Penn die sog. „Tagebuchblätter“, darunter Titel wie „Meine erste Begegnung mit Friedrich Hebbel“[313] oder „Adalbert Stifter“[314]. Im Dezember gab der Redakteur bekannt, dass ab Januar 1868 „eine äußerst spannende und pikante Novelle aus der Feder des rühmlichst bekannten Schriftstellers Dr. Sacher-Masoch“ erscheinen werde[315]. In der neunten Nummer der neuen Zeitung wurde die erste Fortsetzung von dessen Novelle „Die Bärenuniversität“[316] veröffentlicht. In diesem Zusammenhang sei der Hinweis gestattet, dass Masoch, der seit 1866 auch die literarische Publikation „Österreichische Gartenlaube“ redigierte, ab den 1860er Jahren wegen seiner „masochistischen“ Neigungen bei größeren Leserkreisen an Sympathie

310 Vgl. z. B. die Rezension von Ludwig Germoniks (1823–1909) „Die Weiber von Veldes“ (Görzer Wochenblatt, Nr. 45, v. 12. Dezember 1867, unpag.).

311 Der Roman über den Anführer des Bauernaufstandes von 1573, Matija Gubec, erschien 1874 in Jena.

312 Vgl. H. M. Penn: An unsere Leser. In: Görzer Wochenblatt, Nr. 48, v. 31. Dezember 1867, unpag.

313 Görzer Zeitung, Nr. 7, v. 24. Januar 1868, unpag.

314 Görzer Zeitung, Nr. 10, v. 4. Februar 1868, unpag.

315 Görzer Wochenblatt, Nr. 48, v. 31. Dezember 1867, unpag.

316 Görzer Zeitung, Nr. 9, v. 31. Januar 1868, unpag.

und Interesse verlor[317]. Er bestritt vor allem durch Beiträge für literarische Blätter oder mit dem Redigieren von Texten seinen Lebensunterhalt. In den Jahren 1881 bis 1885 gab er in Leipzig noch die Zeitschrift „Auf die Höhe" heraus. Aber auch Penn selbst zögerte nicht, seine eigenen Novellen in der Zeitung zu veröffentlichen. Ab der 17. Ausgabe wurde im Feuilleton sein Roman „Aus den Geheimnissen von Triest"[318] in Fortsetzungen abgedruckt.

Doch war der Zeitung kein langes Leben beschieden. Im dritten Jahrgang stellte sie unerwartet ihr Erscheinen ein. Ihre letzte Ausgabe stammt vom 12. März 1869. Die Geschäftsleitung der Zeitung ließ am 16. März eine kurze Anzeige drucken, in der es hieß:

> Unvorhergesehene Ursachen zwingen die gelehrte Administration zu ihrem lebhaften Bedauern, das Erscheinen der GÖRZER ZEITUNG zu unterbrechen. Da der Zeitpunkt des Wiedererscheinens vorerst nicht bestimmt werden kann; so werden den P. T. Abonnenten die bereits erlegten Abonnementsbeiträge vom 15. März an weiter zurückgestellt [...][319].

Drei Jahre später, am 5. Februar 1872, erschien die „Görzer Zeitung" erneut. Sie kam nun dreimal wöchentlich heraus, jeweils dienstags, freitags und sonntags, und wurde nicht mehr von Penn redigiert, sondern von Theodor Schiff, der gleichzeitig Eigentümer und Herausgeber war[320]. Schiff machte es sich zur Aufgabe, die Zeitung zu einem Zentralorgan der Deutsch-Österreicher in der Region, „in welcher die deutsche Sprache, wenn sie auch allgemein verstanden wird, doch nicht die vorherrschende ist"[321], zu machen. Außerdem setzte sich die Zeitung für „ein einheitliches und starkes Österreich"[322] ein und beabsichtigte, „unter den Bewohnern [des] viersprachigen Vaterlandes das Gefühl der Zusammengehörigkeit [zu] wecken"[323]. Jedoch spürt man in dem Blatt jetzt deutlich das Fehlen eines literarischen Fingerspitzengefühls, wie

---

317 Leopold von Sacher-Masoch (Ps. Charlotte Arand, Zöe v. Rodenbach) wurde 1836 in Lemberg geboren und starb 1895 in Hessen. Er setzte, gewiss auch um traumatische Kindheitserlebnisse zu verarbeiten, Gebilde seiner Phantasie in Werk und Wirklichkeit um. Der „unfreiwillige" Namensgeber des Masochismus, dessen literarische Arbeiten allerdings weniger masochistische Tendenzen als eher eine Vorliebe für Dominanz und Unterwerfung und für den Krieg der Geschlechter in der Liebe widerspiegeln, schrieb mit „Venus im Pelz" im Jahre 1869 sein umstrittenstes und bekanntestes Werk. Es war als Teil eines 36 Einheiten umfassenden Gesamtwerks gedacht, das in sechs Zyklen verschiedene Aspekte der menschlichen Existenz ausleuchten sollte. Weitere elf fertig gestellte Schriften sind heute weitgehend in Vergessenheit geraten (vgl. ÖBL. Bd. 9. Wien 1988, S. 367–369).

318 Die Novelle ist 1868 auch in Buchform erschienen; den Druck des Buches hatte ebenfalls Paternolli übernommen.

319 Das Blatt ist der Görzer Zeitung, Nr. 21, v. 12. März 1869, beigelegt (Biblioteca Statale Isontina, Görz, sig. Gior. 5).

320 Vgl. Gallarotti/Stasi: La stampa periodica tedesca (wie Anm. 294), S. 292.

321 Zit. nach Hans Kitzmüller: Esperienze giornalistiche in lingua tedesca a Gorizia nella seconda metà dell'ottocento. In: Studi Goriziani. Rivista della Biblioteca Statale Isontina di Gorizia 1989, Bd. LXIX, S. 45–56, hier S. 50.

322 Ebd.

323 Ebd.

es einst Heinrich Penn bewiesen hatte. Unter den interessanteren Beiträgen ist nur die Novelle „Die Freier"[324] aus der Feder des Wiener Feuilletonisten Ferdinand Kürnberg (1821–1879) einer Erwähnung wert.

Doch auch die „Görzer Zeitung" hatte mit finanziellen Schwierigkeiten[325] zu kämpfen: Am 30. September 1873 erschien ihre letzte Nummer.

3.2.4 Die „Adriatische Post"

Im Jahre 1899 erschien abwechselnd in Görz und in Pola (Pula/Istrien) ein weiteres Periodikum, die zweimal monatlich herausgegebene „Adriatische Post", die sich nur vom 10. Januar bis 24. Dezember auf dem Markt halten konnte. Von ihr sind lediglich 24 Nummern erschienen. Sie wurde vom slowenischen Drucker Andrej Gabršček (1864–1938)[326] in Görz hergestellt und vertrat die Interessen der monarchietreuen Slowenen; die „Adriatische Post" war eher anti-italienisch als pro-slawisch-irredentistisch ausgerichtet:

> Was wollen wir? – Italienische und auch verschiedene deutsche Blätter gefallen sich darin, von gewissen italienischen Provinzen im Süden unserer Monarchie zu sprechen. Aus der Statistik der letzten Volkszählung, welche zum größten Theile Busenfreunde und eifrige Protectoren des italienischen Elementes und gewiß nicht zum Nachtheile desselben durchgeführt haben, geht deutlich und unwiderleglich hervor, daß die Bezeichnung „provincie italiane" [italienische Provinzen] nur als ein frommer Wunsch exaltierter und gehirnkranker Individuen angesehen werden muß, da, wie gesagt, die trockenen Zahlen der Statistik nachweisen, daß die weit überwiegende Majorität der Bevölkerung der südlichen Provinzen Österreichs slavischer Nationalität ist und sich dazu bekennt. Dieser unumstößlichen Thatsache gehen aber die Landesgenossen italienischer Nationalität gefließentlich aus dem Wege [...][327].

Die Sprache, derer man sich in der „Adriatischen Post" bediente, wurde vom italienischsprachigen „Corriere di Gorizia" als „Küchendeutsch" bezeichnet[328]. Zu Weihnachten 1889 erschien, ohne eine besondere Erklärung[329], die letzte Nummer dieser Zeitung.

---

324 Görzer Zeitung, Nr. 19, v. 17. Dezember 1872, unpag.

325 Vgl. dazu Hans Kitzmüller: Un capitolo dimenticato della letteratura Austriaca. In: Cultura tedesca nel Goriziano (Fonti e studi di storia sociale e religiosa). Gorizia 1995, S. 35–88, hier S. 55.

326 Gabršček war nicht nur als Drucker, sondern auch als Publizist, Politiker und Verleger tätig. Als Lehrer wirkte er bis 1889 in seinem Geburtsort Karfreit (Kobarid) und übersiedelte im gleichen Jahr krankheitsbedingt nach Görz, wo er am politischen Leben aktiv teilzunehmen begann. 1893 gründete er in Görz eine Buchdruckerei, eine Buchhandlung und einen Verlag und war als Herausgeber und Redakteur von Zeitungen und Büchern tätig. 1908 war er Reichsratsabgeordneter; er wurde während des Ersten Weltkrieges mehrfach, zuletzt in Wien inhaftiert (vgl. ÖBL. Bd. 1. Wien 1957, S. 388).

327 Zit. nach Kitzmüller: Esperienze (wie Anm. 321), S. 55.

328 Vgl. Gallarotti/Stasi: La stampa periodica tedesca (wie Anm. 294), S. 293.

329 „Unvorhergesehener Hindernisse wegen wird mit dieser Nummer das weitere Erscheinen der ‚Adriatischen Post' eingestellt." Zit. nach Kitzmüller: Esperienze (wie Anm. 321), S. 56.

4. Schlussbetrachtung

Nicht nur in Krain, wie bereits im ersten Teil dieser Studie erläutert, sondern auch in anderen Gebieten, die im 19. Jahrhundert zur Habsburgermonarchie gehörten und die von Slowenen bewohnt wurden, darf die Bedeutung der deutschsprachigen Presse nicht unterschätzt werden. Sie vermittelt uns einen ersten Eindruck vom damaligen politischen, wirtschaftlichen und kulturellen Leben. Es bleibt festzuhalten, dass sich Rolle und Funktion der Periodika in deutscher Sprache im Laufe der Zeit sowohl im gesellschaftlichen als auch im öffentlichen Leben veränderten. In diesem Zusammenhang sind einige Meilensteine, die für die Entwicklung der deutschsprachigen Publizistik in slowenischen Gebieten kennzeichnend waren, zu nennen: die Revolution des Jahres 1848 und die Wiederaufnahme der Verfassung in der Monarchie während der 1860er Jahre, verbunden mit einer Periode des relativ friedlichen Miteinanders von Deutschen und Slowenen. Im weiterem Verlauf der Beziehungen zwischen Slowenen und Deutschen ist auf jeden Fall auf die angespannten Beziehungen zwischen beiden Völkern hinzuweisen und auf den sich anbahnenden nationalen Konflikt in den letzten Jahrzehnten des 19. Jahrhunderts. Dieser eskalierte immer mehr und fand seinen vorläufigen Höhepunkt im Ersten Weltkrieg, dem der Zerfall der Monarchie folgte. Diese bedauerliche Tendenz verschärfte sich noch in der Zwischenkriegszeit und vor allem im Zweiten Weltkrieg, um danach noch in der Ära des „Kalten Krieges" weiterzuwirken.

Bis zu den Märzereignissen des Jahres 1848 hatten die deutschsprachigen Blätter entweder eine informative oder eine vermittelnde Funktion zwischen der deutschen und der slowenischen Kultur innegehabt. Da es zu jener Zeit fast keine slowenischsprachigen Blätter gab (vgl. hierzu den ersten Teil dieser Studie) fungierten die deutschsprachigen journalistischen Organe als Forum, in dem die slowenischen Autoren sich artikulieren konnten und Möglichkeiten hatten, veröffentlicht und gelesen zu werden. Diese Periode einvernehmlicher deutsch-slowenischer Koexistenz und Symbiose dauerte während der 1860er, der 1870er, ja sogar bis in die 1880er Jahre hinein an, obwohl es bereits, nachdem in der Donaumonarchie 1861 die Verfassung verabschiedet worden war, zu den ersten öffentlich ausgetragenen Konflikten zwischen Deutschen und Slowenen gekommen war. Das politische Bild spiegelt sich auch in der Presse jener Zeit wider: Sowohl in Krain als auch in der Untersteiermark erschienen solche Organe, die sich entweder in deutscher Sprache für slowenische Belange einsetzten („Triglav" in Laibach, „Südsteirische Post" in Marburg) oder sich die Positionen des Deutschtums zu Eigen machten („Laibacher Tagblatt", „Laibacher Wochenblatt", „Marburger Zeitung", „Deutsche Wacht" in Cilli usw.). Die politische Situation spitzte sich nach dem Ersten Weltkrieg verstärkt zu: Die Habsburgermonarchie zerfiel, die Deutschen im slowenischen Raum mussten sich plötzlich mit einer zu ihren Ungunsten veränderten politischen Situation abfinden. Die deutschnationalen Inhalte deutschsprachiger Blätter lassen sich auch dadurch erklären, dass sich die Deutschen gleichsam über

Nacht in einem neuen staatlichen Rahmen wiederfanden: in dem des SHS-Königreiches. Nach Einführung der Königsdiktatur im Jahre 1929 und nach der Umbenennung in „Königreich Jugoslawien" verschlechterte sich die Situation der Deutschen zunehmend. Politische Auseinandersetzungen wurden in der Presse ausgetragen („Deutscher Montag" in Marburg an der Drau, „Deutscher Kalender für Krain" in Laibach, „Gottscheer Kalender" in Gottschee, „Deutsche Zeitung" in Cilli).

Lediglich in Triest und in Görz scheint die Lage auf diesem Gebiet ein wenig anders gewesen zu sein. Anscheinend waren dort nationale Konflikte den wirtschaftlichen Interessen untergeordnet. So sind in dieser Region auch die meisten deutschsprachigen Kultur- und Literaturzeitschriften erschienen, die auf ihren Seiten deutschen ebenso wie italienischen oder slawischen literarischen Werken Platz einräumten.

Nicht unbedeutend für diese Studie ist die Tatsache, dass nach dem Jahre 1883 in den von Slowenen besiedelten Gebieten Tageszeitungen überwiegend in slowenischer Sprache erschienen. Das langlebigste deutschsprachige Blatt, die „Laibacher Zeitung" wurde 1918 in seinem 137. Jahrgang eingestellt; die „Marburger Zeitung", die über 83 Jahre lang die untersteirische Presselandschaft mitbestimmte, ging 1945 ein. Wie aus der dieser Studie beigefügten tabellarischen Darstellung der deutschsprachigen Periodika hervorgeht, wurden im slowenischen Sprachraum in der Zeit von 1707 bis 1945 mehr als 130 verschiedene deutschsprachige Zeitungen und Zeitschriften gedruckt. Zieht man nur die Situation während der zweiten Hälfte des 19. Jahrhunderts in Betracht, stellt man fest, dass in Laibach von 1860 bis 1900 nur elf deutschsprachige Zeitschriften und Zeitungen erschienen sind; im gleichen Zeitraum wurden mehr als 40 slowenischsprachige Blätter herausgegeben. Die Zahlen sprechen für sich auch in Cilli: Hier sind ebenfalls um die gleiche Zeit drei deutschsprachige und sechs slowenischsprachige Blätter erschienen. In Marburg stieg die Anzahl der slowenischsprachigen Blätter erst nach dem Jahre 1900 erheblich an. Von 1860 bis 1900 sind hier neun deutsch- und ungefähr ein Dutzend slowenischsprachige Blätter erschienen, hingegen wurden in der Zeit von 1900 bis 1945 in der Stadt nur noch zwölf deutschsprachige und mehr als dreißig slowenischsprachige Periodika herausgegeben[330]. Ganz anders war die Situation in Triest, wo zu jener Zeit überwiegend italienischsprachige Zeitungen erschienen; gleichzeitig ist der Statistik zu entnehmen, dass die Zahl der deutschsprachigen Blätter von 1860 bis 1900 dort 19 und die der slowenischsprachigen 14 betrug.

330 Bei der Aufstellung der slowenischsprachigen Blätter wurden Vereinsmitteilungen, Schülerzeitungen, periodisch erscheinende Gesetzeswerke und diverse religiöse periodische Publikationen nicht berücksichtigt (vgl. Janko Šlebinger: Slovenski časniki in časopisi. Bibliografski pregled od 1797–1936 [Slowenische Zeitungen und Zeitschriften. Bibliographische Übersicht von 1797–1936]. In: Razstava slovenskega novinarstva v Ljubljani. Ljubljana 1937, S. 1–175).

In dieser Studie habe ich versucht, die deutschsprachige Presse in Gebieten, die heute zu Slowenien, Österreich und Italien gehören, systematisch darzustellen und zu katalogisieren. Für Österreich galt es die Situation in Kärnten, vor allem in Klagenfurt, aber auch in der Hauptstadt der Steiermark, Graz (wobei nur zwei deutschsprachige Organe der dortigen Slowenen analysiert wurden), zu untersuchen, während für Italien vor allem die Lage in Triest und Görz von Interesse war. Bereits bei meinen Recherchen in Archiven und Bibliotheken bemühte ich mich, auch den kulturgeschichtlichen Hintergrund zu berücksichtigen, um dem bibliographischen Überblick eine sichere Grundlage zu geben. Meine Aufgabe sah ich ferner darin, die kulturgeschichtlich wichtigsten und auflagenmäßig bedeutendsten Blätter jener Zeit zu erfassen. So berücksichtigt meine Studie Presseorgane, die täglich, wöchentlich und monatlich erschienen und im kulturellen, literarischen und politischen Bereich von Bedeutung waren, sowie solche Blätter, die sich gut verkauften. Aus diesen Gründen sucht man möglicherweise einige deutschsprachige wirtschaftliche Fachblätter, Kalender und Vereinspublikationen in dieser Abhandlung vergebens. Ebenso „stiefmütterlich“ musste das deutschsprachige Zeitungswesen der Zeit des Zweiten Weltkrieges behandelt werden, denn zu jener Zeit besaßen viele Blätter einen fast ausschließlich „informativen“ Charakter oder sie dienten einem ganz bestimmten Zweck: Sie sollten in den okkupierten Gebieten nationalsozialistische Propaganda verbreiten. Nähere Angaben zu den deutschsprachigen Periodika jener Zeit enthält die von Jože Bajec erstellte Bibliographie der slowenischen Zeitungen und Zeitschriften, die von 1937 bis 1945 erschienen sind; die Zahl dieser Blätter beläuft sich auf mehr als zwanzig. Die meisten von ihnen sind in der Untersteiermark erschienen, denn die Untersteiermark, Kärnten und Oberkrain wurden nach der Kapitulation der jugoslawischen Armee 1941 von Deutschland annektiert. Nach der italienischen Kapitulation (1943) gaben offizielle deutsche Stellen u. a. auch in Triest einige Propaganda-Blätter heraus.

Meine Aufmerksamkeit galt vor allem jenen Blättern, die in einem bestimmten Zeitraum eine besondere Wirkung auf die Lebens- und Denkweise ihrer Leser ausübten: Dazu gehören sowohl die politischen Tages- oder Wochenzeitungen bzw. -zeitschriften als auch deren feuilletonistische und literarische Beilagen. Die Ergebnisse dieser Untersuchung entsprechen dem heutigen Quellen- und Forschungsstand. Zukünftige Recherchen werden gewiss noch weitere Geheimnisse lüften können und zu neuen Erkenntnissen und Schlussfolgerungen führen. Man kann immer noch damit rechnen, beim Recherchieren in slowenischen, österreichischen, kroatischen und italienischen Bibliotheken und Archiven auf neue, bisher wissenschaftlich nicht bearbeitete Blätter zu stoßen. Ich bin mir dessen bewusst, dass mit dieser Studie nur ein erster Schritt zur vollständigen Katalogisierung des deutschen Zeitungswesens im slowenischen Raum unternommen wurde. Auch deswegen sollte die vorliegende Arbeit als Anregung zu weiterführenden Studien gesehen werden, die neue Aufschlüsse ermöglichen und sich vielleicht detaillierteren Recherchen einzelner Zeitungen widmen. Wünschenswert wären ferner komparative Studien, in denen man die deutschsprachige Presse der slowenischen Gebiete mit derjenigen in anderen Teilen der Habsburgermonarchie vergleichen würde.

Es war meine Absicht, ausschließlich Primärquellen zu benutzen. Leider erwies sich dieses Vorhaben als nicht immer realisierbar. So liegen manche Zeitungen und Zeitschriften in Slowenien nicht vor und an andere kam ich bei meinen Recherchen in Italien und in Österreich nicht heran. In derartigen Fällen musste ich auf Sekundärliteratur zurückgreifen. Am eingehendsten konnte ich das Zeitungswesen in Krain, Görz und Triest untersuchen. Bei meinen Forschungen zur deutschsprachigen Presse in der Untersteiermark basieren die Recherchen auf Zeitungen, die auch in der Nationalbibliothek von Ljubljana aufbewahrt werden, ansonsten stützt sich die Studie auf Sekundärliteratur.

Die Recherchen zur vorliegenden Arbeit verdanke ich zwei Stipendien: Im Sommer 2002 forschte ich in Wien mit großzügiger Unterstützung des Österreichischen Instituts für Ost- und Südosteuropa (Außenstelle Ljubljana) und im Frühjahr 2003 erhielt ich ein Alpe-Adria-Stipendium, welches mir die wissenschaftlichen Arbeiten in Triest und Görz ermöglichte. Ferner bedanke ich mich bei allen, die mich bei meinen Recherchen mit Interesse, wertvollen Ratschlägen und Hinweisen begleitet haben, darunter vor allem Mira Miladinović Zalaznik. Nicht zuletzt gilt mein Dank allen Bibliothekarinnen und Bibliothekaren, die mir fachlich und menschlich sehr entgegengekommen sind und mir viele Hindernisse aus dem Weg geräumt haben. Ohne ihre Unterstützung wäre meine Arbeit wesentlich schwieriger, manchmal sogar undurchführbar gewesen.

Übersicht der im slowenischen Raum erschienenen Periodika

	Titel	Erscheinungsort	Erscheinungszeit
	„Mitteilungen des historischen Vereins für Krain“[331]	Ljubljana/Laibach	1846–1868
22.	„Jahresheft des Vereines des krainischen Landesmuseums“	Ljubljana	1856, 1858, 1862
23.	„Triglav. Zeitschrift für vaterländische Interessen“	Ljubljana	1865–1870
24.	„Mitteilungen des Musealvereins für Krain“	Ljubljana	1866, 1889–1907
25.	„Laibacher Tagblatt“	Ljubljana	1868–1880
26.	„Laibacher Wochenblatt“	Ljubljana	1880–1893
27.	„Deutscher Kalender für Krain“, seit 1902 „Deutscher Kalender für Krain und Küstenland“	Ljubljana (Jg. 1916–1918 in Graz)	1888–1914 1916–1918
28.	„Laibacher Schulzeitung. Fachblatt für Krain und Küstenland“	Ljubljana	1873–1919
29.	„Archiv für Heimatkunde“	Ljubljana	1882–1887
30.	„Argo. Zeitschrift für krainische Landeskunde“	Ljubljana	1892–1903
31.	„Laibacher Kneipzeitung“	Ljubljana	1893, 1894
32.	„Carniola“	Ljubljana	1908–1919
33.	„Illustriertes Unterhaltungsblatt. Belletristische Wochenschrift für die Abonnenten der Laibacher Zeitung“	Ljubljana, gedruckt in Stuttgart	1911–1914
34.	„Neue Montagspresse mit ‚Sport vom Sonntag‘“	Ljubljana	1929
35.	„Karawanken Bote“	Kranj/Krainburg	1941–1945
	„Sloweniens Blatt“[332]	Novo mesto / Neustädtl	1848
36.	„Gottscheer Bote“	Kočeje/Gottschee	1904–1919
37.	„Der Landwirth“	Kočevje	1909–1918
38.	„Gottscheer Zeitung“	Kočevje	1919–1941
39.	„Gottscheer Kalender“	Kočevje	1921–1941
40.	„Der Genossenschafter“	Kočevje	1920–1921
41.	„Radikal“	Kočevje	1921–1923
42.	„Wirtschaftliche Rundschau“	Kočevje	1926–1927
43.	„Die Wahrheit“	Kočevje	1927–1929
44.	„Vorwärts“	Krško/Gurkfeld	1923–1924

331 Die „Mitteilungen“ wurden bereits in der Übersicht im ersten Teil dieser Studie berücksichtigt.

332 Das Blatt wurde bereits in der Übersicht im ersten Teil dieser Studie berücksichtigt.

45.	„Cillier Wochenblatt“	Celje/Cilli	1848
46.	„Cillier Zeitung“	Celje	1848
47.	„Cillier Zeitung“	Celje	1876–1883
48.	„Deutsche Wacht“	Celje	1883–1919
49.	„Cillier Zeitung“	Celje	1919–1929
50.	„Deutsche Zeitung“	Celje	1929–1937
51.	„Cillier Anzeiger“	Celje	1874–1877
52.	„Freie Gewerbezeitung für Steiermark“[333]	Celje	1893
53.	„Deutsche-jugoslawische Illustrierte Zeitung“	Celje	1936
54.	„Flugblatt der evangelischen emeinden Cilli und Laibach“	Celje	1919–1940
55.	„Südsteirische Volksstimmen“	Celje	1910–1911
56.	„Pettauer Wochenblatt“	Ptuj/Pettau	1878
57.	„Pettauer Lokalanzeiger“	Ptuj	1889–1890
58.	„Pettauer Zeitung“	Ptuj	1890–1904
59.	„Deutsches Wochenblatt für Untersteiermark“	Ptuj	1901–1902
60.	„Südösterreichische Korrespondenz“	Ptuj	1908
62.	„Correspondent für Untersteiermark“	Maribor / Marburg an der Drau	1862–1865
63.	„Marburger Korrespondent“	Maribor	1866
64.	„Marburger Zeitung“	Maribor	1866–1870
65.	„Tagesbote für Untersteiermark“	Maribor	1870
66.	„Marburger Zeitung“	Maribor	1870–1929
67.	„Mariborer Zeitung“	Maribor	1929–1941
68.	„Marburger Zeitung“	Maribor	1941–1945
69.	„Südsteirische Post“	Maribor	1881–1900
70.	„Südsteirische Presse“	Maribor	1901–1905
71.	„Südösterreichische Stimmen“	Maribor	1906–1907
72.	„Ampelographische Berichte“	Maribor	1875–1881
73.	„Marburger Hans-Jörgel“	Maribor	1885–1886
74.	„Filarka“	Maribor	1886–1893
75.	„Die Arbeit“	Maribor	1885

333 Die Zeitung wurde später in Maribor zur „Untersteirischen Gewerbezeitung“; beide gelten als Vertreter der Standespresse in der Untersteiermark (vgl. Pock: Von der deutschen Presse [wie Anm. 105], S. 188). In diesem Zusammenhang erwähnt Pock auch noch eine „Rohitisch-Sauerbrunner Badezeitung“, spätere „Steiermärkisch-kroatische Bäderzeitung“, die, 1880 gegründet, allerdings nicht in Maribor, sondern in Graz gedruckt wurde (vgl. Österreichische Nationalbibliothek, Sig. 398753-D. Neu Mag). Sie war für die Besucher der untersteirischen Bäder bestimmt.

76.	„Marburger unabhängige Zeitung“	Maribor	1901
77.	„Marburger Nachrichten“	Maribor	1904–1905
78.	„Marburger Presse“	Maribor	1906–1907
79.	„Alpenländische Verkehrszeitung“	Maribor	1908–?
80.	„Untersteirische Volkszeitung“	Maribor	1909–1918
81.	„Deutscher Montag“	Maribor	1917–1919
82.	„Draupost“	Maribor	1919–1920
83.	„Montagspresse mit Fremdblatt“	Maribor	1928
84.	„Volksstimme“	Maribor	1919–1936
85.	„Deutsche Stimmen aus Krain, Triest und dem Küstenlande“	Graz	1898–1915
86.	„Gottscheer Nachrichten“	Graz	1907–1919
87.	„Der Aufmerksame“	Graz	1812–1842
88.	„Steiermärkische Zeitschrift“	Graz	1834–1848
89.	„Mitteilungen des historischen Vereines für Steiermark“	Graz	1850–1903
90.	„Arbeiterwille“	Graz	1890–1934
91.	„Stimmen aus Innerösterreich“	Klagenfurt	1861-1863
92.	„Draupost“	Klagenfurt	1863-1866
93.	„Kärntner Blatt“	Klagenfurt	1869-1883
94.	„Klagenfurter Nachrichten“	Klagenfurt	1919
95.	„Carinthia“	Klagenfurt	1811–1890
96.	„Carinthia I“	Klagenfurt	1890 – bis heute
97.	„Carinthia II“	Klagenfurt	1891 – bis heute
98.	„Blätter für Wirtschaft und Industrie“	Klagenfurt	1831, 1833, 1837, 1839
99.	„Mitteilungen über Gegenstände der Landwirtschaft und Industrie Kärntens“	Klagenfurt	1839–?
100.	„Karnisch-Julische Kriegszeitung“	Klagenfurt	1916–1918
101.	„Triester Weltkorrespondent“	Triest	1781–1782
102.	„Triester Kaufmannsalmanach für das Jahr 1782“	Triest	1782
103.	„Triester politische und Handlungs-Zeitung“	Triest	1784
104.	„Nachrichten und Vorfallenheiten der See- und Handelsstadt Triest“	Triest	1786
105.	„Journal des österreichischen Lloyd“	Triest	1836
106.	„Adria. Süddeutsches Centralblatt für Kunst, Literatur und Leben“	Triest	1838
107.	„Der Freihafen von Triest“	Triest	1848–1850
108.	„Illustriertes Familienbuch des österreichischen Lloyd“	Triest	1850–1865

109.	„Triester Zeitung"	Triest	1851–1918
110.	„Österreichische Marine-Zeitschrift"	Triest	1853–1856
111.	„Archiv für Seewesen"	Triest	1865–1872
112.	„Triester lose Blätter"	Triest	1883
113.	„Triester pikante Blätter"	Triest	1884
114.	„Triester fliegende Blätter"	Triest	1884
115.	„Triester Tagblatt"	Triest	1880–1918
116.	„Der Briefmarken-Anzeiger"	Triest	1866
117.	„Der Zwischenakt"	Triest	1867
118.	„Triester Handelsnachrichten"	Triest	1871
119.	„Stenographische Zeitung aus Triest"	Triest	1871–1873
120.	„Marktbericht"	Triest	1877
121.	„Orientalischer Correspondent"	Triest	1879–1880
122.	„Triester Kunst- und Literaturblatt. Der Zwischenakt"	Triest	1880
123.	„Triester Sonntag-Journal"	Triest	1880–1881
124.	„Triester Journal"		1881–1886
125.	„Triester Führer"	Triest	1881–1882
126.	„Eintracht"	Triest	1886–1887
127.	„Tergeste"	Triest	1886–1887
128.	„Neue adriatische Post"	Triest	1887–1888
129.	„Der Zollwart"	Triest	1891–1892
130.	„Die Woche"	Triest	1902
131.	„Triester Korrespondenz"[334]	Triest	1909
132.	„Adria Illustrierte"	Triest	1944–1945
133.	„Deutsche Adria Zeitung"	Triest	1944–1945
134.	„Kaiserlich-Königlicher Görzerischer Titular-Kalender"	Görz	1779–1782
135.	„K. K. görzerischer Allmanach"	Görz	1780, 1782
136.	„Instanz- und Titular-Kalender für Görz und Gradisca"	Görz	1792, 1796, 1799
137.	„Görzer Wochenblatt"	Görz	1867
138.	„Görzer Zeitung"	Görz	1868–1869, 1872–1873,
139.	„Adriatische Post"	Görz	1899

334 Die Publikationen „Die Woche" und „Triester Korrespondenz" führt Pagnini an (vgl. Pagnini: I giornali di Trieste [wie Anm. 249], S. 341 f.).

Berichte und Forschungen 13 (2005), S. 215–254.

Immanuel-Kant-Stipendien

Berichte über aktuelle Forschungen

Das von der Beauftragten der Bundesregierung für Kultur und Medien vergebene Immanuel-Kant-Stipendium dient zur Förderung von Promotionsvorhaben, die sich mit der Geschichte und Kultur der Deutschen im östlichen Europa und den damit verbundenen Themen, insbesondere den wechselseitigen Beziehungen zwischen den Nachbarvölkern, befassen. Der Arbeitsbereich umfasst folgende Regionen:

– historische Ostprovinzen Schlesien, Ostbrandenburg, Pommern, Ost- und Westpreußen in den heutigen Staaten Polen und Russland
– frühere und heutige Siedlungsgebiete der Deutschen in Ost-, Ostmittel- und Südosteuropa, vornehmlich in Tschechien und der Slowakei, in der ehemaligen Sowjetunion und in den baltischen Staaten sowie in Ungarn, Rumänien und dem ehemaligen Jugoslawien.

Die Funktion der geschäftsführenden Stelle für die Vergabe der Stipendien wurde im Jahre 2000 dem Bundesinstitut für Kultur und Geschichte der Deutschen im östlichen Europa, Johann-Justus-Weg 147a, 26127 Oldenburg, übertragen (Informationen/Vergaberichtlinien unter: http://www.bkge.de).

Das Bundesinstitut bietet den Immanuel-Kant-Stipendiat(inn)en in seinem Jahrbuch die Möglichkeit, ihre Forschungsprojekte einer breiteren Öffentlichkeit vorzustellen. Die im Folgenden publizierten Exposés sind nach Regionen und innerhalb der Regionen nach der Chronologie der behandelten Gegenstände angeordnet[1].

Baltikum:
Živilė Vagonytė: Mittelalterliche deutsche Handschriften im Baltikum und in St. Petersburg

1 Die Arbeiten der im Oktober 2005 neu ausgewählten Stipendiatinnen werden in „Berichte und Forschungen" 2006 vorgestellt: Anna Jakubowska: „Der Bund der Vertriebenen und die Medien in Deutschland und Polen, 1954–2004"; Katrin Möller-Funck: „Existenzielle Bedrohung und Kommunikation im Herzogtum Preußen zu Beginn des 18. Jahrhunderts"; Evelyn Reitz: „Bildsemantik im Zeichen des Kulturaustausches. Die Erfahrung der Fremde als stabilisierendes Prinzip in der Prager Hofkunst 1580–1630"; Marta Skrzyniarz: „Nationalstereotype (Stereotype der Deutschen, Juden, Polen und Russen) in der deutschen und polnischen Literatur in Pommern".

Ost- und Westpreußen:
Grischa Vercamer: Siedlungs-, Sozial- und Verwaltungsgeschichte der Komturei Königsberg (13.–16. Jahrhundert)

Schlesien:
Maritta Iseler: Bauwesen und Architektur der Stadt Görlitz in der Frühen Neuzeit. Renaissanceformen in der Oberlausitz zwischen 1525 und 1550
Julia Cartarius: Die Verfolgung und Vernichtung der Juden im deutschen Oberschlesien, 1933–1945

Polen:
Severin Gawlitta: Deutsche bäuerliche Siedler im Königreich Polen 1815–1915
Maximilian Eiden: Gedächtnis, Macht, Nation. Transnationale Erinnerungsorte im deutsch-polnischen Spannungsfeld

Tschechien:
Dana Mühlmann: Der Passionstraktat „Extendit manum“ des Heinrich von St. Gallen – Untersuchungen zur Frömmigkeitsgeschichte des Spätmittelalters
Birgit Lange: Korporatives Mäzenatentum in Böhmen im 19. Jahrhundert: Der Kunstverein für Böhmen und die Umělecká Beseda in Prag, 1860–1885
Alfons Adam: Die Deutschen in der Prager Gesellschaft 1918–1939

Rumänien:
Daria-Maria Jurca: Bikulturelle Lebensgemeinschaften in einer multiethnisch geprägten Region. Deutsch-rumänische Ehepaare im Banat

Živilė Vagonytė: Mittelalterliche deutsche Handschriften im Baltikum und in St. Petersburg

In den letzten Jahren haben die durch den Zweiten Weltkrieg unterbrochenen Forschungen zur deutschen Literatur des Mittelalters und zu ihrer Überlieferung im östlichen Europa wieder verstärkt eingesetzt. Das Interesse richtet sich dabei sowohl auf die ehemaligen deutschen Sprachgebiete als auch auf die benachbarten Länder, zu denen seit dem Mittelalter enge kulturelle Beziehungen bestanden. Als Grundlage der Forschungen dient hier vor allem das in den Archiven und Bibliotheken der mittel- und osteuropäischen Staaten heute noch vorhandene Handschriftenmaterial. Es versteht sich von selbst, dass die wissenschaftliche Aufarbeitung deutscher Handschriften im ostmitteleuropäischen Raum ein zentrales Anliegen der historischen Kulturwissenschaften sein muss, wenn es darum geht, Aussagen über den Umfang der literarischen Überlieferung und ihre Erscheinungsformen im östlichen Europa zu machen.

Das Wissen um die Verbreitung deutscher Handschriften im Nordosten Europas, d. h. insbesondere im Baltikum und im angrenzenden Russland, war nie sehr groß. Zuletzt haben die Ereignisse des Zweiten Weltkriegs die Situation zusätzlich erschwert, sodass es heute sehr schwierig ist, sich ein umfassendes Bild zu machen. Ausgangspunkt meines Forschungsvorhabens ist die Feststellung, dass bislang noch keine zusammenhängende, die heutigen Verhältnisse darstellende Übersicht über mittelalterliche deutsche Handschriftenbestände im Baltikum und in Russland existiert und eine solche als ein dringendes Forschungsdesiderat angesehen wird. Ziel des Vorhabens ist es, die gegenwärtig in den baltischen Staaten (Litauen, Lettland, Estland) und in St. Petersburg vorhandenen Bestände der mittelalterlichen deutschen Handschriften mit ihren Provenienzen zu ermitteln, die Handschriften zu erschließen und zu beschreiben, um so der in den letzten Jahren wieder einsetzenden Forschung zur mittelalterlichen deutschen Literatur im östlichen Europa eine sichere Basis zu verschaffen.

Das Vorhaben nimmt sich dabei in gewisser Weise die Arbeit von Ralf G. Päsler (Univ. Marburg) zum Vorbild, der vor einigen Jahren versucht hat, den mittelalterlichen Handschriftenbestand der ehemaligen Königsberger Sammlungen zu rekonstruieren bzw. die heutigen Aufbewahrungsorte der Handschriften zu eruieren. Mit dem „Katalog der mittelalterlichen deutschsprachigen Handschriften der ehemaligen Staats- und Universitätsbibliothek Königsberg" (München 2000) sowie dem „Kurzverzeichnis der Handschriften des Königsberger Staatsarchivs" (ZfdA 130 [2001], S. 317 f.) – beide von Päsler erstellt – wurden zum einen bedeutende Teilbestände der ehemaligen Königsberger Handschriftensammlungen verlässlich dokumentiert und zum anderen neue Möglichkeiten eröffnet, Handschriften, die nach dem Zweiten Weltkrieg von anderen Bibliotheken oder Archiven übernommen worden waren, sicher zu identifizieren.

Im Rahmen der Nachforschungen zum Verbleib der Handschriften wurden einige Handschriften Königsberger Provenienz in der National- und in der Akademiebibliothek Litauens in Wilna/Vilnius sowie in der Akademiebibliothek Russlands in St. Petersburg wiedergefunden. Somit sind zwar in der neueren Forschungsliteratur bereits einzelne Königsberger Handschriften und Fragmente an ihren aktuellen Aufbewahrungsorten in Litauen und in St. Petersburg nachgewiesen worden, vollständige Aufstellungen fehlen jedoch bisher.

Im Unterschied zur Arbeit Ralf G. Päslers greift das hier vorzustellende Forschungsvorhaben weiter aus, indem es sich nicht auf einen einzelnen, wenn auch sehr bedeutenden Bestand erstreckt, sondern eine ganze Region (Baltikum und St. Petersburg) ins Auge fasst.

Die Frage, ob die Archive und Bibliotheken Litauens – von den Handschriften Königsberger Provenienz abgesehen – über weitere mittelalterliche deutsche Handschriftenbestände verfügen, muss bis auf weiteres unbeantwortet bleiben, da es – meines Wissens – noch keine Versuche seitens der deutschen

Forschung gegeben hat, die Handschriftenbestände der dortigen Archive und Bibliotheken vollständig aufzuarbeiten.

Mit Sicherheit existieren jedoch mittelalterliche deutsche Handschriften in Lettland und in Estland, also dem Teil des Baltikums, der wie Ostpreußen auf eine jahrhundertelange regionale deutsche Geschichte zurückblicken kann. Bis zum Zweiten Weltkrieg war Riga in Lettland das geistige und – neben Dorpat/Tartu in Estland – auch bibliothekarische Zentrum des Baltikums und stand in engstem Kontakt mit den deutschen Ostseestädten. Wenigstens drei herausragende Bibliotheken hatten hier nebeneinander ihren Ort: die Stadtbibliothek, die Bibliothek der Gesellschaft für Geschichte und Altertumskunde der Ostseeprovinzen Russlands und die Bibliothek der Livländischen Ritterschaft; sie alle waren auch mit großen Handschriftenbeständen ausgestattet. Über reichhaltige Handschriftenbestände verfügten auch die Bibliothek der Estländischen Literärischen Gesellschaft und das Stadtarchiv in Reval/Tallinn in Estland.

Von wenigen Ausnahmen abgesehen, stammt das Wissen über die mittelalterlichen deutschen Handschriftenbestände in Lettland und Estland aus der Vorkriegszeit. Erst eine Zusammenstellung des in dortigen Bibliotheken und Archiven ehemals bzw. heute noch vorhandenen deutschen Handschriftenmaterials wird Aussagen über die literarische Überlieferung und das literarische Leben in diesen Außengebieten des ehemaligen deutschen Sprachraums erlauben.

Von ganz besonderer Bedeutung sind die Handschriftenbestände der verschiedenen Bibliotheken von St. Petersburg. Was hier heute an mittelalterlichen deutschen Handschriften existiert, ist weitestgehend unbekannt. Einerseits wird vermutet, dass die beiden großen Bibliotheken von St. Petersburg, die Akademie- und die Nationalbibliothek Russlands, im Besitz einiger Königsberger Handschriften sind, andererseits verfügen diese Bibliotheken über große Handschriftenbestände anderer Provenienzen, die noch vor dem Zweiten Weltkrieg dorthin gelangten, bisher jedoch nicht ausreichend erschlossen sind.

Dieser kurze Überblick möchte zeigen, dass die Bearbeitung der Königsberger Handschriften zwar weit vorangeschritten ist, aber die Erfassung und Erschließung der deutschen Handschriftenbestände im Baltikum und in Russland immer noch auf dem Stand von 1940 verharrt.

Die Beschränkung meines Forschungsvorhabens, soweit es die russischen Handschriftenbestände betrifft, auf St. Petersburg erfolgt zum einen aus kulturhistorischen und topographischen Gründen („Ostseeprovinzen Russlands", Verbindungen St. Petersburgs mit den Ostseeländern), zum anderen deshalb, weil die Moskauer deutschen Bestände z. Zt. vor Ort aufgearbeitet werden, schließlich aber auch, um die Materialmenge überschaubar zu halten. Als Zeitgrenze für die Erfassung wird, ohne dogmatisch zu verfahren, das Jahr 1520 gewählt.

Für das Arbeitsvorhaben ist zunächst eine Auswertung der literaturwissenschaftlichen, historischen und bibliothekswissenschaftlichen Forschungsliteratur nötig, um eine möglichst vollständige Dokumentation über den bisherigen Kenntnisstand hinsichtlich der mittelalterlichen deutschen Handschriften im Baltikum und in St. Petersburg zu erstellen. Sodann sollen ausgewählte Bibliotheken und Archive der baltischen Staaten und St. Petersburgs aufgesucht und deren Bestände eingesehen werden. Schließlich sollen die mittelalterlichen deutschen Handschriften knapp, aber hinsichtlich ihres Inhalts differenziert beschrieben werden. Die Beschreibungen sollen nach dem Raster der Handschriftenkataloge, wie sie etwa für eine Reihe niedersächsischer Bibliotheken erstellt worden sind, alle wichtigen Informationen bieten, wobei bei der Vorstellung der Texte aber in gebotener Kürze verfahren werden soll.

Die bereits geleisteten Vorarbeiten bestanden in der Auswertung der zur Verfügung stehenden Forschungsliteratur zu den Archiven und Bibliotheken des Baltikums und St. Petersburgs. Die Recherchen stützten sich im Wesentlichen auf einige wenige grundlegende Übersichten und Kataloge: Eine Einführung in die Archiv- und Bibliotheksgeschichte des Baltikums und St. Petersburgs bot dabei der Wegweiser durch die bibliothekarischen Einrichtungen der ehemaligen Sowjetunion „Archives and Manuscript Repositories in the USSR" von Patricia Kennedy Grimsted (Princeton u. a. 1971–1981). Dieser enthält wichtige Informationen zum Archiv- und Bibliothekssystem, zu den historischen Buch- und Handschriftenbeständen sowie zu den wichtigsten Bestandsverlagerungen, die es im Laufe der Zeit gegeben hat. Weil die Angaben des Wegweisers nicht immer den neuesten Stand der Entwicklung widerspiegeln, ist zudem das „Handbuch deutscher historischer Buchbestände in Europa" (Bd. 7.2, Hildesheim u. a. 1998; Bd. 8.1, ebd. 2001) herangezogen worden, das – obwohl es, wie aus dem Titel ersichtlich, die Handschriftenbestände nur gelegentlich berücksichtigt – über den letzten Stand des Bibliothekswesens, die heutigen Namen der Bibliotheken und ihre Kataloge Aufschluss gibt. Eine erste Übersicht über die vorhandenen gedruckten Handschriftenkataloge (nach Bibliotheksorten geordnet) bot der Katalog „Latin Manuscripts before 1600..." von Paul Oscar Kristeller (München 1993). Die im Katalog enthaltenen Angaben zur Anzahl der in den Bibliotheken vorhandenen Handschriften dürften veraltet sein, weil die meisten der verzeichneten Handschriftenkataloge noch in der Vorkriegszeit erstellt wurden. Die Informationen von Kristeller müssen deswegen überprüft, aktualisiert und korrigiert werden.

Die Zahl der bisher bekannten mittelalterlichen deutschen Handschriften im Baltikum und in St. Petersburg ist durchaus überschaubar; von einer vollständigen Erfassung kann noch keine Rede sein. Der Stand der Erforschung der Handschriften ist sehr unterschiedlich. Die vorhandenen Beschreibungen sind auf verschiedene Veröffentlichungen verstreut. Deren Ermittlung erfordert intensive bibliographische Nachforschungen. Zudem entsprechen die Beschreibungen in den meisten Fällen nicht den heutigen wissenschaftlichen Anforderungen. Ältere Verzeichnisse der Handschriften erfassen nur einzelne Sammlungen und sind in verschiedener Hinsicht veraltet, sowohl im Hinblick auf die Bestandsangaben als auch auf die Beschreibungen. Über Veränderungen in den Handschriftenbeständen, die durch Kriegsverluste, Besitzerwechsel und Umbenennung von Bibliotheken entstanden sind, gibt es zumeist keine Angaben.

Nach Abschluss der Auswertung der gedruckten Materialien ist es deshalb notwendig, die Recherche vor Ort fortzusetzen und die in den Bibliotheken des Baltikums und St. Petersburgs aufbewahrten mittelalterlichen deutschen Handschriften dort einzusehen und zu beschreiben. Am Ende der Arbeit soll so eine möglichst vollständige Erfassung und Erschließung der heute vorhandenen oder nachweisbaren mittelalterlichen deutschen Handschriften in den Ländern des Baltikums und in St. Petersburg stehen, die der weiteren Erforschung der deutschen Literatur Mittel- und Osteuropas als Grundlage dienen kann.

Grischa Vercamer: Siedlungs-, Sozial- und Verwaltungsgeschichte der Komturei Königsberg (13.–16. Jahrhundert)

Die Dissertation beschäftigt sich mit den ländlichen Strukturen der Komturei Königsberg im späten Mittelalter und in der frühen Neuzeit[2]. Die Grundlage dafür ergibt sich aus den größtenteils ungedruckten Urkunden und dem Verwaltungsschrifttum, das die Beamten des Deutschen Ordens für die Region angelegt haben[3]. So lassen sich auf breiter Quellenbasis verlässliche Aussagen über eine multiethnische ländliche Gesellschaft gewinnen. Sämtliche Formen des ländlichen Lebens in dieser Region – also Freie, Bauern, Gärtner, Müller, Pfarrer, Kämmerer[4], Krüger[5] und auch Fischer – fallen in den Rahmen der Untersuchung. Der relativ große Bearbeitungszeitraum von mehr als 300 Jahren sucht die gesamte Periode des Deutschen Ordens und die Anfangszeit des Herzogtums in Preußen abzudecken. Die beiden zeitlichen Hauptschnitte werden 1400 und 1540[6] und zwei weitere um 1280 und 1470 angesetzt; diese Zäsuren markieren jeweils wichtige Phasen in der Geschichte des Ordens in Preußen.

---

2 Eine Komturei definiert sich als Verwaltungsbezirk innerhalb des Deutschordensstaates Preußen. Nach Abschluss der ersten Eroberungsperiode bis Mitte des 13. Jahrhunderts errichtete der Orden Schutzburgen (so beispielsweise Elbing, Balga oder Königsberg), die dann Konventssitze wurden. Die Konvente (im Idealfall zwölf Ordensbrüder) wurden von einem Komtur geleitet, der gleichzeitig auch für das Gebiet seiner Komturei zuständig war.

3 Das Material liegt gesammelt in der XX. Hauptabteilung (ehemaliges Königsberger Staatsarchiv) des Geheimen Staatsarchivs Preuß. Kulturbesitz Berlin (GStA) vor.

4 Kleine Ordensbeamte, die allerdings prussisch waren und nicht dem Orden angehörten.

5 Unter einem Krug oder Kretzmer verstand man in Preußen die Mischung aus einem Gasthof und einem Krämerladen für die alltäglichen Bedürfnisse.

6 Zu diesen Zeitpunkten hatten die Ordensführung bzw. der Herzog von Preußen eine Revision der Urkunden (verbunden mit einer allgemeinen Aufstellung der ländlichen Güterverhältnisse) angeordnet, sodass für die Komturei Königsberg gute Vergleichsmöglichkeiten bestehen.

Die Urkunden des Deutschen Ordens haben in ihrem Aufbau stark stereotypen, seriellen Charakter. Daher habe ich mich für die Arbeit mit einer Datenbank entschieden. Des Weiteren kann eine siedlungs- und landeshistorische Arbeit nicht ohne den Einsatz von Karten auskommen. Um diese beiden Komponenten miteinander kombinieren zu können, habe ich mich für eine Methode entschieden, die bislang von Historikern wenig genutzt wurde – das *Geograpical Information System* (GIS). Die Datenbank wird also an die von mir eingescannten und georeferenzierten Karte[7] angebunden, so dass thematische Karten zu demographischen Fragestellungen erstellt werden können. Freilich hat die statistische Methode den Nachteil, dass die Quellenbasis nahezu vollständig erfasst sein muss, damit kein verzerrtes Bild entsteht.

Um die beschriebene quantifizierende Methodik auf soziale Fragestellungen auszuweiten, stützt sich die Untersuchung auch auf die unveröffentlichten Briefe der Ordensbeamten in Bezug auf die Region Königsberg[8]. Hierin werden beispielsweise Fragen zur Scharwerksleistung von einzelnen Dörfern oder auch zur Wehrpflicht der Freien erörtert.

Die Komturei Königsberg ist bewusst gewählt worden – zum einen wegen der oben besprochenen Quellenlage, andererseits aber auch wegen ihrer zentralen Rolle in der Geschichte des Deutschen Ordens in Preußen: die drei Städte Königsberg gehörten zu den einflussreichsten Städten von ganz Preußen[9] und waren Mitglieder der Hanse. 1312 wurde Königsberg Sitz des Ordensmarschalls, eines der fünf Großgebietiger im Orden. 1457 musste der Hochmeister sich nach Königsberg zurückziehen und 1466 ging Westpreußen im II. Thorner Frieden endgültig verloren, sodass Königsberg Hauptstadt des ‚Rumpfstaates' wurde.

Die Komturei kann als die zentrale Komturei des Niederlandes (hierzu zählten noch die Komtureien Balga, Brandenburg, Memel und Ragnit) angesehen werden; von hier gingen die Reisen des europäischen Adels gegen die Litauer und auch der Bernsteinhandel aus. Aufgrund der hohen Bevölkerungsdichte und der Güte des Bodens der im Nordwesten gelegenen Halbinsel Samland zeichnete sich die Komturei besonders durch den Anbau von Hafer und anderen Getreidearten aus.

Grundsätzlich lässt sich die Fläche in drei Gebiete aufteilen:

1. Samland, das schon vor der Ankunft des Deutschen Ordens in Preußen stark bevölkert war und neben der günstigen geographischen Situation (Anschluss zur Ostsee, gute Verteidigungslage) auch wirtschaftliche Vorteile besaß (gute Böden, Vorkommen des Bernsteins).

---

7 Als Grundlage dient die Schroetter-Karte von Ost- und Westpreußen 1796–1810 (1:150.000).

8 Das OBA (Ordensbriefarchiv) enthält über 30.000 Briefe, die in der XX. Hauptabteilung des Geheimen Staatsarchivs gelagert sind.

9 Neben Thorn, Elbing, Danzig, Kulm und Braunsberg.

2. Nadrauen, ehemals das Stammesgebiet der Nadrauer, welches vom Orden erst 1276 ganz unterworfen und schließlich u. a. durch die Burgen Wehlau und Insterburg gesichert wurde. Es war wesentlich dünner besiedelt als das Samland und hier fand hauptsächlich die Aufsiedlung mit Hilfe deutscher Siedler und Lokatoren statt.
3. Das Wildnisgebiet, das durch die Abwanderung oder gewaltsame Umsiedlung der dort ehemals lebenden Stämme (Sudauer, Schalauer) entstanden war. Dieses Gebiet wurde erst in der frühen Neuzeit systematisch besiedelt, da es als breite Grenze zwischen Preußen und Litauen fungierte.

Neben Königsberg gab es nur kleinere Landstädte; der Großteil der Bevölkerung lebte auf dem Lande. Besonderes Augenmerk verdient das stark von Prussen besiedelte Samland, das vom Orden größtenteils in seiner Dorfstruktur belassen wurde.

Die nadrauischen Gebiete waren wichtig für die Neubesiedlung. Dabei spielten die prussischen und deutschen Freien eine bedeutende Rolle.

Unter dem Hochmeister Winrich von Kniprode wurde die Aufsiedlung der Pflege Gerdauen von den Marschällen Schindekop, Elner und Linden in der zweiten Hälfte des 14. Jahrhunderts begonnen. Zu dem Waldamt Tapiau gehörten ausschließlich deutsche Neugründungen, die zumeist Mitte des 14. Jahrhunderts entstanden. In Wohnsdorf gab es wiederum mehr prussische Dörfer und es wurden – ähnlich wie im Samland – nur wenige deutsche Dörfer gegründet. Die Stadt Nordenburg, die als Mittelpunkt einer Siedlungslandschaft 1405 gegründet wurde, bildete den südöstlichen Abschluss einer bis dahin erfolgreichen Aufsiedlungspolitik im Marschallsamt. Denn nach 1410 kam der Aufsiedlungsprozess ins Stocken und wurde – mit kleinen Ausnahmen – erst wieder unter Herzog Albrecht mit der Ansiedlung von Litauern fortgesetzt.

Über die Chronistik sind wir darüber informiert, dass im 14. Jahrhundert fast jährlich Einfälle der Litauer stattgefunden haben und *mutatis mutandis* auch des Deutschen Ordens in Litauen. Die Kriegsführung des späten Mittelalters in Grenzgegenden – darin standen der Orden und die Litauer einander nicht nach – bestand in dem schnellen Einfall ins feindliche Gebiet, um dort zu plündern und Dörfer niederzubrennen. Daher waren die Siedlungen in dem Gebiet der Wildnis höchst gefährdet[10].

Was kann und wird die Arbeit leisten? Die intensive Beschäftigung mit den ländlichen Strukturen lässt es nicht zu, dass eine alles überdachende Fragestel-

10 Der Terminus „Wildnis“ ist keine Neuschöpfung der Historiker, sondern wurde schon vom Orden verwendet. Gemeint war ein Gebiet, das als Grenze galt, allerdings nicht als lineare Grenze, wie sie unserem modernen Verständnis entspricht, sondern als breiter Grenzstreifen von ca. 50 km, der dazu diente, den Feind abzuhalten. Sowohl von der Ordens- als auch von der litauischen Seite wurde die Wildnis primär also zu Verteidigungszwecken benutzt (siehe hierzu: Hans Mortensen: Die Besiedlung des nordöstlichen Ostpreußens bis zum Beginn des 17. Jahrhunderts. Teil II. Die Wildnis in östlichen Preußen, ihr Zustand um 1400 und ihre frühere Besiedlung. Leipzig 1938, S. 8–15).

lung oder These verfolgt werden könnte. An ihre Stelle treten mehrere Einzelfragen, von denen ich einige nennen möchte:

- Was für eine ländliche Oberschicht gab es in der Komturei Königsberg neben dem Orden und wie äußerte sich diese in den Quellen?[11]
- Inwieweit waren die Bürger der drei Städte Königsberg in der Umgegend begütert oder waren sie beschränkt auf ihre Stadt?
- Wie war die soziale Situation der Bauern und die Struktur der Dörfer?[12]
- Wie wurde die prussische Bevölkerung vom Orden behandelt; änderte sich hier etwas mit der Reformation?[13]
- Wieviele Prussen und wieviele Deutsche sind Freie gewesen? Wie war die ethnische Zusammensetzung?
- Inwieweit waren die Prussen am Landesausbau beteiligt?
- Inwieweit lassen sich verwalterische Tätigkeiten der Dörfer oder sonstiger ländlicher Gemeinden feststellen?
- Wer waren die Träger des Siedlungsvorgehens des Ordens – Marschall, Vogt, Hochmeister?

Es soll also eine Regionalgeschichte mit umfassendem Anspruch geschrieben werden[14] – ergänzt durch digitale Karten (GIS). Der Zugang zu dieser Datenbank soll der Forschung für künftige, weiterführende Untersuchungen geöffnet werden[15].

Maritta Iseler: Bauwesen und Architektur der Stadt Görlitz in der Frühen Neuzeit. Renaissanceformen in der Oberlausitz zwischen 1525 und 1550

In dem Dissertationsprojekt wird die seit 1525 in der oberlausitzischen Stadt Görlitz unter dem Einfluss des aus Italien kommenden Formen- und Typenrepertoires der Renaissance[16] entstandene Architektur systematisch bau- und kunsthistorisch untersucht. Görlitz, im Rahmen der zweiten deutschen Ostex-

---

11 Adel *expressis verbis* gab es in Ostpreußen erst nach 1466; zuvor gab es nur die ‚Freien'; dieser Begriff umfasste sowohl den bäuerlich lebenden, kleinen Freien, als auch den großen Siedlungsunternehmer, der mehrere 100 Hufen besaß.

12 Ein Vergleich mit den Bauern im Reich oder in anderen Regionen im späten Mittelalter ist geplant.

13 Hierbei spielt die Religiosität der Prussen eine wichtige Rolle und auch die Bemühung des Deutschen Ordens, die ‚neue' Religion durchzusetzen.

14 Vgl. Stefan Brakensiek: Regionalgeschichte als Sozialgeschichte. Studien zur ländlichen Gesellschaft im deutschsprachigen Raum. In: Regionalgeschichte in Europa. Methoden und Erträge der Forschung zum 16. bis 19. Jahrhundert. Hg. v. Stefan Brakensiek und Axel Flügel. Paderborn 2000, S. 209.

15 Ich plane, der Veröffentlichung eine CD-Rom beizulegen.

16 Es handelt sich in erster Linie um Rahmen und Dekorationsformen. Proportionen oder Säulenordnungen spielten in der Frühzeit keine Rolle. Erst in den fünfziger Jahren des 16. Jahrhunderts machte sich der Einfluss theoretischer Schriften bemerkbar.

pansion 1220 gegründet, war im 16. Jahrhundert Mittelpunkt der Oberlausitz, einer Region, die im Laufe der Jahrhunderte durch verschiedene politische und künstlerische Einflüsse geprägt wurde. Die Studie berührt neben Fragen nach dem Charakter der Architektur und nach den äußeren Umständen ihrer Entstehung, auch solche nach den Rezeptionsprozessen, nach den Trägern und der Art des Kulturtransfers und nach den künstlerischen Gemeinsamkeiten des fest verbundenen Kulturraums Sachsen, Oberlausitz, Schlesien, Böhmen und Mähren[17].

In den zum oberlausitzischen Bündnis zählenden Städten Bautzen, Zittau, Löbau, Kamenz und Lauban/Lubań hinterließen kriegsbedingte Zerstörungen und Stadtbrände nur wenige Denkmäler aus der ersten Hälfte des 16. Jahrhunderts. Görlitz hingegen besitzt einen relativ homogenen und aussagekräftigen Bestand an kommunalen Bauten und Bürgerhäusern aus jener Zeit. Das hohe Ansehen der Dekorationsformen war bereits an den königlichen Residenzen in Ofen/Buda, Krakau und Prag definiert worden. In ihrer Verwendung spiegelt sich das Selbstbewusstsein der Auftraggeber, ratsfähiger Patrizierfamilien, deren enormes wirtschaftliches Potential – nicht zuletzt bedingt durch die Lage des Markgraftums Oberlausitz an der Hohen Straße und durch den Handel mit Prag, Kuttenberg / Kutnă Hora, Breslau/Wrocław, Krakau, Meißen, Leipzig und anderen Zentren – seit dem 15. Jahrhundert zahlreiche bürgerliche Kunststiftungen zur Folge hatte. Die Voraussetzung dafür war die in der Literatur zum topografischen und historischen Kontext der Stadt Görlitz betonte Unabhängigkeit von der *Corona Bohemiae*, der die Region mit mehreren kurzen Unterbrechungen von 1157 bis 1635 inkorporiert war. Die weitgehende Autonomie beruhte auf den Sonderrechten, die Karl IV. dem Sechsstädtebund eingeräumt hatte. Mit dem Recht, über den Adel zu richten, erhielt Görlitz als mächtigste Stadt im Bund nahezu landesfürstliche Machtbefugnisse, die es nach außen und auch nach innen zu wahren und zu repräsentieren galt.

Zunächst erfolgt eine systematische Bestandsaufnahme. Die visuelle Erfassung und die Sichtung von Bauakten unter Hinzuziehung von restauratorischen und bauarchäologischen Untersuchungen sowie die Auswertung bildlicher Quellen dienen als Grundlage zur Datierung und Bauhistorie. Die Ergebnisse werden katalogartig präsentiert. Neben dem Kernbestand – Patrizierhäusern, Teilen des Rathauses und der Stadtbefestigung, Umbauten an den Kirchen sowie Lagerhäusern – finden sich an zahlreichen Gebäuden Reste aus dem 16. Jahrhundert: Fassaden, Portale, Giebel und vereinzelt im Innern Tür-

17 Dabei ist das Modell des Kulturtransfers von Bedeutung, dem sich in letzter Zeit viele Wissenschaftler gewidmet haben, z. B. Andrea Langer / Georg Michels (Hg.): Metropolen und Kulturtransfer im 15. und 16. Jahrhundert. Prag – Krakau – Danzig – Wien. Stuttgart 2001; Dietmar Popp / Robert Suckale (Hg.): Die Jagiellonen. Kunst und Kultur einer europäischen Dynastie an der Wende zur Neuzeit (Wissenschaftliche Beibände zum Anzeiger des Germanischen Nationalmuseums 21). Nürnberg 2002; Dušan Buran (Hg.): Gotika. Bratislava 2003. Zum kunstgeographischen Ansatz siehe Thomas DaCosta Kaufmann: Toward a Geography of Art. Chicago, London 2004.

gewände, Fensternischen mit Säulen, Wandmalereien sowie bemalte Holzbalkendecken.

Den Charakter der „Görlitzer Renaissance“ zeigt zum ersten Mal der 1526 enstandene Schönhof, der Initialbau der neuen Gestaltung: Kannelierte Sandsteinpilaster rahmen die profilierten Fenstergewände reliefartig und kontrastieren mit dem grauen Spritzputz – all dies sind erkennbare Regeln der Anordnung im Großen, während im Kleinen die Ornamentik abwechslungsreich und spezifische Zierde ist. Die nachfolgend entstandenen Häuser weisen reduzierte, eher schematisierte Formen auf; einzig die Portale bleiben individuelle Bildhauerarbeiten, bei denen die Farbigkeit einen edlen Charakter hervorruft. In vielen Fällen bestimmt die vorhandene Bausubstanz aus dem 14. und 15. Jahrhundert die Ausprägungen; so findet sich gefugtes Ziegelmauerwerk unter dem Spritzputz. Laube, Erker und Giebel sind elementare Formen urbaner Bauweise des 13. und 14. Jahrhunderts. Eine zentral gelegene Halle prägt die räumliche Disposition; sie bildet den Mittelpunkt des Hauses, dessen Struktur sich aus der Nutzung als Wohndomizil und als Verkaufs- sowie Bierschankraum ergibt.

Anhand einer intensiven Quellenforschung (die archivalische Situation in Görlitz ist besonders günstig[18]) können Erkenntnisse zu den äußeren Umständen, unter denen die Renaissancearchitektur entstand, gewonnen werden: Steuerregister geben Auskunft über die Hauswerte oder Steuererleichterungen, zum Beispiel bei Bränden, und über die ‚Bierigkeit‘ der Brauhöfe (d. h. über die Anzahl der erlaubten jährlichen Brauvorgänge). Zudem finden sich städtische und private Kaufverträge, Schlichtungen bei nachbarlichen Streitigkeiten um Giebelwände, Belichtungen und Abzugsanlagen, Heiratsverträge und Testamente, die über Verwandtschaftsbeziehungen der Auftraggeber informieren. Sozialtopographische Aspekte werden berührt: Neben den Gebäuden mit den aufwändigsten Fassaden, die den reichsten Bürgern gehören und die alle an städtebaulich wichtigen Positionen mit weiten Sichtachsen entlang der im Stadtkern nachvollziehbaren Handelsstraße liegen, sind je nach Finanzlage und Sozialstatus des Eigentümers einfachere Gestaltungen vorhanden: Sandsteinimitation in Kratzputztechnik, die beim Schönhof die Rückseite ziert, einfach profilierte Tür- und Fenstergewände ohne Rahmungen und seit den vierziger Jahren Sgraffitoquaderungen. Zudem wurden 1952 sekundär verbaute qualitätvolle Terrakottaformsteine mit Renaissanceornamentik gefunden.

Besonderes Gewicht liegt bei der komparatistischen Analyse auf den Rezeptionsprozessen, die sich in einer gewissen Internationalität bemerkbar machen. Wie wurden die Formen verstanden und wie neu waren sie eigentlich? Die Provenienz der Görlitzer Architektur, ihre Anlehnung an landesherrliche Bau-

18 Beispielsweise Johannes Hass: Görlitzer Rathsannalen 1509–1520 (Script. rer. Lus. N. F. 3). Hg. v. Theodor Neumann. Görlitz 1852; ders.: Görlitzer Rathsannalen 1521–1542 (Script. rer. Lus. N. F. 4). Hg. v. Ernst Emil Struve. Görlitz 1870; Richard Jecht: Quellen zur Geschichte der Stadt Görlitz bis 1600. Görlitz 1909; Die Görlitzer Bürgerrechtslisten 1379–1600 (Cod. dipl. Lus. sup. 5). Hg. v. Erich Wentscher. Görlitz 1928.

ten ist seit längerem bekannt. Der königliche Baumeister Benedikt Ried verwendete das Ordnungs- und Gliederungssystem am Prager Wladislawsaal (1493/1500) und am Ludwigsflügel (1509) nach dem Vorbild der unter Matthias Corvinus entstandenen Burg in Ofen[19]. Die Ausprägungen lassen aber weit mehr die aus Sachsen und Nordböhmen beeinflusste spätgotische Tradition spüren, wie sie an der Peter-Paul-Kirche (seit 1490 besaß der sächsische Werkmeister Conrad Pflüger die Bauleitung), am Rathaus und an Bürgerhäusern ihren Ausdruck findet. Dass die Verwendung der Formen *all'antica* den eigenen bürgerlichen Ambitionen am besten entsprach, beobachtet man besonders gut bei den städtischen Bauten und ihrem sozial-politischen Kontext. So sind die figürlichen Reliefs der Rathaustreppe von 1538 ikonographisch in Bezug auf das für die Stadt wichtige Gerichtsprivileg zu lesen, das durch den Eingriff des habsburgischen Landesherrn Ferdinand seit den dreißiger Jahren gefährdet war. Entsprechend zeigen sich Formen, die den Triumph und die Würde des Rates ausdrücken (Ornamentik), Mahnungen an die Eintretenden enthalten (Sündenfall), aber auch an die Erlösung im Paradies (Delphine, Mischwesen) erinnern. Einzelne Motive können aus der fürstlichen Kunst Prags und Torgaus sowie aus der bürgerlichen Kunst Augsburgs hergeleitet werden. Zugleich muss ein Repertoire an zeitgenössischer Ornamentik, vermittelt durch Stichvorlagen, vorhanden gewesen sein[20].

Aus den Recherchen zu Bauhandwerkern und Auftraggebern geht hervor, dass beide gleichermaßen an Planungs- und Realisierungsprozessen beteiligt waren. Grundlage für die Ausprägungen waren die Kontakte zu schlesischen, böhmischen und mährischen Adligen (hier besonders zu dem mährischen Adelgeschlecht Pernstein/Pernštejn), die als Auftraggeber zu den höchsten Beamten des böhmischen Königreiches zählten. Dies manifestiert sich in einem regen Bauhandwerkeraustausch. Seit dem Ende des 16. Jahrhunderts kamen zahlreiche Bauleute (auch Maler, Goldschmiede oder Steinsetzer) aus Böhmen, aber auch aus Mähren, nach Görlitz. Sie arbeiteten in der Oberlausitz, in Schlesien (Liegnitz/Legnica, Gröditzburg/Grodziec, Löwenberg / Lwówek Śląski, Breslau) und umgekehrt wieder in Böhmen und Mähren. Das gleichzeitige Aufkommen der Formen lässt sich daher in den angrenzenden Regionen Sachsen und Schlesien konstatieren. Im Rahmen kirchlicher Stiftungen erscheinen Renaissancemotive zwar früher; seit den zwanziger Jahren sind

---

19 Die rotmarmornen Kreuzstockfenster von 1479–1490 vom Ofener Palast im Budapester Historischen Museum lassen sich mit den Fenstern an der Ostseite des Ludwigstraktes der Prager Burg gut vergleichen. Vgl. Rósza Feuer-Tóth: Renaissance-Baukunst in Ungarn. Budapest 1981, S. 11. Auch die Kapitelle der Außenseiten des Wladislawsaales sind denen in Ofen verpflichtet. Götz Fehr vermutete einen Austausch von Bauleuten zwischen Prag und Budapest. Vgl. Götz Fehr: Benedikt Ried. Ein deutscher Baumeister zwischen Gotik und Renaissance. München 1961, S. 63.

20 Vgl. Frank-Dietrich Jacob: Die Görlitzer bürgerliche Hausanlage der Spätgotik und Frührenaissance. Studien zur Problematik der Wechselbeziehungen zwischen sozialökonomischer Struktur und bürgerlichem Hausbau im Zeitalter der frühbürgerlichen Revolution. Görlitz 1972, S. 45.

aber gegenseitige Abhängigkeiten bei städtischen Bauten und Schlössern nicht nur unübersehbar, sondern werden durch das Vorhandensein gleicher Steinmetzzeichen bezeugt.

Die bekannteste Persönlichkeit ist der möglicherweise aus Leipzig stammende Steinmetzmeister Wendel Roskopf (um 1480–1549)[21], der seine Ausbildung bei Prag erhielt, in Tábor tätig und seit mindestens 1517 Stadtwerkmeister in Görlitz war. Neben Roskopf nennen Briefe, Verträge, Bürgerrechtslisten und Stadtchroniken aber noch andere Bauleute, die ebenso einen Anteil an der Entwicklung hatten. Dies berührt einen weiteren Komplex der Studie. Gutachten und städtische Anstellungsverträge ermöglichen einen Einblick in die Organisation des Görlitzer Bauwesens, dem besondere Aufmerksamkeit gewidmet wird. Zwar ist eine Handwerksordnung der Steinmetze in Görlitz erst aus dem Jahre 1589 bekannt – die der Zimmerleute stammt von 1569 –, sie lässt aber Rückschlüsse auf vorangegangene Regelungen zu. Zudem entspricht die in Zittau 1567 aufgestellte Baumeisterordnung den Görlitzer Verhältnissen und gibt Hinweise auf eine Orientierung an Breslauer Regelungen.

Mit der Bearbeitung der Renaissancearchitektur in Görlitz soll nicht nur die Bedeutung von Wendel Roskopf in der Ried-Nachfolge herausgestellt werden, sondern Görlitz überhaupt als Kristallisationszentrum einer neuen Kunst nach den süddeutschen Metropolen Nürnberg und Augsburg ins Bewusstsein gerufen werden. Die Görlitzer Renaissance hat nicht nur süddeutsche Wurzeln, sie erklärt sich vor allem auch aus bisher kaum beachteten Querverbindungen zum Adel in Polen und Böhmen.

Julia Cartarius: Die Verfolgung und Vernichtung der Juden im deutschen Oberschlesien, 1933–1945

I. Das hier vorgestellte Dissertationsprojekt zur Geschichte der deutsch-jüdischen Bevölkerung Oberschlesiens in den Jahren 1933 bis 1945 soll eine Lücke in der Erforschung des Nationalsozialismus auf regionaler Ebene schließen. Darüber hinaus ist zu erwarten, dass die Betrachtung der unterschiedlichen Ausgangsvoraussetzungen der so genannten Judenpolitik in Oberschlesien im Vergleich mit dem übrigen Deutschland wichtige Einblicke in die Gesamtgeschichte der deutschen Juden während des „Dritten Reiches" und in die Mechanismen des Holocausts liefern werden. Neben einer Beleuchtung der Handlungen und Motivationen der deutschen Täter vor Ort wird vor allem auch die Perspektive der jüdischen Opfer berücksichtigt und aufgezeigt, wie sich die NS-Maßnahmen auf die jüdische Lebenswelt auswirkten.

In diesem Exposé folgen auf einen kurzen Überblick über die Entwicklung der deutsch-jüdischen Geschichte Oberschlesiens zwischen 1933 und 1945

---

21 Zur Problematik der Baumeisterpersönlichkeit Wendel Roskopf vgl. Klara Kaczmarek-Patralska: Wendel Roskopf. In: Arnold Bartetzky (Hg.): Die Baumeister der Deutschen Renaissance: Ein Mythos der Kunstgeschichte? Beucha 2004.

einige Bemerkungen zu Fragestellungen und Schwerpunkten des Projekts sowie zum Forschungsstand und der Quellenlage.

II. Das Bestehen eines nach der Teilung Oberschlesiens im Jahre 1922 unter Aufsicht des Völkerbundes geschlossenen deutsch-polnischen Minderheitenschutzabkommens ermöglichte den Führern des oberschlesischen Judentums, nach dem Machtantritt der nationalsozialistischen Regierung 1933 Minderheitenschutz für die Juden im deutschen Teil des oberschlesischen Abstimmungsgebiets zu reklamieren. Die nationalsozialistische Regierung verpflichtete sich, wenn auch widerwillig, auf jegliche gesetzliche Diskriminierung der jüdischen Bevölkerung im oberschlesischen Abstimmungsgebiet zu verzichten. Bis zum Ablauf des Völkerbundsmandates im Juli 1937 waren die Juden Deutsch-Oberschlesiens vor allen antijüdischen Gesetzen und Verordnungen geschützt. Um gegen immer wieder vorkommende Verletzungen dieser gesetzlichen Gleichstellung durch lokale Behörden oder Parteistellen sowie Einzelpersonen vorzugehen, nutzten sie die Möglichkeit, an verschiedene vom Völkerbund eingesetzte Institutionen zu appellieren.

Der Minderheitenschutz lief am 15. Juli 1937 aus und alle antijüdischen Gesetze des Reiches wurden automatisch auch in Oberschlesien gültig. Damit waren die oberschlesischen Juden der nationalsozialistischen „Judenpolitik" mit all ihren Folgen für die jüdischen Gemeinden und Einzelpersonen ausgeliefert.

Nach Ausbruch des Krieges wurde der polnische Teil Oberschlesiens, der 1922 von Deutschland abgetrennt worden war, wieder ins Deutsche Reich eingegliedert und 1941 unter Einbeziehung weiterer polnischer Gebiete eine stark vergrößerte Provinz Oberschlesien geschaffen, die neben der deutsch-jüdischen Bevölkerung nun auch eine polnisch-jüdische Bevölkerung enthielt.

Ab Frühjahr 1942 wurden oberschlesische Juden nach Auschwitz gebracht, wo sie unter den ersten waren, die den Gaskammern von Birkenau zum Opfer fielen. Nur wenige der deutschen Juden blieben zurück. Sie wurden zur Zwangsarbeit eingesetzt und nur eine verschwindend geringe Zahl erlebte das Kriegsende 1945.

III. Es wird allgemein angenommen, dass die schrittweise Einführung der antijüdischen Gesetze im Deutschen Reich einen gewissen Gewöhnungseffekt erzeugte, der dazu beitrug, das Unrechtsbewusstsein eines Großteils der deutschen Bevölkerung zu betäuben und einen Protest gegen die Diskriminierung und spätere Ermordung der Juden zu verhindern. In Oberschlesien fand keine allmähliche Verschärfung der antijüdischen Maßnahmen statt, sondern eine abrupte Einführung nach dem 15. Juli 1937, so dass ein schrittweiser Gewöhnungsprozess schwer nachgewiesen werden kann. Recherchen deuten an, dass im weiteren Verlauf die Bereitschaft der Bevölkerung, die Ausgrenzung und spätere Vernichtung der Juden mitzutragen, dennoch vorhanden war. Schon in der Zeit vor 1937 zeigt sich anhand jüdischer Beschwerdeeingaben, dass ein Teil der Bevölkerung und der lokalen Behörden den Rückhalt und Ansporn antijüdischer Gesetzgebung nicht benötigte, sondern entgegen den Instruktionen von oben versuchte, durch das Ausleben eines inhärenten Antisemitismus eine Ausgrenzung der jüdischen Bevölkerung herbeizuführen. Die Situation in Oberschlesien stellt also nicht nur die These der „schrittweisen Gewöhnung" in Frage, sondern lenkt den Blick auch auf die Rolle lokaler Funktionäre bei der Diskriminierung der jüdischen Bevölkerung

Ein anderer Aspekt, dem am Beispiel Oberschlesiens nachgegangen wird, ist die Frage nach Formen jüdischen Widerstands. Schon aus Gründen der Altersstruktur und der sozialen Konditionierung war an physisches Aufbegehren gegen das nationalsozialistische Regime aus den Reihen der deutschen Juden nicht zu denken. Der oft erhobene Vorwurf der Passivität ist allerdings nicht haltbar. Der Kampf um jüdische Minderheitsrechte in Oberschlesien zeigt, dass Juden durchaus nicht bereit waren, die Diskriminierung durch die nationalsozialistischen Machthaber und ihre Handlanger einfach hinzunehmen. Quellenuntersuchungen haben ergeben, dass sich dieses Verhalten auch nach 1937 fortsetzte. Wenn auch die Handlungsspielräume sich unter dem zunehmenden Druck immer mehr einengten, wurden sie doch voll genutzt, um die Last der nationalsozialistischen Verordnungen und Schikanen zumindest zu erleichtern. Bis in die 40er Jahre hinein strengten Führer der oberschlesischen Judenheit Prozesse mit dem Ziel an, die Willkür lokaler Funktionäre einzuschränken. Obwohl solche Aktivitäten die Vernichtung der oberschlesischen Juden nicht aufhielten, hatten sie dennoch eine nicht zu unterschätzende Funktion, da sie halfen, die Menschenwürde der Opfer zu bewahren, die die Nationalsozialisten schon vor der physischen Vernichtung zerstören wollten.

Die gewaltsame Einbindung polnischen Territoriums im Zuge des Zweiten Weltkriegs bedeutete, dass die Provinz Oberschlesien um eine jüdische Population vermehrt wurde, die die Zahl der deutschen Juden nicht nur um ein Vielfaches überschritt, sondern sich auch religiös und kulturell von ihr unterschied. Es zeigt sich, dass im Grenzgebiet Oberschlesien eine Überlappung der unterschiedlichen Strategien der Vorgehensweise der Nazis gegen deutsche Juden und die jüdische Bevölkerung der eroberten Länder des Ostens vorhanden war. Während die jüdische Bevölkerung im schon vor 1939 zum Reich gehörenden Teil Oberschlesiens der Reichsvereinigung der Juden in Deutschland unterstand, in Judenhäusern zusammengepfercht wurde und die Ausbeutung ihrer Arbeitskraft deutschen Arbeitsämtern unterlag, waren die polnischen Juden im so genannten „Oststreifen" Oberschlesiens in Ghettos konzentriert, die von einem zentralen Judenrat verwaltet wurden. Der Zwangsarbeitseinsatz der polnisch-jüdischen Arbeiter wurde von der so genannten Schmelt-Organisation geleitet, die die jüdischen Arbeiter an Fabriken und Bauprojekte im Raum Schlesien „vermietete".

Es gilt unter anderem zu untersuchen, ob die unterschiedlichen Richtlinien der „Judenpolitik" in Oberschlesien konsequent durchgeführt wurden oder ob das räumliche Nebeneinander von deutschen und polnischen Juden sich auf die Lage der deutschen Juden ausgewirkt hat. Bislang ist *ein* Fall aus den Akten zu rekonstruieren, in dem deutsche Juden den Bestimmungen für polnische Juden unterworfen wurden. Zu ermitteln ist, inwiefern es sich hier um die eigenmächtige Kompetenzüberschreitung eines lokalen Funktionärs handelt, oder ob Zwischenfälle dieser Art auf Überlegungen auf höherer Ebene hindeuten, die Behandlung der oberschlesischen Juden zu Ungunsten der deutsch-jüdischen Bevölkerung zu vereinheitlichen.

Nach dem Abtransport des überwiegenden Teils der deutsch-jüdischen Gemeinde zur Vernichtung blieben bis auf einige Mitglieder der jüdischen Verwaltung nur Juden in so genannten Mischehen zurück. Genauere Aussagen über das Eintreffen der oberschlesischen Transporte in Auschwitz können bisher nicht gemacht werden. Ebenso existiert keine detaillierte Darstellung der oberschlesisch-jüdischen Geschichte zwischen den Deportationen 1942 und dem Kriegsende 1945. Es ist anzunehmen, dass die wenigen verbliebenen deutschen Juden bis zur Befreiung durch die Rote Armee zur Zwangsarbeit eingesetzt wurden. Um diese Lücke zu füllen, wird das vorgestellte Projekt sich unter anderem auch der Erforschung der oberschlesischen Arbeitslager, zum Beispiel der Auschwitz-Außenlager im Raum Gleiwitz, zuwenden.

IV. Obwohl deutsch-oberschlesische Holocaust-Überlebende die wissenschaftliche Erforschung des oberschlesischen Judentums nach dem Krieg angestoßen haben, ist eine umfassende Beschäftigung mit dem Thema in Deutschland nie erfolgt. Auch für den englischsprachigen Raum steht eine Gesamtdarstellung der Verfolgung und Vernichtung der deutschen Juden in Oberschlesien noch aus. Einige polnische Historiker haben sich mit der Geschichte der deutsch-oberschlesischen Juden während des Nationalsozialismus auseinandergesetzt, allerdings wurden diese Arbeiten bisher in der deutsch- und der englischsprachigen Forschung nur wenig rezipiert.

Dass das Thema gerade im deutschsprachigen Raum bisher nur zögerlich aufgegriffen wurde, verwundert im Hinblick auf das reiche Quellenmaterial. Für die Quellen jüdischer Provenienz sind vor allem die Akten der Jüdischen Gemeinde Gleiwitz und der Bezirksstelle der Reichsvereinigung der Juden in Deutschland am Jüdischen Historischen Institut Warschau zu nennen, ferner Zeitzeugenberichte und Interviews aus den Beständen der Wiener Library, des Zentralarchivs zur Erforschung der Geschichte der Juden in Deutschland in Heidelberg, des Yad Vashem Archivs sowie des United States Holocaust Memorial Museums (USHMM).

Deutsche Gegenüberlieferung liegt in den Staatsarchiven der Woiwodschaft Śląsk, in denen sich Bestände aus der deutschen Verwaltungszeit erhalten haben, unter anderem Akten des Oberpräsidiums der Provinz Oberschlesien in Oppeln, des oberschlesischen Minderheitenamtes sowie der Regierung in Kattowitz. Darüber hinaus sollen Bestände des Archivs in Auschwitz, des Bundesarchivs und des Politischen Archivs des Auswärtigen Amtes sowie Quellen zur Geschichte der Zwangsarbeitslager in Oberschlesien im USHMM ausgewertet werden. Umfangreiche Quellenbestände zum Minderheitenschutz befinden sich im Archiv des Völkerbundes in Genf.

V. Es ist Ziel des hier vorgestellten Dissertationsprojekts, eine detaillierte Analyse und Darstellung der Geschichte der Judenverfolgung im deutschen Teil Oberschlesiens in den Jahren 1933 bis 1945 zu geben. Dabei wird unter Einbeziehung vielfältigen Quellenmaterials sowohl die Vorgehensweise der Täter als auch vor allem die Perspektive der Opfer berücksichtigt. Es wird die These verfolgt, dass durch die besondere Situation der deutschen Juden Oberschlesiens Erkenntnisse gewonnen werden können, die Rückschlüsse auf die allgemeine Geschichte der deutschen Juden während des Holocausts zulassen.

Severin Gawlitta: Deutsche bäuerliche Siedler im Königreich Polen 1815–1915

Das Leben und Wirken der deutschen Kolonisten in Kongresspolen stieß in der bisherigen Geschichtsforschung auf nur wenig Beachtung und Interesse. Dies wird besonders dann deutlich, wenn man quantitativ die Arbeiten zu diesem Thema mit den Untersuchungen zur Geschichte der Deutschen in Russland vergleicht. Während letztere bereits ganze Bibliotheken füllen, beschränken sich die Beiträge zur Geschichte deutscher Landwirte in Russisch-Polen auf wenige Monographien und knapp zwei Dutzend Aufsätze, die, hauptsächlich aus der Zwischenkriegszeit stammend und politisch motiviert, eine unvoreingenommene Sicht auf die deutsche ländliche Bevölkerung im russischen Teilungsgebiet verstellen. Es wird deshalb versucht, im Rahmen des Dissertationsprojekts mittels einer Gesamtdarstellung diese Forschungslücke zu schließen und einen entpolitisierten und sachlichen Blick auf die Geschichte der deutschen Kolonisten in Kongresspolen zu werfen. Die Ergebnisse dieser Untersuchung sollen auch eine Grundlage für spätere vergleichende Studien liefern.

Die Dissertation setzt fünf Schwerpunkte: Einwanderung und Ansiedlung, wirtschaftliche Entwicklung, Kirche und Schule, das Umfeld der Kolonisten sowie die Deportation während des Ersten Weltkriegs. Damit wird das gesamte Spektrum des Kolonistendaseins erfasst und in die politischen, wirtschaftlichen, sozialen und kulturellen Entwicklungen im Königreich Polen eingeordnet.

Nach den Verwüstungen der napoleonischen Kriege suchte die kongresspolnische Regierung nach Mitteln und Wegen, das Land wieder aufzubauen. Eines der Instrumente, deren sie sich dabei bediente, war die Anwerbung und Ansiedlung von deutschen Handwerkern und Bauern. Parallel dazu betrieben die polnischen Grundherren private Ansiedlungen. Ende der 1840er Jahre kam die Kolonisation auf den Staatsgütern zum Erliegen, dagegen nahm die private Anwerbung deutscher Bauern immer größere Ausmaße an, besonders nach der Bauernbefreiung (1864), als viele Grundherren gezwungen waren, ihre bisherigen Grundstücke zu verkaufen oder zu verpachten. Ihr offizielles Ende fand die Kolonisation in den 1880er Jahren, als durch Zarenerlasse den Deutschen verboten wurde, Land zu erwerben.

Bereits vor 1815 waren auf dem Gebiet des späteren Kongresspolen deutsche Siedler eingesetzt worden, zuerst durch die privaten Grundherren zur altpolnischen Zeit, später von den preußischen Behörden in Süd- und Neuostpreußen und nach 1807 von der Verwaltung des Herzogtums Warschau. Wie viele von ihnen die Wirren der napoleonischen Kriege überstanden haben, lässt sich nicht genau bestimmen. Bekannt ist, dass nach 1807 viele Kolonisten ihre Dörfer verließen und nach Russland weiterzogen. Es ist also davon auszugehen, dass von den ca. 13.000 Siedlern, die zur preußischen Zeit angesiedelt worden waren und sich noch nicht etabliert hatten, nur ein geringer Prozentsatz auf ihren Stellen verblieb. Um 1850 gab es bereits wieder 50.000 Kolonisten im Königreich Polen und bis 1897 erhöhte sich ihre Zahl auf etwa 205.000. Der Anstieg der Kolonistenzahl verlief parallel zum Wachstum der Gesamtzahl der in Kongresspolen lebenden Deutschen. Für das Jahr 1865 wird die Zahl der Deutschen mit etwa 210.000 angegeben und bei der Volkszählung von 1897 mit 407.000. Unmittelbar vor dem Ausbruch des Ersten Weltkrieges gab es in Kongresspolen etwa 550.000 Deutsche. Die meisten von ihnen, nämlich über 67 %, lebten auf dem Lande.

Die Kolonisten, die aus verschiedenen deutschen Staaten stammten, schlossen Ansiedlungsverträge mit den zuständigen Beamten bzw. den Grundherren. Darin waren ihre Rechte und Pflichten festgelegt. Sie wurden vom Militärdienst befreit und erhielten für die ersten Jahre Steuerfreiheit; gleichzeitig verpflichteten sich die Siedler, ihnen zugewiesene Stellen zu bewirtschaften und nach Ablauf der Freijahre Abgaben zu entrichten. Da es keine speziellen Ämter für die Siedler im Sinne einer Ansiedlungskommission gab, blieben die in den Ansetzungs- und Koloniegründungsverträgen festgelegten Bestimmungen die einzige Grundlage, die das Verhältnis zwischen den Kolonisten und dem Staat bzw. dem Grundherrn regelte. Diese Verträge eröffneten den deutschen Siedlern die Möglichkeit der Selbstorganisation ihrer Dörfer und Kolonien. Gleichzeitig aber „zwangen" sie sie, sich bei Streitigkeiten zwischen den Vertragsparteien direkt an den Gouverneur oder Statthalter zu wenden. Den meisten bäuerlichen Einwanderern wurden unkultivierte Grundstücke zugewiesen, die erst für den Feldanbau vorbereitet werden mussten. Dabei ergaben sich große Schwierigkeiten, da die Siedler für Rodungs- bzw. Trockenlegungsarbeiten vielfach nicht geeignet waren. In den ersten Jahren bestimmte diese Arbeit das Leben der Kolonisten. Viele resignierten und verließen ihre Stellen.

Als freie auf Zins gesetzte und mit Privilegien ausgestattete Bauern konnten jedoch die meisten Kolonisten prosperierende Wirtschaften aufbauen. Sie entwickelten sich freilich unterschiedlich. Dies lag zum einen daran, dass die Kolonisten nach der Höhe ihres mitgebrachten Barvermögens mit Land ausgestattet wurden, und hing zum anderen davon ab, ob es sich bei dem zugewiesenen Land um bereits kultivierte Grundstücke oder um bewaldete bzw. sumpfige Flächen handelte. Die Rodungs- und Entwässerungsarbeiten fanden während der Freijahre statt, sodass viele Wirtschaften unter ungünstigen Bedingungen ihren Betrieb aufnahmen. Darüber hinaus war die Bodenqualität ein wichtiger Faktor für die Etablierung der bäuerlichen Höfe. Nicht zu unterschätzen ist auch der industrielle Hintergrund. Die aufstrebende Textilindustrie in den westlichen Gouvernements ermöglichte dort ansässigen deutschen Bauern, ihre Wirtschaften auf Schafzucht umzustellen und somit eine sehr gute Einnahmequelle zu erschließen. In der Folgezeit differenzierte sich die deutsche Bauernschaft sowohl in der Vermögensstruktur als auch regional. Insgesamt erarbeiteten sich die deutschen Landwirte einen beträchtlichen wirtschaftlichen Vorsprung, den sie auch in den ersten Jahrzehnten nach der Bauernbefreiung behaupten konnten. Hier spielte die Produktpalette eine wesentliche Rolle. Die deutschen Wirtschaften boten nicht nur Getreide, sondern in großem Maße auch Milchprodukte an; die Viehhaltung war bei den deutschen Bauern stark verbreitet. Auch der Umfang des Grundbesitzes war mitbestimmend für den wirtschaftlichen Erfolg. Während die polnischen Wirtschaften infolge der Erbteilung immer kleiner wurden, blieb die Größe der deutschen Höfe unverändert, da in der Regel der älteste Sohn die Wirtschaft des Vaters übernahm. Die wirtschaftliche Überlegenheit deutscher Bauernhöfe begann jedoch um die Jahrhundertwende abzunehmen. Während die polnischen Bauern die Vorteile des freien Landbesitzes immer erfolgreicher nutzten und agrarökonomisch immer besser aufgeklärt und gebildet wurden, hielten die deutschen Landwirte an der Wirtschaftsführung ihrer Vorfahren fest. Die Selbstisolierung der ethnisch homogenen Dörfer und Ansiedlungen machte die deutschen Kolonisten für die Modernisierungsprozesse wenig empfänglich. Bereits vor dem Ausbruch des Ersten Weltkrieges haben die polnischen Bauern ihre deutschen Kollegen eingeholt und teilweise sogar überholt.

Etwa 90 % der Kolonisten waren Lutheraner. Die kirchliche Betreuung der Kolonisten auf dem Lande war vielen Schwierigkeiten ausgesetzt. Aufgrund von großen Entfernungen zum Gemeindezentrum konnte der Pfarrer nur selten ein Kolonistendorf besuchen. Oft zeigten die Pastoren und das Kirchenkollegium auch wenig Interesse für die Belange der Kolonisten. Fast alle evangelischen Priester studierten in Dorpat und suchten nach ihrer Rückkehr den Kontakt zu ihresgleichen, vor allem zur städtischen Intelligenz. Sie strebten nach Aufnahme in die gehobenen gesellschaftlichen Kreise und polonisierten sich dabei. In den deutschen ländlichen Siedlungen entstanden Kantorate, mit deren Hilfe die seelsorgerische Betreuung gewährleistet werden sollte. Der Kantor, meist ein nicht immer lese- und schreibkundiges, aber mit dem Inhalt der Bibel gut vertrautes Dorfmitglied, übernahm die Pflichten des Pfarrers vor Ort. Zu seinen Aufgaben gehörte die Leitung der Gebetsstunden sowie die Ausübung kirchlicher Amtshandlungen wie Taufe oder Begräbnis, die während der Pastorenvisite bestätigt wurden. Mit der Kirche eng verbunden war auch das Schulwesen der Gemeinde. Die Kantoren waren nicht nur für die Seelsorge zuständig, sondern auch für die Unterrichtung der Kolonistenkinder. Ein regulärer Schulunterricht fand jedoch nicht statt. Die meisten Kinder halfen auf dem elterlichen Hof, sodass sie nur in den Wintermonaten den Schulunterricht besuchen konnten. Ziel des Unterrichts war in erster Linie, den Kindern genügend Bibelkenntnis zu vermitteln, um die vom Pfarrer durchgeführte Prüfung zu bestehen, die zur Teilnahme an der Konfirmation berechtigte. In einigen Kolonistendörfern konnten anfangs miteingewanderte Lehrer mit dem Schulunterricht betraut werden. Eine Ausbildungsanstalt für deutsche Lehrkräfte gab es in Kongresspolen lange Zeit nicht, was dazu führte, dass die Leitung der Dorfschulen vollständig den Kantoren überlassen wurde. Die Leistungen der Kolonistenkinder verschlechterten sich in der Folgezeit, was auf die geringe Ausbildung der Kantoren zurückzuführen ist. Sie selbst konnten oftmals nur unzureichend lesen und schreiben. Die spätere Umwandlung der Kantorate in Elementarschulen stieß auf Widerstand der Kolonisten, da die nun staatlichen Lehrer nicht immer willens waren, auch die kirchliche Betreuung der Siedler zu übernehmen.

Die Beziehungen der Kolonisten zu ihrer unmittelbaren polnischen Umwelt bestimmte der Alltag. Die Kontakte zwischen Deutschen und Polen auf dem Lande hatten lediglich sporadischen Charakter. Man traf sich auf dem Marktplatz oder bei der Geschäftsabwicklung mit dem jüdischen Zwischenhändler, bei der Trauung auch bei einem katholischen Pfarrer, der das Amt des Standesbeamten bekleidete. Eine Teilnahme am politischen Leben außerhalb des Dorfes fand nicht statt. Auch Beziehungen zu benachbarten deutschen Dörfern gab es kaum, allerdings zu Tochtersiedlungen, wo familiäre Bande verbindend wirkten. Die unzureichende kirchliche Seelsorge machte die Kolonisten für Aberglauben und Sekten empfänglich, auch der Alkoholismus breitete sich unten ihnen aus. Gegenüber den polnischen Aufständen verhielten sich die Kolonisten ablehnend, beteiligten sich jedoch nicht aktiv an der Bekämpfung. Sie wollten mit Ereignissen dieser Art nichts zu tun haben und gingen den Konfliktparteien aus dem Wege. Sie verstanden sich nicht als ein Teil der kongresspolnischen Gesellschaft und assimilierten sich kaum. Obwohl die Kolonisten an ihrer Kultur und ihren Traditionen festhielten, bildeten sie keine einheitliche Gruppierung. Der deutsch-polnische Gegensatz, der in der zweiten Hälfte des 19. Jahrhunderts ausgebrochen war und verstärkt in die polnische Presse und Publizistik eindrang, formte ein Bild des deutschen Kolonisten, das bis heute in Teilen der polnischen Gesellschaft fortlebt. Werke von Jeleński oder Prus beschrieben die deutschen Siedler als eine besitzergreifende und den polnischen Boden germanisierende Gruppe. In der polnischen Öffentlichkeit wurden die Kolonisten als eine geschlossen handelnde Bevölkerungsgruppe wahrgenommen, der man unterstellte, als Saboteure und Agenten im Dienste Berlins zu stehen.

Als eine geschlossene Gruppe wurden sie ebenfalls von der russischen Regierung behandelt, die nach dem Ausbruch des Ersten Weltkrieges die Deutschen aus den grenznahen Westgebieten in die Tiefen Russlands deportieren ließ. Betroffen von dieser Maßnahme war die ländliche deutsche Bevölkerung evangelischer Konfession. Lutheraner in den Städten blieben dagegen verschont. Die zunehmende Nationalisierung des öffentlichen Lebens und die soziale Frage, d. h. der Landhunger von Millionen „slawischer“ Bauern, verstärkten die Resonanz der öffentlichen Agitation gegen die Deutschen und ihren Landbesitz. Bei der Zwangaussiedlung der deutschen ländlichen Bevölkerung ging es der russischen Führung jedoch weniger um das Land als um die Menschen. Es galt, einen Schuldigen für die militärischen Niederlagen gegen die Mittelmächte zu finden und zugleich durch die „Bestrafung" der deutschen Kolonisten Wohlwollen und Dankbarkeit bei den polnischen Nationaldemokraten und ihren Sympathisanten zu wecken. Die polnischen Nationaldemokraten, die vor dem Ausbruch des Krieges antideutsche und antijüdische Kampagnen führten und sich trotz vieler Rückschläge als russlandtreue Kraft präsentierten, sollten damit aufgewertet und mit deren Hilfe die Masse der polnischen Bevölkerung für Russland gewonnen werden. Durch die Deportation der deutschen Kolonisten und unmittelbar danach der jüdischen Bevölkerung wurde für viele Polen die soziale Konkurrenz entschärft. Von den Zwangsaussiedlungen waren über 100.000 Deutsche betroffen.

Maximilian Eiden: Gedächtnis, Macht, Nation. Transnationale Erinnerungsorte im deutsch-polnischen Spannungsfeld

Das Dissertationsvorhaben geht von den Ergebnissen und Fragestellungen meiner Magisterarbeit „Ein Erinnerungsort für Deutsche und Polen – Jahrhunderthalle und Ausstellungsgelände in Breslau" aus. Durch die Auswahl mehrerer (Vergleiche und Analogien erlaubender) Erinnerungsorte und durch eine erweiterte Fragestellung soll eine exemplarische Studie zu langfristig wirksamen Bildern von der Vergangenheit, ihrer Konstruktion in verschiedenen Gesellschaften und ihrer symbolischen und materiellen Verortung in der national umstrittenen deutsch-polnischen Kontaktzone im 19. und 20. Jahrhundert entstehen. Eine Besonderheit des Projekts ist die Suche nach (in Anlehnung an jüngere Forschungen zum Kulturraum der Habsburgermonarchie) „transnational" genannten Kristallisationspunkten der Erinnerung. Diese sind gerade nicht eindeutig, sondern können durch wechselseitige Beanspruchung und Umdeutung für die eine wie für die andere Nation, und zudem in verschiedenen ideologischen Zusammenhängen, nutzbar gemacht werden.

Ziel der Arbeit ist es, die Dimensionen des umkämpften deutsch-polnischen Gedächtnisses von exemplarischen Orten aus zu entwickeln und so seinen Gehalt und seine politischen und gesellschaftlichen Implikationen für die Gegenwart aufzuzeigen. Dabei wird die das heutige Bewusstsein beider Gesellschaften dominierende Erinnerung an den Zweiten Weltkrieg bewusst ausgespart. Die Erinnerung an den Krieg, die Kriegsverbrechen, die Shoah und den Komplex von Flucht und Zwangsaussiedlung ist seit langem Gegenstand eigener, wertvoller Untersuchungen und steht ohnehin im Zentrum auch der deutsch-polnischen Debatten. Zudem erhält man durch die Konzentration auf den Ereignishorizont vor 1939 Einblick in tiefer liegende und länger andauernde Konstitutionsprozesse der Erinnerung. Die Epochenscheide von 1933–45 ist aber selbstverständlich die unabdingbare Voraussetzung der Untersuchung; die Wandlungen des Gedächtnisses vor und vor allem nach diesem Bruch sind der heuristische Schwerpunkt der Arbeit.

Für die Frage nach der Konstruktion und Wirksamkeit von transnationalen Erinnerungsorten im heutigen Polen sind die Gebiete, die heute Polens Westen sind, früher aber Deutschlands Osten waren, von besonderem Interesse. Im nationalen Zeitalter wurden diese umstrittenen, ethnisch und kulturell uneinheitlichen Grenzgebiete als Konfliktfelder von beiden Seiten propagandistisch aufgeladen. Daher tragen die meisten der dort zu findenden transnationalen Erinnerungsorte bis heute das Signum des Konflikts, teils im Sinne von Konfrontation, teils im Sinne von Konkurrenz.

Um einen Überblick über die Dimensionen des Themas zu gewinnen und die in Frage kommenden Fallbeispiele einzugrenzen, galt es zunächst, die Überschneidungen der beiden Erinnerungslandschaften als Netz mehrfach aufgeladener Erinnerungsorte herauszuarbeiten. Diese systematische Vorarbeit half bei der Abschätzung von Dimensionen und epochalen und inhaltlichen Schwerpunkten der konfligierenden Erinnerung. Ein Überblick über Gedächtnisgeschichte in der historischen Schlesienforschung diente dabei als „hinführende Studie“. Ein wichtiges Zwischenergebnis war die Feststellung, dass der deutsch-polnische Gedächtniskonflikt unterhalb einer recht schmalen binationalen viele breitere regionale Ebenen hat, die spezifisch ausgeprägt sind, wie unter anderem auch Peter O. Loews Studie zur „Geschichtskultur“ (meine Arbeit operiert mit dem breiteren Begriff „Erinnerungskultur“) des deutschen und polnischen Danzig zwischen 1793 und 1997 gezeigt hat. Eine Konzentration der Arbeit auf eine dieser Regionen mit ihren stark auf die jeweilige Nation bezogenen und in deren Bildungsgut eingebrachten Regionaltraditionen erscheint sinnvoll. Sie macht die Auswahl von untersuchten Beispielen kohärent und begründbar, ermöglicht die Arbeit mit einer größeren Menge von übergreifenden, im Idealfall seriellen Quellen wie Provinzialakten und regionaler Presse. Die Entscheidung für Schlesien ergab sich aus der erkennbar guten Quellenlage, besonders zu dem derzeit im Zentrum der Untersuchung stehenden Gedächtnis der Piastendynastie. Die Erinnerung an die als polnisches Königshaus 1370 ausgestorbene, in dem Böhmen inkorporierten Schlesien jedoch örtlich noch bis 1675 weiter regierende Familie ist zumindest in zwei seiner Kernstücke, dem Hedwigskult und dem Mythos der Schlacht bei Wahlstatt, im kulturellen Gedächtnis Deutschlands und Polens über Jahrhunderte wirksam gewesen. In Polen wurde sie darüber hinaus zu einem eigenen, auf das 16. Jahrhundert zurückgehenden und im 19. Jahrhundert erneut zum politischen Programm umgedeuteten „Piastenmythos“. Dessen neue, von kommunistischer Staatsräson geleitete Vermittler fanden nach 1945 in Schlesien in einer ansonsten vielfach fremden Kulturlandschaft zahlreiche Anknüpfungspunkte vor, die allerdings in Wirklichkeit bereits durch eine deutsch-schlesische Erinnerungskultur vorgeprägt waren. Dieser wechselseitig aufgegriffene und kontroverse Traditionskomplex erweist sich im Hinblick auf die der Arbeit zugrunde liegende Methodik als besonders ergiebig. Er erlaubt es nämlich, immer wieder konkrete Orte in den Mittelpunkt der Analyse zu stellen, an denen Erinnerung sich festmachte und wo sie inszeniert wurde – angefangen vom Trebnitzer Hedwigsgrab, den übrigen Piastenmausoleen und -schlössern Schlesiens sowie den Kirchen- und Klosterbauten auf dem Wahlstätter Schlachtfeld.

Nach dem Vorbild von Pierre Nora, der die Historiographie vor gut zwei Jahrzehnten unter Berufung auf die Gedächtnistheorie des Soziologen Maurice Halbwachs auf die Spur der *lieux de mémoire* gelenkt hat, haben sich in vielen europäischen Ländern Historiker den Phänomenen der Erinnerung, also der sozialen Konstruktion von Vergangenheit, zugewandt. Die Erkenntnis, dass gerade in Mitteleuropa viele Erinnerungsorte mehrfach kodiert, umstritten und widersprüchlich sind, hat dieser Forschungsrichtung neuen Antrieb gegeben. Bei der Erarbeitung des methodischen Werkzeugs zeichnet sich die Notwendigkeit ab, den Begriff des „Erinnerungsortes" von Forschungsansätzen zu nationalen „Mythen", „Diskursen" und „Ikonographien" abzugrenzen, die andere, spezifische Zielrichtungen und eigene Forschungsprogramme haben. Dadurch kann der Zentralbegriff „Erinnerungsort" mit seinen Implikationen und die verwendete Gedächtnistheorie präzisiert werden. Hierbei liegt, wie gesagt, ein besonderer Schwerpunkt des Vorhabens auf topographisch festlegbaren Orten als Bezugspunkten der „assoziativen Erinnerungslandschaft" (P. O. Loew). Die wechselvolle Nutzung dieser Stätten, ihre architektonische und raumplanerische Inszenierung, die dortigen Besuche, Pilgerfahrten und Feiern, Demonstrationen und Ausstellungen, ihre Bedeutung für das lokale Selbstbild als Wahrzeichen sollen dargestellt und gedeutet werden. Es geht also um „verortete Erinnerung" einerseits und um durch Erinnerung „semiotisierte Orte" (J. Assmann) andererseits.

Dana Mühlmann: Der Passionstraktat „Extendit manum" des Heinrich von St. Gallen – Untersuchungen zur Frömmigkeitsgeschichte des Spätmittelalters

Spätestens seit den im Gefolge der Arbeiten J. Huizingas erschienenen mentalitätsgeschichtlichen Untersuchungen dürfte klar sein, welche herausragende Bedeutung der Passion Christi für das religiöse Erleben des Spätmittelalters zukommt. Dies zeigt sich u. a. an der kaum überschaubaren Fülle von Textproduktionen, die vom 13. bis zum 16. Jahrhundert den literarischen Markt überschwemmen. Zunächst ist diese Erscheinung weitgehend auf lateinische Texte der monastischen Sphäre beschränkt, die vornehmlich religiöspraktischen Zwecken dienten und unter dem Oberbegriff Predigt- und Meditationsliteratur gefasst werden könnten. Dieser Literatur ist eine enorme Wirkungsgeschichte beschieden, wie an mitunter vierstelligen Handschriften-Zahlen einzelner Texte ablesbar ist. Parallel hierzu entsteht, zeitlich etwas verzögert, thematisch verwandte volkssprachliche Literatur. Für den deutschsprachigen Raum ist sie nach ersten Anzeichen im 12. Jahrhundert und darauf aufbauenden Ausformulierungen im 13. Jahrhundert (z. B. Gundacker von Judenburg, „Väterbuch", Heinrich von Neustadt und eschatologische Texte) endgültig seit dem 14. Jahrhundert nachweisbar und erreicht im 15. Jahrhundert einen Höhepunkt, der sich bis in die Druckauflagen des 16. Jahrhunderts hinein dokumentieren lässt. Trotz der großen Verbreitung, die auch das deutschsprachige Schrifttum aufzuweisen hat, setzt die wissenschaftliche Beschäftigung, nach sporadischen Erscheinungen im 19. Jahrhundert, in systematischer Weise erst in den 30er Jahren des 20. Jahrhunderts ein. Grund für die verzögerte Aufmerksamkeit war die lange Zeit vorherrschende negative Bewertung der Texte bezüglich ihres Erkenntniswerts, die in ihrem ‚Mangel an Originalität' begründet lag. Die ohnehin übliche Abhängigkeit der gesamten frühen und insbesondere mittelalterlichen Schriftproduktion von tradierten Vorstellungen verstärkte den Eindruck minderwertiger und in der Kompilation populistisch verkürzter Schriften. Seit der Neubewertung konnte durch Sichtung der handschriftlichen Bestände auch eine Fülle geistlicher Gebrauchsliteratur zutage gebracht und kompendienartig veröffentlicht werden (W. Stammler). Das darin enthaltene Corpus „Passionsliteratur" wurde unter formalen Aspekten klassifiziert (K. Ruh) und erfuhr auf der Grundlage quellengeschichtlicher Forschung eine literar- und theologiegeschichtliche Einordnung in die Gesamtentwicklung abendländischen Denkens (u. a. M. Grabmann, K. Ruh, K. Berg, G. Steer).

Versucht man sich heute einen Überblick über jenes Corpus „Passionsliteratur" zu verschaffen, so steht man, trotz der mannigfaltigen Bemühungen, leider noch immer vor dem Problem, dass zum einen das Konvolut bekannter Schriften zur Passion unter der Vorherrschaft westeuropäischer Provenienzen steht, zum anderen nur wenige Texte überhaupt editorisch zugänglich sind. Unter funktionalem Aspekt wird die Zusammenschau dadurch erschwert, dass die Texte unterschiedlichen Textsorten (u. a. Predigt, Liturgie, Historie, Traktat, Erbauungsschriften etc.) zuzuordnen sind, d. h. deutlich abweichende Intentionen verfolgen. Bei Sichtung der vorliegenden Verzeichnisse geistlicher Fachprosa ist eine Dominanz bernardinisch-franziskanisch geprägter Literatur zu beobachten. Diese Präsenz erklärt sich u. a. aus der herausragenden Bedeutung, die der Kreuzes- und Leidenstheologie Bernhards von Clairvaux bezüglich des Wandels im Christusbild und der damit verbundenen positiven Bewertung eines leidenden Gottes zukommt. Insbesondere die franziskanische Strömung hat den Leidensaspekt für die Praxis fruchtbar gemacht und die „wortverhaftete Erfahrungstheologie" Bernhards (U. Köpf) durch die von Franz von Assisi vorgeführte reale Leidensimitatio ergänzt. Bonaventura, einer der bedeutenden Autoritäten des Franziskanerordens, gelang eine systematische Verankerung dieses Denkens innerhalb der scholastischen Theologie. Somit ist es nicht verwunderlich, dass bereits die Textproduktion des sog. lateinischen Pseudoschrifttums eine Dominanz jener Strömung aufweist, wie sie sich z. B. in der im Mittelalter vorwiegend anzutreffenden Zuordnung der Texte an jene Autoritäten manifestiert. Wie die Forschungen K. Ruhs, K. Bergs oder G. Steers gezeigt haben, besteht kein Zweifel darüber, dass auch das deutschsprachige Schrifttum von jenen Texten eine starke Prägung erfuhr. Allerdings sollte Vorsicht geboten sein bei dem, mit Blick auf die wenigen – größtenteils dem Interesse an volkssprachlicher Mystik zu verdankenden – Editionen, nahe liegenden Eindruck einer homogenen, eingliedrigen Deutungsrichtung von Passion. So weist in neuerer Zeit U. Köpf darauf hin, dass das Thema der Passion trotz der nicht zu übersehenden Vorherrschaft der Zisterzienser und Franziskaner von allen geistigen Strömungen der Zeit, später noch ergänzt von laikalen Gruppen, durchdacht und ausgebildet wurde. Es müsste daher verstärkt in Einzeluntersuchungen eine notwendige Differenzierung des Gesamtcorpus erfolgen und die bisherige Erforschung der großen geistesgeschichtlichen Zusammenhänge in gewissem Sinne „von unten" ergänzt werden.

Vor diesen Hintergründen steht das hier vorgestellte Dissertationsprojekt über den deutschsprachigen Passionstraktat „Extendit manum". Es handelt sich bei diesem Text um eine ca. 70 Blatt (Quart) umfassende Darstellung der Passion und Kreuzigung, die, ausgehend von den neutestamentlichen Berichten, einerseits in meditativ-vergegenwärtigender Manier die einzelnen Leidensstationen realistisch ausmalt, andererseits diese durch die Beifügung umfangreichen Kommentarmaterials verschiedener Prägung ergänzend erklärt. Der Archetypus, vermutlich Ende des 14. Jahrhunderts entstanden, ist bis heute nicht bekannt. Ruh unterschied seinerzeit drei Gruppen: Typus A sei der Haupttypus, der als Urtypus anzusehen sei, während B und C Lücken aufweisen und u. a. des Genesiszitates entbehren. Sprache und Stil der sog. A-Fassung weisen nach Böhmen (Kanzleisprache Johanns von Neumarkt). Als Verfasser gilt der 1350 geborene Heinrich von St. Gallen, der ab 1371 in den Prager Universitätsakten mehrfach als Magister belegt ist. Der ihm zugeschriebene Traktat hat eine außergewöhnlich breite Rezeption erfahren, die den gesamteuropäischen Raum umfasst. Die Forschung konnte bisher 180 Handschriften sowie neun Drucke des Textes nachweisen. Nach ersten Recherchen zähle ich allerdings 20 weitere Textzeugen. Es ist zu vermuten, dass insbesondere die Sichtung der osteuropäischen handschriftlichen Bestände weitere Textzeugen ans Licht bringt, so dass die Zahl 200 überschritten wird, eine Überlieferungsdichte, die kaum ein anderer deutschsprachiger Text des Mittelalters erreicht. Der Traktat ist 1874 von A. Birlinger erstmals auf der Grundlage einer mittlerweile vermissten Breslauer Handschrift des 15. Jahrhunderts ediert worden. 1940 wurde er in der textkritischen Edition von K. Ruh veröffentlicht.

Das Dissertationsvorhaben erstreckt sich im Wesentlichen auf folgende Schwerpunkte:

1. Da eine inhaltliche Auswertung des Traktates bislang fehlt, soll auf der Grundlage der vermutlich ältesten Fassung (Königsberg, Ende 14. / Anfang

15. Jahrhundert) zunächst eine detaillierte, diachrone Analyse des inhaltlichen Bestandes erfolgen. Methodisch ist dabei von einem Textbegriff auszugehen, der den Einzeltext als Einheit begreift und somit die unvermeidlichen Übernahmen tradierten und zeitgenössischen Schrifttums in ihrer Neukontextuierung interpretiert. Die Annahme eines zwar in Anbetracht der Wandlungsfähigkeiten mittelalterlicher Textproduktion nur hypothetisch konstatierbaren Fixums ermöglicht die Interpretation eines singulären Zustandes theologischen Denkens. Für den Vergleich müssen die Evangelien der Vulgata benutzt werden. Ruhs Annahme, dem Verfasser könnte eine Evangelienharmonie vorgelegen haben, ist nicht mehr haltbar, nachdem diese Gattung eine grundlegende Untersuchung erfahren hat (P. Hörner) und nunmehr davon auszugehen ist, dass im Falle einer Abhängigkeit der Text eine völlig andere Gestalt haben müsste. Es ist zu konstatieren, dass innerhalb einer Perikope mit der Auswahl eines bestimmten Evangeliums eine spezifische theologische Interpretation transportiert wird. Ebenso lässt sich anhand vorgenommener Auslassungen oder harmonisierender Kompilation mehrerer Evangelien deutlich eine Umdeutung der Sinnpotenzen erkennen. Die hierin sichtbaren theologischen Interpretationen stehen zu den im Kontext eingefügten erzählpoetischen und kommentierenden Ausweitungen in deutlicher Abhängigkeit. Die Auswertung der so zusammengesetzten Inhalte soll im Anschluss unter christologischen, soteriologischen sowie paränetischen Gesichtspunkten gebündelt werden. Diese ergeben die Basis für eine funktionale Auswertung der Inhalte, die eine Intention des Autors im Sinne von seelsorgerlicher Erziehung erkennen lassen könnte.

2. In einem zweiten Schritt sind die Ergebnisse unter synchronem Blickwinkel und quasi „von oben" zu verifizieren. Die am häufigsten genannten Autoritäten Bernhard und Augustin werden mit ausgewählten Texten zur Passion zum Vergleich herangezogen, um die im Traktat vorgenommene Umdeutung, die durch die souveräne, in den Handschriften variierende Zuordnung von Kommentarmaterial an jene Persönlichkeiten geschieht, auswerten zu können. Im Sinne der in der Forschung erhobenen „Popularisierungsthese" sind die Abhängigkeiten und Abweichungen von der jeweiligen Theologie zu eruieren sowie der damit verbundene Wandel bzw. die Verfälschungen des Bernhard- bzw. Augustinbildes nachzuzeichnen.
3. Da die A-Fassung des Textes vorwiegend osteuropäischer Provenienz ist, können die erarbeiteten spezifischen Deutungen christologischer, soteriologischer und paränetischer Art – die selbstverständlich die mariologische Komponente nicht ausschließen – als Vergleichsmaterial für die Einordnung des Traktates in den zeitgenössischen böhmischen Kontext dienen. Es ist zu prüfen, inwieweit lokale Abhängigkeiten vorliegen: So wären z. B. Bezüge zu den Reformtheologien Heinrichs von Bitterfeld und Matthäus' von Krakau vorstellbar, die sich, etwa in ihren Bemühungen um die Abendmahlspraxis, auch auf dem Gebiet der Volksseelsorge intensiv betätigt haben, oder zu den im böhmischen Raum stark vertretenen zisterziensischen und augustini-

schen Bewegungen, wobei sowohl die *devotio moderna* als auch die *via moderna* in den Blick zu nehmen sind. Das Verfahren wird sich auf Stichproben beschränken müssen, da auch hier die Sichtung der Textbestände sowie die wissenschaftliche Kenntnis der spezifischen Theologien noch in ihren Anfängen liegen.

4. Erst auf der Grundlage der oben vorgestellten Analyse ist die genaue Sichtung des übrigen Handschriftenmaterials sinnvoll. Sie ist unumgänglich, da die bisher von mir realisierten stichprobenartigen Untersuchungen erhebliche Differenzen zwischen tatsächlichem Textbestand und im Katalog vorgenommener Zuordnung sowohl zu Fassungs- als auch zu Dialektgruppen ergaben. Untersuchungen von drei von mir bereits eingesehenen Leipziger Handschriften zeigten, dass die vorgenommenen Umdeutungen auf der Textebene, abgesehen von groben Auslassungen, nicht auf den ersten Blick sichtbar werden und in der neuen Handschriftenbeschreibung falsch dargestellt werden (die Edition von zwei der drei Leipziger Handschriften bereitet P. Hörner unter meiner Mitarbeit vor). Erst die gezielte Überprüfung etlicher bisher nicht bekannter Textzeugen kann es ermöglichen, jene feinen sprachlichen Umstilisierungen, die interpretatorischen Zusätze bzw. die auf der kontextuellen Neueinbindung von Fremdmaterial basierenden Umdeutungen aufzuspüren. Um das Vorhaben zu realisieren, wird es nötig sein, sich auf eine Auswahl an Textvarianten zu beschränken und die Analyse thematisch einzugrenzen. Die so erarbeiteten Differenzen zwischen den Fassungen sollen auf historische Hintergründe der Abweichungen, etwa lokalgeographische Verlagerungen und milieuabhängige Rezeption, befragt werden. Eventuell ist hier auch die Sichtung der ebenfalls in drei Varianten vorliegenden Druckfassung einzubeziehen. Die Autopsie des in Berlin erhaltenen Druckes von A. Sorg (Augsburg 1486) stellte klar, dass, über die Veränderung der B- und C-Fassungen hinaus, massive Eingriffe in den Grundbestand des Textes vorgenommen wurden bzw. dieser ausführlich ergänzt wurde. Auch hier ergibt der Gesamtblick auf den so entstandenen Text durch die Schwergewichtverlagerung eine deutlich abweichende Interpretation der Passion. Eine kontextuell bezogene Analyse kann nicht nur den Wandel von Gedanken und Positionen zur Passion und Kreuzigung dokumentieren, der sich bei einem Zeitabstand von ca. 100 Jahren ergibt, sondern ermöglicht ergänzend Einsicht in die Formen und Intentionen rezeptioneller Verarbeitung von geistlichen Gebrauchstexten. Sie bietet somit einen Spiegel zeitgenössischer Passionsfrömmigkeit und liefert vermutlich neue Erkenntnisse über den volkssprachigen Umgang mit der Bibel (und ihrer umstrittenen Auslegung), der insbesondere seit dem Edikt von Lucca durch Kaiser Karl IV. bis zum Auftreten des Jan Hus ein wichtiges Thema war.

Birgit Lange: Korporatives Mäzenatentum in Böhmen im 19. Jahrhundert: Der Kunstverein für Böhmen und die Umělecká Beseda in Prag, 1860–1885

Gary B. Cohen stellte 1981 in seiner Arbeit „The Politics of Ethnic Survival" zu den Deutschen in Prag fest, dass sich deren privates Leben auch in der zweiten Hälfte des 19. Jahrhunderts kaum von dem der Tschechen unterschied. Er formulierte zu diesem Befund die These, dass die in dieser Zeit erfolgte Nationalisierung der Gesellschaft in Böhmen im und über das öffentliche Leben erfolgte. Hierbei spielten zahlreiche Vereine, die sich nahezu allen Lebensbereichen widmeten, eine zentrale Rolle. Sie „kreierten" gemeinsam mit der politischen Führung der jeweiligen Gruppierungen ein „Identifikationsangebot" für das jeweilige Zielpublikum. Kunsthistorische Forschungsarbeiten zum 19. Jahrhundert wie z. B. von Susanne Falkenhausen (1993) über italienische Monumentalmalerei oder von Michaela Marek (2004) über Architektur in Böhmen haben gezeigt, dass auch der Bereich der bildenden Künste für diese Identifikationsangebote in der Öffentlichkeit genutzt wurde. Unter dieser Annahme untersuche ich in meiner Arbeit vergleichend den Kunstverein für Böhmen (KVB) und die „Umělecká Beseda" (Künstlergemeinschaft/ Künstlerverein) (UB) im Zeitraum zwischen 1860 und 1885 in Prag.

Dabei soll die Analyse der Rolle der beiden gewählten Vereinigungen im einsetzenden Nationalisierungsprozess und der Funktionen der von ihnen geförderten Kunst den Schwerpunkt bilden. Die Arbeit wurde mehrschichtig angelegt: Es werden sowohl Methoden der Sozialgeschichts- und Nationalismusforschung als auch der Kunstgeschichte angewendet. Die vergleichende Betrachtung der Vereinigungen spielt für meine Arbeit eine große Rolle, da so Unterschiede, aber auch Gemeinsamkeiten in der Vereinsarbeit und bei den gesellschaftlichen Zielsetzungen der Vereine hinsichtlich der Funktionalisierung der Kunst deutlich gemacht werden können. Als weiteres kontrastierendes Moment nutze ich die Kunstkritik der zeitgenössischen Presse, die einerseits die Vereinsarbeit unterstützte, andererseits die Vereine und die von ihnen geförderte Kunst scharf kritisierte.

Der gewählte Bearbeitungszeitraum hängt eng mit der Untersuchung der Vereine und ihrer Rolle im Nationalisierungsprozess in der böhmischen Gesellschaft zusammen. Im Oktober 1860 wurde vom Kaiser das so genannte Oktoberdiplom erlassen, das den Ausgangspunkt einer Liberalisierung der Gesellschaft und damit auch einer Entwicklung und Ausdifferenzierung der Vereinslandschaft in der Habsburgermonarchie bildete. In dessen Folge entstanden die meisten der einflussreichen nationaltschechischen Vereine, wie zum Beispiel der Sängerverein „Hlahol" (1861) oder der Turnverein „Sokol" (1862) und 1863 die UB, die schnell und oft in gemeinsamer Arbeit zu Trägern der nationalen tschechischen Sache in der Öffentlichkeit wurden. Der Untersuchungsbeginn gestattet mir zudem, im Rahmen einer kleinen „Vorlaufzeit", vor Gründung der UB, die zeitgenössischen Diskussionen in der Presse über Kunst aufzunehmen.

Der KVB hingegen war zwar schon in den dreißiger Jahren von der Gesellschaft patriotischer Kunstfreunde (GPKF) gegründet worden; die Tätigkeit in den vierziger und fünfziger Jahren soll aber aufgrund der vergleichenden Konzeption der Arbeit weitgehend vernachlässigt werden.

Als vorläufiges Ende des Untersuchungszeitraums wurde das Jahr 1885 gewählt. Dies hat mehrere Gründe: 1883 wurde das tschechische Nationaltheater in Prag fertig gestellt, eines der Hauptziele der Vereinsarbeit der UB. Danach geriet der Verein in eine Krise. Der KVB zog 1885, zusammen mit der Gesellschaft patriotischer Kunstfreunde (GPKF), in das Rudolfinum ein. Dieser erste in Prag speziell als Ausstellungsraum konzipierte Bau erweiterte die Möglichkeiten des KVB hinsichtlich der Ausstellungen enorm. So bilden die Jahre 1883 bzw. 1885 in der jeweiligen Vereinsgeschichte einen Punkt der Neuorientierung nach Erreichen eines „großen" Zieles und bieten sich daher als Endpunkte für meine Arbeit an.

In der Forschung zu beiden Vereinen fehlen bisher relevante Überblickswerke. Für den KVB existieren Einzelstudien von Zdeněk Hojda, der sich mit den Verkaufszahlen auf den Ausstellungen des Vereins und der Sozialstruktur der privaten Käufer der Kunst beschäftigte. Des Weiteren liegt eine knapp 50-seitige Jubiläumsschrift des KVB aus dem Jahr 1935 vor. Über die UB wurde zwar im Jahr 2003 eine überblicksartige Geschichte von Rudolf Matys veröffentlicht. Diese Arbeit stützt sich allerdings hauptsächlich auf von der UB selbst verfasste Jubiläumsschriften und frühere Forschungen, die unter national-historiographischen Gesichtspunkten geschrieben sind und die UB und ihre Funktionäre als diejenigen „verherrlichen", die der „tschechischen" Kunst zu ihrem „Recht" gegen die „Germanisierung" verholfen haben. Es sind bisher keine Versuche unternommen worden, die beiden Vereine und die von ihnen geförderte Kunst vergleichend und im Spiegel der böhmischen Gesellschaft unter Verwendung der Ansätze der jüngeren Nationalismusforschung zu bearbeiten.

Die beiden Vereine werden anhand zeitgenössischer Quellen untersucht. Dazu sind in erster Linie zu zählen: die Aktenbestände des Archivs der Národní Galerie (Nationalgalerie) in Prag zum KVB und zur GPKF; das Archivmaterial zur UB im Státní literární archiv památníku národního písemnictví (Staatliches Literaturarchiv des Schrifttums des nationalen Museums); die zeitgenössische Presse zu den Vereinsausstellungen und publizierte Äußerungen zu Kunst und Gesellschaft von Außenstehenden und Vereinsmitgliedern, hier besonders die Tageszeitungen „Národní listy" (Nationale Blätter) und „Bohemia" sowie die Zeitschriften „Dalíbor", „Světozor" und „Lumír"; die Baugeschichte des Rudolfinums als Haus für Kunst in Prag u. ä.

In meiner Arbeit spielt ebenfalls der methodische Zugang zum Begriff „Nation" eine wichtige Rolle. Der gewählte Ansatz gestattet es, die nationalen Argumente der Akteure in Verbindung zu etwaigen anderen gesellschaftlichen

Zielen zu setzen und so eine Überbewertung bzw. eine Ausschließlichkeit der nationalen Frage im zeitgenössischen Kontext der Vereine und der geförderten Kunst zu vermeiden. Ich folge in meinen Überlegungen vor allem Bernd Estel, der in seiner gleichnamigen Arbeit (2002) „Nation und nationale Identität" als sich sowohl auf einer faktischen wie auf einer konstruktivistisch-ideologischen Ebene vollziehend betrachtet.

Aufgrund des interdisziplinären Ansatzes und der fehlenden Vereinsgeschichten ist es notwendig, zunächst nach Vereinen getrennt – sozusagen einleitend – jeweils ein sozialgeschichtliches Kapitel zu erarbeiten. Im dann folgenden Hauptteil der Arbeit soll die gesonderte Betrachtung der Vereine aufgegeben, die Sozialgeschichte mit den Methoden der Kunstgeschichte zusammengeführt und die Tätigkeit der Vereine in ihrem gesellschaftlichen Kontext dargestellt werden.

In den zwei einleitenden Kapiteln werde ich die Statuten, die Organisationsstruktur, die Mitgliederzusammensetzung sowie die Hauptaktivitäten der Vereine im Verlauf von 25 Jahren nachzeichnen. Hierbei soll es jedoch noch nicht um eine Interpretation des Geschehens gehen, sondern um die Schaffung einer Grundlage für meine weiteren Arbeitsschritte, die in erster Linie auf Zahlenmaterial basiert. Dabei ist nicht vorgesehen, die Entwicklung beispielsweise der Mitgliederzahlen oder die Anzahl der ausgestellten Werke in den Ausstellungen ausführlich zu beschreiben, sondern diese kursorisch und tabellarisch zusammenzufassen. Ziel dieser Kapitel ist es, die beiden Vereine in der Gesellschaft Böhmens aufgrund ihrer Größe, ihrer finanziellen Möglichkeiten und der Breite und Wirksamkeit ihrer Aktivitäten verorten zu können.

Die quantitativen Auswertungen für den KVB sind inzwischen fast abgeschlossen. Es handelt sich um einen der größten Kunstvereine im deutschsprachigen Raum, der als Aktienverein organisiert war. Seine Mitglieder bestanden vor allem aus Unternehmern, höheren Angestellten und Beamten, die keine direkten Beeinflussungsmöglichkeiten wie z. B. ein direktes Wahlrecht im Verein hatten. Die Statuten des KVB veränderten sich zwischen 1860 und 1885 nicht. Verwaltet wurde der KVB von der GPKF, der laut Statuten alle wichtigen Entscheidungsrechte zustanden. Die Vereinsarbeit wurde von einem relativ kleinen Personenkreis dominiert, der etwa zur Hälfte aus Bürgern und Adeligen bestand. Auch bei den beteiligten Künstlern handelt es sich über viele Jahre immer um dieselben Personen. Ob ausgerechnet diese Künstler auch in finanzieller Hinsicht bei den Ankäufen des Vereins in besonderem Maße profitierten, kann ich noch nicht abschließend beurteilen. Die Künstler spielten im KVB eine geringere Rolle.

Der Umgang der utraquistisch eingestellten Vereinsleitung mit den ab Anfang der sechziger Jahre einsetzenden und dann schnell zunehmenden national motivierten Angriffen auf die Vereinsarbeit in der Presse und von Seiten der UB ist vor allem gekennzeichnet durch Unverständnis und einen Rückzug auf die „Tradition" des KVB als „altehrwürdiger" und „nur an Kunst interessierter" Einrichtung, die sich mit diesen „niederen und ungerechtfertigten" Vorwürfen nicht zu beschäftigen brauche.

Die UB wurde 1863 mit dem Ziel, die „tschechische" Kunst zu fördern, von Künstlern und tschechischen Nationalisten gegründet. Sie weist eine differenziertere Vereinsstruktur auf als der KVB, da sie aus drei Sektionen – Musik, Literatur, bildende Kunst – bestand und statt einer sieben Mitgliederklassen mit verschiedenen Rechten hatte. Kennzeichnend für die UB ist zu Anfang eine hohe Anzahl von Künstlern unter den Mitgliedern, was sich aber mit Beginn der siebziger Jahre zu verschieben beginnt. Dennoch gelingt es den Künstlern, im Verein an den entscheidenden Stellen zu sitzen und die so genannten „Kunstfreunde" weitgehend von Entscheidungen auszuschließen. Einige der Letztgenannten erreichten jedoch eine Einstufung in die Mitgliederkategorie der Künstler. Die UB zog zwar auch Unternehmer und Beamte, in höherem Maß aber kleinere Händler und Gewerbetreibende an. Unter den Künstlern der Kunstsektion waren vor allem Maler vertreten, die weitaus größte Gruppe bildeten jedoch die so genannten Baumeister und Ingenieure. Die UB hatte in ihren stärksten Zeiten etwa halb so viele Mitglieder wie der KVB.

In Bezug auf die Untersuchung des nationalen Elements in der Kunstsektion lässt sich sagen, dass bei fast allen Aktivitäten „national" argumentiert wurde, wobei es aber wichtig ist zu beachten, dass sich niemand konkret äußerte, was eigentlich genau „national tschechisch" bedeute. Dieser Punkt bedarf noch weiterer Untersuchungen, um die Argumentationslinien innerhalb des Vereins und die ihnen zugrunde liegenden Motive klar werden zu lassen.

Die Sozialgeschichte der Vereine bildet aber nur die Folie, vor der im Hauptteil der Arbeit die Kunstwerke betrachtet werden. Die Auswahl der zu analysierenden Kunstwerke wird sich auf die Kunst konzentrieren, deren Förderung von den Vereinen in der Öffentlichkeit „inszeniert" wurde. Das heißt einerseits die Projekte des so genannten Öffentlichen Fonds des KVB und entsprechender Aktivitäten der UB wie z. B. die Ausschmückung der Pfarrkirche in Karolinenthal/Karlín (KVB – 1863–1874) und die Instandsetzung der Kapelle zum hl. Kreuz (Kaple Sv. Kříže) (UB – 1863–1873), andererseits aber auch die Sonderausstellungen – meist von einzelnen Monumentalbildern – der beiden Vereine. Die bisherige Auswahl umfasst folgende Werke: 1863: Ausstellung des Bildes „Hus vor dem Scheiterhaufen" von Carl Friedrich Lessing (UB); 1864: Shakespeare-Feiern in Prag (UB); 1863–1874: Erbauung der Pfarrkirche in Karolinenthal (KVB – Öffentlicher Fond); 1863–1873: Restaurierung der Kapelle zum hl. Kreuz (UB); 1875: Ausschmückung der St. Anna-Kapelle im Veitsdom (KVB – Öffentlicher Fond); 1880: Mánes-Retrospektive (UB) sowie weitere Historienbilder der diversen Sonderausstellungen.

Inwieweit die ausgestellte und angekaufte Kunst des „laufenden Geschäfts" der Jahresausstellungen oder der Prämienausgabe berücksichtigt wird, muss sich im Lauf der Auswertung der Vereinsakten und der Tagespresse noch erweisen. Vorstellbar wäre die Analyse von Tendenzen in der Förderung durch exemplarisches Aufzeigen an Einzelwerken oder auch innerhalb oder in Beziehung zwischen verschiedenen Bildarten (Historienbilder, Genrebilder usw.).

Bei der Bearbeitung der jeweiligen Kunstwerke soll in drei analytischen Schritten vorgegangen werden. Zunächst soll die Kunst an sich, getrennt nach Stil und Inhalt, untersucht werden, um nicht von vornherein den Blick auf das Werk durch eventuelle zeitgenössische oder später erfolgte Urteile und Konnotationen zu verstellen. Im Anschluss daran soll das Kunstwerk zu den Diskussionen innerhalb des jeweiligen Vereins in Beziehung gesetzt werden. Hier wird konkret zu fragen sein, mit welchen, eventuell außerhalb der Kunst liegenden Argumenten dieselbe verbunden wurde und welche Ziele möglicherweise von den Vereinen damit angestrebt wurden. Erst nach dieser gesonderten Betrachtung soll in einem weiteren Schritt auf die öffentliche Kunstkritik, die sich in der zeitgenössischen Presse mit den Vereinen und der von ihnen geförderten Kunst auseinandersetzte, eingegangen werden. Inwieweit sich die Standpunkte zur Kunst innerhalb der Vereine von den in der Presse vertretenen unterscheiden oder nicht, soll mit Hilfe dieser Vorgehensweise deutlich gemacht werden. Allerdings gehe ich aufgrund der bisherigen Untersuchungen davon aus, dass die veröffentlichte Meinung in der Presse oftmals durch die Vereine gesteuert wurde. Ob dies immer zutreffend ist, muss die Zusammenführung der Auswertungen der Vereinsakten mit denen der Presse zeigen. Dabei wird auch deutlich werden, wie viel Aufmerksamkeit den Vereinsaktivitäten durch die Presse überhaupt zuteil wurde.

Alfons Adam: Die Deutschen in der Prager Gesellschaft 1918–1939

1. Thema

Die Prager Deutschen waren im Laufe des 19. Jahrhunderts aufgrund des Zustroms großer tschechischer Bevölkerungsgruppen und durch die Assimilierung vor allem der unteren sozialen Schichten an ihre zunehmend tschechische Umgebung zu einer Minderheit geworden. Zwischen 1843 und 1900 war der Anteil der Deutschen und der deutschsprachigen Juden von knapp 40 Prozent auf 6,7 Prozent der inzwischen über eine halbe Million Einwohner Prags gesunken. Aus dem ehemals deutsch dominierten Prag war innerhalb eines halben Jahrhunderts ein „slawisches Prag" geworden.

Als Reaktion auf die Übermacht des Tschechischen bildete sich bei den Prager Deutschen am Ende des 19. Jahrhunderts eine Gruppenidentität heraus, die von bürgerlich-liberalen Werten geprägt, aber nicht frei von Nationalismus war. Eine zentrale Rolle im sozialen und kulturellen Leben der Prager deutschen Mittel- und Oberschicht spielten das „Deutsche Haus", das „Neue deutsche Theater" und die „Deutsche Universität".

Mit der Ausrufung der Tschechoslowakischen Republik am 28. Oktober 1918 wurde aus der privilegierten deutschsprachigen Bevölkerungsgruppe in den böhmischen Ländern eine Minderheit in einem tschechisch dominierten

Staat. Der Anteil der Deutschen in Prag sank weiter und hatte seinen Tiefpunkt 1921 mit 4,6 Prozent (30.429 Personen) erreicht. Unter ihnen war etwa ein Viertel jüdischen Glaubens. Nach dem Wegfall Wiens als deutschsprachige Metropole begann Prag diese Rolle für die Deutschen der böhmischen Länder einzunehmen. Die Zahl der deutschen Einwohner Prags stieg bis 1930 auf 41.000 an, wobei der Anteil der Juden, die sich zur deutschen Nationalität bekannten, weiter zurückging.

Die Prager Deutschen waren meist Zuwanderer aus der engeren Umgebung. Ein relativ kleiner Teil stammte aus den deutsch dominierten Gebieten der Tschechoslowakei und nur ein Viertel der Prager Deutschen war in Prag selbst geboren. Bereits vor den Flüchtlingswellen der 30er Jahre aus Deutschland und Österreich stammten etwa 15 Prozent der deutschen Bevölkerung Prags aus dem Ausland.

Die Prager Deutschen distanzierten sich weitgehend vom anfänglichen Boykott der neu gegründeten Tschechoslowakei durch die Mehrheit der Deutschen in den Grenzgebieten. Prag wurde nicht nur Hauptstadt des noch jungen Staates, sondern blieb auch das wichtigste Zentrum deutschsprachiger Kultur in der Tschechoslowakischen Republik.

Das neue Miteinander der deutschen, jüdischen und tschechischen Einwohner Prags, das durch einen symbolträchtigen Besuch des tschechoslowakischen Präsidenten T. G. Masaryk drei Tage nach seiner Rückkehr nach Prag im Dezember 1918 im „Neuen deutschen Theater" eingeleitet werden sollte, wurde von zum Teil offen ausgetragenen nationalen Konflikten immer wieder gestört. Straßenkrawalle im Zusammenhang mit der „Nationalisierung" des Prager Ständetheaters 1920, antisemitische Unruhen nach der Wahl des jüdischen Professors Samuel Steinherz 1922 zum Rektor der deutschen Universität oder der „Tonfilmskandal" von 1930 überschatteten das Verhältnis der Ethnien in der Stadt.

Deutsche Kultur- und Bildungsinstitutionen wurden trotz aller politischen Abgrenzungsversuche von allen Bewohnern Prags genutzt. Tschechen besuchten das „Neue deutsche Theater", gingen in deutsche Kinos und der Anteil tschechischer Kinder an den Prager deutschen Mittelschulen blieb konstant, was die Untersuchung der Jahresberichte der deutschen Schulen ergab. Statistische Erhebungen zeigen zudem, dass etwa die Hälfte der von Deutschen in Prag geschlossenen Ehen ethnisch gemischt war.

Im Gegensatz zu den Jahrzehnten vor dem Ersten Weltkrieg beteiligten sich die Prager Deutschen wieder an der Kommunalpolitik. Bei den Kommunalwahlen stellten die deutschen Parteien drei bis vier von 100 Abgeordneten im Prager Stadtparlament. Kandidierte bei den Wahlen 1919 und 1923 noch allein ein Zweckbündnis der Prager Deutschen („Deutschpolitischer Arbeitsblock"), ist ab Mitte der 20er Jahre eine zunehmende Differenzierung und mit Beginn der Weltwirtschaftskrise auch eine Radikalisierung der deutschen Wählerschaft zu erkennen.

Das „Deutsche Haus" blieb in der Zwischenkriegszeit der zentrale Ort für das Vereins- und Verbandsleben der Prager Deutschen. Der Verein „Deutsches Haus" war mit durchschnittlich 3.000 Mitgliedern der mitgliederstärkste in Prag. Jährlich wurden die Räumlichkeiten am Graben (Na Příkopě) von über 200 verschiedenen Vereinen und Verbänden für 600 bis 800 Veranstaltungen genutzt. Abgesehen davon, dass politisch links orientierte Personen und Organisationen im Deutschen Haus nie „heimisch" geworden waren, kam mit der politischen Radikalisierung ab der zweiten Hälfte der 30er Jahre der Niedergang des Vereins. Das selbst gesteckte Ziel, politisch und weltanschaulich neutral zu sein, wurde zunehmend aufgegeben und in der Zeit der Zweiten Tschechoslowakischen Republik 1938/39 erfolgte schließlich eine interne Säuberung des Vereins, der liberale und vor allem jüdische Mitglieder zum Opfer fielen.

Auf der anderen Seite hatte sich in Prag neben der deutsch-jüdischen Literaturszene (Prager Kreis) in den 30er Jahren eine deutschsprachige Emigrantenkultur entwickelt. Flüchtlinge mit demokratischem, kommunistischem oder sozialdemokratischem Hintergrund sowie Tausende Juden, die vor den Repressionen des NS-Regimes aus Deutschland und später aus Österreich geflüchtet waren, ließen sich auf Zeit in Prag nieder und bildeten dort eine der größten Emigrantenkommunen in Europa.

2. Fragestellung und Methodik

Das Forschungsprojekt soll ein breites Spektrum sozial-, alltags- und kulturgeschichtlicher Fragestellungen abdecken. Die politische Geschichte steht dabei im Hintergrund und liefert mit den großen Brüchen die Folie, auf der thematische Längsschnitte zu ziehen sind. Dabei sollen die langen Entwicklungslinien verfolgt werden, um herauszufinden, was sich durch die politischen und wirtschaftlichen Brüche änderte oder konstant blieb.

Die Gruppe der Prager Deutschen soll mittels der Kategorien Integration, Subkultur oder Milieu und schließlich Akkulturation und Assimilation untersucht werden. Anhand eines lokalgeschichtlichen Zugriffes wird nach der spezifischen Identität der Prager Deutschen gefragt.

Die Arbeit wird in fünf Hauptkapitel untergliedert werden. Im ersten Kapitel soll die Sozialstruktur der Prager Deutschen dargestellt werden. Neben der demographischen Entwicklung spielen hier die Verteilung auf Stadtteile, die Migration, die Berufsstruktur und das Heiratsverhalten eine wichtige Rolle.

Im zweiten Kapitel wird das soziale Leben der Prager Deutschen untersucht. Vereine und Verbände hatten eine große gesellschaftliche und politische Bedeutung und einen entscheidenden Einfluss auf die Gruppenidentifikation der Prager Deutschen.

Im dritten Kapitel stehen das Schulwesen, die Universitäten und die übrigen Bildungseinrichtungen (z. B. „Urania") im Mittelpunkt. Besonders die „Deutsche Universität" war einerseits Bindeglied zwischen den Prager Deutschen und den Deutschen der Grenzgebiete, andererseits aber auch Zentrum nationaler Konflikte in Prag.

Das vierte Kapitel soll das politische Verhalten der Prager Deutschen zum Thema haben. Die traditionell bürgerlich-liberale Einstellung der Prager deutschen Mittelschicht verlor immer mehr an Einfluss und im Zuge des „sudetendeutschen Volkstumskampfes" radikalisierte sich auch in Prag die deutsche Wählerschaft.

Das fünfte Kapitel beschäftigt sich mit der Frage der Prager deutschen Identität. Im Zentrum stehen das Selbstverständnis und die Abgrenzung von anderen (Tschechen, Juden, „Sudetendeutschen" und „Reichsdeutschen"). An dieser Stelle soll auch die Wahrnehmung der Prager Deutschen sowohl durch die tschechische Mehrheitsbevölkerung als auch durch die Deutschen in den Grenzgebieten untersucht werden.

3. Quellen

Einen geschlossenen Quellenbestand zur Geschichte der Prager Deutschen gibt es nicht. Es muss vielmehr eine Vielzahl gedruckter und archivalischer Quellen berücksichtigt werden, um dem Anspruch einer Mikrogeschichte der Prager Deutschen gerecht zu werden. Hinweise zum Verhältnis von Deutschen, Juden und Tschechen finden sich in der Tagespresse. Dazu werden die überregionalen liberalen deutschsprachigen Tageszeitungen „Prager Tagblatt" und „Deutsche Zeitung Bohemia" und die deutsch-jüdische „Selbstwehr" eingesehen. Unter den tschechischen Tageszeitungen sind als größte tschechische Zeitung das „České slovo" (Das Tschechische Wort), das der Partei des Prager Primators Karel Baxa nahe stand, als einflussreichste unparteiische tschechische Tageszeitung die „Lidové Noviny" (Volkszeitung) sowie die national gefärbten Zeitungen „Národní listy" (Nationale Blätter) und „Národní politika" (Die nationale Politik) zu berücksichtigen. Um die Wahrnehmung der Prager Deutschen durch die Deutschen in den Grenzgebieten zu untersuchen, sind noch als größte deutschsprachige Zeitung der Tschechoslowakei die „Reichenberger Zeitung" sowie die Parteizeitung „Sozialdemokrat" und auch der rechtsradikale „Tag" heranzuziehen.

Hauptquelle sind jedoch Archivalien des Prager Stadtarchivs (Archiv hlavního města Prahy). Vor allem das „Vereinskataster" (Spolkový katastr), einzelne erhaltene Archive deutscher Vereine (z. B. „Deutsches Haus" [Německý dum], „Verein für Geschichte der Deutschen in Böhmen" [Spolek pro dějiny Němců v Čechách]), der Bestand „Deutsches Theater" (Německé divadlo) und der Bestand „Magistrat der Hauptstadt Prag, Protokolle der Sitzungen des Rats und des Plenums" (Magistrát hlavního města Prahy, zapisy schůzi rady, plena) sind hierbei heranzuziehen. Die Jahresberichte der deutschen Vereine, Verbände und kulturellen Einrichtungen im Bestand „Jahresschriften" (Výročni zprávy) ergänzen die Arbeit.

Im Nationalarchiv in Prag (Národní Archiv v Praze) finden sich in den Unterlagen des „Präsidiums der Polizeidirektion Prag“ (Presidium policejního ředitelství Praha, 1915–1940), des „Präsidiums des Innenministeriums“ (Presidium ministerstva vnitra, 1918–1940), des „Schulministeriums“ (Ministerstvo školství, 1918–1949) und des „Präsidiums der Landesbehörde Prag“ (Zemský uřad Praha – Presidium, 1921–1945) vor allem Untersuchungsakten zu den Aktivitäten der verschiedenen Prager deutschen Gruppen und Institutionen.

Die wichtige Universitätsgeschichte kann durch die Archivalien im Prager Institut für Geschichte der Karlsuniversität (Ústav dějin Univerzity Karlovy) und im Archiv der Karlsuniversität (Archiv Univerzity Karlovy) durch den Bestand „Deutsche Universität in Prag“ (Německá universita v Praze, 1882–1945) erschlossen werden.

Bei den statistischen Quellen sind neben den Volkszählungen der Jahre 1921 und 1930 die Jahres- und Monatsberichte des Statistischen Amtes der Hauptstadt Prag (měsični a roční zpravy statistického uřad hlavního města Prahy) zu beachten. Die Quellenarbeit wird durch Autobiographien und Tagebücher ergänzt.

Daria-Maria Jurca: Bikulturelle Lebensgemeinschaften in einer multiethnisch geprägten Region. Deutsch-rumänische Ehepaare im Banat

Das Promotionsvorhaben befasst sich mit bikulturellen Heiraten im Südwesten Rumäniens, unter besonderer Berücksichtigung deutsch-rumänischer Familien von 1945 bis zur Gegenwart. In Anlehnung an die Definition von Hilke Thode-Arora wird unter *bikultureller Ehe* eine sozial anerkannte Verbindung zwischen einem Mann und einer Frau aus verschiedenen ethnischen und/oder konfessionellen Kategorien verstanden, welche sich durch bestimmte kulturelle Merkmale von anderen sozial anerkannten Partnerschaften abgrenzt bzw. als verschieden abgegrenzt wird. In diesem Zusammenhang wird die *Ethnie* als eine Gruppe von Menschen betrachtet, die durch den Glauben an eine gemeinsame Herkunft, durch Gemeinsamkeiten von Kultur (sowohl religiöse Vorstellungen, Wertsetzungen, Verhaltensformen, Sprachgebilde als auch soziale Institutionen sowie materielle Gegenstände umfassend), durch geschichtliche und aktuelle Erfahrungen verbunden ist und auf dieser Basis ein bestimmtes Identitäts- und Zusammengehörigkeitsbewusstsein besitzt.

Die Forschung zur so genannten „Intermarriage“ oder „Zwischenheirat“ begann in den USA in den 1920er Jahren. Im deutschsprachigen Raum fand dieses Thema erst in den letzten zwei Jahrzehnten verstärkt Beachtung, wobei neben konfessionsverschiedenen Ehen auch Heiraten zwischen Bundesdeutschen und Migranten sowie die interkulturelle Kommunikation in binationalen Ehen behandelt wurden.

Die Untersuchung bikultureller Lebensgemeinschaften im Banat kommt einem Forschungsdesiderat entgegen. Es handelt sich um eine kulturwissenschaftlich angelegte Recherche mit ethnologischem Schwerpunkt, die auf der Grundüberlegung basiert, dass bikulturelle Paare eine Vermittlerfunktion zwischen den beiden Herkunftsgruppen der Eheleute erfüllen und somit eine wesentliche Rolle im Rahmen des interethnischen Kulturtransfers in der Region einnehmen. Das Hauptaugenmerk gilt den Lebensformen und dem Umgang mit kulturellen Unterschieden in deutsch-rumänischen Familien. Dadurch kommt das Interesse an der alltäglichen Existenzgestaltung bzw. das Kennzeichen der Europäischen Ethnologie als „humane Wissenschaft" (Rolf Wilhelm Brednich) zur Geltung.

Das innerhalb der historischen Region Banat ausgewählte Untersuchungsgebiet stellt das südliche Bergland dar. Bereits am Ende des 18. Jahrhunderts existierte hier eine durch die Arbeit in der Industrie geschaffene Grundlage für interethnische Kontakte. Zum Aufbau und Betrieb der Banater Berg- und Hüttenindustrie wurden nämlich von der Wiener Hofkammer Fachleute aus mehreren Teilen der österreichisch-ungarischen Monarchie, u. a. aus der Zips, aus Tirol, aus der Steiermark, aus Salzburg und Böhmen angesiedelt. Die Nachfahren der Kolonisten sind überwiegend katholisch und sprechen einen steirisch geprägten Dialekt, mit zahlreichen aus den Nachbarsprachen übernommenen Elementen. Sie bezeichnen sich als Banater Berglanddeutsche, während ihre orthodoxen rumänischen Nachbarn sie „nemti" nennen. Zum bis heute erhaltenen ethnischen „Mosaik" in der Region gehören neben Rumänen und Deutschen auch Serben, Ungarn, Roma, Kroaten, Bulgaren, Juden, Tschechen, Slowaken u. a.

Das industrielle Gepräge des Forschungsgebietes hat für das behandelte Thema eine grundlegende Bedeutung. Durch den stetigen Zuzug von Arbeitskräften aus dem ländlichen Umfeld ist es während des 19. und besonders des 20. Jahrhunderts zu einem beträchtlichen Bevölkerungszuwachs in den Industrieortschaften gekommen. Vor allem die 1970er und 1980er Jahre waren infolge der forciert vorangetriebenen sozialistischen Industrialisierung durch intensive Binnenmigrations- und Pendlerbewegungen gekennzeichnet, wobei eine erhöhte Zuwanderung vorwiegend rumänischer Bevölkerung aus anderen Regionen zu beobachten war. Diese politisch und sozial bedingten Entwicklungen haben die interethnische Annäherung beeinflusst.

Der zeitliche Rahmen der Untersuchung umfasst zwei wichtige geschichtlich-politische Zäsuren. Der erste tief greifende Systemwandel, welcher die interethnischen Beziehungen im Allgemeinen und das Heiratsverhalten im Besonderen beeinflusste, fiel in das Jahr 1945. Für die deutsche Minderheit begannen nach dem Krieg Jahre der Entrechtung, Deportation und Diskriminierung. Die Gründung der Kollektivwirtschaften, die zunehmende Industrialisierung und Urbanisierung lösten bei der gesamten Bevölkerung Rumäniens Mobilisierungs- und Binnenwanderungsprozesse aus und riefen dadurch soziale Veränderungen hervor, u. a. die Auflösung der traditionellen, von Endogamie geprägten familiären Strukturen. Auch so genannte Banater Schwaben verließen nach der Bodenenteignung das rurale Flachland und suchten eine Arbeitsstelle in den Industrieanlagen des Berglands. Das Leben und Arbeiten in den städtischen Kontakträumen ermöglichte und erleichterte das Kennenlernen „des Anderen".

In den 1980er Jahren haben die Wirtschafts- und Finanzkrise in Rumänien sowie der wachsende Assimilationsdruck auf die Minderheiten zu vielen Ausreiseanträgen der Deutschsprachigen in die Bundesrepublik geführt. Durch die Zu- und Auswanderungsprozesse bzw. die Verminderung des „Feldes der Wählbaren" innerhalb der jeweiligen Minderheitengruppen entstanden in den zurückliegenden Jahrzehnten demographische Faktoren, die eine interkulturelle Partnerwahl begünstigten, wobei die Anzahl deutsch-rumänischer Eheschließungen beachtlich ist.

Nach der politischen Wende am Ende des Jahres 1989, welche für meine Recherche die zweite bedeutende Zäsur repräsentiert, trat für die meisten Rumäniendeutschen das Ziel der Aussiedlung in den Vordergrund. Bis heute ist der Anteil der Deutschsprachigen im Banat kontinuierlich gesunken, so dass im Forschungsraum derzeit nur noch wenige Hunderte leben. Die Auswanderung hat dazu geführt, dass zahlreiche Paare, die in Rumänien eine bikulturelle Ehe geschlossen haben, heute in einer „neuen Heimat" leben.

Die interkulturelle Partnerwahl nach dem Zweiten Weltkrieg gründet somit hauptsächlich auf den Verschiebungen in der ethnischen Zusammensetzung der Bevölkerung bzw. dem Schrumpfungsprozess nationaler Minderheiten in der historischen Region Banat.

Die Untersuchungsziele umfassen drei Hauptaspekte:

1. Die Analyse und Erklärung der Partnerwahl im Kontext geschichtlicher, demographischer, wirtschaftlicher, sozialer Veränderungen: Die im Vorangehenden angedeuteten politischen und gesellschaftlichen Entwicklungen werden in ihren Auswirkungen auf familiäre Strukturen untersucht.
2. Die Erfassung der Lebensformen bikultureller Familien: Dabei wird der Binnenbereich der Ehe im Hinblick auf Kommunikationsaspekte und Auffassungen von Ehepartnerrollen, der Umgang mit Konfessions- und Sprachunterschieden sowie die Vermittlung ethnokulturell spezifischer Werte einerseits zwischen den Partnern selbst, andererseits im Rahmen der Kindererziehung untersucht. Weitere Fragestellungen betreffen sozialschichtenspezifische und altersbedingte Facetten der alltäglichen Existenzgestaltung, und zwar des Wohnens und Wirtschaftens, der Arbeitseinteilung, der Essgewohnheiten, der Feste und Familienrituale. In diesem Zusammenhang soll ermittelt werden, ob die betroffenen Familien sich für eine dominante Kultur oder für selbst geschaffene interethnische Konstellationen entschieden haben, welche sie von monokulturellen Familien unterscheiden. Schließlich gilt die Aufmerksamkeit den ethnokulturell markierten Konfliktsituationen im familialen Zusammenleben und deren gemeinsamer Bewältigung.

3. Die Erörterung der Beziehungen der Ehepaare zur sozialen Umwelt bzw. zu den beiden ethnischen Gruppen: Im Vordergrund steht die Rolle deutsch-rumänischer Paare bei der Vermittlung kultureller Werte zwischen den beiden Herkunftsgruppen der Eheleute. Dabei werden auch eventuelle Verhinderungsmechanismen/Sanktionen seitens der Verwandtschafts- und Bekanntschaftskreise berücksichtigt.

Das übergreifende Untersuchungsziel stellt die Erkenntnis der Lebensformen und des Kulturtransfers in der multiethnischen Region Banat dar, mit besonderem Blick auf die deutschsprachigen Einwohner. Die skizzierten Aspekte werden unter Anwendung folgender Methoden erforscht:

a) Die Akten-Recherche stellt die zentrale Methode zur Analyse der Partnerwahl dar. Die Einsicht von Kirchen- und Standesamtsregistern ermöglicht in Verbindung mit der Verwendung statistischer Volkszählungsangaben das Verständnis der begünstigenden Faktoren für bikulturelle Eheschließungen sowie deren Verbreitung in der Region. Diesbezüglich werden die historischen Zeitabschnitte miteinander verglichen. Ortsgeschichten und Familienbücher ausgewählter ehemaliger deutschsprachiger Gemeinden, kirchliche Schematismen und andere relevante historische Dokumente ergänzen das verwendete Archivmaterial.
b) Die teilnehmende Beobachtung wird vor allem durch die Teilnahme an Festen und anderen öffentlichen Veranstaltungen in Rumänien und in der Bundesrepublik angewandt.
c) Die Auswertung von biographischen Erzählungen und Leitfaden-Interviews nimmt eine wesentliche Stelle ein. Ermittelt werden dadurch die oben umrissenen Fragen zum familiären Binnenbereich, zur Selbst- und Fremdwahrnehmung der Betroffenen.

Die Gewährspersonen werden hauptsächlich von regionalen Kulturvereinigungen der Banater Deutschen, Priestern und Lehrern vermittelt. Die Interviews finden in einer den Gesprächspartnern vertrauten Umgebung und Sprache statt. Die Befragten gehören verschiedenen Altersgruppen an. Der Kreis der berücksichtigten Lebensgemeinschaften umfasst neben deutsch-rumänischen Ehepaaren auch Fallbeispiele von Heiraten zwischen Deutschen und Ungarn, Kroaten und Serben. Dadurch soll der Einblick in die interethnische Kommunikation im familiären Bereich sowie den Kulturtransfer in der Region vertieft werden. Eine vergleichende Perspektive entsteht auch dadurch, dass Personen sowohl aus der Stadt als auch aus dem ländlichen Bergland zu Wort kommen. Um den Untersuchungshorizont sinnvoll zu erweitern, werden Erhebungen auch in ausgewählten Ortschaften der so genannten Banater „Heide“ und „Hecke“ durchgeführt. Diese Befragungen dienen der Erklärung des unterschiedlichen Stellenwertes der „Zwischenheirat“ im Bergland und im Flachland. Zur Vervollständigung der empirischen Erforschung der regionalen Kulturlandschaft werden Gespräche mit deutsch-deutschen Paaren geführt. Aufgrund von Aussagen ethnisch homogener Paare sowie rumänischer oder andersnationaler „Nachbarn“ soll die Fremdwahrnehmung der bikulturellen Familien beleuchtet werden. Schließlich umfasst die Untersuchung ergänzende Befragungen von Ehepaaren aus dem Banat, die heute in der Bundesrepublik wohnen. Dadurch wird beabsichtigt, die Lebensformen der im Banat Verbliebenen mit denjenigen der ausgesiedelten Familien zu vergleichen.

Die Quellen des vorliegenden Arbeitsvorhabens umfassen folglich sowohl Archivdokumente und statistische Daten als auch empirisches Material in der Form von Zeitzeugnissen. Hinzu kommen vielfältige Privatakten, u. a. Familienfotos, Briefe, Tagebücher. Nicht zuletzt stellen die kulturwissenschaftliche Literatur über das Banat sowie Interethnik- und „Zwischenheirat“-Studien wertvolle Informationsquellen für das vorliegende Projekt dar.

Die Thesen der geplanten Arbeit beziehen sich in erster Linie auf das Zustandekommen bikultureller Ehen bei verschiedenen Generationen im Banat, unter dem Einfluss von übergreifenden geschichtlich-sozialen Entwicklungen. In zweiter Linie nehmen sie Bezug auf Lebensformen und Kommunikation in ethnisch gemischten Familien sowie auf deren Fremdwahrnehmung. In diesem Zusammenhang kommen durch die Gegenüberstellung von Zeugnissen in Rumänien gebliebener und in der Bundesrepublik lebender Familien auch Aspekte des Identitätsverhaltens und der Existenzgestaltung im Kontext der aktuellen Migrations- und Integrationsproblematik zum Tragen. Des Weiteren tritt die herausragende Rolle bikultureller Familien im Rahmen des interethnischen Kulturtransfers im Banat in den Vordergrund. Abschließend wird erörtert, inwieweit die zunehmende „Zwischenheirat“ auf die Assimilation der Banater Deutschen an die rumänische Majorität hindeutet, aber auch unter welchen Bedingungen ein „neues Miteinander“ entsteht, welches die Situation der deutschsprachigen Schulen und der regionalen katholischen Kirchengemeinschaften beeinflusst. Insgesamt stellt die anvisierte Untersuchung einen Beitrag zur Erforschung der Interethnik im südöstlichen Europa dar.

Berichte und Forschungen 13 (2005), S. 255–406.

Annotationen

Neuerscheinungen aus Ostmitteleuropa

Vorbemerkung

Die folgenden annotierten bibliographischen Hinweise beziehen sich auf in den Ländern Ostmittel-, Nordost- und Südosteuropas erschienene Literatur (Monographien, Sammelbände, Zeitschriften und Reihen, Editionen) aus den Wissenschaftsbereichen Geschichte, Volkskunde/Soziologie, Germanistik und Kunstgeschichte. Erfasst werden Titel, welche die Kultur und Geschichte der ehemaligen deutschen Ostgebiete und der Siedlungsgebiete der Deutschen im östlichen Europa (mit)betreffen. Die Anordnung erfolgt, um den interdisziplinären Charakter dieser Rubrik zu betonen, nicht nach Fachgebieten, sondern, entsprechend dem jeweiligen Thema oder den thematischen Schwerpunkten (nicht dem Erscheinungsort), nach – zum Teil historischen – Regionen:

1. Regional übergreifende Werke,
2. Baltikum,
3. Ostpreußen, Westpreußen, Danzig,
4. Pommern, Neumark,
5. Schlesien,
6. Großpolen, Zentralpolen, Kleinpolen,
7. Böhmen, Mähren,
8. Ehemaliges Jugoslawien,
9. Ungarn, Rumänien,
10. Russland.

Die regionale Zuordnung ist selbstverständlich nicht immer eindeutig. So sind Bücher über die im Polnischen „Pomorze“ bezeichnete Region sowohl unter „Pommern“ als auch unter „Ostpreußen, Westpreußen, Danzig“ zu finden.

Bei thematisch über die Bereiche ‚Deutsche im östlichen Europa‘ und ‚deutsch-ostmitteleuropäische Kontaktbeziehungen‘ hinausreichenden Sammelbänden oder Zeitschriftenbänden sind im Allgemeinen nur die thematisch einschlägigen Beiträge genannt.

Grundsätzlich nicht aufgenommen wurden: einzelne Aufsätze; Bücher, die in einem deutschen, schweizerischen, österreichischen, französischen usw. Verlag erschienen sind; die vom Deutschen Akademischen Austauschdienst (DAAD) herausgegebenen germanistischen Jahrbücher, die zwar in den Staaten des östlichen Europa erscheinen, jedoch in Deutschland leicht zugänglich (beim DAAD kostenlos erhältlich) sind; Übersetzungen von bereits in deutscher Sprache publizierten Titeln, es sei denn, sie haben einen erweiterten Inhalt.

Bei Namen von Orten im östlichen Europa wurde, wie im Jahrbuch des Bundesinstituts üblich, eine weitgehende Vereinheitlichung durchgeführt: Gebraucht wird in der Regel, soweit vorhanden, die deutschsprachige Namensform. Bei der jeweils ersten Erwähnung sind sowohl die deutschsprachige Form als auch die Form in der jeweiligen Landessprache angegeben, z. B.: Neusatz / Novi Sad.

Der Dank des Bundesinstituts gilt allen Autor(inn)en der Annotationen und den Übersetzer(inne)n.

Jens Stüben (Redaktion)

1. Regional übergreifende Werke

Paweł Banaś (Hg.): Aksjosemiotyka karty pocztowej [Die Axiosemiotik der Postkarte]. [T. (Bd.)] II (Acta Universitatis Wratislaviensis 2377, Prace kulturoznawcze [Kulturwissenschaftliche Arbeiten] 8). Wrocław, Warszawa: Wydawnictwo Uniwersytetu Wrocławskiego / Wydawnictwo „Korporacja Polonia" 2004. 248 S., 123 Abb. ISBN 83-229-2536-0, 83-909127-0-8.

Der Band vereint die Referate einer internationalen Tagung, die am 27. und 28. Mai 1999 in Breslau/Wrocław stattfand, um ein Thema zu vertiefen, das der Herausgeber bereits in seinem ersten Band (1992) aufgegriffen hatte. Die Postkartenforschung ist in Breslau in erster Linie bei den Kulturwissenschaftlern angesiedelt, doch auch Kunsthistoriker sind daran beteiligt. Der Band enthält 19 Beiträge von Autoren aus Dresden, Hamburg, Köln, Allenstein/Olsztyn, Warschau/Warszawa und Breslau. Der Herausgeber resümiert einführend den Forschungsstand des vergangenen Jahrzehnts in Polen. Besondere Aufmerksamkeit verdienen die Beiträge von Rudolf Jaworski: „Das Bild des Feindes. Propagandapostkarten im Ersten Weltkrieg" und Karin Walter: „Die Welt der Postkarten um 1900. Bedeutung und Funktion eines visuellen Massenmediums". Einige Artikel behandeln schlesische Themen: Robert Rzeszowski: „Riesengebirgspostkarten aus den Jahren 1880–1900 im Regionalmuseum Hirschberg"; Zofia Bandurska: „Postkarten mit Breslauer Motiven aus dem Bestand des Breslauer Nationalmuseums"; Adam Sobota: „Fotografische Postkarten".

Maria Zwierz

Edward Białek, Eugeniusz Tomiczek (Hg.): Orbis Linguarum. Legnickie Rozprawy Filologiczne [Liegnitzer Philologische Beiträge] 26. Wrocław: Oficyna Wydawnicza ATUT, Wrocławskie Wydawnictwo Oświatowe 2004. 435 S. ISBN 83-89247-92-5.

Der 26. Band der Schriftenreihe ist Prof. Dr. Adam Zieliński zum 75. Geburtstag gewidmet. Das Heft enthält 15 Beiträge aus dem Bereich der Literaturgeschichte, einen Aufsatz aus der Literaturdidaktik, elf Miszellen, einen literarischen Teil (mit Texten von Richard Wagner und anderen Autoren) sowie zahlreiche Buchbesprechungen. Im literaturgeschichtlichen Teil begegnen wir unter anderem folgenden Aufsätzen: Henk J. Koning: „Carl Weisflog (1770–1828). Ein vergessener schlesischer Nachfolger E. T. A. Hoffmanns und ein Stofflieferant Johann Nestroys"; Katarzyna Kolankowska: „Gottfried Benns Suche nach einer neuen Transzendenz"; Jerzy Łukosz: „Przygody w znaku Marsa. O ‚polskich' powieściach Aleksandra Lerneta-Holenii" (Erlebnisse im Zeichen des Mars. Über die ‚polnischen' Romane von Alexander Lernet-Holenia); Renata Wójs: „Gdańsk – Polacy, Niemcy. Mityzacja przestrzeni w prozie

Pawła Huellego" (Danzig – Polen, Deutsche. Die Mythisierung des Ortes in der Prosa Paweł Huelles); Karol Czejarek: „Fenomen Kirsta" (Das Phänomen Hans Hellmut Kirst). Unter den Miszellen finden wir: Klaus Bachmann: „Auschwitz – zur Konstruktion eines historischen Symbols"; Magdalena Sutarzewicz: „Claire Goll (1890–1977) – ein Porträt"; Richard Wagner: „Die große Habsburger-Schelte. Gegen die Musealisierung eines Lebensgefühls" und „Sprachdesaster und Identitätsfalle. Der Schriftsteller als Rumäniendeutscher".

Marta Kopij

Edward Białek, Eugeniusz Tomiczek (Hg.): Orbis Linguarum. Legnickie Rozprawy Filologiczne [Liegnitzer Philologische Beiträge] 27. Wrocław: Oficyna Wydawnicza ATUT, Wrocławskie Wydawnictwo Oświatowe 2004. 466 S. ISBN 83-7432-015-X.

Den 27. Band der Schriftenreihe eröffnen eine Erinnerung an die aus Lodz/Łódź gebürtige Schriftstellerin, Übersetzerin und Publizistin Gerda Leber-Hagenau und ein aufgezeichnetes Gespräch zwischen ihr und Krzysztof A. Kuczyński. Der weitere Teil des Bandes enthält mannigfaltige Beiträge, die folgenden Themenkomplexen zugeordnet sind: Collegium Pontes, Literaturgeschichte, Literaturdidaktik, Medien, Silesiaca; es folgen Miszellen und literarische Texte. Der Teil „Collegium Pontes" enthält sechs Beiträge, z. B.: Anton Sterbling: „Stalinismus in den Köpfen. Zur kommunistischen Gewaltherrschaft in Rumänien"; Aleksandra Rokicka: „Das Bild des Riesengebirges in der Prosa von Paul Keller"; Anna Kochanowska-Nieborak: „Der Legitimierungskurs zu Polen in der deutschen Historiographie vor und nach den Teilungen Polens sowie in der Teilungszeit". Der literaturgeschichtliche Teil enthält unter anderem ein Gespräch mit der Übersetzerin deutschsprachiger Literatur Małgorzata Łukasiewicz. In den übrigen Abschnitten finden sich unter anderem folgende Beiträge: Rainer Sachs und Jerzy Zarawski: „Die Handfeuerwaffenhersteller Schlesiens – 3. Teil"; Alicja Karszniewicz-Mazur: „Die Lehnwörter germanischer Herkunft im Urslawischen und Altpolnischen"; Richard Wagner: „Gegen den Opferwettbewerb. Hitler und Stalin als Verbrecher"; Piotr Obrączka: „O Heinrichu Schulzu-Beuthenie – raz jeszcze" (Noch einmal über Heinrich Schulz-Beuthen). Der Band schließt mit zahlreichen Buchbesprechungen.

Marta Kopij

Maria Biolik (Hg.): Metodologia badań onomastycznych [Methodologie onomastischer Forschungen] (Rozprawy i Materiały Ośrodka Badań Naukowych im. Wojciecha Kętrzyńskiego w Olsztynie [Abhandlungen und Materialien des Wojciech-Kętrzyński-Forschungsinstituts, Allenstein] 215). Olsztyn: Towarzystwo Naukowe im. Wojciecha Kętrzyńskiego 2003. 656 S., engl. u. dt. Zusammenfassungen. ISBN 83-87643-73-4.

Den umfangreichen Band machen 62 sprachwissenschaftliche Aufsätze aus, die der Namensforschung gewidmet sind. Er ist das Resultat der XIII. Onomastik-Konferenz, die 2002 in Kalbornia in Masuren vom Institut für Polnische Philologie der Ermland-und-Masuren-Universität in Allenstein (Uniwersytet Warmińsko-Mazurski w Olsztynie) und dem Komitee für Sprachwissenschaft der Polnischen Akademie der Wissenschaften organisiert wurde. Thematisch ist das Buch in fünf Kapitel eingeteilt, die sowohl allgemeine methodologische Probleme der Onomastik als auch spezielle onomastische Forschungsgebiete umfassen. Den Hauptteil machen Beiträge zur ost- und westslawischen Namensforschung aus. Einige Aufsätze betreffen die Namen von Mischregionen wie Schlesien (Danuta Lech) oder Ermland und Masuren (Maria Biolik). Die meisten Aufsätze sind in polnischer Sprache verfasst, einzelne in russischer, tschechischer, bulgarischer, ukrainischer und weißrussischer Sprache. Den einzigen Artikel in deutscher Sprache, über slawisch-deutsche Doppelnamen in der Steiermark, präsentiert Fritz Frhr. Lochner von Hüttenbach. Der Beitrag der Herausgeberin des Bandes, Maria Biolik, betrifft die onomastische Forschung in Ermland und Masuren. Die Verfasserin hebt hervor, dass die Probleme der Namensforschung auf dem Gebiet des ehemaligen Ostpreußen vor allem auf die Schwierigkeiten der Wechselwirkung von drei unterschiedlichen Sprachsystemen zurückzuführen seien: Neben den polnischen und den deutschen Namen gibt es auch solche, die an die prußische Besiedlung des Landes erinnern. Allen Aufsätzen sind kurze Zusammenfassungen, meist in englischer, seltener in deutscher Sprache, beigefügt.

Alina Kuzborska

Biuletyn Polskiej Misji Historycznej = Bulletin der Polnischen Historischen Mission. Polska Misja Historyczna przy Instytucie Historycznym Maxa Plancka w Getyndze [Die Polnische Historische Mission am Max-Planck-Institut für Geschichte in Göttingen]. Nr. 2. Toruń: Wydawnictwo Uniwersytetu Mikołaja Kopernika 2004. 306 S. ISBN 83-231-1700-1.

Das „Bulletin“ ist eine Chronik der Polnischen Historischen Mission, die Auskunft über polnische Gäste und Stipendiaten des Max-Planck-Instituts für Geschichte sowie über Vorträge von MPI-Historikern in Polen gibt. Der zweite Teil bietet Studien und Materialien unter anderem zu folgenden Themen: die deutsche Geschichtsschreibung des 10. Jahrhunderts und die Anfänge der polnischen Annalistik; Zentren der Ordenswirtschaft nach dem Zweiten Thorner Frieden; die Genese der sogenannten zweiten Leibeigenschaft im Polen des 15.–16. Jahrhunderts; die Bedeutung handgeschriebener Bücher in der Kultur der polnischen Adelsrepublik im 18. Jahrhundert; die Tschechen im Mittelalter in der Deutung der polnischen Mediävistik des 20. Jahrhunderts; die marxistische Geschichtstheorie und ihr Bild der mittelalterlichen Gesellschaft in Polen; die Kooperation von Historikern aus Thorn/Toruń und Göttingen im vergangenen halben Jahrhundert; die wissenschaftliche Zusammenarbeit der Professoren Hartmut Boockmann und Zenon Hubert Nowak.

Piotr Zariczny

Roman Czaja (Hg.): Das Bild und die Wahrnehmung der Stadt und der städtischen Gesellschaft im Hanseraum im Mittelalter und in der frühen Neuzeit. Toruń: Wydawnictwo Uniwersytetu Mikołaja Kopernika 2004. 303 S., Abb., Kt. ISBN 83-231-1689-X.

Der Band enthält ausschließlich in deutscher und englischer Sprache publizierte Beiträge und Kurzberichte, die im Kontext der dritten internationalen Tagung der Hansehistoriker in Thorn/Toruń vom 12. bis 14. September 2002 verfasst wurden.

Die Konferenz, die vom Institut für Geschichte und Archivkunde der Nicolaus-Copernicus-Universität in Zusammenarbeit mit dem Institut für vergleichende Städtegeschichte in Münster und der Forschungsstelle für die Geschichte der Hanse und des Ostseeraumes in Lübeck veranstaltet wurde, begleitete die Jahresgeneralversammlung der Internationalen Kommission für Städtegeschichte. Einerseits knüpft der Titel an das Thema „Bild der Stadt" an, das von der Städtekommission als Arbeitsthema für die Jahre 2001–2005 gewählt wurde. Andererseits wird hier von der Feststellung der neueren Hanseforschung ausgegangen, dass die Kenntnis der partikulären Interessen und Besonderheiten eine grundlegende Voraussetzung für das Verständnis der Hanse sei. Daher betreffen die vorliegenden Beiträge ein breites Spektrum der auf das Bild und die Rezeption der Stadt und der städtischen Gesellschaft im Hanseraum bezogenen Thematik. Anhand von ausgewählten Beispielen werden Fragen nach der ‚hansischen' Selbstwahrnehmung der einzelnen Städte im Wirtschaftsraum der Hanse und nach einem für die Hansestädte charakteristischen Modell der Stadt und der Stadtgesellschaft aufgegriffen. Gewiss stellt der Tagungsband keine erschöpfende Behandlung der Thematik dar. Das erreichte Ziel ist vielmehr eine Bestandsaufnahme der wichtigsten Fragestellungen und eine vergleichende Erörterung einiger Schlüsselfragen. Neben einer Einführung besteht der Band aus 15 Aufsätzen; er wird mit einem geographischen Register und einem Personenregister abgeschlossen.

Piotr Zariczny

Wojciech Fałkowski (Hg.): Kolory i struktury średniowiecza [Farben und Strukturen des Mittelalters]. Warszawa: Wydawnictwo Uniwersytetu Mikołaja Kopernika, Wydawnictwo DiG 2004. 382 S., Abb., Kt. ISBN 83-7181-307-4.

Dieser Sammelband zur mittelalterlichen Geschichte enthält die Ergebnisse des I. Kongresses der polnischen Mediävisten, der in Thorn/Toruń im September 2002 stattfand. Drei Tage lang diskutierten die polnischen Mittelalterhistoriker über neueste Forschungsergebnisse und dringende Desiderate. Der Herausgeber Wojciech Fałkowski berichtet über politische Aktivitäten um die Person des Monarchen im 15. Jahrhundert. In anderen Aufsätzen erfahren wir etwas über die Rolle der Dokumente im Mittelalter. Ferner wird die Welt einer mittelalterlichen Universität am Beispiel von Krakau/Kraków dargestellt. Darüber hinaus befassen sich die Autoren mit der Kirche und der Rolle einzelner Kirchenfunktionen im Polen des Spätmittelalters. Geographische Darstellungen des mittelalterlichen Mitteleuropa sind Thema weiterer Abhandlungen. Den Abschluss bildet eine Darstellung der staatlichen Anfänge Polens und der daran beteiligten Eliten anhand von ausgewählten Beispielen.

Piotr Zariczny

Agnieszka Frączek, Ryszard Lipczuk (Hg.): Słowniki polsko-niemieckie i niemiecko-polskie. Historia i teraźniejszość [Polnisch-deutsche und deutsch-polnische Wörterbücher. Geschichte und Gegenwart]. Szczecin (Wołczkowo): Oficyna In Plus 2004. 231 S. ISBN 83-89402-06-8.

Der Band umfasst 25 Beiträge, die nach einem Muster (Allgemeines, Lemmatisierung, Mikrostruktur, Zusammenfassung) über die verschiedenen Wörterbuchpublikationen informieren. In der Einleitung weisen die Herausgeber darauf hin, dass zweisprachige Wörterbücher grundsätzlich als Lehr- bzw. Lernmittel und nur selten als Gegenstand wissenschaftlicher Untersuchungen fungieren. Das Buch beginnt mit einem kurzen Glossar der für die zweisprachige Lexikographie relevanten Begriffe (die Begriffe werden zweisprachig, die Erläuterungen nur in der polnischen Sprache angegeben) sowie mit einem Abriss der Geschichte der Lexikographie der deutschen und der polnischen Sprache. Im Zentrum des Buches stehen die Beschreibungen der einzelnen Wörterbücher. Die Analyse geht auf die Veröffentlichungen ein, die vom Anfang des 19. bis zum Beginn des 21. Jahrhunderts in allgemein bekannten Verlagen wie Langenscheidt, Pons, Wiedza Powszechna, Wydawnictwo Naukowe PWN, Wydawnictwa Szkolne i Pedagogiczne, Wydawnictwo Literackie in Deutschland und Polen erschienen sind. Im Falle der etwas älteren Wörterbücher werden auch die Biographien ihrer Autoren angeführt, unter anderem von Jerzy Samuel Bandtke aus Breslau/Wrocław, Krzysztof Celestyn Mrongowiusz/Mrongovius aus Ostpreußen (Masuren), Jan Piotr Jordan aus der Lausitz.

Ewelina Kamińska

Tadeusz Galiński: Społeczeństwa mezolityczne. Osadnictwo, gospodarka, kultura ludów łowieckich w VIII–IV tysiącleciu p. n. e. na terenie Europy [Die Gesellschaft im Mesolithikum. Siedlung, Wirtschaft, Kultur der Fischervölker im 8. bis 4. Jahrtausend v. Chr. in Europa] (Biblioteka Naukowa Muzeum Narodowego w Szczecinie, seria archeologiczna [Wissenschaftliche Bibliothek des Nationalmuseums Stettin, Archäologische Reihe]). Szczecin: Muzeum Narodowe w Szczecinie 2002. 406 S., Abb., engl. Zusammenfassung. ISBN 83-86136-11-1.

Die Publikation hat einen in erster Linie materialkundlichen Charakter. Sie enthält Berichte von den wichtigsten mesolithischen Fundorten in der europäischen Tiefebene und in Nordeuropa, die in fünf taxonomische Einheiten untergliedert sind: 1. Saveterre-Gruppe (die Bezeichnung leitet sich ab vom Fundort Saveterre-la-Lémance „Le Martinet", Frankreich); 2. Berggruppe – die Inventare dieser Gruppe wurden früher mit der Tardenois-Kultur (vom Fundort La Fère-en-Tardenois, Frankreich) in Verbindung gebracht; 3. Duvensee-Gruppe (die Bezeichnung stammt vom Fundort Duvensee, Kreis Herzogtum Lauenburg, Schleswig-Holstein); 4. Maglemose-Gruppe (nach dem Sumpfgebiet von Maglemose, Westseeland, Dänemark, in dessen Umfeld ein Fundort der Gruppe entdeckt wurde); 5. Janisław-Gruppe (vom Fundort Janisławice, Woiwodschaft Lodz/Łódź, Polen). Im Buch wird der Versuch unternommen, Aussagen über die geistige Kultur und die wirtschaftlichen Verhältnisse im Mesolithikum zu treffen, das als äußerst spezialisiertes System der Anpassung an ein Umfeld dichter Wälder in einer gemäßigten Klimazone gesehen wird. Anhand der archäologischen Befunde lassen sich in wirtschaftlicher Hinsicht drei Haupttätigkeitsfelder ausmachen: Jagd, Fischfang und Sammlertätigkeit.

Dorota Kozłowska

Bogusław Gediga (Hg.): Dom w mieście średniowiecznym i nowożytnym [Das Haus in der mittelalterlichen und der neuzeitlichen Stadt] (Acta Universitatis Wratislaviensis 2707, Historia sztuki [Kunstgeschichte] 20). Wroclaw:

Wydawnictwo Uniwersytetu Wrocławskiego 2004. 334 S., 159 Abb., engl. Zusammenfassungen. ISBN 83-229-2527-1.

Der Band enthält die Beiträge der Tagung „Das Haus in der mittelalterlichen und der neuzeitlichen Stadt", die am 22. und 23. April 2002 in Breslau/Wrocław stattfand, organisiert von der Kommission für Stadtgeschichte des Komitees für historische Wissenschaften der Polnischen Akademie der Wissenschaften (Polska Akademia Nauk / PAN) und der Archäologischen Kommission, Abteilung Breslau (ebenfalls PAN). In den letzten Jahrzehnten erfuhren die polnischen Forschungen zur Stadtgeschichte eine Intensivierung, an der Historiker und Vertreter der Nachbardisziplinen – Kunsthistoriker, Archäologen, Architekten und Urbanisten – beteiligt waren. Auch die Studien des vorliegenden Bandes sind interdisziplinär und nähern sich der Thematik auf vielfältige Weise. In erster Linie reflektieren sie den aktuellen Forschungsstand. 20 Beiträge behandeln das mittelalterliche und frühneuzeitliche Haus in damaligen Metropolen wie Breslau, Danzig/Gdańsk, Krakau/Kraków sowie in einigen niederschlesischen Städten wie Schweidnitz/Świdnica, Reichenbach/Dzierżoniów, Nimptsch/Niemcza und Striegau/Strzegom. Neben monographischen Untersuchungen (z. B. Maciej Małachowicz: „Die Architektur des Hauses Zur goldenen Maria aus dem 14. Jahrhundert am Hintermarkt / Kurzy Targ in Breslau"; Zdzisław Noga: „Aus der Geschichte eines Prozesses. Das Haus Zum Löwen in Krakau und seine Besitzer im 16. Jahrhundert") finden sich zahlreiche Überblicksdarstellungen, unter anderem: Urszula Sowina: „Das mittelalterliche Bürgerhaus. Ausgewählte Forschungsprobleme"; Małgorzota Chorowska, Czesław Lasota: „Die Verbreitung steinerner Wohnbauten in den mittelalterlichen Städten Schlesiens im Kontext von Forschungsstand und Desiderata"; Jerzy Piekalski: „Die Rolle der Archäologie bei der Erforschung der Anfänge des mittelalterlichen Bürgerhauses in Mitteleuropa". Das reiche Abbildungsmaterial und das breite Themenspektrum machen das Buch zu einer grundlegenden Publikation über den städtischen Wohnbau im Mittelalter und in der Frühen Neuzeit.

Maria Zwierz

Germanistische Studien. Hg. v. Monika Witt, Wojciech Kunicki, Lesław Cirko. Nysa 2004. [H.] 2. 84 S. ISSN 1732-680-X.

Das zweite Heft der neuen germanistischen Fachzeitschrift enthält zwei Beiträge aus dem Bereich der Literaturwissenschaft: Jan Pacholski: „Von den Düppeler Schanzen bis nach Königgrätz – auf den Spuren einer Entwicklung in Fontanes Kriegsberichterstattung"; Siegfried Ulbrecht: „Die Rezeption Ernst Jüngers in der Tschechischen Republik"; außerdem je einen sprachwissenschaftlichen (von Piotr Żyromski) und einen sprachdidaktischen Aufsatz (von Claudia Kupfer-Schreiner). Im Teil „Archivalisches" begegnen wir der „Ikone der polnischen Oberschlesier", Arkadiusz Bożek, präsentiert durch einen anderen Oberschlesier, Karl Okonski. In der Rubrik „Nachrichten aus dem Fach" setzt sich Jürgen Joachimsthaler mit der Publikation „August Scholtis 1901–1969. Modernität und Regionalität im Werk von August Scholtis" (hg. von Bernd Witte und Grażyna Szewczyk, 2004) auseinander. Den letzten Teil machen „Besprechungen und Berichte" aus, in denen sich vierzehn Rezensionen und vier Tagungsberichte befinden. Das Ganze beschließt ein Rundbrief zur Konferenz „Bildung. Facetten der wissenschaftlichen Kommunikation", die im Oktober 2005 in Neisse/Nysa stattfindet.

Marta Kopij

Stanisław Jankowiak: Wysiedlenie i emigracja ludności niemieckiej w polityce władz polskich w latach 1945–1970 [Die Aussiedlung und Emigration der deutschen Bevölkerung in der Politik der polnischen Machthaber in den Jahren 1945–1970] (Instytut Pamięci Narodowej, Komisja Ścigania Zbrodni przeciwko Narodowi Polskiemu, Monografie [Institut für Nationales Gedenken, Kommission für die Verfolgung der Verbrechen gegen die polnische Nation, Monographien] 13). Warszawa: Instytut Pamięci Narodowej 2005. 555 S., engl. Zusammenfassung. ISBN 83-89078-80-5.

Es handelt sich um die erste umfassende Darstellung der Flucht und Vertreibung der deutschen Bevölkerung aus dem polnischen Territorium nach dem Zweiten Weltkrieg: von den Nachkriegsvertreibungen bzw. -aussiedlungen bis hin zur Familienzusammenführung bzw. Emigration der 70er Jahre. Stanisław Jankowiak, der sich seit Jahren mit dieser Problematik beschäftigt, hat sowohl Zentral- und Regionalarchive in Polen als auch die Fachliteratur ausgewertet. Im ersten Teil der Arbeit gibt er einen Überblick über die deutsch-polnische Grenze nach 1945 sowie – nach Dekaden eingeteilt – die Lage der deutschen Bevölkerung in Polen (Arbeits- und Gefangenenlager, Schulwesen u. a. m.). Der zweite, umfangreichste Teil betrifft die unterschiedlichen Phasen der Aussiedlungen von Deutschen in der zweiten Hälfte der 40er Jahre. Die Teile 3 und 4 stellen die Aktion der sogenannten Familienzusammenführung Anfang der 50er Jahre und in den folgenden Jahrzehnten dar. Der letzte Teil behandelt die Ausreisen – sehr oft von Personen polnischer oder polnischstämmiger Herkunft – in den 60er und 70er Jahren. Das Buch wird durch einen statistischen Anhang ergänzt.

Krzysztof Ruchniewicz

Grzegorz Janusz: Status ludności niemieckiej w Polsce w latach 1944–1950. Analiza i wybór aktów normatywnych [Der Status der deutschen Bevölkerung in Polen in den Jahren 1944–1950. Analyse und Auswahl der Normativakte]. Lublin: Wydawnictwo Uniwersytetu Marii Curie-Skłodowskiej 2005. 209 S. ISBN 83-227-2340-7.

Die Publikation entstand im Rahmen des Forschungsprojekts „Die zwischen 1938 bis 1948 angewandten tschechoslowakischen Rechtsnormen und die Deutschen im Vergleich mit anderen Ländern in Europa" (1999) vom Deutsch-Tschechischen Zukunftsfonds. Für die Koordinierung des Projekts war auf deutscher Seite das Institut für Zeitgeschichte in München und auf tschechischer Seite das Institut für Zeitgeschichte der Akademie der Wissenschaften der Tschechischen Republik (Ustav pro soudobé dejiny Akademie ČR) zuständig. Der Autor des Buches nahm an dem Projekt seit dem Jahre 2001 teil. Die Arbeit enthält den polnischen Teil des Forschungsberichts, der zusätzlich um Normativakte erweitert und ergänzt wurde. Die Studie besteht aus zwei Teilen. Im ersten Teil wird der Status der deutschen Bevölkerung in Polen im Allgemeinen dargestellt. Eingegangen wird auf die Einstellung der polnischen Verwaltung zum Problem der Aussiedlungen und Rehabilitierungen, die Analyse der politischen und bürgerlichen Ehrenrechte der deutschen Bevölkerung, die Frage der Verantwortung für den Verzicht auf die polnische Staatsangehörigkeit im Zweiten Weltkrieg, vermögensrechtliche Angelegenheiten, die Rehabilitierung von Deutschen, die sich in die Deutsche Volksliste eingetragen haben, und anderes mehr. Im zweiten

Teil werden die den Status der deutschen Bevölkerung gesetzlich regelnden Normativakte (Gesetze, Rechtsverordnungen) präsentiert. Der Band wird mit einem detaillierten Quellen- und Literaturverzeichnis abgeschlossen.

Agnieszka Palej

Lech Kolago (Hg.): Studia Niemcoznawcze = Studien zur Deutschkunde. Tom = Bd. XXIX. Warszawa 2005. 946 S. ISSN 0208-4597.

Dieser Band der wissenschaftlichen Zeitschrift des Germanistischen Instituts der Universität Warschau/Warszawa enthält insgesamt über 90 Texte, davon in der Abteilung „Kulturwissenschaft" 26, in „Literaturwissenschaft" 14, in „Sprachwissenschaft und angewandter Sprachwissenschaft" 16 und in der letzten Abteilung „Buchbesprechungen und Berichte" 36. Den Band eröffnet eine kurze Information von Lech Kolago über den Tod des langjährigen Direktors des Germanistischen Instituts der Universität Warschau, Professor Dr. Jan Czochralski. Es folgt eine von Józef Wiktorowicz verfasste Darstellung der Geschichte der Germanistik an der Universität Warschau von 1917 bis 2004. Tomasz Pszczółkowski schreibt über die Wahrnehmung der DDR und der BRD in der polnischen Öffentlichkeit vor 1989; Jens Stüben beschäftigt sich mit den „Oberschlesiern" und „eigentlichen Polen" auf der Grundlage der Romane von August Scholtis und Horst Bienek; Justyna Krause berichtet über Apologie und Kritik der Hohenzollernkaiser in der deutschen Gelegenheitsdichtung; Jacek Rzeszotnik analysiert deutschsprachige Literatur über Stanisław Lems Roman „Die Stimme des Herrn"; Ewa Hendryk schreibt über die regionale Identität der Pommern im Spiegel der deutschen Erinnerungsliteratur; Elżbieta Zawadzla bietet einen geschichtlichen Überblick über polnische Lehrwerke für Deutsch als Fremdsprache.

Lech Kolago

Lech Kolago (Hg.): Studia Niemcoznawcze = Studien zur Deutschkunde. Tom = Bd. XXX. Warszawa 2005. 439 S. ISSN 0208-4597.

Dieser Band ist Professor Dr. Jan Czochralski, dem im Juli 2004 verstorbenen langjährigen Warschauer Institutsdirektor, gewidmet und trägt den Untertitel „Auswahl von Professor Jan Czochralskis Abhandlungen und Beiträgen". Im ersten Teil veröffentlichen Katarzyna Grzywka und Lech Kolago eine Erinnerung an Professor Jan Czochralski; Józef Wiktorowicz würdigt den Beitrag Jan Czochralskis zur Entwicklung der germanistischen Linguistik in Polen; Ulrich Engel schreibt über Jan Czochralski in memoriam. Im zweiten Teil sind 31 Abhandlungen und Beiträge Czochralskis in deutscher, polnischer und niederländischer Sprache versammelt. Darunter befinden sich unter anderem folgende Texte: „Grundsätzliches zur Theorie der kontrastiven Grammatik", „Zur sprachlichen Interferenz", „Ausgewählte Probleme der Strukturinterferenz", „Über Sprachfehler bei polnischen Germanistikstudenten", „Konfrontatives zur deutschen und polnischen Idiomatik", „Die Futura im Deutschen und Polnischen", „Deutsche und polnische Vergleichswendungen"; hinzu tritt ein Werkstattbericht über die Arbeit an einem phraseologischen Wörterbuch Deutsch-Polnisch (Mitverfasser K.-D. Ludwig).

Lech Kolago

Lech Kolago (Hg.): Studia Niemcoznawcze = Studien zur Deutschkunde. Tom = Bd. XXXI. Warszawa 2005. 934 S. ISSN 0208-4597.

Dieser umfangreiche Band enthält über 60 Beiträge, Aufsätze und Artikel von namhaften polnischen, deutschen und österreichischen Wissenschaftlern und Künstlern zu verschiedenen Themen, eingeteilt in die Bereiche „Kulturwissenschaft", „Literaturwissenschaft", „Sprachwissenschaft und angewandte Sprachwissenschaft", sowie über 35 Buchbesprechungen und Berichte. Die Abteilungen „Kulturwissenschaft" und „Literaturwissenschaft" vereinigen unter anderem folgende Aufsätze: Der Posener Germanist Jan Papiór reflektiert die Möglichkeiten einer Erfassung von Primär-Texten zum Ironie-Phänomen; Krzysztof A. Kuczyński würdigt das Leben und Werk des Dichters, Philosophen und Slawisten Prof. Bonifacy Miązek; Tomasz Pszczółkowski präsentiert seine Konzeption eines noch zu schreibenden deutschen Geschichtsbuches für Germanisten; Irena Szypułowa-Chyła erörtert die Bedeutung Carl Orffs für die europäische Kultur; Elmar Budde schreibt über die Romantik und das Romantische in der Musik; Sabine Seelbach sieht in der heiligen Hedwig eine Integrationsfigur deutscher Adelsdynastien im Spätmittelalter; Rüdiger Bernhardt analysiert die Studentenakte des Friedrich Wilhelm Weber im Kontext der „Demagogenriecherei" von 1836; Krystyna Radziszewska befasst sich mit der Lodzer „Getto-Chronik" und ihren Autoren; Jacek Rzeszotnik nimmt den Roman „Der Schnupfen" von Stanisław Lem unter die Lupe; Lech Kolago beschreibt Experimente in lyrischer Technik Josef Weinhebers; Katarzyna Grzywka widmet sich den Überlegungen Herbert Rosendorfers über die „Kompliziertheit" der Stadt Venedig. Von den 16 Beiträgen aus der Abteilung „Sprachwissenschaft und angewandte Sprachwissenschaft" seien folgende genannt: Marian Szczodrowski schreibt über die Entwicklungsstadien des fremdsprachigen Speicher-Mechanismus; Ewa Majewska macht sich Gedanken über das Aufkommen der deutschen Familiennamen; Edyta Magnuszewska konzentriert sich auf die Hundenamen in Deutschland und Polen.

Lech Kolago

Marta Kopij: Friedrich Nietzsche w literaturze i publicystyce polskiej lat 1883–1918. Struktura recepcji [Friedrich Nietzsche in der polnischen Literatur und Publizistik 1883–1918. Rezeptionsstruktur] ([Reihe:] Obszary literatury i sztuki [Gebiete der Literatur und Kunst]). Poznań: Wydawnictwo Poznańskie 2005. 288 S. ISBN 83-7177-331-5.

Die Monographie von Marta Kopij bietet einen Vorschlag für die Konstruktion des Bildes der Entwicklung der Aufnahme Friedrich Nietzsches in Polen. Die Autorin zeigt die Struktur der Rezeption, die Wirkungsbreite Nietzsches in Polen und die Herausbildung von Interpretationsmodellen im Zeitraum von 1883 bis 1918. Die polnische Nietzsche-Rezeption schien bisher in das Jahr 1890 zurückzureichen. Aufgrund einiger von der Autorin neu entdeckter Rezeptionsbelege konnte das Jahr 1883 als der Zeitpunkt der ersten Erwähnung des Philosophen in der polnischen Presse festgelegt werden. Im bibliographischen Anhang des Buches sind daher Belege für die polnische Nietzsche-Rezeption zu finden, die in dem 2002 von Wojciech Kunicki herausgegebenen Band über Nietzsche in der polnischen Literatur und Publizistik nicht enthalten sind.

Maria Wojtczak

Jerzy Łukosz: Pasje i kantyleny. Szkice o literaturze niemieckojęzycznej [Passionen und Kantilenen. Skizzen zur deutschsprachigen Literatur]. Poznań: Wydawnictwo Poznańskie 2005. 254 S. ISBN 83-7177-284-X.

Der Autor, Schriftsteller und wissenschaftlicher Mitarbeiter an der Universität in Breslau/Wrocław, Literaturkritiker und Mitglied des Polnischen Schriftstellerverbandes, skizziert 18 Porträts von deutschsprachigen Dichtern und Schriftstellern, darunter von Johann Gottfried Herder und Günter Grass. Die Porträtierten werden im polnischen Kontext dargestellt: im Lichte ihrer polnischen Rezeption, der polnischen Übersetzungen ihrer Werke. Umstrittene Autoren wie Peter Handke, Hermann Broch, Ernst Jünger und Thomas Bernhard scheinen gerade in Polen ganz besonders geschätzt zu sein, viel mehr als in ihren Heimatländern. Das Buch von Jerzy Łukosz zeigt die polnische, gefühlsmäßige Einstellung zu der deutschsprachigen Literatur.

Maria Wojtczak

Otto Gerhard Oexle: Społeczeństwo średniowiecza. Mentalność – grupy społeczne – formy życia [Die mittelalterliche Gesellschaft. Mentalität – gesellschaftliche Gruppen – Lebensformen]. Toruń: Wydawnictwo Uniwersytetu Mikołaja Kopernika 2000. 179 S. ISBN 83-231-1022-0.

Otto Gerhard Oexle gehört nicht nur in Deutschland, sondern auch in Polen zu den exzellenten Kennern der mittelalterlichen Gesellschaft. An diesem Band wird ersichtlich, wie klug und gezielt er seine interdisziplinären Forschungsmethoden angewandt hat. Die Studie bringt nicht nur neue Thesen, sondern formuliert auch einen bisher nicht aufgestellten Fragenkatalog. Der Autor versucht eine neue Perspektive für mittelalterliche Berufs- und andere Gemeinschaften zu entwickeln. Untersuchungen der Gruppenmentalität und der sozialen Doktrinen einschließlich ihres Verhältnisses zur damaligen Wirklichkeit bedeuten eine erhebliche Erweiterung des Forschungsspektrums. Diese wissenschaftlich, methodisch und auch editorisch hervorragende Arbeit weist auf bisher unerschlossene Forschungsperspektiven hin und eröffnet dadurch dem polnischen Leser eine neue Sicht auf bereits bekannte Quellen.

Piotr Zariczny

Emanuel Okoń (Hg.): Zabytkowe budowle drewniane i stolarka architektoniczna wobec współczesnych zagrożeń [Historische Holzbauten und hölzerne Architekturelemente und ihre gegenwärtige Gefährdung]. Toruń: Wydawnictwo Uniwersytetu Mikołaja Kopernika 2005. 378 S., 8 Tabellen. ISBN 83-231-1806-X.

Der Band besteht aus 16 Aufsätzen und einer sowohl in polnischer als auch in deutscher Sprache verfassten Einführung des Herausgebers Emanuel Okoń. In zwei Beiträgen befassen sich die Autoren mit sakralen Holzbauten in Polen. Rudolf von Öhsen beschreibt in deutscher Sprache historische Holzbauten in ländlichen Siedlungen an der unteren und mittleren Weichsel. Weitere Beiträge geben Hinweise auf die Rolle des Holzes sowohl als Baumaterial im Deutschordensstaat als auch als wichtige heutige Wissens- und Forschungsquelle. Sehr detailliert beschrieben wird die Holzkirche in Gonsawa/Gąsawa (Großpolen), wobei die besondere Bedeutung der Doppelwände im sakralen Holzbau untersucht wird. Jochen G. Güntzel setzt komparatistische Akzente und beschäftigt sich in seinem in deutscher Sprache verfassten Artikel mit einem Königsschloss und einem Tirolerhaus im Dorf Zillerthal-Erdmannsdorf/Mysłakowice. Über traditionelle und „moderne" Dachdeckungen um 1840 in Schlesien schreibt, ebenfalls in deutscher Sprache, Marek R. Gogolin. Einzelne Holzbauelemente wie Dächer, Türen, Paneele und Fenster werden in den folgenden Aufsätzen an ausgewählten Beispielen dargestellt. Den Beiträgen sind ein Orts- und ein Personenregister beigefügt.

Piotr Zariczny

Pamięć i Sprawiedliwość. Pismo Instytutu Pamięci Narodowej [Erinnerung und Gerechtigkeit. Zeitschrift des Instituts für Nationales Gedenken]. Nr. 2 (6). 2004. 414 S. ISSN 1427-7476.

Hauptthemen der sechsten Nummer der wissenschaftlichen Zeitschrift des Instituts für Nationales Gedenken sind die nationale Politik der Okkupanten Polens während des Zweiten Weltkriegs und die Politik der Kommunisten gegenüber den nationalen Minderheiten in der Volksrepublik Polen. Die Studien werden durch zwei Einführungstexte zu diesen Themen ergänzt, die von Bogdan Musial und Piotr Madajczyk verfasst sind. Deren Thesen wurden dann in der Redaktion in Anwesenheit der beiden Autoren diskutiert; diese Diskussion ist mitveröffentlicht. Abgedruckt sind sechs Studien zu ausgewählten Fragen der nationalen Problematik – darunter zur jüdischen, deutschen, ukrainischen, sogar zur kaschubischen – in den Jahren 1939 bis 1989. In einem Dokumententeil finden wir zwei bisher unbekannte Quellen zur Vorgehensweise des kommunistischen Sicherheitsdienstes gegenüber den nationalen Minderheiten.

Małgorzata Ruchniewicz

Jerzy Piekalski: Wczesne domy mieszczan w Europie Środkowej. Geneza – funkcja – forma [Frühe Bürgerhäuser in Mitteleuropa. Genese – Funktion – Form] (Acta Universitatis Wratislaviensis 2623). Wrocław: Wydawnictwo Uniwersytetu Wrocławskiego 2004. 234 S., 85 Abb., engl. Zusammenfassung. ISBN 83-229-2489-5.

Ziel des Autors ist die Erforschung der sich wandelnden Wohnverhältnisse in der Zeit der Herausbildung einer bürgerlichen Kultur in Mitteleuropa. Die Festlegung der unteren chronologischen Grenze wird erschwert durch das Fehlen eindeutiger Kriterien zur Abgrenzung eines kommunalen städtischen Organismus von früheren Strukturen; dennoch wird generell die Zeit um 1200 genannt. Den Begriff „Mitteleuropa" definiert der Autor als Territorium zwischen Rhein und Weichsel, zwischen Alpen und Nord- und Ostsee. Besondere Aufmerksamkeit schenkt Piekalski drei Regionen: der Nordschweiz und Südwestdeutschland, der Ostseeküste und Kontinentaleuropa mit Prag/Praha, Breslau/Wrocław und Krakau/Kraków. Der Autor erörtert die räumliche Entwicklung und die Funktion des Hauses, das Problem der sogenannten unbeheizten Stube, die Rolle und Aufteilung des Hausgangs und der steinernen Flurhäuser an der Südküste von Nord- und Ostsee. Umfangreiche Kapitel sind auch den Wohntürmen und den Turmhäusern der südlichen Regionen Mitteleuropas sowie den ersten Bürgerhäusern in Prag, Breslau und Krakau gewidmet. Der Band enthält eine reichhaltige Bibliographie.

Maria Zwierz

Jan M. Piskorski: Polacy i Niemcy. Czy przeszłość musi być przeszkodą? (Wokół dyskusji o Wysiedleniach i tzw. Centrum przeciw Wypędzeniom [Polen und Deutsche. Muss die Vergangenheit ein Hindernis sein? (Zur Diskussion über die Ausgesiedelten und das sog. Zentrum gegen Vertreibungen)]. Poznań: Wydawnictwo Poznańskie 2004. 200 S. ISBN 83-7177-354-4.

Der Autor fasst sein Buch als eine Stimme in der von Erika Steinbach begonnenen Diskussion über die Vertriebenen auf. Er ist sich dessen bewusst, dass viele schwierige Auseinandersetzungen beiden Völkern noch bevorstehen, und versucht Antworten auf die Fragen zu finden, warum Polen auch solche deutschen Bürger einst ausgesiedelt hat, die auf der polnischen Seite standen, und warum in den polnischen Übergangslagern nicht selten aktive Hitlergegner gefangen gehalten wurden. Stellenweise provokativ verfasst, zum Teil auch erstaunlich objektiv, verdient der Band ganz besondere Aufmerksamkeit.

Maria Wojtczak

Peter Raina (Hg.): Wysiedlić. Losy sióstr zakonnych w PRL 1954–1956 [Aussiedeln. Das Schicksal der Ordensschwestern in der Volksrepublik Polen in den Jahren 1954–1956]. Warszawa: Wydawnictwo von Borowiecki 2004. 217 S., Abb. ISBN 83-87689-67-X.

Es handelt sich um eine Quellenedition, die sich mit einem wenig bekannten Aspekt der neuesten Geschichte der katholischen Kirche in den West- und Nordgebieten Polens beschäftigt. Das Buch bezieht sich auf die zwangsweise vollzogene Aussiedlung von 1.500 Ordensschwestern aus 300 Klostergemeinschaften in den zentralen Woiwodschaften im August 1954. Die nächsten zwei Jahre verbrachten die Schwestern in Abgeschiedenheit unter äußerst schwierigen Verhältnissen. Die Publikation präsentiert Archivmaterialien, die im Sekretariat des polnischen Episkopats aufbewahrt werden. Die Edition ist thematisch in vier Teile gegliedert. Dabei geht es um den Verlauf der Aussiedlung, den Aufenthalt in den Lagern, die Entlassung der Schwestern und die Bemühungen um die Zurückerlangung der alten Klostergebäude. Jedem dieser Teile ist eine knappe Einführung vorangestellt.

Małgorzata Ruchniewicz

Cezary Wąs: Architektura Jože Plečnika [Die Architektur Jože Plečniks]. Wrocław: Muzeum Architektury we Wrocławiu 2004. 63 S., 2 Abb. ISBN 83-89262-18-5.

Der Band erschien zur Ausstellung des Architekten Jože Plečnik (1872–1957), die vom 28. Oktober 2004 bis 30. Januar 2005 im Breslauer Architekturmuseum gezeigt wurde. Der aus Laibach/Ljubljana stammende Plečnik besuchte die Handwerkerschule in Graz, im Anschluss arbeitete er zwei Jahre in der Wiener Möbelfabrik Müller.

1894/95 bildete er sich als Zeichner im Privatatelier Otto Wagners weiter; dieser ermöglichte ihm ein Studium an der Wiener Kunstakademie. Seine Abschlussarbeit 1898 war ein städtebaulicher Entwurf für das Seebad Scheveningen bei Den Haag, er erhielt dafür das Reisestipendium des Prix de Rome. Die Publikation behandelt Plečniks Tätigkeit in Wien, Prag und Laibach im Kontext der zeitgenössischen Architektur Europas und Amerikas und macht den Leser mit der Kunst- und Architekturtheorie des Architekten bekannt. Plečniks Schaffen entzieht sich einer eindeutigen stilistischen Einordnung – war er Modernist, Traditionalist oder Vorläufer der Postmoderne, war er ein slowenischer Künstler oder ein Kosmopolit? Er entwarf sehr unterschiedliche Bauten, auch Kirchen mit gewagten Fassaden und Konstruktionen. In den 30er und 40er Jahren baute er zerstörte Kirchen wieder auf, entwarf Kapellen und liturgische Gefäße. Lange in Vergessenheit geraten, wurde Plečnik in den letzten Jahren als einer der großen Architekten des 20. Jahrhunderts wiederentdeckt.

Maria Zwierz

Jan Watrak: Rückblicke und Ausblicke. Studien zur deutschen Literatur. Koszalin: Pracownia Poligraficzno-Introligatorska Intro-Druk 2004. 179 S. ISBN 83-015712-3-8.

Der Band enthält acht Aufsätze zur deutschsprachigen Literatur. Zwei von ihnen sind Franz Kafka, seinen Gestalten in Ausnahmesituationen und seinem Verhältnis zu Frauen, gewidmet. Weiterhin erörtert der Stettiner Germanist unter anderem Probleme der Kultur und Literatur in der erweiterten Europäischen Union und präsentiert Überlegungen über die Postmoderne. Der Band schließt mit dem Aufsatz „Die mentalen Optionen für den Begriff der verlorenen Heimat". Hier werden zunächst verschiedene Definitionen von ‚Heimat' diskutiert, dann die Einstellungen einiger Schriftsteller (Christian Graf von Krockow, Max Frisch, Siegfried Lenz, Peter Handke, Uwe Johnson, Horst Bienek, Franz Kafka, Günter Grass) zum Thema dargestellt.

Ewelina Kamińska

Edward Włodarczyk (Hg.): Pogranicze polsko-niemieckie. Przeszłość Teraźniejszość Przyszłość [Das polnisch-deutsche Grenzgebiet. Vergangenheit Gegenwart Zukunft]. Szczecin: Wydawnictwo Naukowe Uniwersytetu Szczecińskiego 2001. 267 S., dt. u. poln. Zusammenfassungen. ISBN 83-7241-151-4.

Der Band geht auf eine interdisziplinäre Konferenz über Fragen des deutsch-polnischen Grenzgebietes zurück und umfasst 16 Beiträge in Deutsch und Polnisch. Die Aufmerksamkeit der Autoren gilt hauptsächlich dem nördlichen und mittleren Teil dieses Gebietes. Über das deutsch-polnische Grenzgebiet in geschichtlicher Perspektive schreibt Edward Włodarczyk (Szczecin), über den deutsch-polnischen Grenzraum in der Perspektive der Nation- und Nationalismusforschung Robert Traba (Warszawa). Die deutsch-polnische Nationalbewegung in Westpreußen vor dem Ersten Weltkrieg behandelt Szczepan Wierzchosławski (Toruń). Witold Molik (Poznań) und Eligiusz Janus (Marburg) setzen sich mit der Akkulturation auseinander, der Ersterwähnte am Beispiel der polnischen Gesellschaft im Posener Gebiet im 19. und zu Beginn des 20. Jahrhunderts, der zweite am Beispiel katholischer Geistlicher deutscher Herkunft an der Wende zum 20. Jahrhundert. Kyra T. Inachin (Greifswald) beschäftigt sich mit Pommern als Grenzprovinz in der Agitation der politischen Rechten 1919–1933, Inga Iwasiów (Szczecin) mit der Kultur im Grenzgebiet. Andere Beiträge gehen auf die Problematik der Museen im Ostseeraum sowie auf die Fragen der grenzüberschreitenden Zusammenarbeit im Grenzgebiet ein.

Ewelina Kamińska

Włodzimierz Zientara: Sarmatia Europiana oder Sarmatia Asiana? Polen in den deutschsprachigen Druckwerken des 17. Jahrhunderts. 2. Aufl. Toruń: Wydawnictwo Uniwersytetu Mikołaja Kopernika 2003. 272 S., Abb., poln. Zusammenfassung. ISBN 83-231-1498-6.

Die in deutscher Sprache verfasste, bereits zum zweiten Mal veröffentlichte Monographie ist vor allem für den deutschen Interessenten bestimmt. Sie ist jedoch nicht nur für ein wissenschaftliches Publikum gedacht, sondern eignet sich wegen der zahlreichen, ausführlich angeführten Quellen auch für didaktische Zwecke. Kernelemente der Arbeit stellen folgende Begriffe dar: Kennenlernen des Fremden, Erlernen der Fremdsprachen und Stereotype. Der 2004 vollzogene Beitritt Polens zur Europäischen Union gibt den hier untersuchten Phänomenen – das Spannungsfeld von Selbst- und Fremdwahrnehmung, Topoi des „Anderen" in einem dennoch gemeinsamen Bezugsrahmen – eine zusätzliche Aktualität. Das Buch zeigt auch, welche neuen Forschungsmöglichkeiten und Interpretationsfelder in diesem Bereich noch offen sind. Im ersten Kapitel wird die polnische Gesellschaft des 17. Jahrhunderts an ausgewählten Beispielen der zeitgenössischen deutschsprachigen Reiseliteratur dargestellt. Thema des zweiten Kapitels sind demgegenüber Presseprototypen und Flugschriften in der Kommunikation des 17. Jahrhunderts in Polen. Das letzte Kapitel behandelt einige historische und rechtshistorische Werke, die unter anderem die polnische Problematik berücksichtigen (z. B. Polen in der Auffassung von Samuel Pufendorf, Polen in den Spalten des „Theatrum Europaeum" etc.). Die Arbeit verfügt über einen Anhang mit Abbildungen von zeitgenössischen Druckwerken, eine weiterführende Bibliographie sowie Personen- und Ortsverzeichnis.

Piotr Zariczny

Zbliżenia. Polska – Niemcy = Annäherungen. Polen – Deutschland. Pismo Uniwersytetu Wrocławskiego [Zeitschrift der Universität Breslau]. Hg. v. Karol Bal, Karol Fiedor, Romuald Gelles, Norbert Honsza. Wrocław 2004. [H.] 1 (37), [H.] 2/3 (38/39). 190, 289 S. ISSN 00867-7417.

Der Jahrgang 2004 der Zeitschrift „Zbliżenia" enthält ein breites und vielfältiges Themenspektrum. Im Heft 1 wird die Frage der deutsch-polnischen Wechselbeziehungen erörtert; das Doppelheft 2/3 lässt einen Blick hinter die Kulissen des Schlesischen Kulturpreises 2004 werfen, der Karl Dedecius und Prof. Jan Harasimowicz zuerkannt wurde. In den Heften begegnen wir unter anderem folgenden Beiträgen: Renate Baum: „Polen – gemiedenes, geliebtes Land"; Joanna Tegnerowicz: „Wrocławskie lata studenckie Norberta Eliasa" (Die Breslauer Studienjahre von Norbert Elias); Norbert Heisig: „Niemiecko-Polskie Towarzystwo Uniwersytetu Wrocławskiego" (Die deutsch-polnische Breslauer Universitätsgesellschaft); Wilhelm G. Jacobs:

„Zwei Jahrhunderte Immanuel Kant (1804–2004)"; Norbert Honsza: „Mainstream-Phänomen"; Klaus Hammer: „Der Kriegs- und Vertreibungsroman im deutsch-polnischen Dialog"; Czesław Głombik: „Polskimi śladami Hansa-Georga Gadamera" (Auf den polnischen Spuren Hans-Georg Gadamers); Wolfgang Bittner: „Schlesische Botschaft. Eine Erinnerung"; Ryszard Majewski: „Wysiedleni. Mity i rzeczywistość" (Ausgesiedelte. Mythen und Realität); Lucjan Meissner: „Pamięć historyczna a próby zakłócenia procesu pojednania" (Das historische Gedächtnis und Versuche, den Versöhnungsprozess zu stören); Andżelina Sikorska: „Gespräch mit Christoph Hein. Eine Aufzeichnung".

Marta Kopij

2. Baltikum

[Tiina Abel (Hg.):] Kunstnik ja tema kodu. C. T. von Neffi kunstikogu Piira ja Muuga mõisast. Näituse kataloog. Väliskunsti Muuseum 3. oktoober 2003–28. märts 2004. Mikkeli Muuseum 3. oktoober 2003–9. mai 2004 [Der Künstler und sein Zuhause. Die Kunstsammlung von C. T. von Neff aus den Herrenhäusern Piera und Münkenhof. Katalog der Ausstellung. Museum für ausländische Kunst, 3. Oktober 2003 bis 28. März 2004. Mikkel-Museum, 3. Oktober 2003 bis 9. Mai 2004]. Koost. [Zusammengestellt v.] Tiina Abel. Tallinn: Eesti Kunstimuuseum 2004. 168 S., Abb., dt., russ. und engl. Zusammenfassungen. ISBN 9985-9527-4-X.

Der Band ist dem deutschbaltischen Maler – vor allem Porträtisten – Carl Timoleon von Neff (1804–1876) anlässlich seines 200. Geburtstags gewidmet. Der Katalog gibt eine Vorstellung vom Zuhause des Künstlers, der seit Beginn der 1850er Jahre die meisten Sommer in Estland verbrachte. Als Kunstsammler sammelte er neben Gemälden, Skulpturen und Graphiken auch Kunsthandwerk. Neff war in St. Petersburg tätig, seit 1832 als Hofmaler; 1839 wurde ihm der Titel eines Akademikers verliehen. Ihm gehörten die Güter Piera und Münkenhof in Wierland. In Münkenhof ließ er ein neues Herrenhaus als Wohnung und zur Unterbringung seiner Kunstsammlung errichten. Außer mit seinen eigenen Gemälden schmückte er beide Gutshäuser mit Kopien antiker Skulpturen, stilvollen Möbeln und kunsthandwerklichen Gegenständen, aber auch mit kostbaren Geschenken vom Petersburger Hof. Die Kunstsammlungen der Herrenhäuser Piera und Münkenhof befinden sich heute im Estnischen Kunstmuseum. Der Sammelband besteht aus dem Katalog der Neff-Ausstellung, aus dem Katalog der Kunstgegenstände in Piera und Münkenhof, zusammengestellt von Neffs Tochter Mary von Grünewaldt, aus der Biographie des Künstlers und aus folgenden Aufsätzen: Ants Hein: „Der Künstler und sein Zuhause. Carl Timoleon von Neff und die Herrenhäuser von Piera und Münkenhof"; Tiina Abel: „In Schmerzen und Glück … Die Gemäldesammlung der Herrenhäuser Piera und Münkenhof"; Tiina-Mall Kreem: „Skulpturen in den Kunstsammlungen der Herrenhäuser Piera und Münkenhof"; Kersti Kuldna: „Möbel und Kunsthandwerk in der Sammlung von

Neff". Den Lebenslauf des Künstlers ergänzt ein Ausschnitt aus Mary von Grünewaldts Buch „Skizzen und Bilder aus dem Leben Carl Timoleons von Neff".

Kersti Taal[1]

Acta Historica Tallinnensia. 8. 2004. 199 S., dt., engl. oder estn. Zusammenfassungen. ISSN 1406-2925.

Heft 8 der vom Institut für Geschichte und der Estnischen Akademie der Wissenschaften herausgegebenen „Acta" enthält sieben Aufsätze. Drei davon sind in englischer Sprache verfasst: „Über die Hilfe der Gutsherren für die Bauern bei Subsistenzkrisen im 17. Jahrhundert in Livland" (Marten Seppel); „Über den deutschen Einfluss auf die estnischen und deutschbaltischen Korporationen" (Tiina Metso); „Dynamik und Nachhaltigkeit der Volkskultur" (Aili Aarelaid, Anu Kannike). Unter den estnischsprachigen Aufsätzen ist der Beitrag „Lebensphilosophie und Geschichtswissenschaft im Baltikum: Nietzsche als Reinhold Wittrams ‚Gewährsmann'" (Mart Kivimäe) mit einer deutschsprachigen Zusammenfassung versehen.

Kersti Taal

Augstākās tehniskās izglītības vēsture Latvijā. 2 daļa: Tehniskās fakultātes Latvijas Universitātē, Rīgas universitātē, Latvijas valsts universitātē 1919–1958 [Geschichte der höheren technischen Bildung in Lettland. Bd. 2: Die technischen Fakultäten an der Universität Lettlands, an der Rigaer Universität und an der Staatsuniversität Lettlands 1919–1958]. Rīga: Rīgas Tehniskā universitāte [Technische Universität Riga] 2004. 544 S., Abb., engl., russ. u. lett. Einleitung. ISBN 9984-326071.

Dieser Band, der anlässlich des 140. Jubiläums der Technischen Universität Riga (begangen am 14. Februar 2002) erschien, umfasst fünf Teile. Begonnen wird mit einer Darstellung der allgemeinen geschichtlichen Entwicklung der Universität Lettlands in den Jahren 1919–1940 (Teil 1). Daneben wird speziell die Einwirkung der sowjetischen Okkupation und Annexion auf den Entwicklungsprozess der höheren technischen Bildung in Lettland in den Jahren 1940/41 (Teil 2) und die Tätigkeit der Hochschule in Sowjetlettland behandelt (Teil 5). Der dritte Teil ist der Lage der Hochschule in den Jahren der nationalsozialistischen Okkupation gewidmet, indem die widersprüchliche Bildungspolitik der deutschen Okkupationsbehörden aufgezeigt wird. Im vierten Teil werden die Schicksale der Absolventen und Professoren der technischen Fakultäten der Universität Lettlands nach dem Zweiten Weltkrieg an den westeuropäischen Universitäten und Forschungszentren geschildert. An der Entstehung des Buches haben namhafte Wissenschaftler mitgewirkt: das Akademiemitglied Jānis Stradiņš, der Rektor der Technischen Universität Rīga Ivars Knēts, die Professoren der Technischen Universität Jānis Krastiņš, Juris Briedis und andere. Im Anhang des Buches befinden sich ein umfassendes Literaturverzeichnis, ein Quellennachweis und ein Personenregister.

Helēna Šimkuva

1 Die Übersetzung der Annotationen von Kersti Taal aus dem Estnischen besorgten Vilve Seiler und Aili Bernotas.

Rita Aukona (Hg.): Latvijas valsts arhīva fondu rādītājs. 1. d. [Verzeichnis der Bestände des Staatsarchivs Lettlands. Bd. 1]. Rīga: Latvijas valsts arhīvs [Staatsarchiv Lettlands] 2004. 592 S. ISBN 9984-954-84-6.

Das Verzeichnis enthält Informationen über die Bestände der Republik Lettland und Sowjetlettlands im Staatsarchiv. Die Bestände sind entsprechend der Klassifizierung der wirtschaftlichen Tätigkeit der EU (NACE, Statistical Classification of Economic Activities in the European Community) geordnet. Das Verzeichnis umfasst vier Teile: Bestände der Sowjetmacht in Lettland, Bestände der Republik Lettland, Bestände der Organisationen der Exil-Letten und Personenbestände. Die Behörden-Bestände umfassen die Zeitspanne vom Juli 1940 bis zum Juli 2004, aber die Bestände der Organisationen und natürlichen Personen reichen darüber hinaus in die Zeit der Republik Lettland zurück (1920–1940). Hier sind auch Materialien über Deutschbalten zu finden.

Helēna Šimkuva

Viesturs Avots (Hg.): Ulmaņlaiki: Leģendas un fakti [Die Ära Ulmanis: Legenden und Tatsachen]. Rīga: Jumava 2004. 223 S., Abb. ISBN 9984-05-842-5.

Dieses Buch ist dem Ministerpräsidenten Kārlis Ulmanis gewidmet. Ulmanis galt als eine der bedeutendsten und gleichzeitig auch widersprüchlichsten Persönlichkeiten in der Geschichte Lettlands des 20. Jahrhunderts. Der Band bietet eine Chronik seiner politischen Tätigkeit und seines Privatlebens im Zeitabschnitt von 1934 bis 1940. Die Materialien aus der Zeitung „Jaunākās Ziņas“ (Neueste Nachrichten), die von Viesturs Avots herangezogen wurden, spiegeln den Zeitgeist während der Herrschaft von Ulmanis deutlich wider. Auf Grund dieser Materialien schildert Avots die Atmosphäre, die in den Regierungskreisen Lettlands Ende der 1930er Jahre herrschte.

Helēna Šimkuva

Teddy Böckler: Tallinna raekoda. Uurimine ja restaureerimine 1952–2004 [Das Revaler Rathaus. Forschungen und Restaurierungen 1952–2004]. Tallinn 2004. 298, [4] S., Abb., Kt., dt. u. engl. Zusammenfassung und Inhaltsverzeichnis. ISBN 9949-10-779-2.

Das Rathaus ist das bekannteste und sehenswerteste Architekturdenkmal der Hauptstadt der Estnischen Republik. 1952 wurde mit seiner Restaurierung begonnen, die 2004 abgeschlossen wurde. Das Buch, eine verbesserte und ergänzte Ausgabe einer 1999 erschienenen Publikation (siehe Berichte und Forschungen 8, 2000, S. 118 f.), macht den Leser zuerst mit der Baugeschichte des Rathauses in chronologischer Folge bekannt – von der ältesten Bauphase über Umbauten bis zur Gegenwart. Danach findet man eine Darstellung der Restaurierungsarbeiten. Die Ergänzung gegenüber der Ausgabe von 1999 betrifft die Restaurierungsarbeiten der Jahre 1997–2004 und eine Übersicht über die im Zuge der Restaurierung gesammelten Forschungsmaterialien. Das Buch umfasst eine Bibliographie, ein Personenregister und ein Verzeichnis der Fachausdrücke.

Lea Teedema[2]

---

2 Die Übersetzung der Annotationen von Lea Teedema aus dem Estnischen besorgten Vilve Seiler und Aili Bernotas.

Alfredas Bumblauskas: Senosios Lietuvos istorija. 1009–1795 [Geschichte Altlitauens. 1009–1795]. Vilnius: R. Paknio leidykla 2005. 487 S., Abb., engl. Zusammenfassung. ISBN 9986-830-89-3.

In diesem Buch bemüht sich der namhafte litauische Historiker Alfredas Bumblauskas um eine neue historiographische und didaktische Konzeption der frühen Geschichte Litauens von den ältesten Zeiten bis zur Auflösung des polnisch-litauischen Staatsverbandes am Ende des 18. Jahrhunderts. Das Werk könnte man als illustrierte Gesamtdarstellung der altlitauischen Geschichte bezeichnen, dennoch leistet der Autor wesentlich mehr. Zahlreiche Abbildungen sind wertvollen, zum Teil unbekannten ikonographischen Quellen entnommen und didaktisch geschickt mit dem Text verknüpft. Die Struktur des Buches entspricht der Perspektive der Gegenwart, was vor allem durch die Hervorhebung Europas als Zentralkategorie dieses mehr als 800 Jahre umfassenden Werkes deutlich wird. Die phänomenologische Betrachtungsweise rückt die Fragen nach der heutigen Bedeutung und Funktion der historischen Erscheinungen in den Vordergrund. Konzeptionell neu ist auch das Bestreben des Autors, die politische, soziale und kulturelle Geschichte in das umfassende Bild der Vergangenheit einzufügen.

Rimvydas Petrauskas

[Andris Caune (Red.), Dzintars Ērglis:] Latvija nacistiskās Vācijas okupācijas varā 1941–1945. Starptautiskās konferences referāti, 2003. gada 12.–13. jūnijs, Rīga = Latvia under Nazi German occupation 1941–1945 [Lettland unter der Besetzung des nationalsozialistischen Deutschland 1941–1945. Vorträge der internationalen Konferenz in Riga, 12.–13. Juni 2003] (Latvijas vēsturnieku komisijas raksti [Schriften des Ausschusses der Historiker Lettlands] 11). Rīga: Latvijas vēstures institūta apgāds [Verlag des Instituts für die Geschichte Lettlands] 2004. 228 S., Abb., Kt., engl. u. lett. Zusammenfassungen. ISBN 9984-60155-2.

Der Sammelband besteht aus 16 Forschungsbeiträgen (in Englisch und Lettisch) zur Politik des nationalsozialistischen Deutschland in Lettland, die als Vorträge auf einer internationalen Konferenz in Riga im Juni 2003 gehalten wurden. Bei der Eröffnung der Konferenz würdigte die Staatspräsidentin Lettlands Vaira Vīķe-Freiberga die bisherige Tätigkeit des Ausschusses der Historiker Lettlands im Bereich der Förderung und Koordinierung der Forschungen über die Verbrechen der totalitären Regime auf dem Territorium Lettlands, besonders über den Holocaust. Die Beiträge von Antonijs Zunda, Dmitrijs Oļehnovičs, Irēna Saleniece und Uldis Neiburgs charakterisieren die Historiographie und die Quellen über die nationalsozialistische Herrschaft Deutschlands auf dem Territorium Lettlands. Der zweite Teil des Bandes bringt fünf Aufsätze über weitere aktuelle Forschungen zur Politik des nationalsozialistischen Deutschland (von Inesis Feldmanis, Heinrihs Strods, Kārlis Kangeris, Edvīns Evarts, Juris Pavlovičs). Der dritte Teil enthält sieben Beiträge über die schwierigen Themen der Kollaboration und der Widerstandsbewegung. Besonders bemerkenswert ist der Aufsatz von Andrievs Ezergailis: „Kollaboration in Lettland während der nationalsozialistischen Okkupation – angebotene und abgelehnte". Roberts G. Vaits befasst sich mit der antideutschen Stimmung in Lettland; Katrin Reichelt analysiert die Bedeutung des

18. November – Lettlands Unabhängigkeitstag – in der Politik der Nationalsozialisten; Juoko Talonen charakterisiert die Lage der evangelisch-lutherischen Kirche Lettlands während der nationalsozialistischen Okkupation; Björn Michael Felder bietet Fallstudien über den SS-Jagdverband Ost (1944–1945). Das Werk enthält ein Literatur- und ein Personenverzeichnis.

Helēna Šimkuva

[Andris Caune (Red.), Dzintars Ērglis:] Okupācijas režīmi Latvijā 1940–1959. gadā. Latvijas vēsturnieku komisijas 2002. gada pētījumi = Occupation regimes in Latvia in 1940–1959 [Okkupationsregime in Lettland 1940–1959. Forschungen des Ausschusses der Historiker Lettlands im Jahre 2002] (Latvijas vēsturnieku komisijas raksti [Schriften des Ausschusses der Historiker Lettlands] 10). Rīga: Latvijas vēstures institūta apgāds [Verlag des Instituts für die Geschichte Lettlands] 2004. 605 S., engl. u. lett. Zusammenfassungen. ISBN 9984-60119-6.

In diesem Sammelband sind, teils in Lettisch, teils in Englisch, die Ergebnisse der vom Ausschuss der Historiker Lettlands im Jahre 2002 durchgeführten Forschungen zum Thema der Politik der Okkupationsregime und deren Repressionen auf dem Territorium Lettlands von 1940 bis 1959 festgehalten. Im ersten Abschnitt, „Die sowjetische Okkupation in Lettland 1940–1941“, sind Beiträge über die erste Phase der Okkupation Lettlands vom 23. August 1939 bis Anfang 1940 und über die Stimmungslage der Einwohner Lettlands in den Jahren 1940/41 veröffentlicht. Im zweiten Kapitel, „Okkupation des nationalsozialistischen Deutschland (1941–1945)“, werden in mehreren Beiträgen aktuelle Forschungsprobleme im Bereich der Themen Wirtschaftspolitik der deutschen Besatzungsmacht, Widerstandsbewegung und Teilnahme der Einwohner Lettlands an Polizei- und SS-Bataillonen diskutiert. Im dritten Abschnitt, „Sowjetische Okkupation Lettlands 1944 bis Ende der 50er Jahre“, werden die Entwicklung der sowjetischen Sicherheitsorgane sowie deren Rolle und Methoden bei der Durchführung der Repressionen gegen die Einwohner Lettlands nach dem Zweiten Weltkrieg aufgezeigt. In diesem Kapitel wird auch auf einzelne Aspekte des Widerstandes der lettischen Bauern gegen die sowjetische Kollektivierungspolitik (1945–1953), das System des Denkmalschutzes in Lettland während der Sowjetzeit (1944–1953) sowie auf die Entlassung der deportierten Einwohner Lettlands (1953–1959) eingegangen. Insgesamt enthält der Sammelband 15 Beiträge.

Helēna Šimkuva

[Andris Caune (Red.), Dzintars Ērglis:] Totalitārie okupācijas režīmi Latvijā 1940.–1964. gadā. Latvijas vēsturnieku komisijas 2003. gada pētījumi = The totalitarian occupation regime in Latvia 1940–1964 [Totalitäre Okkupationsregime in Lettland 1940–1964. Forschungen des Ausschusses der Historiker Lettlands im Jahre 2003] (Latvijas vēsturnieku komisijas raksti [Schriften des Ausschusses der Historiker Lettlands] 13). Rīga: Latvijas vēstures institūta apgāds [Verlag des Instituts für die Geschichte Lettlands] 2004. 580 S., engl. u. lett. Zusammenfassungen. ISBN 9984-60156-2.

Die 17 lettisch- oder englischsprachigen Beiträge dieses Sammelbandes befassen sich mit den totalitären Okkupationsregimen und deren Repressionen auf dem Territorium Lettlands von 1940 bis 1964. Im ersten Kapitel, „Die Sowjetokkupation in Lettland 1940–1941", sind Beiträge enthalten über die Repressionen des Sowjetregimes gegen die Zivilbevölkerung Lettlands, gegen die Wissenschaftler Lettlands (1940–1945) und gegen die akademischen wissenschaftlichen Organisationen Lettlands (1940–1945). Im zweiten Kapitel, „Die Okkupation des nationalsozialistischen Deutschland in Lettland (1941–1945)", werden in sieben Beiträgen aktuelle Forschungsergebnisse zur Politik der deutschen Besatzungsmacht dargestellt. Exemplarisch seien folgende Aufsätze genannt: Antonijs Zunda: „Die Okkupationspolitik der deutschen Nationalsozialisten in Lettland aus der Sicht der sowjetischen Historiographie"; Juris Pavlovičs: „Der Wechsel der Okkupationsmächte in Lettgallen im Sommer 1941"; Uldis Neiburgs: „Lettland aus der Sicht der westlichen Alliierten während der nationalsozialistischen Okkupation (1941–1945)"; Edvīns Evards: „Die Entnationalisierung in Lettland während der nationalsozialistischen Okkupation (1941–1944)". Im dritten Kapitel, „Sowjetokkupation in Lettland 1944 bis Mitte der 1960er Jahre", werden aktuelle Forschungsergebnisse des Ausschusses der Historiker Lettlands im Jahre 2003 über die sowjetische Politik auf dem Territorium Lettlands mitgeteilt. Zu den Vorzügen dieses Bandes gehört das Vorhandensein umfangreicher Literaturverzeichnisse zu den einzelnen Beiträgen.

Helēna Šimkuva

Andris Caune, Ieva Ose: Latvijas viduslaiku pilis. IV.: Latvijas 12. gadsimta beigu – 17. gadsimta vācu piļu leksikons [Die mittelalterlichen Burgen in Lettland. Bd. 4: Lexikon der deutschen Burgen Lettlands, Ende des 12. Jahrhunderts bis 17. Jahrhundert]. Rīga: Latvijas vēstures institūta apgāds [Verlag des Instituts für die Geschichte Lettlands] 2004. 591 S., Abb., lett. u. dt. Text. ISBN 9984-60107-2.

Der vorliegende vierte Band der Reihe „Die mittelalterlichen Burgen in Lettland" ist das erste in lettischer Sprache verfasste enzyklopädische Werk über alle bekannten mittelalterlichen Befestigungen auf dem Territorium der jetzigen Republik Lettland. Im Mittelalter war dies der südliche Teil der Konföderation der livländischen Staaten oder Alt-Livland. In der Einleitung des Buches wird über die Verbreitung der mittelalterlichen Burgen, ihre Baumaterialien und ihre Standorte informiert sowie die Forschungsgeschichte kurz geschildert. Auf dem Territorium der jetzigen Republik Lettland haben vom Ende des 12. Jahrhunderts bis zum 17. Jahrhundert mehr als hundert Burgen als Befestigungsanlagen der deutschen Herrscher und Lehnsherren gedient. Die Namen der Burgen sind im Lexikon nach dem lettischen Alphabet angeordnet, aber es wird auch jeweils die deutsche Bezeichnung der Burg angegeben. Im Kapitel „Geschichte" werden die wichtigsten Fakten zur Geschichte der Burgen genannt: ihre Entstehung, die Dauer ihrer Nutzung und ihr Niedergang. Das Buch bietet auch ein deutsch-lettisches Verzeichnis der Burgennamen und ein Literaturverzeichnis.

Helēna Šimkuva

[Andris Caune (Red.), Aivars Stranga:] Holokausta izpēte Latvijā. Starptautisko konferenču materiāli, 2003. gada 12.–13. jūnijs, 24. oktobris, Rīga, un 2002.–2003. gada pētījumi par holokaustu Latvijā = The issues of the Holocaust research in Latvia [Die Erforschung des Holocausts in Lettland. Materialien der internationalen Konferenzen in Riga, 12.–13. Juni und 24. Oktober 2003, und Forschungen über den Holocaust in Lettland 2002/03] (Latvijas vēsturnieku komisijas raksti [Schriften des Ausschusses der Historiker Lettlands] 12). Rīga: Latvijas vēstures institūta apgāds [Verlag des Instituts für die Geschichte Lettlands] 2004. 414 S., engl. u. lett. Zusammenfassungen. ISBN 9984-60179-X.

In diesem Band sind die (teils lettisch-, teils englischsprachigen) Beiträge der internationalen Konferenz über den Holocaust auf dem Territorium Lettlands 1941–1945 (Oktober 2003) und der internationalen Konferenz „Lettland unter der Herrschaft des nazistischen Deutschland“ (Juni 2003) veröffentlicht. Ferner sind die aktuellen Forschungsergebnisse des Ausschusses der Historiker Lettlands zur Holocaust-Thematik in den Jahren 2002 und 2003 zusammenfassend dargestellt. Obwohl der Schwerpunkt des Sammelbandes auf der Untersuchung der Durchführung des Holocausts auf dem Territorium Lettlands liegt, haben einzelne der insgesamt 20 Aufsätze eine grundsätzliche methodologische Ausrichtung. Von besonderer Bedeutung sind folgende Beiträge: Aivars Stranga: „Die Probleme der Erforschung des Holocausts“ und „Der Holocaust in Lettland (1941–1945)“; Kārlis Kangeris: „Die Dokumente des ‚Dritten Reiches‘ über die Situation der Juden in Lettland: Juni 1940 bis Juni 1941“; Marģeris Vestermanis: „Das Konzentrationslager Riga-Kaiserwald“; Rudīte Vīksne: „Die Vernichtung der Juden in den Kleinstädten Lettlands: Forschungsprobleme und Forschungsergebnisse“. Die meisten Beiträge des Bandes sind konkreten Aspekten des Holocausts auf dem Territorium Lettlands gewidmet. Genannt seien: Dzintars Ērglis: „Der Holocaust und die Expropriation des jüdischen Eigentums in Krustpils“; Josifs Ročko: „Der Holocaust in der Auffassung der heutigen Gesellschaft“; Arturs Žvinklis: „Film- und Foto-Dokumente über den Holocaust in Lettland“; Daisy Brand-Schweiger: „Die Erinnerungen an die Deportation der Juden aus Ungarn nach Lettland im Sommer 1944“. Der Band besitzt einen umfassenden bibliographischen Anhang sowie ein Personen- und Ortsregister. Er leistet einen wesentlichen Beitrag zur Erforschung der Geschichte des Holocausts auf dem Territorium Lettlands.

Helēna Šimkuva

Māra Caune: Rīgas pils – senā un mainīgā [Das Schloss in Riga und seine wechselvolle Geschichte]. Rīga: Jumava 2004. 218 S., Abb., Kt., dt. Zusammenfassung. ISBN 9984-05-717-8.

In dem Buch werden folgende Aspekte aus der Geschichte des Schlosses Riga dargestellt. Im ersten Kapitel charakterisiert die Verfasserin die in der Regierungszeit von Eberhard von Monheim und Wolter von Plettenberg gebauten Burgen. Im zweiten Kapitel gibt sie einen Überblick über Herren, Bewohner und Nutzung des Schlosses. Das dritte Kapitel unterrichtet über die in der Regierungszeit Wolters von Plettenberg gebaute Burg und deren Umbau. Im vierten Kapitel spricht die Autorin über die Gebäude nördlich des Schlosses, die sogenannten Vorburgen, und ihre Baugeschichte vom 17. bis zum 19. Jahrhundert. Kapitel 5 und 6 bieten Einblicke in die Geschichte der Schlosstürme und der Schlosskirche, Kapitel 7 in die Entstehungsgeschichte der mittelalterlichen Steinskulpturen. Das achte Kapitel beschreibt das Schloss als Residenz des Staatspräsidenten Lettlands. Im neunten Kapitel wird der Beitrag der Livländischen Gouvernementsarchitekten zur Baugeschichte des Schlosses (1783–1918) dargestellt. Das zehnte Kapitel liefert Angaben über Heizung, Beļeuchtung, Wasserversorgung, Abort und Kanalisation des Schlosses. Das Werk stützt sich auf umfangreiche Archivmaterialien.

Helēna Šimkuva

Raimonds Cerūzis: Vācu faktors Latvijā (1918–1939). Politiskie un starpnacionālie aspekti = The German Factor in Latvia (1918–1939) [Der deutsche Faktor in Lettland (1918–1939). Politische und nationale Aspekte] (Latvijas Universitātes vēstures un filozofijas fakultātes raksti, Sērija „Vēsture" [Schriften der Fakultät für Geschichte und Philosophie der Universität Lettlands, Reihe „Geschichte"] 1). Rīga: LU akadēmiskais apgāds [Akademischer Verlag der Universität Lettlands] 2004. 291 S., engl. Zusammenfassung. ISBN 9984-770-52-4.

Diese Monographie ist die erste Veröffentlichung einer neuen Reihe „Geschichte" der Fakultät für Geschichte und Philosophie der Universität Lettlands. Im Buch wird die Geschichte der Deutschbalten als Beispiel des „deutschen Faktors" in Lettland dargestellt. Aufgezeigt werden die Beziehungen zwischen Deutschbalten und Deutschland sowie die Rolle der Deutschbalten in den lettisch-deutschen Beziehungen. Der Autor hat sein Werk auf der Grundlage von Forschungen deutschbaltischer und deutscher Autoren und der Quellen verfasst.

Helēna Šimkuva

[Dagnija Dāldere:] Latvijas universitātes zinātnisko rakstu bibliogrāfiskais rādītājs (1990–2000) [Bibliographisches Verzeichnis der wissenschaftlichen Schriften der Universität Lettlands (1990–2000)]. Sast. [Zusammengestellt v.] D. Dāldere. Rīga: Latvijas universitāte [Universität Lettlands] 2004. 308 S., lett., engl., russ. u. dt. Text. ISBN 9984-770-26-5.

Die Herausgabe dieser Publikation wurde von Professor Dr. Dietrich A. Loeber (1923–2004), Auslandsmitglied der Akademie der Wissenschaften, Dr. h. c. der Universität Lettlands, gefördert und unterstützt. Das Buch ist seinem Andenken gewidmet. Die Bibliographie stellt ein vollständiges Verzeichnis der an der Universität Lettlands im Laufe von zehn Jahren veröffentlichten wissenschaftlichen Schriften dar. Insgesamt enthält das Verzeichnis 1.248 Titel, darunter 84 Sammelbände. Der Band gibt auch eine Übersicht in Englisch, Deutsch, Lettisch und Russisch über die Geschichte des wissenschaftlichen Schrifttums an der Universität Lettlands. Ein Personenregister ist vorhanden.

Helēna Šimkuva

Artūras Dubonis (Hg.), Darius Antanavičius, Darius Baronas, Rimvydas Petrauskas: Mindaugo knyga. Istorijos šaltiniai apie Lietuvos karalių [Das Buch des Mindaugas. Historische Quellen über den litauischen König]. Vilnius: Lietuvos istorijos instituto leidykla 2005. 422 S., Abb. ISBN 9986-780-68-3.

2003 wurde in Litauen der 750. Jahrestag der Krönung des ersten und einzigen litauischen Königs Mindaugas/Mindowe gefeiert. Dieses Datum wurde gleichzeitig in der Öffentlichkeit als das Gründungsjahr des litauischen Staates begangen. Im Rahmen dieser Jahresfeier fanden mehrere kulturelle und wissenschaftliche Veranstaltungen statt, deren Krönung vorliegender Band ist. In dem Buch sind Übersetzungen aller bekannten zeitgenössischen (päpstlichen, deutschen, polnischen, russischen) Quellen über den litauischen Herrscher sowie Angaben der späteren Memoria über ihn veröffentlicht. Die Texte sind mit einführenden Artikeln und Kommentaren versehen. Das gesammelte Material belegt deutlich die ungleichmäßig starke Erinnerung an den mittelalterlichen König, der eine gewisse Zeit sogar ganz in Vergessenheit geraten war, später aber wiederentdeckt wurde, ja zu den wichtigsten Personen der litauischen Geschichte aufstieg.

Rimvydas Petrauskas

[Mati Graf:] XX sajandi kroonika. Eesti ja maailm [Die Chronik des 20. Jahrhunderts. Estland und die Welt]. II. 17.06.1940–31.10.1961. Aluskäsikiri [Auf der Grundlage einer Handschrift v.] Mati Graf. Tallinn: Eesti Entsüklopeediakirjastus 2004. 591 S., Abb., Kt. ISBN 9985-70-108-9.

In diesem zweiten Teil der Chronik (zum ersten Teil siehe „Berichte und Forschungen“ 11, 2003, S. 227) werden die katastrophalsten Jahre in der neueren Geschichte Estlands behandelt: der Verlust der staatlichen Selbständigkeit 1940, der Zweite Weltkrieg, die Deportierungen 1941 und 1949. Begonnen wird mit dem Einmarsch der Roten Armee in Estland am 17. Juni 1940. Die von reichem Bildmaterial begleitete Schilderung der Ereignisse in Estland erfolgt parallel zu der Angabe der gleichzeitigen Geschehnisse in der ganzen Welt. Einen wesentlichen Teil der Chronik bilden die Kriegsereignisse, die früher zu einseitig behandelt worden sind; dabei wird bisher unpubliziertes Bildmaterial benutzt. Daneben wird das Alltagsleben in dem zum „Ostland“ gehörigen Estland berücksichtigt – die den Kriegsverhältnissen angepasste Wirtschaft, das Kunst-, Theater- und Musikleben, Literatur, Sport und Ernährung. Im Herbst 1944 flüchteten Tausende Esten in den Westen – nach Schweden, Deutschland und in andere Länder. Das Kriegsende brachte den Esten ihre verloren gegangene Freiheit nicht zurück. Am Ende des Werkes folgen Sach-, Personen- und Ortsregister.

Kersti Taal

Gunārs Jansons: Ikšķiles viduslaiku baznīca un pils. Pētījums arhitektūras vēsturē [Die mittelalterliche Kirche und Burg von Üxküll. Ein Beitrag zur Architekturgeschichte]. Riga: Latvijas vēstures institūta apgāds [Verlag des Instituts für die Geschichte Lettlands] 2004. 115 S., Abb., Kt., dt. Zusammenfassung. ISBN 9984-601-32-3.

Eine systematische archäologische und architektonische Erforschung der Kirchen- und Burgruine von Üxküll/Ikšķile, der nach etwa 1185 errichteten bischöflichen Residenz im Gebiet der Düna-Liven, erfolgte von 1962 bis 1975. In der kurzen, aber inhaltsreichen bauhistorischen Studie werden die wichtigsten Fragen zur Entstehung und Baugeschichte dieser Denkmäler erörtert. Der heutige Zustand der Ruine, von der sich nur ein Teil über die Wasserlinie des Stausees erhebt, erlaubt es nicht mehr, sie einer erneuten wissenschaftlichen Untersuchung zu unterziehen oder sich von den Ergebnissen der einst durchgeführten Grabungen und Messungen ganz zu überzeugen. Der Verfasser weist anhand zahlreicher Indizien nach, dass es bei der Entstehung der Kirche und der Burg insgesamt drei Bauperioden gegeben hat: Um 1185 existierte eine einschiffige romanische Hallenkirche; in den 30er Jahren des 13. Jahrhunderts begann der Umbau zu einer zweischiffigen Hallenkirche, deren Vorbilder möglicherweise in westfälischen Kirchen desselben Typs zu suchen sind; Ende des 13. Jahrhunderts wurden Kirche und Burg, die vorher getrennt standen, durch eine Maueranlage miteinander verbunden und zum Wehrbau ausgestaltet.

Andris Levāns

Ēriks Jēkabsons, Valters Ščerbinskis (Hg.): Latvijas ārlietu dienesta darbinieki. 1918–1991. Biogrāfiskā vārdnīca [Die Persönlichkeiten des außenpolitischen Dienstes Lettlands. 1918–1991. Biographisches Lexikon]. Rīga: Zinātne [Verlag „Wissenschaft"] 2003. 435 S., Abb., engl. Zusammenfassung. ISBN 9984-698-80-7.

Das reich mit Bildern versehene biographische Lexikon erscheint in einer Lettland in seinen internationalen Beziehungen gewidmeten Reihe. Das Werk bietet vollständige Informationen über die Mitarbeiter des außenpolitischen Dienstes Lettlands von 1918 bis 1991. Es umfasst Angaben über 330 Personen – Außenminister, Ministergehilfen, Gesandte, Attachés, Militärattachés und Ehrenkonsuln. Die Hauptprobleme des auswärtigen Dienstes und der Geschichte der Diplomatie werden in dem einleitenden Artikel „Das auswärtige Ressort Lettlands und seine Mitarbeiter (1918–1991)" von Ē. Jēkabsons und V. Ščerbinskis behandelt. Besonders hervorzuheben ist das Kapitel „Mitarbeiter des auswärtigen Ressorts der 20er/30er Jahre", weil es unter den Mitarbeitern auch Deutschbalten gab. Die weiteren Kapitel befassen sich mit der Auflösung des auswärtigen Ressorts und den Repressionen gegen dessen Mitarbeiter 1940/41 sowie der Tätigkeit der lettischen Vertretungen im Exil 1940–1991. Dabei wird von der juristischen Kontinuität des staatlichen Bestehens der Republik Lettland ausgegangen und an die widerrechtliche Okkupation Lettlands erinnert. Den Forschungen liegen hauptsächlich Archivalien zugrunde. Es handelt sich um eine wissenschaftlich und historisch unikale Leistung von bleibendem Wert.

Helēna Šimkuva

Indrek Jürjo: Liivimaa valgustaja August Wilhelm Hupel 1737–1819 [Der livländische Aufklärer August Wilhelm Hupel (1737–1819)]. Tallinn: Riigiarhiiv 2004. 556, [8] S., Abb., engl. Zusammenfassung. ISBN 9985-9510-1-8.

Der deutschbaltische Prediger, Publizist, Heimat- und Sprachforscher August Wilhelm Hupel war einer der hervorragendsten und fruchtbarsten Autoren auf dem wissenschaftlichen und publizistischen Sektor in Livland im 18. Jahrhundert. In Deutschland geboren und an der Theologischen Fakultät der Universität Jena ausgebildet, wirkte er in den Jahren 1763–1804 als Pastor in Oberpahlen/Põltsamaa. Dort rief er einen Lesezirkel ins Leben, der einen wesentlichen Anstoß zur weiteren Entwicklung der Leseorganisationen in den Ostseeprovinzen gab. Die letzten Lebensjahre verbrachte er in Weissenstein/Paide, wo er unter anderem die Stadttöchterschule gründete. Er starb daselbst 1819. 1774–1782 erschien sein Sammelwerk „Topographische Nachrichten von Lief- und Ehstland“; darüber hinaus gab er Zeitschriften heraus („Nordische“ und „Neue Nordische Miscellaneen“) und beschäftigte sich mit der Erforschung der beiden Hauptdialekte der estnischen Sprache („Ehstnische Sprachlehre für beide Hauptdialekte, den revalschen und den dörptschen, nebst einem vollständigen Wörterbuch“, 2. Aufl. Mitau 1818). Das Werk enthält die vollständigste estnische Wortschatzsammlung des ausgehenden 18. und der ersten Hälfte des 19. Jahrhunderts. Großen Wert hat auch sein deutschbaltisches Wörterverzeichnis „Idiotikon der deutschen Sprache in Lief- und Ehstland“ (1795). Die auf reichem Quellenmaterial beruhende Monographie Indrek Jürjos stellt eine gründliche Abhandlung sowohl über die Person und das Denken Hupels als auch über die Aufklärungsbewegung in Livland dar. Indem er die Briefwechsel der baltischen Literaten mit heranzieht, vermag es der Verfasser, den Freundeskreis und die Gegner Hupels einzubeziehen und dadurch ein Bild von der Zusammensetzung und der inneren Struktur der „Aufklärungsgesellschaft“ der Ostseeprovinzen zu geben. Das Buch enthält eine umfangreiche Bibliographie mit Quellenverzeichnis und ein Namensregister. Es wurde als die beste im Jahr 2004 erschienene estnischsprachige historische Monographie ausgezeichnet.

Lea Teedema

Jolanta Karpavičienė: Moteris Vilniuje ir Kaune XVI pirmoje pusėje: gyvenimo sumiestinimo Lietuvoje atodangos [Die Frau in Wilna/Vilnius und Kaunas in der ersten Hälfte des 16. Jahrhunderts: Erschließung der Verstädterung des Lebens in Litauen]. Vilnius: Versus aureus 2005. 280 S., dt. Zusammenfassung. ISBN 9955-601-51-5.

In dieser Monographie will die Autorin zwei Forschungsthemen miteinander verbinden. Zum einen ist das Buch ein Kapitel der Frauengeschichte, indem die Verfasserin zum ersten Mal in der litauischen Historiographie die Situation der Frau in zwei Städten des Großfürstentums Litauen thematisiert und ausführlich analysiert. Zugleich stellt das Buch den Versuch dar, die Wege der Verbreitung von sozialen, rechtlichen und wirtschaftlichen Realien der europäischen städtischen Selbstverwaltung (die in Litauen in Form der Privilegien des sächsisch-magdeburgischen Rechts rezipiert wurden) nachzuzeichnen. Die Untersuchung des Rechts- und Vermögensstatus der Städterin (Problem der Vertretung der Frau vor Gericht, Vormundschaft, Eheschließung, wirtschaftliche Tätigkeit, Status der Witwe) erlaubt auch allgemeinere Rückschlüsse auf die Heterogenität des sozialen und rechtlichen Lebens in der litauischen Stadt des Mittelalters und der Frühen Neuzeit sowie auf die Modernisierung der rechtlichen Kultur im Großfürstentum. Im Anhang werden Materialien aus dem Ratsbuch und aus dem Vogtsbuch von Kaunas veröffentlicht.

Rimvydas Petrauskas

Juta Keevallik, Rein Loodus, Lehti Viiroja: Kunstikirjutus Eestis 1864–1900 = Kunstschreibung in Estland von 1864–1900 (Tekste kunstist ja arhitektuurist = Texte über Kunst und Architektur, 1406–5878, 2). Tallinn: Teaduste Akadeemia Kirjastus 2004. 431 S., Abb. ISBN 9985-503430.

Der zweite Teil der mehrbändigen Textsammlung (zum ersten Band siehe „Berichte und Forschungen" 9, 2001, S. 220 f.) umfasst Schriften zur Kunst in Estland vom letzten Viertel des 19. Jahrhunderts bis zum Jahr 1900. Im 19. Jahrhundert wurde der Kunstbetrieb in Estland nach wie vor hauptsächlich von deutschbaltischen Kreisen getragen und in der örtlichen deutschsprachigen Presse und Literatur reflektiert. Über Kunst und Kunstbetrieb schrieben vorwiegend Künstler, auch einige Hochschullehrer der Universität und professionelle Kunstwissenschaftler wie Leopold von Pezold und Wilhelm Neumann. In der zweiten Hälfte des 19. Jahrhunderts nahm die Zahl der Schriften über Kunst auch in der estnischen Presse merklich zu, die Themen wurden vielfältiger. Die Autoren waren zumeist Mitarbeiter der Zeitungen, Journalisten und Schriftsteller, die oft nur geringe Kunstkenntnisse hatten. Berücksichtigt sind Texte aus der Zeit von 1864 bis 1900. Die fremdsprachigen (deutschen, russischen, französischen, lateinischen) Texte sind nach Themen gegliedert und geben einen Überblick sowohl über den Kunstbetrieb als auch über die Erforschung der Kunstgeschichte. Die Architektur betreffende Schriften wurden nicht aufgenommen. Die Texte sind mit Annotationen und Kommentaren versehen, bei fremdsprachigen Texten – ebenso wie die Einleitungen und Anmerkungen – parallel auf Estnisch und Deutsch. Die estnischen Texte sind chronologisch angeordnet und besitzen eine deutsche Zusammenfassung. Den Band ergänzen eine Auswahlbibliographie und ein Personenregister.

Lea Teedema

Christian Kelch: Liivimaa ajalugu [Liefländische Geschichte]. Tõlk. [Übersetzt v.] Ivar Leimus. Tartu: Kirjastus Eesti Ajalooarhiiv 2004. XXIV, 522, [24] S., Abb. ISBN 9985-858-41-7.

Die „Liefländische Historia" von Christian Kelch (Erstausgabe 1695) erscheint zum ersten Mal in estnischer Übersetzung. Der Chronist Christian Kelch wurde 1657 in Pommern geboren, 1680 kam er nach Reval/Tallinn. 1682 wurde er Pastor zu St. Johannis in Jerwen/Järva, wo er in den Jahren 1688–1691 auch seine Chronik verfasste. Er erlernte schnell die estnische Sprache und gründete eine Schule für Bauernkinder. Als treuer Untertan der schwedischen Krone und lutherischer Pfarrer war er gegen den Katholizismus eingestellt. Die schwedisch-polnischen Kriege in Livland am Anfang des 17. Jahrhunderts behandelte er gründlicher als die anderen Chronisten. Er schrieb aber auch über die Geographie, die Kultur und die wirtschaftlichen Verhältnisse seines neuen Heimatlandes. In seiner „Liefländischen Historia" zeigt er sich über die damalige Geschichtsliteratur gut im Bilde, doch ist es oft schwer, seine Quellen zu ermitteln. Er studierte vermutlich Dokumente aus dem Revaler Ratsarchiv, hat diese jedoch in seiner Arbeit wenig benutzt. Am meisten hat er von den Schriften seiner Vorgänger Thomas Hjärne und Balthasar Russow Gebrauch gemacht. Das Buch schließt mit einem Orts- und Personenregister. Als Illustrationen dienen weniger bekannte Bilder aus zeitgenössischen historischen Werken.

Kersti Taal

Kaalu Kirme, Anu Mänd: Joseph Kopf – Eesti kullassepakunsti suurkuju = Joseph Kopf – eine Koryphäe der estnischen Goldschmiedekunst (Ajaloo Instituut, Kunstiajaloo Osakond [Institut für Geschichte, Abteilung für Kunstgeschichte] 1). Tallinn: Eesti Keele Sihtasutus 2004. 207 S., Abb. ISBN 9985-79081-2.

Joseph Kopf (1867–1930) war einer der besten Goldschmiede des 20. Jahrhunderts in Estland. Die aus Deutschland stammende Familie kam 1868 über Warschau/Warszawa nach Reval/Tallinn. Hier gründete Joseph Kopf 1891 eine eigene Goldschmiedewerkstatt, die um die Jahrhundertwende eine führende Stellung einnahm. Kopf wurde 1913 der letzte Zunftälteste der Goldschmiede in Reval (1920 wurde in Estland die Tätigkeit der Gilden und Zünfte beendet). In seiner Firma wurden hauptsächlich Tafelsilber und kleinere Silbergegenstände, aber auch komplizierte Unikate angefertigt, darunter die Amtskette des Präsidenten der Estnischen Republik. Sein Meisterzeichen stellte Eligius, den Schutzheiligen der Goldschmiede, dar. Joseph Kopf gilt als Meister der Revaler historistischen Silberschmiedekunst, jedoch finden sich unter seinen Werken auch Beispiele des Jugendstils. Nach dem Tod des Gründers arbeitete seine Firma weiter bis zur Nationalisierung im Jahr 1940. In der vorliegenden zweisprachigen Publikation, die als Katalog zur Ausstellung von Werken aus Kopfs Werkstatt in der Silberkammer der St.-Nikolai-Kirche (6.10.2004–9.1.2005) diente, werden 105 Gegenstände beschrieben. Eine Bibliographie rundet den Band ab.

Lea Teedema

Valter Lang (Peatoim. [Red.]): Linnusest ja linnast. Uurimusi Vilma Trummali auks [Burgen und Städte. Untersuchungen zu Ehren von Vilma Trummal] = About Hillfort and Town. Studies in Honour of Vilma Trummal (Muinasaja teadus = Research into Ancient Times 14). Tallinn, Tartu 2004. 453 S., Abb., dt., engl. oder estn. Zusammenfassungen. ISBN 9985-50-376-7, ISSN 1406-3867.

Der Band erschien zum 80. Geburtstag von Vilma Trummal, der langjährigen Lehrkraft für Vor- und Frühgeschichte an der Universität Dorpat/Tartu und Erforscherin der älteren Geschichte Dorpats. Eröffnet wird die Festschrift mit der estnisch- und englischsprachigen Biographie und dem Publikationsverzeichnis der Geehrten. Es folgen 20 Beiträge von estnischen, russischen, lettischen und deutschen Wissenschaftlern zur Erforschung von Stadtarchäologie und Burgen. Das Werk enthält unter anderem den deutschsprachigen Aufsatz „Archäologische Zeugnisse der Kaianlagen des ersten Rigaer Hafens im 12.–17. Jahrhundert“ (Andris Caune), den englischsprachigen Aufsatz „Der Aufschwung des mittelalterlichen Windau/Ventspils – archäologische Forschungen und Hypothesen“ (Ritvars Ritums) sowie die estnischsprachigen Aufsätze „Schmuckfunde aus dem Gebiet der südlichen Vorstadt des mittelalterlichen Dorpat/Tartu“ (Mare Aun); „Ergänzungen zur Altertumskunde der mittelalterlichen Vorstädte von Reval/Tallinn“ (Ain Lavi); „Der Münzfund von Morras/Muraste – ein einzigartiges Depot aus der Mitte des 12. Jahrhunderts“ (Ivar Leimus); „Über die Spezifik der archäologischen Kulturschicht auf dem Gebiet der Altstadt von Reval/Tallinn“ (Jaak Mäll); „Über die archäologische Erforschung des Dombergs“ (Jaan Tamm).

Kersti Taal

Povilas Lasinskas: Istorijos mokslas Vytauto Didžiojo universitete 1922–1940 metais [Geschichtswissenschaft an der Vytautas-der-Große-Universität in den Jahren 1922–1940]. Vilnius: Vaga 2004. 325 S., Abb. ISBN 5-415-01714-3.

Im Jahre 1922 wurde in der damaligen Hauptstadt Litauens Kaunas die Universität gegründet, die später den Namen Vytautas' des Großen erhielt. Damit wurde die seit der ersten Hälfte des 19. Jahrhunderts abgebrochene Universitätstradition in Litauen wiederhergestellt. Für die litauische Geschichtswissenschaft bedeutete dies überhaupt den Anfang der Institutionalisierung und Professionalisierung des Faches. Die wichtigste Innovation war die Einrichtung eines eigenständigen Historischen Seminars nach dem Beispiel der deutschen Universitäten, an denen der Großteil der litauischen Nachwuchswissenschaftler seine Weiterbildung absolvierte. In dieser Studie wird die Organisation des Faches Geschichte in Lehre und Forschung (Lehrstühle, Seminar) erläutert; es werden die Themen der Lehrveranstaltungen mitgeteilt und die Personalien der Lehrenden und Studierenden in sozial- und kulturgeschichtlicher Hinsicht analysiert. Des Weiteren geht der Verfasser auf die methodologischen und theoretischen Positionen der führenden Historiker ein, um mit einem Überblick über die wichtigsten Forschungsrichtungen der Geschichtsschreibung in der Zwischenkriegszeit zu schließen.

Rimvydas Petrauskas

Latvijas Arhīvi [Die Archive Lettlands]. Rīga: Latvijas vēstures archīvs [Historisches Archiv Lettlands] 2004. Nr. 1–4. Je 180 S., Abb., dt. Zusammenfassungen. ISSN 1407-2270.

Die dreimal jährlich erscheinende gemeinsame Publikation des Historischen Staatsarchivs Lettlands und der Generaldirektion der Staatsarchive Lettlands bietet zahlreiche Beiträge in lettischer Sprache zum Archivwesen und zur Geschichtswissenschaft. Exemplarisch seien folgende Aufsätze genannt: Aus Heft 1: Baiba Vanaga: „Die Künstlergestalt in der lettischen Fotografie der 20er/30er Jahre des 20. Jahrhunderts: Typologische Aspekte“; „40 Jahre Staatsarchiv für Film-, Foto- und Tonaufnahmendokumentation Lettlands“. – Aus Heft 2: Pārsla Pētersone: „Das Manuskript von Johann Robert Engelmann ‚Beschreibung einer Fußreise durch die schönsten Gegenden Livlands‘“; Aleksandrs Ivanovs: „Die Aktualisierung der Urkundensammlung ‚Moscowitica-Ruthenica‘ für die geschichtliche Forschung: Archäologische Übersicht“. – Aus Heft 3: Vidvuds Štrauss: „Die lettischen Archivare als Opfer des roten Terrors (Moskau 1935–1938)“. – Aus Heft 4: Līga Irbe: „Die Körperstrafe im lettischen Teil des Gouvernements Livland im 19. Jahrhundert“; Per Bolin Hort: „Die ‚fremden Elemente‘: Demarkation und Konflikt zwischen lettischen und jüdischen Studenten an der Universität Lettlands (1919–1940)“; Vitālijs Šalda: „Die lettischen Klubs in Moskau in den 20er und 30er Jahren des 20. Jahrhunderts“.

Helēna Šimkuva

Latvijas vēsture. Jaunie un jaunākie laiki [Die Geschichte Lettlands. Die neuen und neuesten Zeiten]. Rīga: LU žurnāla „Latvijas Vēsture“ fonds [Verlag des Fonds der Zeitschrift „Latvijas Vēsture“] 2004. Nr. 1–4. Je 120 S., Abb., engl. Zusammenfassungen. ISSN 1407-0022.

Die viermal jährlich erscheinende Zeitschrift bietet zahlreiche Beiträge in lettischer Sprache zur Geschichte Lettlands, vorwiegend zum 20. Jahrhundert, von denen folgende exemplarisch genannt seien. Aus Heft 1: Gustavs Strenga: „Die Rolle der Dominikaner und Franziskaner im Konflikt zwischen der Stadt Riga, dem Erzbischof und dem Deutschen Orden in Livland"; Inesis Feldmanis: „Lettland unter der deutschen Okkupationsmacht (1941–1945)"; Aivars Strenga: „Die konstitutionelle Gestaltung der Republik Lettland". – Aus Heft 2: Māra Caune: „Wo wurde im Jahre 1330 das Rigaer Schloss gebaut? Innerhalb der Stadtgrenze oder außerhalb der Stadtmauer?"; Andrievs Ezergailis: „Kollaboration in Lettland während der nationalsozialistischen Okkupation – angebotene und abgelehnte"; Inesis Feldmanis: „Politisches System und Ideologie in Lettland nach dem Staatsstreich vom 15. Mai 1934"; Antonijs Zunda: „Lettland unter der nationalsozialistischen Herrschaft Deutschlands (1941–1945)"; Jānis Stradiņš: „Über das demokratische und autoritäre Denken in der Gesellschaft Lettlands". – Aus Heft 3: Edvards Seliška: „Der Vorfall mit dem polnischen U-Boot ‚Orzeł' in Reval/Tallinn im September 1939"; Jānis Rozenfelds: „Der Vertrag von 1939 über die Umsiedlung der lettländischen Bürger deutscher Herkunft und einzelne wirtschaftliche Bedingungen seiner Erfüllung"; Antonijs Zunda: „Die baltischen Staaten und Großbritannien in den Jahren des Zweiten Weltkrieges (1939–1945)"; Inesis Feldmanis und Aivars Stranga: „Nationale Politik und Minderheiten". – Aus Heft 4: Heinrihs Strods: „Die Rote Armee und das Verhalten ihrer Offiziere in Lettland 1939–1941"; Sigita Šnē: „Die Entwicklungsgeschichte der Stadtwappen der Städte Kurlands und Zemgallens"; Ilgvars Butulis: „Bildung und Kultur in Lettland (1900–1917)"; Aivars Stranga: „Die innenpolitische Entwicklung Lettlands während der parlamentarischen Demokratie".

Helēna Šimkuva

Latvijas Vēstures institūta žurnāls [Zeitschrift des Instituts für die Geschichte Lettlands]. 2004. Nr. 1–4. Je 210 S., Abb., dt. u. engl. Zusammenfassungen. ISSN 1025-8906.

Die Autoren der in der Zeitschrift veröffentlichten Texte befassen sich mit Themen zur Geschichte Lettlands vom Paläolithikum bis zur Neuzeit. Aus Heft 1 sind hier folgende Aufsätze zu nennen: Vitolds Muižnieks: „Bestattungssitten auf dem Friedhof Lejaskrogs bei Puze im 13.–17. Jahrhundert"; Dzidra Ozoliņa: „Aus der Geschichte der Wasserversorgung von Liepāja/Libau I. Die Wasserleitung [...] (Ende des 19. bis Beginn des 20. Jahrhunderts)"; Juris Pavlovičs: „Die Schulen Lettlands 1941–1944. Die administrativen und wirtschaftlichen Maßnahmen der Behörden des nazistischen Okkupationsregimes". – Aus Heft 2: Roberts Spriģis: „Die livischen Schildkrötenfibeln des Typs 3–5 am Unterlauf der Daugava im 12.–13. Jahrhundert"; Indriķis Šterns: „Das deutsche Riga in den livländischen Chroniken des 13. Jahrhunderts"; Muntis Auns: „Die Bewohner vom Gutshof Ance im Jahre 1797"; Uldis Krēsliņš: „Die russische Emigration und die Bewegung der Monarchisten in Lettland in den 20er und 30er Jahren des 20. Jahrhunderts". – Aus Heft 3: Ieva Ose: „Forschungsergebnisse über die mittelalterlichen Burgen in Lettland 1991–2004"; Irīna Morjānova: „Materialien zur Geschichte des Polytechnischen Instituts Riga (1901–1907)"; Juris Pavlovičs: „Die Besatzungskräfte des nazistischen Deutschland in Lettland: Bestimmung der Chronologie ihrer Ankunft". – Aus Heft 4: Margarita Barzdeviča: „Das patrimoniale Gebiet Rigas nach den Angaben des kartographischen Materials aus der schwedischen Zeit“; Zigmārs Turčinskis: „Die in der Aufklärer-Diversanten-Schule ausgebildeten lettgallischen Diversanten der deutschen Abwehrgruppe 212“.

Andris Levāns

Latvijas zinātņu akadēmijas vēstis. A. daļa: Sociālās un humanitārās zinātnes [Mitteilungen der Akademie der Wissenschaften Lettlands. Teil A: Soziale und Humanwissenschaften] 58 (2004). Nr. 1–6. Je 96 S., Abb., dt. und engl. Zusammenfassungen. ISSN 1407-0081.

In der Zeitschrift melden sich Vertreter unterschiedlicher Geistes- und Sozialwissenschaften zu Wort. Die Impulse der Forschung, die etwa aus den Fächern Sprachwissenschaft, Geschichte, Philosophie, Kunstgeschichte und Soziologie kommen, werden in diesem Medium gebündelt, um dazu anzuregen, den interdisziplinären Diskurs fortzusetzen. Aus Heft 1 sind folgende Aufsätze anzuführen: Tālis Pumpuriņš: „Die Universität Tartu/Dorpat und die Geschichte der lettischen Staatsflagge“; Hain Tankler, Algo Rämmer: „On the Relations between the University of Tartu and Latvia in the 1920's and 1930's“. – Aus Heft 3: Sarma Kļaviņa: „Der Briefwechsel von Karl Mühlenbach und Joseph Zubaty“ (zwei Sprachwissenschaftler, die ihre Gedanken über die Philologie und die Geschichte der baltischen Sprachen in den Jahren 1894–1898 auf Deutsch austauschten). – Aus Heft 4: Aina Alekse: „Der Nachlass des Juristen Dietrich André Loeber in der Akademischen Bibliothek Lettlands“; Ojārs Spārītis: „Die Niederlande, Polen und Livland – Aspekte des Kulturaustauschs und Probleme der Wahrnehmung“; Ilona Audere: „[...] Die Glasfenstermalereien deutscher Werkstätten des ausgehenden 19. und beginnenden 20. Jahrhunderts in Lettland“. – Aus Heft 6: Imants Lancmanis: „Das Herzogtum Kurland – ewig und ephemer“; Dagmāra Beitnere: „Die Systemtheorie der Selbstreferenz von Niklas Luhmann während sozialer Wandlungen“; Beāta Krajevska: „Christian Johann Dahl“ (über den 1839 in Reval/Tallinn geborenen und 1904 in Libau/Liepāja verstorbenen Seefahrer und Polarforscher, Gründer zweier Schulen für See- und Schifffahrt in Lettland).

Andris Levāns

[Dītrihs A. Lēbers (Dietrich A. Loeber) (Hg.):] No romiešu tiesībām līdz Hāgas konvencijām. Senatora Augusta Lēbera juridiskie atzinumi (1909–1939). Pirmpublicējums [Vom römischen Recht bis zur Haager Konvention. Gutachten des Senators August Loeber (1909–1939). Erstveröffentlichung]. Rīga: Latvijas universitātes žurnāla „Latvijas vēsture“ fonds [Verlag des Fonds der Zeitschrift „Latvijas Vēsture“] 2004. 520 S., Abb., dt., engl. u. russ. Zusammenfassungen. ISBN 9984-643689.

Das Buch enthält 44 bisher unveröffentlichte Rechtsgutachten des Senators und Professors der Universität Lettlands August Loeber (1865–1948), die auch einen Einblick in das Rechtssystem der 1918 gegründeten Republik Lettland gewähren. Die Gutachten, die im Auftrag staatlicher und privater Institutionen von August Loeber ausgestellt wurden, stammen aus den Jahren 1909–1939 und behandeln Fragen aus dem Völkerrecht, Verwaltungsrecht und Zivilrecht. Die Gutachten betreffen Vorgänge, die in jenen Jahren von erheblicher rechtlicher und politischer Bedeutung waren. Im Anhang des Buches befindet sich ein umfangreiches Personenregister.

Helēna Šimkuva

Sulev Mäeväli: Zu den Bestattungen und Grabmälern in der Tallinner Domkirche. Tallinn: Morgan Studio 2004. 45 S., Abb. ISBN 9949-10-762-8.

Sulev Mäeväli: Matustest ja hauatähistest Tallinna Toomkirikus. Tallinn: Morgan Studio 2004. 45 S., Abb. ISBN 9949-10-760-1.

Sulev Mäeväli: Tallinn Cathedral Burials and Tomb Monuments. Tallinn 2004. 45 S., Abb. ISBN 9949-10-761-X.

Der Dom zu St. Marien in Reval/Tallinn, der bereits im Jahre 1233 im Gebrauch war, wurde in der ersten Hälfte des 14. Jahrhunderts und im 15. Jahrhundert, als auch die Kapellen errichtet wurden, umgebaut. Vermutlich stammen die ersten Bestattungen schon aus dem 13. Jahrhundert. In der gesamten Kirche sind zahlreiche Grabmäler in Form von Grabplatten im Fußboden, Sarkophagen oder Epitaphen an den Wänden erhalten geblieben. Man kann verschiedene Arten von Grabmälern von der frühen Gotik bis zum Historismus unterscheiden. Obwohl die Grabmäler des 13. Jahrhunderts nicht erhalten geblieben sind, lässt sich aus den Bruchstücken erkennen, dass es sich um eine Platte in Form eines gleichschenkligen Trapezes handelte, die die Bestattungsstätte im Fußboden der Kirche oder der Kapelle abdeckte. Viele Gräber der katholischen Geistlichen sind nach der Reformation, als die Grabkammern erneut Verwendung fanden, verlorengegangen. Weil in den Grüften mehrfach begraben wurde, wurden die Namen der späteren Bestatteten in Epitaphen an den Wänden verewigt, deshalb gibt es in der Kathedrale eine bedeutende Sammlung von holzgeschnitzten Epitaphen. Dank einem Dokument aus dem Jahre 1668 (Rechnung der Ausgaben für das Begräbnis des Freiherrn Konrad von Uexküll-Güldenband) weiß man, wie ein Bestattungsritus im 17. Jahrhundert durchgeführt wurde. An herausragenden Personen haben Admiral A. J. von Krusenstern, Feldmarschall Fabian von Fersen sowie der Feldherr und Regent Estlands Pontus de la Gardie ihre letzte Ruhestätte in der Domkirche gefunden. Ein Plan der Hauptkirche aus dem Jahre 1742, auf dem die damaligen Nummern und Benutzer der Grabkammern markiert sind, ist den Heften beigegeben.

Kersti Taal

Reet Mägi, Wolfgang Drechsler (Toim. [Hg.]): Kaiserliche Universität Dorpat 200. 370 Academia Gustaviana. Tartu Ülikooli juubel = Das Jubiläum der Universität Dorpat = Jubilei Tartuskogo Universiteta = The jubilee of the University of Tartu. Tartu: Tartu University Press 2004. 230 S., Abb. ISBN 9985-56-950-4.

Dieser Sammelband in Estnisch, Deutsch, Russisch und Englisch ist dem Jubiläumsjahr der Universität Dorpat/Tartu gewidmet. 2002 wurde der 200. Jahrestag der Wiedereröffnung der Universität Tartu (Kaiserliche Universität Dorpat) und der 370. Jahrestag der Gründung der Academia Gustaviana gefeiert. In dem Band sind die Reden und Vorträge – alle Texte in der Originalsprache – zusammengefasst, die aus Anlass von vier Jubiläumsveranstaltungen der Universität gehalten wurden: I. Festveranstaltung am 3. Mai 2002 in der Universitätsaula (Ansprachen des Vorsitzenden der Estländischen Ritterschaft Wolfhart von Stackelberg und des ehemaligen Rektors der Universität Marburg Werner Schaal; Festvortrag von Jaan Einasto: „Die Universität Tartu als Zentrum der Wissenschaft"); II. Jubiläumskonferenz „Nationale Universität – internationale Universität" am 4. Mai 2002 in der Universitätsaula (Vorträge von

Hans-Robert Metelmann und Wolfgang Dreschler); III. Skytte-Tag am 25. März 2002 im Weißen Saal des Museums für Geschichte der Universität Tartu (Vorträge von Juhan Maiste: „Johann Wilhelm Krause – Wissenschaftler und Poet in Tartu zu Beginn des 19. Jahrhunderts“, und Leonhard Lapin); IV. Aulavortrag der deutsch-estnischen akademischen Woche Academica am 30. September 2002 (Vortrag von Walther Ch. Zimmerli).

Kersti Taal

Anu Mänd: Pidustused keskaegse Liivimaa linnades 1350–1550 [Feste in Städten des mittelalterlichen Livland 1350–1550] (Tallinna Linnaarhiivi toimetised [Veröffentlichungen des Stadtarchivs Reval/Tallinn] 7). Tallinn: Eesti Keele Sihtasutus 2004. 560, [16] S., Abb. ISBN 9985-79-070-7.

In diesem Buch, das auf der Dissertation des Autors beruht, wird die Revaler, Dorpater und Rigaer Festkultur im Kontext der spätmittelalterlichen europäischen Festkultur vergleichend dargestellt. Der Schwerpunkt liegt auf den Festen des Rats, der Großen Gilde und der Schwarzhäupter-Brüderschaft. Die wichtigsten Feste des Jahres (Weihnachten und Fasching, Papageischießen und Maigrafenfest) und ihre Grundelemente, ebenso die infolge der Reformation in der Festkultur eingetretenen Veränderungen werden unter vielerlei Aspekten betrachtet. Von den nichtkalendarischen Festen wird das bedeutendste Ereignis mit livländischem Bezug geschildert – die feierliche Ankunft des Livländischen Ordensmeisters in der Stadt und die nachfolgenden Bankette. Zuerst wird ein Überblick über die Feste der Handelskorporationen und ihre Bedeutung gegeben, danach werden die einzelnen Feste und Festbräuche analysiert und die Zusammenarbeit und Kommunikation zwischen verschiedenen Korporationen untersucht. Es folgt eine Darstellung der Hauptelemente der Feste; eingehender betrachtet werden das Festessen und verschiedene Arten der Unterhaltung, damalige Verhaltensnormen, die Wahl der Räumlichkeiten. Berücksichtigt wird schließlich der in den Jahrzehnten nach der Reformation sich vollziehende Wandel der Mentalität und des gesellschaftlichen Lebens, der allmählich zum Untergang der mittelalterlichen Festkultur führte. Das Buch enthält zahlreiche Anhänge, ein Orts-, Sach- und Personenregister.

Lea Teedema

Sanita Osipova: Viduslaiku tiesību spogulis [Spiegel des mittelalterlichen Rechts]. Riga: Tiesu namu aģentūra 2004. 408 S. ISBN 9984-671-74-7.

Gegenstand des Buches ist die Geschichte des europäischen Rechts im Mittelalter. Das Gewohnheitsrecht in den noch oralen Gesellschaften des spätantiken oder frühmittelalterlichen Europa, das Lehns- und Kirchenrecht, die Rezeption des römischen Rechts, das Stadtrecht und der Einfluss des Islam auf den christlich geprägten europäischen Rechtsgedanken stellen die thematische Gliederung der Arbeit dar. Die Bistümer und Städte in Livland im Hoch- und Spätmittelalter, deren verfassungsrechtliche Entwicklung in der europäischen rechtlichen Tradition begründet war, erscheinen z. B. in dem lehns- und stadtrechtlichen Kontext leider nur skizzenhaft. Das Buch sollte seine Leser wohl in erster Linie unter den Studierenden der Rechtswissenschaften finden. Unverständlich ist, dass das sonst sehr nützliche Werk eine auffallend große

Anzahl an redaktionellen Mängeln aufweist. Das sind vor allem unpräzise und verschwommene Formulierungen, zahlreiche orthographische Fehler in der Schreibung von lateinischen und deutschen Namen und Begriffen, die dazu noch mit ungenügenden Erläuterungen versehen sind, sowie verwirrende Aussagen etwa zur Überlieferung und Deutung von rechtshistorischen Quellen des Mittelalters.

Andris Levāns

[Pārsla Pētersone (Red.):] Johans Andreass Ēzens. Rīga 18. gadsimtā. Zīmējumi = Johann Andreas Oesen. Riga im 18. Jahrhundert. Zeichnungen (Vēstures avoti = Historische Quellen 3). Riga: Latvijas Valsts arhīvu ģenerāldirekcija. Latvijas Valsts vēstures arhīvs [Generaldirektion der staatlichen Archive Lettlands. Historisches Staatsarchiv Lettlands] 2003. 216 S., Abb. ISBN 9984-9619-3-1.

Die Sammlung von Bildern und Texten, die Johann Andreas Oesen (1762–1804) unter dem Titel „Merckwürdigkeiten der Stadt Riga [...]" 1786 abgeschlossen hat, wird heute im Historischen Staatsarchiv Lettlands aufbewahrt. Sie enthält bisher nicht veröffentlichtes historisches Quellenmaterial. Die auf 52 Manuskriptblättern erhaltenen 57 aquarellierten Bleistiftzeichnungen von Gebäuden, Menschen, Wappen, Siegeln, Grabplatten gelten als die wertvollsten Stücke des Werkes. Die begleitenden Texte, die vom Umfang her die andere Hälfte des Albums füllen, sind Abschriften von zwei bereits um 1764 veröffentlichten historischen Darstellungen der Stadt Riga von Melchior von Wiedau (1716–1787). Essays zur Stadtgeschichte von Riga im 18. Jahrhundert und zur Person von J. A. Oesen vermitteln einen Einblick in das historische Umfeld, in dem die Zeichnungen entstanden. Die editorischen Erläuterungen dazu sind jedoch sehr knapp und ergänzungsbedürftig. Dem Bildteil folgen ein Verzeichnis der einschlägigen Quellen und der Literatur zu den in den Zeichnungen festgehaltenen Objekten, ein ausführliches Personenregister und ein Abbildungsverzeichnis. Der deutsche Paralleltext wurde von Valda Kvaskova besorgt.

Andris Levāns

Raimo Pullat (Bearb.): Die Nachlassverzeichnisse der deutschen Kaufleute in Tallinn 1777–1800 = Tallinna Saksa kaupmeeste varandusinventarid 1777–1800. Bd. 3. Tallinn: Estopol 2004. 294 S. ISBN 9985-9272-3-0.

Der dritte Band der Nachlassverzeichnisse der deutschen Kaufleute in Reval/Tallinn (zu den Bänden 1 und 2 siehe „Berichte und Forschungen" 7, 1999, S. 266, und 11, 2003, S. 259 f.) besteht aus der Liste der Nachlassverzeichnisse von 21 Kaufleuten. Bemerkenswert ist der Nachlass von Martin Heinrich Gebauer, zu dessen Vermögen auch eine reichhaltige Bibliothek mit den Werken von Spinoza, Shakespeare, Voltaire, Gellert und Wieland gehörte. Die dreibändige Edition mit 92 Nachlassinventaren bietet brauchbares und ergiebiges Quellenmaterial sowohl für Stadthistoriker als auch für Erforscher der Alltags- und Mentalitätsgeschichte. Das Rezensionenverzeichnis am Anfang des vorliegenden dritten Bandes weist auf die internationale Resonanz der Vorgängerbände hin. Am Ende des Bandes befindet sich ein Gesamtregister der Orts- und Personennamen für die ganze Edition.

Kersti Taal

Katri Raik: Eesti – ja Liivimaa kroonikakirjutuse kõrgaeg 16. sajandi teisel poolel ja 17. sajandi alul [Die Hochphase der Chronistik Estlands und Livlands in der zweiten Hälfte des 16. und am Anfang des 17. Jahrhunderts] (Dissertationes Historiae Universitatis Tartuensis 8). Tartu: Tartu Ülikooli Kirjastus 2004. 281 S. ISBN 9985-56-909-1, ISSN 1406-443-X.

Quelle für diese Doktorarbeit waren vor allem zeitgenössische Chroniken und ihre im Druck erschienenen Varianten. Die Mehrzahl der Chroniken des 16. und 17. Jahrhunderts wurde schon damals veröffentlicht, doch die Blütezeit der baltischen Chroniken war die Mitte des 19. Jahrhunderts. Die Dissertation besteht aus fünf einzelnen Publikationen, von denen zwei bereits im Druck erschienen sind. Den umfangreichsten Teil bildet eine Studie über die „Geschichte Livlands" von Franz Nyenstede und deren (Teil-)Übersetzung ins Estnische. Das Interesse an Geschichte ist immer ein charakteristisches Merkmal von Umbruchszeiten. In den Jahren des Livländischen Krieges versuchten die Deutschen zu beweisen, dass Estland und Livland ureigene deutsche Gebiete gewesen seien, und suchten die beste Erklärung für alte Traditionen und Privilegien. Der Rigaer Bürgermeister und Kaufmann Franz Nyenstede (1540–1622) vertrat als Großkaufmann und Grundbesitzer den Stadtmagistrat von Riga. Besonders wertvoll sind die Beschreibungen des Chronisten von Dorpat/Tartu vor und während des Livländischen Krieges. Die Autorin fragt nach den Gründen, warum Nyenstede seine Chronik verfasst hat, nach seinen Sympathien und Antipathien, und vermag es so, Nyenstedes und seiner Zeitgenossen Geschichtsbild darzustellen. Ein Teil der Studie widmet sich der „Livländischen Geschichte" von Matthias Strubycz, der Untertan des Königs von Polen war und seinem Landesherrn Kenntnisse über das Land vermittelte. Der letzte Teil der Dissertation, „Die Bauern Estlands und Livlands in der baltischen humanistischen Geschichtsschreibung der zweiten Hälfte des 16. Jahrhunderts", versucht die Gegensätze zwischen den Deutschen und Nichtdeutschen in der Zeit der Ausprägung der Leibeigenschaft am Ende des 16. und im beginnenden 17. Jahrhundert zu erklären.

Kersti Taal

[Elisa von der Recke:] Elīza fon der Reke: Kādas Kurzemes muižnieces atmiņas [Die Erinnerungen einer kurländischen Gutsbesitzerin]. [Aizpute:] apgāds [Verlag] Harro fon Hirschheydt 2004. 342 S., Abb. ISBN 9984-9579-93.

Elisa von der Recke (1754–1833) gehörte zu den berühmtesten Persönlichkeiten des 18.–19. Jahrhunderts; sie war eine der einflussreichsten Frauen baltischer Herkunft im Europa ihrer Zeit und mit vielen bedeutenden Persönlichkeiten bekannt, was ihr Briefwechsel widerspiegelt. Die veröffentlichten Erinnerungen – in der Übersetzung von Edgars Ceske – enthalten Materialien aus Biographie, Tagebüchern und Briefen Elisa von der Reckes und bieten einen allseitigen Einblick nicht nur in den Alltag der kurländischen Adelsfamilien, sondern auch in die wichtigsten politischen Ereignisse Europas. Ein großes Verdienst dieses Buches liegt in der Qualität des Abbildungsmaterials. Die Herausgabe der Erinnerungen dieser gebildeten Frau in lettischer Sprache ist von großer Bedeutung, weil damit eine wesentliche Seite der Literatur- und Kulturgeschichte Lettlands und Europas aufgeschlagen wird.

Helēna Šimkuva

Vladas Sirutavičius, Darius Staliūnas (Hg.): „Žydų klausimas" Lietuvoje XIX a. viduryje [Die „Judenfrage" in Litauen Mitte des 19. Jahrhunderts]. Vilnius: Lietuvos istorijos instituto leidykla 2004. 188 S., engl. Zusammenfassung. ISBN 9986-780-59-4.

In diesem Sammelband wird unter verschiedenen Blickwinkeln die Situation der litauischen Juden im Zeitalter der liberalen Reformen im russischen Zarenreich während der Herrschaft von Alexander II. behandelt. Im Einführungsbeitrag versucht D. Staliūnas die Wirkung der sich wandelnden politischen Situation in den litauischen Gouvernements auf das Schicksal der jüdischen Gemeinden nachzuzeichnen. R. Civinskas verfolgt den Wandel der ständischen Lage der jüdischen Stadtbewohner. A. Pažėraitė analysiert die kulturellen und politischen Orientierungen der Juden zur Zeit Alexanders II. Z. Medišauskienė schreibt über die Juden in der adligen Gesellschaft Litauens. V. Sirutavičius untersucht die Ansichten der kulturellen Elite von Wilna/Vilnius zur „Judenfrage" 1856–1863. Im Anhang werden von T. Bairašauskaitė die Aufzeichnungen von Antoni Muchliński über seine Visitationen der jüdischen Schulen Litauens um die Mitte des 19. Jahrhunderts ediert.

Rimvydas Petrauskas

Darius Staliūnas (Hg.): Raidžių draudimo metai [Die Zeit der verbotenen Buchstaben]. Vilnius: Lietuvos istorijos instituto leidykla 2004. 272 S., engl. Zusammenfassung. ISBN 9986-780-65-9.

1864/65 verhängte die russische Regierung ein Verbot der lateinischen Schriftzeichen in Litauen. Diese Vorschrift, die 40 Jahre lang gültig war, hat in vielerlei Hinsicht die Entwicklung der litauischen Sprache und überhaupt der litauischen Kultur gelenkt. Litauische, russische, polnische, englische und lettische Historiker haben den historischen Kontext sowie kulturelle und politische Folgen dieses Ereignisses näher beleuchtet. A. Miller untersucht die Kategorien der Sprache, Identität und Loyalität in den herrschenden Kreisen des Russischen Reiches. B. Uspenskij befasst sich mit der Sprachpolitik der russischen Verwaltung im Hinblick auf die polnische Sprache. H. Głębocki analysiert eingehend die panslawistische Konzeption der Zukunft des westlichen Teiles des Reiches in Werken Alexander Hilferdings. D. Staliūnas betrachtet die Relation zwischen litauischer Identität, Sprache und Schriftzeichen. Th. R. Weeks vergleicht die Politik des Zarenreiches hinsichtlich der „verbotenen Sprachen" Jiddisch und Litauisch. E. Jēkabsons wirft einen Blick auf das analoge Schreibverbot in den lettischen Provinzen des Zarenreiches. D. Maskuliūnienė beschäftigt sich mit dem eigentümlichen Phänomen des „Bücherschmuggels" (meistens aus Ostpreußen). S. Pocytė erörtert die Bedeutung Preußisch-Litauens für die Geschichte der litauischen Sprache in der zweiten Hälfte des 19. Jahrhunderts.

Rimvydas Petrauskas

Heinrihs Strods (Hg.):] Pakta zona [Die Zone des Paktes] = Sphere of Influence (Latvijas okupācijas muzeja gadagrāmata [Jahrbuch des Okkupationsmuseums Lettlands] 2004). Rīga: Latvijas 50 gadu okupācijas muzeja fonds [Museumsstiftung „50 Jahre der Okkupation Lettlands"] 2004. 332 S., Abb., dt., engl. oder lett. Zusammenfassungen. ISBN 9984-96131-1.

Der fünfte Band des Jahrbuchs des Okkupationsmuseums Lettlands enthält neue Abhandlungen von schwedischen, deutschen und lettischen Historikern, die sich mit der Erforschung der nationalsozialistischen und sowjetischen Okkupationspolitik befassen: Zum Beispiel erörtert K.-G. Karlson, Professor der Universität Lund (Schweden), Fragen zum Holocaust, zum sowjetischen Terror, zu den Repressionsmaßnahmen des sowjetischen Regimes und zum historischen Gedächtnis des Volkes. O. Stepens schreibt über den Konflikt zwischen der Sowjetunion und Japan im Jahre 1939. Björn M. Felder (Universität Tübingen) behandelt auf Grund der Archivbestände Lettlands die Tätigkeit der Organisation „Pērkoņkrusts" und die sogenannte „Lettische Kartei" während der nationalsozialistischen Okkupation. Das Jahrbuch enthält 42 bisher unveröffentlichte Dokumente, die die Vorgeschichte und die Okkupation Lettlands 1939/40 sowie die deutsche Okkupationspolitik auf dem Territorium Lettlands widerspiegeln. Im Band sind auch die wissenschaftliche Tätigkeit des Museums im Jahre 2004 und die Bestände des Museums dokumentiert.

Helēna Šimkuva

Jaan Tamm (Peatoim. [Red.]): Entsüklopeedia Tallinn [Tallinn-Lexikon]. Bd. 1–2. Tallinn: Eesti Entsüklopeediakirjastus 2004. ISBN 9985-70-167-4.
Bd. 1: A–M. 384 S., Abb., Kt. ISBN 9985-70-168-2.
Bd. 2: N–Ü. 406 S., Abb., Kt. ISBN 9985-70-169-0.

Die mit Unterstützung der Stadt erschienene Enzyklopädie über Reval/Tallinn besteht aus mehr als 2.300 Stichwörtern und umfasst nahezu alle Lebensbereiche, angefangen von der geologischen Entwicklung der Region bis hin zu den Ereignissen, Institutionen und Organisationen der Gegenwart. Nicht enthalten sind die mit der Stadt verbundenen Persönlichkeiten, die eines separaten biographischen Lexikons würdig sind. Ausführlich beschrieben werden die Stadtteile von Reval/Tallinn, ihre historische Entwicklung und die frühere Besiedlung ihres Territoriums, ebenso das Musik-, Kunst-, Theater- und Literaturleben der Stadt, die Bruderschaft der Schwarzhäupter, die Große Gilde und die Olaigilde, die Estländische Literärische Gesellschaft und ihre Bibliothek. Die Enzyklopädie enthält zahlreiche Stadtteilpläne und mehr als 1.400 Abbildungen. Am Ende der Artikel folgt in vielen Fällen ein Literaturverzeichnis. Sach- und Personenregister sind vorhanden.

Kersti Taal

Talis Vare (Hg.): Saare-Lääne piiskopkond: artiklid Lääne-Eesti keskajast = Bistum Ösel-Wiek: Artikelsammlung zum Mittelalter in Westestland. Haapsalu: Läänemaa Muuseum 2004. 287 S., Abb., Kt. ISBN 9985-9133-8-8.

Das zweisprachige Sammelwerk gibt einen Überblick über die Entwicklungsgeschichte und verschiedene andere Aspekte des vor fast 800 Jahren gegründeten und 300 Jahre lang existierenden Bistums Ösel-Wiek. Dieses zu den Staaten des mittelalterlichen Livland gehörende Bistum vereinte Wiek, einen Teil des Kreises Pernau/Pärnu, Ösel/Saaremaa, Dagö/Hiiumaa und kleinere Inseln. Der Band enthält folgende Beiträge: Tiina Kala: „Über das Schicksal des Bistums Ösel-Wiek"; Aldur Vunk: „Über die Entwicklungsgeschichte des Bistums Ösel-Wiek 1211–1251"; Tõnis Lukas: „Die Domherren des Bistums Ösel-Wiek 1228–1563"; Juhan Kreem: „Über die Streitigkeiten um den Bischofsstuhl von Ösel-Wiek im 15. Jahrhundert"; Mati Mandel: „Hat

Lihula (Leal) im Mittelalter wirklich fünf Kirchen gehabt?"; Inna Põltsam: „Die Laufbahn und Tätigkeit der Vasallen und Beamten des Bistums Ösel-Wiek in Neu-Pernau in der ersten Hälfte des 16. Jahrhunderts".

Lea Teedema

[Jānis Zilgalvis (Hg.):] Arhitektūra un māksla Rīgā. Idejas un objekti [Architektur und Kunst in Riga. Ideen und Objekte] (Materiāli Latvijas mākslas vēsturei [Materialien zur Kunstgeschichte Lettlands] 4). Sastādītājs [Zusammengest. v.] Jānis Zilgalvis. Riga: Neputns 2004. 207 S., Abb., engl. Zusammenfassungen. ISBN 9984-729-54-0.

Der vorliegende Sammelband umfasst Vorträge, die am 2. November 2000 in Riga zum Gedächtnis von Boriss Vipers gehalten wurden. Gegenstand der Betrachtung sind Objekte der Architektur und Kunst in Riga in historischer Perspektive. Die Autoren der insgesamt 13 Texte befassen sich sowohl mit bau- und stilhistorischen Fragen als auch mit aktuellen Problemen moderner Stadtplanung im Zeitraum vom 13. bis zum 21. Jahrhundert. Ein Teil davon ist hier zu nennen: Elita Grosmane: „Die Kirche von St. Jakob in Riga im Mittelalter"; Marina Levina: „Die römisch-katholische Kirche der Mater dolorosa in Riga"; Vija Strupule: „Die Interieur-Malerei in den bürgerlichen Häusern Rigas im 16.–18. Jahrhundert"; Jānis Zilgalvis: „Klassizismus in der Architektur Rigas" und „Die Pastorate von Riga"; Daina Lāce: „Der Beitrag von Johann Daniel Felsko zum Bau der Wohnhäuser des 19. Jahrhunderts"; Silvija Grosa: „Die Bildhauerwerkstatt für Dekoration Otto & Wassil in Riga um die Wende des 19.–20. Jahrhunderts"; Kristiāna Ābele: „Das Jugend-Portrait der Künstlerin: Eva Margarethe Borchert-Schweinfurth im künstlerischen Geschehen Rigas zu Beginn des 20. Jahrhunderts". Ein Personen- und Ortsregister beschließt den Band.

Andris Levāns

3. Ostpreußen, Westpreußen, Danzig

Stanisław Achremczyk (Hg.): Życie codzienne na dawnych ziemiach pruskich. Obchody rocznicowe i świąteczne. Praca zbiorowa [Das Alltagsleben in den ehemaligen preußischen Gebieten. Jahresfeierlichkeiten und Feste. Sammelband] (Rozprawy i Materiały Ośrodka Badań Naukowych im. Wojciecha Kętrzyńskiego w Olsztynie [Abhandlungen und Materialien des Wojciech-Kętrzyński-Forschungsinstituts, Allenstein] 220). Olsztyn: Towarzystwo Naukowe im. Wojciecha Kętrzyńskiego 2004. 94 S. ISBN 83-87643-88-2.

Der Sammelband enthält neun Beiträge polnischer Historiker, die die Thematik der Feierlichkeiten und Jubiläumszeremonien in den ehemaligen preußischen Gebieten aufgreifen. Leider gibt der Herausgeber keine Auskunft über den Anlass der Entstehung des Bandes. Der einleitende Artikel von Jacek Wijaczka lautet: „Die Hochzeitsfeierlichkeiten des Herzogs Albrecht von Preußen in den Jahren 1526 und 1550". Der Pfarrer Alojzy Szorc befasst sich mit den Einführungen der ermländischen Bischöfe. Der Artikel von Danuta Bogdan umfasst eine längere Zeitspanne: „Zwischen Frömmigkeit und Fest. Die Feierlichkeiten im Ermland im 16.–18. Jahrhundert". Zwei Beiträge widmen sich den Bestattungszeremonien: Stanisław Achremczyk schreibt über die Bestattungen der Bischöfe des Ermlandes im 18. Jahrhundert, Jerzy M. Łapo über die Spuren des multikulturellen Begräbnisritus in Masuren vom Altertum bis zur Neuzeit. Jan Chłosta berichtet über Feiern im Ermland am Ende des 19. und Anfang des 20. Jahrhunderts. Der Beitrag von Małgorzata Sztąberska trägt den Titel: „Das Alltagsleben der Bewohner Ostpreußens im Lichte der Warschauer Presse in der zweiten Hälfte des 19. und zu Anfang des 20. Jahrhunderts"; Jerzy Kiełbik stützt sich in seinem Aufsatz auf Zeitungsberichte der Zwischenkriegszeit: „Allensteiner Feierlichkeiten und Jahresfeste in Berichten der ‚Gazeta Olsztyńska' in den Jahren 1918–1939". Henryk Leśniowski befasst sich mit den Jubiläumsfeierlichkeiten von Grunwald. Zu bedauern ist, dass der Band keine fremdsprachigen Zusammenfassungen und keine Illustrationen enthält.

Alina Kuzborska

Teresa Arendt, Krystyna Turo (Hg.): Literatura Wybrzeża po 1980 roku. Materiały z sesji naukowej, Gdynia, 3–4 grudnia 2003. Praca zbiorowa [Literatur der Küstenregion nach 1980. Materialien einer wissenschaftlichen Tagung, Gdingen, 3.–4. Dezember 2003. Sammelband]. Pelplin: Bernardinum 2004. 276 S., Abb. ISBN 83-7380-142-1.

Die 22 Beiträge betreffen die Belletristik über Danzig und die Region nach 1980, unter anderem die Kinder- und Jugendliteratur, die regionalen Verlage und einen literarischen Verein, die Darstellungen von Stolp/Słupsk und der Kaschubei, das Schaffen einzelner Autoren. Zwei Aufsätze sind deutschen Schriftstellern gewidmet: Marek Jaroszewski analysiert im Kontext der gegenwärtigen deutschen Literatur (Leonie Ossowski, Siegfried Lenz, Christoph Hein, Alexander Osang) die Novelle „Im Krebsgang" von Günter Grass als ein der Flucht und Vertreibung gewidmetes Werk. Marion Brandt erörtert die Problematik der Solidarność-Bewegung in der Literatur der DDR: autobiographische Texte von Vera Friedländer, den Roman „Zu den Wurzeln schlagen" von Monika Nothing, Gedichte von Uwe Kolbe, Rüdiger Rosenthal, Esther-Marie Ullmann-Goertz und Wilfried M. Bonsack sowie einen Essay von Gert Neumann.

Mirosław Ossowski

Tadeusz Baryła, Wacław Hojszyk, Edmund Wojnowski: Obwód Kaliningradzki Federacji Rosyjskiej. Wybór dokumentów 1994–2004 [Das Kaliningrader Gebiet der Russischen Föderation. Auswahl von Dokumenten 1994–2004] (Rozprawy i Materiały Ośrodka Badań Naukowych im. Wojciecha Kętrzyńskiego w Olsztynie [Abhandlungen und Materialien des Wojciech-Kętrzyński-Forschungsinstituts, Allenstein] 219). Olsztyn: Towarzystwo Naukowe im. Wojciecha Kętrzyńskiego 2004. 154 S. ISBN 83-87643-83-1.

Im Vorwort skizzieren die Verfasser eine kurze Geschichte des Kaliningrader Gebietes. Der Band präsentiert eine Auswahl von 15 Dokumenten, die größtenteils im Monatsblatt des Wojciech-Kętrzyński-Forschungsinstituts „Obwód Kaliningradzki. Przegląd faktów, wydarzeń, opinii" (Das Kaliningrader Gebiet. Überblick über Fakten,

Ereignisse, Meinungen") bereits publiziert bzw. besprochen worden sind. Die hier gedruckten Dokumente zeigen die Situation des Kaliningrader Gebietes als Bestandteil der Russischen Föderation, vor allem seinen rechtlichen Status. Die Materialien lassen erkennen, welche Wandlungen das Gebiet um das frühere Königsberg durchgemacht hat, denn diese bestimmen letztlich die Grundlagen der wirtschaftlichen und der gesellschaftlichen Prozesse sowie die Tendenzen der auf diese Region bezogenen russischen Politik. Im Band befinden sich mehrere Tabellen. Die Dokumente wurden allein in polnischer Sprache ediert, es gibt leider keine fremdsprachigen Zusammenfassungen.

Alina Kuzborska

Borussia. Kultura – Historia – Literatura [Borussia. Kultur – Geschichte – Literatur]. Nr. 33–34. Olsztyn: Wspólnota Kulturowa „Borussia" 2004. 248 S., Abb. ISSN 0867-6402.

Das Doppelheft der Vierteljahresschrift der Kulturgemeinschaft „Borussia" (Allenstein/Olsztyn) ist thematisch nicht einheitlich. Der einleitende Artikel von Jan M. Piskorski leistet einen Beitrag zur Geschichte der polnisch-preußischen Beziehungen („Preußen zwischen Polen und Deutschland"). Jerzy Marek Łapo beschwört die Ereignisse des Ersten Weltkrieges während der blutigen Kämpfe um Lötzen/Giżycko und Angerburg/Węgorzewo herauf („Über dem Grab des Großen Krieges"). Artur K. F. Wołosz beschäftigt sich mit dem Tannenberg-Nationaldenkmal, das während des Zweiten Weltkrieges zerstört wurde. Das Kapitel „Kunst in Preußen" enthält acht Beiträge. Uwe M. Schneede porträtiert Käthe Kollwitz („Ich möchte in dieser Zeit tätig sein"). Rafał Żytyniec widmet sich der Analyse des Gedichtes „Hinter der Hohen Düne Vergangenheit" von Agnes Miegel im Lichte des Gedächtnismusters der ostpreußischen Vertriebenen („Schutzengel des Gedächtnisses"). Iwona Beata Kluk präsentiert das Künstlermilieu im Königsberg des 19. Jahrhunderts mit besonderer Berücksichtigung der Anfänge der Kulturinstitutionen dieser Stadt. Iwona Liżewska, Marzena Zwierowicz, Magdalena Bartoś und Maria Gawryluk schreiben über kunsthistorische Besonderheiten der Stadt- und Dorfarchitektur der Region, Ita Heinze-Greenberg über den in Allenstein geborenen Architekten Erich Mendelsohn. Die weiteren Beiträge, von Janusz Kijowski und Johann Wolfgang Niklaus, haben verschiedene Theater in Stadt und Land zum Thema. Der Abschnitt „Die Regionen" befasst sich hauptsächlich mit den Problemen der gegenwärtigen Kulturinstitutionen im Ermland und in Masuren. Den Band beschließen zehn Rezensionen.

Alina Kuzborska

Józef Borzyszkowski, Cezary Obracht-Prondzyński (Hg.): Z dziejów kultury Pomorza XVIII–XX wieku. Tom II: Materiały z seminarium na Uniwersytecie Gdańskim 14 marca 2003 r. [Aus der Kulturgeschichte Pommerellens vom 18. bis 20. Jahrhundert. Bd. 2: Materialien eines Symposiums an der Universität Danzig vom 14. März 2003]. Gdańsk: Uniwersytet Gdański; Instytut Kaszubski 2004. 396 S. ISBN 83-7326-205-9; 83-89079-21-6.

Der Band ist als Fortsetzung eines 2001 erschienenen Buches (s. Berichte und Forschungen 11, 2003, S. 277) gedacht und bringt Materialien eines der Kulturgeschichte

Pommerellens gewidmeten Symposiums. Die Autoren der Beiträge erörtern überwiegend ethnisch-anthropologische Fragen in der Region. Der Beitrag von H. Kowalska ist dem evangelischen Pfarrer Adolf Mundt aus Käsemark (Danziger Niederung) und seiner Gemäldesammlung gewidmet. B. Głodowski schildert die Abstinentenbewegung in Pommerellen vor 1920 und zeigt die Initiativen der katholischen Kirche im 19. Jahrhundert zur Bekämpfung des Alkoholismus. B. Breza beleuchtet die Probleme der polnisch-deutschen Nachbarschaft in Berent/Kościerzyna in den Jahren 1920–1939: Während zu Beginn der 20er Jahre Deutsch überall präsent war, lösten sich nach einiger Zeit deutsche Institutionen und Organisationen weitgehend auf, und die Mitglieder der zahlenmäßig zusammengeschrumpften deutschen Bevölkerung wirkten auch in polnischen Vereinen mit.

Mirosław Ossowski

Kazimierz Brakoniecki: Ziemiec. Prowincjałki rowerowe [Der Erder. Fahrradprovinzialen] ([Reihe:] Miniatury Borussii – Krajobrazy pamięci [Miniaturen der Borussia – Gedächtnislandschaften]). Olsztyn: Wspólnota Kulturowa Borussia [Kulturgemeinschaft Borussia] 2005. 134 S. ISBN 83-89233-18-5.

Das Editionsprojekt „Miniaturen der Borussia – Gedächtnislandschaften" der Kulturgemeinschaft „Borussia" in Allenstein/Olsztyn – Herausgeber der Reihe sind Kazimierz Brakoniecki, Basil Kerski und Robert Traba – hat zum Ziel, das deutsche, litauische und polnisch-deutsche Erbe Ostpreußens einem breiten Leserpublikum in essayistisch-literarischer Form zugänglich zu machen. Die „Gedächtnislandschaften" umfassen eine Kulturlandschaft mit verwickelter Geschichte, die heutzutage ein Bestandteil dreier Länder ist, zugleich aber zum europäischen Kulturerbe gehört. Die Bände haben keine fremdsprachigen Zusammenfassungen. Das Buch von Kazimierz Brakoniecki, dem Mitherausgeber der Serie, entspricht den gestellten Aufgaben: die Orte, die Metaphysik der Landschaft zu beschreiben, die authentische Geschichte der Region im Text wiederherzustellen. Dieses literarisch-essayistische Werk besteht aus drei Teilen, die man separat lesen kann: Den ersten, „Der Erder" (ein Neologismus, der sich auf den Bewohner der Erde bezieht), machen Lyrik und Kurzprosa aus; der zweite Teil ist ein Gedichtzyklus, „Der ermländische Wald"; der dritte Teil präsentiert eine Erzählung, „Wialnia". Die drei Texte verbindet die Tatsache, dass sie alle ein Resultat vieler Fahrradwanderungen des Autors durch das Ermland und Masuren in den Jahren 1988 bis 2003 sind. Daher rührt der Untertitel des Bandes, ebenfalls eine Wortneubildung. Kazimierz Brakoniecki, der Mitbegründer der Kulturgemeinschaft „Borussia", der Autor des Schlagwortes „Atlantis des Nordens" zur Bezeichnung des ‚Niemandslandes', das ehemals Ostpreußen war, der seit vielen Jahren um die vorurteilslose Aneignung des alten Kulturgutes durch die hinzugezogenen Polen ringt und eine neue ermländisch-masurische Kulturlandschaft literarisch konzipiert, erklärt in diesem Buch das Ende des Niemandslandes: „Das ist ein Land, das seine uralten und eingereisten Bewohner und Anhänger hatte, das diese Bewohner und Anhänger wiedergewinnt".

Alina Kuzborska

Klemens Bruski: Lokalne elity rycerstwa na Pomorzu Gdańskim w okresie panowania zakonu krzyżackiego. Studium prozopograficzne [Lokale ritterliche Eliten in Pommerellen in der Herrschaftszeit des Kreuzritterordens. Eine prosopographische Studie]. Gdańsk: Wydawnictwo Uniwersytetu Gdańskiego 2002. 340 S. ISBN 83-7326-112-5.

Der Autor ist bestrebt, die bedeutendsten Vertreter des pommerellischen Rittertums zu erfassen, die in der Herrschaftszeit des Deutschen Ordens am öffentlichen Leben teilnahmen und über den größten Besitz verfügten. Die Betrachtung ihrer familiären und Besitzverhältnisse dient ihm auch zur Charakteristik des gesamten Standes in der Provinz. Die Untersuchungen folgen der administrativen Teilung des Landes in Bezirke. Bruski konstatiert deutliche Verbindungen der meisten Persönlichkeiten mit ihrer Region, findet dagegen in Pommerellen wenige Beweise für ein landesweites Zusammengehörigkeitsbewusstsein und kaum Persönlichkeiten, die überregionale Ämter bekleideten. Bis zum Ende des 14. Jahrhunderts sind die Umzüge in eine andere Komturei oder Besitzungen in verschiedenen Regionen von Pommerellen sehr selten. Der Autor der Studie erklärt den Partikularismus des Ritterstandes zum Teil mit der früheren Zersplitterung der Provinz.

Mirosław Ossowski

Jan Chłosta: Słownik Warmii (historyczno-geograficzny) [(Historisch-geographisches) Ermland-Wörterbuch]. Olsztyn: Towarzystwo Naukowe im. Wojciecha Kętrzyńskiego 2002. 463 S. ISBN 83-914158-5-6.

Jan Chłosta ist Ermländer. Der in Allenstein/Olsztyn geborene Autor widmet sich sein ganzes Leben lang dem gesamten, dem polnischen wie dem deutschen, Schrifttum im Ermland. Sein Hauptinteresse gilt den Biographien und Editionen der polnischen Schriftsteller der Region. Das vorliegende Buch, vom Verfasser als Wörterbuch bezeichnet, offenbart sich als Lexikon, das hauptsächlich die hervorragenden Persönlichkeiten des kulturellen und gesellschaftlichen Lebens des Ermlands präsentiert. Jedes Stichwort bietet eine ziemlich ausführliche Darstellung und ist am Ende mit einer kurzen Bibliographie versehen. Außer zu den Personen gibt der Autor auch geographische und landeskundliche Informationen, z. B. zu der Tier- und Pflanzenwelt, zu Ortschaften, Flüssen und Seen. Den „historischen" Teil machen Berichte über die Kulturgeschichte der Region aus. Die Konzeption des Lexikons mit seinen über 600 Stichwörtern ist in der Einleitung und in einer editorischen Anmerkung erläutert. Im Vorwort schreibt Jan Chłosta, dass sein Buch an einen breiten Leserkreis gerichtet sei: „Der Wunsch des Autors und des Herausgebers war, durch diese Publikation die Vergangenheit des Ermlands besser erkennbar zu machen und die Unterschiede zwischen dieser Region und Masuren aufzuzeigen, um zu den Ereignissen aus der Vergangenheit eine gewisse Distanz halten zu können". Es unterliegt keinem Zweifel, dass sich der Autor an das polnische Publikum richtet. Das verdeutlicht das Fehlen von deutschen Zusammenfassungen und ist ansonsten sichtbar nicht nur in der inhaltlichen Gestaltung der Texte, sondern auch in der Einführung von Personen in den Stichwörtern: Vornamen werden fast immer in polnischer Form geschrieben, z. B. „Hohenzollern, Józef von" oder „Kuhn, Antoni Franciszek Alojzy". In manchen Fällen ist jedoch die deutsche Schreibweise von Vornamen beibehalten, da etwa

„Hans" oder „Georg" in der polnischen Übersetzung weit vom Originalklang entfernt wären. Bei den Ortsnamen gibt Jan Chłosta auch die deutschen Übersetzungen an, z. B. „Frombork (niem. Frauenburg)". Den Band beschließt ein Stichwortverzeichnis.

Alina Kuzborska

Liucija Citavičiūtė: Karaliaučiaus universiteto Lietuvių kalbos seminaras. Istorija ir reikšmė lietuvių kultūrai [Das Litauische Seminar an der Königsberger Universität. Geschichte und Bedeutung für die litauische Kultur]. Vilnius: Lietuvių literatūros ir tautosakos institutas 2004. 395 S., dt. Zusammenfassung. ISBN 9955-475-82-X.

Das Litauische Seminar an der Königsberger Universität wurde im Jahre 1718 ins Leben gerufen. Diese Gründung erfolgte im Rahmen der Politik des preußischen Königs Friedrich Wilhelm I., der unter dem Einfluss des Pietismus Reformen des Bildungssystems in Ostpreußen anregte. Für die litauischsprachige Volksgruppe bedeutete dies die Bemühung um eine bessere Ausbildung der litauischsprachigen Pfarrer und Lehrer. Die Autorin erläutert die Umstände der Entstehung des Litauischen Seminars, dessen Einrichtung sie mit den reichen lituanistischen Traditionen an der Universität Königsberg im 16. und 17. Jahrhundert in Verbindung bringt. Ihr besonderes Interesse gilt der Reform des Seminars, die der damalige Leiter Martin Ludwig Rhesa am Anfang des 19. Jahrhunderts durchführte, und der Blütezeit des Seminars unter der langjährigen Leitung von Friedrich Kuršaitis (1841–1883). Im zweiten Teil der Abhandlung werden die Leiter, Dozenten und Absolventen des Seminars vorgestellt. Abschließend erörtert die Verfasserin die Bedeutung des Seminars für die Entwicklung des religiösen und weltlichen litauischen Schrifttums. Im Anhang sind Kurzbiographien der Studenten sowie die Listen der im Seminar verwendeten Literatur beigefügt.

Rimvydas Petrauskas

Antoni Czacharowski, Roman Czaja (Hg.), Wiesław Długokęcki, Dariusz Chwialkowski (Bearb.): Atlas historyczny miast polskich [Historischer Atlas polnischer Städte]. T. [Bd.] 1: Prusy Królewskie i Warmia [Königlich-Preußen und Ermland]. Zeszyt [Heft] 5: Malbork = Marienburg. Toruń: Wydawnictwo Uniwersytetu Mikołaja Kopernika 2003. 31 S., Abb., 21 Kt. ISBN 83-231-1537-0.

Der vorliegende Atlas gehört zu einer Serie, die von Mitarbeitern der Universität in Thorn/Toruń unter Redaktion von Antoni Czacharowski erarbeitet wird. Bis heute sind sieben Hefte über die folgenden Städte bearbeitet worden: Elbing/Elbląg, Thorn/Toruń, Graudenz/Grudziądz, Kulm/Chełmno, Lötzen/Giżycko, Bromberg/Bydgoszcz und Marienburg/Malbork; in Vorbereitung befinden sich: Allenstein/Olsztyn, Danzig/Gdańsk und Braunsberg/Braniewo. Die Historiker haben sich das Ziel gesetzt, eine wissenschaftliche Quellenbasis für Forschungen auf dem Gebiet der Urbanisierung und des Wandels städtischer Räume in Europa aufzubauen. Dieser in polnischer und deutscher Sprache veröffentlichte Band versammelt und archiviert zugleich Überlieferungen aus verstreuten Beständen mehrerer Archive und Bibliotheken im In- und Ausland. Manche wertvollen Stadtpläne sind auf diese Art und Weise vor ihrer endgültigen Vernichtung bewahrt worden. Die Quellenedition verfügt über eine eingehende und mit weiterführenden Anmerkungen versehene Einführung sowie über detaillierte Beschreibungen einzelner Karten. Editorische Sorgfalt und Großformat sorgen für Zuverlässigkeit und Benutzerfreundlichkeit. Das Werk eignet sich nicht nur für weitere wissenschaftliche und didaktische Zwecke, sondern auch als Grundlage für künftige stadtplanerische Projekte.

Piotr Zariczny

Wojciech Marek Darski: Goniąc kormorany. Ballada o Giżycku [Nach den Kormoranen jagen. Eine Ballade über Lötzen] ([Reihe:] Miniatury Borussii – Krajobrazy pamięci [Miniaturen der Borussia – Gedächtnislandschaften]). Olsztyn: Wspólnota Kulturowa Borussia [Kulturgemeinschaft Borussia] 2004. 136 S. ISBN 83-89233-19-3.

Gemäß dem Vorhaben der Herausgeber der Reihe „Miniatury Borussii – Krajobrazy pamięci", Kazimierz Brakoniecki, Basil Kerski und Robert Traba, soll eine Natur- bzw. Kulturlandschaft eine Widerspiegelung des Gedächtnisses des Fragenden sein. In diesem Spiegel erblickt man die Vergangenheit und die Gegenwart eines konkreten Ortes, einer Idee oder der Psyche des sich erinnernden Menschen. Wojciech Marek Darski schreibt über seine Stadt, die viele Namen hat, deswegen widmet er sein Werk den Einwohnern von Lec, Lötzen und Giżycko. Das Buch besteht aus sieben Essays, die der Autor als „Balladen" bezeichnet, denn sie geben in literarischer Form die Geschichte und die Gegenwart der masurischen Stadt und ihrer Umgebung wieder. Die einleitende „Ballade", „Der Hügel des heiligen Bruno oder lyrischer Prolog", skizziert episodenhaft den Umriss des ganzen Buches: Hier erscheinen die Ureinwohner der Landschaft, die Prußen oder Galinden, die von den Rittern des Deutschen Ordens ermordet wurden; nachher folgen die anderen Eroberer bzw. die Befreier. Im Vordergrund steht eine nostalgisch-triste Schilderung der Gegenwart der neuesten Bewohner des Landes mit allen Problemen ihres Alltagslebens und ihrer Verlegenheit, sich die ihnen fremde Landschaft zu eigen zu machen. Im Hintergrund steht der heilige Bruno, der angeblich von Galinden ermordet wurde. Das Buch ist nicht nur von großem literarischem, sondern auch von historischem Wert; die Geschichten wirken überzeugend, weil sie von einem Zeitzeugen der Gegenwart meisterhaft erzählt sind, der humorvoll über die verwickelte Regionalgeschichte reflektiert.

Alina Kuzborska

Wiesław Długokęcki: Elita władzy miasta Malborka w średniowieczu [Die Machtelite der Stadt Marienburg im Mittelalter]. Malbork: Muzeum Zamkowe w Malborku 2004. 287 S. ISBN 83-86206-69-1.

Die Untersuchungen umfassen die Zeitspanne vom 14. Jahrhundert bis zum Jahre 1500. Als Machtelite der Stadt werden die Mitglieder des Stadtrates und in geringerem Maße die der Schöffenbank betrachtet. Den Autor interessieren die Abstammung der Marienburger Elite, die Berufsstruktur (über die jedoch wenig Dokumente erhalten sind), der Besitz von Grundstücken in der Stadt, wirtschaftliche Verbindungen mit dem Orden, die Schulbildung der Mitglieder, die Rolle der Geistlichkeit u. a. m. Długokęcki geht auch auf die dem Orden wohlgesinnte Haltung der Marienburger Führungsgruppe im Dreizehnjährigen Krieg ein und untersucht die Situation der Elite in der neuen politischen Ordnung nach dem Zweiten Thorner Frieden, wobei er bei der machtausübenden Gruppe kaum Veränderungen verzeichnet.

Mirosław Ossowski

Maciej Dorna: Bracia zakonu krzyżackiego w Prusach w latach 1228–1309. Studium prozopograficzne [Die Brüder des Kreuzritterordens in Preußen in den Jahren 1228–1309. Eine prosopographische Studie]. Poznań: Wydawnictwo Poznańskie 2004. 430 S. ISBN 83-7177-275-0.

Es ist dies der erste Versuch in der polnischen Historiographie, den Kreuzritterorden aus der Perspektive der Biographien der Mitglieder des Ordens zu betrachten. Der Autor sucht nach einer Antwort auf die Frage, welche historische Wirklichkeit hinter der in der Neuzeit entstandenen Vorstellung von einem Bruder des Kreuzritterordens, also eines Kreuzritters, steht und was wir eigentlich über die Menschen wissen, die im 13. Jahrhundert das Land der heidnischen Prußen eroberten, um dort einen eigenen Ordensstaat zu gründen. Dem Autor ist es gelungen, nicht nur einen Einblick in die Lebensgeschichten einer umfangreichen Gruppe von Kreuzrittern zu gewinnen, sondern auch zu erforschen, wie der preußische Teil des Ordens im 13. und am Anfang des 14. Jahrhunderts gewirkt hat.

Maria Wojtczak

Jerzy Dygdała: Urzędnicy miejscy Torunia: spisy [Thorner Stadtbeamte: Stadtregister]. Część [Teil] III: 1651–1793 (Roczniki Towarzystwa Naukowego w Toruniu [Jahrbücher der Wissenschaftlichen Gesellschaft in Thorn] 90, 2). Toruń: Towarzystwo Naukowe w Toruniu, Wydawnictwo Uniwersytetu Mikołaja Kopernika 2003. 248 S. ISBN 83-87639-49-4.

Diese quellenkundliche Studie leistet einen relevanten Beitrag zur Erforschung der Geschichte der Stadt Thorn/Toruń. Im ersten Teil wird die Quellenbasis dargelegt. Darüber hinaus erfahren wir etwas über das Verwaltungssystem im mittelalterlichen Thorn, wobei auch die personelle Besetzung der Stadtverwaltung in der zweiten Hälfte des 17. Jahrhunderts und im 18. Jahrhundert genannt wird. In einem weiteren Teil werden die Verzeichnisse bzw. Stadtregister von Verwaltungsinstanzen wie dem Stadtrat, der neu- und altstädtischen Schöffen, der Stadt- und Gerichtsschreiber beschrieben. Die Einleitung ist auch in deutscher Sprache wiedergegeben. Der Studie ist ein detailliertes Personenregister beigefügt.

Piotr Zariczny

Mario Glauert: Das Domkapitel von Pomesanien (1284–1527) (Prussia Sacra 1). Toruń: Wydawnictwo Uniwersytetu Mikołaja Kopernika 2003. 621 S., 1 Kt. ISBN 83-231-1681-4.

Die vorliegende Monographie wurde im Jahre 1999 unter demselben Titel an der FU in Berlin als Dissertation eingereicht. Nach einigen Kürzungen und Ergänzungen erschien sie in der Schriftenreihe „Prussia Sacra", in der die Ergebnisse eines breit angelegten, beim Max-Planck-Institut für Geschichte in Göttingen ansässigen Forschungsprojektes über die Kirche im Deutschordensstaat in Preußen publiziert werden. Diese Reihe steht sowohl polnischen als auch deutschen Historikern offen. Das Domkapitel war eine der wichtigsten Kircheninstitutionen in der pomesanischen Diözese im Mittelalter. Von der Zeit der Eingliederung in den Deutschen Orden an bestand es ausschließlich aus Ordensbrüdern. Aufgrund einer gründlichen Quellenanalyse werden in dem Band die Genese und die innere Organisation des mittelalterlichen pomesanischen Domkapitels, seine Pfründe und die Entwicklung der Vermögensstruktur sowie die personale Zusammensetzung dargestellt. Die Arbeit informiert zum ersten Mal derart detailliert über die gesellschaftliche und territoriale Abstammung, die Bildung und die kirchlichen Karrieren der pomesanischen Prälaten und Domherren, deren Kurzbiographien sie ebenfalls bietet.

Piotr Zariczny

Joanna Grochowska, Bogusław Breza, Marek Stażewski: Kurkowe Bractwo Strzeleckie w Wejherowie. Historia i współczesność [Die Schützengilde zu Neustadt in Westpreußen. Geschichte und Gegenwart]. Wejherowo: Kurkowe Bractwo Strzeleckie, Muzeum Piśmiennictwa i Muzyki Kaszubsko-Pomorskiej 2004. 144 S. ISBN 83-916244-8-X.

Das 10-jährige Jubiläum der von 1836 bis zum Zweiten Weltkrieg bestehenden und 1993 neugegründeten Schützengilde wurde für die Autoren des Bandes zum Anlass, die Geschichte des Vereins darzustellen. Im ersten Teil (von der Gründung bis 1920) erörtert M. Stażewski die Aufgaben der im 19. Jahrhundert auch in anderen Städten der Provinz wirkenden Schützenvereine, in denen sich die gestiegene Aktivität des Bürgertums äußerte und die damals von den preußischen Behörden gefördert wurden. Er geht auch auf die Strukturen des Neustädter Vereins, seine Finanzen, den Bau eines Schützenhauses, die Schützenfeste und Kontakte mit anderen Schützenvereinen ein. Im zweiten Teil (von 1920 bis 1945) verweist B. Breza auf die Spannungen nach 1920, die unter anderem 1922 zum Verbot der von Deutschen dominierten Schützengilde durch die polnischen Behörden und zur Gründung eines neuen Schützenvereins führten; die beiden Vereine vereinigten sich jedoch 1924. J. Grochowska schildert den heutigen Verein, der die Traditionen der Schützengilde fortsetzt.

Mirosław Ossowski

Andrzej Groth (Hg.): Dzieje Krokowej i okolic [Geschichte von Krockow und Umgebung]. Gdańsk: Marpress 2002. 308 S., Abb., Kt., dt. Zusammenfassung. ISBN 83-89091-07-1.

Das von Klemens Bruski, Grzegorz Berendt, Andrzej Groth und Marek Stażewski erarbeitete Werk ist die erste Monographie über Krockow/Krokowa und seine Umgebung. Das Buch ist in neun Kapitel aufgeteilt, die eingehend die historische Entwicklung behandeln. Die zwei letzten Kapitel sind auch der Stiftung Europäische Begegnungen und den Sehenswürdigkeiten der Gemeinde Krockow gewidmet. Im Buch befinden sich farbige und schwarz-weiße Illustrationen, historische Landkarten sowie ein Literatur- und Namensverzeichnis.

Mirosław Ossowski

Teresa Grzybkowska: Między sztuką a polityką. Sala Czerwona Ratusza Głównego Miasta w Gdańsku = Zwischen Kunst und Politik. Der Rote Saal des Rechtstädtischen Rathauses in Danzig. Warszawa: Agencja Reklamowo-Wydawnicza A. Grzegorczyk 2003. 126 S., Abb. ISBN 83-88823-22-1.

Das zweisprachige (deutsch und polnisch), aufwendig ausgestattete Album stellt mit großformatigen Bildern und Kommentaren zu den Illustrationen die Kunstschätze des Roten Saales dar. In drei einleitenden Texten führt T. Grzybkowska übersichtlich die Geschichte Danzigs vor Augen und informiert über den Bau und die Funktion des Rechtstädtischen Rathauses. Ausführlich beschreibt die Autorin, wie die Einrichtung des Roten Saales entstanden ist und welche Künstler daran mitgewirkt haben.

Mirosław Ossowski

Teresa Grzybkowska, Jolanta Talbierska (Hg.): Dwór Artusa w Gdańsku. Sztuka i sztuka konserwacji [Der Artushof in Danzig. Kunst und Restaurationskunst]. Warszawa, Gdańsk: Oficyna Pomorska, Muzeum Historyczne Miasta Gdańska 2004. 276 S., Abb. ISBN 83-86527-07-2.

Der Band enthält 22 reich illustrierte Beiträge von einer vom 17. bis 19. Oktober 2002 im Artushof durchgeführten Konferenz und das Protokoll der Diskussion. Die Beiträge sind unter anderem folgenden Themen gewidmet: die Funktion des Artushofes als Museum (Z. Żygulski), die Ikonographie des Danziger Artushofes – dazu ein Verzeichnis der Bilder, Zeichnungen und Kupferstiche vom 17. bis zum 20. Jahrhundert (J. Talbierska), die mittelalterlichen Artushöfe in Preußen (E. Pilecka), die Fassaden des Artushofes in Danzig (J. Lewicki), Holzschnitzereien des Mittelalters und der Renaissance (A. Woziński), drei Schlachtenbilder (A. R. Chodyński), die Darstellungen von Diana und Aktaion (R. Sulewska), „Die Verleumdung des Apelles" von Anton Möller (J. Miziołek), „Orpheus und Eurydike" von Hans Vredeman de Vries (J. A. Chrościcki), die Musik im Artushof im 17. Jahrhundert (D. Szlagowska), „Das jüngste Gericht" von Anton Möller (J. S. Kębłowski und P. Oszczanowski), die Danziger Diele (P. Korduba), der Wiederaufbau und die Restaurierung des Artushofes (S. Śledź), die digitale Rekonstruktion der Gemälde (T. Grzybkowska), der Renaissance-Kachelofen (M. Poksińska).

Mirosław Ossowski

Janusz Hochleitner: Kapliczki Warmii południowej. Przydrożne obiekty kultu jako element ludowego systemu komunikacji [Die kleinen Kapellen im südlichen Ermland. Am Wege stehende Kultobjekte als Elemente des Systems der Volkskommunikation] (Rozprawy i Materiały Ośrodka Badań Naukowych im. Wojciecha Kętrzyńskiego w Olsztynie [Abhandlungen und Materialien des Wojciech-Kętrzyński-Forschungsinstituts, Allenstein] 222). Olsztyn: Towarzystwo Naukowe im. Wojciecha Kętrzyńskiego 2004. 170 S., Abb., dt. Zusammenfassung. ISBN 83-87643-98-X.

Diese Monographie ist in vieler Hinsicht interessant. Das erste Kapitel stellt einführend das religiöse Leben und die Volkskultur in der Neuzeit im Ermland dar. Das zweite Kapitel ist der Analyse von verschiedenen am Wege stehenden Objekten des religiösen Kultes gewidmet. Im dritten Kapitel betrachtet der Autor die kleinen Kapellen als Orte der gesellschaftlichen Organisation des religiösen Lebens. Im letzten Kapitel wird ein neues Thema angeschlagen: „Der religiöse Charakter der Glocken von kleinen Kapellen im Kommunikationssystem". Der Glockenklang hatte früher eine große Bedeutung: Er rief zum Gebet, zur Arbeit und zur Entspannung auf. Heute ist diese Tradition in Vergessenheit geraten. Die am Wege stehenden kleinen Kapellen hingegen gehören auch heutzutage zum Landschaftsbild des Ermlands. Am Ende des Buches befinden sich ein Quellenanhang, ein Verzeichnis der durchgeführten Interviews, eine Bibliographie und ein Ortsverzeichnis. Zu bemängeln ist, dass der Text der deutschen Zusammenfassung sich ausschließlich auf das letzte Kapitel beschränkt. Das Buch ist reich bebildert, am Ende bietet es einen Anhang mit farbigen Fotos von kleinen Kapellen und Glockentürmchen.

Alina Kuzborska

Andrzej Januszajtis: Gdańskie zegary, dzwony i karyliony [Danziger Uhren, Glocken und Glockenspiele]. Gdańsk, Pelplin: Towarzystwo Gdańsk-Niderlandy; Wydawnictwo Diecezji Pelplińskiej „Bernardinum" 2003. 168 S., Abb. ISBN 83-7380-076-X.

Der Autor, ein pensionierter Physiker und exzellenter Kenner Danzigs, stellt im ersten Teil seines populärwissenschaftlichen Buches die alten Danziger Uhren dar. Im Anhang dazu bietet er ein Verzeichnis der Danziger Uhrmacher vom 14. bis zum 18. Jahrhundert und der Stadtuhrmacher von 1418 bis 1882 mit ihren Jahreseinnahmen. Der zweite Teil ist den Danziger Glocken und Glockenspielen sowie ihren Schöpfern gewidmet. Im Anhang finden sich Listen der Glockensteller des Rechtstädtischen Rathauses und der Glockengießer. Das Buch ist mit schwarz-weißen Abbildungen ausgiebig illustriert.

Mirosław Ossowski

Albertas Juška: Mažosios Lietuvos mokykla [Das Schulwesen in Kleinlitauen] (Mažosios Lietuvos Fondo leidiniai [Publikationen des Fonds Kleinlitauen] 21). Klaipėda: Mažosios Lietuvos fondas / Klaipėdos universiteto leidykla 2003. 848 S., 224 Abb., engl. Zusammenfassung. ISBN 9955-585-23-4.

In diesem Buch, das enzyklopädische und analytische Darstellungweisen in sich vereint, wird die Geschichte der Schulen Kleinlitauens (Preußisch-Litauens) vom 16. Jahrhundert bis 1945 behandelt. Der Band ist gewissermaßen die Fortsetzung einer vor einigen Jahren erschienenen Publikation des Autors über die kleinlitauische Kirche. Im ersten Teil der Studie wird über die allgemeine Entwicklung des Bildungssystems und Schulwesens informiert. Die besondere Aufmerksamkeit des Verfassers gilt den in einzelnen Zeitperioden angewandten Lehrmethoden, dem sozialen Status des Lehrers, den Bildungsreformen des 18. und den Lehrbüchern der Volksschulen des 19. Jahrhunderts. Der zweite Teil der Abhandlung besteht aus kurzen Darstellungen der Geschichte von insgesamt 455 Grundschulen, 31 Gymnasien und 3 Hochschulen. Ab und zu geriet der Verfasser in die Versuchung, den Begriff „Kleinlitauen" auf das gesamte Ostpreußen auszudehnen. Den klaren Schwerpunkt bilden dennoch diejenigen Kreise des ehemaligen Ostpreußen, in denen größere Gruppen litauisch sprechender Bevölkerung lebten.

Rimvydas Petrauskas

Komunikaty Mazursko-Warmińskie. Kwartalnik. Czasopismo poświęcone przeszłości ziem Polski północno-wschodniej [Masurisch-Ermländische Mitteilungen. Vierteljahresschrift. Zeitschrift zur Geschichte der nordöstlichen Gebiete Polens]. Towarzystwo Naukowe i Ośrodek Badań Naukowych im. W. Kętrzyńskiego w Olsztynie / Stacja Naukowa Polskiego Towarzystwa Historycznego (Instytut Mazurski) w Olsztynie [Wissenschaftliche Gesellschaft und Wojciech-Kętrzyński-Forschungsinstitut in Allenstein / Forschungsstelle der Polnischen Historischen Gesellschaft (Masurisches Institut) in Allenstein]. Nr. 1 (243) – 4 (246). S. 1–128, 129–280, 281–404, 405–620. Olsztyn 2004. Tab., dt. Zusammenfassungen, ISSN 0023-3196.

Die Vierteljahresschrift der Wissenschaftlichen Gesellschaft und des Wojciech-Kętrzyński-Forschungsinstituts in Allenstein/Olsztyn besitzt seit Jahren feste Rubriken: „Aufsätze und Materialien", die jeweils eine deutsche Zusammenfassung enthalten, ferner „Miszellen", „Rezensionen und Polemiken", „Rezensionen und Besprechungen" und „Forschungschronik". Manchen Bänden ist eine weitere Rubrik „Quellen" beigefügt. Das Inhaltsverzeichnis ist immer dreisprachig: polnisch, deutsch und russisch. Den letzten (vierten) Band eines jeden Jahrgangs beschließen das Autoren- und das Inhaltsverzeichnis für das ganze Jahr. – Den ersten Band des Jahrgangs 2004 eröffnet der Aufsatz von Grzegorz Białuński: „Prußische Territorial- und Siedlungsverhältnisse im Stromgebiet der mittleren Alle im 13. Jahrhundert". Der Beitrag bezieht sich auf die Zeit vor der Ankunft des Deutschen Ordens und auf das Gebiet um die Stadt Allenstein. Anna Żeglińska befasst sich mit den Archivalien und dem Forschungsstand zur Geschichte der Familie von Finkelstein, indem sie die Bestände des Allensteiner Staatsarchivs auswertet. Sławomir Augusiewicz widmet sich der Militärgeschichte („Zusammensetzung und zahlenmäßige Stärke der Armee im Herzogtum Preußen in den Jahren 1656–1660"). Der Beitrag von Egon Freitag über Herder in Weimar ist in polnischer Übersetzung veröffentlicht; dies ist der Vortrag, der während der Konferenz „Johann Gottfried Herder 1803–2003. Zum 200. Todestag" am 16./17. Oktober 2003 in Allenstein gehalten wurde. Den Teil „Aufsätze und Materialien" beschließt die Abhandlung des Polonisten Zbigniew Chojnowski über die Pseudonyme der Dichter und Schriftsteller des Ermlands und Masurens, die der Autor als Spiel mit der Identität kennzeichnet. In der Rubrik „Quellen" erscheint der Artikel von Marek Radoch „Die Unterstützung der Armen durch die Großmeister des Deutschen Ordens in den Jahren 1399–1409 (im Spiegel des Buches des Kämmerers von Marienburg)". Die Rubrik „Rezensionen und Polemiken" machen zwei Aufsätze aus: „Volkslied und Musik in Ermland und Masuren" von Zenona Rondomańska sowie

„Erinnerung an die alte und die jüngere Vergangenheit" von Joanna Szydłowska. Vier Buchbesprechungen und die Forschungschronik beschließen den ersten Band. – Nr. 2: Der Band beginnt mit zwei Artikeln zur Geschichte des Herzogtums Preußen: „War das Herzogtum Preußen ein tolerantes Land? Der Fall der Böhmischen Brüder" von Grzegorz Białuński und „Die Entwicklungsdynamik in der Besiedlung der östlichen Teile des Herzogtums Preußen im 18. Jahrhundert" von Zygmunt Szultka. Die von Białuński im Titel gestellte Frage wird eher verneint; der Autor kommt zu dem Schluss, „dass im Herzogtum Preußen keine Toleranz herrschte. Im Gegenteil kann man von einem augsburgisch-lutherischen Konfessionalisierungsversuch sprechen". Andrzej Piątkowski erörtert die Geschichte der Ostpreußischen Südbahn in seinem Artikel: „Die Getreidemagistrale Pillau–Königsberg–Prostken in den Jahren 1863–1903". Wojciech Skóra widmet sich den politischen Aspekten der nationalen Interessen der Ukrainer in Ostpreußen aus der Sicht des polnischen Geheimdienstes („Die Tätigkeit der Ukrainer in Ostpreußen im Spiegel des Berichtes des polnischen Geheimdienstes in Königsberg im Jahre 1925"). Der Beitrag „Die handschriftlichen Quellen des polnischen Volksliedes aus Ermland und Masuren und ihre Bearbeitung nach 1945" von Władysław Ogrodziński behandelt die Editionsgeschichte der Volksliedsammlungen aus der Region. Unter den Besprechungen finden sich Artikel zu sechs Büchern, darunter zu der Monographie von Christian Pletzing „Vom Völkerfrühling zum nationalen Konflikt. Deutscher und polnischer Nationalismus in Ost- und Westpreußen 1830–1871", die von Grzegorz Jasiński rezensiert wird. – Nr. 3: Der erste Beitrag (von Alojzy Szorc) bezieht sich auf die Anfänge der Stadt Allenstein, die 2003 das 650. Jubiläum ihres Bestehens feierte: „Das Lokationsprivileg der Stadt Allenstein vom 31. Oktober 1353". Der zweite Aufsatz, „Die Tätigkeit der Bromberger Bürger im Deutschen Ordensstaat in Preußen in der ersten Hälfte des 15. Jahrhunderts" von Wojciech Jóźwiak, beschreibt den wirtschaftlichen Aufstieg von Bromberg/Bydgoszcz, das in der ersten Hälfte des 15. Jahrhunderts sehr reich war und für einen gefährlichen Konkurrenten der Städte des Kulmer Landes und Thorns gehalten wurde. Irena Makarczyk berichtet über Kazimierz Benedykt Leżeński, den ermländischen Weihbischof (1695–1703), und sein Testament; dem Artikel ist Quellenmaterial beigefügt. Der kunstgeschichtliche Beitrag von Artur Dobry betrifft die Restaurierung der Kapelle der Hochmeister in Marienburg/Malbork in der Romantik. Die Tätigkeit von Jan Grabowski, dem Organisator des Kulturlebens im Allensteiner Gebiet in den Jahren 1945–1947, erläutert Joanna Chłosta-Zielonka. Die Rubrik „Forschungschronik" ist dem 70. Jubiläum des Historikers Professor Wojciech Stanisław Wrzesiński gewidmet. Den Band beschließt eine Information über die Auszeichnung der Allensteiner Kulturgemeinschaft „Borussia" mit dem Lew-Kopelew-Preis für Frieden und Menschenrechte. – Nr. 4: Die zwölf Aufsätze befassen sich vorwiegend mit der Geschichte des Ermlands. Wojciech Nowakowski schreibt über Resultate archäologischer Forschungen um Allenstein, „neue Funde aus dem Gräberfeld Wólka Prusinowska Kr. Mrągowo". Maria Biolik und Edward Breza widmen sich sprachwissenschaftlichen Themen, nämlich der Toponymie und Onomastik im Ermland. Teresa Borawska skizziert die Entwicklung der Kultur („kulturbildende Faktoren") im Ermland vom 13. bis zur Mitte des 17. Jahrhunderts, die sehr eng mit der Konstituierung der katholischen Kirche verbunden war. Stanisław Achremczyk erläutert die Rolle des ermländischen (bischöflichen) Mäzenatentums in der Neuzeit. Die weiteren Aufsätze lauten: „Adelige und bürgerliche Testamente aus dem 17. Jahrhundert als Ausdruck der Rechtskultur in Ermland" (Danuta Bogdan); „Eine Stadtwillkür aus dem 17. Jahrhundert als Beispiel einer juristischen Regelung des Stadtlebens in Rößel" (Jerzy Kiełbik); „Ermländische Häfen im 17. und Anfang des 18. Jahrhunderts" (Andrzej Groth über Braunsberg/Braniewo und Frauenburg/Frombork); „Das religiöse und gesellschaftliche Leben in Allenstein im Licht eines Visitationsprotokolls von 1798. Eine historische Quellenstudie" (Andrzej Kopiczko). Das regional übergreifende Thema des Plebiszits von 1920 entfaltet Adam Szymanowicz („Die Teilnahme der 2. Abteilung des Generalstabes des Ministeriums für Militärwesen an den Vorbereitungen für die Volksabstimmung in Ermland, Masuren und Weichselland im Jahre 1920"). Tadeusz Oracki schreibt über den polnischen Journalisten im Königsberg der Zwischenkriegszeit Arnold Kwietniowski; Ryszard Tomkiewicz beschäftigt sich mit der Nachkriegsgeschichte („Über die Tätigkeit des Ausschusses für Namengebung der Ortschaften und physiographischen Objekte in Ermland und Masuren").

Alina Kuzborska

Arturas Mickevičius: Normanai ir baltai IX–XII a. [Die Normannen und Balten vom 9. bis zum 12. Jahrhundert]. Vilnius: Versus aureus 2004. 181 S., Abb., Kt., engl. Zusammenfassung. ISBN 9955-601-12-4.

In diesem Buch wird die soziale und politische Entwicklung der westbaltischen Stämme (Kuren, Prußen, Semgallen), die unter andauerndem Einfluss der Normannen lebten, untersucht. Der Verfasser spricht sogar vom „Zeitalter der Wikinger" in der Geschichte dieser Stämme. Im Ostbaltikum sind aus jener Zeit bekanntlich keine schriftlichen Quellen überliefert, und auch Fremdautoren haben nur selten über diese Region geschrieben. Deswegen hat der Verfasser seine Informationen aus sehr verschiedenartigen Quellen geschöpft: skandinavischen Runeninschriften und Sagas, westeuropäischen und skandinavischen Chroniken sowie archäologischen Funden. Zugleich hat er sich des Instrumentariums des historischen Vergleichs bedient und baltische und skandinavische Gesellschaften einander gegenübergestellt. Dank dieses Vorgehens ist es dem Autor gelungen, gesellschaftliche Struktur, territoriale Organisation und sogar einige Ereignisse aus der politischen Geschichte der westbaltischen Stämme zu rekonstruieren. Wichtig erscheinen auch ‚negative' Ergebnisse der Monographie, die manche voreilige und anachronistische Thesen der älteren Forschungsliteratur in Frage stellen oder relativieren.

Rimvydas Petrauskas

Beata Możejko, Błażej Śliwiński: Herby miast, gmin i powiatów Województwa Pomorskiego [Die Wappen der Städte, Gemeinden und Kreise der Woiwodschaft Pommerellen]. Bd. 1. Gdańsk: Oficyna Pomorska 2000. 224 S., Abb. ISBN 83-86527-95-1.

Bd. 2. Malbork: Muzeum Zamkowe 2004. 240 S., Abb. ISBN 83-86206-68-3.

Die Publikationen behandeln die Geschichte der städtischen sowie der Gemeinde- und Kreiswappen auf dem Gebiet der heutigen Woiwodschaft „Pomorze Nadwiślańskie" (mit der Hauptstadt Danzig/Gdańsk), die teilweise historische Territorien von Pommerellen und Pommern umfasst. Sie wurden durch die Erfahrungen der Autoren in entsprechend zuständigen Zulassungskommissionen veranlasst, nachdem

1990 die lokalen Behörden das Recht erhalten hatten, eigene Wappen einzuführen. In heraldischen Projekten wurden häufig jahrhundertealte Traditionen missachtet. Im einleitenden Kapitel wird die historische regionale Entwicklung der Wappen und Fahnen beleuchtet. Die Autoren verweisen unter anderem darauf, dass nach 1945 in Ostpreußen und Pommern die erhaltenen Wappensiegel – nach der Beseitigung deutscher Inschriften – weiter verwendet wurden, weshalb sich die bisherigen Wappen im Bewusstsein der neuen Bewohner eingeprägt haben. In einzelnen, mit Illustrationen versehenen Kapiteln werden die Wappen der Städte, Gemeinden und Dörfer näher beschrieben.

Mirosław Ossowski

Andrzej Mycio: Zadłużenie hipoteczne i obrót nieruchomościami w Starym Mieście Toruniu w pierwszej połowie XVII wieku [Hypothekenverschuldung und Immobilienhandel in der Altstadt Thorn in der ersten Hälfte des 17. Jahrhunderts] (Roczniki Towarzystwa Naukowego w Toruniu [Jahrbücher der Wissenschaftlichen Gesellschaft in Thorn] 90, 3). Toruń: Wydawnictwo Uniwersytetu Mikołaja Kopernika, Towarzystwo Naukowe w Toruniu 2003. 222 S., Abb., dt. Zusammenfassung. ISBN 83-87639-61-3.

Die auf einer Dissertation basierende Monographie analysiert in vier Kapiteln und einem abschließenden Teil die Entwicklung des Thorner Marktes für Hypothekenkredite und Immobilienhandel. Die grundlegenden Quellen dafür sind die Schöffenbücher der Altstadt Thorn aus den Jahren 1601 bis 1641. Die zeitliche Eingrenzung ergibt sich aus der Absicht des Verfassers, den negativen Wandel in der zunächst noch relativ guten Wirtschaftskonjunktur des 17. Jahrhunderts zu verfolgen. Im ersten Kapitel wird die allgemeine innere und äußere Lage Thorns in der ersten Hälfte des 17. Jahrhunderts betrachtet, wobei das Schwergewicht auf sozialwirtschaftliche und finanziell-monetäre Fragen gelegt wird. Im zweiten Kapitel befasst sich der Autor mit dem im Titel genannten Thema und beschreibt präzise die formell-rechtliche Seite des Gegenstands. Im dritten Abschnitt werden die sozialen Strukturen des untersuchten Marktes beleuchtet und im letzten Teil die räumliche Verteilung der finanziellen Operationen sowie die Frage der Wirtschaftskonjunktur der damaligen Stadt Thorn dargestellt. Das untersuchte Quellenmaterial bestätigt die bereits in der Forschungsliteratur kursierende These über die gute wirtschaftliche Lage Thorns in den 30er Jahren des 17. Jahrhunderts. Der Autor zeigt jedoch deutlich, welche konjunkturellen Einbrüche in jenem Jahrzehnt zur Stagnation und Krise beigetragen haben und wie sich diese auf dem Kredit- und Immobilienmarkt bemerkbar machten. Die Thorner Gemeinschaft verarmte allmählich, Ende der 40er Jahre erfolgte eine ernsthafte Schwächung der städtischen Prosperität. Der Band verfügt über ein detailliertes Literaturverzeichnis sowie ein umfangreiches Plan-, Tabellen- und Abbildungsregister.

Piotr Zariczny

Zbigniew Naworski: Szlachecki wymiar sprawiedliwości w Prusach Królewskich (1454–1772). Organizacja i funkcjonowanie [Adlige Rechtsprechung im Königlichen Preußen (1454–1772). Organisation und Umsetzung].

Toruń: Wydawnictwo Uniwersytetu Mikołaja Kopernika 2004. 380 S., dt. Zusammenfassung. ISBN 83-231-1691-1.

Die Monographie besteht aus sieben Kapiteln, die sowohl in dynamischer als auch in statischer Hinsicht das Thema beleuchten. Im ersten einführenden Teil befinden sich grundlegende Informationen über Genese, Entwicklung und Evolution der Rechtsprechung im Deutschordensstaat von seinen Anfängen bis zum Wandel in Königlich-Preußen. In weiteren Kapiteln sind folgende Gerichtshöfe dargestellt: Schlossgericht, Landesgericht, Schatzgericht, Grenzgericht, königlose Gerichte etc. Sehr präzise wird auch die Frage der Partizipation der städtischen Rechtsprechung bei adligen Angelegenheiten behandelt. Das sechste Kapitel befasst sich mit Berufungsinstanzen in der Provinz, wobei besonders das Verhältnis der preußischen Adligen gegenüber dem Generalsejm und dem Tribunal erörtert wird. Im letzten Kapitel werden die Rolle und die Anteilnahme der preußischen Adelsfamilien in der Rechtsprechung auf dem Gebiet der Provinz abgehandelt. In diesem Teil sind sowohl bisherige Untersuchungen als auch eigene Forschungsergebnisse berücksichtigt. Der Band verfügt über ein detailliertes Abkürzungsverzeichnis sowie ein umfangreiches Sach-, Orts- und Personenregister.

Piotr Zariczny

Hubert Orłowski: Rzecz o dobrach symbolicznych. Gietrzwałd 1877 [Über symbolische Güter. Dietrichswalde 1877] ([Reihe:] Miniatury Borussii – Krajobrazy pamięci [Miniaturen der Borussia – Gedächtnislandschaften]). Olsztyn: Wspólnota Kulturowa Borussia [Kulturgemeinschaft Borussia] 2005. 136 S. ISBN 83-89233-21-5.

Das Buch des gebürtigen Ermländers und Germanistikprofessors an der Universität Posen/Poznań, Hubert Orłowski, erschienen in der von Kazimierz Brakoniecki, Basil Kerski und Robert Traba herausgegebenen Reihe „Miniaturen der Borussia – Gedächtnislandschaften", ist in drei Kapitel eingeteilt: I. Unentbehrliches; II. Über die Erzählweisen; III. Das Ringen um die Symbole. In der Einleitung erörtert der Autor seine Vorgehensweise und seine Art, mit den Quellen umzugehen, die über ‚das Wunder von Gietrzwałd im Sommer 1877' berichten. Diese Überlieferungen verifiziert Orłowski, indem er die Erzählperspektiven hinterfragt: Einerseits handle es sich um konkrete Ereignisse, andererseits stünden sie in einem größeren, gröber umrissenen historischen Kontext der katholischen Kirche des Ermlands innerhalb des preußischen Staates. Die Beschreibung der ‚Erscheinungen' beruht auf mannigfaltigen Berichten der Zeugen des Geschehens. Schließlich werden die ‚Offenbarungen' als ein von der katholischen Kirche öffentlich kundgegebenes Muster einer wunderbaren Begebenheit dargestellt. Im letzten Kapitel hinterfragt der Autor die immer noch lebendigen Symbole, wie z. B. das des ‚heiligen Ermlands'. Seinen diskursiven Bericht über den Ort und die Zeit bezeichnet Hubert Orłowski als eine sozialgeschichtliche Fallstudie, die aber durch seine persönliche, auf der Familiengeschichte beruhende Perspektive geprägt sei. Das Buch beschließt ein Verzeichnis der Fachliteratur.

Alina Kuzborska

Piotr Popiński, Robert Hirsch (Hg.): Dawny Gdańsk na pocztówkach wydawnictwa Trenkel [Das alte Danzig auf den Ansichtskarten des Verlags Trenkel]. Gdańsk: Holm 2002. 12, [13–88] S., Abb. ISBN 83-905753-9-6.

Das Buch präsentiert 74 von den Herausgebern kommentierte Darstellungen von Danzig/Gdańsk und Zoppot/Sopot auf Ansichtskarten, die in den Jahren 1898 bis 1908 im Leipziger Verlag Trenkel & Co. erschienen sind. In der Einleitung verweist P. Popiński auf den historischen Wert der vom Verlag kunstvoll verfertigten Ansichtskarten, die selbst bei der Rekonstruktion einiger im Krieg zerstörter Bauten verwendet wurden. Im Buch ist auch ein Ansichtskartenkatalog des Verlags Trenkel abgedruckt.

Mirosław Ossowski

Rocznik Gdański [Danziger Jahrbuch]. Bd. 62, H. 1–2. Gdańsk: Gdańskie Towarzystwo Naukowe 2003. 257 S., engl. Zusammenfassungen. ISSN 0080-3456, ISBN 83-87359-83-1.

Der Band enthält acht Aufsätze, eine Biographie sowie Diskussionsbeiträge, Polemiken und Buchbesprechungen. W. Szulist untersucht, unter anderem anhand deutscher Quellen, in einem Überblick die Forstwirtschaft im Forst Lippusch von 1772 bis 2002. L. Burzyńska befasst sich mit den Schulstreiks im ehemaligen Kreis Karthaus/Kartuzy 1906/07 und betont das Ausmaß der Proteste unter der kaschubischen Bevölkerung. F. Krzysiak beschäftigt sich mit der Frühgeschichte der beiden Städte Danzigs, der Altstadt und der Rechtstadt, und verweist auf die Gegend um die Katharinenkirche als möglichen Ort der ursprünglichen, nach Lübischem Recht gegründeten Stadt.

Mirosław Ossowski

Stanisław Salmonowicz (Hg.): Historia Pomorza [Geschichte der polnischen Ostseeküstenregion]. T. [Bd.] IV: (1850–1918). Cz. [Teil] II: Polityka i kultura [Politik und Kultur]. Toruń: Wydawnictwo Uniwersytetu Mikołaja Kopernika, Towarzystwo Naukowe w Toruniu 2002. 567 S., 19 Abb. ISBN 83-87639-46-X.

Im vierten Band des Gesamtwerks werden politische und kulturelle Fragen aus den Jahren 1850–1918 behandelt. Der erste Teil enthält eine allgemeine Einführung in die Geschichte des Königlichen Preußen sowie eine Skizzierung der Quellenlage und des Forschungsstandes. Im zweiten Teil werden politische und nationale Fragen erörtert, mit besonderer Berücksichtigung der polnischen Nationalbewegungen und des Wirtschaftslebens. Im dritten, umfangreichsten Kapitel befassen sich die Autoren mit dem kulturellen Erbe der Region aus dem 19. und 20. Jahrhundert. Solche Themen wie die materielle und geistige Kultur, Schule, Hochschule und Forschung, Verlags- und Pressewesen, Theater, Musik und Kunst sowie die deutsche, polnische und kaschubische Literatur stehen im Mittelpunkt der Abhandlungen. Ein besonderer Akzent wird auf das religiöse Leben gelegt, hervorgehoben wird die römisch-katholische Kirche. Die Publikation schließt mit einem umfassenden Orts- und Namenregister.

Piotr Zariczny

Błażej Śliwiński (Hg.): Mieszczanie, wasale, zakonnicy [Bürger, Vasallen, Mönche] (Studia z dziejów średniowiecza [Studien zur Geschichte des Mittelalters] 10). Malbork: Muzeum Zamkowe, Zakład Historii Średniowiecza Polski i Nauk Pomocniczych Historii Uniwersytetu Gdańskiego 2004. 513 S., Abb., dt. Zusammenfassungen. ISBN 83-86206-78-0.

Der zehnte Band einer seit 1994 bestehenden, von der Abteilung für die Geschichte des Mittelalters der Universität Danzig/Gdańsk herausgegebenen Reihe enthält 14 Aufsätze, vier Quellentexte sowie fünf Diskussionsbeiträge und Polemiken, die zum Teil den Themen Danzig, Pommern und Deutschordensstaat gewidmet sind. Den Beiträgen sind etwa einseitige Resümees in deutscher Sprache beigefügt. Der Aufsatz von W. Długokęcki gilt der 1665 abgebrochenen Marienkapelle und Vikarie am Stadttor in Marienburg/Malbork. B. Możejko untersucht die testamentarischen Einträge der Danziger Bürger in der zweiten Hälfte des 15. Jahrhunderts und verweist auf das Phänomen des langen Bestandes. M. Radoch widmet seine Studie den Votivtafeln der beiden Hochmeister Konrad und Ulrich von Jungingen für Kirchen in Preußen. E. Rymar geht auf die mögliche ritterliche Herkunft des Stettiner und Danziger Kaufmanns- und Bankiersgeschlechts Loitz ein. B. Śliwiński erhellt die Umstände, unter denen das Abkommen des Herzogs Mestwin II. von Pommerellen mit den brandenburgischen Markgrafen 1269 geschlossen wurde. J. Śliwiński erörtert finanzielle Beihilfen für Abgebrannte im Ordensstaat im Lichte des Marienburger Tresslerbuches 1399–1409. Weitere Beiträge haben zum Gegenstand: die Politik des Kamenzer Bischofs Hermann von Gleichen (1251–1288/89), eine Urkunde zur brandenburgischen Einverleibung der großpolnischen Gebiete 1296, zwei Urkunden zur Genealogie der Familie Ściborovic von Pommern, unbekannte Quellenauszüge Bernhard Schmidts über die Siegel des Deutschen Ordens, Feldzüge des Markgrafen Otto II. von Brandenburg 1266.

Mirosław Ossowski

Teki Gdańskie [Danziger Mappen]. Nr. 4. Gdańsk: Oddział Pomorski Katolickiego Stowarzyszenia „Civitas Christiana" 2002. 229 S., Abb. ISSN 1509-2879.

Die 1999 von Danziger Historikern begründete Schriftenreihe ist der Geschichte von Danzig/Gdańsk und der (in diesem Heft weit gefassten) Region gewidmet. Im vorliegenden vierten Band finden sich unter anderem folgende Beiträge: M. Żakiewicz stellt in Form einer Übersicht die Geschichte, die Gegenwart und die Perspektiven des Gebiets um Königsberg/Kaliningrad dar. J. Bramley berichtet über die Tätigkeit von Georg Forster an der Akademie in Wilna/Vilnius 1785–1787 und geht auf den biographischen Kontext seiner Anstellung und die Verhältnisse an der Akademie ein. S. Kościelak informiert über die Geschichte des Jesuiten-Besitzes Breberg 1592–1773 in Alt Schottland bei Danzig und führt im Anhang ein Verzeichnis der Bewohner von Breberg 1757–1773 an. R. Kaczorowski behandelt die Denkschrift über die Religiosität der evangelischen Masuren von Friedrich Salomon Oldenberg nach seiner Visitation im südlichen Ostpreußen 1865. S. Wilimberg schildert den Bau der Personenbahnhöfe in Danzig und fügt ein Kalendarium 1849–1989 sowie vier Bilder bei. P. T. Górski beschreibt und dokumentiert mit Abbildungen die Zeitungsannoncen der Danziger Textilienhändler im 19. Jahrhundert. E. Mielewczyk beleuchtet die künstlerischen Werte und die Wiederherstellung der jüdischen Friedhöfe in Danzig, Zoppot/Sopot und Gdingen/Gdynia.

Mirosław Ossowski

Teki Gdańskie [Danziger Mappen]. Nr. 5. Gdańsk: Oddział Pomorski Katolickiego Stowarzyszenia „Civitas Christiana" 2003. 301 S. ISSN 1509-2879.

Im fünften Band der Reihe finden sich 25 Beiträge, davon drei in deutscher Sprache, die thematisch folgenden fünf Gruppen angehören: 1. Danzig/Gdańsk, 2. Preußen und das Ermland, 3. das polnische Königreich und Europa, 4. Beziehungen zwischen Lettland und Polen, 5. Militaria. In den historischen Aufsätzen über Danzig werden unter anderem folgende Themen aufgegriffen: Fälscher, Betrüger und Bankrotteure (D. Kaczor), Danziger Henker (M. Bogucka), städtische Transportmittel in der zweiten Hälfte des 19. Jahrhunderts im Spiegel der Werbeannoncen in den Danziger Zeitschriften (P. T. Górski), Weinhandel im alten Danzig (P. Letkemann, in deutscher Sprache), der erste Danziger Bischof Eduard O'Rourke (S. Bogdanowicz). Der regionalen Thematik ist unter anderem ein Beitrag über Feuerordnungen und die Feuerpolizei in Putzig/Puck im 19. Jahrhundert von S. Hartmann gewidmet.

Mirosław Ossowski

Ryszard Tomkiewicz: Życie codzienne mieszkańców powojennego Olsztyna 1945–1956 [Alltagsleben der Einwohner Allensteins in der Nachkriegszeit 1945–1956] (Rozprawy i Materiały Ośrodka Badań Naukowych im. Wojciecha Kętrzyńskiego w Olsztynie [Abhandlungen und Materialien des Wojciech-Kętrzyński-Forschungsinstituts, Allenstein] 213). Olsztyn: Towarzystwo Naukowe im. Wojciecha Kętrzyńskiego 2003. 402 S. ISBN 83-87643-63-7.

Ryszard Tomkiewicz erschließt die Probleme des Alltagslebens der Einwohner von Allenstein/Olsztyn im ersten Jahrzehnt nach dem Ende des Zweiten Weltkrieges. Obwohl der Begriff „Alltagsleben" schwer zu definieren ist, versucht der Autor folgende Aspekte zu erörtern: die Lebensumstände der Stadtbewohner, die Versorgung mit Lebensmitteln, die Beschäftigung und die sozialen Dienste. In acht Kapiteln werden nachstehende Themen behandelt: „Allenstein unter der sowjetischen Verwaltung. Die Situation der Vorkriegseinwohner"; „Allensteiner Gesellschaft nach dem Krieg" – hierbei geht es um Sitten und Gebräuche, Veränderungen des Alltagslebens in der Stadt, das neue Stadtbild, das Wohnungswesen; Lebensmittelversorgung, Handel und Gastronomie; Arbeits- und Bildungsmöglichkeiten; Verkehrswesen; ärztliche Versorgung und soziale Fürsorge; wichtige Ereignisse in der Stadt; Formen der Freizeitgestaltung. Ryszard Tomkiewicz stützt sich nicht nur auf Archivmaterialien, sondern auch auf die Mitteilungen von Zeitzeugen sowie auf Berichte der damaligen Presse. Den Haupttext vervollständigen ein Schlusswort, eine umfangreiche Bibliographie und ein Autorenindex. Leider enthält der Band keine fremdsprachige Zusammenfassung.

Alina Kuzborska

Rafał Witkowski: Jerzy Schwengel (1697–1766). Przeor Kartuzji Kaszubskiej i dziejopis Kościoła [Georg Schwengel (1697–1766). Prior des kaschubischen Kartäuserordens und Geschichtsschreiber der Kirche] ([Reihe:] Poznańskie Studia Historyczne [Posener Historische Studien]). Poznań: Wydawnictwo Poznańskie 2004. 422 S., Abb., Kt., engl. Zusammenfassung. ISBN 83-7177-337-4.

Die Monographie von Rafał Witkowski ist das Ergebnis vielfältiger europaweiter Forschungen über die Geschichte des Kartäuserordens. Georg Schwengel, Prior des Klosters in Karthaus/Kartuzy, war Deutscher. Sein Schrifttum ist sehr umfangreich, besonders bedeutsam sind seine Chroniken und zahlreiche Dokumente über das Kloster, da sie von hohem Quellenwert sind. Der Verfasser weist neue Richtungen in der Beschreibung des monastischen Lebens und der monastischen Kultur und stellt auch die Ergebnisse der neuesten literaturgeschichtlichen Forschung dar. Die Resultate seiner Untersuchung bilden einen guten Ausgangspunkt für die weitere Erforschung des neuzeitlichen Klosterschrifttums.

Maria Wojtczak

Maciej Żakiewicz: Gdańsk 1945. Kronika wojennej burzy [Danzig 1945. Eine Chronik des Kriegsgewitters]. Gdańsk: Oficyna Czec [2002]. 136 S. ISBN 83-87408-46-8.

Der Autor beleuchtet in populärer Darstellungsform mehrere Aspekte der Zerstörung Danzigs und die Situation in der Stadt am Kriegsende 1945. Anhand von Augenzeugenberichten wird besonders der Moment der Einnahme Danzigs durch die Rote Armee dargestellt. Außer dem Kampf um die Stadt und der Lage der Zivilbevölkerung schildert Żakiewicz in getrennten Kapiteln den Brand im Hauptgebäude der in ein Lazarett verwandelten Technischen Hochschule, die Zerstörung der Danziger Kirchen, die Umsiedlungstransporte der Polen aus dem Osten nach Danzig, die Typhusepidemie, die Räumungsarbeiten in der zerstörten Stadt, den Zustand der Werften und des Hafens, den Neuanfang nach dem Krieg und den Beginn des Stalinismus.

Mirosław Ossowski

4. Pommern, Neumark

Tadeusz Białecki (Hg.): Słownik współczesnych nazw geograficznych Pomorza Zachodniego z nazwami przejściowymi z lat 1945–1948 [Wörterbuch der geographischen Namen in Hinterpommern (polnisch: ‚Westpommern') mit den Übergangsnamen aus den Jahren 1945–1948]. Szczecin: Książnica Pomorska 2002. 414 S. ISBN 83-87879-34-7.

Der Band entstand in Zusammenarbeit der Pommerschen Bücherei (Książnica Pomorska), der Geisteswissenschaftlichen Fakultät der Universität Stettin/Szczecin und des Staatsarchivs (Archiwum Państwowe) in Stettin. Er ist eine Reaktion auf die bislang ungestillten Bedürfnisse der Verwaltungsämter, Bibliotheken, Massenmedien, Kirchen, Wissenschaftler, Herausgeber und Leser. Das Wörterbuch besteht aus den Teilen „Polnisch-Deutsch" und „Deutsch-Polnisch". Ersteren beschließt eine Liste der bisher nicht identifizierten Ortsnamen, die als vorübergehend galten und auf Grund der Veränderungen in den ersten Nachkriegsjahren nicht mehr lokalisiert werden können.

Ewelina Kamińska

Tadeusz Białecki, Kazimierz Kozłowski (Hg.): Niemcy na Pomorzu Zachodnim w latach 1945–1950 [Deutsche in Hinterpommern (polnisch: ‚Westpommern') in den Jahren 1945–1950] (Wydawnictwa Źródłowe [Quellenmaterialien]. Bd. XII: Źródła do dziejów Pomorza Zachodniego [Quellen zur Geschichte ‚Westpommerns']). Szczecin: Uniwersytet Szczeciński, Archiwum Państwowe w Szczecinie 2004. 266 S. ISSN 0867-230-X.

Der Band, gedacht als Quellenmaterial für Politologen, Historiker, Geschichtsstudenten und Publizisten, ergänzt die wenigen bisher vorliegenden polnischen Dokumentationen zur Aussiedlung der Deutschen aus Pomorze Zachodnie (‚Westpommern', dem früheren Hinterpommern). Die Herausgeber haben zu diesem Thema zahlreiche Dokumente gesammelt, darunter Auszüge aus Politikerreden; Beschlüsse der Friedenskonferenzen; Schreiben der Regierungsbevollmächtigten, von Stadträten, Ministern, des Stettiner Woiwoden und Stadtpräsidenten; Berichte; Bekanntmachungen; Anweisungen verschiedener Ministerien; Verträge; Informationsblätter der Behörden; Schreiben des evangelischen Bischofs von Berlin sowie des Deutschen Roten Kreuzes; statistische Angaben über die deutsche Bevölkerung in Westpommern. Laut Białecki und Kozłowski kann der Terminus „Vertreibung" nur für die Zeit vom April 1945 bis zum 2. August 1945, also die Zeit vor dem Potsdamer Abkommen, gelten. Die Dokumente sind nach dem Datum ihres Erscheinens bzw. ihrer Bekanntmachung, vom Dezember 1943 (Teheran) bis 19. April 1950, geordnet. Eine derartige Sammlung und Veröffentlichung von Dokumenten wurde erst nach 1990 möglich.

Ewelina Kamińska

Ryszard Borówka, Stefan Friedrich, Tomasz Hesse (u. a.): Przyroda Pomorza Zachodniego. Szczecin: Oficyna Wydawnicza IN PLUS 2002. 463 S., farb. u. s.-w. Abb., Kt. ISBN 83-910827-8-4.

Ryszard Borówka, Stefan Friedrich, Tomasz Hesse (u. a.): Natur Westpommerns. Szczecin: Oficyna Wydawnicza IN PLUS 2002. 479 S., farb. u. s.-w. Abb., Kt. ISBN 83-89402-00-9.

Das Buch, das in einer polnischen und einer deutschen Fassung vorliegt, besteht aus elf Kapiteln und drei Verzeichnissen (polnische und deutsche Ortsnamen; um die Natur der Region verdiente Persönlichkeiten; Autorenbiogramme). Die Kapitel gehen unter anderem auf den Naturraum, die Pflanzen- und Tierwelt, die Agrarlandschaft, historische Gärten und Parks, den Naturschutz und speziell den Artenschutz ein. Die Beiträge werden von zahlreichen Karten, Plänen, Abbildungen, Tabellen und graphischen Darstellungen begleitet. In dem Kapitel „Historische Gärten und Parks" werden wertvolle Informationen auch über die Kulturgeschichte der Region gegeben. Beschrieben findet man hier unter anderem die Grünanlagen der Städte, der einst prächtigen Herrenhäuser und Residenzen (wie Stettin/Szczecin, Köslin/Koszalin, Cammin / Kamień Pomorski, Plathe/Płoty, Külz/Kulice, Parsow/Parsowo, Prillwitz/Przelewice, Stolzenburg/Stolec, Friedrichsdorf/Darskowo, Groß Tychow / Tychowo, Neu-Buckow/Bukówko, Hohen Kränig / Krajnik Górny, Lübchow/Lubiechowo). Erwähnung finden auch reiche adelige und bürgerliche Familien, die zur Entstehung bzw. zum Ausbau dieser Anlagen beigetragen haben.

Ewelina Kamińska

Grzegorz Czarnecki (Hg.): Serce Szczecina biło kiedyś nad Odrą = Denn an der Oder schlug einst das Herz Stettins = In the past the heartbeats of Szczecin could be heard by the river (Zeszyty Szczecińskie [Stettiner Hefte], Album). Szczecin: Publisher's 2002. 64 S., 29 s.-w. Abb. ISBN 83-89029-10-3.

Das dreisprachige Album der Reihe „Zeszyty Szczecińskie" stilisiert die Oder als Mittelpunkt der Stadt. Die Fotos gehen auf die verschiedenen Funktionen des Flusses ein (Handelshafen, Anlegestelle für Fahrgäste, Umschlag von Gütern und Transport in die außerhalb des bebauten Stadtgebietes gelegenen Siedlungen). Als wichtiges Element des Stadtbildes werden die Bollwerke am Fluss, an denen viele mit der Seewirtschaft verbundene Firmen und Institutionen ihren Sitz hatten, angesehen. Die Bollwerke galten auch als beliebter Treffpunkt und Spazierweg der Stettiner. Die dreisprachig betexteten Bilder zeigen auch die malerische Hakenterrasse, die an der Oder gelegenen Stadtteile und die damaligen Schiffstypen.

Ewelina Kamińska

Grzegorz Czarnecki: Stettin – Szczecin. XX wiek – polityka, gospodarka, kultura ... = 20. Jahrhundert – Politik, Wirtschaft, Kultur ... (Zeszyty Szczecińskie [Stettiner Hefte]). Szczecin: Publisher's 2004. 64 S., 117 s.-w. Abb. ISBN 83-89029-90-1.

Das zweisprachige Sonderheft der Reihe beschäftigt sich mit den Veränderungen des Stadtbildes, besonders vor dem Hintergrund der wirtschaftlichen, kulturellen und politischen Entwicklung Stettins. Bestehend aus einer kurzen Einleitung, dem Vorwort des Autors sowie zwölf Kapiteln, die die vielseitige Entwicklung der Stadt in der Zeit von 1871 bis 2004, also den Wandel von einer Garnisonsfestung in eine moderne Stadt, reflektieren, begleitet das Heft eine Ausstellung zu demselben Thema. Die hier präsentierten Fotos ergänzen kurze Beschreibungen des jeweiligen Zeitraums und ein Kalendarium. Sie stammen unter anderem aus den Sammlungen des Staatsarchivs, der Pommerschen Bücherei (Książnica Pomorska), des Stettiner Hauses in Lübeck sowie aus dem Privatbesitz vieler mit der Region verbundener Fotografen und Wissenschaftler.

Ewelina Kamińska

Marek Dworaczyk, Anna Bogumiła Kowalska, Marian Rulewicz: Szczecin we wczesnym średniowieczu. Wschodnia część suburbium [Stettin im frühen Mittelalter. Der Ostteil des Suburbiums] (Polskie Badania Archeologiczne [Polnische Archäologische Forschungen] 33). Szczecin: Instytut Archeologii i Etnologii Polskiej Akademii Nauk 2003. 449 S., Abb., dt. Zusammenfassung. ISBN 83-89499-08-8, PL ISSN 0554-6052.

Die auf archäologischen Befunden beruhende Monographie präsentiert in umfassender Weise die Forschungsergebnisse der Archäologischen Werkstatt des Instituts für Archäologie und Ethnologie der Polnischen Akademie der Wissenschaften, die im letzten Viertel des 20. Jahrhunderts in zwei Grabungen in den an der Oder gelegenen Partien der Stettiner Altstadt gewonnen wurden. Sie betreffen den Ostteil der heutigen Vorburg, die im frühen Mittelalter innerhalb der frühstädtischen Siedlung lag, der Vorgängerin der Lokationsstadt. Die vorliegende Publikation ist der zweite Band, der unter dem Obertitel „Stettin im frühen Mittelalter" erscheint – der erste mit den Forschungsergebnissen zum Burghügel wurde 1983 herausgegeben. Das Buch setzt sich aus neun Kapiteln zusammen. Das erste führt in die Fragestellung der Entwicklung Stettins im Frühmittelalter ein und umreißt Ziele und Bedeutung der durchgeführten Arbeiten. In den beiden folgenden Kapiteln werden die archäologischen Befunde charakterisiert und einer funktionalen (Kapitel 2) und chronologischen (Kapitel 3) Wertung unterzogen. Als Datierungsgrundlage dienen Analysen der Keramikfunde und dendrochronologische Untersuchungen. Dank der Anwendung analoger Methoden bei der Analyse der keramischen Gruppen aus der Vorburg und dem Burghügel konnte der Versuch einer Synchronisierung der Kulturschichten aus verschiedenen Teilen der Stadt unternommen werden. In den folgenden Kapiteln werden die bisherigen Forschungsergebnisse zu den Anfängen der Besiedlung der Flusspartien Stettins rekapituliert, unter Berücksichtigung der Grabungen (Kapitel 4) und der Fragen zur räumlichen Organisation des Ostteils des Suburbiums (Kapitel 5). Kapitel 6 behandelt Alltags- und Elitekultur am Beispiel beweglicher Fundstücke, Kapitel 7 die Wirtschaftsform des Suburbiums und Kapitel 8 die Berufsstruktur und den sozialen Status der Bewohner dieses Teils der Stadt. Das neunte Kapitel reflektiert zusammenfassend den derzeitigen Wissensstand zur Entstehung und Entwicklung des frühmittelalterlichen Stettin.

Krzysztof Kowalski

Andrzej W. Feliński, Andrzej Kraśnicki jr: Auta, rowery, lokomotywy ... Z czego słynął szczeciński przemysł maszynowy do roku 1945 [Autos, Fahrräder, Lokomotiven ... Was die Stettiner Maschinenindustrie vor 1945 berühmt gemacht hat] (Zeszyty Szczecińskie [Stettiner Hefte] 1). Szczecin: Publisher's 2001. 32 S., s.-w. Abb., dt. Zusammenfassung. ISBN 83-912185-7-0.

Das erste Heft der Reihe „Zeszyty Szczecińskie" schildert die Geschichte von Stettiner Fabriken der Maschinenbaubranche von der zweiten Hälfte des 19. Jahrhunderts (1858: Gründung des ersten Stoewer-Werks) bis zum Ende des Zweiten Weltkriegs. Dargestellt werden die Geschichte der Stoewer-Werke, die ursprünglich Nähmaschinen produzierten, dann die Geschichte der Motorradhersteller Alba und Teco (hier liegen nur wenige Informationen vor), die Produktion der Landwirtschaftsmaschinen in der Firma Schütt & Ahrens sowie schließlich die in den Abteilungen der Stettiner Vulcan-Werft gebauten Lokomotiven. Dokumentiert wird die Entwicklung der erwähnten Betriebe, die im Laufe der Zeit ihr Produktionsprofil wandelten und es den neuen Marktanforderungen anpassten. Die Autoren gehen auch auf die heutige Situation einiger damaliger Industriekomplexe ein. Die mit zweisprachigen Texten versehenen Bilder zeigen die erwähnten Maschinen, Fabrikgebäude, Werbeplakate der Firmen. In der Bibliographie sind Verweise auf mehrere deutsche Quellen zu finden.

Ewelina Kamińska

Mirosław Fudziński, Henryk Paner (Hg.): Od epoki kamienia do okresu rzymskiego. XIII sesja pomorzoznawcza. T. I [Von der Steinzeit bis zur Römerzeit. 13. pommernkundliche Tagung. Bd. 1]. Gdańsk: Muzeum Archeologiczne w Gdańsku 2003. 354 S., Abb., dt. Zusammenfassungen. ISBN 83-85824-07-3/I.

Der Band enthält 29 Beiträge, die teilweise den Forschungsstand referieren, teilweise Einzelstudien zu folgenden Themen liefern: Bedeutung anthropologischer Forschungen in der Archäologie, Entwicklung der dendrochronologischen Forschung in Pommern, Interpretationen kammerloser Großsteingräber, Kultur- und Siedlungsfragen der Bronzezeit in Pommern, Bernsteinrouten. Eine eigene Gruppe bilden Berichte über Ergebnisse von Grabungen an verschiedenen Fundorten. Meist handelt es sich um komplexe Darstellungen, die Beschreibungen und Illustrationen der Fundstücke enthalten.

Dorota Kozłowska

Tadeusz Galiński, Eugeniusz Wilgocki (Hg.): Res et Fontes. Księga jubileuszowa dr. Eugeniusza Cnotliwego [Res et Fontes. Festschrift für Dr. Eugeniusz Cnotliwy]. Szczecin: Stowarzyszenie Naukowe Archeologów Polskich Oddział w Szczecinie, Muzeum Narodowe w Szczecinie 2003. 418 S., Abb. ISBN 83-86136-23-0.

Die Festschrift erschien anlässlich des 70. Geburtstags von Dr. Eugeniusz Cnotliwy, einem verdienten Stettiner Archäologen, dessen Forschungsschwerpunkt die mittelalterliche Siedlungsgeschichte Pommerns ist. Der Band enthält 32 Beiträge polnischer und deutscher Wissenschaftler, die vor allem früh- und vorgeschichtliche sowie früh- und spätmittelalterliche Themen der Archäologie in Pommern behandeln. Folgende Fragestellungen werden aufgegriffen: die Genese der mesolithischen Janisław-Gruppe, die Kultur der gravierten Bandkeramik in Pommern, die Anfänge des frühmittelalterlichen Stettin sowie Ritterburgen in der Neumark in schriftlichen Quellen des 13. und 14. Jahrhunderts. Eine eigene Gruppe bilden Texte zu kunsthandwerklichen Themen, die Erzeugnissen aus Knochen und Horn, Speckstein, Keramik und Leder gewidmet sind. Einige Arbeiten berichten über Ergebnisse von archäologischen Grabungen oder Bauforschungen, unter anderem am Burgkomplex in Posen/Poznań oder im Bereich der Altstadt von Kolberg/Kołobrzeg.

Dorota Kozłowska

Radosław Gaziński, Andrzej Chudziński (Hg.): Dzieje wsi pomorskiej. III Międzynarodowa Konferencja Naukowa Włościbórz 14–16 maja 2004 [Die Geschichte des pommerschen Dorfes. Dritte Internationale wissenschaftliche Konferenz, Lustebuhr, 14.–16. Mai 2004]. Dygowo, Szczecin: Gminny Zespół Oświaty i Kultury w Dygowie, Uniwersytet Szczeciński 2004. 313 S., Abb., dt. Zusammenfassung. ISBN 83-917447-6-0.

Der jüngste Band, der die vielseitigen Forschungsaktivitäten über das pommersche Dorf widerspiegelt, versammelt 25 Texte aus den Disziplinen Quellenkunde, Geschichte, Ethnographie, Literaturwissenschaft, Naturwissenschaft, Kunstgeschichte,

Landeskunde und Sprachwissenschaft. Behandelt werden Themen wie: Familienakten als Quelle für die Dorfgeschichte, Reflexe der ‚großen Geschichte' im dörflichen Leben, die Geschichte einzelner Dörfer, hier Wartenberg / Chełm Dolny und Panin/Pęzin, das ländliche Schulwesen und das Forstwesen im 18. Jahrhundert, die Armenfürsorge im 19. Jahrhundert, Selbstmorde auf dem Lande während des Nationalsozialismus. Auf die Zeit nach 1945 beziehen sich Aufsätze über die Rolle der Politik und den Wandel der Dörfer nach dem Zweiten Weltkrieg, die Wirtschaft und die spezifische Dorfkultur der landwirtschaftlichen Produktionsgenossenschaften, das Identitätsproblem der Bewohner, typische ländliche Bauformen, die Guts- und Parkanlage in der Gemeinde Degow/Dygowo, das literarische und linguistische Bild des Dorfes am Beispiel der Werke Konstanty Damrots, Bolesław Eckerts und Joanna Kulmowas, die Darstellung des Dorfes in der Kunst der zweiten Hälfte des 20. Jahrhunderts, Denkmäler für die Gefallenen des Ersten Weltkriegs, Paramente in Dorfkirchen aus Stargarder Werkstätten. Ferner enthält der Band eine Analyse verschiedener Namensgruppen: Ortsnamen, Personennamen, Bezeichnungen für die Kolonisten, Phrasen mit slawisch-deutscher Genese.

Ewa Gwiazdowska

Radosław Gaziński: Z dziejów długowieczności. Rejestracja osób zmarłych powyżej 90. roku życia na Pomorzu w XVIII wieku [Aus der Geschichte der Langlebigkeit. Die Registrierung von Verstorbenen, die im Pommern des 18. Jahrhunderts über 90 Jahre alt geworden sind]. Szczecin: Szczecińskie Towarzystwo Naukowe 2004. 33 S. ISBN 83-916553-6-9.

Diese Abhandlung basiert auf Meldungen des 18. Jahrhunderts an die preußischen Behörden in Pommern über das Ableben von über 90-jährigen Bewohnern. Die Pflicht zur Registrierung geht auf eine Anordnung des preußischen Königs Friedrich Wilhelm I. aus dem Jahre 1718 zurück. Gaziński untersucht das Quellenmaterial mit Bezug auf 201 Personen, die seinerzeit mehr als 90 Jahre alt geworden sind. Mit 11 Ausnahmen handelt es sich dabei um Personen des niederen Standes, die einer schweren, monotonen Arbeit nachgingen. Der Autor schildert den Lebensabend dieser Personen, die der Gnade ihrer Enkel und Urenkel ausgeliefert waren und häufig ihr Lebensende im Altenasyl fristeten. Bekannt ist der Fall eines Landwirts aus Rohrsdorf/Parnice, der aus seinem Anwesen verstoßen wurde und mit 110 Jahren als Bettler verstarb. Die Publikation enthält eine Liste von mit über 90 Jahren verstorbenen Personen in der preußischen Provinz Pommern zwischen den Jahren 1709 und 1798.

Maciej Szukała

Radosław Gaziński, Genowefa Horoszko: Herby i motywy heraldyczne na monetach zachodniopomorskich [Wappen und heraldische Motive auf den pommerschen Münzen]. Szczecin: Uniwersytet Szczeciński 2005. 160 S., 58 Abb., dt. Zusammenfassung. ISBN 83-7241-442-4.

Die wichtigste Quelle, die Eingang in diesen Band gefunden hat, ist die numismatische Sammlung des Nationalmuseums von Stettin/Szczecin. Die Publikation besteht aus zwei Hauptkapiteln. Im ersten wird die Gestaltung der fürstlichen Wappen auf den pommerschen Münzen von 1170 bis in die Zeit des letzten Fürsten auf dem pommerschen Thron, Bogusław XIV., untersucht. Im Zuge der pommerschen Heraldikentwicklung von der Mitte des 13. Jahrhunderts bis zum Anfang des 14. Jahrhunderts wurde nach einer geeigneten Symbolik gesucht, die dem damaligen Herrschaftsbegriff entsprach. Um 1250 erscheint erstmals das Symbol der Dynastie und des Landes, der pommersche Greif, auf den Münzen. Im zweiten Kapitel wird das numismatische Material von 17 Prägestellen auf dem Gebiet des pommerschen Herzogtums behandelt. Zu den untersuchten Orten zählen: Demmin, Gartz a. d. Oder, Gollnow/Goleniów, Greifswald, Cammin / Kamień Pomorski, Köslin/Koszalin, Anklam, Pasewalk, Pyritz/Pyrzyce, Stolp/Słupsk, Stargard, Stralsund, Stettin, Treptow a. d. Rega / Trzebiatów, Usedom, Wollin/Wolin, Wolgast. Die Städte besaßen bis Ende des 15. Jahrhunderts das Münzprägerecht, ehe Boguslaw X. dieses Recht reformierte und es lediglich Stralsund beließ. Eine Bibliographie ist vorhanden.

Maciej Szukała

Maria Glińska, Krystyna Kroman, Rafał Makała (Hg.): Terra Transoderana. Sztuka Pomorza Zachodniego i dawnej Nowej Marchii w średniowieczu. Materiały z seminarium naukowego poświęconego jubileuszowi 50-lecia pracy w muzealnictwie szczecińskim Zofii Krzymuskiej-Fafius, 7–8 czerwca 2002 [Terra Transoderana. Die Kunst Hinterpommerns (polnisch: ‚Westpommerns') und der früheren Neumark im Mittelalter. Beiträge eines wissenschaftlichen Symposiums aus Anlass des 50-jährigen Jubiläums der Tätigkeit von Zofia Krzymuska-Fafius im Stettiner Museumswesen, 7./8. Juni 2002]. Szczecin: Stowarzyszenie Historyków Sztuki, Oddział Szczeciński 2004. 318 S., farb. u. s.-w. Abb., Kt., dt. Zusammenfassungen. ISBN 83-88341-08-1.

Der Tagungsband mit 16 Beiträgen von Kunsthistorikern, Architekten und Archäologen aus Polen, Deutschland und Dänemark ist eine weitere Publikation, welche die Kenntnis über die Geschichte der verschiedenen Kunstgattungen in Pommern und seinen Nachbarregionen erweitert. Unter den Beiträgen zur Architektur, der hier das Hauptinteresse gilt, sind Texte über den Dom in Kammin / Kamień Pomorski und die Marienkirche in Stargard, über Sakral- und Profanarchitektur in Königsberg i. d. Neumark / Chojna, über die Johanniterburg in Sonnenburg/Słońsk, über Architekturformen und Dekorationen, vor allem in Stralsund sowie an der Katharinenkirche in Brandenburg und der Marienkirche in Königsberg i. d. Neumark, über die Vielfalt der Architekturlandschaft Pommerns und über mittelalterliche Charakteristika der Stadtlandschaft, die in Ansichten des 16. bis 19. Jahrhunderts verewigt sind. Die Beiträge zur Plastik behandeln die Genese der Figur des hl. Johannes aus Kolberg/Kołobrzeg, die Verbindungen pommerscher Werke mit der skandinavischen Kunst sowie die Rolle mittelalterlicher Kunstwerke in protestantischen Kirchen während der Neuzeit. Dem Kunsthandwerk gelten zwei Artikel über Objekte, die bei Grabungen in der Stettiner Unterstadt zutage kamen. Einer behandelt die skandinavischen Einflüsse bei Holzgegenständen, ein zweiter stellt einen reichen Silberschmuckfund vor. Zu dieser Themengruppe gehört auch die Analyse des mythologischen Dekors einer Schale aus Groß Wubiser / Nowe Objezerze.

Ewa Gwiazdowska

Marian Grzęda (Hg.): Antyfaszystowska działalność Kościoła katolickiego i ewangelickiego na Pomorzu Zachodnim. Pastor Dietrich Bonhoeffer i ksiądz Albert Willimsky [Die antifaschistische Tätigkeit der katholischen und evangelischen Kirche in Hinterpommern (polnisch: ‚Westpommern'). Pastor Dietrich Bonhoeffer und Priester Albert Willimsky] (Rozprawy i studia [Abhandlungen und Studien] 547=473). Szczecin: Wydawnictwo Naukowe Uniwersytetu Szczecińskiego 2003. 83 S., dt. Zusammenfassung. ISBN 83-7241-324-X.

Der aus fünf Beiträgen bestehende Band wurde anlässlich des 60. Geburtstages des Stettiner Politologieprofessors Marian Grzęda herausgegeben. Eingangs werden der Jubilar und seine Arbeiten vorgestellt, dann folgt dessen Beitrag über Dietrich Bonhoeffer. Priester Willimsky wird von Bogdan Frankiewicz als Beispiel christlicher Stellungnahme gegen die Verbrechen des Hitlerregimes charakterisiert. Die beiden Geistlichen waren mit zwei Vororten Stettins verbunden: Finkenwalde/Zdroje und Podejuch/Podjuchy. Den Band beschließt Mateusz Piskorskis Kommentar zur Politik der nationalsozialistischen Partei gegenüber der katholischen Kirche in Hitlerdeutschland.

Ewelina Kamińska

Historia Pomorza [Geschichte des polnischen Ostseeküstengebietes]. T. [Bd.] II: do roku 1815 [Bis 1815]. Część [Tl.] 3: Pomorze Zachodnie w latach 1648–1815 [Hinterpommern (polnisch: ‚Westpommern') in den Jahren 1648–1815]. Opracowanie zbiorowe pod red. Gerarda Labudy [Sammelwerk, hg. v. Gerard Labuda]. Opracowali [Bearb.]: Zygmunt Szultka i Henryk Lesiński przy współudziale Dariusza Łukasiewicza i Alfreda Wielopolskiego [unter Mitwirkung v. Dariusz Łukasiewicz u. Alfred Wielopolski]. Poznań: Wydawnictwo Poznańskie 2003. 1.106 S., Abb. ISBN 83-7177-187-8.

Der monumentale Band erschien nach vielen Jahren der Vorbereitung, die mit mancherlei Schwierigkeiten verbunden waren. In dieser Zeit starben die Redaktionsmitglieder Henryk Lesiński (1994) und Alfred Wielopolski (1996). Dass der Band überhaupt erscheinen konnte, ist vor allem Zygmunt Szultka zu verdanken, der – was zu betonen ist – selbst 750 Seiten geschrieben hat. Die Publikation behandelt die Geschichte Pommerns von seiner Spaltung in den brandenburgischen und den schwedischen Teil nach dem Westfälischen Frieden über die Eroberung des schwedischen Teils (Altvorpommern) durch Preußen nach dem Nordischen Krieg bis hin zur vollständigen Übernahme des schwedischen Besitzes im alten Herzogtum Pommern (Neuvorpommern) durch Preußen nach den Napoleonischen Kriegen. Der Band besteht aus zwei Teilen. Der erste behandelt die schwedisch-brandenburgisch-preußische Rivalität um Stettin und die Odermündung in den Jahren 1648–1720, der zweite stellt die Geschichte Pommerns als Provinz des preußischen Staates (1720–1815) dar. Dabei werden die politische, Sozial- und Kulturgeschichte ebenso thematisiert wie die Agrar-, Stadt- und Wirtschaftsgeschichte; ferner werden die religiösen und kirchlichen Verhältnisse, der Wandel des Bildungssystems, demografische Fragen, die Umgestaltung von Stadt und Land sowie die Entwicklung des Seehandels untersucht.

Maciej Szukała

Inga Iwasiów, Erazm Kuźma (Hg.): Literatura na Pomorzu Zachodnim do końca XX wieku. Przewodnik encyklopedyczny [Literatur in Hinterpommern (polnisch: ‚Westpommern') bis zum Ende des 20. Jahrhunderts. Enzyklopädischer Führer]. Szczecin: Wydawnictwo „Kurier-Press" 2003. 296 S., Abb. ISBN 83-86798-11-4.

Dieses Werk befasst sich detailliert mit der Literatur und den mit ihr verbundenen Erscheinungen in ‚Westpommern' (Pomorze Zachodnie). Es entstand in Zusammenarbeit von Wissenschaftlern, Studenten, Kritikern, Schriftstellern und Bibliothekaren. Gedacht ist es als ein erster Baustein zu einer Literaturgeschichte Pommerns von den mittelalterlichen aus Rügen stammenden Autoren bis zu den gegenwärtigen deutschen und polnischen Schriftstellern. Der Band besteht aus zwei Teilen. Eingangs findet man eine Abhandlung über die Literatur in Pommern; darin werden unter anderem die geographischen Begriffe erläutert und Überlegungen über die (Un-)Möglichkeit einer Fortsetzung der deutschen pommerschen Literatur und Kultur durch die polnischen Schriftsteller angestellt. Angesprochen werden die deutsch-polnischen literarischen Wechselbeziehungen in den Aufsätzen „W oczach innego. Niemiec patrzy na Wenda, Polaka, Słowianina" (In den Augen des anderen. Der Deutsche schaut auf einen Wenden, Polen, Slawen) und „W oczach innego. Polak patrzy na Niemca" (In den Augen des anderen. Der Pole schaut auf einen Deutschen). In den Anmerkungen wird mehrmals auf deutsche Autoren – unter ihnen Christine Brückner, Christian Graf von Krockow, Hans Werner Richter – und deutsche wissenschaftliche Arbeiten hingewiesen. Weiter wird unter anderem auf die mit der Nachkriegsliteratur verbundenen Gesellschaften und Verbände eingegangen, auf literarische Zeitschriften, Gruppen, Klubs und Wettbewerbe, auf Schriftstellertagungen, auf das Theaterleben in Stettin/Szczecin und Köslin/Koszalin. Den ersten Teil beschließt eine umfangreiche Bibliographie zur Literatur in Westpommern, zu Anthologien westpommerscher Schriftsteller, zu westpommerschen Verlagen. Der zweite Teil präsentiert in enzyklopädischer Form Biographien der polnischen westpommerschen Autoren, jeweils mit kurzer Besprechung ihres Schaffens.

Ewelina Kamińska

Wojciech Jachim (Hg.): Szczecinianie Stulecia [Die Stettiner des Jahrhunderts]. Łódź: Wydawnictwo Piątek trzynastego 2000. 152 S., Abb. ISBN 83-87735-63-9.

Diese Publikation geht auf einen Wettbewerb der Zeitung „Gazeta Wyborcza", des Stettiner Rundfunks und des Stettiner Fernsehens vom Dezember 1999 zurück, in dem nach den verdientesten Stettinern gesucht wurde. Polen und Deutsche konnten ihre Stimmen sowohl für die Deutschen aus der Vorkriegszeit als auch für die mit der Stadt von heute verbundenen Polen abgeben. So entstand eine Liste von 79 Persönlichkeiten, die im 20. Jahrhundert dazu beigetragen haben, dass Stettin/Szczecin berühmt wurde. Ihre Porträts zeichnen in diesem Band polnische und deutsche Wissenschaftler. Erwähnt werden unter anderen der Oberbürgermeister von 1877 bis 1907 Hermann Haken, der Oberbürgermeister von 1907 bis 1931 Friedrich Ackermann, der Direktor der Stadtbibliothek Erwin Ackerknecht, der bekannteste Historiker Pommerns im 19. Jahrhundert, Otto Altenburg, der Stadtgärtner Georg Hannig, Dietrich Bonhoeffer, der letzte Direktor des Provinzialmuseums Pommerscher Altertümer

Otto Kunkel, der Architekt Wilhelm F. A. Meyer-Schwartau, reiche Bürger und Geschäftsleute wie Martin Quistorp oder Emil Retzlaff, der Naturforscher Paul Robien, der erste Stettiner Automobilbauer Bernhard Stoewer, die für Stettiner Zeitungen tätige Journalistin Karla König.

Ewelina Kamińska

Kazimiera Kalita-Skwirzyńska: Czas, przestrzeń tożsamość [Zeit, Raum, Identität]. T. [Bd.] I: Jasienica [Jasenitz]. Szczecin: Foto Projekt Andrzej Łazowski [2004]. 95 S., farb. u. s.-w. Abb. ISBN 83-919654-0-6.

Die zweisprachige (polnische und deutsche), durch zahlreiche Abbildungen illustrierte Publikation ist die erste Monographie über das mittelalterliche Dorf Jasenitz nördlich von Stettin/Szczecin. Die Autorin, bekannt durch ihre Forschungen und populärwissenschaftlichen Veröffentlichungen zu Geschichte und Kunstdenkmälern Pommerns, konzentriert sich auf die Tätigkeit des Augustinerordens, der sich 1305 im Dorf niederließ; die Klosterruinen sind erhalten. Sie verfolgt den Prozess der Ansiedlung des Ordens und dessen Schicksal unter den Greifenherzögen. Weitere Kapitel sind der schwedischen und der preußischen Zeit gewidmet; seit 1809 war der Ort im Besitz der Familien Köller und Zitelmann. Der historische Teil endet mit der Darstellung der räumlichen und baulichen Entwicklung des Dorfes. Im zweiten Teil erfolgt eine Analyse einzelner Baudenkmäler: der Klosterkirche und der Klostergebäude, der Gutsanlage, des Bahnhofs, ausgewählter Wohnbauten sowie des Friedhofs. Ein Namenregister und eine Bibliographie schließen den Band ab.

Ewa Gwiazdowska

Leopold Andrzej Kemmling: Gryfino na starych fotografiach = Greifenhagen auf alten Fotos. Szczecin: Zapol 2004. 83 S., Abb. ISBN 83-89260-42-5.

Der zweisprachige (deutsch-polnische) Bildband, der zum 750-jährigen Jubiläum der Verleihung der Stadtrechte erschien, zeigt das nicht mehr existierende historische Zentrum Greifenhagens, das im Zweiten Weltkrieg zu 70% zerstört wurde. In der Einführung wird die Geschichte der Stadt bis 1945 skizziert. Die in Sepia reproduzierten Bilder entstanden zwischen Ende des 19. Jahrhunderts und 1942. Sie zeigen Gesamtansichten der Stadt sowie bedeutende Architekturobjekte: die Pfarrkirche, das Bahner Tor / Brama Bańska, neue Verwaltungsbauten, das neogotische Rathaus, das Postgebäude, das Landratsamt, den Bahnhof, Schulen, Wohnhäuser, Warenhäuser u. a. m. Zu entdecken sind Hafenecken mit Fischerbooten und Passagierschiffen, Brücken über die Reglitz/Regalica, die Badeanstalt. Die Ansichten dokumentieren das Aussehen und die Entwicklung Greifenhagens in der ersten Hälfte des 20. Jahrhunderts in baulicher, zivilisatorischer und kultureller Hinsicht.

Ewa Gwiazdowska

Janina Kosman, Grzegorz Czarnecki: Bollwerk, Gotzlow, Quistorpturm ... Relacja Hermanna Stolpa z pobytu w Szczecinie w roku 1913 [Bollwerk, Gotzlow, Quistorpturm ... Hermann Stolps Bericht über den Aufenthalt in Stettin

1913] (Zeszyty Szczecińskie [Stettiner Hefte] 3). Szczecin: Publisher's 2001. 32 S., s.-w. Abb., dt. Zusammenfassung. ISBN 83-89029-05-7.

Das Heft reflektiert den zweitägigen Aufenthalt Hermann Stolps in Stettin im April 1913. Den Ablauf dieser Tage, unter anderem ein Treffen mit den hier lebenden Verwandten, beschrieb er in einem Brief an seinen Vater. Dabei wird von vielen Objekten erzählt, die heute nicht mehr existieren (z. B. die Bahnhofsbrücke, der Manzelbrunnen mit der Sedina-Figur, die Hauptwache, das Gebäude des Stettiner Verkehrsvereins, das Bollwerk, die Denkmäler der Kaiser, das Konzerthaus, das Stadttheater, der Quistorpturm). Der Bericht gibt teilweise die Atmosphäre der Hafenstadt wieder, bietet Einblick in das kulturelle und touristische Angebot der Stadt. Zahlreiche Bilder zeigen damalige prunkvolle Sehenswürdigkeiten, Denkmäler, die nicht mehr existierende Synagoge, eine Sommerstraßenbahn, Rennboote auf der Oder. Abgebildet sind einige Seiten der „Stettiner Abendpost", Kinoplakate, Zugfahrpläne. Die Bibliographie verweist auch auf ältere deutsche Veröffentlichungen.

Ewelina Kamińska

Janina Kosman: „Quo vadis", „Żyd Süss", „Świniarka i pastuch" ... W szczecińskim starym kinie 1910–1952 [„Quo vadis", „Jud Süss", „Schweinemagd und Hirt" ... Im alten Stettiner Kino 1910–1952] (Zeszyty Szczecińskie [Stettiner Hefte] 8). Szczecin: Publisher's 2002. 38 S., s.-w. Abb., dt. Zusammenfassung. ISBN 83-89029-50-2.

Das Heft behandelt die Geschichte der Szczeciner Kinos und ihrer Stettiner Vorgänger, die 1909 begann. Sie boten den Besuchern ein vielseitiges Repertoire; es wurden Spielfilme, Bildungsfilme und Montagefilme gezeigt. In den 30er Jahren waren ca. 30 Kinos in Betrieb, darunter der 1929 eröffnete Ufa-Palast. In dieser Zeit wuchs auch der Einfluss der Politik auf die Filmindustrie. Nach dem Zweiten Weltkrieg wurden die Kinos im polnischen Szczecin zu einem Instrument zur Hervorbringung des sogenannten neuen sozialistischen Menschen. Der Band ist reichlich illustriert, unter den Illustrationen sind Kopien der Filmplakate, Presseanzeigen der Kinos, Fotos der Kinogebäude, Pläne der Zuschauerräume von Kinos und Theatern. Die Bilder sind in zwei Sprachen beschrieben.

Ewelina Kamińska

Ryszard Kotla: Bastiony, forty, bunkry ... Historia umocnień obronnych Szczecina [Bastionen, Forts, Bunker ... Geschichte der Verteidigungsbefestigungen Stettins] (Zeszyty Szczecińskie [Stettiner Hefte] 2). Szczecin: Publisher's 2001. 38 S., s.-w. Abb., dt. Zusammenfassung. ISBN 83-89029-00-6.

In dem vorliegenden Heft wird die pommersche Hauptstadt als eine strategisch angelegte und somit schwer zu erobernde Stadt dargestellt. Der Autor untersucht die Geschichte Stettins als Festung, deren Anfänge mit Wällen aus Holz und Erde vom 8. Jahrhundert datieren. Weiter schildert er die 30 Basteien der Stadt; die Verteidigungsmauer im Zeitraum 1283–1630; die nicht mehr existierenden und die bis heute erhaltenen Stadttore; die Festungswerke der schwedischen Zeit; preußische Befestigungen der Jahre 1724–1806 (unter anderem die Forts Preußen, Wilhelm, Leopold);

den Aufenthalt der französischen Armee in der Stadt 1806–1813; die Aufhebung des Festungscharakters Stettins 1815–1873; die Entwicklung der modernen Stadt und schließlich den Ausbau der Kasernen sowie die Entwicklung des Schiffbaus für die preußische Flotte 1873–1918. Im letzten Kapitel wird kurz auf die Situation der Stadt in den Jahren 1918–1945 eingegangen. Die Darstellung ist mit zweisprachig betexteten Abbildungen von Schutzwällen, Basteien, Forts, Bunkern und Luftschutzräumen illustriert. Die Bibliographie berücksichtigt mehrere deutsche Quellen.

Ewelina Kamińska

Ryszard Kotla: Lange Brücke, Hansa Brücke, Most Długi ... Historia szczecińskich mostów [Lange Brücke, Hansa-Brücke, Most Długi ... Geschichte der Stettiner Brücken] (Zeszyty Szczecińskie [Stettiner Hefte] 6). Szczecin: Publisher's 2002. 40 S., s.-w. Abb., dt. Zusammenfassung. ISBN 83-89029-30-8.

Das Heft beschreibt die Geschichte und Gegenwart der Stettiner Brücken. Jede von ihnen, auch die nicht mehr existierenden, wird einzeln dargestellt und mit Fotos belegt. Die erste Brücke wurde im 13. Jahrhundert gebaut. In den 30er Jahren des 20. Jahrhunderts kam es zum Bau neuer Brücken und Verkehrsverbindungen, darunter der ‚Verkehrsstraße Ost' und der Autobahn Berlin–Königsberg. 1945 wurden alle wichtigeren Brücken an den Oderübergängen von den sich zurückziehenden deutschen Truppen gesprengt. Ein Teil von ihnen wurde nach dem Kriege wieder aufgebaut. Das Heft enthält viele Bilder, die die ehemalige Architektur der Stadt dokumentieren.

Ewelina Kamińska

Jadwiga Kowalczyk, Władysław Fijałkowski: Z dziejów szczecineckiej poczty. Wystawa zorganizowana z okazji 90-lecia Muzeum w Szczecinku, 14 stycznia – 7 marca 2004 [Aus der Geschichte des Neustettiner Postwesens. Ausstellung zum 90. Jubiläum des Museums in Neustettin, 14. Januar bis 7. März 2004]. Szczecinek: Muzeum Regionalne 2004. 160 S., Abb. ISBN 83-911962-4-0.

Der reich illustrierte Ausstellungskatalog beginnt mit einer Einführung zur Geschichte des Postwesens in Pommern von den ersten Kursfahrten im 16. Jahrhundert bis 1945. Das folgende Kapitel skizziert die Geschichte der Neustettiner Post von ihrer Einrichtung 1710 bis 1945: Organisationsform und Personalien der Postmeister, Einführung weiterer Dienstleistungen, Verbindungswege, Schicksale der Postgebäude, Frankierarten und ihre Geschichte. Im Katalogteil sind die Objekte in die Kategorien Archivalia, Kartographie, Uniformteile, Post- und Telekommunikationsgeräte, Zubehör der Kassierer, Schreibgeräte, Versandmaterial und Stempel unterteilt. Die Illustrationen zeigen Exponate aus den Institutionen, die an der Ausstellungsvorbereitung mitwirkten: dem Museum für Postwesen und Kommunikation in Breslau/Wrocław, dem Bundespostmuseum in Frankfurt am Main, dem Staatsarchiv in Neustettin/Szczecinek, dem Museum in Rügenwalde/Darłowo und privaten Sammlungen. Eine Bibliographie ist vorhanden.

Ewa Gwiazdowska

Eugeniusz Kus, Mikołaj Szczęsny, Edward Włodarczyk (Hg.): [Kompozytorzy szczecińscy]. T. [Bd.] I: Kompozytorzy szczecińscy do 1945 roku [Stettiner Komponisten bis 1945] ([Reihe:] Ars Pomeraniae). Szczecin: Zamek Książąt Pomorskich 2003. 228 S., s.-w. Abb. ISBN 83-91679-04-7.

Eugeniusz Kus, Mikołaj Szczęsny (Hg.): Kompozytorzy szczecińscy. T. [Bd.] II: Kompozytorzy szczecińscy po 1945 roku [Stettiner Komponisten nach 1945] ([Reihe:] Ars Pomeraniae). Szczecin: Zamek Książąt Pomorskich 2002. 136 S., s.-w. Abb. ISBN 83-91679-02-0.

Der erste der beiden Bände ist die erste polnische Veröffentlichung über deutsche Komponisten, die die Musikkultur von Stettin/Szczecin und der Region in den vergangenen Jahrhunderten beeinflusst haben. Er besteht aus 13 Beiträgen, von denen jeder auf eine andere Persönlichkeit eingeht. Eingangs wird Stettin als Kulturzentrum Pommerns im 16.–20. Jahrhundert dargestellt. Die Anfänge der Aktivität der hiesigen Komponisten datieren vom Ende des 15. Jahrhunderts. In dem Band werden sowohl diejenigen berücksichtigt, die auch außerhalb Pommerns berühmt waren (wie Philipp Dulichius, Johann Georg Ebeling, Carl Loewe und Carl Adolf Lorenz), als auch weniger bekannte Tonkünstler (Nicolaus Decius, Adrianus Petit Coclico, Paul Luetkemann, Gustav Flügel). Berücksichtigt werden auch die Tätigkeit der Stettiner Kantatenschule und die Rolle der Musik im Leben der Stadt. In den Fußnoten zu den Beiträgen wird mehrmals auf deutsche Quellen verwiesen. Unter den Abbildungen befinden sich unter anderem Seiten aus alten Gesangbüchern sowie die mit Musik verbundenen Sehenswürdigkeiten der Stadt wie Kirchen und Schulen. Der Band entstand in Zusammenarbeit mit Wissenschaftlern der Universität Greifswald. Die Zeit nach 1945 behandelt der zweite Band.

Ewelina Kamińska

Maciej Kwiatkowski: Motocykle ze Szczecina. Stoewer, Alba, Junak ... Historia szczecińskich motocykli 1904–1965 [Motorräder aus Stettin. Stoewer, Alba, Junak ... Geschichte der Stettiner Motorräder 1904–1965] (Zeszyty Szczecińskie [Stettiner Hefte] 7). Szczecin: Publisher's 2002. 40 S., s.-w. Abb., dt. Zusammenfassung. ISBN 83-89029-45-6.

Das Heft stellt einen Versuch dar, die Geschichte des Motorradbaus in Stettin/Szczecin in der Zeit von 1904 bis 1965 zusammenzufassen. Angefangen hat diese Geschichte in den Stoewer-Werken, wo auch Nähmaschinen, Schreibmaschinen, Fahrräder und bereits 1898 Automobile hergestellt wurden. Nach dem Ersten Weltkrieg hatte 1915–1925 das Alba-Werk die führende Position auf dem Markt, 1920–1926 folgte ihm der lokale Konkurrent TECO. In dem Band werden auch andere ältere Marken erwähnt. Die polnische Motorindustrie vertreten 1957–1965 die in einem separaten Kapitel beschriebenen schweren Motorräder Junak. In der Bibliographie wird auf viele deutsche Quellen hingewiesen.

Ewelina Kamińska

Maria Łopuch: Szczecin, Jasienica, Trzebież. Historia szczecińskiej kolei podmiejskiej [Stettin, Jasenitz, Ziegenort. Geschichte der Stettiner Außenstadteisenbahn] (Zeszyty Szczecińskie [Stettiner Hefte] 11). Szczecin: Publisher's 2003. 29 S., s.-w. Abb., dt. Zusammenfassung. ISBN 83-89029-75-8.

Das Heft untersucht die Geschichte der Stettiner Eisenbahn, die 1896–1898 gebaut wurde und Stettin zunächst nur mit dem benachbarten Ort Jasenitz verband. Geschildert werden die Veränderungen der Kleinbahnhöfe und die Einflüsse der Industrie auf diese Entwicklung. Ein separates Kapitel ist dem 100. Jubiläum der Außenstadteisenbahn gewidmet. Nach dem Zweiten Weltkrieg spielte die Stettiner Eisenbahn eine wichtige Rolle bei der Beförderung von Waren und Personen zwischen der Stadtmitte und den weit entfernten Stadtteilen, insbesondere dem Gebiet an der Oder. Die Abbildungen, in zwei Sprachen beschrieben, zeigen Kleinbahnhöfe, Bahnanschlüsse von großen Betrieben und Fahrpläne.

Ewelina Kamińska

Wojciech Łopuch: Dzieje architektoniczne nowoczesnego Szczecina 1808–1945 [Architekturgeschichte des modernen Stettin 1808–1945]. Szczecin: Książnica Pomorska 1999. 148 S., s.-w. Abb, dt. Zusammenfassung. ISBN 83-87879-07-X.

Das Buch behandelt die Architekturgeschichte Stettins zu Zeiten seiner Wandlung von einer Festungsstadt in eine großstädtische Anlage. Die architektonische Entwicklung wird in fünf Kapiteln dargestellt. Das erste behandelt die literarischen und musischen Salons des Bildungsbürgertums (darunter das Landhaus von Sophie Auguste Tilebein in Züllchow), die das Kulturleben der Stadt mitbestimmten. Im zweiten Kapitel wird der Entwicklung der Eisenbahn, dem Bau der als Verwaltungszentrum gedachten Neustadt und dem bürgerlichen Stil, dem Biedermeier, Aufmerksamkeit geschenkt. Weiter wird auf die Wohnsiedlungen, damals noch außerhalb der Stadt (z. B. Villensiedlung Westend), eingegangen, die dem Hofbaurat James Hobrecht und seinem Nachfolger Konrad Kruhl zu verdanken sind. Erwähnt werden hier die wohlhabenden Familien (Lenz, Quistorp u. a.) und Architekten (Meyer-Schwartau, Schwechten, Drechsler u. a.), die das architektonische Bild der Stadt beeinflusst haben. Kapitel 4 thematisiert die Bemühungen des Oberbürgermeisters Hermann Haken und des Gründers des Deutschen Werkbundes Hermann Muthesius um die Verbindung von Kunst, Gewerbe und Industrie und die Verbesserung der Qualität künstlerischer und architektonischer Werke. Im letzten Kapitel wird die Politik des Oberbürgermeisters Friedrich Ackermann, dessen Bemühungen um die Funktionalität der Wohnsiedlungen und Aktivität der Wohnbaugenossenschaften kommentiert. Den Band beschließen ein Postscriptum des Autors und eine umfangreiche Bibliographie mit vielen Hinweisen auf deutsche Quellen.

Ewelina Kamińska

Wojciech Łopuch: Sztuka na Pomorzu [Kunst in Pommern]. Szczecin: Książnica Pomorska 2002. 382 S., s.-w. Abb. ISBN 83-87879-32-0.

Mit dem Band leistet der Stettiner Wissenschaftler einen wichtigen Beitrag zur Geschichtsforschung und Popularisierung des Kunsterbes der Region in ihren historischen Grenzen. Es ist ein Grundriss der Kunstgeschichte in Pommern. Die jeweilige geschichtliche bzw. architektonische Erscheinung wird in die allgemeine Geschichte Deutschlands und Europas eingebettet. Der Band setzt sich aus fünf Kapiteln zusammen. Eingangs wird auf die Geschichte und architektonischen Zeugnisse der Christianisierung und des Feudalismus in Pommern eingegangen. Dann wird die Rolle der Bürger und Fürsten für die Entwicklung der Stadt und ihrer Kunstwerke kommentiert. Hervorgehoben wird der damalige internationale Baustil, dessen Elemente in den meisten pommerschen Architekturdenkmälern zu erkennen sind. Im Kapitel 3 beschäftigt sich Łopuch mit der Zeit des Humanismus und der Reformation und deren Einflüssen auf die Kunst, im Kapitel 4 mit der preußischen Herrschaft in Pommern. Das letzte Kapitel ist der Moderne gewidmet und führt die Kunstgeschichtsforschung bis zur Mitte der 30er Jahre des 20. Jahrhunderts weiter. Der Band ist reich illustriert, Skizzen und Fotos zeigen Kunstgegenstände und Bauwerke, die sich in Pommern auf beiden Seiten der Oder, in Deutschland und Polen, befinden. Er enthält eine umfangreiche Bibliographie mit Hinweisen auf viele deutsche Quellen.

Ewelina Kamińska

Wojciech Łopuch: Westendsee, Weinberg, Buchheide ... Parki i zielone kawiarenki dawnego Szczecina [Westendsee, Weinberg, Buchheide ... Parks und grüne Cafés des alten Stettin] (Zeszyty Szczecińskie [Stettiner Hefte]5). Szczecin: Publisher's 2002. 32 S., s.-w. Abb., dt. Zusammenfassung. ISBN 83-89029-20-0.

Das Heft geht auf verschiedene Parks und Grünanlagen Stettins ein, die das landschaftliche Bild der Stadt und ihrer Umgebung geprägt haben. Die Idee der Nutzung von Grünanlagen für Erholungs- und Unterhaltungszwecke wurde hier bereits im 19. Jahrhundert verwirklicht. Erwähnt werden unter anderem der von der Freimaurerloge bewirtschaftete Logengarten, das Theater „Bellevue", der Unterhaltungskomplex am Westendsee, das stattliche „Parkhaus" in der Grabower Parkanlage, des Weiteren die einstigen und zum Teil noch heutigen sonntäglichen Ausflugsziele wie der Eckbergerwald oder die Buchheide, wo sich ein von Gustav Toepffer eingerichteter Landschaftspark mit einer romantischen Grotte und einem chinesischen Pavillon am Herta-See (heute Jezioro Szmaragdowe) befanden. Die mit zweisprachigen Bildunterschriften versehenen Abbildungen zeigen Cafés, Theater, Porträts der Stifter oder Gründer der wichtigsten Grünanlagen (Familien Quistorp, Toepffer). In der Bibliographie wird auf viele deutsche Quellen hingewiesen.

Ewelina Kamińska

Wojciech Łopuch: Architekt, urbanista, urzędnik ... Wilhelm Meyer-Schwartau – twórca wielkomiejskiego Szczecina [Architekt, Stadtplaner, Beamter ... Wilhelm Meyer-Schwartau – Erbauer des großstädtischen Stettin] (Zeszyty Szczecińskie [Stettiner Hefte] 9). Szczecin: Publisher's 2003. 34 S., s.-w. Abb., dt. Zusammenfassung. ISBN 83-89029-60-X.

Das Heft stellt den 1854 in Lübeck geborenen bekannten Stettiner Architekten Wilhelm Meyer-Schwartau vor. Es beginnt mit dem Kapitel „Vision des großen Stettin", dann folgen Meyer-Schwartaus Biographie und ein Kommentar zu seiner Lebensphilosophie. Besondere Erwähnung finden seine Faszination für das Mittelalter und für die Neorenaissance des Nordens sowie seine Wendung zum Manierismus. Eingegangen wird auf die von ihm geplanten Bauwerke wie die Kirche der Heiligen Gertrud (heute evangelisch-augsburgische Kirche der Heiligen Dreifaltigkeit), die neoromanische Kapelle auf dem Zentralfriedhof, das Neorenaissance-Gebäude der ehemaligen Stadtsparkasse (heute Rektorat der Medizinischen Hochschule) und des Zollamtes, die Hakenterrasse (heute Wały Chrobrego), das ehemalige Stadtgymnasium, das ehemalige Stadtmuseum (heute Meeresmuseum) sowie auf die nicht mehr existierenden Bauwerke wie das Stadttheater. Das Heft ist reich illustriert, jedes beschriebene Bauwerk mit mehreren Fotos belegt. Die Bibliographie umfasst 29 Veröffentlichungen, darunter 17 deutschsprachige.

Ewelina Kamińska

Marek Łuczak: Szczecin Zdroje – Finkenwalde (Seria z magnolią [Reihe mit Magnolie]). Szczecin: Wydawnictwo Lega 2004. 48 S., s.-w. Abb., poln. u. dt. Text. ISBN 83-917854-7-8.

Das erste zweisprachige Heft der geplanten Reihe „mit Magnolie" über die einzelnen Stadtviertel Stettins, die von Schriftstellern, Künstlern, Graphikern, Wissenschaftlern und allen interessierten Stettinern herausgegeben werden soll. Der Stadtteil Finkenwalde kann unter anderem mit Dietrich Bonhoeffer in Zusammenhang gebracht werden. Die Anfänge der Ansiedlung datieren von 1750; sodann schreibt der Autor über die napoleonische Zeit, über die Veränderungen während der Kriege und schließlich über die Gegenwart des Stadtteils. Eingegangen wird auf die Entwicklung der Industrie (Zementfabrik, Orgelbauwerkstatt), auf die Natur, auf die Geschichte dortiger reicher Bürgerfamilien (mit Kurzbiographien der Mitglieder der Familie Toepffer), auf die Entstehung bekannter Sanatorien. Der Autor versucht auf die landschaftlichen Reize und die Geheimnisse des Viertels aufmerksam zu machen. Das Heft bietet unter anderem alte und neue Abbildungen von Straßen, Bahnhöfen, Restaurants und Rastplätzen in der Buchenheide. Im Verzeichnis der Sekundärliteratur werden viele deutsche Veröffentlichungen genannt.

Ewelina Kamińska

Krystyna Łyczywek, Roman Łyczywek, Piotr Zaremba: Ruiny, Niemcy, żołnierze radzieccy ... Polska flaga nad Szczecinem po II wojnie światowej [Trümmer, Deutsche, sowjetische Soldaten ... Die polnische Fahne über Stettin nach dem Zweiten Weltkrieg] (Zeszyty Szczecińskie [Stettiner Hefte] 4). Szczecin: Publisher's 2002. 40 S., s.-w. Abb. ISBN 83-89029-15-4.

Das Heft geht auf die ersten Nachkriegsmonate in Stettin/Szczecin ein. Es enthält Auszüge aus den Erinnerungen des ersten polnischen Stadtpräsidenten Piotr Zaremba. Diese Erinnerungen führen die allgegenwärtige Zerstörung der Stadt und die Atmosphäre der allgemeinen Unsicherheit vor Augen und beschreiben die Wohn- und Verkehrsverhältnisse der Jahre 1945/46. Im Beitrag „Stettiner Provisorium 28.04.–05.07.1945" erwähnt Roman Łyczywek einen Artikel der Zeitung „Sprawy Zachodnie" vom August 1945, der die Hoffnungen und Bemühungen der neuen Einwohner der Stadt thematisiert. Den Band beschließt der Beitrag der im Herbst 1945 nach Stettin gekommenen Krystyna Łyczywek über ihre ersten Erfahrungen in und mit der

Stadt. Von ihr stammen auch die Fotos von Stettiner Ruinen; gezeigt werden das zerstörte Schloss, die Altstadt, die ehemals prunkvollen Hauptstraßen und die Kirchen.

Ewelina Kamińska

Zdzisław Mąka: Pieszo, konno, parowcami ... Historia szczecińskiej poczty [Zu Fuß, zu Pferde, per Dampfer ... Geschichte der Stettiner Post] (Zeszyty Szczecińskie [Stettiner Hefte] 12). Szczecin: Publisher's 2004. 36 S., s.-w. Abb., dt. Zusammenfassung. ISBN 83-89029-80-4.

Das Heft beschäftigt sich mit der Geschichte der Stettiner Post. Zunächst werden die einstigen Versuche, eigene Postdienste zu gründen, durch Herzöge, Kaufleute und Klöster, dann die Entwicklung der um die Jahrhundertwende vom 17. zum 18. Jahrhundert in der Stadt agierenden schwedischen Post geschildert. Die Entwicklung der preußischen Post datiert vom Jahr 1720, in den Jahren 1806–1813 war hier auch die französische Post vertreten. Die moderne Post wurde im 19. Jahrhundert geschaffen. Der Postverkehr funktionierte auch mittels Dampfern, Zeppelinen und Wasserflugzeugen. Ein separates Kapitel beschreibt die Geschichte der polnischen Post in Stettin/Szczecin nach 1945.

Ewelina Kamińska

Anna Malejka (Hg.): Wyśniony skarb. Podania, legendy i baśnie o Szczecinie [Der erträumte Schatz. Überlieferungen, Sagen und Märchen über Stettin]. Szczecin: Książnica Pomorska 2003. 310 S., s.-w. Abb. ISBN 83-87879-36-3.

Der Band ist als eine Art Führer durch die Geschichte von Stettin/Szczecin zu verstehen. Er unternimmt den Versuch, die bisher bekannten und bereits verklungenen (hier allesamt polnischsprachigen) Sagen über die Stadt in ihren historischen und gegenwärtigen Grenzen zusammenzufassen. Die Herausgeberin hebt hervor, dass der von ihr zusammengestellte und edierte Band auch der früheren deutschen Forschung auf diesem Gebiet Aufmerksamkeit schenkt. Sie stützt sich nicht zuletzt auf deutsche Überlieferungen (unter anderem von Gerhard von Gottberg, Johann Georg Theodor Grässe, Alfred Haas, Ulrich Jahn, Hans Lawrenz, Johannes Matz, Lina Rosenberg, Erich Sielaff, Fritz Uecker, Anna und Clara Vogel) und bearbeitet einige von ihnen neu. Die Texte werden in sieben Kapiteln zu folgenden Themenkreisen gruppiert: Fürsten, Fürstinnen, Herren und Schlösser; Sirenen, Erlen, Kobolde, Riesen, Geister, Teufel, Hexen; Schätze; Götter, heidnische Sitten und Bräuche; Kirchen, Mönche, Strafen und Auszeichnungen Gottes; Räuber und Piraten; Dörfer, Städte und ihre Einwohner. So werden hier z. B. Texte über den Greif als Wappentier, über einzelne Bauwerke und Plätze, über historische Ereignisse, über die Christianisierung Pommerns geboten. Die Bibliographie weist 36 Positionen auf, darunter 19 deutschsprachige. Die Abbildungen stammen aus den Vorkriegsbeständen der Stettiner Stadtbibliothek. Am Ende des Bandes befinden sich Kommentare und Angaben zu den Quellen der Sagen, im Anschluss mehrere Verzeichnisse (der historischen Personen und legendären Figuren, der geographischen Namen, der Straßen und Plätze Stettins, der Architektur- und Naturdenkmäler, der Autoren).

Ewelina Kamińska

Marita Meyer (Hg.): Stettin. Die Stadt als Roman. Germanistikstudentinnen und -studenten der Stettiner Universität flanieren durch die Stadt. Katalog der Ausstellung = Szczecin. Miasto jak powieść. Studenci i studentki germanistyki Uniwersytetu Szczecińskiego spacerują po mieście. Katalog wystawy. Szczecin: Książnica Pomorska 2004. 63 S., s.-w. Abb. ISBN 83-87879-51-7.

Das Buch ist eine Dokumentation der Ausstellung, die im April 2002 im Deutschen Lesesaal der Pommerschen Bibliothek in Stettin/Szczecin stattfand. Es besteht aus der Rede zur Eröffnung der Ausstellung und 26 Abbildungen mit kurzen Prosatexten. Dr. Marita Meyer, DAAD-Lektorin am Germanistischen Institut der Stettiner Universität, ließ sich von Franz Hessels Roman „Ein Flaneur in Berlin" (Neuausgabe von „Spazieren in Berlin", 1929) und Michael Rutschkys „Berlin. Die Stadt als Roman" inspirieren und hat für das Projekt „Stettin. Die Stadt als Roman" die Studierenden des Schreibkurses im 2. Studienjahr gewonnen. Diese begaben sich auf die Suche nach Orten, „an denen sich der Alltag verklärt, sie haben mit Vorliebe Orte aufgesucht, wo sie die Präsenz der Vergangenheit zu hören und zu sehen glaubten". So entstand ein vielstimmiger Kurzroman von 17 Autoren und Autorinnen, der die Mehrschichtigkeit der Stadt hervorhebt. Die Fotos zeigen hauptsächlich wenig bekannte oder gar nicht bekannte Plätze, Gebäude und Personen. Diese „kleinen Entdeckungsreisen des Zufalls" werden von persönlich gefärbten Kommentaren der Studierenden begleitet, als wäre es ihr Ziel, zu weiteren Recherchen über die Vergangenheit und Gegenwart der Stadt einzuladen.

Ewelina Kamińska

Nasze Pomorze. Rocznik Muzeum Zachodnio-Kaszubskiego w Bytowie [Unser Pommern. Jahrbuch des Westkaschubischen Museums in Bütow]. Nr. 5, 2003. Bytów: Muzeum Zachodnio-Kaszubskie w Bytowie 2004. 219 S. ISSN 1640-1239.

Dies ist der fünfte Band einer seit 1999 herausgegebenen, von Hochschulwissenschaftlern sowie von Mitarbeitern von Museen, Bibliotheken und Kulturhäusern (so im Vorwort des ersten Heftes) erarbeiteten Jahrbuchreihe. An Ansichtskarten aus Stolp/Słupsk (vor 1945) veranschaulicht Beata Zgodzińska, dass zuweilen auch nicht existierende Objekte abgebildet werden; deshalb mahnt sie zur Vorsicht bei der Verwendung von historischen ikonographischen Quellen. Sylwia Wesołowska befasst sich mit der Mission des Bischofs Otto von Bamberg in Pommern 1124/25 und geht der Frage nach, ob er sich in Klätkow/Kłodkowo und Zirkwitz/Cerkwica aufgehalten hat. Tomasz Siemiński beschäfigt sich mit historischen Fakten und mit Sagen über den im 15. Jahrhundert untergegangenen Hafen Regamünde. Andrzej Chludziński untersucht die Flurnamen im Kreis Belgard/Białogard und konstatiert keine slawischen Einflüsse auf die deutschen Namen. Marek Miler beschreibt den kleinen Grenzverkehr im Raum Bütow/Bytów 1922–1939, der denjenigen diente, die Grundstücke auf der anderen Seite der Grenze besaßen.

Mirosław Ossowski

Henryk Paner, Mirosław Fudziński (Hg.): Od wczesnego średniowiecza do czasów nowożytnych. XIII sesja pomorzoznawcza. T. II [Vom frühen Mittelalter bis in die Neuzeit. 13. pommernkundliche Tagung. Bd. 2]. Gdańsk: Muzeum Archeologiczne w Gdańsku 2003. 436 S., Abb., dt. Zusammenfassungen. ISBN 83-85824-07-3/II.

Der Band umfasst 33 Beiträge, die in erster Linie über Grabungsergebnisse und bauarchäologische Befunde an unterschiedlichen Objekten berichten – vom frühen Mittelalter bis in die Neuzeit. Unter anderem finden sich hier Darstellungen zu Forschungen an Gräberfeldern, offenen Siedlungen, Dorfbefestigungen und Burgorten sowie zu Grabungen im Stadtbereich von Danzig/Gdańsk, Zoppot/Sopot, Stettin/Szczecin und Greifenhagen/Gryfino. In einigen Beiträgen sind auch die Ergebnisse anthropologischer und osteologischer Analysen sowie dendrochronologischer Untersuchungen an Einzelobjekten des mittelalterlichen Bootsbaus zusammengefasst. Ferner finden sich Arbeiten zu spätmittelalterlichem Schuhwerk aus Pommern, zu einer Sammlung von Gefäßen aus einer spätmittelalterlichen Töpferwerkstatt sowie zu einer Gruppe von Kacheln aus dem 15. bis 18. Jahrhundert.

Dorota Kozłowska

Władysław Piotrowicz, unter Mitarbeit von Jerzy Henke: Słupsk, dawniej Stolp, na pocztówkach [Słupsk, früher Stolp, auf Postkarten]. Słupsk: Grawipol 2004. 256 S., Abb. ISBN 83-87-302-74-0.

Dies ist der erste polnische Bildband mit Ansichten des alten Stolp auf Postkarten der Jahre 1896 bis 1944. Die farbigen Reproduktionen werden durch Illustrationen von kunsthandwerklichen Erzeugnissen und Notgeld mit Ansichten von Stolp ergänzt. Die Postkarten sind durch polnische und deutschsprachige Kommentare mit Angabe ihres Erscheinungsdatums erläutert. Der Leser kann die Stadt mit den Augen eines Spaziergängers betrachten, der systematisch die Straßen, Plätze und die Promenade an der Stolpe entlang schlendert, einzelne Gebäude betrachtet, in die Lokale hineinschaut, Festivitäten beiwohnt. Die Einleitung erläutert die Geschichte der Postkarte, ein weiterer Text behandelt das Leben ihres Erfinders, des 1831 in Stolp geborenen Heinrich von Stephan. Den Abschluss bildet ein Verzeichnis der Herausgeber von Postkarten mit Stolper Motiven. Der Autor des Bildbandes, ein bekannter örtlicher Restaurator, Sammler und passionierter Stadthistoriker, stützte sich bei der Herausgabe auf seine eigene reiche Kollektion.

Ewa Gwiazdowska

Pogranicza. Szczeciński Dwumiesięcznik Kulturalny [Grenzgebiete. Stettiner Zweimonatsschrift für Kultur]. Szczecin: Wydawnictwo 13 Muz 2001. ISSN 1233-3654.

In den Heften des Jahrgangs 2001 der Zeitschrift wird besonders oft auf das Schaffen der polnischen Stettiner Schriftsteller eingegangen. Das Thema des 3. Heftes (Nr. 32) lautet „Das literarische Szczecin und die Region“. Im letzten Teil, der Chronik „Z biegiem dni ...“ (Im Laufe der Tage ...) wird die Tagung des Forums Polen-Deutschland vom 12. Juni 2001 zum Thema „Czy Prusy są nam jeszcze potrzebne? Spór o obce dziedzictwo kulturowe“ (Brauchen wir noch Preußen? Streit um das fremde Kulturerbe) vermerkt. Im 5. Heft (Nr. 34) schreibt Urszula Chęcińska über

Artur Daniel Liskowacki und die Rolle der Musik in seinen Werken. Besonders beschäftigt sie sich mit seinem Roman „Eine kleine" (2000), der die komplizierten Schicksale der Stettiner Deutschen in der Nachkriegszeit thematisiert. Das 6. Heft (Nr. 35) erschien in englischer Sprache. Zur einschlägigen Thematik gehören hier Beiträge über das Schaffen von A. D. Liskowacki. Inga Iwasiów interviewt den Schriftsteller in „The City of Szczecin, the World of Prose and the Nike Prize".

Ewelina Kamińska

Pogranicza. Szczeciński Dwumiesięcznik Kulturalny [Grenzgebiete. Stettiner Zweimonatsschrift für Kultur]. Szczecin: Wydawnictwo 13 Muz 2002. ISSN 1233-3654.

Die Hefte des Jahres 2002 bringen nur vereinzelt Informationen über die deutsche bzw. deutsch-polnische Thematik. In Heft 2 (Nr. 37) beschreibt Elżbieta Kuzara das Schaffen und die Einstellung Christa Wolfs zur Wirklichkeit in „Christa Wolf: być pomiędzy" (Christa Wolf: dazwischen sein). Damian Maćkowiak stellt das vom Stargarder Museum herausgegebene Jahrbuch „Stargardia" vor. Im letzten Heft (Nr. 41) des Jahrgangs befindet sich Inga Iwasióws Rezension des Essaybandes „Pożegnanie miasta i inne szkice z pamięci" (Abschied von der Stadt und andere Skizzen aus dem Gedächtnis) von Artur Daniel Liskowacki, in dem der Autor auf die vergangene deutsche Kultur der Stadt, unter anderem den Salon von Sophie Auguste Tilebein und den mit der Jakobikirche verbundenen Musiker Carl Loewe, eingeht.

Ewelina Kamińska

Pogranicza. Szczeciński Dwumiesięcznik Kulturalny [Grenzgebiete. Stettiner Zweimonatsschrift für Kultur]. Szczecin: Wydawnictwo 13 Muz 2003. ISSN 1233-3654.

In Heft 2 (Nr. 43) des Jahrgangs interviewt Przemysław Chojnowski den in Darkehmen/Ostpreußen geborenen Manfred Peter Hein, den Autor des autobiographisch untermauerten Romans „Fluchtfährte". Das 4. Heft (Nr. 45) ist grundsätzlich der Stadt Stettin/Szczecin gewidmet. An die ersten Nachkriegsjahre der Stadt erinnern Taube Kron und ihre Tochter Anna Frajlich, an die 50er bis 70er Jahre Katarzyna Weintraub. Drei Beiträge beschäftigen sich mit dem in Stettin geborenen Schriftsteller Alfred Döblin. Dorota Sośnicka entwirft das Porträt des Schriftstellers von seinen Stettiner Kinderjahren, über die erfolgreiche Zeit nach dem Erscheinen des Romans „Berlin Alexanderplatz" bis zu den letzten Tagen des Autors. Christina Althen schreibt über den Einfluss Döblins auf die Schriftsteller der späteren Generation und analysiert die Besonderheiten seiner Texte. Klaus Hammer setzt sich mit der Erzähltechnik Döblins auseinander. Janusz Mieczkowski schreibt über die Stettiner Juden. In der Nummer 6 (Nr. 47) bespricht Ireneusz Statnik Helga Hirschs Reportagen „Nie mam keine buty" (2003, dt.: „Ich habe keine Schuhe nicht", 2002) über die Schicksale der zwischen der Oder und der Weichsel lebenden Menschen, über ihre Suche nach der eigenen Identität. Im letzten Teil, der Chronik „Z biegiem dni ..." (Im Laufe der Tage ...), sind folgende Daten festgehalten: Am 7.10.2003 Pressekonferenz anlässlich der Enthüllung einer Gedenktafel für Alfred Döblin; am 7.11. Eröffnung der Ausstellung „Europa na granicy. Wschód – Odra, Zachód – Oder" (Europa an der Grenze.

Ost – Odra, West – Oder) in einer Stettiner Galerie; am 26.11.2003 Präsentation des Buches „Nie mam keine buty" von Helga Hirsch in einer Stettiner Buchhandlung.

Ewelina Kamińska

Pogranicza. Szczeciński Dwumiesięcznik Kulturalny [Grenzgebiete. Stettiner Zweimonatsschrift für Kultur]. Szczecin: Wydawnictwo 13 Muz 2004. ISSN 1233-3654.

Im 2. Heft (Nr. 49) des Jahres 2004 gibt es mehrere Beiträge zu deutsch-polnischen Themen. Karl Schlögel stellt Überlegungen über den Grenzfluss Oder und dessen Platz in der Kulturgeschichte an. Zbigniew Czarnuch teilt seine Beobachtungen über den Alltag in einer Kleinstadt an der Oder und die dort stattfindenden Begegnungen der heutigen und der früheren Einwohner mit. Alina Karolewicz schreibt über die Geschichte und Gegenwart der Stadt Tempelburg/Czaplinek, Renata Korek über Treptow/Trzebiatów. Grzegorz Jacek Brzustowicz kommentiert die Identität der Gegend um Arnswalde/Choszczno und berichtet über sein Engagement für die regionale Geschichtsforschung. In der Chronik „Z biegiem dni ..." (Im Laufe der Tage ...) in Heft 3 (Nr. 50) findet man Informationen über die Bootsfahrten der Schriftsteller im Rahmen des Projekts „Oder – Rhein. Grenzen im Fluss", über Lesungen und Treffen der Schüler und Studenten mit Autoren und Übersetzern (Henryk Bereska, Richard Pietraß und anderen) sowie über eine Podiumskonferenz in der Pommerschen Bücherei (Książnica Pomorska) zum Thema „Pogranicza małych ojczyzn" (Grenzgebiete der Heimaten). Im 4. Heft (Nr. 51) analysiert Aleksandra Reimann Artur Daniel Liskowackis Roman „Eine kleine" (2000), der in Deutschland unter dem Titel „Sonate für S." erschien (2003). Der Roman, der die letzten Jahre der Stettiner Deutschen in der nun polnischen Stadt thematisiert, wird unter dem Aspekt seines musikalischen Charakters untersucht. Das 5. Heft (Nr. 52) umfasst im ersten Teil Texte der deutschen, polnischen, niederländischen und ukrainischen Schriftsteller, die an dem Projekt „Oder – Rhein. Grenzen im Fluss. Literarische Bootsfahrten" beteiligt waren und in den Tagen vom 11. bis 19. Mai und 5. bis 11. Juni 2004 an den Bootsfahrten und den anschließenden Lesungen teilnahmen. Im zweiten Teil stellt Marita Meyer das Leben und Schaffen des in Stettin geborenen Autors Franz Hessel vor. Unter den Buchbesprechungen befindet sich Paweł Mackiewiczs Kommentar zu Paweł Huelles Roman „Castorp", der die Jugendjahre des Protagonisten von Thomas Manns Roman „Der Zauberberg" beschreibt. Huelles Castorp studiert in Danzig am Anfang des 20. Jahrhunderts, sodass dem Leser die Topographie und die besondere Atmosphäre der Stadt vor Augen geführt werden. Ireneusz Statnik rezensiert Jan M. Piskorskis Studie „Polacy i Niemcy. Czy przeszłość musi być przeszkodą?" (Polen und Deutsche. Muss die Vergangenheit ein Hindernis sein?). Dabei wird auf die Fragen um das „Zentrum gegen Vertreibungen" und auf die Geschichte der deutsch-polnischen Beziehungen eingegangen.

Ewelina Kamińska

Włodzimierz Rączkowski, Jan Sroka (Hg.): Historia i kultura Ziemi Sławieńskiej [Geschichte und Kultur des Schlawer Landes]. T. [Bd.] III: Gmina Postomino. III Konferencja Naukowa, Jarosławiec, 7–8 maja 2004 [Gemeinde

Pustamin. Dritte Wissenschaftliche Tagung, Jershöft, 7.–8. Mai 2004]. Sławno: Fundacja „Dziedzictwo" 2004. 299 S., Abb., farb. Tafeln, dt. Zusammenfassung. ISBN 83-919236-3-0.

Dieser Tagungsband fasst die bisherigen Forschungsergebnisse über die Gemeinde Pustamin zusammen. Er will dazu beitragen, die Identität der örtlichen Gesellschaft zu stärken, den heutigen Bewohnern die Geschichte ihrer Heimat näher zu bringen, das Bewusstsein für die Schönheit von Natur und Kulturlandschaft zu wecken und die Menschen dazu anzuregen, zur Entwicklung ihrer Gemeinde beizutragen, indem sie deren Werte publik machen. Einem einleitenden Text folgen 16 Beiträge zu den Themen: Topographie und natürliche Gegebenheiten, Entwicklung der prähistorischen Besiedlung, sprachwissenschaftliche Analyse der Ortsnamen, Schulgeschichte, Geschichte des Truppenübungsplatzes am Vitzker See / Wick Morski, Kulturlandschaft und Dorfgepräge am Beispiel der Bebauung der Dörfer Stemnitz/Staniewice und Nitzlin/Nosalin, Entwurf zur Wiederherstellung der früheren ländlichen Baukunst am Beispiel Lanzig/Łąck, Architektur der Gutshäuser und deren Parkanlagen. Weitere Artikel sind Einzelpersönlichkeiten gewidmet: dem legendären Bauern Hans Lange und dem Brücke-Maler Karl Schmidt-Rottluff. Ferner werden Pläne zur künftigen Entwicklung der Region mit dem Schwerpunkt Tourismus vorgestellt.

Ewa Gwiazdowska

Marian Rębkowski: Pierwsze lokacje miast w Księstwie Zachodniopomorskim. Przemiany przestrzenne i kulturowe [Die ersten Lokationen von Städten im Herzogtum Hinterpommern. Räumliche und kulturelle Veränderungen]. Kołobrzeg: Wydawnictwo Le Petit Café 2001. 261 S., Abb., dt. Zusammenfassung. ISBN 83-85463-91-7.

Der Autor behandelt das Problem der Entwicklung der Stadtanlagen im Lichte archäologischer Befunde. In der Einführung gibt er einen Überblick über die Forschungsgeschichte der Stadtarchäologie, der die polnische und deutsche Literatur umfasst. Im ersten Kapitel folgt eine skizzenhafte Beschreibung der hinterpommerschen Stadt, kurz vor der sogenannten Lokationsschwelle. Erörtert werden unter anderem Fragen wie die Entstehung der Städte nach herzoglichem Recht, städtebauliche Gliederung, Bebauung, Keramik aus den frühstädtischen Zentren, Beginn der Lokationen, die 1234/35 durch den Stettiner Herzog Barnim I. initiiert wurden. In den folgenden fünf Kapiteln werden die Lokationsorte, Probleme der Chronologie, die räumliche Gestaltung der Städte sowie der kulturelle Wandel am Beispiel von Baukunst und Keramik behandelt. Das letzte Kapitel enthält eine Zusammenfassung der angestellten Überlegungen. Der Wandel des Raumprogramms der Siedlungen städtischen Charakters wie auch das massenhafte Auftreten fremder Elemente in der materiellen Kultur der hinterpommerschen Lokationsgründungen werden durch den Zuzug vor allem deutscher Siedler erklärt. Dabei bringen die Neuankömmlinge neue kulturelle und juristische Errungenschaften mit, die in relativ kurzer Zeit von der örtlichen Bevölkerung übernommen werden.

Dorota Kozłowska

Edward Rymar: Wielka podróż wielkiego księcia. Wyprawa Bogusława X Pomorskiego na niemiecki dwór królewski, do Ziemi Świętej i Rzymu (1496–1498) [Die große Reise des großen Königs. Die Reise von Bogusław X. von Pommern an den deutschen Königshof, in das Heilige Land und nach Rom (1496–1498)]. Szczecin: Książnica Pomorska 2004. 211 S., Abb. ISBN 83-87879-45-2.

Die quellenfundierte, reich illustrierte Arbeit stellt eine besonders wichtige Lebensphase von Bogusław X., einem der herausragenden Herrscher des Herzogtums Pommern, vor. Es handelt sich um die 485 Tage, von November 1496 bis April 1498, dauernde Reise durch die deutschen Länder, Italien, die Inseln Kreta, Rhodos und Zypern ins Heilige Land. Auf der Reise lernte Bogusław X. Kaiser Maximilian I., Papst Alexander VI. und die Mächtigen der deutschen Länder persönlich kennen. Er erhielt dabei Privilegien für sein Land und die Kirche und gewann Humanisten, um die Universität von Greifswald zu reformieren und die Verwaltung des pommerschen Staates zu verbessern.

Maciej Szukała

Jerzy Saldat, unter Mitarbeit von Ewa Gwiazdowska: Bytów i okolice na dawnych pocztówkach = Bütow und Umgegend auf alten Postkarten. Gdańsk: Bit 2004. 200 S., Abb. ISBN 83-912374-8-6.

Der von einem örtlichen Sammler aus eigenen Beständen zusammengestellte zweisprachige Bildband (mit polnischem und deutschem Text) führt dem Betrachter das historische Bütow und seine Nachbardörfer, unter anderem Altkolziglow/Kołczygłowy, Moddrow/Modzejewo, Groß-Tuchen/Tuchomie, Sommin/Sominy, Polschen/Półczno und Borntuchen/Borzytuchom, vor Augen. Die Postkarten stammen aus der Zeit vom Ende des 19. Jahrhunderts bis zu den 1940er Jahren. In der mehrteiligen Einleitung werden die Genese der Sammlung und die Geschichte der Postkarte erläutert. Es folgt eine Analyse der Motivwahl unter dem Aspekt, welches Bild von Bütow die Ansichtskarten vermitteln wollten. Die Karten zeigen Panoramen der Alt- und Neustadt und der Ringbebauung, alte Hauptstraßen und neue Siedlungen, die Architektur von Schloss, Kirchen, Rathaus und anderen Verwaltungsbauten. Sie erzählen vom Straßenleben, von Lokalen, Denkmälern, Brücken und der die Stadt umgebenden Landschaft. Die Bildunterschriften geben kurze historische Informationen. Der Band wird durch ein Ortsregister und ein Kalendarium der wichtigsten historischen Ereignisse in Bütow bis 1945 erschlossen.

Ewa Gwiazdowska

Maciej Słomiński, Rafał Makała, Małgorzata Paszkowska: Szczecin barokowy. Architektura lat 1630–1780 [Das barocke Stettin. Architektur der Jahre 1630–1780]. Szczecin: Stowarzyszenie Historyków Sztuki 2000. 180 S., dt. Zusammenfassung. ISBN 83-90811-6-0.

Das Buch ist dem Barock, einem eher unbekannten Bereich der Stettiner Architektur, gewidmet, der aufgrund von Veränderungen der Stadt während des Wirtschaftsaufschwungs Ende des 19. Jahrhunderts und Anfang des 20. Jahrhunderts sowie infolge der Kriegszerstörungen großenteils nicht mehr erhalten ist. Die Abhandlung besteht aus zwei Teilen. Der erste thematisiert die schwedische Zeit 1630–1720, der zweite die preußische Herrschaft 1713–1785. Die Autoren unternehmen den Versuch zu bestimmen, welche Veränderungen die Stettiner Architektur durch den Herrscherwechsel erfahren hat. In beiden Teilen wird auf die Geschichte der Stadt in der jeweiligen Periode unter Berücksichtigung der Politik des Staates gegenüber Stettin eingegangen. Im Anschluss wird die monumentale Architektur (unter anderem Mietshäuser, öffentliche Gebäude) behandelt, wobei in der schwedischen Periode hauptsächlich die Kirchen und in der preußischen Periode vorwiegend die Festung, darunter das „Fort Preußen", untersucht werden. Den Band illustrieren viele Fotos und Zeichnungen.

Ewelina Kamińska

Jan Sroka: Wilhelm Gross 1883–1974. Wystawa ze zbiorów Kreismuseum Oranienburg i rodziny artysty. Muzeum Zamek Książąt Pomorskich w Darłowie [Wilhelm Gross. Ausstellung aus den Beständen des Kreismuseums Oranienburg und der Familie des Künstlers]. Darłowo, Sławno: Fundacja „Dziedzictwo" 2003. 92 S., Abb. ISBN 83-91236-1-4.

Die reich illustrierte deutsch-polnische Publikation erschien zu der Ausstellung, die anlässlich des 120. Geburtstags des in Schlawe/Sławno geborenen Bildhauers und Grafikers Wilhelm Gross veranstaltet wurde. Gross lebte seit 1919 in Eden bei Oranienburg. Seinen künstlerischen Beginn förderte Max Liebermann, er arbeitete unter dem Einfluss von Max Beckmann und Edvard Munch. Der einführende Beitrag erläutert Gross' Biographie und künstlerisches Schaffen, illustriert durch Fotos des Künstlers und seiner Arbeiten. Der Katalog ist untergliedert in Werk- und Materialgruppen: Holz- und Steinplastik, vollplastische Werke und Reliefs, Holzschnitte, Bleistift- und Kohlezeichnungen. Vorgestellt werden Arbeiten, die auf Licht- und Schattenkontrasten basieren, voller Expressivität und ausdrucksvoller Bewegungen. Es überwiegen figürliche Darstellungen und religiöse Themen, doch finden sich auch Porträts, Landschaften oder Stillleben. Die vorgestellten Werke stammen aus den Jahren 1910 bis 1970. Eine Bibliographie informiert über die Publikationen zu Gross.

Ewa Gwiazdowska

Stargardia. Rocznik Muzeum w Stargardzie poświęcony przeszłości i kulturze Pomorza [Stargardia. Jahrbuch des Museums in Stargard für die Vergangenheit und Kultur Pommerns]. T. [Bd.] III. Stargard: Muzeum w Stargardzie 2003. 541 S., Abb., dt. Zusammenfasung. ISSN 1641-7747.

Der Band enthält zahlreiche Artikel, Abhandlungen, Rezensionen und Beschreibungen, die die Vergangenheit Pommerns thematisieren. Eröffnet wird er mit einem Artikel über die Urgeschichte des Treptower und Greifenhagener Landes (Ignacy Skrzypek). Im Weiteren werden folgende Themen behandelt: die Komturei Kollin/Kolin (Edward Rymar), pommersche Bußpilgerfahrten im Mittelalter (Wojciech Łysiak), die Familie Wedlów aus Kremzow/Krępcewo (Grzegorz Jacek Brzustowicz), die Ortsgeschichte von Zirkwitz/Cerkwica (Sylwia Wesołowska), Bürgerhäuser des 15.–18. Jahrhunderts in Stargard (Marcin Majewski), häusliches Handwerk in

Pommern (Eberhard Lebender), die Teilnahme von Berliner Künstlern am Musikleben Stettins in den Jahren 1800–1870 (Mikołaj Szczęsny), ländliches Bauen in Pommern (Ewa Gwiazdowska), die demografische Entwicklung Stargards in den Jahren 1846–1870 (Jan Stuch), demografische Verhältnisse im Kreis Stargard in den Jahren 1945–2000 (Jan Grzeczka), Münzen der letzten pommerschen Fürsten (Bogusław Cezary Łopatkiewicz), Orte und Formen des Gedenkens an die gefallenen Soldaten des Ersten Weltkriegs (Andrzej Bierca), die Geschichte der 1942 in Stettin gegründeten Pommerschen Gesellschaft für Literatur und Kunst (Maciej Szukała) und die im Landeskirchlichen Archiv von Greifswald aufbewahrten Archivalien (Ulrike Reinfeldt). Ferner enthält der Band Materialien für das Stargarder biographische Wörterbuch, Rezensionen von Publikationen, die Pommern gewidmet sind, sowie Tätigkeitsberichte des Museums von Stargard.

Maciej Szukała

Urszula Szajko: Katalog starych druków Książnicy Pomorskiej. Pomerania XVI i XVII wieku [Katalog der alten Drucke der Pommerschen Bibliothek. Pomerania des 16. und 17. Jahrhunderts]. Szczecin: Książnica Pomorska 2003. 392 S., Abb. ISBN 83-87879-41-X.

Der Katalog ist entsprechend den behandelten Jahrhunderten chronologisch in zwei Teile untergliedert, die jeweils durch eine Einführung und ein Literaturverzeichnis eingeleitet sind. Beide Zeiträume werden nach den Themenschwerpunkten der damals erschienenen Drucke und den herausgebenden Institutionen charakterisiert, der bisherige Forschungsstand wird summiert. Es folgt eine kritische Bilanz der bisherigen Art der Präsentation alter Drucke. Die alphabetisch geordneten Katalogabschnitte umfassen 117 (16. Jahrhundert) bzw. 1.526 (17. Jahrhundert) Eintragungen. Die Katalogeinträge setzen sich zusammen aus voller Titelangabe, bibliographischer Kennzeichnung, Herkunftsbezeichnung, Angabe besonderer Merkmale und technischen Angaben. Handelt es sich um öffentliche Verlautbarungen (Strafzettel, Aufforderungen, Empfehlungen, Warnungen), erfolgt zunächst eine Inhaltsangabe, danach wird das Dokument im Original zitiert. Dem Katalogteil folgen Register der Drucker, unterteilt nach lokalen Zentren, Herkunftslisten, Register von Personen und Institutionen, Konkordanzen von Bibliothekssignaturen und Katalognummern sowie Reproduktionen ausgewählter Titelseiten und Illustrationen.

Ewa Gwiazdowska

Szczecin dawniej i dziś. Przedwojenne fotografie ze zbiorów Muzeum Narodowego w Szczecinie i współczesne zdjęcia w obiektywie Grzegorza Soleckiego = Stettin-Szczecin gestern und heute. Stettin der Vorkriegszeit in Fotografien aus den Sammlungen des Nationalmuseums in Szczecin sowie Szczecin heute im Objektiv von Grzegorz Solecki = Szczecin Past and Present. Pre-war photographs from the Collection of the National Museum in Szczecin and current photos as taken by Grzegorz Solecki. Szczecin: PPH Zapol 2002. 96 S., s.-w. u. farb. Abb. ISBN 83-89260-40-9.

Das dreisprachige Buch mit einem Vorwort in Polnisch, Deutsch und Englisch dokumentiert die Geschichte der Stadt Stettin/Szczecin seit dem 19. Jahrhundert. Der

Vergleich von Fotos, die 60 bis 100 Jahre voneinander trennen, lässt Ähnlichkeiten und Unterschiede feststellen. Die zeitgenössischen Bilder zeigen, dass die wertvollsten Bauwerke, die die Kriegszeit überlebt haben, sorgfältig wiederaufgebaut wurden. Das Buch ist eine Reaktion auf das im vergangenen Jahrzehnt stark gewachsene Interesse an der Geschichte der Stadt. Die Fotos sind in den genannten drei Sprachen erläutert.

Ewelina Kamińska

Szczeciński Informator Archiwalny [Informationen des Stettiner Archivs] 18 (2004). Szczecin: Wydawnictwo Archiwum Państwowego w Szczecinie „Dokument" 2004. 233 S. ISBN 83-89341-17-4.

Die neue Nummer des Archiv-Jahrbuchs enthält zehn Beiträge. Einleitend wird das Verhältnis von Historikern und Archivaren in polnischen und ausländischen staatlichen Archiven thematisiert (Kazimierz Kozłowski). Danach wird das Vorbereitungsprojekt zur Inventarisierung der Aktenbestände bezüglich der pommersch-skandinavischen Beziehungen beschrieben, die sich in den Archiven von Greifswald, Kopenhagen, Köslin/Koszalin, Stolp/Słupsk, Stockholm und Stettin/Szczecin befinden (Haik Porada). Ein umfangreicher Aufsatz ist den Beständen von pommerschen Siegeleisen aus den Jahren 1580 bis 1950 in der sphragistischen Sammlung des Staatsarchivs Stettin gewidmet (Paweł Gut). Weiter werden folgende Themen behandelt: die Notarsakten in Stettin (Anna Łazarek), das Erbe des verstorbenen Stettiner Archivars Mieczysław Stelmach (Romuald Piotrkiewicz), der Hochseefischfang (Alicja Jabłońska), ein Bericht des NKWD über die Situation in Pommern im Juli 1945 (Jan Macholak), Quellen zu Pommern und Brandenburg der Jahre 1333 bis 1374 aus dem Zentralarchiv in Prag/Praha (Roman Stelmach), das Schicksal der nach Sibirien deportierten Polen (Sergiusz Leończyk). Der Band schließt mit einem Artikel über die öffentlichen Bibliotheken Pommerns vor 1945 (Janina Kosman).

Maciej Szukała

Dariusz Szudra: Ludność pruskiej prowincji Pomorze. Przemiany w ruchu naturalnym i migracyjnym w latach 1914–1939 [Die Bevölkerung der preußischen Provinz Pommern. Wandlungen durch die natürliche Wanderungsbewegung und Migration in den Jahren 1914–1939] (Rozprawy i studia [Abhandlungen und Studien] 613=539). Szczecin: Wydawnictwo Naukowe Uniwersytetu Szczecińskiego 2005. 328 S., Kt., dt. Zusammenfassung. ISBN 83-7241-421-1.

Der Band thematisiert die Problematik des demografischen Wandels in der Provinz Pommern vom Beginn des Ersten Weltkriegs bis zum Ausbruch des Zweiten Weltkriegs. Er stellt ein Novum angesichts des Mangels an Arbeiten zu diesem Thema dar, vor allem im Hinblick auf seine umfassende und detaillierte Form. Die Publikation setzt sich aus vier Kapiteln zusammen. Im Einleitungskapitel skizziert Szudra die demografischen Veränderungen in der Provinz Pommern vor dem Hintergrund gesamtdeutscher Entwicklungen in den Jahren 1871–1914. Der Autor verweist auf den raschen Rückgang der Sterblichkeit bei sichtbar zunehmender Geburtenrate um 1900, was einen Bevölkerungsüberschuss, der von den dynamischen Industriezentren aufgesogen wurde, zur Folge hatte. Die Tatsache, dass Pommern so wenig urban war, beförderte eine Abwanderung in andere Teile Deutschlands. Im zweiten Kapitel befasst sich der Autor mit dem Einfluss des Ersten Weltkriegs auf die demografischen Prozesse bis zum Jahr 1925. Im dritten Kapitel werden die Veränderungen in der Bevölkerungsbewegung in der Weimarer Republik und während des Nationalsozialismus beschrieben. Der Autor stützt sich auf zahlreiche Tabellen, die Aufschluss über Geburtenrate, Eheschließungen und Sterberate geben. Ferner werden der Einfluss der Eugenik und des Rassismus auf die demografische Entwicklung dargestellt. Das vierte Kapitel behandelt die Migration in der Provinz Pommern zwischen 1914 und 1939 insgesamt, in einem Zeitraum verhältnismäßig starker Landflucht. Der Band enthält eine Bibliographie.

Maciej Szukała

Janusz Władysław Szymański: Opowieści i legendy pomorskie [Pommersche Geschichten und Sagen]. Goleniów: Oficyna Wydawnicza „STON 2" 2000. 200 S., s.-w. u. farb. Abb. ISBN 83-7273-024-5.

Der Band bringt 40 Geschichten und Sagen, die auf germanische Überlieferung zurückgehen sollen. Der Autor reflektiert hier die Christianisierung Pommerns, die Herrschaft der pommerschen Herzöge und die mit einzelnen Städten (Pyritz/Pyrzyce, Kolberg/Kołobrzeg, Wollin/Wolin, Stettin/Szczecin) verbundenen Geschichten. Im Anhang befinden sich ein Kalendarium, ein Verzeichnis der heidnischen Götter sowie ein Verzeichnis der in den Texten vorkommenden Termini.

Ewelina Kamińska

Janusz Władysław Szymański: Pomorzanie w historii, baśni i legendzie [Die Pommern in Geschichten, Märchen und Sagen]. Goleniów: Oficyna Wydawnicza „STON 2" 2004. 262 S., s.-w. Abb., Karten. ISBN 83-7273-142-X.

Der Band enthält 60 Märchen und Sagen über diejenigen Personen, die die Geschichte Pommerns beeinflusst haben. Eingegangen wird unter anderem auf die Herzöge und ihre Familien, auf die Kirchen und Schulen, auf die Geschichte des Stettiner Maschinenbaus, auf die Stettiner Maler, die Stettiner Brauereien, auch auf die Entstehung der bekanntesten Sehenswürdigkeiten der Stadt (wie etwa die Hakenterrassen, den Quistorpturm oder den Bismarckturm). Im Anhang findet man Informationen über die Abstammung pommerscher Herzoginnen sowie Kurzbiographien der in den Texten erwähnten Persönlichkeiten (unter ihnen Paul Gropius, Hermann Haken, Albert Emil Nüschke, Johannes Heinrich Quistorp, Paul Robien, Jan Wussow, Gerhard Cornelius Warawe), ein kurzes Glossar der in den Texten vorkommenden Termini und ein Verzeichnis der Ortsnamen in Polnisch und Deutsch.

Ewelina Kamińska

Lucyna Turek-Kwiatkowska: Życie codzienne w Szczecinie w latach 1800–1939 [Alltagsleben in Stettin in den Jahren 1800–1939] (Rozprawy i studia [Abhandlungen und Studien] 437=363). Szczecin: Wydawnictwo Naukowe Uniwersytetu Szczecińskiego 2000 u. spätere Auflagen. 210 S., s.-w. Abb., dt. Zusammenfassung. ISBN 83-7241-090-9.

Der Band setzt sich aus sechs Kapiteln zusammen, in denen folgende Themen behandelt werden: Stadtbebauung und kommunale Infrastruktur; Wohnverhältnisse; Essen, Kleidung, Gesundheit; Lebensstil; Mentalität der Gesellschaft Stettins; Teilnahme am Kulturleben. Die Autorin geht auf Alltagsprobleme ein, beschreibt unter anderem öffentliche Verkehrsmittel der Stadt, Häuser und ihre typische Einrichtung, die Ernährung verschiedener Volksschichten, Geschirre und Bestecke, die Mode und ihren Wandel, Gesundheitspflege und sanitäre Verhältnisse in Fabriken, Unterhaltungsmöglichkeiten, Ausflugsziele der Stettiner, Sitten und Bräuche. Das Buch, in zugänglicher Sprache geschrieben, enthält auch einige Anekdoten über die Stadt und ihre Persönlichkeiten. Erwähnung finden bekannte Bürgerfamilien (Quistorp, Dohrn, Stoewer). Bilder zeigen wichtige Bauwerke der Stadt, Porträts bekannter Stettiner, Szenen aus dem Familienleben, Haushaltsgegenstände.

Ewelina Kamińska

Lisaweta von Zitzewitz (Hg.): Zeszyty Kulickie = Külzer Hefte. Nr. 3: Pommern in der Literatur nach 1945. Materialien einer Tagung in Külz, 11.–14. September 2003. Kulice: Stiftung Europäische Akademie Külz-Kulice 2005. 268 S., Abb. Ohne ISBN.

Lisaweta von Zitzewitz (Hg.): Zeszyty Kulickie = Külzer Hefte. Nr 4: Pomorze w literaturze po 1945 roku. Materiały z konferencji w Kulicach, 11–14 września 2003 r. Kulice: Fundacja Akademia Europejska Kulice-Külz 2005. 204 S., Abb. Ohne ISBN.

Beide Hefte enthalten dieselben Beiträge deutscher und polnischer Forscher in zwei Sprachversionen, das deutschsprachige Heft ist allerdings etwas umfangreicher mit insgesamt 12 Texten. Die Autoren behandeln Probleme der jüngsten Geschichte Pommerns in Verbindung mit der Vertreibung der Deutschen und der Ansiedlung polnischer Bevölkerung. Indem sie die Literatur als zweiseitigen Spiegel verstehen, fragen Vertreter beider Nationen nach dem Bild des jeweils anderen – der ehemaligen deutschen und der neuen polnischen Bewohner Pommerns – in der Literatur. Das Bild des Deutschen in der polnischen Literatur wird analysiert, ebenso das deutsch-polnische Verhältnis in der deutschen Belletristik. Weitere Untersuchungen gelten der polnischen und deutschen Literatur in Pommern, dem Schaffen der Autorin Hanna Stephan, dem Trauma der vertriebenen Deutschen, der Suche der Polen nach einer neuen Identität. Ein Beitrag befasst sich mit den Bildern der Versöhnung beider Völker in der Danziger Literatur, weitere mit der Rekonstruktion des historischen Gedächtnisses und dem Wiederaufleben des historischen Pommern in der Mentalität seiner neuen Bewohner. Die Bände sind durch Schriftstellerporträts illustriert.

Ewa Gwiazdowska

Krzysztof Żurawski: Bohrisch, Elysium, Bergschloss ... Historia szczecińskich browarów do 1945 [Geschichte der Stettiner Brauereien bis 1945] (Zeszyty Szczecińskie [Stettiner Hefte] 10). Szczecin: Publisher's 2003. 38 S., s.-w. Abb., dt. Zusammenfassung. ISBN 83-89029-70-7.

In dem Heft schildert der Autor die Stettiner Brauereien und die Bierkultur, deren Anfänge in der Region mit der deutschen Kolonisation zusammenfallen. Die professionelle Bierherstellung begann hier im 12. Jahrhundert. Behandelt wird hauptsächlich die Geschichte der wegen ihrer marktbeherrschenden Position als die „Drei Könige" bezeichneten Stettiner Bierhersteller: der Bergschloss-Brauerei sowie der Firmen Bohrisch und Elysium. Nur diese haben die Krise der Zwischenkriegszeit durchgestanden. Der Autor kommentiert die Faktoren, die die Entwicklung des Braugewerbes ermöglicht haben, benennt wichtige Großhändler und ihre Vertriebsmethoden. Zahlreiche Fotos zeigen unter anderem die Symbole und Etiketten der Firmen, die von ihnen herausgegebenen Postkarten, ihre Biergefäße, Flaschen, Untersetzer und Schilder. Die Bibliographie umfasst auch ältere und neuere deutsche Veröffentlichungen.

Ewelina Kamińska

Tadeusz Zwilnian Grabowski: Obecność. Szkice o literaturze Pomorza Zachodniego [Anwesenheit. Skizzen zur Literatur ‚Westpommerns']. Szczecin: Książnica Pomorska 2001. 224 S., Abb. ISBN 83-87879-25-8.

Der Autor, selbst Dichter, Essayist, Schriftsteller und Kritiker, unternimmt in dem Band den Versuch, einzelne Schriftsteller der Region Pomorze Zachodnie (‚Westpommern') und ihr Schaffen zu charakterisieren. Sein Anliegen ist es, in der Zeit der „Europäisierung" die Leserschaft und Gesellschaft von Stettin/Szczecin auf das literarische und künstlerische Erbe der Region aufmerksam zu machen. Die Stettiner Literatur sei noch ein weißer Fleck im literarisch-kulturellen Bewusstsein der Bibliothekare und Wissenschaftler, den der Autor mit seinem Band ausfüllen möchte. Die behandelten Autoren (W. Andrzejewski, M. Boniecka, Z. Brzozowski, J. Bursewicz, A. B. Chodorowska-Gorzelniaska, Cz. Czerniawski, R. Dżaman, F. Gil, I. G. Kamiński, N. Rydzewska) sind dem breiten Publikum eher unbekannt. Zunächst wird auf ihre Biographien eingegangen, dann erfolgt die Besprechung ihrer wichtigsten Werke; zu jedem Werk wird eine Bibliographie geboten.

Ewelina Kamińska

5. Schlesien

Dominik Abłamowicz, Mirosław Furmanek, Monika Michnik (Hg.): Początki i rozwój miast Górnego Śląska. Studia interdyscyplinarne = Počátky a rozvoj mest v Horním Slezsku. Mezidisciplinární studium [Die Anfänge und die Entwicklung der Städte Oberschlesiens. Interdisziplinäre Studien] (Muzeum w Gliwicach, Seria monograficzna [Museum Gleiwitz, monographische Reihe] 10). Gliwice: Muzeum w Gliwicach 2004. 450 S., Abb., engl. u. tschech. Zusammenfassungen. ISBN 83-89856-01-8.

Die Publikation dokumentiert die Beiträge zu einer wissenschaftlichen Tagung, die sich ein Resümee des Forschungsstandes über die städtischen Lokationen in Oberschlesien im Spiegel der Arbeiten von Archäologen, Historikern, Kunsthistorikern, Anthropologen und Geographen zum Ziel setzte. Die 26 Aufsätze behandeln folgende oberschlesische Städte: Ratibor/Racibórz, Kattowitz/Katowice, Cosel/Kędzierzyn-Koźle, Beuthen/Bytom, Loslau / Wodzisław Śl., Gleiwitz/Gliwice und das in der Tschechischen Republik gelegene Troppau/Opava. Neben Studien zu der Lokation der Städte und ihrer ersten Bebauung enthält der Band auch Aufsätze über die Entwicklung der frühen Metallindustrie und die Ergebnisse anthropologischer Forschungen zum Gesundheitszustand der damaligen Bevölkerung Oberschlesiens aufgrund von Knochenbefunden.

Małgorzata Ruchniewicz

Antoni Barciak (Hg.): Kultura edukacyjna na Górnym Śląsku [Erziehungskultur in Oberschlesien]. Katowice: Societas Scientiis Favendis Silesiae Superioris – Inst. Górnośląski 2002. 384 S., dt. Zusammenfassungen. Ohne ISBN.

Das Thema der fünften internationalen wissenschaftlichen Tagung in Zabrze (ehem. Hindenburg) war die Erziehungskultur in Oberschlesien. Teilnehmer waren Wissenschaftler aus Deutschland, Tschechien und Polen. Ein großer Teil der Konferenz behandelte die Geschichte der Kirche als Erziehungsinstitution und die Geschichte der Geistlichkeit. Einige Beiträge widmen sich dem bislang wenig erforschten klösterlichen Schulwesen. Weitere Themen sind die stiftskirchlichen Schulen, die evangelischen Gymnasien und die Pfarrschulen. Als hochinteressant kann die Darstellung der Wege und Methoden der Ausbildung des Diözesanklerus bezeichnet werden. Näher beleuchtet wurden das Verhältnis zwischen Ausbildung und weiterer Karriere sowie die Möglichkeiten, dieses Phänomen zu untersuchen. Einige Beiträge haben biographischen Charakter. Erinnert wird an Wissenschaftler und Pädagogen aus dem 20. Jahrhundert: P. Stefan Siwiec (im deutschsprachigen Raum, z. B. im „Lexikon für Theologie und Kirche", besser bekannt als Schiwietz), den Erforscher des östlichen Monastizismus, den Domikaner Jacek Woroniecki OP und seine Konzeption der Erziehungsethik sowie Rudolf Ranoszek, den berühmten Assyriologen und Hethitologen. Weitere Beiträge betreffen Archivalien sowie die mittelalterliche Geschichtsschreibung aus Schlesien.

Michał Witkowski

Antoni Barciak (Hg.): Ziemia pszczyńska przez wieki. Stan badań, archiwalia, problemy badawcze [Das Plesser Land durch die Jahrhunderte. Forschungsstand, Archivalien, Forschungsprobleme]. Suszec: Związek Górnośląski koło Suszec 2002. 244 S., Abb., Kt., dt. Zusammenfassung. ISBN 83-906088-1-2.

Die Publikation enthält die Vorträge und Kurzberichte der wissenschaftlichen Konferenz vom 9. November 2001 in Suszec (Oberschlesien). Die Vorträge sind in die drei Themengruppen Forschungsstand, Archivalien und Forschungsprobleme aus der Geschichte des Plesser Landes eingeteilt. Der Band fasst die aktuelle Forschungsdiskussion zusammen und bietet einen fundierten Überblick über die archivalische Quellenlage. Dennoch ist festzuhalten, dass hier nicht alle Bestände erfasst sind, die das Plesser Land betreffen. Die Beiträge diskutieren ausgewählte Forschungsfragen und benennen Desiderata. Ziel der Konferenz und der Publikation war, auf die Notwendigkeiten und Möglichkeiten künftiger Forschungen über das Plesser Land hinzuweisen. Dieser Teil Oberschlesiens spielte eine wichtige, aber oft nicht genug beachtete Rolle in der Geschichte der Region, besonders in früheren Epochen.

Michał Witkowski

Iwona Bińkowska: Wrocław. Fotografie z okresu międzywojennego. Wrocław: Wydawnictwo Via Nova 2004. 143 S., 197 Abb. ISBN 83-88649-84-1.

Iwona Bińkowska: Breslau. Fotografien aus der Zeit zwischen den beiden Weltkriegen. Übers. Jerzy Pasieka. Wrocław: Wydawnictwo Via Nova 2004. 143 S., 197 Abb. ISBN 83-88649-85-X.

Das sorgfältig erarbeitete Album zeigt annähernd 200 historische Fotos aus verschiedenen Breslauer Sammlungen: der Universitätsbibliothek, dem Staatsarchiv, dem Architekturmuseum, dem Stadtmuseum und dem Amt des Woiwodschaftskonservators. Die Bilder spiegeln die dynamische Entwicklung der damaligen Stadt und das Alltagsleben ihrer Bewohner wider. Die älteste Aufnahme zeigt die Eröffnung der Jahrhundertausstellung 1913, die jüngsten Bilder stammen aus den Jahren 1939–1945. Die ohne Unterbrechung durchgeführte Dokumentation der Architektur hielt – wie sich erst kürzlich zeigte – auch die zerstörte Stadt im Frühjahr 1945 fest. Die Anordnung der Fotos erfolgte nach topographischen Gesichtspunkten, beginnend mit dem historischen Zentrum (Rathaus und Ring) und endend mit den Randbezirken, die während der Zwischenkriegszeit eingemeindet wurden: Bischofswalde/Biskupin, Zimpel/Sępolno, Carlowitz/Karłowice oder Hundsfeld / Psie Pole. Dank der damals entstandenen Aufnahmen vom Bau der großen Wohnsiedlungen sind zahlreiche heute nicht mehr existierende Bauten von Theo Effenberger, Erich Grau, Paul Heim und Albert Kemper oder Heinrich Lauterbach überliefert, ebenso die Architektur der Wohn- und Werkraumsiedlung (WuWA) des Jahres 1929. Neben der modernen Architektur zeigen die Fotos Kunstgewerbe und Designobjekte, die die Wohnungen schmückten: Möbel, Keramik, Glas, Wandteppiche. Der über 20 Seiten umfassende Begleittext, der die Aufnahmen kommentiert, ist in die folgenden Abschnitte gegliedert: „Veränderungen im Stadtzentrum", „Fotografische Inventarisationen des städtischen Lebens", „Stimmungsvolle Gassen und Landschaften. Fotografie in der Tradition der Malerei", „Wohnsiedlungen. Reklame für die Architektur und den Lebensstil der Moderne", „Massenveranstaltungen der Sparten Kultur, Sport und Politik. Fotografie als Propagandainstrument".

Maria Zwierz

Iwona Bińkowska, Hanna Górska, Zenon Harasym: Wyspy szczęśliwe. Fotografia podróżnicza w drugiej połowie XIX wieku [Inseln des Glücks. Reisefotografie in der zweiten Hälfte des 19. Jahrhunderts]. Wrocław: Muzeum Miejskie Wrocławia 2005. 152 S., 61 Abb. ISBN 83-89551-13-6.

Die Publikation begleitete die gleichnamige Ausstellung im Rathaus zu Breslau/Wrocław (2.–24. April 2005) und behandelt die vielfältigen Erscheinungen der Geschichte der Reisefotografie. Als Anschauungsmaterial dienten die Bestände der Breslauer Universitätsbibliothek und die Privatsammlungen von Zenon Harasym; beide Kollektionen enthalten Fotografien der bevorzugten Reiseziele der Europäer in den Mittelmeerländern und im Fernen Osten. Die drei Textbeiträge des Buches sind von unterschiedlichem Charakter. Hanna Górska skizziert die Geschichte des Reisens in der europäischen Zivilisation von der Antike bis ins 19. Jahrhundert. Zenon Harasym schreibt aus der Perspektive eines Reisefotografen; er macht den Leser auch mit den Herangehensweisen in den Fotoateliers der einzelnen Länder bekannt. Iwona Bińkowska konzentriert sich auf die Frage der Nutzung der Fotodokumentationen durch Wissenschaftler und Kunstliebhaber. Harasym stellte Kurzbiographien der Fotografen und Ateliers des 19. Jahrhunderts zusammen, deren Werke in der Ausstellung präsentiert wurden; die 60 gezeigten Fotos sind im Katalogteil des Bandes reproduziert.

Maria Zwierz

Stanisław A. Bogaczewicz, Sylwia Krzyżanowska (Hg.): Represje wobec Kościoła katolickiego na Dolnym Śląsku i Opolszczyźnie 1945–1989 [Die Repressionen gegenüber der katholischen Kirche in Nieder- und Oberschlesien in den Jahren 1945–1989]. Wrocław: Instytut Pamięci Narodowej 2004. 225 S. ISBN 83-89078-49-X.

Dieser Band dokumentiert die Materialien einer Konferenz, die vom Institut für Nationales Gedenken (Instytut Pamięci Narodowej) organisiert wurde. Sie beschäftigte sich am Beispiel Nieder- und Oberschlesiens mit unterschiedlichen Formen von Repressionen, die die katholische Kirche in den an Polen angeschlossenen Gebieten im Jahre 1945 und während der kommunistischen Zeit erfahren hat. Die im Buch enthaltenen 14 Abhandlungen befassen sich mit der Tätigkeit des Sicherheitsdienstes unter den Priestern und Gläubigen, mit der Anwendung von direkten Repressionen in Form von Verhaftung und Deportation und mit der Haltung der Kirchenführung und der kommunistischen Macht in Nieder- und Oberschlesien während der Schlüsselereignisse der polnischen Geschichte. Unter anderem stellt T. Balbus die operative Tätigkeit des Sicherheitsdienstes gegenüber der Apostolischen Administratur dar; K. Szwagrzyk beschreibt die Prozesse gegen Priester vor dem Kreismilitärgericht (Wojskowy Sąd Rejonowy); J. Kopiec beschäftigt sich mit den Aussiedlungen der Geistlichen aus dem Oppelner Schlesien im Jahre 1954; K. Strożyna stellt die Reaktion der niederschlesischen Machthaber auf die Botschaft der polnischen Bischöfe aus dem Jahre 1965 dar.

Małgorzata Ruchniewicz

Dorota Borowicz: Mapy narodowościowe Górnego Śląska od połowy XIX wieku do II wojny światowej [Die Nationalitätenkarten Oberschlesiens von der Mitte des 19. Jahrhunderts bis zum Zweiten Weltkrieg] (Acta Universitatis Wratislaviensis 2710). Wrocław: Wydawnictwo Uniwersytetu Wrocławskiego 2004. 181 S., Abb., Kt., dt. u. engl. Zusammenfassungen. ISBN 83-229-2569-7.

Der Verfasserin ist es gelungen, fast einhundert kartographische Darstellungen der Nationalitätenverhältnisse Oberschlesiens von der Mitte des 19. Jahrhunderts bis zum Jahr 1939 ausfindig zu machen. Ein Teil von ihnen war bisher in keiner bibliographischen Auflistung verzeichnet. Nach einer Einführung, in der die Quellen und Forschungsmethoden dargestellt werden, definiert die Autorin die Begriffe Nationalität, Nation und Nationalitätenkarte. Im darauf folgenden Kapitel referiert sie das Wissen über die nationale Zuordnung der Bevölkerung in der Region bis 1939. Das vierte Kapitel beschäftigt sich mit den Karten als Dokumenten zur veranschaulichenden Darstellung nationaler Visionen in den umstrittenen Gebieten. Als nächstes werden die Angaben näher betrachtet, auf deren Grundlage die Karten gezeichnet wurden. Im vorletzten Kapitel präsentiert die Autorin die Karten in chronologischer Folge, bevor sie im letzten Abschnitt die Ergebnisse ihrer Analyse der Glaubwürdigkeit und Objektivität dieser historischen Kartendenkmäler mitteilt.

Krzysztof Ruchniewicz

Maciej Broniewski: Barokowy prospekt organowy w kościele Łaski w Jeleniej Górze [Der barocke Orgelprospekt der Gnadenkirche in Hirschberg / Jelenia Góra] ([Reihe:] Poznańskie Studia Historyczne [Posener Historische Studien]). Poznań: Wydawnictwo Poznańskie 2004. 380 S., Abb., dt. Zusammenfassung. ISBN 83-7177-210-6.

In der Abhandlung wird der Hirschberger Orgelprospekt in seinen symbolischen, geschichtlichen und religiösen Kontexten dargestellt. Neben Hinweisen auf den Forschungsstand und einer allgemeinen Beschreibung umfasst die Arbeit auch eine Schilderung der Genese des Kunstwerks. Die politische und religiöse Ikonographie des Orgelwerkes erlaubt eine Interpretation des Zusammenhangs zwischen dem Kunstwerk und den Konflikten in Schlesien. Das Orgelwerk ist ein Teil der habsburgischen Weltordnung, betont aber zugleich die Andersartigkeit und Unabhängigkeit der Hirschberger Protestanten. Dem Text ist transkribiertes Archivmaterial beigefügt, außerdem umfangreiches ikonographisches Material.

Maria Wojtczak

Marcin Bukała: Zagadnienia ekonomiczne w nauczaniu wrocławskiej szkoły dominikańskiej w późnym średniowieczu [Die ökonomischen Fragen im Unterricht der Breslauer Dominikanerschule im Spätmittelalter] (Seria [Reihe]: Historia i kultura Śląska). Wrocław: Oficyna Wydawnicza ATUT 2004. 318 S., Abb., engl. Zusammenfassung. ISBN 83-89247-30-5.

Das Ziel des Buches ist die Darstellung der Präsenz ökonomischer Fragen in der Lehre und den Schriften der Breslauer Dominikaner im späten Mittelalter. Seine Quellengrundlage sind die Handschriften der Breslauer Dominikaner, deren Bibliothek die größte dieser Klostergemeinschaft in Polen ist. Die Monographie besteht aus vier Teilen. Im ersten wird das Verhältnis der Bettelorden zu wirtschaftlichen Fragen vor dem Hintergrund der Veränderungen in Wirtschaft und Gesellschaft gegen Ende des Mittelalters dargestellt. Im zweiten Teil präsentiert der Verfasser das ökonomische Denken der damaligen Zeit, die an das Erbe des Altertums anknüpfte. Im dritten Teil stellt er die Besonderheit der Breslauer Dominikanerschule dar und analysiert wirtschaftliche Phänomene anhand von ausgewählten Handschriften. Der vierte Teil befasst sich mit ökonomischen Konzeptionen von Heinrich von Hessen sowie Kommentaren zur Moralphilosophie von Aristoteles. Im Anhang sind zwei Quellenfragmente abgedruckt.

Małgorzata Ruchniewicz

Ceramika i szkło polskie w XX w. Katalog zbiorów Muzeum Narodowego we Wrocławiu [Keramik und Glas des 20. Jahrhunderts aus Polen. Bestandskatalog des Breslauer Nationalmuseums]. Wrocław: Muzeum Narodowe we Wrocławiu 2004. 330 S., 473 Abb. ISBN 83-86766-87-5.

Der Band setzt die wissenschaftliche Reihe zu den Sammlungen der Kunst des 20. Jahrhunderts im Breslauer Nationalmuseum fort, die vom Direktor Mariusz Hermansdorfer herausgegeben wird. Bisher sind darin erschienen: „Polnische Kunst des 20. Jahrhunderts. Bestandskatalog" (2000) und „Kunst des 20. Jahrhunderts, Werke ausländischer Künstler. Bestandskatalog" (2002). Das Breslauer Nationalmuseum besitzt eine der repräsentativsten Sammlungen von Keramik und Glas des 20. Jahrhunderts aus Polen. Das Buch ist nach Werkstoffen untergliedert. Den Keramikteil bearbeitete die zuständige Kustodin Maria Jeżewska; hier finden sich 2.455 Eintragungen. Den Glaskatalog mit 1.415 Eintragungen verfasste Bogdan Górecki. Im Keramikteil sind Künstlernamen sowie Institutionen und keramische Betriebe alphabetisch angeordnet, im Glasteil sind Künstler und Glashütten, jeweils alphabetisch geordnet, getrennt aufgeführt. Umfangreiches Abbildungsmaterial in vorzüglicher Qualität illustriert den Band.

Maria Zwierz

Ewa Chojecka, Jerzy Gorzelik, Irma Kozina, Barbara Szczypka-Gwiazda: Sztuka Górnego Śląska od Średniowiecza do końca XX wieku [Kunst in Oberschlesien vom Mittelalter bis zum Ende des 20. Jahrhunderts]. Redaktor naukowy [Wissenschaftl. Redaktion]: Ewa Chojecka. Katowice: Muzeum Śląskie [Schlesisches Museum] 2004. 711 S., Abb., engl. u. dt. Zusammenfassung, engl. u. dt. Inhalts- und Abbildungsverzeichnis. ISBN 83-87455-77-6.

Die als Handbuch angelegte Publikation bündelt die Ergebnisse langjähriger Arbeit einer Gruppe von Wissenschaftlern am Kunsthistorischen Seminar der Schlesischen Universität in Kattowitz/Katowice unter der Leitung von Prof. Ewa Chojecka. Sie bietet einen Überblick über die Kunstgeschichte (die Volkskunst ist ausgeklammert) Oberschlesiens, einer historisch durch den Wandel der territorialen und staatlichen Zugehörigkeit gekennzeichneten Region. Ungeachtet der Vielfalt der hier zu beobachtenden künstlerischen Phänomene unterschiedlichen Ursprungs ist dieses Gebiet als kulturelle Einheit zu verstehen; diesem Anspruch gerecht zu werden, ist einer der großen Vorzüge des Bandes. Die Erforschung der oberschlesischen Kunst begann im späten 19. Jahrhundert, sowohl aus deutscher als auch aus polnischer und tschechischer Perspektive. Das wissenschaftliche Niveau dieser Arbeiten litt oftmals unter den national(istisch) ausgerichteten Prämissen, die der Analyse der Kunstwerke zugrunde gelegt wurden. Die vorliegende Publikation gibt einleitend einen kritischen Bericht über den Forschungsstand, um anschließend eine umfassende und analytische Darstellung zu bieten. Betrachtungen zu regionalen Erscheinungen erfahren eine Einordnung in internationale Zusammenhänge. Höhepunkte der künstlerischen Entwicklung in Oberschlesien sind die vielfältigen Einwirkungen der Prager Parlerkunst im 14. Jahrhundert, die spätbarocke Kunst des 18. Jahrhunderts, Historismus und frühe Moderne in der zweiten Hälfte des 19. Jahrhunderts bis 1914 sowie die Avantgarde der Zwischenkriegszeit. Eine definitive Bewertung der Gegenwartskunst seit 1945 erscheint indessen verfrüht; hier harrt einiges einer künftigen Untersuchung. Ein wichtiges Desiderat ist die Erarbeitung eines umfassenden, topographisch geordneten Katalogs der Kunstdenkmäler des 19. und 20. Jahrhunderts. Indem die Autoren auf aktuelle, kulturhistorisch ausgerichtete Identitätsfragen der Region hinweisen, beziehen sie auch Stellung zur gegenwärtigen Umbruchssituation – die Industrialisierung, die seit mehr als zwei Jahrhunderten den Kontext der oberschlesischen Kunsterscheinungen bildete, ist in ihrer bisherigen Form am Ende angelangt.

Michał Witkowski

Bogusław Czechowicz: Nagrobki późnogotyckie na Śląsku [Spätgotische Grabdenkmäler in Schlesien] (Acta Universitatis Wratislaviensis 2583). Wrocław: Wydawnictwo Uniwersytetu Wrocławskiego 2003. 266 S., 199 Abb. ISBN 83-229-2470-4.

Das Buch basiert auf der Doktorarbeit des Autors, die an der Universität Breslau/Wrocław bei Prof. Jan Harasimowicz entstand. Es behandelt alle bekannten spätgotischen Grabdenkmäler der Zeit von 1400 bis 1550 bzw. diejenigen Objekte, die dieser Epoche stilistisch zuzuordnen sind. Diese Chronologie wurde gewählt, obwohl bislang 1450 als Zäsur galt. Der Autor begründet seine Entscheidung damit, dass die Werke der Jahre 1400 bis 1450 bislang von der Forschung ausgeklammert worden seien; ihre Einbeziehung sei ein Desiderat gewesen, um zu einer Synthese zu gelangen. Unter der topographischen Bezeichnung „Schlesien" ist hier das Gebiet gefasst, das im Laufe des 15. Jahrhunderts, vor allem in der zweiten Jahrhunderthälfte, vom Landeshauptmann Schlesiens verwaltet und durch dessen Vertreter auf den Landtagen repräsentiert wurde. Der Band gliedert sich in Kapitel zum Forschungsstand, zur Frage der Auftraggeber und der ausführenden Künstler, zu Bestattungsarten und zum damaligen Verständnis des „Lebensendes". Dabei wird versucht, die Grabdenkmäler in einem breiten Kontext zu betrachten, der neben künstlerischen auch historische, soziale, rechtliche und politische Aspekte berücksichtigt. Ein wesentlicher Bestandteil des Buches ist der Objektkatalog mit 275 Einträgen, der nach Ortsnamen geordnet ist. Jeder Katalogeintrag ist sehr detailliert; er umfasst eine Beschreibung mit Transkribierung der Inschriften, Informationen zu Erhaltungszustand und Geschichte des Objekts (vor allem zur Frage nach der ursprünglichen Lokalisierung) sowie zum Forschungsstand, Bemerkungen des Autors, Bibliographie und Kurzbiographie des Verstorbenen. Der Band enthält auch ein umfangreiches Personenregister.

Maria Zwierz

Wanda Dybalska: Taki zwyczajny. O profesorach Uniwersytetu Wrocławskiego [Ganz normal. Über die Professoren der Universität Breslau]. Wrocław: Oficyna Wydawnicza ATUT 2005. 343 S., Abb. ISBN 83-7432-012-5.

Dieses populärwissenschaftliche Buch stellt eine interessante Ergänzung zu den bisherigen Publikationen zur Nachkriegsgeschichte der Universität Breslau/Wrocław dar. Es besteht aus 19 Biographien von bedeutenden Professoren dieser Universität, die aufgrund von Materialien des Universitätsarchivs sowie von privaten Dokumenten, die von den Familien zur Verfügung gestellt wurden, verfasst sind. Das gezeichnete Gesamtbild stellt die schwierigen Jahre des Neuanfangs der Breslauer Alma Mater nach 1945 dar und umreißt ihre Leistung, die eben diesen Professoren zu verdanken ist. In dem Buch sind viele Fotos abgedruckt, die einen Eindruck gerade auch vom Privatleben der Dargestellten vermitteln.

Małgorzata Ruchniewicz

Adam Dziurok, Marcin Niedurny (Hg.): Deportacje Górnoślązaków do ZSRR w 1945 roku [Die Deportationen von Oberschlesiern in die UdSSR im Jahre 1945]. Katowice: Instytut Pamięci Narodowej 2004. 119 S. ISBN 83-89078-66-X.

Das Buch enthält die Materialien einer vom Institut für Nationales Gedenken organisierten Konferenz über die Deportation der oberschlesischen Bevölkerung zur Zwangsarbeit in die UdSSR im Jahre 1945. Von diesen Verschleppungen waren ca. 30.000 Personen betroffen. M. Golon beschreibt die Deportationen aus den nach 1945 polnischen Gebieten und behandelt vor diesem Hintergrund die Deportationen aus Oberschlesien. K. Miroszewski skizziert die Funktion der sowjetischen Übergangslager. K. Banas beschäftigt sich mit den Kategorien von Deportierten. S. Fertacz geht der Frage der Zahl der Deportationstransporte nach. Die Lebensverhältnisse eines im Donezker Gebiet in der Ukraine gelegenen Lagers rekonstruiert exemplarisch M. Niedurny. Die wirtschaftlichen und gesellschaftlichen Folgen der Deportation für die Region beschreibt J. Neja. Darüber hinaus wird der Stand der vom Institut für Nationales Gedenken durchgeführten Untersuchungen zu Fragen der Deportation dargestellt. Ergänzt wird das Buch durch eine Statistik der Deportationen aus dem Gleiwitzer Kreis, die über die Bevölkerungsstruktur und die Zahl der Deportierten Auskunft gibt.

Krzysztof Ruchniewicz

Tomasz Falęcki: O narodowe oblicze katolickiego życia kościelnego na Górnym Śląsku. Polska – Stolica Apostolska – Niemcy 1919–1922 [Für ein nationales Profil des katholischen Kirchenlebens in Oberschlesien. Polen – Apostolischer Stuhl – Deutschland 1919–1922] (Akademia Pedagogiczna im. Komisji Edukacji Narodowej, Prace monograficzne [Pädagogische Akademie der Nationalen Bildungskommission, Monographien] 362). Kraków: Wydawnictwo Naukowe Akademii Pedagogicznej 2003. 156 S., Abb., dt. Zusammenfassung. ISBN 83-7271-215-8.

Gegenstand dieser Arbeit ist die Rolle der katholischen Kirche im polnisch-deutschen Konflikt um Oberschlesien. Der Verfasser sichtete umfangreiche Archivbestände, wobei er nicht nur polnische und deutsche, sondern auch die vatikanischen Bestände heranzog. Im ersten von insgesamt neun Kapiteln beschäftigt sich Falęcki mit dem historischen Hintergrund der Auseinandersetzung um die oberschlesische Region. Im nächsten Abschnitt stellt er die Haltung der katholischen polnischen und deutschen Geistlichen gegenüber der Verschärfung des Konflikts dar. Anschließend befasst er sich mit dem Streit um die kirchliche Jurisdiktion. Das darauffolgende Kapitel widmet der Autor der Haltung des Breslauer Kardinals Bertram, bevor er im nächsten die Politik des Vatikans gegenüber der oberschlesischen Kirche darstellt. Das letzte Kapitel befasst sich mit der schwierigen Entwicklung der kirchlichen Verwaltung von der Fürstbischöflichen Delegatur bis zur Apostolischen Administration. Das Buch wird durch einen Quellenanhang ergänzt.

Małgorzata Ruchniewicz

Alicja Gałecka-Paduchowa: Zabytkowa architektura municypalna i przemysłowa Raciborza [Städtische und industrielle Baudenkmäler in Ratibor]. Katowice: Śląskie Centrum Dziedzictwa Kulturowego w Katowicach 2004. 91 S., farb. Abb. ISBN 83-85871-36-5.

Der Band ist für den Regionalkunde-Unterricht gedacht und richtet sich dementsprechend an junge Leser. Eine kurze Einführung über die Strömungen und Tendenzen der Architektur des 19. und 20. Jahrhunderts ist den beiden Teilen vorangestellt, die zahlreiche Illustrationen und kompakte Darstellungen einzelner Objekte der städtischen und industriellen Architektur auf dem Gebiet der Stadt Ratibor/Racibórz enthalten. Die Bildunterschriften umfassen Daten zur Entstehungszeit, zu Auftraggebern, Architekten, ausführenden Baufirmen und Nutzern der jeweiligen Bauten. Diese besondere Art des Inventars bietet bemerkenswerte Informationen zu den Architekturdenkmälern Oberschlesiens. Zu den ausgewählten Objekten, die die unterschiedlichen Stilrichtungen der behandelten Epoche repräsentieren, zählen beispielsweise das Gebäude des Instituts für Geophysik der Polnischen Akademie der Wissenschaften (ul. Chłopska 1), ein Haus in Holzbauweise im Stil des Neuen Bauens vom Poelzig-Schüler Konrad Wachsmann, die heutige Stadtverwaltung im Gebäude der ehemaligen Schokoladenfabrik von Franz Sobzik, entworfen 1912 von Bruno Wolter, oder der neogotische Bau des Wohlfahrtsamts mit einer Kapelle von Johannes Affa.

Irma Kozina

Bogusław Gediga (Hg.): Archeologiczne zeszyty autostradowe Instytutu Archeologii i Etnologii PAN. Zeszyt 3: Badania na autostradzie A 4, część II [Archäologische Autobahnhefte des Instituts für Archäologie und Ethnologie der polnischen Akademie der Wissenschaften. Heft 3: Grabungen an der A 4, Teil 2]. Wrocław: Wydawnictwo Zespołu Badań Ratowniczych Instytutu Archeologii i Etnologii Polskiej Akademii Nauk 2004. 249 S., 120 Abb., dt. Zusammenfassungen. ISBN 83-89499-13-4.

Dies ist der zweite Ergebnisband der Rettungsgrabungen, die seit 1997 entlang der Neubaustrecke der A 4 durchgeführt werden. Behandelt sind Grabungsfelder vom Mesolithikum bis ins Mittelalter, sowohl am niederschlesischen Bauabschnitt als auch in der Region Oppeln/Opole. Die Forschungsergebnisse erweitern das Wissen über Kultur und Geschichte der frühen Bronzezeit. Besonders bemerkenswert ist die Entdeckung eines Friedhofs der Aunjetitzer Kultur und einer Siedlung aus der Hallstattzeit. Der Band enthält sieben Artikel. Jarosław Kopiasz sowie Paweł Dąbrowski und Stanisław Gronkiewicz berichten über die Grabungsergebnisse im Abschnitt Milejowice 19, Kreis Breslau/Wrocław. Tomasz Gralak schreibt über die Siedlung der Lausitzer Kultur aus der Hallstattzeit in Neu Schlesing / Nowy Śleszów, Gemeinde Rothsürben/Żórawina. Die übrigen Texte stellen die Grabungsergebnisse am Fundort Jarischau/Jaryszów, Kreis Groß Strehlitz / Strzelce Opolskie, und aus Sakrau/Zakrzów, Kreis Krappitz/Krapkowice (Woiwodschaft Oppeln), vor.

Maria Zwierz

Marek Hałub: Im schlesischen Mikrokosmos. August Heinrich Hoffmann von Fallersleben. Eine kulturgeschichtliche Studie (Acta Universitatis Wratislaviensis 2741). Wrocław: Wydawnictwo Uniwersytetu Wrocławskiego 2005. 353 S., Abb. ISBN 83-229-2576-X.

Mit dieser Monographie füllt der Breslauer Germanist eine seit langem bestehende Lücke in der Hoffmann-von-Fallersleben-Forschung, die erstaunlicherweise weder über eine wissenschaftlich fundierte Biographie noch eine moderne historisch-kritische Gesamtausgabe verfügt. Hoffmann von Fallersleben ist ein äußerst wichtiger, aber in Vergessenheit geratener Autor, der zwanzig Jahre seines Lebens in Schlesien verbrachte. Trotzdem wird er in der Forschung selten mit dem Oderland in Verbindung gebracht. Der Verfasser des „Deutschlandliedes" erweist sich wegen seiner politischen Linie als eine kontrovers diskutierte, bis heute unbequeme Persönlichkeit, die mit der Zeit konsequent in den literatur- und wissenschaftsgeschichtlichen Hintergrund gerückt wurde. Diese Erkenntnis lässt Marek Hałub die Frage nach den Ursachen dieses „Schattendaseins" stellen. Mittels unbekannten Quellenmaterials, der ausgiebig benutzten Sekundärliteratur und präziser Interpretation der vorliegenden Fakten und Ereignisse aus dem Leben Hoffmanns bekommt der Leser ein Gesamtbild dieser unbestritten wichtigen Persönlichkeit, und zwar unter besonderer Berücksichtigung ihrer Position im „schlesischen Mikrokosmos". Die Intention des Buches zielt also darauf ab, „die vielfältigen Wechselbeziehungen zwischen dem persönlichen Erleben der schlesischen Kulturlandschaft und ihrem Niederschlag im Werk Hoffmanns von Fallersleben aufgrund der oft kaum bzw. ungenügend ausgewerteten Publikationen und Quellen zu dokumentieren".

Marta Kopij

Jan Harasimowicz, Angelika Marsch (Hg.): Friedrich Bernhard Werner (1690–1776). Życie i twórczość – Leben und Werk. Materiały z międzynarodowej konferencji naukowej zorganizowanej przez Muzeum Miedzi w Legnicy w dniach 21–23 listopada 2002 r. [Materialien der vom Kupfermuseum in Liegnitz veranstalteten internationalen wissenschaftlichen Konferenz vom 21.–23. November 2002] (Źródła i materiały do dziejów Legnicy i Księstwa Legnickiego [Quellen und Materialien zur Geschichte von Liegnitz und des Herzogtums Liegnitz] 3). Legnica: Muzeum Miedzi 2004. 418 S., 128 Abb., dt. u. poln. Zusammenfassungen. ISBN 83-88155-20-2.

Der Band enthält 25 Beiträge (in deutscher oder polnischer Sprache) einer internationalen Tagung, die im November 2002 im Liegnitzer Kupfermuseum unter Beteiligung von Wissenschaftlern aus Deutschland, Tschechien, Slowenien und Polen stattfand. Friedrich Bernhard Werner, gebürtig in Schlesien und über viele Jahre dort ansässig, gilt als einer der bedeutenden europäischen topographischen Zeichner der Neuzeit. Die Kenntnis über das Bild Europas und vor allem Schlesiens im 18. Jahrhundert wäre um vieles ärmer ohne die Zeichnungen und Beschreibungen Werners. Die Publikation bietet einen aktuellen Überblick über den derzeitigen Forschungsstand zu Leben und Werk des „schlesischen Europäers der Barockzeit" und zeigt gleichzeitig Forschungsdesiderate auf. Den Forschungsstand referieren der einführende Text von Jan Harasimowicz über Werner „im Lichte der bisherigen und künftigen

Schlesienforschung" sowie Angelika Marschs „Anmerkungen". Lucyna Harc analysiert das Verhältnis der „schlesischen Topographie" Werners zur Historiographie am Beispiel des Fürstentums Liegnitz; Klara Kaczmarek-Patralska untersucht Werners Zeichnungen „als Quelle zur Erforschung der Anfänge der Renaissance in Schlesien". Besonders hervorzuheben ist der Abdruck von Werners „Itinerarium" mit Aufzeichnungen verschiedener Begebenheiten und Reiseeindrücke. Eine ausführliche Bibliographie und zahlreiche Illustrationen, darunter 28 kolorierte Zeichnungen und Karten, runden den Band ab.

Maria Zwierz

Jerzy Ilkosz: Hala Ludowa i Tereny Wystawowe we Wrocławiu – dzieło Maxa Berga [Die Jahrhunderthalle und das Ausstellungsgelände in Breslau – das Werk Max Bergs]. Wrocław: Muzeum Architektury 2005. 336 S., 419 Abb. ISBN 83-89262-22-3.

Der Band erschien im Kontext der gleichnamigen Ausstellung, die vom 18. Juni bis 20. November 2005 im Breslauer Architekturmuseum zu sehen war. Der Autor befasst sich seit vielen Jahren mit dem Œuvre Max Bergs, dessen Hauptwerk die Jahrhunderthalle ist. Aufgrund ihrer Entstehungsgeschichte, ihrer Ästhetik und ihrer aufsehenerregenden Konstruktion wurde die Halle schon kurz nach ihrer Entstehung zum Wahrzeichen Breslaus und gilt als frühes Werk der Moderne. Ilkoszs Band ist die erste Monographie, die den Bau im Gesamtkontext von Bergs Schaffen und vor dem Hintergrund der zeitgenössischen Architektur untersucht. Einleitend gibt der Verfasser einen Überblick über die Geschichte des Scheitniger Parks und des Ausstellungsgeländes, das 1913 anlässlich der Hundertjahrfeier der Befreiungskriege eröffnet wurde. Die Jahrhundertausstellung mit der Jahrhunderthalle im Zentrum sollte zugleich die kulturellen und wirtschaftlichen Leistungen Breslaus und der Provinz Schlesien präsentieren. In den einzelnen Kapiteln wird die Genese der Ausstellung und der Jahrhunderthalle erörtert und der Bau in seiner Einzigartigkeit in den Kontext der Zeit eingeordnet. Weitere Abschnitte behandeln die Geschichte des Ausstellungsgeländes in der Zwischenkriegszeit sowie die Zeit nach 1945. In Kürze soll die Eintragung der Halle in die Weltkulturerbe-Liste der UNESCO erfolgen.

Maria Zwierz

Piotr Jaskóła (Hg.): Dalecy a bliscy. Materiały międzywydziałowego sympozjum zorganizowanego z okazji 150. rocznicy obecności Ślązaków w Teksasie [Die Entferntesten und die Nächsten. Materialien eines interdisziplinären Symposiums anlässlich des 150. Jahrestages der Anwesenheit von Oberschlesiern in Texas]. Opole: Redakcja Wydawnictw Wydziału Teologicznego Uniwersytetu Opolskiego 2004. 102 S., engl. Zusammenfassung. ISBN 83-88939-89-0.

Das Buch versammelt die Beiträge einer Konferenz über Aspekte der Erwerbsmigration von Oberschlesien nach Texas im 19. Jahrhundert. Während der Konferenz, an der polnische und amerikanische Forscher teilnahmen, wurden unterschiedliche Facetten der Identität der Emigranten, die Rolle des Katholizismus und die Rolle der Familie Moczygeba als Organisator der Gruppe der Oberschlesier in Texas angesprochen. Im Buch ist darüber hinaus die Podiumsdiskussion dokumentiert, während der das Projekt „Die schlesischen Texaner", das unter den Nachkommen der Emigranten durchgeführt wird, kurz vorgestellt wurde. Ebenfalls abgedruckt ist die Dokumentation der Ausstellung anlässlich des 150. Jahrestages der Auswanderung aus Oberschlesien nach Amerika.

Małgorzata Ruchniewicz

Zbigniew Kapała, Jerzy Myszor (Hg.): Kościoły i związki wyznaniowe a konflikt polsko-niemiecki na Górnym Śląsku w latach 1919–1921 [Die Kirchen und die kirchlichen Verbände im polnisch-deutschen Konflikt in Oberschlesien in den Jahren 1919–1921]. Bytom: Muzeum Górnośląskie 2005. 252 S., dt. Zusammenfassungen. ISBN 83-88880-60-8.

Der Band dokumentiert das zwölfte Treffen der Historiker der schlesischen Aufstände und der Volksabstimmung, das vom Oberschlesischen Museum in Beuthen/Bytom organisiert wurde. Das Ziel der Konferenz war die Beleuchtung des Problems der Beziehungen zwischen den verschiedenen Kirchen und kirchlichen Verbänden in Oberschlesien in den dramatischen Jahren 1919–1921. Das Buch besteht aus 13 Studien von polnischen Historikern. M. Traba stellt die Lage der katholischen Kirche in Oberschlesien dar; mit der Situation der evangelischen Kirche in der Region beschäftigt sich H. Czembor; M. Wodziński behandelt die Personen jüdischen Glaubens. Die Beiträge von J. Myszor und T. Falęcki betreffen die Haltung von Kardinal Bertram. Mit der nationalen Einstellung der Geistlichen befassen sich W. Musialik, J. Krętosz und J. Olszar. L. Krzyżanowski untersucht das Bild der polnischen und deutschen Katholiken in den Publikationen des Plebiszits.

Krzysztof Ruchniewicz

Krystyna Kirschke, Paweł Kirschke: Sto lat domu handlowego „Feniks" (Warenhaus Gebrüder Barasch) [100 Jahre Kaufhaus „Phönix" (Warenhaus Gebrüder Barasch)]. Wrocław: Wydawnictwo „Społem" Powszechnej Spółdzielni Spożywców „Feniks" 2004. 112 S., 90 Abb. ISBN 83-921386-0-0.

Das Kaufhaus Phönix/Feniks, das ehemalige Warenhaus Barasch, gegenüber der Ostfassade des Breslauer Rathauses, ist eine der wenigen Handelsimmobilien in der Stadt, deren Funktion seit 100 Jahren unverändert ist. Seit der Eröffnung am 4. Oktober 1904 besticht die Jugendstilarchitektur des Kaufhauses durch ihren Formenreichtum, die künstlerischen Details und modernste konstruktive und technische Errungenschaften. Die Autoren, Wissenschaftler an der Architekturfakultät der Technischen Universität Breslau/Wrocław, arbeiten seit vielen Jahren über die Architektur von Waren- und Geschäftshäusern. Ihre Publikation besteht aus zwei Teilen. Der erste stellt die Geschichte des Hauses bis 1940 dar; dabei wird auch die mittelalterliche und neuzeitliche Vergangenheit der Parzelle erläutert. Die Entwürfe Georg Schneiders für den Kaufhausneubau aus den Jahren 1902 bis 1904 werden ebenso untersucht wie die Funktion des Hauses bis 1945. Der zweite Abschnitt behandelt die Geschichte des „Genossenschaftlichen Warenhauses Phönix" von 1945 bis 2004. Vorgestellt werden auch die Entwürfe der Autoren zum Umbau und zur Revalorisierung des Hauses aus dem Jahr 1998. Eine umfangreiche Bibliographie und ein Verzeichnis der architektonischen Entwürfe schließen den Band ab, der durch Planzeichnungen, historische und aktuelle Fotos sowie Reklameschriften reich illustriert ist.

Maria Zwierz

Danuta Kisielewicz, Lech Rubisz (Hg.): Śląsk w myśli politycznej i działalności Polaków i Niemców w XX wieku [(Ober-)Schlesien im politischen Denken und in den Aktivitäten von Polen und Deutschen im 20. Jahrhundert]. Cz. [Tl.] 2. Opole: Wydawnictwo Uniwersytetu Opolskiego 2004. 219 S. ISBN 83-7395-041-9.

Ähnlich wie im ersten, im Jahre 2001 herausgebrachten Teil dieser Publikation (s. Berichte und Forschungen 10, 2002, S. 229 f.) werden hier die Biographien von aus Oberschlesien stammenden oder mit dem Land verbundenen Persönlichkeiten des vergangenen Jahrhunderts präsentiert, in deren Tätigkeit diese Region eine besondere Rolle spielte. In Form von zehnseitigen biographischen Artikeln sind Leben und Wirken von weltlichen und geistlichen Personen, von Politikern und gesellschaftlichen Protagonisten, von Wissenschaftlern und Beamten porträtiert. Unter den 17 vorgestellten Personen gibt es auch solche, die bis heute umstritten sind, wie z. B. der Schlonsakenführer Josef Koždoň, der Kommunist Edward Gierek oder der Nationalsozialist Rudolf Wiesner. Allerdings überwiegen in dieser Publikation diejenigen, die sich mit dem Polentum identifiziert haben.

Krzysztof Ruchniewicz

Małgorzata Korżel-Kraśna: Meble XVIII wieku [Möbel des 18. Jahrhunderts]. Wrocław: Muzeum Narodowe we Wrocławiu 2004. 232 S., 328 Abb. ISBN 83-86766-82-4.

Der Band erschien als Katalog der Möbelsammlung des 18. Jahrhunderts in der „Galerie für Kunsthandwerk und technische Kultur“ im Nationalmuseum in Breslau/Wrocław. Es handelt sich gewissermaßen um ein Pionierwerk – kein polnisches Museum hat bislang eine eigenständige wissenschaftliche Publikation zu diesem Thema herausgebracht. In den ersten Kapiteln berichtet die Autorin über die Sammlungsgeschichte und stellt die Breslauer Kollektion in den Kontext der europäischen Möbel und Innenausstattungen. Den Hauptteil des Bandes bildet der Katalog. Er zählt 298 Eintragungen und umfasst sowohl lokale schlesische Erzeugnisse als auch Möbel aus verschiedenen Werkstätten Englands, Frankreichs, Hollands, Deutschlands oder Italiens. Der Katalog gliedert sich in die Gruppen Schreibmöbel, Sitzmöbel, Schrankmöbel, Tischchen und Tische. Das reiche Abbildungsmaterial führt dem Leser die Sammlungsstücke auch in Detailaufnahmen vor Augen. Ein Verzeichnis der Möbel und ihrer Produzenten sowie ein Glossar der wichtigsten Fachbegriffe erleichtern die Benutzung des Buches.

Maria Zwierz

Wojciech Kunicki (Hg.), unter Mitarbeit von Marta Kopij und Gabriela Połutrenko: Neisse: Texte und Bilder. Nysa: Oficyna Wydawnicza Państwowej

Wyższej Szkoły Zawodowej w Nysie 2005. 2., durchges. Auflage. 366 S. ISBN 83-60081-00-X.

Die erste Auflage von „Neisse: Texte und Bilder" erschien im Jahre 2003 (s. Berichte und Forschungen 11, 2003, S. 321 f.). Die zweite hier zu besprechende Ausgabe wurde durchgesehen, verbessert und um ein Personenregister erweitert. Diese aus literarischen, geschichtlichen und kulturpolitischen, auf Neisse/Nysa bezogenen Texten bestehende Anthologie setzt sich weiterhin aus sechs Teilen zusammen: „Die Stadt als Ganzes. Wandlungen der Geschichtsbilder", „Die Wunden dieser unglücklichen Stadt", „Ereignisse", „Orte", „Sagen und Märchen", „Literatur und Neisse – Deutsche Nationalliteratur – Weltliteratur?", wobei aber dem Teil „Orte" ein neues Kapitel „Theater in Neisse" beigefügt wurde.

Marta Kopij

Barbara Kwiatkowska: Mieszkańcy średniowiecznego Wrocławia. Ocena warunków życia i stanu zdrowie w ujęciu antropologicznym [Die Bewohner des mittelalterlichen Breslau. Die Beurteilung der Lebensbedingungen und des Gesundheitszustandes aus anthropologischer Sicht] (Acta Universitatis Wratislaviensis 2720). Wrocław: Wydawnictwo Uniwersytetu Wrocławskiego 2005. 130 S., Abb., engl. Zusammenfassung. ISBN 83-229-2568-9.

Historisch-anthropologische Forschungsergebnisse machen den Hintergrund der Ausführungen der Verfasserin über die Lebensbedingungen und den Gesundheitszustand der alten Breslauer aus. Dabei werden die Ergebnisse der Untersuchungen von Skeletten aus dem 12. bis 16. Jahrhundert, die in Breslau/Wrocław bis 2002 gefunden wurden, präsentiert. Das Buch umfasst fünf Teile. Nach einer allgemeinen Darstellung der Lebensbedingungen der städtischen Bevölkerung im Mittelalter beschäftigt sich die Verfasserin mit den Friedhöfen. Im nächsten Kapitel erläutert sie die anthropologischen Forschungsmethoden. Weiter charakterisiert sie die erhalten gebliebenen Skelette morphologisch (unter Berücksichtigung des physiologischen Stresses und der pathologischen Veränderungen). Im letzten Kapitel vergleicht sie die Breslauer Skelette mit anderen Knochenüberresten in Polen und im Ausland.

Małgorzata Ruchniewicz

Maciej Łagiewski: Mosty Wrocławia [Breslauer Brücken]. Wrocław: Wydawnictwo Dolnośląskie 2004. 166 S., 178 Abb. ISBN 83-7384-146-6.

Der Autor, der hiermit bereits sein zweites Buch über Breslauer Brücken herausgibt, begründet sein Interesse für das Thema damit, dass Brücken einen wesentlichen Beitrag zum individuellen Charakter einer Stadt leisten. Keine andere Stadt in Polen hat vergleichbare topographische Gegebenheiten wie Breslau/Wrocław. Die Oder gabelt sich hier in zahlreiche Seitenarme, die sich am Stadtrand in einem Bett vereinen. Auch wichtige Nebenflüsse – Weistritz/Bystrzyca, Ohle/Oława, Lohe/Ślęza und Weide/Widawa – münden hier. Von den 150 Brückenbauten hat der Autor die seiner Meinung nach architektonisch bemerkenswertesten ausgewählt. Das erste Kapitel enthält Bemerkungen zur Konstruktionsweise und zu den Baumaterialien der Brücken durch die Jahrhunderte. Die ältesten Brücken werden in Einzelkapiteln vorgestellt, ebenso die Bauten des 19. Jahrhunderts. Berücksichtigt sind auch die Verbindungen über die alte Oder sowie die denkmalgeschützten Objekte: Kaiserbrücke / most Grundwaldzki, Dombrücke / most Tumski, Mühlenbrücke / most Młyński, Werderbrücke / most Pomorski, Sandbrücke / most Piaskowy, Paßbrücke / most Zwierzyniecki, Wilhelmsbrücke / most Mieszczański, Matthiasbrücke / most św. Macieja und Mauritiusbrücke / most Oławski. Hervorhebenswert ist das umfangreiche Bildmaterial, das jedes Objekt illustriert: Grafiken, historische Fotos und Postkarten, Architekturentwürfe sowie zahlreiche Farbfotos des heutigen Zustands der Brücken.

Maria Zwierz

Joanna Lubos-Kozieł: Wiarą tchnące obrazy. Studia z dziejów malarstwa religijnego na Śląsku w XIX wieku [Bilder, die vom Glauben künden. Studien zur Geschichte der religiösen Malerei in Schlesien im 19. Jahrhundert] (Acta Universitatis Wratislaviensis 2662, Historia Sztuki [Kunstgeschichte] 18). Wrocław: Wydawnictwo Uniwersytetu Wrocławskiego 2004. 468 S., 207 Abb., dt. Zusammenfassung. ISBN 83-229-2530-1.

Die religiöse Strömung in der schlesischen Malerei des 19. Jahrhunderts hat bislang noch keine eigenständige, umfassende Untersuchung erfahren, die deren Spezifika und Stellung innerhalb des künstlerischen Erbes der Region herausgearbeitet hätte. Die vorliegende Publikation erweitert die Kenntnis erheblich, auch wenn sie das Thema nicht erschöpfend behandelt. In der Einführung gibt die Autorin einen Überblick über die Forschungslage, es folgt ein Überblick über die Geschichte der religiösen Malerei in Schlesien im 19. Jahrhundert. Den Hauptteil des Bandes bilden Einzelstudien zu vier ausgewählten Fragenkomplexen, die als wesentlich für das Thema gelten können. Zunächst wird die Rolle der nazarenischen Ideologie und Ästhetik innerhalb der religiösen Malerei Schlesiens analysiert. Eine weitere Untersuchung ist der Frage nach der Existenz eines „gotischen Typus“ in der Kirchenmalerei gewidmet. Der dritte Themenkomplex behandelt das Sammler- und Mäzenatentum des kunstliebenden Breslauer Bischofs Heinrich Förster (Amtszeit 1853–1881). Der vierte Komplex gilt der Stellung der religiösen Malerei innerhalb anderer künstlerischer, serienmäßig hergestellter Produkte auf dem eigenen Regeln folgenden Markt der Sakralkunst, der in der zweiten Hälfte des 19. und zu Beginn des 20. Jahrhunderts eine Blütezeit erlebte. Angesichts der bislang geringen Kenntnisse zu Leben und Werk zahlreicher Künstler sind die ausführlichen Kurzbiographien der Maler (ca. 130 Eintragungen) besonders hervorzuheben. Der Band ist die überarbeitete Version der Dissertation der Autorin, die bei Prof. Zofia Ostrowska-Kębłowska an der Universität Breslau/Wrocław entstand.

Maria Zwierz

Wojciech Mrozowicz, Leszek Zygner (Hg.): Niedersachsen – Niederschlesien. Der Weg beider in die Geschichte = Dolna Saksonia – Dolny Śląsk. Göttingen, Breslau: Wydawnictwo TArt 2005. 165 S., Abb., Kt. ISBN 83-85417-22-2.

Das in deutscher Sprache veröffentlichte Buch dokumentiert die Materialien einer internationalen Konferenz über die Beziehungen zwischen Niedersachsen und Niederschlesien. Es besteht aus zehn Aufsätzen, die zum Großteil von Historikern aus Breslau/Wrocław verfasst wurden. Sie behandeln Ereignisse und Personen vom frühen Mittelalter bis zum 20. Jahrhundert. Unter anderem widmet sich S. Rosik den Berichten frühmittelalterlicher sächsischer Chronisten über die Anfänge des polnischen Staates; M. Derwich betrachtet die Rolle der niedersächsischen Geistlichen bei der Christianisierung Niederschlesiens; W. Mrozowicz beschreibt die mittelalterlichen Berichte von Schlesiern über Niedersachsen; R. Żerelik verdeutlicht die dynastischen Verbindungen von Fürsten aus beiden Gebieten.

Krzysztof Ruchniewicz

Nie ma jak w domu. O Wrocławiu ... Dla dr. Macieja Łagiewskiego Dyrektora Muzeum Miejskiego Wrocławia w 50. rocznicę urodzin [Nirgends ist es wie zu Hause. Über Breslau ... Für Dr. Maciej Łagiewski, den Direktor des Breslauer Stadtmuseums, zum 50. Geburtstag]. Wrocław: Muzeum Miejskie Wrocławia 2005. 206 S., 91 Abb. ISBN 83-89551-17-9.

Die Festschrift enthält über 30 Beiträge von Freunden und Kooperationspartnern des derzeitigen Direktors des Breslauer Stadtmuseums. An die Laudationes des Stadtpräsidenten Rafał Dutkiewicz, seines Amtsvorgängers Bogdan Zdrojewski und Kardinal Henryk Gulbinowiczs schließen sich Beiträge zu einer weit verstandenen Kulturgeschichte Breslaus aus unterschiedlichen Disziplinen an. Piotr Oszczanowski verweist in seinem Beitrag „Hans Hoffmann, ein legendärer Breslauer Bildhauer des Manierismus" auf Fehlattributionen und Schwierigkeiten, die Entwicklung der schlesischen Renaissanceplastik nachzuzeichnen. Marzenna Smolak stellt die wertvolle Schenkung des Künstlers Paul Rose an das Stadtmuseum vor – 138 Zeichnungen und Aquarelle mit Ansichten von Breslau, die in erster Linie die Kriegszerstörungen des Jahres 1945 dokumentieren, aber auch Tuschzeichnungen aus den 1920er Jahren enthalten (vor allem Landschaften der Umgebung Breslaus). Marek Burak berichtet über die Schwierigkeiten bei der Organisation des seit 2004 von ihm geleiteten Museums der Technischen Universität Breslau/Wrocław. Der Beitrag von Krzysztof Demidziuk betrifft die Entstehung des Archäologischen Museums in Breslau (gegenwärtig eine Abteilung des Stadtmuseums) nach 1945; der Autor erinnert an die ersten Mitarbeiter und die räumlichen Bedingungen, behandelt die Sammlungen und die Geschichte des Museums. Über die wenig bekannte Existenz eines saisonalen archäologischen Museums in den Sommermonaten vor 1945, das seinen Sitz im Kaiser-Wilhelm-Aussichtsturm in Oswitz/Osobowice, der sog. Schwedenschanze, hatte, unterrichtet Radosław Jarysz. Die Geschichte der Adelsfamilie Sauermann und ihrer Residenzen in der Umgebung Breslaus behandelt Hanna Górska; sie berichtet über die Gutsanlage in Windisch Marchwitz / Smarchowice bei Namslau/Namysłów, die Burg und das Palais in Jeltsch/Jelcz, das klassizistische Palais in Romberg/Samotwór (von Karl Gotthard Langhans) und das Schloss in Sadewitz/Sadowice. Zahlreiche neue Informationen über das Kunsthandwerk enthält der Beitrag von Jan Trzynadlowski über das „Breslauer Goldschmiedehandwerk nach der Einführung der Gewerbefreiheit 1810 und 1811". Ein Kalendarium der Museumsaktivitäten der Jahre 1991 bis 2005 schließt den Band ab.

Maria Zwierz

Lech M. Nijakowski (Hg.): Nadciągają Ślązacy. Czy istnieje narodowość śląska? [Die Schlesier kommen. Gibt es eine schlesische Nationalität?]. Warszawa: Wydawnictwo naukowe Scholar 2004. 246 S. ISBN 83-7383-112-6.

Das Buch bietet einen Beitrag zur Diskussion über die „schlesische Nationalität" und stellt damit eine Antwort auf das verbreitete Unwissen über die aktuelle Frage der Region Oberschlesien dar. Präsentiert wird der Stand des Wissens über die Identität der (Ober-)Schlesier. In dem Sammelband sind Texte von Soziologen, K. Kwaśniewski, M. Szczepański und anderen, sowie Ethnologen, D. Simonides, M. G. Gerlich und anderen, abgedruckt. Besondere Aufmerksamkeit verdient der Text von B. Wzderka, der sich mit der in Oberschlesien benutzten Sprache beschäftigt. Im Buch sind darüber hinaus die Äußerungen politischer Aktivisten der Region, darunter ihres Führers J. Gorzelik, dokumentiert.

Małgorzata Ruchniewicz

Józef Pater (Hg.): Protokoły wizytacyjne dekanatu bytomskiego z lat 1792–1793 [Die Visitationsprotokolle des Beuthener Dekanats in den Jahren 1792/93] (Źródła dziejowe [Geschichtsquellen] 26). Poznań, Wrocław: Wydawnictwo Historyczne 2003. 256 S., engl. Zusammenfassung. ISBN 83-7393-003-5.

Es handelt sich hier um eine sehr wichtige und reichhaltige Quelle, die die Religionsverhältnisse im Beuthener Dekanat erschließt. Dieses befand sich Ende des 18. Jahrhunderts schon in Preußen, war aber dem Bistum Krakau/Kraków unterstellt. Das Protokoll der von Pfarrer Bratuzelan im Auftrag des Krakauer Bischofs und mit Wissen des preußischen Ministeriums für Schlesien unternommenen Visitation gibt Aufschluss über die Lage des Katholizismus und die preußische Politik ihm gegenüber. Die Grundlage für die Erstellung des Protokolls waren die von den Pfarrern nach bestimmtem Muster bereitgestellten Informationen über den Zustand der Kirchen, ihre Ausstattung, Kultgegenstände, Einnahmen und Pfarreiarchive, die Tätigkeit der Klostergemeinschaften, die Bräuche und den Bevölkerungsstand. Die Quelle wurde in der Originalsprache, d. h. auf Polnisch und Latein, ediert.

Małgorzata Ruchniewicz

Jerzy Piekalski, Krzysztof Wachowski (Hg.): Wrocław na przełomie średniowiecza i czasów nowożytnych. Materialne przejawy życia codziennego = Breslau an der Wende vom Mittelalter zur Neuzeit. Alltagsleben im Spiegel der materiellen Sachkultur (Vratislavia antiqua 6). Wrocław: Uniwersytet Wrocławski 2004. 390 S., Abb., dt. Zusammenfassung. ISBN 83-915048-6-7.

Es ist dies der sechste Band der Reihe „Vratislavia antiqua", die der Vorstellung der archäologischen und historischen Forschungsergebnisse zu der ältesten Vergangenheit von Breslau/Wrocław gewidmet ist. Diese Forschungen erlebten in den 90er Jahren dank der zahlreichen archäologischen Funde, die in den für neue städtische Investitionen vorgesehenen Gebieten gemacht wurden, einen großen Schritt nach vorne. Der reich bebilderte Band besteht aus zwölf Beiträgen, die unterschiedliche Denkmäler der materiellen Kultur Breslaus präsentieren. Sie zeugen vom Alltag in der Stadt. Unter anderem stellt J. Piekarski ihre mittelalterliche Infrastruktur dar; P. Nocuń behandelt die Denkmäler des Gerichtswesens an der Epochenwende; T. Borkowski beschäftigt sich mit Keramikfiguren und R. Schwed mit der frühneuzeitlichen Gefäßkeramik.

Małgorzata Ruchniewicz

Piotr Pregiel, Tomasz Przerwa: Dzieje Śląska [Geschichte Schlesiens]. Wrocław: Cadus 2005. 216 S., Abb. ISBN 83-917616-4-9.

Dies ist die jüngste Monographie zur Geschichte der Region Schlesien, die in Polen erschienen ist. Sie hat einen populärwissenschaftlichen Charakter und beweist das große gesellschaftliche Interesse an Publikationen dieses Typs. Verfasser sind zwei Wissenschaftler vom Historischen Institut der Universität Breslau/Wrocław, die sich seit Jahren mit der Geschichte Schlesiens vor 1945 beschäftigen. Es besteht aus 17 Kapiteln, von denen sich zwei mit der Geschichte der Region nach 1945 befassen. P. Pregiel schrieb den Teil bis zu den Napoleonischen Kriegen; der das 19. und 20. Jahrhundert enthaltende Teil stammt aus der Feder von T. Przerwa. Die Publikation wird durch eine Auflistung der wichtigsten Daten ergänzt.

Małgorzata Ruchniewicz

Rocznik Wrocławski [Breslauer Jahrbuch] 9. Wrocław: Towarzystwo Przyjaciół Ossolineum 2004. 332 S., 74 Abb., dt. Zusammenfassungen. ISBN 83-7095-010-8.

Der Band enthält die Rubriken „Studien und Materialien", „Neueste Geschichte in Quellen" und „Rezensionen". In der ersten Rubrik berichten Rafał Eysymontt und Łukasz Krzywka über die „Geschichte von Woischwitz/Wojszyce"; der Untertitel des Aufsatzes lautet: „Von der Deutschordenskomturei zum Landhaus". Jakub Kostowski beschreibt die „Malereien der Nordkrypta der Elisabeth-Kirche in Breslau", das letzte Werk (1585) der bekannten Beinhart-Werkstatt. Der Beitrag ist Teil einer Monographie über diese Breslauer Künstlerfamilie; er ist besonders bemerkenswert, weil den genannten Wandmalereien bislang kaum Aufmerksamkeit geschenkt wurde. Hervorzuheben ist auch der Aufsatz von Janina Gilewska-Dubis über die „intellektuellen Eliten des mittelalterlichen Breslau". Die Autorin untersucht in erster Linie den immensen Einfluss, den Bischof und Domkapitel am Ausgang des Mittelalters auf das Schul- und Bibliothekswesen und damit auf die weltlichen Kreise ausübten, und nimmt dabei auch den gescheiterten Versuch der Universitätsgründung (1505) in den Blick. Małgorzata Wójtowicz betrachtet das Zahnmedizinische Institut der Universität in Breslau vor allem aus architekturhistorischer Sicht; Joanna Nowosielska-Sobel analysiert „Galerien und Kunstsalons und den Kunstmarkt in Breslau 1900 bis 1932".

Maria Zwierz

Jan Sakwerda: Artyści Ziemi Kłodzkiej i z Ziemią Kłodzką związani w latach 1800–1945. Leksykon [Künstler des Glatzer Landes und mit der Region verbundene Künstler 1800–1945. Ein Lexikon]. T. [Bd.] I: A–K. Wrocław: Wrocławskie Towarzystwo Naukowe 2004. 73 S., 30 Abb. ISBN 83-7374-023-6.

Der erste Teil dieses für die Beschäftigung mit der Kunst des Glatzer Landes unentbehrlichen Lexikons enthält die Kurzbiographien von 151 Künstlern und Kunsthandwerkern, die im 19. und in der ersten Hälfte des 20. Jahrhunderts in der Region wirkten. Mit dieser Publikation ergänzt der Autor, ein ausgewiesener Kenner der Geschichte der Kunst des Glatzer Landes, das „Lexikon der Grafschaft Glatz" von Aloys Bernatzky (1984). Dies gilt vor allem für diejenigen Künstler, die außerhalb der Glatzer Künstlergilde wirkten, welche 1919 entstand und 1933 etwa 30 Mitglieder zählte. Jedes Biogramm enthält neben dem Lebenslauf Informationen zu Studienreisen und Ausstellungsteilnahmen des jeweiligen Künstlers sowie bibliographische Angaben. Die beigegebenen Abbildungen stellen Werke der behandelten Künstler vor, bedauerlicherweise nur in schwarz-weiß.

Maria Zwierz

Silesia Nova. Zweimonatszeitschrift für Kultur und Geschichte. Hg. von Edward Białek, Detlef Krell, Rainer Sachs, Rościsław Żerelik. Görlitz, Wrocław 2004. [H.] 1, [H.] 2. 120, 128 S. ISSN 1614-7111.

Die neue Zeitschrift wendet sich an alle, die an der Kulturgeschichte Schlesiens und seiner Nachbarregionen interessiert sind, und soll „Wanderer und Mittler zwischen den Generationen sein, Ererbtes übernehmen, um es wieder zurück- und weitergeben zu können". Die Intention der Herausgeber zielt darauf ab, die Zeitschrift als „deutsch-polnische Kulturzeitschrift mit europäischem Horizont zu profilieren". Die erste im Oktober 2004 erschienene Ausgabe besteht aus zahlreichen Essays, Reportagen, Interviews und wissenschaftlichen Aufsätzen. Zu nennen sind unter anderem: Olga Tokarczuk: „Der Essay. Stalins Finger"; Rainer Sachs: „Intim im Hause Hänsel: Breslauer Gegenwartskunst"; Hans-Joachim Hahn: „Die ‚Simelierung' des Paradieses. Zum 50. Todestag von Johannes Maximilian Avenarius"; Ewa Grochowska-Sachs: „Johannes Nepomuk erfolgreich operiert"; Anna Stroka: „Neubeginn 1945: Goethes Faust auf deutsch und ohne Heizung. Zur Geschichte der Germanistik in Breslau (Wrocław)". – Die zweite Ausgabe umspannt wiederum ein breites Themenspektrum. Wir finden hier unter anderem folgende Beiträge: Ines Eifler: „Roman und Julia. Liebe und Leid an der Neiße"; Hubert Orłowski: „Biotop Grenzland. Zum Werk von Leonie Ossowski"; Tobias Weger: „Grenzen in den Köpfen – Launisches aus Görlitz"; Katarzyna Kluzowicz: „Der Romantiker unter den Kubisten"; Rainer Sachs: „Der gefressene Landesfürst"; Michael Ferber: „Die Tiefe der schlesischen Mystik. Angelus Silesius zum 380. Geburtstag"; Wolf-Dieter Krüger: „Johannes Kepler, Jakob Bartsch und Arno Schmidt". In den beiden Heften gibt es darüber hinaus Rezensionen und Buchvorstellungen sowie eine Fülle von Informationen zu kulturellen Veranstaltungen.

Marta Kopij

Vladimir Šlapeta: Lubomir Šlapeta (1908–1983) i Čestmir Šlapeta (1908–1999). Czescy uczniowie Hansa Scharouna [Lubomir Šlapeta (1908–1983) und Čestmir Šlapeta (1908–1999). Tschechische Schüler Hans Scharouns]. Wrocław: Muzeum Architektury we Wrocławiu 2004. 128 S., 176 Abb. ISBN 83-89262-17-7.

Der Band begleitete die gleichnamige Ausstellung im Breslauer Architekturmuseum 2004 und entstand in Zusammenarbeit mit dem Kunstmuseum in Olmütz/Olomouc und der Technischen Universität Prag/Praha. Autor von Ausstellung und Buch ist Vladimír Šlapeta, der das Werk seines Vaters und Onkels vorstellt. Er beleuchtet einen bislang wenig bekannten Aspekt künstlerischer Verbindungen zwischen tschechischen und Breslauer Architekten. Die Tätigkeit der Gebrüder Šlapeta wird im Kontext der Zusammenarbeit mit ihrem Lehrer Hans Scharoun gezeigt, einem der großen Architekten des 20. Jahrhunderts. Scharoun hatte 1925 bis 1932 eine Professur an der Breslauer Akademie für Kunst und Kunstgewerbe inne, welche damals eine der progressivsten Kunstschulen Deutschlands war. Die Schließung der Schule 1932 führte zur Abwanderung der Künstler. Scharoun zog nach Berlin, die Šlapetas kehrten ins heimatliche Mähren zurück, wo sie die in Breslau gewonnenen Ideen weiterverfolgen konnten. Der Autor präsentiert die bislang kaum erschlossene Korrespondenz zwischen Scharoun und seinen Schülern. In diesem Gedankenaustausch lernen wir ihre künstlerischen, aber auch politischen Ansichten in der Zeit kennen, in der sich der Totalitarismus in diesem Teil Europas ausbreitete. Der Zusammenklang von Briefen und architektonischen Entwürfen der Šlapetas und Scharouns eröffnet neue Erkenntnisse über die künstlerischen Vorstellungen der Architekten im Umkreis der Breslauer Akademie. Die zahlreichen historischen Fotos der 1930er und 40er Jahre illustrieren die realisierten Bauten und die künstlerischen Bestrebungen der Gebrüder Šlapeta. Aufschlussreich sind auch die biographischen Anmerkungen und die Liste der Ausstellungen, an denen die Architekten teilnahmen.

Maria Zwierz

Śląsk starożytny – epoka brązu i epoka żelaza. Przewodnik. Muzeum Miejskiego we Wrocławiu, Oddział Muzeum Archeologiczne [Schlesien in der Vor- und Frühgeschichte – Bronze- und Eisenzeit. Führer. Stadtmuseum Breslau, Abteilung Archäologisches Museum]. Wrocław: Muzeum Miejskie 2004. 39 S., 41 Abb. ISBN 83-89551-30-6.

Dies ist der zweite Teil des Wegweisers durch die ständige Ausstellung des archäologischen Museums in Breslau/Wrocław (der erste, 2003 herausgegebene Band behandelt Stein- und frühe Bronzezeit). Die Publikation will das Alltagsleben auf dem Gebiet Schlesiens von der Epoche vor der Lausitzer Kultur (1700 v. Chr.) bis zu den Völkerwanderungen des 4. und 5. Jahrhunderts n. Chr. illustrieren. Mariusz Dobrakowski, Kustos am Museum, schreibt über Bronze- und Eisenzeit und die mit diesen Epochen verbundene Vorlausitzer und Lausitzer Kultur. Katarzyna Ślipko-Jastrzębska befasst sich mit der La-Tène-Zeit, der Przeworsk- und Luboszyce-Kultur. Behandelt werden der Handelsaustausch mit dem römischen Imperium und die komplizierte Metallverarbeitung, bei der auf keltische Vorbilder zurückgegriffen wurde. Thema sind ferner die reich ausgestatteten Gräber, unter anderem das sogenannte Fürstengrab aus Sakrau/Zakrzów, sowie die Formen der Grabpflege und die repräsentativsten Alltagsgegenstände der genannten Kulturen: verschiedene Gefäße, Kelche, Schwerter, Nadeln, Kämme, Armbänder und Schmuckfibeln.

Maria Zwierz

Studia i materiały z dziejów Uniwersytetu Wrocławskiego [Studien und Materialien zur Geschichte der Universität Breslau]. T. [Bd.] 5 (Acta Universitatis Wratislaviensis 2652). Wrocław: Wydawnictwo Uniwersytetu Wrocławskiego 2004. 246 S., 22 Abb. ISSN 0239-6661, ISBN 83-229-2533-6.

Die von Teresa Kulak und Wojciech Wrzesiński herausgegebene Reihe „Studia i materiały" erscheint seit 1989 (Bd. 1; Bd. 2: 1993; Bd. 3: 1994; Bd. 4: 1995) und bietet Beiträge zur Geschichte und Gegenwart der Universität Breslau/Wrocław. Der hier besprochene fünfte Band enthält Aufsätze von Antoni Młotek und Tadeusz Reroń über die Verleihung von Ehrendoktorwürden der Fakultät für katholische Theologie im 19. und 20. Jahrhundert sowie von Teresa Kulak über „universelle Werte in den Aktivitäten der Breslauer Universität während der Weimarer Republik". Małgorzata Wójtowicz gibt einen Überblick über „die Geschichte der Kliniken und medizinischen Institute der Universität Breslau" und untersucht die Architektur des raumgreifenden Klinikkomplexes, der zwischen 1887 und 1909 an der damaligen Tiergartenstraße (ul. Skłodowskiej-Curie) entstand. Adam Ugrewicz schreibt über „das musikologische Seminar der Universität Breslau 1945–1952". Besonders hingewiesen sei auf den Beitrag von Łukasz Krzywka über die „Bedachungsform des Torgebäudes des Leopoldinischen Trakts 1740–1742". Dieses Tor entstand als Verbindung zwischen der 1689–1700 erbauten Kirche und dem Südflügel des Jesuitenkollegs aus den Jahren 1736–1739. Der Autor stellt die Ergebnisse der bauarchäologischen Untersuchungen vor, die im Frühjahr 2002 erfolgten.

Maria Zwierz

Grażyna Barbara Szewczyk (Hg.): Nowoczesność i regionalizm w twórczości Augusta Scholtisa [Modernität und Regionalität im Werk von August Scholtis]. Katowice: Wydawnictwo Uniwersytetu Śląskiego 2004. 294 S., Abb. ISBN 83-226-1320-2.

Der Sammelband bringt Beiträge, die im Rahmen des internationalen Symposiums „August Scholtis und der Kreis der schlesischen Dichter in Berlin" im September 2001 im oberschlesischen Lubowitz/Łubowice präsentiert wurden. Die Referate sind auch in einem Sammelband auf Deutsch erschienen (hg. von Bernd Witte, Frankfurt/M. u. a. 2004). Der Veröffentlichung literaturwissenschaftlicher Aufsätze über Scholtis in polnischer Sprache kommt jedoch eine besondere Bedeutung zu. Es ist nämlich die erste derart umfangreiche Publikation, die dem polnischen Leser einen Einblick in die deutschsprachige Literatur Oberschlesiens gewährt und den regionalen polnisch-deutschen Dialog fördert. Dem polnischen Band sind einige Fotos beigefügt, auf denen der Schriftsteller sowie Umschläge seiner Bücher abgebildet sind. Enthalten sind folgende Beiträge: Johannes Hoffmann: „Mity narodów – tradycje regionalne. Przeszkody na drodze do Europy?" (Mythen der Nationen / Regionale Traditionen – Hemmnisse auf dem Weg nach Europa?); Ryszard Kincel: „Mała ojczyzna Augusta Scholtisa. Między Raciborzem a Opawą" (Das Hultschiner Ländchen – A. Scholtis' ‚kleine Heimat'); Jan Cyrus: „Scholtis to był Pan. Wywiad z Arno Lubosem" (Interview mit Arno Lubos); Mirosław Ossowski: „August Scholtis i krytyczna powieść prowincjonalna w Republice Weimarskiej" (A. Scholtis und der kritische Provinzroman in der Weimarer Republik); Lothar Pikulik: „Blisko powieści moderny – ‚Schloß Fürstenkron' Augusta Scholtisa" (Annäherungen an den modernen Roman – „Schloß

Fürstenkron" von A. Scholtis); Jürgen Egyptien: „Baśń i mit w twórczości prozatorskiej Augusta Scholtisa" (Märchen und Mythos im erzählerischen Werk von A. Scholtis); Robert Rduch: „Europejskie myślenie w twórczości Augusta Scholtisa" (Europäisches Denken in A. Scholtis' Werk); Zygmunt Mielczarek: „Wspomnienia i realia w ‚Reisebilder' Augusta Scholtisa" (Reminiszenzen und empirische Befunde in den „Reisebildern" von A. Scholtis); Jürgen Röhling: „Nowy wizerunek Polski. Relacja Augusta Scholtisa z podróży" (Ein neues Polenbild – A. Scholtis' Reisebericht „Reise nach Polen"); Ewa Mazurkiewicz: „Józio – śląski flaneur w Berlinie. August Scholtis: ‚Jas der Flieger'" (Der oberschlesische Flaneur Jas in Berlin – A. Scholtis' „Jas der Flieger"); Martin Hollender: „Przeciętność w trudnych czasach. Felietony berlińskie Augusta Scholtisa" (Mittelmaß in schlechten Zeiten – die Berlin-Feuilletons von A. Scholtis); Gertrude Cepl-Kaufmann, Antje Johanning: „‚Moje serce jest za duże dla jednej ojczyzny a za małe dla dwóch'. René Schickele i August Scholtis" („Mein Herz ist zu groß für ein Vaterland und zu klein für zwei" – René Schickele und A. Scholtis); Grażyna Barbara Szewczyk: „Pomiędzy ruchem a trwaniem. Historia Górnego Śląska w powieściach Augusta Scholtisa" (Zwischen Stillstand und Bewegung. Die Geschichte Oberschlesiens in A. Scholtis' Romanen); Eugeniusz Klin: „Aspekty społeczne i narodowe w opisach Górnego Śląska – na przykładzie wczesnych krótkich form Augusta Scholtisa" (Soziale und nationale Aspekte in der Darstellung Oberschlesiens – am Beispiel der frühen Kurzprosa von A. Scholtis); Ewa Tobiasz: „Pobożność ludności wiejskiej Górnego Śląska na podstawie wybranych opowiadań Augusta Scholtisa" (Die Frömmigkeit der oberschlesischen Dorfbewohner in ausgewählten Erzählungen von A. Scholtis); Renata Dampc-Jarosz: „U progu przemian. Postacie kobiet w powieściach Augusta Scholtisa ‚Ostwind' i ‚Baba und ihre Kinder'" (Im Kreis des Alten und Neuen – Frauenfiguren in A. Scholtis' Romanen „Ostwind" und „Baba und ihre Kinder"); Michał Skop: „Górnośląscy dziwacy w dziełach Augusta Scholtisa" (Oberschlesische Sonderlinge in A. Scholtis' Werk); Ewa Jurczyk: „Dramat w twórczości Augusta Scholtisa" (Das Drama im Schaffen von A. Scholtis); Krzysztof A. Kuczyński: „Listy Augusta Scholtisa do Wilhelma Szewczyka. Przyczynek do historii literatury na Śląsku" (A. Scholtis' Briefe an Wilhelm Szewczyk – ein Beitrag zur schlesischen Literaturgeschichte); Dariusz Makselon: „Trudności procesu tłumaczeniowego na przykładzie powieści ‚Ostwind' Augusta Scholtisa" (Schwierigkeiten im translatorischen Prozess am Beispiel von „Ostwind" von A. Scholtis).

Robert Rduch

Andrzej Topol (Hg.): Rok 1945 w województwie śląsko-dąbrowskim [Das Jahr 1945 in der Woiwodschaft Schlesien-Dąbrowa] (Prace Naukowe Uniwersytetu Śląskiego w Katowicach [Wissenschaftliche Arbeiten der Schlesischen Universität Kattowitz] 2254). Katowice: Wydawnictwo Uniwersytetu Śląskiego 2004. 237 S., engl. u. dt. Zusammenfassungen. ISBN 83-226-1337-7.

Der Band besteht aus acht Beiträgen von Mitarbeitern des Historischen Instituts der Schlesischen Universität in Kattowitz/Katowice. Sie sind den wichtigsten Fragen des für die Region Oberschlesien so dramatischen Jahres 1945 gewidmet. Jenes Jahr brachte auf der einen Seite die Befreiung vom Nationalsozialismus, auf der anderen schuf es die Periode der Repressionen, der wirtschaftlichen Veränderungen, schließlich der Bevölkerungsmigrationen. Unter den behandelten Themen sind folgende zu nennen: die Rote Armee auf dem Gebiet der Woiwodschaft (Plünderungen, Exekutionen, Deportationen), der Wiederaufbau der Verwaltung, der Zustand der Industrie, der Aufbau des Repressions- und Gerichtsapparates, die Tätigkeit des Repatriierungsamtes, schließlich der Wiederaufbau des Bildungs- und Hochschulwesens.

Krzysztof Ruchniewicz

Bogusław Tracz: Rok ostatni – rok pierwszy. Gliwice 1945 [Das letzte Jahr – das erste Jahr. Gleiwitz 1945]. Gliwice: Muzeum w Gliwicach 2004. 232 S., Abb., engl. u. dt. Zusammenfassungen. ISBN 83-89856-00-X.

Dies ist die erste umfangreiche Arbeit über die Ereignisse in Gleiwitz/Gliwice im Jahre 1945. Die Quellengrundlage bilden Archivmaterialien aus den Archiven in Kattowitz/Katowice und Gleiwitz sowie vom Verfasser gesammelte Erinnerungen und Zeitzeugenberichte. Die Arbeit besteht aus sieben Kapiteln. Das erste, einführende stellt die wichtigsten Daten der Stadtgeschichte zusammen. Das zweite beschäftigt sich mit der Ankunft der Roten Armee und ihrer unbeschränkten Machtausübung in Gleiwitz, die unter dem Zeichen von Plünderungen, Repressionen und Zerstörung des Eigentums stand. Das dritte Kapitel zeigt die Stadt während der „Doppelherrschaft" des sowjetischen Stadtkommandanten und der polnischen Verwaltung. Das vierte beschreibt die Sicherheitslage. Im fünften Kapitel werden die Anfänge der legalen und der illegalen politischen Tätigkeit dargestellt. Die erste Phase der Aussiedlung der deutschen und der Ankunft der polnischen Bevölkerung werden im sechsten Kapitel skizziert. Das letzte Kapitel beschäftigt sich mit der Politik der Polonisierung in Gleiwitz.

Małgorzata Ruchniewicz

Matthias Theodor Vogt, Jan Sokol, Eugeniusz Tomiczek (Hg.): Kulturen in Begegnung. Collegium Pontes Görlitz-Zgorzelec-Zhořelec 2003 (Beihefte zum Orbis Linguarum 33; Publikationen des Collegium Pontes). Wrocław, Görlitz: Oficyna Wydawnicza ATUT, Wrocławskie Wydawnictwo Oświatowe 2004. 352 S. ISBN 83-7432-018-4.

Dieser in deutscher Sprache publizierte Tagungsband wird vom Collegium Pontes, einer deutsch-polnischen Einrichtung in Görlitz, verantwortet. Das Leitthema des Buches ist die Begegnung der Kulturen vor allem in der Region Niederschlesien. A. Sterling definiert eingangs solche Begriffe wie ‚Gedächtniskultur', ‚Migration', ‚Integration'. Er stellt darüber hinaus die vielseitigen Folgen der Teilung von Görlitz durch die neue Staatsgrenze in zwei städtische Organismen (Görlitz und Zgorzelec) dar. Ähnliche Probleme interessieren K. Wóycicki. Einen komparativen Charakter haben Beiträge zur entsprechenden tschechischen und siebenbürgischen Problematik.

Krzysztof Ruchniewicz

Tomasz Wagner: Nieznane oblicze Zabrza [Das unbekannte Gesicht von Hindenburg/Zabrze]. Katowice, Zabrze: Towarzystwo Miłośników Zabrza, Śląskie Centrum Dziedzictwa Kulturowego w Katowicach 2003. 114 S., 98 s.-w. Abb. ISBN 83-85871-37-3.

Der Buchautor Tomasz Wagner ist Architekt am Lehrstuhl für Entwerfen der Schlesischen Technischen Universität in Gleiwitz/Gliwice. Seine neueste Publikation besteht aus einer Essaysammlung und Analysen sowohl bestehender Bauten als auch nicht realisierter städtebaulicher Entwürfe, die vor allem in der Zwischenkriegszeit des 20. Jahrhunderts für Hindenburg entstanden. Wagner konzentriert sich besonders auf das architektonische Schaffen der Vertreter der Moderne und des Expressionismus in Deutschland. Neben Werken von Dominikus Boehm, Paul Bonatz und Max Berg werden auch Objekte von polnischen Architekten vorgestellt, unter anderem zwei Schulen von Tadeusz Michejda sowie die neue Fronleichnamskirche im Ortsteil Kunzendorf/Kończyce von Jan Kubec aus den späten 1990er Jahren. Die einzelnen Kapitel sind thematisch nicht miteinander verbunden. Das Werk überrascht den Leser durch seinen etwas chaotischen Aufbau, der Fakten zur Entstehung des Bauwerks, zu Auftraggebern und Architekten vermischt mit Erklärungen zum symbolischen Gehalt der Architektur und mit Ausführungen über die in oberschlesischen Archiven erhaltenen Bestände an bildlichen Dokumentationen und schriftlichen Archivalien zur Hindenburger Architektur. Trotz der fehlenden Geschlossenheit der Texte ist Wagners Buch eine wichtige Informationsquelle mit reichen bibliographischen Hinweisen, die den aktuellen Forschungsstand zur modernen Architektur der Stadt sowohl in polnischen wie auch in deutschen Publikationen widerspiegeln.

Irma Kozina

Gabriela Wąs: Kaspar von Schwenckfeld. Myśl i działalność do 1534 roku [Kaspar von Schwenckfeld. Denken und Tätigkeit bis 1534] (Acta Universitatis Wratislaviensis 2660, Historia 169). Wrocław: Wydawnictwo Uniwersytetu Wrocławskiego 2005. 404 S., Abb., engl. Zusammenfassung. ISBN 83-229-2558-1.

Die zentrale Gestalt des Buches ist der bedeutende schlesische nichtlutherische Theologe zur Zeit der Reformation Kaspar von Schwenckfeld. Die Verfasserin schildert sein Leben bis 1534, dem Zeitpunkt, zu dem er die Grundlagen seines theologischen Denkens geschaffen hatte und als ein Abtrünniger der lutherischen Lehre bezeichnet wurde. In der Monographie, die aus sechs chronologischen Kapiteln besteht, werden zunächst Schwenckfelds Jugendjahre und die Gründe für seinen Übertritt zur Reformation dargestellt. Im zweiten Kapitel behandelt die Autorin die Tätigkeit Schwenckfelds in Hinblick auf die Reform des Breslauer Bistums und seine Zusammenarbeit mit Herzog Friedrich II. von Liegnitz-Brieg-Wohlau. Darauf erörtert sie die Gründe für die Abkehr des Theologen von der lutherischen Lehre und den Aufbau der Grundlagen der eigenen reformatorischen Richtung. Der vierte Teil ist dem Einfluss der politischen Situation in Schlesien auf die Entwicklung dieses Teils des Protestantismus gewidmet. Die beiden letzten Kapitel, die die Zeit zwischen den Jahren 1529 und 1534 umfassen, betreffen den Aufenthalt des Denkers außerhalb Schlesiens, in Straßburg, das Heranreifen seiner Konzeptionen und die Abfassung von zahlreichen religiösen Schriften. Die Quellengrundlage der Arbeit bilden die Handschriften und die gedruckten Schriften Schwenckfelds und anderer führender Köpfe der Reformation sowie Archivmaterialien des Staatsarchivs in Breslau/Wrocław.

Małgorzata Ruchniewicz

Marian Zwiercan (Bearb.): Katalog średniowiecznych rękopisów Książnicy Cieszyńskiej [Katalog der mittelalterlichen Handschriften in der Teschener Bibliothek]. Wrocław: Centrum Badań Śląskoznawczych i Bohemistycznych 2003. 103 S. ISBN 83-88430-17-3.

Die Publikation ist die erste Beschreibung von mittelalterlichen Handschriften, die in der Teschener Bibliothek aufbewahrt werden. Sie stammen aus den Sammlungen des Pfarrers Leopold Scherschnik, die Anfang des 19. Jahrhunderts angelegt wurden. Bislang waren sie unbekannt und fanden in den Handschriftenkatalogen keinen Niederschlag. Ein Teil stammt aus den Bibliotheken der Dominikaner, die im 18. Jahrhundert in Teschen/Cieszyn/Těšín aufgelöst wurden. Unter den gesammelten Handschriften gibt es bemerkenswerte Objekte wie z. B. Handschriften aus Italien. Jede der ausführlichen Beschreibungen erfasst das Aussehen des Umschlags, den Inhalt, die Schrift und Verzierungen, Noten und Glossen, den Buchdeckel und Überlegungen zur Provenienz.

Małgorzata Ruchniewicz

Andrzej Zwierzchowski (Hg.): Architektura lat 1949–1956 we Wrocławiu i na Dolnym Śląsku [Architektur der Jahre 1949–1956 in Breslau und Niederschlesien]. Wrocław: Muzeum Architektury we Wrocławiu i Oddział Wrocławski Stowarzyszenia Architektów Polskich 2004. 60 S., 93 Abb. ISBN 83-88178-23-7.

Der Band fasst die Ergebnisse der gleichnamigen Tagung und der Ausstellung im Breslauer Architekturmuseum (11. Mai bis 12. September 2004) zusammen. Die Zeit des sozialistischen Realismus ist mittlerweile legendär – und dabei wenig erforscht. Ziel der Organisatoren und Herausgeber war, einen möglichst repräsentativen Querschnitt der erhaltenen Werke von (nicht nur) Breslauer Architekten zu geben, die Bedingungen des künstlerischen Schaffens zu hinterfragen und biographische Erläuterungen zu den Architekten der wichtigsten Objekte zu liefern. Der Band gliedert sich in zwei Teile. Der erste enthält die Beiträge des Symposiums: Mirosław Przyłęcki schreibt über die „Nationale Form in der Konzeption des architektonischen Sozrealismus“, der Architekt Zbigniew Politowski berichtet „aus den Erfahrungen eines Projektanten im Sozrealismus“. Szymon Brzezowski stellt nicht realisierte Entwürfe für Breslau/Wrocław von Andrzej Frydecki und Tadeusz Teodorowicz-Todorowski vor, die in erster Linie für die ehemalige Kaiserstraße / pl. Grunwaldzki und den Tauentzienplatz / pl. Kościuszki entstanden. Zum besseren Verständnis der künstlerischen Bedingungen dieser Jahre dient Jerzy Ilkoszs Artikel über die Malerei des sozialistischen Realismus in Polen. Der zweite Teil des Buches enthält zahlreiche heutige Aufnahmen von Bauten des sozialistischen Realismus in Breslau, Bunzlau/Bolesławiec, Hirschberg / Jelenia Góra, Goldberg/Złotoryja, Schmiedeberg/Kowary und anderen Städten Niederschlesiens.

Maria Zwierz

6. Großpolen, Zentralpolen, Kleinpolen

Teresa Bałuk-Ulewiczowa: Wyzwolić się z błędnego koła. Institut für Deutsche Ostarbeit w świetle dokumentów Armii Krajowej i materiałów zachowanych w Polsce [Sich aus dem Zirkelschluss befreien. Das Institut für Deutsche Ostarbeit in den erhaltenen Dokumenten der polnischen Landesarmee sowie in anderen Materialien in Polen]. Kraków: Wydawnictwo Arcana 2004. 303 S., 81 Abb., engl. Zusammenfassung. ISBN 83-89243-91-1.

Die Monographie setzt sich zum Ziel, die Tätigkeit des Institutes für Deutsche Ostarbeit (IDO) darzustellen. Das Institut wurde von dem Generalgouverneur Hans Frank im April 1940 in der von den Nationalsozialisten besetzten Stadt Krakau/Kraków – mit Zweigstellen in Lemberg/L'viv und Warschau/Warszawa – als „spezialisierte Verwaltungs- und Führungsakademie" und „zentraler Forschungsapparat für die politische, wirtschaftliche und kulturelle Führung des Generalgouvernements" gegründet. Frank war selbst Präsident des Institutes. Teresa Bałuk-Ulewiczowa führt eine Polemik gegen die Warschauer Dissertation von Anetta Rybicka, „Instytut Niemieckiej Pracy Wschodniej. Kraków 1940–1945" (Das Institut für Deutsche Ostarbeit. Krakau 1940–1945) (2002), in der gegen einige Mitarbeiter der Jagiellonen-Universität Krakau ein unberechtigter Vorwurf der Kollaboration mit den Nationalsozialisten erhoben wurde. Die Autorin des Bandes analysiert und kommentiert die erhaltenen Dokumente über das IDO, darunter die Dokumente der polnischen Landesarmee (AK) und der Vertretung der polnischen Regierung, Artikel der Untergrundpresse, Meldungen und Berichte – Archivmaterialien unter anderem der Jagiellonen-Universität, der Jagiellonen-Universitätsbibliothek und des Institutes des Nationalen Gedenkens (IPN), der Hauptkommission zur Verfolgung von Verbrechen gegen die Polnische Nation. T. Bałuk-Ulewiczowa ist es gelungen, in polnischen Privatarchiven zu recherchieren, die polnischen und deutschsprachigen Materialien und die Sekundärliteratur einer Analyse zu unterziehen und die polnischen ehemaligen IDO-Angestellten zu interviewen. Die Autorin verifizierte die bisherigen Analysen der Dokumente. Ein Anhang enthält Konkordanztabellen und Faksimiles. Zu den Vorzügen der Arbeit gehört auch das Vorhandensein einer ausführlichen Bibliographie.

Agnieszka Palej

Witold Banach: Ostrów pod znakiem pegaza. Literacki przyczynek do dziejów miasta [Ostrowo im Zeichen der Dichter. Ein literarischer Beitrag zur Stadtgeschichte] (Biblioteka Ostrowska [Ostrowoer Bibliothek] 25). Poznań: Wydawnictwo Poznańskie; Ostrów Wlkp.: Muzeum Miasta Ostrowa Wielkopolskiego 2005. 316 S., Abb., dt. Zusammenfassung. ISBN 83-7177-236-X.

Witold Banach, ein Schriftsteller, Historiker und Erforscher der Regionalgeschichte, präsentiert ein breites Spektrum verschiedener, mit der Stadt Ostrowo / Ostrów Wlkp. verbundener Schriftsteller und ihrer Werke – angefangen mit dem Reimer F. I. Chrzanowski, der am Ende des 18. Jahrhunderts lebte, bis zu den zeitgenössischen Autoren. Banach berücksichtigt neben den polnischen auch deutsche Autoren, schreibende Priester, Pastoren, Rabbiner, Buchhändler und Verfasser von Tagebüchern und

Erinnerungen. Der bescheidene Untertitel „Ein literarischer Beitrag zur Stadtgeschichte" lässt kaum vermuten, dass der Band ein ungewöhnlich reiches literarisches Panorama ausbreitet.

Maria Wojtczak

Antoni Dębski, Krzysztof Lipiński (Hg.): Perspektiven der polnischen Germanistik in Sprach- und Literaturwissenschaft. Festschrift für Olga Dobijanka-Witczakowa. Kraków: Wydawnictwo Uniwersytetu Jagiellońskiego 2004. 510 S. ISBN 83-233-1728-3.

Im Jahre 2000 jährte sich der Gründungstag des germanistischen Institutes der Jagiellonen-Universität Krakau/Kraków zum 150. Mal. In demselben Jahr beging die Jagiellonen-Universität Krakau das 600-jährige Jubiläum ihrer Erneuerung durch die Königin Jadwiga im Jahre 1400. Anlässlich der beiden Feierlichkeiten organisierte das Institut für Germanistik eine gesamtpolnische Tagung zum Rahmenthema „150 Jahre germanistische Forschung an der Jagiellonen-Universität Krakau. Perspektiven der polnischen Germanistik in Sprach- und Literaturwissenschaft". Der Schwerpunkt des Symposiums lag auf einer Übersicht über die Entwicklung der polnischen Germanistik in den beiden philologischen Hauptdisziplinen Literaturwissenschaft und Sprachwissenschaft, wobei die bisherige Geschichte der germanistischen Forschungen in Polen, der gegenwärtige Stand dieser Forschungen sowie die aktuellen Forschungsinteressen polnischer Germanisten, aber auch die Zukunftsperspektiven in den Mittelpunkt gestellt wurden. Der deutschsprachige Band enthält den wissenschaftlichen Ertrag dieser Tagung (insgesamt 6 Plenarvorträge, 14 Referate der Sektion Literaturwissenschaft und 19 Beiträge aus der Sektion Sprachwissenschaft) und ist Frau Prof. Dr. habil. Olga Dobijanka-Witczakowa gewidmet. Aus diesem Grunde enthält der Band auch eine Laudatio auf Olga Dobijanka-Witczakowa und die Bibliographie ihrer Veröffentlichungen.

Agnieszka Palej

Jerzy Kozłowski: Wielkopolska pod pruskim zaborem w latach 1815–1918 [Großpolen zur Zeit der preußischen Teilung in den Jahren 1815–1918]. Poznań: Wydawnictwo Poznańskie 2004. 332 S. ISBN 83-7177-228-9.

Der Verfasser zeigt die Geschichte Großpolens zur Zeit der Teilungen vom Wiener Kongress bis zum Beginn des Ersten Weltkriegs. Der Band berücksichtigt die bisherigen wissenschaftlichen Veröffentlichungen zu diesem Thema sowohl der polnischen als auch der deutschen Historiker, was eine zweiseitige Sichtweise der Problematik bietet. Der Verfasser führt eine Einteilung des gesamten Zeitraums in mehrere Phasen ein: Er beginnt mit der „milden" Phase, die die Jahre 1815–1830 umfasst; es folgt die Zeit der ersten Germanisierungsmaßnahmen 1831–1870, dann die Periode der starken Germanisierung 1871–1914 und schließlich die Zeit des Ersten Weltkriegs und des großpolnischen Aufstandes, die letztendlich zur Wiedergeburt des polnischen Staates führten.

Maria Wojtczak

Marcin Libicki, Ryszard Wryk (Hg.): Zbrodnie niemieckie w Wielkopolsce w latach 1939–1945 [Deutsche Verbrechen in Großpolen in den Jahren 1939–1945]. Poznań: Wydawnictwo Poznańskie 2004. 172 S. ISBN 83-7177-386-2.

In dem Band sind sieben Aufsätze über die deutschen Verbrechen in Großpolen enthalten, verfasst von hervorragenden Historikern. Marcin Libicki betont, dass es unmöglich sei, die deutschen Verbrechen in ganz Polen miteinander zu vergleichen, doch gerade in Großpolen dauerte die ‚deutsche' Erfahrung am längsten – hier wurde die Bevölkerung beinahe 200 Jahre lang von der zuerst preußischen, später deutschen Politik wie ein Feind, der zu vernichten ist, behandelt. Das Ziel des Bandes ist, so meinen seine Verfasser, den kommenden Generationen gegenüber die Pflicht zu erfüllen, an die grausame Vergangenheit zu erinnern.

Maria Wojtczak

Krzysztof A. Makowski: Siła mitu. Żydzi w Poznańskiem w dobie zaborów w piśmiennictwie historycznym [Die Stärke des Mythos. Juden im Posenschen zur Zeit der Teilung Polens im historischen Schrifttum] ([Reihe:] Poznańskie Studia Historyczne [Posener Historische Studien]). Poznań: Wydawnictwo Poznańskie 2004. 485 S. ISBN 83-7177-291-2.

Die Untersuchung betrifft das historische Schrifttum zur jüdischen Bevölkerung im Posenschen während der Zeit der Teilung Polens. Der Autor zeigt den Einfluss der Ideologie auf die Texte, besonders auf die Darstellung des Verhältnisses zwischen der polnischen und der jüdischen Bevölkerung. Besondere Aufmerksamkeit gilt den – im Titel avisierten – Mythen, die durch die Geschichtsschreibung entstanden sind. Die Monographie analysiert das einschlägige Schrifttum in sechs Perioden: bis zum Jahre 1918, in den Jahren 1919–1938/39, in der Kriegszeit 1939–1945, in der Zeit 1946–1983 und nach 1984.

Maria Wojtczak

Włodzimierz Małek, Krzysztof Stefański: Ginące piękno. Stary cmentarz Ewangelicko-Augsburski w Łodzi = Die verlorengehende Schönheit. Der alte Evangelisch-Augsburger Friedhof in Lodz. Łódź: Oficyna Wydawniczo-Reklamowa Sagalara 2003. 119 S., Abb. ISBN 83-910842-3-X.

Der mit zweisprachigen Texten versehene Bildband des Lodzer Fotographen Włodzimierz Małek ist dem evangelisch-augsburgischen Friedhof in Lodz/Łódź gewidmet. Der Friedhof in der Ogrodowastraße ist die letzte Ruhestätte der bekannten Lodzer Deutschen, die zu der industriellen Enwicklung der Stadt im 19. und 20. Jahrhundert beigetragen haben. Die zahlreichen (ca. 150) professionellen Fotografien sind ein Zeitdokument, das die „verlorengehende Schönheit" dieses Friedhofs zeigt. Das Vorwort, bei dem es sich um eine kurze historische Skizze handelt, sowie 20 biographische Notizen, die den hervorragenden Lodzer Persönlichkeiten gewidmet sind, hat der Kunsthistoriker Krzysztof Stefański geschrieben.

Anna Byczkiewicz

Ewa Płomińska-Krawiec, Edyta Połczyńska: E. T. A. Hoffmann w Poznaniu 1800–1802 = E. T. A. Hoffmann in Posen 1800–1802. Poznań: Wydawnictwo Poznańskie 2004. 108 S., Abb. ISBN 83-7177-274-2.

Der in Königsberg geborene Dichter und Komponist Ernst Theodor Wilhelm Hoffmann kam im Frühjahr 1800 nach Posen/Poznań und blieb hier bis 1802. Sein Posener Aufenthalt, wenn auch kurz, prägte wesentlich sein späteres Leben. Der Band enthält Informationen über die wichtigsten Quellen und Zeugnisse, die in zahlreichen Berichten, Briefen, Tagebüchern und Presseartikeln enthalten sind und das Leben des Dichters und seinen Aufenthalt in Posen beschreiben. Es handelt sich um Dokumente, die zum Teil von dem Dichter selbst verfasst wurden, zum anderen Teil von seinen Zeitgenossen und Freunden. Sie ermöglichen es, das Leben des vielseitigen Romantikers vollständiger kennenzulernen. In dem Band sind zahlreiche Fotos und Zeichnungen enthalten; seine gesamte graphische Gestaltung verdient besondere Beachtung.

Maria Wojtczak

Krystyna Radziszewska, Jörg Riecke (Hg.): Germanizacja Łodzi w świetle prasy 1939–1943 = Die Germanisierung von Lodz im Spiegel der Presse (1939–1943). Łódź: Wydawnictwo Literatura 2004. 127 S., Abb. ISBN 83-89409-37-2.

Die zweisprachige Veröffentlichung ist eine Sammlung von Pressetexten aus den Jahren 1939–1943. Die Textauswahl thematisiert die Phänomene „Germanisierung", „Entjudung" und „Modernisierung". Das Ziel der Veröffentlichung ist, am Beispiel von Ausschnitten aus der Lodzer Presse anschaulich zu machen, wie in der deutschsprachigen Tagespresse über die Maßnahmen und Ereignisse der Germanisierung und sogenannten Entjudung berichtet wurde. Die Sammlung wird durch eine Einführung, die diese Prozesse vor dem historischen Hintergrund erklärt, und durch einen sprachwissenschaftlichen Beitrag über die sprachliche Germanisierung abgerundet. Der Band ist im Rahmen eines Magisterseminars entstanden, das am Lehrstuhl für Literatur und Kultur Deutschlands, Österreichs und der Schweiz an der Universität Lodz/Łódź unter der Leitung von Krystyna Radziszewska durchgeführt und ein Semester lang an der Universität Gießen von Jörg Riecke fortgesetzt wurde. Die Pressetexte wurden von den Studenten gesammelt und ins Polnische übersetzt.

Anna Byczkiewicz

Marek Rajch: Cenzura pruska w Wielkopolsce w latach 1848–1918 [Preußische Zensur in Großpolen in den Jahren 1848–1918] (Wielkopolska [Großpolen] 16). Poznań: Wydawnictwo Poznańskie 2004. 262 S., Abb. ISBN 83-7177-378-1.

Die preußische Zensur nach 1850 entwickelte sich zu einem System, welches nicht nur auf Verboten und der Beseitigung unerwünschter Inhalte beruhte. Dieses System umfasste eine genaue und regelmäßige Kontrolle möglichst aller Bereiche der zwischenmenschlichen Kommunikation. Der Autor der Monographie analysiert und beschreibt detailliert die wichtigsten Aspekte der Zensur in dem preußischen Teilungsgebiet in den Jahren 1848–1918, er weist auf die Kriterien der Zensur hin, auf ihre Methoden, Mittel und Techniken. Im Anhang sind zahlreiche Urkunden, Gesetze und Verordnungen wiedergegeben, die die Grundlage für die Aktivitäten der preußischen Zensur bildeten.

Maria Wojtczak

Krzysztof Urbański: Zagłada Żydów w dystrykcie radomskim [Die Vernichtung der Juden im Bezirk Radom]. Kraków: Wydawnictwo Naukowe Akademii Pedagogicznej 2004. 253 S., Abb. ISBN 83-7271-260-3, ISSN 0239-6025.

Diese Monographie berichtet über das Schicksal der jüdischen Bevölkerung auf dem Gebiet des Verwaltungsbezirks Radom während der nationalsozialistischen Besatzung im Zweiten Weltkrieg. Zu den vom Autor behandelten Themen gehören die einzelnen Etappen der „Endlösung der Judenfrage" in diesem Bezirk: Judenverfolgungen, Einschränkung der persönlichen Freiheiten, Aussiedlungen, Gettoisierung, Errichtung der Konzentrationslager, Gettoauflösung. Der Autor informiert ausführlich über die jüdischen Gettos sowie die Tätigkeit und Funktion der Judenräte, des Jüdischen Ordnungsdienstes und der Jüdischen Selbsthilfe. Die Arbeit ist ein Versuch, die Tragödie der Juden wie auch das Verhältnis der polnischen Bevölkerung zum Holocaust zu rekonstruieren und zu erklären. Eine umfangreiche Bibliographie schließt den Band ab.

Agnieszka Palej

Jerzy Żmudziński: Świat ze srebra. Złotnictwo augsburskie od XVI do XIX wieku w zbiorach polskich [Eine Welt aus Silber. Die Augsburger Goldschmiedekunst vom 16. bis zum 19. Jahrhundert in den polnischen Sammlungen]. Kraków: Muzeum Narodowe w Krakowie 2004. 28 S., zahlr. Abb. ISBN 83-89424-17-7.

Es handelt sich um den Katalog zu der im Nationalmuseum in Krakau/Kraków veranstalteten Ausstellung „Die Augsburger Goldschmiedekunst vom 16. bis zum 19. Jahrhundert in den polnischen Sammlungen" (April–Juli 2004). Im Rahmen dieser Ausstellung wurden insgesamt 300 repräsentative Stücke aus den Sammlungen des Krakauer Nationalmuseums sowie aus anderen polnischen Museen, Kirchen, Klöstern und Privatsammlungen gezeigt.

Agnieszka Palej

7. Böhmen, Mähren

Jan Havel, Vladimír Kaiser, Otfrid Pustejovsky: Ein Nachkriegs-Verbrechen. Aussig 31. Juli 1945. Ústí nad Labem 2005. 118 S. ISBN 80-8607-70-X.

Diese Arbeit wurde 60 Jahre nach dem Ende des Zweiten Weltkriegs mit der Absicht verfasst, die Ursachen und Umstände einer Katastrophe und des darauffolgenden Blutvergießens in Aussig an der Elbe / Ústí nad Labem in der Nachkriegszeit darzustellen. In gespannter Atmosphäre am Ende des Krieges, nach einer Explosion des Munitionslagers im unweit gelegenen Schönpriesen / Krasne Brezno, entstand in

Aussig eine Welle von Gewalt, dem eine Anzahl deutschsprachiger Bewohner der Stadt zum Opfer fiel. In dem Buch wird das Geschehen auf der Grundlage von Augenzeugenberichten, zugänglichen Quellen und Forschungsliteratur untersucht. Die Ereignisse an dem Ort des Geschehens wurden rekonstruiert. So war es erstmals möglich, einen derartigen Vorgang ohne Tabuisierung darzustellen.

Kristina Kaiserová

Tomáš Hermann, Anton Markoš (Hg.): Emanuel Rádl – vědec a filosof. Sborník z mezinárodní konference konané u příležitosti 130. narození a 60. výročí úmrtí Emanuela Rádla (Praha 9.–12. února 2003) = Emanuel Rádl – Scientist and Philosopher. Proceedings of the International Conference commemorating the 130th Anniversary of the Birth and 60th Anniversary of the Death of Emanuel Rádl (Prague, February 9.–12. 2003) (Práce z dějin vědy [Arbeiten zur Wissenschaftsgeschichte] 16; Sborníky, slovníky, ucební texty [Sammelbände, Wörterbücher, Lehrbuchtexte] 27). Praha: Výzkumné centrum pro dějiny vědy a OIKOMENH 2004. 708 S. ISBN 80-7298-107-2.

Dieser Tagungsband ist dem Philosophen und Wissenschaftler Emanuel Rádl gewidmet. Wichtig für das deutsch-tschechische Thema sind seine Arbeiten, die sich dem Verhältnis zwischen Deutschen und Tschechen in seiner Zeit widmen; sie werden bis heute als überzeitlich gültig angesehen. In diesem Sinn äußert sich in einem Einleitungswort Gert Weisskirchen: „Die Verhältnisse zwischen Deutschen und Tschechen in Rádls Zeit“. An Beiträgen zu diesem Thema folgen in dem Band: Robert B. Pynsent: „Rádl über Rasse und Literatur“; Eva Hahnová: „Emanuel Rádl zwischen dem tschechischen Nationalismus und dem (sudeten)deutschen Volkstum“; Eva Broklová: „Zu Rádls ‚Deutsche Revolution‘ und der politischen Kultur der Sudetendeutschen“; Jan Sokol: „Rádls Auffassung der Nation“. Die Beiträge sind jeweils zum Teil in tschechischer, slowakischer, englischer und deutscher Sprache verfasst.

Kristina Kaiserová

Němci v českých zemích = Die Deutschen in den böhmischen Ländern. Zprávy Společnosti pro dějiny Němců v Čechách = Mitteilungen der Gesellschaft für die Geschichte der Deutschen in Böhmen III. 2004. 91 S. ISBN 80-86475-04-2.

Die Gesellschaft für die Geschichte der Deutschen in Böhmen hat die dritte Nummer ihrer „Mitteilungen“ herausgegeben. Außer Rezensionen, Nachrichten, bibliographischen Hinweisen bieten die Hefte den Abdruck von Diplomarbeiten zum Thema Geschichte der Deutschen in Böhmen. In diesem Heft erscheint der Beitrag des Olmützer Absolventen Jiří Kopica, „Die Landesregierung Deutschböhmens in den Jahren 1918 und 1919“. Die Abhandlung betrifft die Problematik der Wechselbeziehungen zwischen den Tschechoslowaken und den böhmischen Deutschen in den Jahren 1918/19. Das damalige Geschehen wird als zweiseitiges Verhältnis bewertet, in dem gewisse Spielregeln die Seite bestimmten, welche momentan die Macht ausübte. Aus diesem Grund kann man nicht behaupten, dass an allen damaligen Ereignissen, die für eine der beiden Seiten nicht angenehm waren, nur der Nationalausschuss in

Prag oder die am Ende des Oktobers 1918 in Reichenberg/Liberec entstandene Landesregierung Deutschböhmens schuld waren.

Kristina Kaiserová

Jiří Pešek: Německé dějiny optikou recensenta. Literatura o dějinách německy mluvící střední Evropy 19. a 20. století v recensich Jiřího Peška z let 1990–2002 [Deutsche Geschichte aus der Sicht des Rezensenten. Literatur über die Geschichte des deutschsprachigen Mitteleuropa im 19. und 20. Jahrhundert in den Rezensionen von Jiří Pešek aus den Jahren 1990–2002]. Hg. v. Svatava Raková. Praha: Edičně připravila Svatava Raková, Historický ústav AV ČR 2004. 277 S. ISBN 80-7286-061-5.

Das Historische Institut der Akademie der Wissenschaften Tschechiens hat diesen Sammelband mit Rezensionen, die Literatur zur Geschichte des deutschsprachigen Mitteleuropa im 19. und 20. Jahrhundert betreffend, aus den Jahren 1990–2002 herausgegeben. Jiří Pešek, der Autor, ist Professor am Institut für internationale Studien (Lehrstuhl für deutsche und österreichische Geschichte) an der Karlsuniversität. Die Thematik ist in folgende Abschnitte gegliedert: Arbeiten zur (deutsch)tschechischen Geschichte insgesamt; Sozial- und Kulturgeschichte Deutschlands und Österreichs im ‚langen' 19. Jahrhundert; Geschichte der deutschen und österreichischen Städte im 19. und 20. Jahrhundert; die Zeit vom Ersten bis zum Zweiten Weltkrieg; soziale und kulturelle Probleme des nationalsozialistischen und nachnationalsozialistischen Deutschland; Protektorat, Sudetengau und Zweiter Weltkrieg; Vertreibung und Transfer; Nachkriegsdeutschland; Deutsche im Ausland (anstatt eines Schlusswortes). Da es nicht immer einfach ist, die rezensierte Literatur in den Bibliotheken in Böhmen zu beschaffen, erfüllt der Band die Funktion eines praktischen Handbuchs.

Kristina Kaiserová

Jiří Stromšík, Václav Maidl (Hg.): Christian Heinrich Spieß und seine Zeit (Reihe Germanistica Pragensia 16, Acta Universitatis Carolinae, Philologica 3, 1999). Praha: Univerzita Karlova v Praze (Karolinum) 2002. 103 S. ISBN 0323-0716.

Es handelt sich um den Sammelband zu der gleichnamigen, 1999 in Prag abgehaltenen Konferenz. Ein Teil der Beiträge beschäftigt sich mit Spieß' literarischem Werk und dessen unterschiedlichen Kontexten: Ulrich Hartje untersucht Spieß' Werk im Kontext der Unterhaltungsliteratur, Michael Titzmann im Kontext der deutschsprachigen Literatur der Goethezeit, Josef Čermák in europäischen literarischen Zusammenhängen; Václav Maidl fasst die Spießsche Rezeption in den böhmischen Ländern zusammen. Andere Beiträge erläutern breitere Kontexte der Spießschen Zeit: Mit der damaligen Universitäts- und Gedankenwelt befassen sich Ferdinand Seibt und Ivana Čornejová, dem Trivialen als Inspirationsquelle der bildenden Kunst in Prag um 1800 widmet sich Roman Prahl, dem Theater in Prag zu Spieß' Zeit dann Alena Jakubcová. Wieder andere Aufsätze reflektieren die Resonanz der Trivialliteratur im 20. Jahrhundert, so Kurt Krolop, der sich in seinem Beitrag auf Ferdinand Josef Schneider als Literaturhistoriker der Trivialliteratur konzentriert.

Václav Maidl

Jan Watrak: Die Lyrik von Ilse Tielsch (Uniwersytet Szczeciński, rozprawy i studia [Universität Stettin, Abhandlungen und Studien] 380). Szczecin: Wydawnictwo Naukowe Uniwersytetu Szczecińskiego 2001. 261 S., poln. Zusammenfassung. ISBN 83-7241-1603, ISSN 0860-2751.

Die Studie befasst sich mit dem lyrischen Schaffen der vor allem als Prosaautorin bekannten, im südwestmährischen Auspitz/Hustopece geborenen Schriftstellerin Ilse Tielsch-Felzmann. Das Buch setzt sich aus einer Einführung und acht Kapiteln zusammen. Im ersten kommentiert der Verfasser Ilse Tielschs Suche nach der Identität, ihre Aussagen über ihre eigene Dichtkunst sowie die in ihrer Lyrik angesprochenen Fragen (Heimat, Verwurzelung, Vertreibung, gefährdete Umwelt u. a. m.). Die weiteren Kapitel tragen die Titel der Gedichtbände von Tielsch („In meinem Orangengarten", „Herbst mein Segel", „Anrufung des Mondes", „Regenzeit", „Nicht beweisbar", „Zwischenbericht", „Lob der Fremdheit") und sind ein Versuch, die im jeweiligen Band enthaltenen Gedichte zu analysieren. Dem analytischen Teil folgt die Vita der Autorin mit biographischen, dem Stettiner Germanisten unter anderem aus dem Briefwechsel mit der Schriftstellerin bekannten Daten. Der Band enthält eine umfangreiche Bibliographie zu Ilse Tielsch.

Ewelina Kamińska

Gertraude Zand, Jiří Holý (Hg.): Transfer. Vertreibung, Aussiedlung im Kontext der tschechischen Literatur = Transfer. Vyhnání, odsun v kontextu ceské literatury. Brno: Host 2004. 200 S., dt. u. tschech. Zusammenfassungen. ISBN 80-7294-127-5.

Ausgangspunkt für dieses Buch mit deutsch- und tschechischsprachigen Beiträgen war das tschechisch-österreichische Symposium „Vertreibung/Aussiedlung/Transfer in tschechischer Literatur", welches an der Wiener Universität am 27. und 28. Mai 2004 stattfand. Begleitet wurde es von einer Reihe von thematisch einschlägigen Filmen. Die Referate riefen zahlreiche lebhafte Diskussionen hervor, nicht nur zu Fragen der Literaturwissenschaft. Der Band enthält folgende Aufsätze: Detlef Brandes: „Edvard Beneš und die Pläne zur Vertreibung/Aussiedlung der Deutschen und Ungarn 1938–1945"; Jiří Pešek: „Vertreibung und Transfer 1938–1949 im Spiegel der tschechischen Geschichtswissenschaft seit 1989"; Ruth Kronsteiner: „Das Trauma von Vertreibung und Flucht aus ethnopsychoanalytischer Sicht"; Jan Wiendl: „Obraz Němce v české poezii v letech 1945–1946" (Das Bild des Deutschen in der tschechischen Lyrik der Jahre 1945/46); Filip Tomáš: „Všechno tam na vás čeká! K dějinám české osidlovací literatury let 1947–1951" (Alles wartet dort auf euch! Zur Geschichte der tschechischen Besiedlungsliteratur der Jahre 1947–1951); Gertraude Zand: „Václav Řezáčs Nástup – ein tschechischer Kolonialroman"; Aleš Haman: „Existence ve zhrouceném světě. Postavy sudetských Němců v prózách Jaroslava Durycha, Vladimíra Körnera a Václava Vokolka" (Dasein in einer zerbrochenen Welt. Sudetendeutsche Figuren in der Prosa von Jaroslav Durych, Vladimír Körner und Václav Vokolek); Jiří Holý: „Ota Filips Lojzek-Lapáček-Roman"; Václav Maidl: „Pavel Kohout: Deutsche, Sudetendeutsche und die Vertreibung in seinem Werk"; Vladimír Papoušek: „Hořký návrat do dějin. Česká a německá próza Olgy Barényi" (Bittere Rückkehr in die Geschichte. Die tschechische und deutsche Prosa von Olga Barényi); Elke Mehnert: „Böhmen im Herzen. Flucht und Vertreibung in Texten sudetendeutscher Autoren"; Václav Burian: „K odlišnosti českého a polského pohledu na poválečné vyhnání Němců (na příkladu Deníků Stefana Kisielewského)" (Zum Unterschied zwischen dem tschechischen und dem polnischen Blick auf die Vertreibung der Deutschen [am Beispiel der Tagebücher von Stefan Kisielewski]); Ute Raßloff: „Orte und Biographien. Zwangsmigrationen und die ‚ungarische Frage' in der slowakischen Literatur".

Kristina Kaiserová

8. Ehemaliges Jugoslawien

Tomislav Bekić: Germanoslavica. Prilozi proučavanju uzajamnih kulturnih i književnih veza između naše i nemačke kulture [Germanoslavica. Beiträge zur Erforschung der kulturellen und literarischen Beziehungen zwischen unserer und der deutschen Kultur]. Hg. v. Bund der pädagogischen Gesellschaften in der Wojwodina, Novi Sad / Oberschule für die Bildung von ErzieherInnen. Vršac 2003. 312 S. Ohne ISBN.

Tomislav Bekić setzt an den Quellen an, die zum einen im deutschsprachigen Raum eine allgemeine Rezeption der südslawisch-orthodoxen Bevölkerung des Balkans gefördert und zum anderen durch das Echo auf deutschem Gebiet wiederum unter der serbisch-montenegrinischen Bevölkerung rückwirkend ihre Spuren hinterlassen haben. Im ersten Teil des Bandes werden Fragen zum kulturellen und nationalen Bewusstsein der Serben und Montenegriner aus deutscher Perspektive erörtert. Unter den Beiträgen befinden sich: „Asmus Serensen i njegova pisma Vatroslavu Jagiću" (Asmus Sörensen und seine Briefe an Vatroslav Jagić); „Herman Vendel i njegov spis ‚Habsburgovci i južnoslovensko pitanje'" (Hermann Wendel und seine Schrift „Die Habsburger und die südslawische Frage"); „Sigfrid Kaper i Crna Gora" (Siegfried Kapper und Montenegro); „Gustav Raš i njegov putopis o Crnoj Gori" (Gustav Rasch und seine Reisebeschreibung über Montenegro); „Ludvig Ganghofer i njegov ratni dnevnik iz Srbije 1915. godine" (Ludwig Ganghofer und sein Kriegstagebuch aus Serbien aus dem Jahre 1915); „Boško Petrović i nemačka književnost" (Boško Petrović und die deutsche Literatur). Zu diesen Namen fügt Bekić noch zwei weitere hinzu, die sich im Anschluss an ihr Leben in Serbien darum bemühten, den deutschen Einfluss auf die serbische Kultur und Literatur als konstruktive Rezeption zu deuten, womit sie zur Slawistik richtungweisend beitrugen: Gerhard Gesemann und Maximilian Braun. Der zweite, in deutscher Sprache gehaltene Teil des Bandes bietet unter dem Titel „Begegnungen und Wechselwirkungen" Aufsätze zu südslawisch-deutschen bzw. deutsch-südslawischen literarischen Beziehungen. Hier bildet Bekić drei Themenkreise. Der erste behandelt vor allem die Rezeption deutschsprachiger Autoren in Jugoslawien (Thomas Mann, Heinrich Mann, Joseph Roth) sowie die Geschichte der Goethe-Gesellschaft Jugoslawiens. Im Weiteren thematisiert Bekić die Einflussnahme der deutschen Literatur auf das serbische Nationalbewusstsein und die serbische Selbstreflexion. Hierzu zählen die Beiträge: „Zwischen Tradition und Moderne: die deutschsprachige Literatur in der Zeitschrift ‚Brankovo kolo' (1895–1914)"; „Zur jugoslawischen Thematik im Werk Manès Sperbers". Der abschließende Themenkreis bezieht sich auf die Entstehung und Entwicklung der Germanistik in Serbien und umfasst unter anderem die Artikel „Zu den äußeren und inneren Voraussetzungen der Übersetzungstätigkeit: erörtert am Beispiel der serbokroatischen Übersetzung von Manès

Sperbers Trilogie ‚Wie eine Träne im Ozean' und Thomas Manns Tetralogie ‚Joseph und seine Brüder'"; „Germanistik in Serbien"; „Alois Schmaus als Germanist". Der Band schließt mit einem Nachwort des Autors.

Miodrag Vukčević

Branko Bešlin: Vesnik tragedije [Der Bote einer Tragödie]. Novi Sad: Platoneum 2001. 263 S. Ohne ISBN.

Die veröffentlichte Magisterarbeit von Branko Bešlin, der in der ältesten serbischen Kulturinstitution, der Matica Srpska, für die deutsche Literatur zuständig ist, bietet einen Überblick über die Entstehung und Entwicklung des donauschwäbischen Verlagswesens in der Wojwodina (Tageszeitungen, Monatshefte usw.) unter soziologischen Aspekten. Trotz der unsicheren sozialen Lage vor dem Ersten Weltkrieg, dem aufkeimenden allseitigen Nationalismus und dem damit einsetzenden Druck auf die jeweilige Gegenseite überdauerten, so Bešlin, zumindest sechs deutschsprachige Zeitungen die Kriegswirren. Der „Werschetzer Gebirgsbote" und der „Deutsche Volksfreund" aus Werschetz/Vršac, die „Bács-Bodroger Presse" aus Apatin, „Die Wacht" aus Palanka / Bačka Palanka, „Werbaß und Umgebung" aus Werbaß/Vrbas und das „Weißkirchner Volksblatt" aus Weißkirchen / Bela Crkva erschienen auch nach 1918. Durch die neue Grenzziehung wuchs, dem Autor zufolge, das Bedürfnis nach einem neuen Zentralorgan für die donauschwäbische Gemeinschaft in Serbien und der Wojwodina. Die Arbeit zeigt die Herausbildung des Presse- und Verlagswesens unter der Schirmherrschaft des in Neusatz / Novi Sad gegründeten Schwäbisch-Deutschen Kulturbundes und die Entwicklung der Druckerei- und Verlags-Aktiengesellschaft (DVAG), die aufs engste mit dem kulturellen Leben der deutschen Bevölkerung in Serbien verbunden war. Die Verlegung der lokalen Wochenausgabe „Deutsches Volksblatt für Syrmien" aus Ruma nach Neusatz und deren Namenswechsel 1919 („Deutsches Volksblatt") lässt, so Bešlin, die Verbindung von wirtschaftlichem Denken und einem kulturpolitischen Vorhaben erkennen. Mit Beispielen dazu, wie z. B. dem Anschluss der Banater Druckerei- und Verlags-Aktiengesellschaft aus Groß-Betschkerek/Zrenjanin und ihrer Tageszeitung „Neue Zeit" an die DVAG, untersucht der Autor die Gründungsphase der später täglich, bis 1944, erscheinenden „Deutschen Zeitung". Als angesehenste Mitglieder dieses Verlagshauses nennt er Namen wie den landwirtschaftlichen Großunternehmer und Politiker Stefan Kraft aus India/Indjija oder Ludwig Anzengruber aus Weißkirchen, der nicht nur politisch als Vorsitzender der Deutschen Partei in Ungarn und der Deutschen Partei in Jugoslawien in Erscheinung trat, sondern auch als Schriftsteller erfolgreich war. Die spätere Herausgabe zusätzlicher Fachblätter wie „Volkswart" (für Literatur und Kultur), „Unsere Schule", „Landwirt", „Der Sänger" und andere hatte laut Bešlin eine entscheidende meinungsbildende Funktion.

Miodrag Vukčević

Srđan Božović: Nemački zločin u Alibunaru 1941 [Das deutsche Verbrechen in Alisbrunn 1941]. Hg. v. Narodni muzej [Volksmuseum]. Pančevo 2004. 103 S., Abb. ISBN 86-906039-0-5.

In dieser Dokumentation wird aufgrund der Zahl von Zivilopfern in Serbien die Besatzungspolitik der deutschen Wehrmacht im Zweiten Weltkrieg aufgezeigt. Anhand verschiedener Beispiele werden die Kriegsverbrechen in der Zeit von 1939 bis 1945 beschrieben. Hierzu zählt unter anderem auch der Befehl der Wehrmacht, zehn Serben für ein deutsches Opfer und hundert Serben für einen umgekommenen deutschen Offizier hinzurichten. Fotografien von Velibor Milovanović, die die Geschehnisse in Alisbrunn/Alibunar 1941 festhalten, dokumentieren eine der vielerorts in Serbien geschehenen, von der deutschen Besatzungsmacht verübten Massentötungen.

Miodrag Vukčević

Nadežda Ćetković, Dobrila Sinđelić-Ibrajter (Hg.): Dunavske Švabice [Donauschwäbinnen] (Edicija Ženski identiteti [Edition Identität der Frau] 2). T. [Bd.] 1. Beograd, Kikinda: Medijska knjižara Krug 2000. 123 S., Abb. Ohne ISBN.

Nadežda Radović, Dobrila Sinđelić-Ibrajter, Vesna Weiss (Hg.): Dunavske Švabice (Edicija Ženski identiteti 2). T. [Bd.] 2. Veternik: Lidij 2001. 259 S., Abb. ISBN 86-7026-157-X.

Die zweibändige Ausgabe beschäftigt sich mit Aspekten der Identitätsfrage. Es wird das Schicksal deutscher Frauen aus Serbien aufgezeigt, die ihre Familienmitglieder durch die Vertreibung und die Deportation in die sowjetrussischen Internierungslager sowie die Internierung in den Partisanenlagern in Serbien verloren haben. Im ersten Band wird die Familientrennung zwischen den Fronten aus der Sicht der Frauen untersucht. Mit den fotografisch umrahmten Erklärungen und Erinnerungen wird zweierlei verdeutlicht: zum einen das Leben der Deutschen in der kulturellen Vielfalt Serbiens und der Wojwodina aus der Perspektive der Frauen, zum anderen die Belastungen der Familien durch den Krieg. Der zweite Band verbindet im Vorwort von Nadežda Radović den Aspekt dieser Belastungen mit der Frage nach der Rolle der Beteiligten und deren pauschaler Beurteilung. Damit stellt sich weiterhin die Frage nach dem Umgang mit der Geschichte sowohl der vereinzelt in Serbien verbliebenen donauschwäbischen Frauen oder ihrer Nachkommen als auch der aus Serbien Ausgesiedelten, deren Identität sich nicht zuletzt aus ihrem Geburtsort und der dort einst existierenden Gesellschaftsform ableitet.

Miodrag Vukčević

Zoran Đurović: Evropa pred licem nacizma [Europa angesichts des Nationalsozialismus]. Belgrad: Interpress 2001. 169 S. Ohne ISBN.

Mit diesem Überblick über die Geschichte der Diplomatie von 1939 bis 1945 bietet sich ein Einblick in das Verhältnis der Deutschen zu den Serben während des Zweiten Weltkriegs. Dieses wurde wie auch das Verhältnis zu den anderen Völkern Ost- und Südosteuropas von den jeweils aktuellen politischen Beziehungen Deutschlands zur UdSSR bestimmt. Die Beschlüsse und Befehle der deutschen Wehrmacht im Hinblick auf die Ostfront stellen einen gesonderten Komplex des Zweiten Weltkriegs im östlichen Europa dar, das sich in seiner Gesamtheit unter dem Druck des Nationalsozialismus befand.

Miodrag Vukčević

Fenster. Poverenje, pomirenje, poštenje [Fenster. Vertrauen, Versöhnung, Achtung]. Hg. v. Nemačko udruženje za dobrosusedske odnose, Sremski Karlovci [Deutscher Verein für gute nachbarschaftliche Beziehungen, Karlowitz]. Nr. 1. Mai 2003. 52 S. ISBN 86-83523-03-9.

Dies ist die erste Nummer einer Zeitschrift, die sich das deutsch-serbische Verhältnis zum Thema macht. In den Artikeln geht es um die historisch belasteten Beziehungen zwischen den beiden Völkern, um geschichtliche Aufarbeitung, um das Leben der aus Jugoslawien vertriebenen Deutschen nach dem Krieg, aber auch um die noch vereinzelt in Serbien Verbliebenen sowie um Beispiele von Angehörigen deutscher Familien, die in der Geschichte des Landes Spuren hinterlassen haben. Neben Namen einzelner gesellschaftlich und politisch aktiver Persönlichkeiten aus dieser Volksgemeinschaft werden auch deutsche Vereine in Serbien und deren Aktivitäten vorgestellt. Zu diesen gehören die „Gesellschaft für serbisch-deutsche Zusammenarbeit" (Belgrad/Beograd), der „Deutsche Verein Donau" (Neusatz / Novi Sad), der „Deutsche Volksbund" (Maria Theresiopol / Subotica) und der „Deutsche Verein für gute nachbarschaftliche Beziehungen" (Karlowitz / Sremski Karlovci). Das Heft enthält je ein Interview mit dem stellvertretenden Vorsitzenden der Gesellschaft für serbisch-deutsche Zusammenarbeit, Prof. Dr. Zoran Žiletić, und mit Rudolf Waiss, dem Vorsitzenden des Deutschen Volksbundes, sowie die Vorstellung des Buches „Verbrechen an den Deutschen in Jugoslawien 1944–1948". Andere Artikel betreffen das Thema Volksdeutsche und Kollektivschuld („Folksdojčeri i nametanje krivice"), porträtieren den ‚vergessenen Wojwodina-Deutschen' Wilhelm Keilbach („Zaboravljeni vojvođanski Nijemac") und den Vermittler zwischen der serbisch-orthodoxen und der römisch-katholischen Kirche in Karlowitz Wylim Bitsch („Čovek pomirenja" [Ein Mensch der Versöhnung]), erzählen die Lebensgeschichten von Jakob Lichtenberger aus Neu Pasua / Nova Pazova (unter dem Titel „Logika rata" [Kriegslogik]) und Andreas Pfeiffer aus Karlowitz („Govorili su nam ‚fašisti'" [Man nannte uns „Faschisten"]). Ferner bringt das Heft ein Porträt der reichsten Karlowitzer Familie, Schober, sowie Berichte über eine donauschwäbische Kindheit von Franz Marschall aus Bikatsch/Bikac und über das Schicksal der sogenannten volksdeutschen Kinder in den Lagern des kommunistischen Jugoslawien von Dr. sc. Vladimir Geiger. Am Ende der ersten Ausgabe finden sich deutsche und serbische Rezepte zu den alljährlich stattfindenden „Kugelhupf-Tagen".

Miodrag Vukčević

Slobodan Grubačić: Istorija nemačke kulture [Die Geschichte der deutschen Kultur]. Sremski Karlovci, Novi Sad: Zoran Stojanović 2001. 561 S. Ohne ISBN.

Dieses umfassende Werk über die deutsche Kulturgeschichte setzt mit dem Frühen Mittelalter und der karolingischen Renaissance ein, untersucht den gemeingermanischen Geist im Schatten Roms und führt über die Reichsbildungen, die ottonische Renaissance, das Hohe Mittelalter, Humanismus und Reformation, Gegenreformation und Aufklärung, das Zeitalter der Romantik und der Revolutionen, die Bismarckzeit und die Weimarer Republik bis zum Jahr 1945, um mit Thomas Manns und Nietzsches Gedanken zum deutschen Geist innerhalb eines geeinten Europa zu schließen. Neben Kant, Arthur und Johanna Schopenhauer, Herder,

Goethe und Jakob Grimm sowie Leopold von Ranke stellt Grubačić die Namen Friedrich Barbarossa (Treffen „in magna pompa" mit dem serbischen König Stefan Nemanja in Niš 1189 auf dem Kreuzzug in Richtung Kleinasien), Ulrich von Liechtenstein oder Johannes von Tepl in einen gesamteuropäischen kulturgeschichtlichen Kontext. Aus der Perspektive eines Germanisten auf dem Balkan zieht der Autor Verbindungen zwischen verschiedenen kulturgeschichtlichen Tendenzen, wobei er den Einfluss der deutschen Kultur auf Südosteuropa als konstitutives Element bei der Herausbildung der Staaten und Gesellschaften erscheinen lässt.

Miodrag Vukčević

Književnost na jezicima manjina u Podunavlju. Zbornik radova [Literatur in den Sprachen der Minderheiten im Donaugebiet. Sammelband]. Beograd: Institut za književnost i umetnost [Institut für Literatur und Kunst] 2004. 329 S. ISBN 86-7095-098-7.

Den Acta-Band der in Belgrad/Beograd vom 28. bis 30. Mai 2003 abgehaltenen wissenschaftlichen Tagung mit dem Titel „Literatur in den Sprachen der Minderheiten im Donaugebiet" leitet Miodrag Maticki mit einer Erinnerung an die in der Wojwodina ehemals ansässigen Donauschwaben und die Flüchtlingsströme entlang der Donau ein. In Beiträgen von Zoran Konstantinović (Das Donaugebiet. Die Geschichte eines Begriffes und sein kulturell-literarischer Gehalt), Horst Fassel (Hugo von Meltzls komparatistische Entwürfe im Spannungsfeld von Regionalismus und Universalismus), Petru Krdu (Es gibt Wege, eine Minderheit zu sein: man heißt z. B. Franz Kafka), Miodrag Vukčević (Außerliterarische Einflüsse auf die deutsche Minderheitenliteratur. Das Beispiel des literarischen Lebens in India/Indjija), Gabriella Schubert (Erinnerungen an ein multikulturelles Slawonien. Roda Roda und Wilma von Vukelich), Vesna Matović (Die Geschichte und die „Donauwelt" von Franz Hutterer), Damjana Mraović (Minderheit und Randerscheinung als Erfahrung – Judith Schalgo [eine Serbin deutsch-jüdischer Abstammung]) und anderen werden kulturanthropologische Aspekte anhand von literarischen Beispielen aus dem Donauraum untersucht, in dem sich der deutsche Anteil, beginnend mit Conrad Celtis („Sodalitas litteraria Danubiana"), gesondert abzeichnet. Da ein Teil der serbischen Bevölkerung unter österreichisch-ungarischer Verwaltung, sprich deutscher Kultur, lebte, haben im Weiteren auch Personen wie Hugo von Meltzl („Acta comparationis litterarum universarum") und seine Unterstützung der übersetzerischen Tätigkeit oder Heinrich Hart (mit seinem Beitrag in Meltzls Fachblatt „Összehasonlító irodalomtörténeti lapok" unter dem Titel „Ist patriotische Kriegslyrik angebracht oder nicht?") Einfluss auf das Kulturverständnis der Serben nehmen können. Die nicht seltenen Grenzveränderungen in diesen Gebieten führten über einen steten Wandel zwischen Mehrheits- oder Minderheitsposition zu verschiedenen Kulturkontakten. Sich scheinbar annähernde gesellschaftliche Inhalte finden im literarischen Austausch einen entsprechenden Bezugspunkt bei Franz Kafka, Paul Celan, Herta Müller oder Elias Canetti. Die Spuren der deutschen Kultur sind analog zur Vielfalt der Kulturen und Sprachen im Donauraum ebenso heterogen. Orte, in denen die deutsche Volksgruppe einst die größte war (z. B. India), legen heute noch Zeugnis über vergangene Zeiten ab. Die Möglichkeit, hier nach einem spezifisch deutschen kulturellen Leben zu forschen, ist anhand der im 18. und 19. Jahrhundert ausgebildeten gesellschaftlichen Infrastruktur sehr viel einfacher als in jenen Landesteilen, wo zwar herausragende Persönlichkeiten (wie Alexander

Friedrich Rosenfeld alias Roda Roda) einzelne Leistungen hervorbrachten, doch wegen der sprachlichen und kulturellen Vielfalt unterschiedliche „traditionelle" Motive zu einem neuen bürgerlichen Gesellschaftsbild zusammenwuchsen.

Miodrag Vukčević

Kronika [Chronik]. Ljubljana. Jg. 53, Hefte 1–2. 2005. 124 S., 129 S., Abb. ISSN 0023-4923.

Im letzten Jahrgang der vom Verband historischer Vereine Sloweniens herausgegebenen Zeitschrift erschienen mehrere Beiträge mit einschlägiger Thematik. In Heft 1: Barbara Pešak Mikec: „Ljubljanski fijakarji" (Die Laibacher Fiaker). Die ersten Fiaker gab es in Laibach/Ljubljana bereits Ende des 18. Jahrhunderts, die ersten schriftlichen Zeugnisse darüber reichen bis 1814 zurück. Für dieses Jahr werden in den Gewerbesteuerbüchern drei Fiaker als steuerpflichtig geführt. Ihre Anzahl stieg bis 1907 von bescheidenen 3 auf 35. 1865 wurde eine erste Ordnung erlassen, in der ihre Rechte und Pflichten festgesetzt wurden. – Damir Globočnik: „Praznovanja na Bledu v letih 1858, 1861 in 1862" (Die Festivitäten in Veldes in den Jahren 1858, 1861 und 1862). Veldes/Bled war bereits im 19. Jahrhundert ein beliebter Ferien- und Ausflugsort. Im August 1858 wurde dort der 28. Geburtstag von Kaiser Franz Josef I. gefeiert und bald danach die Geburt des Thronfolgers Rudolf. Nach der Einführung der Verfassungsordnung 1861 konnte das slowenische Nationalbewusstsein auch öffentlich gepflegt werden. So wurden in dem Ort an Mariä Himmelfahrt 1861 und 1862 zwei gut besuchte Volksfeste organisiert. – Petra Kramberger: „Nemško časopisje v Mariboru v 19. stoletju" (Das deutsche Zeitungswesen in Marburg a. d. Drau im 19. Jahrhundert). Die Wiederaufnahme des Verfassungslebens 1861 hatte zur Folge, dass auch in Marburg/Maribor Zeitungen herausgegeben wurden. Die wohl bekannteste ist der „Correspondent für Untersteiermark" (1862), später in „Marburger Zeitung" umbenannt. Gegründet ursprünglich als ein unpolitisches Blatt, das zweimal wöchentlich erschien, konnte es sich bis zum 8. Mai 1945 als Tageszeitung behaupten, und zwar als ein radikaler Vertreter deutscher Interessen. Einen größeren Einfluss auf das Lesepublikum hatte daneben auch die „Südsteirische Post", ebenfalls aus Marburg, die sich in deutscher Sprache für slowenische Interessen einsetzte und zweimal ihren Namen änderte. Der „Tagesbote für Untersteiermark" hatte in acht Nummern 1870/71 eine Beilage „Slobodni Slovenec" (Freier Slowene), die deutsche Interessen in slowenischer Sprache vertrat. – In Heft 2: Špela Bregač: „Tiskarstvo na Dolenjskem in Janez Krajec" (Das Druckerhandwerk in Unterkrain und Janez Krajec). Im 18. Jahrhundert kam der erste Drucker, Henrik Tandler, nach Rudolfswert (Neustadl) / Novo mesto, wo er eine Druckerei gründete, die er lange und mit Erfolg leitete. Später, 1876, wurde sie an Janez Krajec verkauft.

Mira Miladinović Zalaznik

Zlatoje Martinov: Nemački uticaj na ishranu Srba u Banatu [Der deutsche Einfluss auf die Ernährung der Serben im Banat]. 2. Aufl. Pančevo: Mali Nemo 2004. 115 S. ISBN 86-83453-47-2.

Das Werk geht von den natürlichen klimatischen und Bodenverhältnissen sowie von der Zusammensetzung der Bevölkerung im Banat aus, um im geschichtlichen Rückblick auf die gesellschaftliche Entwicklung im Zusammenhang mit den wirtschaftlich-politischen Bedingungen auf die hier herrschende Ernährungskultur zu schließen. Den deutschen Einfluss auf die Ernährungskultur der Serben setzt der Autor mit dem Ende der türkischen und dem Beginn der österreichischen Verwaltung (1718) an. Mit der Einführung von deutschen Gerichten auf dem Speisetisch der Banater Serben beginnt laut Martinov eine grundlegend neue Tendenz im serbischen Haushalt, die sich in der Gesellschaft rasch verbreitet habe. Die Aufnahme neuer Gerichte in den Speisezettel, auch die Zubereitungsweise und die Methoden der Haltbarmachung von Speisen wird auf die Erweiterung der Lebensmittelgrundlage durch neue Rohstoffe zurückgeführt. Damit verbunden gewesen seien neu eingeführte Gewohnheiten, wie z. B. das Tischdecken, die Benutzung von neuerem Kochzubehör und bestimmtem Geschirr. Die Arbeit schließt mit einer Analyse der vermittelnden Rolle der deutschen Kultur und mit einigen Beispielen von deutschen Kochrezepten.

Miodrag Vukčević

Branko Pavlica: Jugoslavija i SR Nemačka: 1951–1991 [Jugoslawien und die Bundesrepublik Deutschland 1951–1991]. Smederevo: Radojković 2002. 237 S. ISBN 86-903139-1-5.

Branko Pavlica: Nemačka manjina u Jugoslaviji: sudbina folksdojčera posle Drugog svetskog rata [Die deutsche Minderheit in Jugoslawien: das Schicksal der Volksdeutschen nach dem Zweiten Weltkrieg]. Smederevo 2002. 143 S. ISBN 86-903139-2-3.

Branko Pavlica: Nemačka kao privredni partner Srbije i Jugoslavije 1882–1992 [Deutschland als Vertragspartner Serbiens und Jugoslawiens 1882–1992]. Smederevo 2003. 176 S. ISBN 86-903139-3-1.

Nach einer 1999 erschienenen Untersuchung der jugoslawisch-deutschen Wirtschaftsbeziehungen vertieft Branko Pavlica die jugoslawisch-deutsche Thematik durch einige Fragestellungen aus dem Bereich der Gesellschaftspolitik, wie z. B. die Aussendung von jugoslawischen Gastarbeitern aufgrund von zwischenstaatlichen Abkommen, für die deutsche Unternehmen bürgten. Das Treffen Tito-Brandt 1973 sieht Pavlica ebenso im Zeichen der wachsenden Anwesenheit deutschen Kapitals in Jugoslawien. Zum Thema der ausgesiedelten und in den Partisanenlagern umgekommenen Jugoslawiendeutschen, deren Schicksal im Gefolge des Zweiten Weltkriegs nach dem Treffen der beiden Staatsmänner ebenfalls besiegelt schien, wird auf die ausgebliebene Vergangenheitsbewältigung hingewiesen. Neben den traditionellen Verbindungen Sloweniens und Kroatiens zum deutschsprachigen Raum über Österreich-Ungarn hat auch Serbien starke wirtschaftliche Beziehungen zu Deutschland, zu denen noch während des serbischen Fürstentums unter der Obrenowitsch-Dynastie im 19. Jahrhundert der Grundstein gelegt wurde. Pavlica weist darauf hin, dass die deutsche Sprache zu Beginn des 19. Jahrhunderts und während der Gründung der ersten Hochschulen die erste Fremdsprache in Serbien war und dass es nicht zuletzt auch die donauschwäbische Volksgruppe war, die eine Einführung deutscher Technologien unterstützte.

Miodrag Vukčević

Božinka Petronijević: Nemačko-srpsko-hrvatska leksikografija prve polovine dvadesetog veka. Kulturno-istorijski transfer [Deutsch-serbisch-kroatische Lexikografie in der ersten Hälfte des 20. Jahrhunderts. Kulturgeschichtlicher Transfer] (Mala lingvistička biblioteka [Kleine linguistische Bibliothek], Ser. 5, 6). Beograd: Filološki fakultet Univerziteta u Beogradu, Naučno društvo za negovanje i proučavanje srpskog jezika [Philologische Fakultät der Universität Belgrad, Wissenschaftliche Gesellschaft für die Pflege und Erforschung der serbischen Sprache] 2002. 287 S., Abb., dt. Zusammenfassung. ISBN 86-84089-20-0.

Die Monographie untersucht deutsch-serbokroatische bzw. serbokroatisch-deutsche Wörterbücher auf dem serbokroatischen Sprachgebiet von 1900 bis 1944 und unterteilt diesen Zeitraum ihrer Veröffentlichung nach in drei Phasen: 1900–1918, 1919–1933 und 1934–1944. Die meisten der insgesamt 107 Nachschlagewerke erschienen interessanterweise im letzten Zeitabschnitt. Neben den Neuerscheinungen werden ebenso die Neuauflagen der Wörterbücher aus dem 19. Jahrhundert behandelt, womit diese Arbeit einen Einblick in die Sprachentwicklung des Serbischen und Kroatischen über verschiedene historische Stationen gewährt. Die Tatsache, dass es sich hierbei um Übersetzungswörterbücher handelt, bringt Božinka Petronijević mit dem historisch bedingten Kulturtransfer in Verbindung, aus dem sich eine an den deutschsprachigen Raum angelehnte Entwicklung der südslawischen Völker ablesen lässt.

Miodrag Vukčević

Radna grupa za dokumentaciju [Arbeitskreis Dokumentation (Herbert Prokle, Georg Wildmann, Karl Weber, Hans Sonnleitner)]: Genocid nad nemačkom manjinom u Jugoslaviji 1944–1948 [Der Genozid an der deutschen Minderheit in Jugoslawien 1944–1948]. Beograd: Društvo za srpsko-nemačku saradnju [Gesellschaft für serbisch-deutsche Zusammenarbeit] 2004. 271 S., Kt. ISBN 86-902081-2-7.

Die serbische Ausgabe dieser Dokumentation ist eine Übersetzung der europäischen Ausgabe in englischer Sprache, „Genocide of the Ethnic Germans in Yugoslavia 1944–1948" (München 2003), die Dragutin Janjetović im Wortlaut, aber auch mit kritischen Anmerkungen im Anhang, wiedergibt. Zusätzlich wurde sie von Djordje Kostić mit Karten zum Siedlungsraum der Deutschen im ehemaligen jugoslawischen Königreich und zur politischen Aufteilung dieses Gebietes während des Zweiten Weltkriegs versehen. Zoran Žiletić fiel die Aufgabe der Redaktion der serbischen Ausgabe zu. In seiner Einleitung klärt er zunächst die in dieser Arbeit verwendete Bezeichnung der deutschen Volksgruppe in den ehemaligen jugoslawischen Staaten, die sich aus der englischen Terminologie („ethnic Germans") ableitet. Daher ist hier die Rede von Angehörigen der deutschen Minderheit oder von den Jugoslawiendeutschen. Es wird im Übrigen auf die Migrationsproblematik in der Wojwodina hingewiesen, die es nur bedingt gestattet, einzelne ethnische Gruppen zu definieren, die sich in den von den osmanischen Truppen geräumten Gebieten niedergelassen haben. Zwei für die serbische Ausgabe durchgeführte terminologische Modifikationen werden ebenfalls erläutert: die Ersetzung des Ausdrucks „Tschetnik" durch die Bezeichnung „Anhänger der Bewegung ‚Ravna Gora'" und die vereinzelte Anwendung des Syntagmas „jugoslawisches Element" für Serben, die nach dem Zweiten Weltkrieg aus Bosnien und Kroatien in die Wojwodina umgesiedelt wurden. Nach einem Überblick über die Zahlenverhältnisse der einst auf dem westlichen Balkan beheimateten Deutschen, der vor der Machtübernahme durch das Tito-Regime Geflüchteten und Evakuierten, der von dessen Partisanen Ermordeten, der zu Tode Gequälten, der in die Sowjetunion Deportierten und der in Lagern Umgekommenen wird ein zusammenfassender Überblick über die Geschichte der Deutschen in der Wojwodina und dem Königreich Jugoslawien und ihr Zusammenleben mit den Serben geboten. Das Buch fährt fort mit dem Verhältnis des Tito-Regimes zu den Jugoslawiendeutschen, geht ein auf die an ihnen verübten Verbrechen, ihre Vertreibung, Internierung in Lagern, die Verbrechen an Kindern. Die Dokumentation der zahlenmäßigen Anwesenheit deutschen Lebens im sozialistischen Jugoslawien wird in einen rechtlichen Rahmen gestellt und aus diesem heraus gedeutet. Daraus wird ein Anspruch auf Rehabilitation auch im Zusammenhang mit der EU erhoben. Doch aufgrund der in Serbien noch nicht erfolgten historischen Auseinandersetzung in Bezug auf den Zweiten Weltkrieg und auch im Hinblick auf die jüngsten Balkankriege hat das Buch Diskussionen ausgelöst, welche die heimische Geschichtsschreibung nun vor eine Herausforderung stellen. Die zum Teil nicht ausdifferenzierte Haltung der Autoren dieses Buches fordert eine wissenschaftlich argumentierende Antwort, welche die historische Last des Zweiten Weltkriegs auf dem Balkan aufarbeitet und kategorisch Stellung nimmt.

Miodrag Vukčević

Stjepan A. Seder: Prvoj smrt, drugoj patnja, trećoj hleb [Der Ersten Tod, der Zweiten Not, der Dritten Brot]. Sremski Karlovci: Nudo Karlovitz 2002. 275 S., Abb. Ohne ISBN.

Der an der Donau gelegene Ort Karlowitz / Sremski Karlovci war zur Zeit der theresianischen Siedlungsphase ein Sammelort, von dem aus die Wojwodina mit Deutschen besiedelt wurde. Das Buch beschreibt die Ankunft der Schiffe mit Siedlern, deren Ansiedlung in Karlowitz und Peterwardein/Petrovaradin und später Neusatz / Novi Sad. Es erzählt aus dem Leben der hier vormals heimischen Deutschen, von den Ereignissen in Karlowitz und Umgebung während der beiden Weltkriege und danach. Der im Titel enthaltene Leitsatz, der zur Lebensweisheit von Generationen über mehrere Siedlungsphasen hinweg wurde, bezieht sich auf die Probleme der deutschen Stammsiedlungen und der später daraus hervorgegangenen Tochtersiedlungen. Stjepan Seder behandelt das Entstehen von auskömmlichen wirtschaftlichen Verhältnissen am Beispiel verschiedener deutscher Familien, das gesellschaftliche Leben sowie das Verhältnis zu den serbischen Nachbarn und bietet damit einen Einblick in die Entwicklung interkultureller Beziehungen, die vor dem Zweiten Weltkrieg herrschten. Die Diskontinuität in der Entwicklung nach dem Zweiten Weltkrieg verdeutlicht Seder anhand eines Namensverzeichnisses der Deutschen, die hier vor 1945 gelebt haben, mit den persönlichen Angaben sowie Angaben zur Tätigkeit und zur gesellschaftlichen Rolle dieser Personen.

Miodrag Vukčević

Milorad Sofronijević (Red.): Srbi i Nemci [Serben und Deutsche]. Kragujevac: Nova Svetlost 2003. 335 S. ISBN 86-7247-095-8.

Der Band enthält 19 Aufsätze, die sich mit den kulturellen Beziehungen zwischen Serbien und Deutschland befassen. Der erste Abschnitt behandelt den deutschen Einfluss auf die serbische Kultur, den Sprachenkontakt Serbisch-Deutsch und die literarische Rezeption deutscher Literatur in Serbien; der zweite Teil beschäftigt sich mit Deutschen, die in Serbien gelebt haben; der dritte Teil hebt die Deutschen hervor, denen das serbische Volk besonders verpflichtet ist. Teil 1: Radoslav Medenica: „Počeci nemačke nastave u Srbiji" (Die Anfänge des Deutschunterrichts in Serbien); derselbe: „Dve naše narodne Pesme i srednjovekovna germanska poezija" (Zwei unserer Volkslieder und die mittelalterliche deutsche Lyrik); Vasilj Popović: „Berlinski kongres" (Der Berliner Kongress); Miloš Trivunac: „Nemački uticaj u našem jeziku" (Der deutsche Einfluss auf unsere Sprache); Miljan Mojašević: „Vuk i nemci" (Vuk und die Deutschen); Stanislav Vinaver: „Jakob Grimm i Srpska narodna poezija" (Jakob Grimm und die serbische Volkspoesie); derselbe: „Balkansko poslanstvo Tomasa Mana" (Die Balkanmission Thomas Manns); Todor Manojlović: „Nemačka duhovna previranja u 19. veku" (Deutsche geistige Umbrüche im 19. Jahrhundert); Zoran Glušćević: „Pristupanje romantici, književnosti i ritual" (Herangehensweisen an die Romantik, Literatur und Ritual). In Teil 2 werden porträtiert: Alois Schmaus (1901–1970, von Miljan Mojašević), Gerhard Gesemann (1888–1948, von Stanislav Vinaver), Eberhart Tangl (1897–1968, von Olga Životić), Georg Weifert (1850–1937, von Mira Sofronijević) und Babet Bachmeier (Beta Vukanović, von M. Sofronijević); in Teil 3: Hermann Wendel (1884–1936, von Vladimir Ćorović), Rudolf Archibald Reis (1875–1929, von Milić F. Petzrović), Otto Dubislav von Pirch (1749–1832, von Zoran Konstantinović) und Felix Philipp Kantz (1829–1904, von Đorže S. Kostić).

Miodrag Vukčević

Srbi u ratnom dnevniku Vermahta [Die Serben im Kriegstagebuch der Wehrmacht]. Übersetzung: Nikola Živković. Redaktion: Lazar Rađenović. Beograd: JP „Službeni list SCG" 2003. 195 S., Abb. ISBN 86-355-0595-6.

Die Übersetzung des „Kriegstagebuches des Oberkommandos der Wehrmacht" (München 1982) wird von Kosta Nikolić im Vorwort als ein wertvoller Beitrag zur serbischen Historiographie bezeichnet, der dazu dienen soll, viele aus politischen und ideologischen Gründen Verwirrung stiftende Fehleinschätzungen der jugoslawischen Geschichtsschreibung kritisch zu hinterfragen. Zusätzliche Bilder – Fotografien von serbischen Politikern, Geistlichen und Monarchen, von Dragoljub Draža Mihajlović und verschiedenen „Tschetniks" aus unterschiedlichen Gebieten, von Tito und den Partisanen, von deutschen Werbeplakaten und öffentlichen Bekanntmachungen der deutschen Besatzungsmacht – werfen im Zusammenhang mit den einzelnen Eintragungen im Tagebuch zum Kriegsgeschehen viele neue Fragen zur historiographischen Aufarbeitung des Zweiten Weltkriegs und der Nachkriegszeit in Bezug auf den Balkan auf. Im Nachwort gibt Nikola Živković am Beispiel der Geschichte des „Kriegstagebuches" und seines Weges in die Öffentlichkeit einen Einblick in den Fragenkreis, der sich in der Beurteilung der Rolle einer Kriegsseite nach dem Krieg ergibt, wie beispielsweise jener von Dragoljub Mihajlović und seinem Verhältnis zu den Partisanen und dem sich daraus ergebenden Verhältnis zu der deutschen Besatzungsmacht.

Miodrag Vukčević

Nenad Stefanović: Jedan svet na Dunavu. Razgovori i komentari [Eine Welt an der Donau. Gespräche und Kommentare]. Hg. v. Društvo za srpsko-nemačku saradnju [Gesellschaft für serbisch-deutsche Zusammenarbeit]. 3. Aufl. Beograd 2001. 189 S. Ohne ISBN.

Diese dritte Ausgabe des in Serbien sehr erfolgreichen und gut aufgenommenen Buches (zuerst Beograd 1996), auf dessen Umschlag sich ein Hakenkreuz und ein kommunistischer roter Stern befinden, enthält Interviews, die Nenad Stefanović mit ehemaligen deutschen Bewohnern Serbiens und der Wojwodina geführt hat, die sich in der Bundesrepublik Deutschland und Österreich niedergelassen haben. Als Gesprächspartner finden sich Franz Hutterer, Friedrich Binder, Karl Schumm, Anton Scherer, Oskar Feldtänzer, Michael Eisele, Hans Stein, Lorenz Baron, Jakob Sohl-Daxer, Heinrich Keller, Jakob Wolfgang Theer und Michael Lieb, die alle an einzelnen Beispielen aus der eigenen Vita ein Bild vom Leben der Donauschwaben vor, während und nach dem Zweiten Weltkrieg geben. Der historische Kontext hinsichtlich der serbisch-deutschen Beziehungen wird in einer Einleitung von Prof. Dr. Zoran Žiletić angesprochen und im Anschluss an die Interviews in Beiträgen von Friedrich Binder („Promemoria“), Goran Nikolić („Nemci u Vojvodini između dva svetska rata – Formiranje nacionalnog identiteta“ [Die Deutschen in der Wojwodina zwischen den beiden Weltkriegen – Herausbildung der nationalen Identität]), „Život nakon skidanja sa krsta“ (Leben nach der Kreuzabnahme) und Prof. Dr. Zoran Žiletić („Nemci u Vojvodini i Drugi svetski rat“ [Die Deutschen in der Wojwodina und der Zweite Weltkrieg]) näher betrachtet. Das Buch schließt mit den persönlichen Daten zu den Interviewpartnern, den wissenschaftlichen Mitarbeitern und dem Projektleiter. Mittlerweile ist die fünfte Ausgabe erschienen. Eine deutsche Übersetzung unter dem Titel „Ein Volk an der Donau“ brachte die Donauschwäbische Kulturstiftung heraus (München 1999).

Miodrag Vukčević

Mihajlo Stojković: Grobarka: anatomija jednog ratnog morala [Friedhofsgräberin: Die Anatomie einer Kriegsmoral]. Pančevo: Verlag Grafos Internacional 2004. 112 S., Abb. ISBN 86-83893-15-4.

Die Publikation analysiert die kommunistische Volksbefreiungsbewegung in Pantschowa/Pančevo während der deutschen Besatzung 1941–1945. Sie beschäftigt sich mit deutschen und serbischen Friedhöfen in der Stadt und ihrer Umgebung, die einstiges Leben und Kultur symbolisieren. Im kritischen Diskurs einer Geschichtsbewältigung stellt sich am Beispiel des im serbischen Banat gelegenen Pantschowa die Frage nach dem Umgang mit der Geschichte als einem Sieg über den Faschismus einerseits und dem von den Partisanen bestimmten Verhältnis zu der deutschstämmigen Bevölkerung andererseits.

Miodrag Vukčević

Miodrag Đ. Zečević, Jovan P. Popović: Dokumenti iz istorije Jugoslavije [Dokumente aus der Geschichte Jugoslawiens]. T. [Bd.] 4: Saopštenja, odluke i spiskovi pripadnika okupacionih snaga Nemačke i Mađarske koje je Državna komisija proglasila za ratne zločince i spiskovi lica koje je Komisija Ujedinjenih nacija proglasila za ratne zločince ili osumnjičila za zločine vršene u Jugoslaviji [Erklärungen, Beschlüsse und Listen von Angehörigen der deutschen und ungarischen Besatzungsmächte, die die Staatskommission für Kriegsverbrecher erstellt hat, sowie Listen von Personen, die von der Kommission der Vereinten Nationen als Kriegsverbrecher bezeichnet oder eines in Jugoslawien verübten Kriegsverbrechens verdächtigt wurden]. Hg. v. Arhiv Jugoslavije. Beograd: Printer komerc 2000. 959 S. Ohne ISBN.

In diesem Band veröffentlicht die Staatskommission für die Feststellung von Verbrechen der Besatzer und deren Helfer aus dem Zweiten Weltkrieg die Namen von Kriegsverbrechern und deren Kollaborateuren während des Zweiten Weltkriegs. Die Edition „Jugoslavija. Državna komisija za utvrđivanje zločina okupatora i njihovih pomagača iz Drugo svetskog rata“ (Jugoslawien. Staatskommission für die Feststellung von Verbrechen der Besatzer und deren Helfer aus dem Zweiten Weltkrieg), zu der der vorliegende Band gehört, ist eine Geschichtsdokumentation, die deutsche Kundmachungen und Beschlüsse der deutschen Besatzungsmacht in Jugoslawien veröffentlicht, welche sich auf das Kriegsgeschehen in den von Serben bevölkerten Teilen auswirkten. Durch die gleichzeitige Veröffentlichung der Verzeichnisse von serbischer Seite und von den Vereinten Nationen erhält das historische Material zu der deutschen Besatzungspolitik auf dem Balkan seine Bedeutung im Rahmen des internationalen Rechts.

Miodrag Vukčević

Zoran Žiletić, Slobodan Grubačić, Srdan Bogosavljević (Red.): Polazišta. Izbor iz radova Zorana Konstantinovića. Povodom osamdesetog rođendana [Ausgangspunkte. Auswahl aus den Arbeiten von Zoran Konstantinović. Festschrift zum 80. Geburtstag]. Novi Sad: Prometej 2000. 404 S. ISBN 86-7639-512-8.

Die Festschrift fasst das Lebenswerk von Prof. Dr. Zoran Konstantinović zusammen und bietet einen Einblick in die umfangreiche Tätigkeit des Literaturtheoretikers, Literarhistorikers und Komparatisten. Sie ist gleichzeitig ein Abriss einer eindrucksvollen Karriere, angefangen von den Tagen als Assistent, Dozent und Professor an der Belgrader Germanistik über die Gründungsphase eines komparatistischen Lehrstuhls in Innsbruck mit seinen internationalen Projekten und Arbeiten zur vergleichenden Literaturwissenschaft bis hin zu den Aktivitäten im Bereich der Erforschung der Minderheitenliteratur. Aus dem ca. 600 Titel zählenden Korpus seiner veröffentlichten Arbeiten seien hier nur zwei Sammelbände genannt, an denen Zoran Konstantinović als Redakteur mitwirkte: „Nemačka književnost u dva toma“ (Deutsche Literatur in zwei Bänden, 1979) und „Proceedings of the 10th Congress of the International Comparative Literature Association“ (4 Bände, 1982). Zum 70. Geburtstag widmete ihm das Belgrader Institut für Literatur und Kunst bereits einen Jahresband mit einer großen Zahl von Beiträgen von Literaturwissenschaftlern aller methodologischen

Strömungen: „Metodološka misao u preseku. Sadašnji trenutak nauke o književnosti. Zoranu Konstantinoviću" (Methodologische Gedanken im Überblick. Der gegenwärtige literaturwissenschaftliche Zeitpunkt. Für Zoran Konstantinović) (1990).

Miodrag Vukčević

9. Ungarn, Rumänien

Valeriu Avram: Germanii în Aeronautica Română [Die Deutschen in der rumänischen Luftfahrt]. Bucureşti: Editura Comunicator Impex 2004. 250 S. ISBN 973-87061-0-6.

Das Buch des rumänischen Luftfahrthistorikers ergänzt mit höchst interessanten und bislang unbekannten Informationen die Geschichte der rumänischen Luftfahrt, an deren Entstehung und Entwicklung Deutsche beteiligt waren. Das erste Kapitel widmet der Verfasser den Pionieren der Luftfahrt, den Siebenbürger Sachsen Conrad Haas, Valentin Frank von Frankenstein, Hermann Oberth, Albert Ziegler, den Gebrüdern Schiel und Otto Appel. Sodann belegt er mit vielen Dokumenten die Leistungen der deutschen Flieger am Anfang des Ersten Weltkrieges. An anderer Stelle beschreibt der Autor den Anteil von Rumäniendeutschen an der Entwicklung des Segelflugs und des Fallschirmspringens in Rumänien. Sehr wichtig sind die Daten – rund 30 Kurzbiographien – über deutschstämmige Piloten, die während des Ersten Weltkrieges in der Rumänischen Königlichen Luftwaffe gekämpft haben. Auch das Thema der deutsch-rumänischen Zusammenarbeit während des Zweiten Weltkrieges hat der Verfasser recherchiert. Das Vorwort, das von Carol König geschrieben wurde, geht unter anderem auf die Geschichte der deutschen Minderheit in Rumänien ein.

Stelian Mândruţ

Nadia Badrus: Relaţiile interetnice reflectate în presa germană din Transilvania. 1931–1944 [Die interethnischen Beziehungen im Spiegel der deutschen Presse Siebenbürgens. 1931–1944]. Sibiu: Editura Universităţii „Lucian Blaga" 2004. 108 S. ISBN 973-651-934-1.

Der Forschungsansatz der Autorin betrifft Siebenbürgen als Raum eines interethnischen und plurikonfessionellen Zusammenlebens, außerdem speziell als Gebiet, in dem sich der Nationalsozialismus unter dem deutschen Teil der Bevölkerung, den Siebenbürger Sachsen, ausbreitete. Untersucht werden Periodika unterschiedlicher Ausrichtung und Zielsetzung: das nationalsozialistisch orientierte Blatt „Selbsthilfe/Ostdeutscher Beobachter", die „Kirchlichen Blätter", die Kulturzeitschrift „Klingsor", das wissenschaftliche Periodikum „Siebenbürgische Vierteljahrsschrift" und die vom Forschungsinstitut der nationalsozialistischen „Deutschen Volksgruppe in Rumänien" herausgegebene „Deutsche Forschung im Südosten". Schlussfolgernd werden Charakteristika der Minderheitenexistenz herausgearbeitet, die auch auf die Wahrung ‚rassischer Reinheit' ausgerichtet war. Gefährdungen und Irrwege, die sich aus dieser Ideologie für die deutsche Minderheit ergeben haben, werden sachlich und offen erörtert.

Stelian Mândruţ

Hannelore Baier (Hg.): Departe în Rusia, la Stalino. Amintiri cu privire la deportarea în Uniunea Sovietică a etnicilor germani din România [Fern in Russland, in Stalino. Erinnerungen an die Deportation der Rumäniendeutschen in die Sowjetunion]. Bucureşti: Fundaţia Academia Civică 2003. 169 S. ISBN 973-82141-3-0.

Die rumänische Fassung des Bandes „Tief in Rußland bei Stalino" (Bukarest 2000, s. Berichte und Forschungen 9, 2001, S. 266) enthält mehrere Memoiren von verschiedenen Autoren, die eine große Vielfalt von Themen zur Sprache bringen, wie z. B. die damalige politische Lage in Rumänien, Deportationserlasse, Verzeichnisse der zur Deportation Bestimmten, Lagerleben, Zwangsarbeit, Heimkehr und anderes mehr. Es werden dadurch die unterschiedlichsten Sichtweisen über das erlittene Unrecht eindringlich vor Augen geführt.

Stelian Mândruţ

Gheorghe Baltag: Sighişoara – Schässburg – Segesvár. Cluj-Napoca: Editura Nereamia Napocae 2004. 300 S. ISBN 973-7951-56-5.

Die Monographie schildert die Geschichte der Stadt Schäßburg/Sighişoara bis zum Jahre 1945 unter Berücksichtigung aller ethnisch-kulturellen Gemeinschaften, die dort leben oder gelebt haben: Rumänen, Deutsche, Ungarn, Juden und andere. Der Verfasser, ein Archäologe, beginnt die Darstellung mit der Ansiedlung der heutigen Siebenbürger Sachsen, doch schildert er ebenso die Rolle der Szekler und die Geschichte der Rumänen. Er analysiert die Lage und die Entwicklung der Stadt auf wirtschaftlichem und sozialem Gebiet im Wandel der Zeiten und geht auch auf die Beziehungen zum Umland ein. Vorgestellt werden die mittelalterlichen und neuzeitlichen Zünfte, die städtebauliche Entwicklung, die bedeutendsten Sakral- und Nutzbauten, die drei überdachten Holzbrücken über den Fluss Große Kokel. Gh. Baltag stellt außerdem die Vereine der Sachsen, Rumänen und Ungarn in Schäßburg sowie die Schulen der drei Gemeinschaften vor.

Stelian Mândruţ

Daniela Bălu: Multiculturalitate şi identitate etnică în bazinul Tisei Superioare = Multikulturalität und ethnische Identität im Oberen Theissbecken. Satu Mare: Editura Muzeului Sătmărean 2003. 49 S., Abb. ISBN 973-99715-8-X.

Dies ist die Dokumentation einer pluridisziplinären Feldforschung, die in den Jahren 2000–2002 der Frage nach dem „Einfluss der deutschen Bevölkerung auf die Kultur der anderen Ethnien" nachgegangen ist. Es wurden 54 Ortschaften in einer geographisch und historisch klar umrissenen Region untersucht. Im Ergebnis wird ein Raum der Interferenzen und der Interkulturalität deutlich, in dem im Zusammenleben von Rumänen, Madjaren, Deutschen, Ukrainern und Slowaken ein multikulturelles Universum geschaffen wurde. In diesem Kontext wurden auch die Formen der Identitätsbezeugung der Sathmar-Schwaben anhand ihrer Sprache, ihrer Wirtschaftsweise (Handwerker, Landwirte), ihrer katholischen Konfession, ihrer ländlichen und kirchlichen Architektur, ihrer Sitten und Bräuche sowie ihrer Tracht analysiert. Weitere Forschungsschwerpunkte lagen auf den interethnischen Einflüssen, auf den Heiratskreisen, den Kulturbeziehungen, der ethnischen Identität und dem harmonischen Zusammenleben unterschiedlicher Gruppen.

Stelian Mândruţ

Gábor Bielek: Keresztnévadási szokások a gyulai katolikusok körében a XVIII–XIX. században [Gewohnheiten der Namensgebung bei den Katholiken in Jula im 18.–19. Jahrhundert] (Gyulai füzetek [Julaer Hefte] 13). Gyula: [Békés M. Lvt.] 2004. 163 S., Abb. ISBN 963-7239-41-3.

Thema sind die Gewohnheiten der Vornamengebung bei der katholischen Bevölkerung von Jula/Gyula von der Neubesiedlung nach dem Ende der osmanischen Herrschaft am Ende des 18. Jahrhunderts bis zum 1. Oktober 1895, dem Tag der Einführung des staatlichen Standesregisters. In der ab 1732 als Hauptstadt des Komitats Bekesch/Békés fungierenden Stadt lebten Angehörige mehrerer Ethnien und Religionsgemeinschaften: katholische und reformierte Ungarn, katholische Deutsche, griechisch-orthodoxe Rumänen. Die Materialsammlung basiert auf den Matrikeln der katholischen Kirchengemeinden der ungarischen und deutschen Bevölkerung; die Totenregister wurden lediglich zur Illustration der Namensgebung am Anfang des 18. Jahrhunderts herangezogen. Die deutschen Ansiedler haben aus ihrem Auswanderungsgebiet die Namensgebung nach den von ihnen verehrten Schutzheiligen mitgebracht – in der ungarischen sakralen Tradition nach dem Ende des Mittelalters eine weitgehend unbekannte Erscheinung. Die Verwendung von Heiligennamen ist also ein ungarndeutsches Spezifikum. Besonders verbreitet war der Name Johannes. Nikolaus war seltener, obwohl der Nikolaustag gefeiert wurde. Außerdem wurden in Jula folgende Heiligennamen (in der Reihenfolge ihrer Häufigkeit) verwendet: Albin, Valentin, Benedikt, Daniel, Erasmus, Erhard, Eustachius, Gotthard, Henrik, Stephan, Klemens, Christoph, Leonhard, Pantaleon, Peter, Vitus, Wolfgang, Franz, Xaver.

Edina Zvara[1]

Ionel Bota: Istoria Teatrului Vechi din Oraviţa [Geschichte des Alten Theaters von Orawitza]. Vol. [Bd.] I. (1817–1940). Reşiţa: Editura Timpul 2003. 216 S. ISBN 973-8136-68-7.

Der Verfasser rekonstruiert minutiös die Geschichte des ältesten, 1817 abgeschlossenen Theaterbaus auf dem Gebiet Rumäniens und interpretiert – aufgrund zumeist unveröffentlichter Quellen – das Theater- und Musikleben in einem von europäischem Multikulturalismus geprägten Raum. Als Initiatoren des Bauwerks werden die örtliche „Dilettanten Gesellschaft“ von 1806 und der daraus hervorgegangene „Dilettanten Theater- und Musik-Gesangs-Verein“ von 1813 angesehen. Deren Rolle im kulturellen Leben von Orawitza/Oraviţa sowie das Repertoire der Bühne in den Jahren 1917–1940 werden gewürdigt.

Stelian Mândruţ

---

1 Die Übersetzung der Annotationen von Edina Zvara aus dem Ungarischen besorgte Attila Verók.

Dan N. Buruleanu, Florin Medeleţ: Timişoara. Povestea oraşelor sale = Temeswar, die Geschichte seiner Städte. Timişoara: Editura Mirton 2004. 256 S., Abb. ISBN 973-661-275-9.

Das zweisprachige Buch (rumänisch-deutsch) bietet in sechs Kapiteln mit über 400 Farbfotos von Gebäuden und Stadtteilen von Temeswar/Timişoara geschichtliche Informationen über die Stadt im Banat in Vergangenheit und Gegenwart. Das Album betrachtet Temeswar auf eine ganz neue Art, und zwar aus dem Blickwinkel seiner Stadtviertel (Innenstadt, Fabrikstadt, Josefstadt, Elisabethstadt, Mehala usw.). Die Besonderheit und der Zauber des Bandes liegen gerade im Beschreiben der Eigenheiten dieser Stadtviertel, ihrer jeweiligen Traditionen und geschichtlichen Entwicklungen. Der Band schließt mit der Vorstellung der heutigen Stadt Temeswar ab, so wie sie sich dem Besucher darbietet.

Stelian Mândruţ

Aristotel Căncescu, Titus Măzgăreanu: Braşovul de odinioară [Das alte Kronstadt]. Braşov: Editura Foton 2004. 176 S., Abb. ISBN 973-86479-4-0.

In diesem Album präsentieren und kommentieren A. Căncescu und T. Măzgăreanu 270 alte Ansichtskarten aus Kronstadt/Braşov. Als profunde Kenner der Stadtgeschichte trafen die beiden Verfasser eine gute Auswahl aus mehreren in- und ausländischen Sammlungen. Sie nennen die zahlreichen Fotografen, die die Stadt in Siebenbürgen und das städtische Leben im Bild festgehalten haben. Dank der Ansichtskarten sind der Nachwelt Abbildungen von Stadttoren und Türmen, von wichtigen Gebäuden, vom alten Bahnhof oder von der Straßenbahn erhalten geblieben. Anhand dieser Bilder lassen sich vielfach Vergleiche zwischen dem ehemaligen Aussehen verschiedener Gebäude und ihrem heutigen baulichen Zustand anstellen. Kulturhistorischen Wert haben auch die Fotografien, die anlässlich politischer, kultureller und sportlicher Veranstaltungen entstanden sind. In einem Anhang sind die alten und die gegenwärtigen Straßennamen aufgeführt.

Stelian Mândruţ

Dan Cărămidariu: Nah-Gespräche. Banater Kulturlandschaft heute. Temeswar: Artpress Verlag 2003. 157 S., Abb. ISBN 973-7911-24-5.

Das vorliegende Buch enthält Beiträge, die größtenteils in der „Banater Zeitung“ und der „Allgemeinen Deutschen Zeitung für Rumänien“ erschienen sind. Der Verfasser skizziert ein Bild seiner und unserer Zeit aus der Perspektive von Menschen, die von ihr mitgeprägt wurden und sie zum Teil mitprägen durften, sowie aus der Sicht eines jungen Mannes, der seine Neugier auf Menschen und Zeiten durch Hinterfragen befriedigt. Die Einblicke in das Leben und die Erlebnisse von Mitbürgern umreißen ein Bild des Banats in den letzten fünfzig Jahren und weisen Möglichkeiten der künftigen Entwicklung auf.

Stelian Mândruţ

Ileana Cudalb, Corneliu Radeş, Nicolae Şarambei: Ethnic Minorities Living in Romania. Bucureşti: Press Group „România" 2002. 312 S., Abb. ISBN 973-8333-06-7.

Der Band analysiert und interpretiert die Lage der Minderheiten in Rumänien in Vergangenheit und Gegenwart. Einleitend werden Herkunft und geschichtliche Entwicklung geschildert, unter anderem die der Deutschen, d. h. der Siebenbürger Sachsen, der Banater und der Sathmar-Schwaben. Die in der Verfassung verankerten Rechte der Minderheiten, das Unterrichts- und Fortbildungssystem, die Konfessionszugehörigkeit, Möglichkeiten des Zugangs zu Einrichtungen des Kulturlebens und der Informationsvermittlung, die Beteiligung der Minderheiten am politischen Leben, die Tätigkeit des zuständigen Departements für interethnische Beziehungen und anderes mehr: all dies wird in den folgenden Kapiteln und Unterkapiteln beschrieben. Statistische Angaben aufgrund der Volkszählung von 2002 zur Zahl der Deutschen (60.088 Personen, das sind 0,3% der Gesamtbevölkerung Rumäniens) schließen diesen informativen Band ab.

Stelian Mândruţ

Mária Demeter Zayzon: Kisebbségek a világhálón: A magyarországi nemzeti, etnikai kisebbségekkel kapcsolatos tájékoztatás az interneten: Tartalmak, szolgáltatók, felhasználók [Minderheiten im Weltennetz: Informationen über die ethnischen (nationalen) Minderheiten im Internet. Inhalte, Netzbetreiber, Benutzer]. Budapest: Gondolat Kiadó 2003. 166 S., dt. Inhaltsverzeichnis u. Zusammenfassung. ISBN 963-9500-69-0.

In der soziologischen Untersuchung werden die Internetdienstleistungen und die Internetnutzung bei den 13 Minderheiten in Ungarn, darunter den Ungarndeutschen, anhand eines Fragenkatalogs und aufgrund empirischer Daten analysiert: In welchem Maße sind die Minderheiten in der digitalen Welt bewandert und wie werden sie Mitglieder der Informationsgesellschaft? Welche Kommunikationsstrategien neuen Typs werden von ihnen als Internetnutzer entwickelt? Deutschsprachige Inhalte im Internet erscheinen verstärkt ab 2002. In dem Buch werden 23 Webseiten oder Kapitel auf Webseiten vorgestellt, die (auch) Informationen über die Ungarndeutschen vermitteln (zudem 3, die von Ungarn betrieben werden): unter anderem über Ereignisse aus der Geschichte der Minderheit; das heutige Gemeinschafts- und Vereinsleben, das Bildungswesen und die Institutionen der Ungarndeutschen; Online-Publikationen und online gestellte Pressebeiträge über die Ungarndeutschen; Verlage, Museen und Stiftungen der Ungarndeutschen; Persönlichkeiten des öffentlichen Lebens; deutsch-ungarische Beziehungen; Webseiten über Mittel- und Osteuropa; die Ungarndeutschen auf Webseiten von europäischen Institutionen und Organisationen. Das Buch bietet authentische Informationen, doch fehlen logisch miteinander verbundene Portale oder Linksammlungen.

Edina Zvara

Johann Dirschl, Jenő Boér: Freidorf. Timişoara: Solness Verlag 2003. 92 S., Abb. ISBN 973-8472-77-6.

Die dreisprachige, deutsch-ungarisch-rumänische Monographie (Übersetzerinnen: Erika Scharf, Beatrice Stanciu) beschreibt kurz, aber einprägsam eine ehemalige deutsche Siedlergemeinde, die heute ein Stadtviertel von Temeswar/Timişoara bildet. Der Verfasser schildert die Entwicklung der im 18. Jahrhundert gegründeten Gemeinde und die Rolle der hier lebenden deutschen Bevölkerung. Als berühmtester Sohn wird der Olympiasieger im Schwimmen Johann (Johnny) Weissmüller (1904–1984) vorgestellt, der als Tarzan-Darsteller in US-amerikanischen Filmen berühmt wurde. Eine Liste der Pfarrer der Kirchengemeinde Freidorf in den Jahren 1723–1989 sowie ein reichhaltiger, insbesondere die römisch-katholische Kirche berücksichtigender Abbildungsteil (Fotografien von József Fekete Müller) schließen den Band ab.

Stelian Mândruţ

[Nicolae Edroiu (Hg.):] Comuna Apold. Studiu monografic complex [Die Dorfgemeinde Trappold. Eine umfassende monographische Studie] (Monographica 5). Cluj-Napoca: Editura Eurodidact 2003. 250 S., Abb., Kt. ISBN 973-86147-9-1.

Das Werk erfasst die Gesamtgemeinde Trappold/Apold, also auch die dazu gehörenden Dörfer Schaas/Şaeş, Denndorf/Daia und Wolkendorf/Vulcan. Behandelt werden: Geographie der Mikroregion, Lokalgeschichte, Volksüberlieferungen, Folklore, Toponymie, Mundart, wirtschaftliche Ressourcen, Familien, zwischenmenschliche Beziehungen, Sitten und Gebräuche. Speziellen rumäniendeutschen Bezug haben die Kapitel über die Deportation der siebenbürgisch-sächsischen Bevölkerung in die Sowjetunion, ihre Aussiedlung nach Deutschland, die Entwicklung der Bevölkerungszahl und Bevölkerungsstruktur und die Beschreibung der Kirchenburgen der vier Orte. Besondere Aufmerksamkeit schenkten die Forscher der Darstellung des Alltagslebens im Laufe der Geschichte.

Stelian Mândruţ

Einblick & Ausblick. 15 Jahre Demokratisches Forum der Deutschen in Rumänien. Hermannstadt: Honterus Verlag 2004. 220 S., Abb. ISBN 973-86634-2-3.

Istorie & Perspective. 15 ani Forumul Democrat al Germanilor din România. Sibiu: Editura Honterus 2004. 203 S., Abb. ISBN 973-86634-3-1.

Das in Deutsch und in Rumänisch vorliegende Buch berichtet über die Tätigkeit der in den Tagen der Wende von 1989 gegründeten politischen Repräsentanz der Rumäniendeutschen und bietet ein abgerundetes Bild von der deutschen Minderheit in Rumänien heute. Zu Wort kommen herausragende Vertreter des Demokratischen Forums der Deutschen in Rumänien (DFDR) wie der Vorsitzende und Bürgermeister von Hermannstadt/Sibiu Klaus Johannis, der Ehrenvorsitzende Paul Philippi, die Parlamentsabgeordneten Wolfgang Wittstock und Ovidiu Ganţ, der Hermannstädter Kreisratsabgeordnete Hans Klein sowie der Bischof der Evangelischen Kirche A. B. in Rumänien Christoph Klein. Über die Tätigkeit der Regionalforen Banat, Siebenbürgen, rumänisches Altreich und Sathmar berichten Karl Singer, Paul Jürgen Porr, Klaus Fabritius und Johann Forstenheizler. Weitere Berichte schildern unter anderem das Schulwesen (Martin Bottesch), die Jugendarbeit (Hans-Bruno Fröhlich, Benjamin

Józsa), die Wirtschaftsförderung (Leopold Minkiewicz), die Tätigkeit von Stiftungen (Otto Exner, Horst Martin), den Bereich Kultur und Medien (Hermann Fabini), die rumäniendeutsche Literatur (Joachim Wittstock) sowie die gute Zusammenarbeit mit Vertretern der Bundesrepublik Deutschland (Wilfried Gruber).

Stelian Mândruţ

Erika Feigl-Burghart: Mädchenjahre hinter Stacheldraht. Sowjetunion 1945–1949. Hermannstadt: hora Verlag 2003. 155 S., Abb. ISBN 973-8226-25-2.

Das Buch schildert anschaulich die Jahre einer jungen Österreicherin in sowjetischer Deportation. Die Verfasserin ist zwar in Rumänien geboren worden und wuchs in Bukarest auf, gehört aber nicht zur deutschen Minderheit in Rumänien, die aus Siebenbürgen und dem Banat verschleppt wurde. Der Deportationsbefehl vom Januar 1945 galt jedoch – ungeachtet ihrer Staatsbürgerschaft – allen Deutsch Sprechenden, die sich in Rumänien aufhielten, und zwang die Menschen zur Arbeit in der Schwerindustrie und in den Kohlenbergbaugebieten der UdSSR. Wieweit solche Erinnerungen objektiv sind, lässt sich schwer ermessen; sie erlauben immerhin sehr authentische Einblicke in das Gefühlsleben der Betroffenen, das geprägt ist von den Details des erlebten Grauens und den Hoffnungen der Opfer.

Stelian Mândruţ

Hans Gehl, Viorel Ciubotă (Hg.): Cultura materială şi spirituală din Bazinul Tisei Superioare. Influenţa populaţiei germane asupra culturii celorlalte etnii din regiune = Materielle und geistige Volkskultur des Oberen Theißbeckens. Einfluss der deutschen Bevölkerung auf die anderen Ethnien der Region (Institut für Donauschwäbische Geschichte und Landeskunde, Materialien). Satu Mare, Tübingen: Editura Muzeului Sătmărean 2003. 430 S., Abb., Kt. ISBN 973-99715-8-X, ISSN 0945-425-X.

In diesem Tagungsband mit deutsch- und rumänischsprachigen Beiträgen werden die Ergebnisse multidisziplinärer Forschungen vorgestellt, die auf einer Kooperation von Wissenschaftlern aus West- und Ostmitteleuropa beruhten. Die Feldforschungen in ethnisch gemischten Ortschaften, in denen noch Schwaben, Karpatendeutsche und Zipser lebten, fanden in den Jahren 2000–2003 statt. Umfangreiches Material wurde zudem durch Recherchen der Wissenschaftler in Archiven und Bibliotheken ermittelt, ausgewertet und interpretiert. Die Beiträge umfassen eine breit gefächerte Thematik. Sie stellen neue Forschungsergebnisse über die ethnischen Strukturen der Bevölkerung im Oberen Theißbecken seit dem 18. Jahrhundert vor, untersuchen die staatlich gelenkten Wirtschaftsstrukturen, die Problematik der nationalen und konfessionellen Identität vom 18. bis zum 20. Jahrhundert. Weitere Aufsätze erforschen die Lage der nationalen Minderheiten in den Anrainerstaaten des Oberen Theißbeckens während des totalitären kommunistischen Regimes und nach dem Fall des Ceauşescu-Regimes, wobei auch aktuelle Tendenzen und Entwicklungsperspektiven für die ethnischen Minderheiten der Region berücksichtigt werden.

Stelian Mândruţ

Otto Greffner: Adam Müller-Guttenbrunn. Viața și opera [Adam Müller-Guttenbrunn. Leben und Werk]. Arad: „Vasile Goldiş" University Press 2003. 191 S., Abb. ISBN 973-8161-87-8.

Die erste Monographie in rumänischer Sprache, die Adam Müller-Guttenbrunn (1852–1923), dem bedeutendsten Schriftsteller, Publizisten und Kulturschaffenden unter den Banater Schwaben, gewidmet ist, geht chronologisch und thematisch den wichtigsten Aspekten seines Lebens und seines Werkes nach. Der Verfasser verfolgt den Lebensweg des Schriftstellers, schildert dessen Arbeit als Dramaturg und Theaterleiter, als Journalist und Autor. Die Bedeutung Müller-Guttenbrunns für die Herausbildung des nationalen und kulturellen Selbstbewusstseins seiner Landsleute wird an der Wirkung seiner historischen Romane festgemacht: „Götzendämmerung", „Die Glocken der Heimat", „Von Eugenius bis Josephus". Wichtig in diesem Zusammenhang seien auch seine Schriften über Nikolaus Lenau („Das Dichterherz der Zeit"). Abschließend wird die Rezeption des Werkes durch die Rumänen analysiert und das dem Schriftsteller gewidmete Museum in Guttenbrunn/Zăbrani vorgestellt.

Stelian Mândruț

Edith Guip-Cobilanschi: Bekannte und unbekannte Banater. Timişoara: Artpress Verlag 2002. 243 S., Abb. ISBN 973-86020-4-1.

Der erste Teil des dritten Buches der Autorin besteht aus aufgezeichneten Erinnerungen über das multikulturelle Banat. Edith Guip-Cobilanschi begibt sich dabei auf die Suche nach Heimat, die sie unter anderem in Österreich findet, woher einige ihrer Vorfahren stammen. Unter dem Titel „Geschichte aus dem Banater Wald" schildert sie ein Erlebnis in der Banater Bergregion in Form einer Reportage. Unter „Varia" wird Witziges und Gewitztes geboten, aber es werden auch Gedanken zur aktuellen Lage im Banat sowie ein Vortrag über die „Temeswarer Zeitung" als Banater Geschichtsquelle (1852–1949) veröffentlicht.

Stelian Mândruț

Edith Guip-Cobilanschi: Erinnerungen von früher und gestern. Timişoara: Artpress Verlag 2004. 254 S., Abb. ISBN 973-7911-60-1.

Das Buch gliedert sich in drei Kapitel über „Erinnerungen aus Temeswar/Timişoara und dem ganzen Banat", „Erlebte Reportagen und Kurzgeschichten" und „Lyrische Geständnisse". Die Heimatkundlerin schöpft aus dem reichen Fundus ihrer Lokalkenntnisse und weiß Wissenswertes, teils bereits in mehreren Medien Publiziertes, mit neuen, hochinteressanten Forschungsergebnissen zu verbinden. So ist es ihr gelungen, Erinnerungen an zahlreiche kulturelle und historische Ereignisse zu präsentieren sowie hervorragende Persönlichkeiten aus der Hauptstadt des Banats und der ganzen Region in ihrem Wirkungskreis lebensnah darzustellen und zu würdigen.

Stelian Mândruț

Heinz Heltmann, Hansgeorg Killyen (Hg.): Der Siebenbürgische Verein für Naturwissenschaften zu Hermannstadt (1849–1949). Hermannstadt: hora Verlag, Heidelberg: Arbeitkreis für Siebenbürgische Landeskunde 2003. 328 S. ISBN 973-8226-23-6, ISSN 3-929848-36-8.

Der Band enthält 20 Vorträge, die im Jahre 1999 anlässlich einer Tagung gehalten wurden, welche zur 150-Jahr-Feier der Vereinsgründung in Hermannstadt/Sibiu stattgefunden hat. Ein Großteil der Themen, die von Naturwissenschaftlern mehrerer Disziplinen und Biologielehrern aus Deutschland, Österreich und Rumänien behandelt werden, betrifft neue Daten zur Geschichte des Vereins oder hebt die Leistungen markanter Mitglieder hervor. Einen beträchtlichen Raum nehmen die Berichte über die im Hermannstädter Museum vorhandenen Sammlungen von unschätzbarem Wert ein, und auch über die Beziehungen zu ausländischen Museen, Vereinen und Wissenschaftlern wird informiert. Alle Aufsätze beruhen auf reichhaltigen Dokumentationen und machen den Band zu einem wertvollen Werk.

Stelian Mândruţ

Dan Dumitru Iacob (Hg.): Atlas istoric al oraşelor din România. Vol. III. Seria C: Transilvania. Fascicula 2: Sebeş = Städtegeschichteatlas. Bd. III. Reihe C: Siebenbürgen. Lieferung 2: Mühlbach (Szászsebes, Sebus). Bucureşti: Editura Enciclopedică = Bukarest: Enzyklopädischer Verlag 2004. 375 S., Kt., 15 Abb. ISBN 973-45-0491-6.

Der großformatige zweisprachige Atlas, erstellt nach den Vorgaben der Internationalen Kommission für Städtegeschichte, ist ein wichtiger Schritt auf dem Weg zur Einbeziehung des siebenbürgischen Städtewesens in die allgemeine Forschung. In einem ersten Teil werden die geographischen Daten und ein chronologischer Überblick über die Entwicklung von Mühlbach/Sebeş geboten, wobei auch archäologische Funde, die demographische Entwicklung und städtebaulich-architektonische Veränderungen berücksichtigt werden. Reisebeschreibungen auswärtiger Besucher vom 16. Jahrhundert bis 1905 und eine Aufstellung aller Straßennamen zwischen 1890 und 2002 kommen ergänzend hinzu. Die neun Stadt- und Stadtteilpläne halten Entwicklungsphasen aus den Jahren 1869/1873–2000 fest; sie bieten wertvolle Details hinsichtlich der Parzellierung, der Zahl und der Besitzer der einzelnen Häuser. Unter den Abbildungen besonders zu erwähnen sind auch ein Luftbild von 1972 und ein Stich von L. Rohbock (1863).

Stelian Mândruţ

[Adrian Ioniţă u. a.:] Feldioara – Marienburg. Contribuţii arheologice la istoria Ţării Bârsei = Archäologische Beiträge zur Geschichte des Burzenlandes. Autori = Verfasser: Adrian Ioniţă, Dan Căpăţână, Nikolaus Boroffka, Rodica Boroffka, Adrian Popescu. Bucureşti: Editura Academiei Române 2004. 250 S., Abb., rumän., dt., franz. u. engl. Zusammenfassungen. ISBN 973-27-1003-9.

Der zweisprachige Band enthält die Ergebnisse archäologischer Untersuchungen in Marienburg/Feldioara aus den Jahren 1990–1995. Einleitend werden die geographische Lage des Ortes und seiner Umgebung kurz beschrieben. Es folgt ein Kapitel über die Forschungsgeschichte. Bei den neueren Ausgrabungen, die vor allem auf das Mittelalter ausgerichtet waren, wurden auch Funde aus älteren Zeiträumen gemacht.

Das Fundgut stammt vor allem aus dem Bereich der ehemaligen Deutschordensburg und beleuchtet die Zeit der Ansiedlung der Siebenbürger Sachsen. Als wichtiges Ergebnis ist festzuhalten, dass die Region bereits vor der Niederlassung des Deutschen Ordens im Jahre 1211 besiedelt war, dass dieser also keineswegs eine „terra deserta et inhabitata" vorfand, sondern dass ihm ein Gebiet zugewiesen worden war, in dem er ein vertrautes religiöses und sprachliches Umfeld antraf.

Stelian Mândruţ

Márton Kalász, József László Kovács, András F. Balogh, Sándor Komáromi: Fejezetek a magyarországi német irodalom történetéből [Kapitel aus der Geschichte der ungarndeutschen Literatur]. Budapest: Lucidus 2002. 447 S. ISBN 963-9465-030-8.

Die Tradition der ungarndeutschen Literatur kann bis ins Mittelalter zurückverfolgt werden, dabei ist es nicht immer eindeutig, welches Werk dazu gezählt werden kann. Die Abgrenzung der ungarndeutschen Literatur ist problematisch, da zahlreiche Literaten österreichischer oder deutscher Herkunft sind und sich die Frage stellt, ob man die Werke allein wegen ihrer Entstehungsorte als Teil der Minderheitsliteratur betrachten kann. Die Kontinuität der ungarndeutschen Literatur ist von bestimmten Bruchlinien markiert, die im vorgestellten Buch thematisiert werden. Die Studien sind aus einer interkulturellen und kulturgeschichtlichen Perspektive geschrieben. Sie schildern die Geschichte der Minderheitsliteratur von ihren Anfängen bis in die Gegenwart, mit ständigem Blick auf die deutsch-ungarischen Beziehungen, und konzentrieren sich auf ausgewählte Gebiete. Die Beiträge von András F. Balogh setzen den Schwerpunkt auf Siebenbürgen, József László Kovács fokussiert auf Westungarn, während sich Sándor Komáromi auf das ganze Gebiet Ungarns (zwischen 1848 und 1918) bezieht. Allen ist gemeinsam, dass sie imagologische Überlegungen einbeziehen. Auch wird die besondere Rolle der Minderheitsliteratur unterstrichen: Sie fungiert als Kommunikationsmedium der sprachlichen Identität und soll die für die Minderheit wichtigen Botschaften in der authentischen Sprache der Gemeinschaft vermitteln.

Enikő Dácz

Ditmar Kirschenheuter: Albrechtsflorer in der neuen Heimat. Eine Geschichte in Bilderband [sic]. Timişoara: Editura Mirton 2003. 252 S., Abb. ISBN 973-661-021-7.

Das Buch behandelt sämtliche Lebensbereiche der Gemeinschaft von Albrechtsflor / Teremia Mică, einer Banater Ortschaft mit überwiegend deutscher Bevölkerung. Es ist auf der Grundlage zahlreicher ausführlicher Tatsachenberichte verfasst. Besonders eindrucksvoll sind die vielen, zum Teil farbigen Abbildungen, Fotografien der Gemeinde und von ehemaligen Bewohnern, die nun in Deutschland, der „neuen Heimat", leben. Die Gliederung des Bandes ist nicht chronologisch, sondern thematisch. Sein Ziel besteht in der Weitergabe des geistigen und materiellen Kulturerbes der untergegangenen Gemeinschaft an die nachkommenden Generationen.

Stelian Mândruţ

Helmuth Julius Knall (Hg.): Imagini din istoria oraşului Mediaş. Conferinţe prezentate la simpozionul „Aniversări 2003“ (Mediaş, 24 ianuarie 2004) = Bilder aus der Geschichte der Stadt Mediasch. Vorträge beim Symposion „Gedenkfeiern 2003“ (Mediasch, 24. Januar 2004) (Bibliotheca Historica Mediensis 8). Mediaş/Mediasch: Forum 2004. 162 S. ISBN 973-86669-0-2.

Der zweisprachige Band (rumänisch, deutsch) vereint Beiträge zu einer in Mediasch/Mediaş veranstalteten Tagung. Bezug zur deutschen Bevölkerung der Stadt in Siebenbürgen haben folgende Aufsätze: „Historische Betrachtungen zum Hl.-Margareten-Markt in Mediasch“ (Maria Ţiplic); „Die Anfänge der griechisch-katholischen Kirche in Mediasch und Umgebung“ (Vasile Mărculeţ); „Geschiche des Schülervereins ‚Agronomia‘ von der Siebenbürgisch-Sächsischen Ackerbauschule Mediasch“ (H. J. Knall). Hinzu kommen biographische Notizen über Georg Meyndt (1852–1903) von Johann Schaas und über Rudolf Brandsch (1880–1953) von Hannelore Baier. Im Anhang werden Quellen zur Geschichte der Stadt veröffentlicht.

Stelian Mândruţ

Helmuth Julius Knall (Hg.): Liceul Stephan Ludwig Roth. Fragmente istorice = Stephan Ludwig Roth Gymnasium. Geschichtliche Fragmente. Mediaş/Mediasch 2004. 407 S. ISBN 973-86669-7-X.

Der zweisprachige Jubiläumsband enthält die Beiträge eines Symposiums, das anlässlich der 400-Jahr-Feier der ersten urkundlichen Nennung einer Schule in Mediasch/Mediaş veranstaltet wurde. Von besonderem Interesse sind die Aufsätze über die Schulordnung des Mediascher Gymnasiums aus dem Jahre 1762 (Hermann Pitters), über den Maler Hans Hermann (Manfred Wittstock), über die Geschichte des Roth-Gymnasiums in der Zeit von 1914 bis 1945 (Hans Georg Pauer), über die Versammlung von Vertretern der Siebenbürger Sachsen am 8. Januar 1919, die der Vereinigung Siebenbürgens mit dem Königreich Rumänien zugestimmt haben (Vasile Ciobanu), über den ehemaligen Schüler und das spätere Akademiemitglied Octavian Fodor (Oliviu Pascu). Der Band bereichert die Kenntnisse sowohl über die traditionsreiche Schule als auch über die Geschichte der sie beherbergenden Stadt.

Stelian Mândruţ

[Peter Krier (Red.):] Lenau-Gedenkstätte im Banat. Erbe und Auftrag = Memorialul Lenau în Banat. O moştenire care onorează şi obligă. Timişoara: Artpress Verlag 2004. 97 S., Abb. ISBN 973-7911-30-X.

Es handelt sich um das zweisprachige Begleitbuch zur Wiedereröffnung der Lenau-Gedenkstätte in Lenauheim anlässlich des 200. Geburtstags des Dichters. Die Publikation wurde unterstützt von der Landsmannschaft der Banater Schwaben, Landesverband Bayern. Ausführlich gehen die drei Verfasser (Annemarie Podlipny-Hehn, Horst Fassel, Peter Krier) auf das Leben und die Werke des am 13. August 1802 in der Banater Gemeinde Csatád (heute Lenauheim) geborenen Nikolaus Lenau ein. Andere Beiträge berichten über das Lenau-Denkmal vor dem Lenauheimer Rathaus, die später eingerichtete Gedenkstätte sowie die Ausstellung in Lenaus Geburtshaus.

Stelian Mândruţ

[László Kupa, János Gyurok (Hg.):] Határmenti régiók és kisebbségek a 19–20. században. Konferencia-kötet [Grenzregionen und Minderheiten im 19.–20. Jahrhundert. Tagungsband]. Szerk. [Hg. v.] Kupa László, Gyurok János. Pécs: B & D Stúdió 2004. 194 S. ISBN 963-214-603-4.

Mit den Ungarndeutschen beschäftigt sich in diesem Sammelband der Beitrag von Eszter Bucher, Gábor Pirisi und Péter Reményi mit dem Titel: „A dél-dunántúli németség hatása a társadalmi-gazdasági fejlődésre" (Der Einfluss des Deutschtums im Süden Transdanubiens auf die gesellschaftlich-wirtschaftliche Entwicklung). Die deutsche Nationalität im Süden Transdanubiens spielt in der gesellschaftlichen und wirtschaftlichen Entwicklung der Region eine bedeutende – den Autoren zufolge stets vorteilhafte – Rolle. In den Siedlungen und Kleinregionen nahmen die Deutschen Einfluss auf verschiedene Gebiete des Alltags- und Arbeitslebens.

Edina Zvara

Ilie Moise: Sibiu. Repere etnologice [Hermannstadt. Ethnologischer Wegweiser] (Convergenţe transilvane [Siebenbürgische Konvergenzen] 13). Sibiu: Forumul Democrat al germanilor din Sibiu 2004. 122 S. Ohne ISBN.

Die vom Demokratischen Forum der Deutschen in Hermannstadt/Sibiu herausgegebene Studie behandelt im ersten Teil die Entwicklung der siebenbürgischen Ethnologie, wobei der Beitrag siebenbürgisch-sächsischer und rumänischer Volkskundler wie J. K. Schuller, J. Marlin, Fr. W. Schuster, E. Sigerius, R. Simu, G. Pitiş, Pauline Schullerus oder P. Şpan ebenso hervorgehoben wird wie die Bedeutung der Vereine („Verein für siebenbürgische Landeskunde", „Astra"), der Zeitschriften („Telegraful Român", „Tribuna", „Albina Carpaţilor") und der Institutionen, die sich im 20. Jahrhundert der Erforschung von Alltagskultur und Folklore der Region gewidmet haben. Im folgenden Teil werden lexikonartig Leben und Werk von 66 einschlägig tätigen Wissenschaftlern präsentiert. Der Band verdeutlicht die Rolle von Hermannstadt bei der Entwicklung dieses Wissenschaftszweiges, der in der multiethnischen und plurikonfessionellen Region Siebenbürgen ein besonders dankbares Forschungsgebiet gefunden hat.

Stelian Mândruţ

László Murvay (Red.): Der Unterricht für die nationalen Minderheiten in Rumänien. Jubiläumsausgabe 1993–2003. Cluj-Napoca: Studium Kiadó 2003. 212 S., Abb. ISBN 973-643-042-1.

Dieser Band enthält wichtige Angaben über die allgemeine Lage des Unterrichts für die nationalen Minderheiten in Rumänien. Neben einer Beschreibung des Minderheitenschulwesens findet man Informationen über den gesetzlichen Rahmen und die Maßnahmen zugunsten der Minderheitenschulen. Auf die Strukturen des muttersprachlichen Unterrichts geht Christiane Cosmatu in ihrem Beitrag „Der Unterricht in deutscher Sprache" ein. Des Weiteren finden sich in dem Band statistische Daten über den Unterricht für nationale Minderheiten und über die ethnische Zusammensetzung der Bevölkerung Rumäniens aufgrund der letzten Volkszählung von 2002, ferner eine Liste der Lyzeen und Lyzealabteilungen mit Unterricht in den Sprachen der nationalen

Minderheiten, Auszüge aus der Gesetzgebung zur Reglementierung des Unterrichtswesens für nationale Minderheiten, einschlägige Ministerialerlasse sowie Auszüge aus Dokumenten des Europarates mit dieser Thematik. Zwei Grafiken im Anhang illustrieren die Angaben im Textteil.

Stelian Mândruţ

Gernot Nussbächer: Führer durch die Schwarze Kirche in Kronstadt. Kronstadt: aldus Verlag 2004. 20 S., Abb. ISBN 973-9314-93-7.

Der bekannte Historiker und Archivar stellt die Geschichte und die kulturhistorischen Schätze der größten spätgotischen Hallenkirche Rumäniens vor. Der Autor macht Angaben über die Ausmaße der Kirche und beschreibt den Altar, das Taufbecken, die Orgel, das Gestühl, die Wandmalereien, die Grabsteine, die Sammlung orientalischer Teppiche sowie einzelne Gemälde. Der Leser erfährt zahlreiche Daten über die Baugeschichte und erhält dabei auch Hinweise auf die Türkeneinfälle in Siebenbürgen und deren Folgen, auf die Auswirkungen mehrerer Erdbeben und auf verschiedene Etappen der Restaurierung. Das Heft enthält zudem einige wichtige Informationen über die evangelisch-lutherische Honterus-Gemeinde von Kronstadt/Braşov, den Träger der Schwarzen Kirche. Darüber hinaus stellt Nussbächer die historischen Gebäude in der unmittelbaren Nachbarschaft der Kirche vor.

Stelian Mândruţ

Fritz Ortlepp: Luptele din regiunea Bran şi Dragoslavele [Die Kämpfe im Gebiet Törzburg und Dragoslavele]. Braşov: Editura Phoenix 2003. 168 S., Abb. ISBN 973-8416-12-4.

Dieses Buch, eine Übersetzung aus dem Deutschen, stellt Angaben über die Kämpfe und Truppenbewegungen zur Verfügung, die zwischen Oktober und Dezember 1916 an den Karpatenübergängen stattfanden, an der Grenze zwischen Rumänien und Österreich-Ungarn. Autor der Beschreibungen ist ein deutscher Unteroffizier. Der kompetente und objektive Beobachter schildert sehr genau und mit Verweis auf rumänische Quellen die Ereignisse an der Frontlinie. Seine Erklärungen und Betrachtungen sind vor allem für die Militärgeschichte von großem Interesse. Im Anhang des Bandes findet sich ein Verzeichnis mit über hundert Namen von deutschen Gefallenen, die auf den Friedhöfen von Dragoslavele begraben sind.

Stelian Mândruţ

József Csaba Pál, Erwin Josef Ţigla (Hg.): Spălaţi-vă picioarele unul altuia. Ecumenism, între istorie şi prezent la Reşiţa = Waschet Euch gegenseitig die Füße. Ökumene zwischen Geschichte und Gegenwart in Reschitza = Mossátok meg egymás lábát. Az ökumenizmus története és jelene Resicabányán. Reşiţa/Reschitza/Resicabánya: Editura Intergraf Verlag/Kiadó 2003. 290 S. ISBN 973-97258-3-44.

Der dreisprachige Band ist selbst ein Stück Ökumene und bietet eine Darstellung der Entwicklung dieser Bewegung im Zeitraffer. Er ist ein Beispiel dafür, was Ökumene und christlicher Zusammenhalt in der Stadt Reschitza am Fuße des Semenik-

Gebirges bedeutet haben. Nicht zuletzt ist er ein Lehrbuch und ein Ansporn für die hier lebenden Rumänen, Deutschen, Ungarn und Angehörigen anderer Ethnien und Religionsgemeinschaften, einander näher zu kommen und sich besser zu verstehen. Mit ihm möchten die Verfasser ein Zeichen der gegenseitigen Annahme und der Hoffnung setzen.

Stelian Mândruţ

Franz Payer: Viaţa unui medic. Amintirile mele din Năsăudul, Bistriţa şi Bârgăul de odinioară [Das Leben eines Arztes. Meine Erinnerungen aus Nussdorf/Nassod, Bistritz und Borgo in vergangenen Zeiten]. Bucureşti: Editura Semne 2003. 225 S. ISBN 973-624-088-6.

Es handelt sich um autobiographische Betrachtungen des Augenarztes Dr. med. Franz Payer (geboren 1923), der bis zu seiner Aussiedlung in die Bundesrepublik Deutschland (1975) im Kreis Bistritz-Nassod gewirkt hat. Der Verfasser beschreibt Stationen seines Lebens und seines Werdegangs und betont die Schwierigkeiten, die er im Laufe der Zeit zu überwinden hatte. Als Angehöriger der deutschen Minderheit wurde Payer 1945–1947 zur Wiederaufbauarbeit in die Sowjetunion deportiert. Er kam ins Gebiet des Ural-Gebirges, erlitt die Grausamkeiten des bolschewistischen Lagers „1901" in Mednogorsk und kehrte über Westeuropa in die Heimat zurück, nachdem er weitere 13 Stationen der Internierung überstanden hatte. Die Erfahrungen dieses Zeitzeugen sind ein Memento der Würde des Menschen in der Geschichte.

Stelian Mândruţ

Hermann Pitters (Hg.): Denken und Dienen. Theologische und historische Aufsätze als Freundesgabe für Prof. D. Dr. Paul Philippi zum 65. Geburtstag. Mit einem Geleitwort von Bischof D. Albert Klein. 2., durchges. Aufl. Hermannstadt: hora Verlag. Heidelberg: Arbeitskreis für Siebenbürgische Landeskunde 2003. 240 S. ISBN 973-8226-27-9.

Das Buch hat dokumentarischen Wert und zeigt, wie evangelische Theologen unter den schwierigen kommunistischen Verhältnissen für die Sache ihrer Kirche eingetreten sind, wie sie es verstanden haben, sich ihre Weltanschauung nicht vorschreiben zu lassen und weiterhin ihre Meinung offen zu äußern. Die elf Aufsätze spiegeln zugleich die Arbeit an der Hermannstädter Theologischen Fakultät in jener Zeit wider, zu deren Lehrern Paul Philippi zählte. Die Beiträge wenden sich vorwiegend historischen Themen zu, aber auch den Problemen des Dienstes am Nächsten, der Versöhnung und der Ökumene, Themen, die mit den kirchengeschichtlichen und diakoniewissenschaftlichen Interessen des Geehrten zusammenhängen. Als Historiker und Theologe blieb Paul Philippi über alle Jahre hinweg mit der siebenbürgischen Kirche und ihren Existenzfragen eng verbunden.

Stelian Mândruţ

Annemarie Podlipny-Hehn: Die Deutschen im Banat. Temeswar: Artpress Verlag 2003. 44 S., Abb. ISBN 973-7911-25-3.

Die Verfasserin bietet einen Überblick über Geschichte und Gegenwart der Banater Schwaben. Die Vergangenheit der deutschen Ortschaften, die Ansiedlung der sogenannten Schwaben im Banat (einschließlich des Banater Berglands und des Gebietes um Arad), der langwierige Aufbau der „Kornkammer Europas" – das Wissen um all diese Vorgänge ist für Interessierte jeden Alters und jeder Herkunft von Bedeutung. Von besonderem Wert sind die gebotenen Informationen über die Leistungen der Ansiedler, über ihren Beitrag zur wirtschaftlichen Erschließung der Region und zum Anschluss des Banats an die europäische Kultur. In dem graphisch gut gestalteten kleinen Band vermisst man eine Karte des Banats, ein deutsches Ortsnamenregister sowie eine ausführlichere Darstellung der Banater deutschen Ortsforen.

Stelian Mândruţ

Ioan Popa: Scurtă istorie a învăţământului sibian [Kurze Geschichte des Hermannstädter Unterrichtswesens] (Convergenţe transilvane [Siebenbürgische Konvergenzen] 12). Sibiu 2003. 112 S. Ohne ISBN.

Heft 12 der vom Demokratischen Forum der Deutschen in Rumänien herausgegebenen Reihe „Convergenţe transilvane" bietet einen Überblick über die Entwicklung des Schulwesens in Hermannstadt/Sibiu zwischen 1380, dem Jahr der ersten Erwähnung einer Schule in dieser Stadt, und heute. In sieben Kapiteln behandelt der Verfasser wesentliche Aspekte und Momente der Schulentwicklung, wobei er sowohl die deutschen als auch die rumänischen und ungarischen Traditionen mit einbezieht. So wird ein in seiner Vielfalt beeindruckendes Bild gezeichnet, das die Spezifika der verschiedenen Geschichtsepochen berücksichtigt.

Stelian Mândruţ

[Liliana Popa u. a. (Hg.):] Goldkörner. Sammelband aus den Gemeindearchiven A. B. Zusammengestellt v. Liliana Popa, Gudrun Liane-Ittu, Wolfram Theilemann (Miscellanea ecclesiastica 1). Hermannstadt: Honterus Verlag 2004. 6, VIII, 156 S., Abb. ISBN 973-86634-4-X.

Es handelt sich um eine Veröffentlichung des Zentralarchivs der Evangelischen Kirche A. B. in Rumänien. Die „Goldkörner" wurden im Verlauf der Erschließung und Katalogisierung von vorerst 181 der insgesamt 250 hier aufbewahrten beziehungsweise hierher zu überführenden Gemeindearchive gesammelt. Sie stammen aus fünf Jahrhunderten, von 1573 bis 1993. Der erste Teil enthält Gebete; im Kapitel „Zwischen Geist und Geistlichkeit" wird ein Einblick in das Leben und die Tätigkeit der Pfarrer geboten. Andere Abschnitte tragen Titel wie „Leben, Zeit und Ewigkeit", „Aus dem Dorfleben" oder „Heimweh und Heimatverbundenheit". Das Buch ist mit Abbildungen aus dem Bildarchiv treffend illustriert.

Stelian Mândruţ

Traian Rotariu, Maria Semeniuc, Mezei Elemér (Hg.): Recensământul agricol din 1895. Transilvania [Die Landwirtschaftszählung von 1895]. 2 Bde. Cluj-Napoca: Presa Universitară Clujeană 2003. 404, 607 S. ISBN 973-610-207-6, 973-610-208-4.

Die erste moderne Zählung im landwirtschaftlichen Bereich erfasste in Siebenbürgen sowohl die Zahl der vorhandenen Tiere als auch die Größe und Nutzung der Grundstücke sowie die landwirtschaftlichen Geräte in einem Haushalt. Die Herausgeber haben die Informationen aus dem Jahre 1895 entsprechend der heutigen administrativ-territorialen Gliederung nach Dörfern, Gemeinden, Städten und Landkreisen angeordnet. Die beiden Bände bieten somit eine nützliche Dokumentation zur Geschichte landwirtschaftlicher Betätigung im innerkarpatischen Raum am Ende des 19. Jahrhunderts.

Stelian Mândruţ

Dorin-Ioan Rus: Breasla cizmarilor din Reghinul Săsesc [Die Schusterzunft in Sächsisch-Reen]. Cluj-Napoca: Editura Napoca Star 2004. 232 S., Abb. ISBN 973-647-215-9.

Nach einem Überblick über den Forschungsstand, die Quellenlage und das Schusterhandwerk in Siebenbürgen wird die Schusterzunft von Sächsisch-Reen / Reghinul Săsesc aufgrund vielfach unbekannter Quellen eingehend untersucht: das Verhältnis von Meistern, Gesellen und Lehrlingen, die Leitungsorgane, das Vermögen der Zunft, ihre Zunftzeichen, die Bruderschaft der Schustergesellen und vieles mehr. Die Zunftgeschichte wird von den ersten Anfängen bis zu den Zunftsatzungen von 1639 und dem Niedergang im 19. Jahrhundert geschildert, die Entwicklung des Schuster- und Lederergewerbes bis in die neuere Zeit nachgezeichnet. Eigene Kapitel sind den wirtschaftlichen Funktionen der Zunft sowie ihrer Rolle im kirchlichen, politischen und kulturellen Leben des Ortes gewidmet. Schilderungen der Zunftbräuche und des Freizeitverhaltens ergänzen die Ausführungen. Ein Anhang enthält wichtige Dokumente zur Zunftgeschichte in rumänischer Übersetzung. Ein umfangreiches Literaturverzeichnis beschließt den informativen Band.

Stelian Mândruţ

Dumitru Şandru: Mişcări de populaţie în România (1940–1948) [Bevölkerungsbewegungen in Rumänien (1940–1948)]. Bucureşti: Editura Enciclopedică 2003. 431 S. ISBN 973-45-0442-8.

Der Autor erfasst in zwei Zeitschnitten (1940–1944, 1944–1948) die vom Staat und seinen zentralen Institutionen mit veranlassten Migrationen. Dabei handelt es sich um ein komplexes Phänomen, das sowohl durch die Art charakterisiert ist, in der die Bevölkerungsbewegungen abliefen (legal oder illegal, gewaltsam oder freiwillig) und für welchen Zeitraum sie gedacht waren, ob als zeitweise Umsiedlung oder als endgültiges Verlassen des Landes. Zu diesen Migrationen gehören auch: die 1940 aufgrund zwischenstaatlicher Verträge zwischen dem Deutschen Reich, der Sowjetunion und Rumänien erfolgte Umsiedlung der Deutschen aus Bessarabien, der Bukowina und der Dobrudscha; die Ansiedlung von aus Jugoslawien übersiedelten Donauschwaben (1941); die Einberufung in die Waffen-SS aufgrund eines rumänisch-deutschen Vertrages von 1943; die Flucht der Nordsiebenbürger (1944) und ihre teilweise erfolgte Rückkehr (1945); die Deportation in die Sowjetunion (1945) und die teilweise erfolgte Rückkehr in den folgenden Jahren.

Stelian Mândruţ

Hans Schulz, Maria Schulz: Ştefan Jäger. Pictura cu subiect religios = Gemälde mit religiösem Inhalt. Timişoara: Editura Mirton 2002. 33 S., Abb. ISBN 973-585-702-2.

Das Album enthält eine Auswahl aus den 2.000 Gemälden (Ölbildern, Aquarellen, Skizzen) des donauschwäbischen Malers Stefan Jäger (1877–1962). Es soll zwei Hauptthemen seines Œuvres dokumentieren: Szenen aus der Bibel und aus dem Glaubensleben seiner Landsleute, der Banater Schwaben. Dazu gehören Werke wie „Das letzte Abendmahl", „Madonna mit dem Kindlein", „Rast während der Flucht aus Ägypten", Porträts von Banater Schwaben sowie Bilder aus dem kirchlichen Alltag (etwa in Arad oder in Hatzfeld/Jimbolia) und Skizzen zu Fresken.

Stelian Mândruţ

Ernst Seidner: Gottfried und der dritte Soldat. Erinnerungen eines Siebenbürgers Jahrgang '42. Hermannstadt: hora Verlag 2003. 168 S., Abb. ISBN 973-8226-22-8.

Der frühere Sportlehrer am Brukenthal-Gymnasium in Hermannstadt/Sibiu erinnert sich in seinen facettenreichen, in ansprechendem Stil geschriebenen Memoiren an Ereignisse seines Lebens, das während des Zweiten Weltkrieges begann und von der kommunistischen Machtübernahme in Rumänien geprägt wurde. Die Aussiedlung und der Heimatverlust werden als zentrale Erlebnisse geschildert. Der Autor ist nach dem Ende des kommunistischen Regimes an seine frühere Wirkungsstätte zurückgekehrt und hat sich als Gastlehrer an der Fortführung der Traditionen seiner Schule beteiligt.

Stelian Mândruţ

Horia Stinghe: Despre germanii din Dobrogea [Über die Dobrudschadeutschen]. Constanţa 2003. 218 S., Abb. Ohne ISBN.

Die vom Demokratischen Forum der Deutschen aus Bukarest/Bucureşti angeregte Veröffentlichung ist das Ergebnis langjähriger Forschungstätigkeit des Autors, die den vierzig im 19. Jahrhundert mit Deutschen besiedelten Ortschaften in der zwischen unterer Donau, Donaudelta und Schwarzmeerküste gelegenen Region Dobrudscha/Dobrogea gewidmet war. Verwendet wurden dabei die Archive der evangelischen Gemeinde von Konstanza/Constanţa sowie die zeitgenössische Presse und die bereits erschienene Fachliteratur. Die einzelnen Kapitel des Buches behandeln die drei Etappen der Besiedlung, die Struktur der Ortschaften, die Lebensbedingungen, das Schulwesen, Überlieferungen, Sitten und Gebräuche, den Anteil der Deutschen an der Entwicklung der Region, die Umsiedlung der rund 15.000 Dobrudschadeutschen im November 1940 aufgrund eines Vertrages zwischen Hitlerdeutschland und Rumänien. Die reichhaltige Illustration des Bandes unterstreicht seinen dokumentarischen Wert.

Stelian Mândruţ

Eugen Străuţiu, Marius Halmaghi: Cisnădie. Heltau. Album monografic [Heltau. Album und Monographie]. Sibiu: Editura Etape 2004. 136 S., Abb., dt., engl. u. franz. Zusammenfassung. ISBN 973-8401-19-4.

Die reich illustrierte Monographie wurde anlässlich der 800-Jahr-Feier der ersten urkundlichen Erwähnung von Heltau/Cisnădie veröffentlicht. Sie ist die erste zusammenfassende Darstellung des Ortes in Siebenbürgen in rumänischer Sprache. Einführend werden die geographische Lage, das Klima, die Beschaffenheit des Bodens, das Wappen und das Siegel Heltaus beschrieben. Es folgt ein Überblick über die Geschichte des Marktfleckens von 1204 bis heute mit zahlreichen Hinweisen auf die deutsche Bevölkerung und auf den Beitrag der Rumänen zur Entwicklung des Ortes nach dem Ersten Weltkrieg. Ein besonderes Augenmerk gilt der aktuellen Lage, dem wirtschaftlichen, kulturellen und kirchlichen Leben, dem Sport, der Gesundheitsfürsorge, dem Tourismus und dem Vereinsleben. Einige bedeutende Persönlichkeiten Heltaus werden abschließend porträtiert: der Historiker Gustav Gündisch (1907–1996), der Theologe und Historiker Hermann Rehner (1903–1998), der orthodoxe Priester Gaşpar Gheorghe (1937) und andere. Verzeichnisse der Bürgermeister aus der Zeit von 1323 bis 2004 sowie der sächsischen Pfarrer ergänzen den Band.

Stelian Mândruţ

Georgina Szilagyi: Atitudini religioase şi multiculturalitate în Transilvania [Religiöse Einstellungen und Multikulturalität in Siebenbürgen]. Cluj-Napoca: Editura Napoca Star 2003. 127 S. ISBN 973-647-127-6.

Es werden die Ergebnisse einer Feldforschung vorgestellt, die die Bevölkerung eines historisch und geographisch klar umrissenen Gebietes erfasst hat, und vier Themenkreise angesprochen: 1. zunehmende Religiosität als Ergebnis der Suche nach innerem Gleichgewicht, unter Wahrung der Traditionen und der Werte der Gemeinschaft; 2. Auswirkungen des kommunistischen Regimes auf die Religiosität der Bevölkerung; 3. die Rolle der Religion als Symbol der Identität und deren Verstärkung durch den Minderheitenstatus; 4. die Auswirkungen der Revolution von 1989 im Kontext der damaligen Zeit. Die Verfasserin verweist konkret auf die Rolle der protestantischen und der katholischen Kirche, die beide einen Beitrag zur Wahrung der nationalen Identität der Minderheiten erbracht haben. Ethnische Identität erscheint von konfessioneller Zugehörigkeit überlagert, wobei Ethnie und Konfession in dieser Übergangsperiode einander ergänzten.

Stelian Mândruţ

Erwin Josef Ţigla (Hg.): Germanii din Banatul Montan [Die Deutschen im Banater Bergland]. Reşiţa: Editura Intergraf 2003. 220 S., Abb. ISBN 973-97258-3-60.

Das Buch, das als Dokumentation und Nachschlagewerk gedacht ist, wird von einem Beitrag des Herausgebers eingeführt, der die Vergangenheit und die Gegenwart der Berglanddeutschen schildert, ihre Kultur würdigt und auf ihre Chancen, als respektierte Ethnie auch künftig zu bestehen, eingeht. In mehreren Aufsätzen werden Schul- und Kirchenmatrikeln ausgewertet sowie genaue, den Volkszählungen entnommene Angaben zur Verfügung gestellt. Weiter wird das Leben einiger Persönlichkeiten aus der Region dargestellt und über die deutsche Literatur, die Malerei, den Sport und vieles mehr aus dieser Kleinregion informiert. Ein Bildteil mit Porträts einzelner Persönlichkeiten und Bildern aus dem Gemeinschaftsleben schließt den Band ab.

Stelian Mândruţ

Marianna Tölcsér: A német nemzetiségűek helyzete Békés megyében [Die Lage der Ungarndeutschen im Komitat Bekesch]. Békéscsaba: KSH Békés Megyei Igazgatósága 2004. 4, 31 S. Ohne ISBN.

Statistisch erfasst werden hier: die Entwicklung der Bevölkerungszahl zwischen 1941 und 2001; die Zahl der deutschsprachigen sowie der sich zur deutschen Minderheit bekennenden Personen; Geschlecht und Alter; Familienstand; Kinderzahl; schulische Ausbildung; Religionszugehörigkeit; wirtschaftliche Aktivitäten; Haushalte und Zusammensetzung der Familie; Wohnverhältnisse. Die Mehrheit der über 62.000 auch Ungarisch sprechenden Ungarndeutschen lebt in den Komitaten Baranya, Pest und Tolna. Im Komitat Bekesch sind sie nur in geringer Anzahl (1,6 %), aber konzentriert (in fünf Siedlungen: Almasch/Almáskamarás, Jula/Gyula, Elek, Berin/Mezőberény und Békéscsaba) vertreten. Die Ansiedlung von Deutschen aus dem Rheinland und aus Bayern hatte im 18. Jahrhundert General Johann Georg von Harruckern organisiert.

Edina Zvara

Walter Tonţa, Traian Galetariu (Hg.): Contribuţii la istoria comunei Comloşu Mare şi a Banatului [Beiträge zur Geschichte der Gemeinde Großkomlosch und des Banats]. Timişoara: Editura Mirton 2003. 108 S., Abb. ISBN 973-661-032-2.

Der bibliophil gestaltete Sammelband enthält eine Auswahl von Aufsätzen und Studien über die Vergangenheit der Gemeinde Großkomlosch/Comloşu Mare im Banat und ihre Bewohner. Zu Wort kommen auch herausragende Vertreter des kulturellen und literarischen Lebens, die aus dieser von Banater Schwaben besiedelten Ortschaft stammen. Walter Tonţa und Traian Galetariu beschreiben das Wappen der Familie Nakó und befassen sich mit den Begründern der Banater Linie dieses Adelsgeschlechts, den Brüdern Christophorus und Cyrill Nakó. Beiträge von Hans Diplich und T. Galetariu schildern die Reise von Franz Xaver Eckert (1815–1882) ins Banat im Jahre 1857. W. Tonţa porträtiert den Professor, Dichter und Übersetzer Hans Diplich (1909–1990).

Stelian Mândruţ

Iuliana Vlad Antonie: Naturalişti saşi de odinioară = Siebenbürgisch-sächsische Naturwissenschaftler. Sibiu: Editura Universităţii „Lucian Blaga“ 2004. 229 S. ISBN 973-651-860-4.

Im ersten Teil des Buches werden herausragende siebenbürgisch-sächsische Naturwissenschaftler vorgestellt: Karl Fuss, Eugen Worell, Daniel Kurt Czekelius, Viktor Weindel, Karl Robert Petri und Karl Ungar. Der zweite Teil konzentriert sich auf das Fachgebiet der Insektenkunde. Die entomologischen Forschungen in Siebenbürgen beruhen auf den umfangreichen und bedeutenden Sammlungen, die Mitglieder des Siebenbürgischen Vereins für Naturwissenschaften zu Hermannstadt/Sibiu im 19. und 20. Jahrhundert angelegt haben und die heute im Naturwissenschaftlichen Museum in Hermannstadt aufbewahrt werden.

Stelian Mândruţ

Michael Wagner: Das Leben auf dem Dorfe. Aufzeichnungen eines siebenbürgisch-sächsischen Bauern. Hermannstadt: hora Verlag 2003. 71 S., Abb. ISBN 973-8226-28-7.

Der Verfasser (geboren 1927) will, wie in seinen beiden früheren Büchern („Schicksale und Erinnerungen“, 1998; „Streiflichter aus vergangenen Zeiten“, 2001), etwas von der Geschichte und dem Leben der Menschen in seinem Heimatort Deutsch-Weißkirch/Viscri vor dem Vergessenwerden bewahren. Der Autor erzählt vom Leben der Bauern in der Gemeinde, beschreibt das bäuerliche Anwesen mit Wohnhaus, Hof- und Wirtschaftsgebäuden, den jährlichen Ablauf der Feld- und Hausarbeit, das Familienleben, die Selbsthilfe bei Unfällen oder Krankheit. Dabei schildert er die tief verwurzelten Traditionen im wirtschaftlichen, kulturellen und geistigen Leben des Dorfes.

Stelian Mândruţ

Wilhelm Weiss: Die Tränen der Erde. Aussagen im Prozess des Kommunismus. Timişoara: Timişoara Verlag 2003. 250 S. ISBN 973-965-92-7-6.

Das Buch des in Temeswar/Timişoara, der Hauptstadt des Banats, lebenden Bukowinadeutschen ist eine späte, jedoch sehr willkommene Sammlung von Aussagen in einem Prozess, der so nie stattgefunden hat. Der Band enthält tragische Lebensgeschichten von Menschen, die dem Kommunismus offen Widerstand geleistet haben, seien es Schüler, Studenten, Arbeiter, Bauern oder Priester, seien es Angehörige der einen oder der anderen Ethnie oder Konfession. Sie alle hatte man verhaftet und verurteilt, sie haben im Gefängnis gelitten, viele sind gestorben. Der Autor hat zahlreiche der „Zeugen“ während seiner Inhaftierung oder danach kennen gelernt, ihre Schicksale im Gedächtnis behalten und Jahre danach aufgeschrieben. Das Ergebnis ist ein Dokument erlebter, nacherzählter Geschichte von unsäglichen Leiden, eine Erinnerung an schreckliche Zeiten des Terrors.

Stelian Mândruţ

Daniel Zikeli: Vereinte Kraft wirkt Grosses. 150 Jahre Evangelische Kirche A. B. Bukarest = 150 de ani Biserica Lutherană Bucureşti. Bucureşti: Blueprint Internaţional Verlag 2003. 73 S., Abb. ISBN 973-86539-4-0.

Das zweisprachige Album, das Daniel Zikeli, Pfarrer an der lutherischen Kirche in der rumänischen Hauptstadt, zusammengestellt hat, schildert bedeutende Momente aus der Geschichte der evangelisch-lutherischen Gemeinde und der Kirche als Institution in den vergangenen 150 Jahren. In einem einleitenden chronologischen Überblick werden eingehend die Bemühungen um die Errichtung der Kirche, ihr Bau und ihre feierliche Einweihung 1853 geschildert. Zeitgenössische Abbildungen und Fotografien aus heutiger Zeit ergänzen die Darstellung, die sich auf die Beschreibung der künstlerischen und architektonischen Details des Kirchenbaus konzentiert.

Stelian Mândruţ

10. Russland

[Nikolaj N. Baranov u. a. (Hg.):] Deutsche auf dem Ural und in Sibirien (XVI.–XX. Jh.). Forschungsbeiträge der wissenschaftlichen Konferenz „Deutschland – Rußland: historische Erfahrungen interregionaler Zusammenarbeit im XVI.–XX. Jahrhundert", 03.–09.09.1999, Ekaterinburg = Nemcy na Urale i v Sibiri (XVI–XX vv.). Materialy naučnoj konferencii „Germanija – Rossija: istoričeskij opyt mežregional'nogo vzaimodejstvija XVI–XX vv.", 03–09.09.1999, Ekaterinburg. Red. kollegija: N. N. Baranov (otv. redaktor), D. V. Burgov, V. V. Vysokova, A. T. Šaškov. Ekaterinburg: Volot 2001. 584 S., dt. u. russ. Vorwort. ISBN 5-89088-022-5.

Der Sammelband mit Beiträgen von russischen und deutschen Wissenschaftlern (weit überwiegend in russischer, ansonsten in deutscher Sprache) ist verschiedenen Aspekten der russisch-deutschen Beziehungen und Kontakte vom 16. bis zum 20. Jahrhundert gewidmet und befasst sich speziell mit der Geschichte der Deutschen im Uralgebiet und in Sibirien. Besondere Aufmerksamkeit gilt dem Beitrag der Deutschen zur Industrialisierung der Region (z. B. K. Heller: „Die Montanindustrie im Ural im 18./19. Jahrhundert und der Anteil der Deutschen") und den Schicksalen der Russlanddeutschen im Ersten und Zweiten Weltkrieg. Ein Kapitel setzt sich mit den Beschreibungen des Urals und Sibiriens in den Reiseberichten deutscher Reisender auseinander.

Nadja Wulff

[Viktor F. Dizendorf (Bearb.):] Nemeckie naselennye punkty v SSSR do 1941 g.: Geografija i naselenie. Spravočnik [Die deutschen Siedlungen in der UdSSR bis 1941: Geographie und Bevölkerung. Ein Nachschlagewerk]. Sost. [Zusammengestellt v.] V. F. Dizendorf. Moskva: Obščestvennaja akademija nauk rossijskich nemcev 2002. 479 S. ISBN 5-93227-001-2.

Dieses Nachschlagewerk beinhaltet Informationen zu der Bevölkerungszahl von etwa 5.000 Siedlungen in der UdSSR bis 1941. In diesen Orten stellten einst die Deutschen den größten Teil der Einwohnerschaft. Das Nachschlagewerk basiert auf Materialien der offiziellen sowjetischen Statistik und soll als Beitrag zu einem „Buch des Andenkens an die Russlanddeutschen" dienen, die als Opfer des Terrors im Stalinismus umgekommen sind. Ein besonderes Kapitel ist den deutschen Siedlungen vor und nach der Deportation 1941 gewidmet.

Nadja Wulff

[Sergej Ja. Karp u. a. (Hg.):] Russkie i nemcy v XVIII veke. Vstreča kul'tur = Russen und Deutsche im XVIII. Jahrhundert. Die Begegnung der Kulturen. Red. kollegija: S. Ja. Karp (otv. redaktor), J. Schlobach, N. F. Sokol'skaja. Moskva: Nauka 2000. 310 S., russ. u. dt. Inhaltsverzeichnis. ISBN 5-02-011592-4.

Dieser Sammelband bezieht sich auf die Materialien der Zweiten russisch-deutschen Konferenz in Moskau 1996, die dem 18. Jahrhundert gewidmet war. Der Band besteht aus russischsprachigen Aufsätzen russischer und deutscher Autoren, die sich mit einschlägigen Themen aus der Geschichts-, Literatur- und Musikforschung sowie mit Fragen der gegenseitigen Beeinflussung der deutschen und der russischen Kultur im 18. Jahrhundert befassen. Gegenstand der einzelnen Beiträge sind unter anderem die Bilder des Anderen, die Kulturvermittler, die Deutschen im russischen Dienst sowie typologische Vergleiche. Exemplarisch erwähnt seien hier folgende Beiträge: S. V. Obolenskaja: „Die Geschichte der Deutschen in Rußland als ein Problem der russischen Kultur"; Conrad Grau: „Deutsche Wissenschaftler in Rußland in der ersten Hälfte des XVIII. Jahrhunderts"; O. V. Novochatko: „Georg Wilhelm Stellers Korrespondenz (1739–1746): über eine deutsch-russische Ausgabe"; Renate Knoll: „Michael Lilienthal, ein Vermittler zwischen den Kulturen als Mitglied der Petersburgischen Akademie"; Martin Dinges: „Kulturelle Probleme im Umfeld deutscher Ärzte in Rußland in der zweiten Hälfte des XVIII. Jahrhunderts"; V. A. Kovrigina: „Der deutsche Stadtbezirk und seine Rolle bei den Kontakten zwischen Deutschen und Russen im Moskau der ersten Hälfte des XVIII. Jahrhunderts"; G. I. Smagina: „Deutsche Lehrer und Stifter von Lehranstalten im Petersburg des XVIII. Jahrhunderts"; S. N. Korotkov: „Deutsche Zeitungen im Petersburg des XVIII. Jahrhunderts"; J. S. Drabkin: „Lew Kopelew und das ‚Wuppertaler Projekt'".

Nadja Wulff

S[vetlana] V. Obolenskaja: Germanija i nemcy glazami russkich (XIX v.) [Deutschland und Deutsche in den Augen der Russen (19. Jh.)]. Moskva: IVI RAN 2000. 210 S. ISBN 5-94067-004-0.

Viele westeuropäische Nationalkulturen haben einen großen Einfluss auf die russische Kultur ausgeübt. Im 19. Jahrhundert vollzog sich zwischen Deutschland und Russland ein intensiver Kulturaustausch in Literatur, Philosophie und Musik. Aber die Autorin greift tiefer und berührt in ihrer Arbeit drei Aspekte des Themas „Deutschland und Deutsche mit russischen Augen gesehen", nämlich erstens Deutschland und Deutsche in der Innen- und Außenpolitik des Russischen Reiches, zweitens das Bild von Deutschland und den Deutschen und die Beziehung zu Deutschen in der russischen Gesellschaft sowie drittens die Gestalt von Deutschen in der russischen Volkskultur.

Nadja Wulff

T[at'jana] N. Plochotnjuk: Rossijskie nemcy na Severnom Kavkaze [Russlanddeutsche im Nordkaukasus] (Rossijskie Nemcy: istoričeskie materialy i issledovanija = Die Rußlanddeutschen: Historische Unterlagen und Forschungen 7). Moskva: Obščestvennaja akademija nauk rossijskich nemcev 2001. 238 S., 38 Abb. ISBN 5-93227-001-2.

Die Untersuchung befasst sich in drei Kapiteln mit der Geschichte der Deutschen im Nordkaukasus von der Besiedlungszeit im letzten Viertel des 18. Jahrhunderts über die Jahre der Sowjetmacht bis zur Deportation im Zweiten Weltkrieg 1941 und deren Folgen. Mit Hilfe von archivalischen Quellen und ethnografischen Untersuchungen beleuchtet die Verfasserin das wirtschaftliche, politische und religiöse Leben in den deutschen Kolonien und die Situation der deutschen Siedler.

Nadja Wulff

[Tat'jana N. Plochotnjuk (Bearb.):] Nemeckoe naselenie Severnogo Kavkaza: social'no-ėkonomičeskaja, političeskaja i religioznaja žisn' (poslednjaja četvert' XVIII – seredina XX v.). Sbornik dokumentov [Die deutsche Bevölkerung im Nordkaukasus. Soziales, wirtschaftliches, politisches und religiöses Leben (letztes Viertel des 18. bis Mitte des 20. Jahrhunderts). Dokumentensammlung]. Sost. [Zusammengestellt v.] T. N. Plochotnjuk. Stavropol': Izd-vo SGU 2002. 272 S. ISBN 5-88648-319-5.

Dieser Band ist im Laufe einer langjährigen Arbeit in zentralen und regionalen Archiven entstanden. Er enthält Dokumente, die die Geschichte der Deutschen, die im Nordkaukasus lebten, widerspiegeln. Die Dokumente beziehen sich auf die wirtschaftliche, politische, soziale und kulturelle Seite des Lebens der deutschen Minderheit in dieser großen und wichtigen Region des Russischen Reiches und der Sowjetunion. Der letzte Teil des Bandes bietet informative Grafiken und Tabellen.

Nadja Wulff

Berichte und Forschungen 13 (2005), S. 407–409.

Mitarbeiterinnen und Mitarbeiter

Alfons Adam, 27, Quai au foin, 1000 Bruxelles, Belgien.

Anna Byczkiewicz, Uniwersytet Łódzki, Katedra Literatury i Kultury Niemiec, Austrii i Szwajcarii, ul. Sienkiewicza 21, 90-114 Łódź, Polen.

Julia Cartarius, Zwingenberger Str. 20, 64342 Seeheim-Jugenheim.

Enikő Dácz, Szegedi Tudományegyetem, Germanisztika Intézet, Egyetem u. 2. II. em., 6722 Szeged, Ungarn.

Maximilian Eiden, Rathausstr. 9, 88410 Bad Wurzach-Eintürnenberg.

Severin Gawlitta, Karlstr. 36, 45329 Essen.

Dr. Ewa Gwiazdowska, Muzeum Narodowe w Szczecinie, ul. Staromłyńska 27, 70-561 Szczecin, Polen.

Maritta Iseler, Reuterstr. 62, 12047 Berlin.

Daria-Maria Jurca, Gneisenaustr. 24e, 97074 Würzburg.

PhDr. Kristina Kaiserová, Ústav slovansk-germánských studií Univerzity J. E. Purkyně, Brněnská 2, 400 96 Ústí nad Labem, Tschechien.

Dr. Ewelina Kamińska, Uniwersytet Szczeciński, Instytut Filologii Germańskiej, ul. Rycerska 3, 70-537 Szczecin, Polen.

Prof. Dr. Lech Kolago, Uniwersytet Warszawski, Instytut Germanistyki, ul. Browarna 8–10, 00-311 Warszawa, Polen.

Dr. Marta Kopij, Uniwersytet Wrocławski, Instytut Filologii Germańskiej, pl. Nankiera 15, 50-140 Wrocław, Polen.

Krzysztof Kowalski, Mgr., Muzeum Narodowe w Szczecinie, ul. Staromłyńska 27, 70-561 Szczecin, Polen.

Dr. Irma Kozina, Uniwersytet Śląski, Zakład Historii Sztuki, ul. Bankowa 11, 40-007 Katowice, Polen.

Dorota Kozłowska, Mgr., Muzeum Narodowe w Szczecinie, ul. Staromłyńska 27, 70-561 Szczecin, Polen.

Alina Kuzborska, Mgr., Uniwersytet Warmińsko-Mazurski, Zespół Filologii Germańskiej, ul. Ks. Feliksa Szrajbera 11, 10-007 Olsztyn, Polen.

Birgit Lange, Im Tal 13, 85560 Ebersberg.

Andris Levāns, Latvijas Universitāte, Vēstures un filozofijas fakultāte, Latvijas vēstures katedra, Brīvības bulv. 32, 1054 Rīga, Lettland.

PhDr. Václav Maidl, Österreichisches Kulturforum Prag, Jungmannovo nám. 18, 110 00 Praha 1, Tschechien.

Dr. Stelian Mândruţ, Institutul de Istorie, Str. Napoca 11, 3400 Cluj, Rumänien.

Dr. Angelika Marsch, Johnsallee 52, 20148 Hamburg.

Dana Mühlmann, Kastanienallee 25, 10435 Berlin.

Prof. Dr. Mirosław Ossowski, Uniwersytet Gdański, Instytut Filologii Germańskiej, ul. Wita Stwosza 55, 80-952 Gdańsk, Polen.

Dr. Ralf G. Päsler, Universität Marburg, Institut für Deutsche Philologie des Mittelalters, Wilhelm-Röpke-Str. 6a, 35039 Marburg.

Dr. Agnieszka Palej, Uniwersytet Jagielloński, Instytut Filologii Germańskiej, al. Mickiewicza 9–11, 31-320 Kraków, Polen.

Dr. Rimvydas Petrauskas, Vilniaus Universitetas, Istorijos fakultetas, Universiteto 7, 2734 Vilnius, Litauen.

Dr. Robert Rduch, Uniwersytet Śląski, Instytut Filologii Germańskiej, ul. Pułaskiego 6, 41-205 Sosnowiec, Polen.

Dr. Krzysztof Ruchniewicz, Centrum Studiów Niemieckich i Europejskich im. Willy Brandta na Uniwersytecie Wrocławskim, ul. Straznicza 1–3, 50-206 Wrocław, Polen.

Dr. Małgorzata Ruchniewicz, Uniwersytet Wrocławski, Instytut Historyczny, Zakład historii gospodarczej, ul. Szewska 49, 50-139 Wrocław, Polen.

Prof. Dr. Helēna Šimkuva, Nīcgales iela 20–53, 1035 Rīga, Lettland.

Dr. Maciej Szukała, Archiwum Państwowe w Szczecinie, ul. Św. Wojciecha 13, 70-410 Szczecin, Polen.

Kersti Taal, Tartu Ülikooli Raamatukogu [Universitätsbibliothek], Struve 1, 51003 Tartu, Estland.

Lea Teedema, Deutsches Kulturinstitut Tartu, Kastani 1, 50409 Tartu, Estland.

Živilė Vagonytė, Kinderhauser Str. 21, 48149 Münster.

Grischa Vercamer, Pflügerstr. 5, 12047 Berlin.

Miodrag Vukčević, M. A., Univerzitet u Beogradu, Filološki fakultet, Katedra za nemački jezik i književnost, Studentski trg 3, 11000 Beograd, Serbien und Montenegro.

Prof. Dr. Matthias Weber, Bundesinstitut für Kultur und Geschichte der Deutschen im östlichen Europa, Johann-Justus-Weg 147a, 26127 Oldenburg.

Michał Witkowski, Uniwersytet Śląski, Instytut Historii, Zakład Historii Śląska, ul. Bankowa 12, 40-007 Katowice, Polen.

Dr. Maria Wojtczak, Uniwersytet im. Adama Mickiewicza, Instytut Filologii Germańskiej, al. Niepodległości 4, 61-874 Poznań, Polen.

Dr. Nadja Wulff, Ėntuziastov 40-II-276, 195279 Sankt-Peterburg, Russland.

Univ.-Doz. Dr. Mira Miladinović Zalaznik, Univerza v Ljubljani, Filozofska fakulteta, Oddelek za germanistiko, Askerčeva 2, 1000 Ljubljana, Slowenien.

Dr. Piotr Zariczny, Uniwersytet im. Mikołaja Kopernika, Katedra Filologii Germańskiej, Fosa Staromiejska 3, 87-100 Toruń, Polen.

Univ.-Lekt. Mag. Tanja Žigon, Univerza v Ljubljani, Filozofska fakulteta, Oddelek za prevajalstvo, Borštnikov trg 3, 1000 Ljubljana, Slowenien.

Edina Zvara, Szegedi Tudományegyetem Juhász Gyula Tanárképző Főiskolai Kar, Könyvtártudományi Tanszék [Lehrstuhl für Bibliothekswissenschaft], Szilléri sgt. 12, 6723 Szeged, Ungarn.

Maria Zwierz, Muzeum Architektury we Wrocławiu, pl. Bernardiński 5, 50-139 Wrocław, Polen.